dtv

Als Philosoph ist Arthur Schopenhauer den meisten Lesern ein Begriff, doch aus welchen problematischen Familienverhältnissen er stammt, wissen die wenigsten. Der äußerst autoritäre Vater Heinrich Floris nimmt sich das Leben, als Arthur 17 Jahre alt ist. Die Beziehung zu seiner Mutter Johanna, die erst als Witwe in Weimar den Weg in die Selbständigkeit findet, dann aber zur erfolgreichsten Schriftstellerin ihrer Zeit wird, ist voller unerträglicher Spannungen, und die hochtalentierte Schwester Adele wird zwischen der willensstarken Mutter und dem ungeliebten Bruder zerrieben.
Insgesamt 214 Briefe der vier Familienmitglieder sind uns aus dem Zeitraum zwischen 1799 und 1849 erhalten und geben einen einmaligen Einblick in die privaten Verhältnisse eines epochemachenden Denkers.

*Ludger Lütkehaus*, der hochgelobte Editor der großen Schopenhauer-Ausgabe, hat dieses einzigartige biographische, psychologische, philosophische und kulturgeschichtliche Dokument herausgegeben und eingeleitet.

# Die Schopenhauers

## Der Familien-Briefwechsel von Adele, Arthur, Heinrich Floris und Johanna Schopenhauer

Herausgegeben und eingeleitet
von Ludger Lütkehaus

Deutscher Taschenbuch Verlag

Den Nachweis der Erstdrucke und Vorlagen bringt die »Editorische Notiz« nach der »Einleitung« des Herausgebers.

Für Irmgard und Marie
L.L.

Ungekürzte Ausgabe
Dezember 1998
Deutscher Taschenbuch Verlag GmbH & Co. KG,
München

Umschlagkonzept: Balk & Brumshagen
Umschlagbild: Ausschnitt des Gemäldes
›Johanna Schopenhauer mit Tochter Adele‹
von Caroline Bardua (Foto: Sigrid Geske,
© Stiftung Weimarer Klassik/Museen)
Gesamtherstellung: C. H. Beck'sche Buchdruckerei,
Nördlingen
Gedruckt auf säurefreiem, chlorfrei gebleichtem Papier
Printed in Germany · ISBN 3-423-12612-4

# INHALT

Ludger Lütkehaus

# EINLEITUNG
## *Geschichte eines Plurals*

Philosophen pflegen Schulen zu begründen oder anzugehören – selten Klassen, noch seltener Familien. In den Filiationen der Schulbildungen erschöpft sich meist die Sozialbindung des Denkertums. Der Geist entsteht und weht nun einmal, wo *er* will. Wenn die philosophischen Solitäre es nicht sogar vorziehen, die Welt ganz aus der Wurzel des »solus ipse« zu konstituieren und »tabula rasa« für ihren eigenen Auftritt zu machen, dann bringt es ihr Familiensinn allenfalls zu Genealogien der Moral oder zu einem philosophischen Familienroman nach Art der Spekulationen Schopenhauers über die Erblichkeit der Eigenschaften (seine Schwester Adele wird sie später aus dem reichhaltigen familiären Fundus supplieren): »Vom Vater hab' ich (neben dem Vermögen) die Willensnatur – die Mutter gab die Geistkultur.« Was aber das eigentliche Denken betrifft, so soll seine Genesis allein darin liegen, daß sich die Strahlen der Upanishaden, Platos und Kants in einem Geist vereint haben: Auch der vor Nietzsche größte Psychologe unter den Philosophen, der sonst nicht zögert, die Geist-Genealogie bis zu den Genitalien vorzutreiben, beharrt auf den Patriarchogenesen der Lichtmetaphysik.

Dem steht allerdings die zentrale Aussage eines Briefes an Goethe vom 11. November 1815 entgegen: In letzter Instanz ist es nicht das Denken, sondern der Mut, der den Philosophen macht – der »Muth keine Frage auf dem Herzen zu behalten«; der in diesem Sinn Mutigste, der vornehmste unheilige Heilige im philosophischen Kalender aber – das ist König Ödipus. Und der ist bekanntlich kein Solitär. »Aufklärung über sein eignes schreckliches Schicksal suchend«, muß er vielmehr nach der schon geahnten Identität jener Jokaste »rastlos weiter forschen«, die er als »Jokaste in sich« als größtes Aufklärungshindernis erfährt. Und seine Weimarer Excellenz König Laios werden schon die Kriegserklärung verstanden haben, die ihr in demselben Brief von dem in der Farbenlehre abtrünnigen Kronprinzen widerfährt. Man wird also kaum ein Sakrileg begehen, wenn man mit einer Dokumentation des Familien-Briefwechsels Schopenhauers daran erinnert, daß auch dieser notorische Einzelgänger einem Ensemble familiärer Verhältnisse entstammt, mit dem seine Leidens-, seine Leidenschafts- *und* seine Erkenntnisgeschichte beginnt.

Auf der anderen Seite ist freilich von vornherein gegen die gängigen Reduktionspsychologien, gegen eine trivialisierte Psychoanalyse, zu schweigen von den modischen Kopfgeburten aus dem hohlen Bauch, daran zu erinnern, daß Denken nicht nur Ursachen und Motive, sondern auch Gründe hat, sofern und solange es eben Denken ist. Andernfalls könnte jedes Denken das Denken gleich lassen.

Und sollte die im folgenden versuchte Re-Familiarisierung des philosophischen Solitärs als Heimholung nach dem Motto: »denn er war unser«, als distanzlose Verbiederung, gar Verbiedermeierung mißverstanden werden: im Stile einer restaurativen »Jetztzeit«, die sich nur zu gerne in ihren Familienalben spiegelt, dann wären zweifellos allein Schroffheiten Schopenhauerschen Ausmaßes zur Wahrung der nötigen Distanzen adäquat.

Von Verbiederung und Verbiedermeierung wird jedoch im weiteren nur äußerst selten die Rede sein können: Das verbürgt schon der ganz und gar unbiedermeierliche Geist einer Familie, die nichts weniger als eine Heilige Familie war: ihre nur schwer überbietbaren Dissonanzen kommen allemal dem Mißverständnis zuvor, mit »Re-Familiarisierung« wäre so etwas wie »Harmonisierung« gemeint. Und in bezug auf die unaufhebbare Spannung zwischen philosophischen Motiven und Ursachen einerseits, den Gründen andererseits wird sich wenigstens abzeichnen, wie ein großes und wahrhaft überzeugendes Denken im Widerspruch zu den üblichen Axiomen der philosophischen Zunft gerade aus seiner »Genesis« seine »Geltung«, aus seiner Geschichte seine Authentizität, aus seinen Bedingungen seine spezifische Freiheit und aus seinen Wurzeln seine Radikalität gewinnt. Noch einmal also: Zu beobachten ist ein Ensemble familiärer Verhältnisse, in dem sich eine philosophisch erkenntnis*förderliche*, nicht erkenntnis*hinderliche* Lebensgeschichte entwickelt.

Nun ist auch dieses familiäre Ensemble soweit noch aus der Sicht eines Einzelnen, des Einzigen, perspektiviert: »Schopenhauer« – das ist selbst in frauenbewegten Zeiten wie selbstverständlich Arthur Schopenhauer. Und Arthur Schopenhauer hat dem Namengebrauch zufolge offenbar weder einen Vater noch eine Mutter noch eine Schwester gehabt.

Mit dieser isolationistischen Redeweise wird im folgenden gebrochen. Wohl muß auch diese Briefsammlung die Kommunikation der anderen drei Schopenhauers untereinander vernachlässigen; aber sie wird immerhin ohne weitere Namensprivilegien von Heinrich Floris, von Johanna, von Adele und eben von Arthur (Schopenhauer) sprechen: »Im Namen des Sohnes« darf der exemplarische Individuationsprozeß dieser Familie am allerwenigsten verleugnet werden. Den nötigen Distanzen, dem fälligen Respekt muß das nicht abträglich sein: Er wird sich eher vergrößern, wenn zu dem großen Sohn, dessen singulärer Rang fraglos ist, eine bemerkenswerte Mutter und eine womöglich noch bemerkenswertere Schwester neben einem durch seine Leidensgeschichte fatal ausgezeichneten Vater hinzutritt.

Die spezifischen Differenzen der Schopenhauers wiederum sind endlich mit allem Nachdruck und ohne die in der »Schopenhauer«-Forschung üblichen Präokkupationen zu betonen. Hier wertet man gerne vor allem die unmütterliche Mutter gegenüber dem großen Sohn ab, während sich auf der anderen Seite die »Schopenhauer«-Legende nicht minder gerne an den asozialen Einzelgänger hält – die »kleine Schwester« kommt ohnehin nicht in Betracht. Dagegen wird die folgende Briefsammlung höchst ausgeprägte, gleichermaßen berechtigte und um ihrer selbst willen dokumentierenswerte Individualitäten zeigen. »Die Schopenhauers« – das ist nichts weniger als ein weibliches Spiegelkabinett, das nur bestimmt wäre, ein günstiges Licht auf den »philosophe soleil« zu werfen.

Dieser Intention kommt die fragmentarische Überlieferung des Familien-Briefwechsels paradoxerweise zu Hilfe: Adele hat – aus noch darzustellenden aufschlußreichen Motiven – den größten Teil der an sie und die Mutter gerichteten Briefe Arthurs vernichtet. Sie war hier so etwas wie die Hegelsche »Furie des Verschwindens«. Niemanden kann das freuen, zumal nicht bei einem Briefschreiber, der auch als solcher zu den größten Autoren der deutschen Literatur zählt. Aber wenn man will, mag man darin auch eine Art kompensatorischer List der Vernunft erblicken. Denn Adele kommt so wie die Mutter erheblich öfter als der uns sehr viel mehr gegenwärtige Bruder zu Wort.

Indessen reduziert die fragmentarische Überlieferung den Briefwechsel nicht, wie es in der Forschung gelegentlich vertreten worden ist, auf einen zugunsten der Frauen vollständig asymmetrischen Monolog. Arthur bleibt vielmehr als Adressat in den Briefen der Autorinnen immer so präsent, auch so provokant, daß durchaus von einem vollgültigen Brief*wechsel* zu sprechen ist. Bei den Stücken, wo die Mutter oder Adele unmittelbar Briefe Arthurs kommentieren, wird der ausgeprägt dialogische Charakter auch äußerlich deutlich.

Trotz seiner fragmentarischen Überlieferung ist dieser Briefwechsel außerordentlich umfangreich: Insgesamt sind uns von den vier Briefschreibern 214 Stücke – 11 von Heinrich Floris, 96 von Johanna, 89 von Adele und 18 von Arthur – aus exakt fünfzig Jahren, zwischen 1799 und 1849, erhalten.

Unter diesen Briefen sind auch Briefe oder Briefteile, die keine Dokumentation zu rechtfertigen scheinen: Geschäftsbriefe, Erbschaftsnachrichten, Familienklatsch, Bildungsgerede, Kulturkolportagen... Vor allem gegen Ende hin gibt es in den Briefen Adeles wie schon zuvor gelegentlich in den Briefen Johannas Geschäftliches im Übermaß. Gleichwohl sind auch diese Passagen für ein authentisches Familienbild der Schopenhauers nicht zu entbehren. Selbst bei den äußerlichsten Details sind sie immer wieder menschlich so aufschlußreich – nicht zuletzt eben dann, wenn alles Menschliche bewußt ausgespart wird –, daß sich jede Kürzung, gar eine Auswahlausgabe verbot. Und im ganzen ist dieser Briefwechsel, für den es in der deutschen Literaturgeschichte nichts auch nur annähernd Vergleichbares gibt, ein biographisch, psychologisch, kulturhistorisch und auch philosophisch einzigartiges Dokument.

*Zerfall einer Familie?*

Die Familiengeschichte der Schopenhauers mutet, von außen gesehen, öfters an wie die eines katastrophalen Zerfalls. Das Porträt, das Johanna wenige Jahre vor ihrem Tod in ihrem Brief vom 24. Juli 1835 malt, aber während des gesamten Briefwechsels sein Kolorit erhält, ist schon fast ein Horrorszenario finanzieller und menschlicher Verarmung, immer am Rande des Bankrotts, der vollständigen Auflösung, der suicidalen und klinischen Psychopathologie; Konsolidierungs- und Harmonisierungsversuche wirken im ganzen eher wie Ritardandi des Zerfalls.

Die Selbsttötung von Heinrich Floris führt zur Liquidation des Schopenhauerschen Geschäftes in Hamburg. Mit dem Bankrott des Danziger Handelshauses Muhl geht ein Großteil des Familienerbes verloren. Johannas Mutter und Schwestern sind Versorgungsfälle. Und als Adele mit Johanna in Danzig zu retten versucht, was noch zu retten ist, da geht sie »unter den Straßen unserer brillanten Zeit, vor dem ehemaligen Eigenthum unserer Familie oft traurig vorüber« (8. Sept. 1819).

In diesem Bankrott wiederum bricht das zuvor schon menschlich zwischen Mutter und Sohn zerbrochene Familiengefüge vollends auseinander. Und auch sonst bleibt nicht viel: Nach Johannas Tod kann die kinderlose Adele, die ihrerseits mit dem Bruder nur eine höchst prekäre, immer wieder gefährdete Beziehung verbindet, eine Familienbilanz ziehen, die auf die Weltschmerzdichtung Chateaubriands anspielt: »(...) wir bleiben *ganz* allein, – Du wirst der letzte der Abenceragen!« (21. XII. 1840). Neun Jahre später stirbt sie an Unterleibskrebs. Arthurs zwei uneheliche Kinder waren schon lange zuvor im Säuglingsalter gestorben. So bleibt er am Ende tatsächlich ganz allein: ein finaler Singular – das »Nichts«, das er am grandiosen Schluß seines Hauptwerkes als nur relatives beschwört, scheint sich familiär zum absoluten auszuwachsen.

Anlässe für Niedergangsgefühle also zuhauf. Ja, der beschriebene Zerfall könnte mitunter schon wie eine reale Vorwegnahme jenes berühmteren »Verfalls einer Familie«, erscheinen, der aus dem Gefühl des Fin de siècle und aus dem Geist einer mißverstandenen »Schopenhauerschen« Philosophie ein halbes Jahrhundert später von Thomas Mann porträtiert worden ist, wenn ihm nicht bei Mutter, Schwester und Sohn ein ebenso nachhaltiger künstlerischer und geistiger Steigerungsprozeß widerspräche. Dieses In- und Gegeneinander von Zerfall und Steigerung aber ist nicht in dem nur allzu vertrauten Schema von Décadence und Sublimation zu begreifen. Zu beobachten ist vielmehr ein Prozeß, in dessen Verlauf die Kreativität in dem Maße größer wird, wie sich die Mitglieder des familiären Ensembles voneinander distanzieren und befreien. Der Familienwappenspruch, der bei der Flucht vor der borussischen Knutokratie in die Freie und Hansestadt Hamburg nur politisch verstanden worden war, wird in diesem Prozeß unbewußt aktualisiert: »Point de bonheur sans liberté.« – Kein Glück ohne Freiheit. Ebenso keine literarische und philosophische Produktivität ohne Distanz! Und dieser Schritt für Schritt zu verfolgende Distanzierungs- und Befreiungsprozeß wird am Ende auch den zentralen Impuls, der aus dem philosophischen Werk Arthurs spricht, auf exemplarische Weise illustrieren.

### *Pädagogik des aufrechten Ganges*

Am Anfang des Briefwechsels stehen, mit einigen frühen Briefen Johannas vermischt, die des Vaters an seinen Sohn. Bei aller Liebe, die aus diesen Briefen eines »guten Vaters« spricht – so einmal seine Unterschrift im Gegensatz zu der sonst meist von den Eltern beobachteten emotionalen Kargheit –, ist doch die Festigkeit der väterlichen Hand nicht zu übersehen. Gelegentlich steht die Mutter dem unbotmäßigen Sohn in dieser Hinsicht »in vollem Ernst, für nichts« (19. Juli 1803). Im übrigen verstehen beide die Kunst, im Rahmen der pädagogischen familiären Arbeitsteilung mit dem jeweils anderen elterlichen Büttel zu drohen, wie üblich gut.

Das Lehrstück, um das es geht, ist ein doppeltes: Dem Erben soll der aufrechte Gang und die Ordnung der Schrift buchstäblich eingefleischt werden. Die Schreiblehre ist dabei selbstverständlich mehr als bloß Schreiblehre, nämlich der obligatorische Sozialisierungs- und Anpassungsprozeß an die geltenden Normen des Schönen und Rechten. In diesem Fall ist sie allerdings auch nicht ohne paradoxen situativen Witz; denn die wahrhaft abenteuerliche Grammatik, Orthographie und Interpunktion des Sprachlehrers spottet durchaus jeder Beschreibung: »(...ein Mensch der sich der Handlung ergeben will, schlechterdings gut und flüßig schreiben muß«) – fürwahr! Ebenso wird eine psychologisch versierte Graphologie zweifellos ihr Deutungsvergnügen finden können, wenn der Vater sich bemüht, dem Sohn »eine freye mänliche Faust«, einen »flüssigen« und »männlichen Styl« für die »Handlung« zu vermitteln, so daß man die Feder »durch den Fingern allein ohne die Faust fortzurücken gantz in seiner Gewalt hat und so auch wie spielend mit ihr wirken kann«, selbst wenn dabei die allzu großen Buchstaben, die erschreckenden Längen und Schnörkel auf der Strecke bleiben müssen.

Das alles scheint ebensosehr aus dem Leben Fibels wie dem der Schopenhauers gegriffen; es fehlt aber auch nicht an Liebeserpressung und Strafandrohung dabei. Und steht gar die Geradheit des Rückens auf dem Erziehungsprogramm, so wird die elterliche Schule vollends zum pädagogischen Exercitium (was sie jüngst für die »antiparentalen« Manifeste Alice Millers qualifiziert hat: »Das verbannte Wissen«, p. 137). Wie auch immer der gekrümmte Sohnesrücken sich eingestellt haben mag – ihn mit Schlägen korrigieren zu lassen, um dann gerade wie ein »Fürstenkind« durchs Leben zu gehen und nicht mit »verkleideten Schustern oder Schneidern« verwechselt zu werden (23. Oktober und 20. November 1804): das ist gewiß im Extrem die Widersprüchlichkeit einer Pädagogik des aufrechten Ganges. Noch in den späten Gesprächen mit Julius Frauenstädt wird Arthur, nach den jugendlichen Leidenswurzeln seines Pessimismus gefragt, zugestehen, daß er »schon viel in der Erziehung, durch die Härte seines Vaters, zu leiden gehabt« habe (Gespräche, Hrsg. Arthur Hübscher, Stuttgart $1971^2$, S. 131). Ob der schreibende und vorschreibende »gute Vater« seinerseits in den Tod hätte gehen müssen, wenn er sich selber wie die Seinen gelegentlich mehr hätte gehenlassen?

Allerdings ist die beschriebene Paradoxie auch als solche festzuhalten: Keinesfalls sind hier Dokumente der »schwarzen Pädagogik« zu lesen, wie es die zitierte »antiparentale« Lesart will. Die um dieselbe Zeit entstandenen Reisetagebücher Arthurs etwa zeigen eine durchaus bemerkenswerte elterliche Liberalität. Und mag die Aufforderung an den Sohn, um den rückensteifenden Schlag zu bitten, auch auf den üblichen Verinnerlichungsprozeß der Gewalt deuten, so ist es eben doch der aufrechte Gang, auf den der Erziehungsprozeß zielt. Der aristokratische Vergleich, den der selbstbewußte Bürger gebraucht, deutet auf nichts weniger als auf submisseste Subordination. Wenn generell in der Schopenhauer-Legende immer noch das einseitige Bild vom politischen Reaktionär Schopenhauer dominiert, so steht dem familiär die Kontinuität einer durchaus anderen, einer im weitesten Sinn »insubordinierten« Tradition entgegen. Der Familienwappenspruch bindet mit Grund das Glück nicht an die deutsche »Freiheit«, sondern an die französische, erst aufklärerisch und dann revolutionär konturierte »liberté«. Heinrich Floris ließ sie sich beim Umzug aus dem borussofizierten Danzig in die Freie und Hansestadt Hamburg bekanntlich etwas kosten: Der Citoyen siegte hier über den Bourgeois.

So ist es denn letzten Endes bei aller paradoxen Pädagogik auch nur plausibel, daß der großgewordene Sohn den Manen des »stolzen Republikaner«-Vaters dankbar mehr als ein Denkmal errichtet hat. Sein Werk, schaut man nicht auf die politische Vordergrundszenerie, die man getrost den allfälligen Restaurationen überlassen darf, ist nichts anderes als eine einzige Revolte im Zeichen des aufrechten Ganges gegen den Geist der Affirmation: gegen jede positive Philosophie dessen nämlich, was nun einmal ist und herrscht. Und nicht weniger plausibel ist es, daß der berühmteste Schüler dieses Republikaner-Sohnes, Nietzsche, wieder gegen die favorisierte Schopenhauer-Legende, das Zentrum von Schopenhauers Leben darin gesehen hat, daß er »niemandem unterthan«

war. Denn diese Formel bezeichnet in der Tat ebensowohl den Kern seiner philosophischen Existenz, wie sie auf die Kontinuität zwischen Vater und Sohn zurückführt.

### *Johanna in Weimar*

Als die Frau »Hofrähtin« Schopenhauer zusammen mit der neunjährigen Adele im September 1806 in das eher höfisch und geistesaristokratisch geprägte Weimar übersiedelt, da bleibt freilich mit dem Sohn die ganze Welt des Vaters zurück: Die Mutter ist fest entschlossen, mit dem Leben unter ihren Gesetzen Schluß zu machen. Das äußert sich schon in der Weise des Abschieds, der im Bewußtsein, daß der Sohn von seinem selbstmörderischen Vater auch die Neigung zu »schwermüthigen Grübeleien« zum »traurigen Erbtheil« bekommen hat (28. April 1807), auf die Vermeidung aller schmerzlichen Töne gestimmt ist: Der zigarrenrauchende achtzehnjährige »Freund Arthur« wird unerachtet aller Intimität mit einem »polnischen« Adieu getäuscht – und zwar »um meinetwillen«: Der lebenskluge Egoismus dieser Mutter muß nicht anderer Wohl vorschützen, um ihre eigenen Interessen zu schützen. Später wird sie diesen Freimut, der sich so wohltuend von weiter verbreiteten Etikettenschwindeleien unterscheidet, noch eindrucksvoller zeigen: »Es ist zu meinem Glücke nohtwendig zu wissen, daß Du glücklich bist, aber nicht ein Zeuge davon zu seyn« (13. Dezember 1807).

In Weimar wird Johanna dann so etwas wie die Gnade der historisch rechtzeitigen Ankunft zuteil. Vor allem zwei Faktoren leisten dabei Integrationshilfe: Die napoleonischen Kriege, zumal die Auswirkungen der Schlacht von Jena und Auerstedt, zwingen auch die Weimaraner, näher zusammenzurücken. Zugleich betreibt neben Johanna ein anderer Außenseiter seine soziale Integration in die sogenannte »gute Gesellschaft«, wiewohl er in anderer Hinsicht seit langem ihr Zentralgestirn ist: Es ist der seinen »Bettschatz«, die Mutter seines unehelichen Sohnes ehelichende Geheime Rat Goethe, der Einlaß begehrt. Und die ebenso kluge wie vorurteilslose Johanna ist exakt die Frau, die weiß, wie man aus zwei Außenseitern einen Mittelpunkt macht. In ihren Briefen aus der zweiten Oktoberhälfte, vor allem dem großen Brief vom 18., 19. und 26 Oktober – ihrem eigentlichen Erstlingswerk, das in Hamburg, in Danzig denn auch sofort als einzigartiges historisches und literarisches Dokument aufgenommen wird – gehen Kriegs- und Gesellschaftsberichterstattung, Öffentliches und Privates, Politisches und Intimes eine denkbar enge Verbindung ein.

Das Nationale und Politische ist zwar Johannas eigentliche Leidenschaft nicht. Hier wechselt sie eher reibungslos von patriotischen Anwandlungen zur Bewunderung für den »Unbesiegbaren«, um sich später, in den Befreiungskriegen, wieder »in großer Zeit« zu fühlen. Um so nüchterner ist ihre Beobachtung: Steht am Anfang noch die Faszination des großen gewaltigen Soldatenlebens, der glänzenden Uniformen und der kriegerischen Musik, so weiß sie schon bald, wohin das kriegerisch gesteigerte Leben führt. Das Bild der Mutter, die zusammen mit ihrer Tochter den Tod erwartet; das Porträt eines versteinerten Weimarer Königs Lear, der indessen weit weniger toll als die ihn umgebende Welt ist; die fürchterliche Hilfe des Todes bei der Räumung der überfüllten Lazarette illustrieren »Gräuel«, die nach Johannas Einschätzung selbst Arthurs nachtschwarzes Weltbild übertreffen. Das Resümee lautet lakonisch: »So führt man jetzt Krieg.«

Mildernde Umstände allerdings scheint allemal ein barmherziger Gott zu gewähren. Und mag der Kriegsberichterstatterin auch das »allgemeine Leiden« das Herz pressen, so scheut sie – im vollen Bewußtsein, wie entsetzlich in dieser Situation der private Egoismus ist – doch die Bilanzierung des persönlichen Gewinns nicht.

Der liegt zunächst darin, daß die neuansässige Kriegsgewinnlerin in zehn Tagen besser als sonst in zehn Jahren Gelegenheit findet, sich zu zeigen, »wie ich bin«: geistesgegenwärtig, von schwer erschütterbarer Heiterkeit, großzügig und hilfsbereit, dazu so welterfahren und französisch kultiviert, daß sie mit den Besetzern Weimars erheblich besser als die deutschen Philister kommunizieren kann.

Solch glückliche Selbstrepräsentation wiederum ist das Billet für das Entrée in das »deutsche Athen«. Schon bei ihrer Erkundungsreise im Mai 1806 hatte Johanna mit erstaunlicher Selbstsicherheit gewußt, daß es ihr leicht werden würde, »die ersten Köpfe in Weimar, und vielleicht in Deutschland« wenigstens einmal in der Woche bei sich zu sehen. Aus einmal werden dann sogar zweimal: Donnerstags und sonntags, bei Tee und Butterbrot »im strengsten Verstande des Wortes« – was heute zweifellos jeden Autor eher zum Gehen als zum Kommen bewegen würde –, ist ein Zirkel sondersgleichen versammelt. Der »Theetisch« der »Hofrähtin Schopenhauer« wird zu dem bisher fehlenden Vereinigungspunkt. Die gutbürgerliche Republikaners-Witwe sieht gar eine Art »Cour« um sich versammelt: Ihr Hof umfaßt nicht weniger als die ganze Weimarer Bildungsaristokratie, die der mit Klassik- und Klassizismusvertraute Leser aus dem bekannten Roman eines nicht weniger bekannten Kulturberichterstatters, betitelt »Johanna in Weimar«, kennt; daneben aber auch seltenere Vögel wie den kraft- und weihevollen Zacharias Werner mit seinem »mistischen Wesen«; am Rande und um so erschütternder dargestellt, der alte Wieland, der nach dem Tode Sophie von Laroches so illusionslos über die »mißliche Sache« seines Lebens spricht, als hätte er schon mit dem illusionslosen Sohn der Hofrätin gesprochen.

Über allem natürlich der Geheime Rat Goethe. Diesem hübschen und ernsthaften Ritter von der schwarzen Gestalt kann Johanna sogleich mit jenem prätentionslosen Wesen begegnen, das er über alles schätzt, wiewohl oder gerade weil es ihm selber nur allzu fern liegt. Und die wohleingeschätzte Fremde und Großstädterin tut genau das, was er von ihr erhofft. Der Tee wird zum Vergesellschaftungsmittel par excellence. »Wenn Göthe ihr (Christiane Vulpius) seinen Namen giebt können wir ihr wohl eine Tasse Thee geben« (24. Oktober 1806) – das reduziert »die Vulpius« zwar auf den Status einer Tee- und Namensempfängerin; trotzdem ist diesem ironisch-souveränen Satz die übliche Philisterei denkbar fern: Neither pride nor prejudice…

Auch hier läßt der Gewinn nicht auf sich warten: Goethe – und das heißt: ein eher zutraulich gesehener Mitmensch, kein Menschen verschlingender Autokrat, kein steifer Höfling, kein Olympier, nur gelegentlich ein schwieriger Hypochonder, schon gar kein dämonisches Genie – wird zum familiär empfangenen allwöchentlichen Gast. Vorm heimeligen Ofenschirm, gemeinsam produziert, wird Klassik gemütlich: einfältige, nach eigener Einschätzung fast kindische »Natur« und »göttliche Kunst« scheinen sich wenigstens bei den häuslichen Scherenschnitten, die dann die Domäne Adeles werden, nicht mehr zu fliehn. Und auch Nähe und Größe – »Welch ein Wesen ist dieser Göthe, wie groß und wie gut« (28. November 1806) – schließen sich vorm Ofenschirm nicht mehr aus. Der freundlich transformierte Zeus des »deutschen Athen« hält die »kleine Frau« wie seinerzeit Arthurs Vater, der auch für Johanna immer weit mehr Vater als Mann gewesen war (die Konstruktion ihres Romans »Gabriele« illustriert das literarisch), »fest bey der Hand« (5. Januar 1807). Und die »kleine Frau«, die nicht mehr recht weiß, ob sie Tochter oder Witwe ist, fühlt sich heimischer als je, zufrieden wie nie: »Das ist das wahre Leben.« Kurz: Weimarer Klassik scheint bruchlos in Weimarer Biedermeier überzugehen. Jedenfalls ist wohl kein wärmeres und intimeres Porträt davon als in diesen Briefen gemalt worden.

Mit der Bilanz solch »wahren Lebens« ist indessen bei aller freundlichen Erinnerung an die »Väter« auch die Distanz zu dem unzufriedenen und falschen Leben, das das frühere für Johanna war, markiert: Das neue Glück verdankt sich der Verabschiedung dieser und »aller ähnlichen Familienverhältnisse« (30. Januar 1807). Und wo deren Restauration droht, da wird die »kleine Frau« die ganze Größe ihrer Widerstandskraft zeigen.

### *Revision eines Paktes*

Unterdessen dauert für Arthur das »falsche Leben« vorerst noch an. Der Pakt, den er mit seinem Vater geschlossen hatte, nämlich Europa zu sehen und sich dafür, statt aufs Gymnasium zu gehen, dem kaufmännischen Leben zu ergeben, scheint seinen Preis einzufordern – die Sohnes-Bindung ist so tief, daß er auch gegenüber dem Toten den Vertrag nicht brechen kann.

Die Mutter nimmt dabei eine erstaunlich zwiespältige Haltung ein: Einerseits malt sie ihre Welt, von der sie weiß, daß sie eigentlich auch die Arthurs ist, in den anziehendsten Farben. Andererseits sucht sie ihn zunächst sehr wohl in der Welt des Vaters – der der Ökonomie, der Nützlichkeit statt der Schöngeisterei – zu halten. So stehen ihrer glücklichen Identitätsfindung nach der Entfremdung der Jugend- und Ehejahre bei ihm vertiefte Spannungen entgegen.

Die Reflexe dieses Risses kann man in den Brieffragmenten Arthurs aus der Hamburger Zeit entdecken, so sehr sie in ihrer Bildwelt und im gedanklichen Gehalt noch in den Klischees der christlich-pietistischen Tradition aufzugehen scheinen – die Begegnung mit der englischen Bigotterie im Hause des Reverend Lancaster in Wimbledon hatte hier offenbar noch nicht aufklärend genug gewirkt. Wo Johanna ihr Milieu gesucht und gefunden hat, räsoniert Arthur über den Dualismus von »Geist« und »Körper«, über die Fremdheit der aus ihrer *»erhabenen Apathie«* in die Welt des »Staubes« gerissenen Seele. Wo Johanna sich mit den Mitteln ihrer Geselligkeitskunst ein durchaus diesseitiges Reich schafft, nimmt er auf den Spuren Wackenroders seine Zuflucht zur »göttlichen Tonkunst« als »Widerhall des Ewigen«: ein Ausstieg auf Zeit, eine bedingte Erlösung. Und wo Johanna mit Lust die Verzweiflung vergißt, da erfährt er das »Ungeheuer Alltäglichkeit« und das Ungeheuer Vergeßlichkeit als Aspekte der Nichtigkeit.

Inmitten der noch traditionsgeleiteten Reflexionen über die zerstörerische Allmacht der Zeit, die Arthur schon während der Europareise 1803/4 umgetrieben hatten, gewinnen allerdings die über das »Ungeheuer Alltäglichkeit« spürbar schon einen eigenen Ton; kein Wunder, denn dieses Ungeheuer droht höchst realistisch, ihn zu verschlingen.

Johanna kann gleichwohl in solcher Verdüsterung zunächst nur die Verbindung von pathologischer Erblast mit Pubertätsmelancholie und Symptomen der Berufskrisis entdecken: Bei hinreichender Ausdauer werden Selbst- und Weltzufriedenheit schon proportionierlich zunehmen! Dann aber ist sie, als die Klagen und Wünsche Arthurs inständiger werden, von exemplarischer Liberalität. Sie bricht mit dem väterlichen »Prinzip Erziehung«; sie stellt Arthur die Wahl frei. Ja, so sehr sie ihm noch einmal aus der Sicht der väterlichen Welt mit einem höchst drastischen – und realistischen! – Porträt des arbeitsreichen und honorararmen Gelehrtenlebens die Risiken des Ausstiegs aus der Kaufmannskarriere vorstellt, so beklagt sie sich und den – mit biblischem Tonfall – »geliebten Sohn« geradezu wegen der »grausamen Listen« und Täuschungen des Vaters und Mannes. Worauf sich das legitimerweise beziehen kann, ist nicht ganz ersichtlich. Doch die neue Botschaft ist klar: Statt alter Vater-Sohn-Pakte neue Mutter-Sohn-Allianzen! Noch einmal steht Arthur wie 1803 am Scheidewege; aber diesmal wählt er wirklich, ohne Bestechung und ohne Köder.

Daß er es ist, der wählt, ist indessen auch gegen die in der Biographik üblich gewordene Version mit Nachdruck zu betonen: Trotz Johannas Entgegenkommen kann keine Rede davon sein, daß sie ihm von sich aus als die Geburtshelferin, gar als die Mutter seiner Freiheit (womit denn auch meistens ihre Verdienste als Philosophengebärerin erschöpft sind) zur Eigentlichkeit verholfen hätte. Allein mit ihrer Zustimmung setzt der Wille des Sohnes sich durch.

### *»Wir beide sind ZWEI«*

Aus einem gedrückten familiären Ensemble entstehen also zwei Freiheiten – bei gleich starken Willenspotenzen zwei konkurrierende und schließlich kollidierende Freiheiten allerdings: die von Johanna wird mit höchst dialektischer Ironie dadurch am Ende gefährdet, daß sie die Befreiung Arthurs akzeptiert.

Die räumliche Distanz, die sie zunächst bewußt zu Arthur wahrt, während er selber die Kunst des Abstandhaltens als Mitglied einer Gesellschaft fatal wärmebedürftiger Stachelschweine eher widerwillig erlernt, verdankt sich neben ihrem Freiheitsbedürfnis ihrer Lebensklugheit und einer durchaus adäquaten Menschenkenntnis. Sie ist nicht eben zimperlich, den »Disputirgeist«, die »Superklugheit«, den »Orakelton« ihres »widerhärigen« Sohnes, seine Neigung zur Besserwisserei und Weltverbesserei auf den kaum angenehmen charakterologischen Begriff zu bringen. Und sie kennt seine Verachtung des Lebens und der Menschen, zu denen er doch selber – das die Dialektik aller Misanthropie – gehört (11. April 1832).

Dabei nimmt Johanna freilich nicht wahr, daß sich bei ihrem Sohn, dokumentiert in Reflexionen über das Trauerspiel und die Philosophie als Formen eines »besseren Bewußtseins«, eine Lebensanschauung bildet, die mehr ist als eine pubertätsmelancholische Quengelei. In psychologischer Hinsicht wiederum unterschätzt sie die Tiefe seiner Bindung an den Vater und auch an sie selber, obwohl sie wiederholt die Eifersucht Arthurs beobachten konnte. Dort nimmt sie ihn nicht erwachsen genug, hier zu erwachsen: als ihresgleichen.

Aus dieser Fehleinschätzung resultiert der entscheidende Fehler, den sie begeht, als sie Arthur nach seinem Studium im Widerspruch zu ihren bisherigen Distanzierungsmaximen einlädt, bei ihr zu wohnen. Die erneute dialektische Ironie der Geschichte will es, daß der isolierte Sohn wieder einmal in einer Familie leben und eine adäquate Vorstellung von der Lebensweise der Mutter gewinnen soll: Eben dabei bricht der Konflikt auf.

Der Anlaß sind neben den sich schon abzeichnenden geschäftlichen Differenzen und Arthurs konsequenter Abneigung gegen alles Patriotische anhaltende Streitereien zunächst zwischen Arthur und Johannas Hausfreund Müller von Gerstenbergk, dann auch unmittelbar zwischen Mutter und Sohn – Johanna kann sie nur dem »durchaus bösartigen« Charakter Arthurs zuschreiben. Das wirkliche Motiv ist indessen das Gefühl Arthurs, sich »verdrängt« und den nach seinem Gefühl von Johanna immer schon verratenen Vater vollends betrogen zu sehen. Die von einem Teil der Schopenhauer-Forschung so gerne erörterte Frage, ob denn die Mutter nicht auch verwerflicherweise eine mehr als platonische Beziehung zu ihrem »Freund« unterhalten habe, kann man getrost auf sich beruhen lassen: Es wäre ihr ja immerhin zu gönnen gewesen. Entscheidend ist, noch einmal, Arthurs Eifersucht und die Identifikation mit dem Vater, die zudem in dem Maße verstärkt sein mußte, als er sich selber paktbrüchig fühlte. Wenn man dabei in der symptomatischen Mischung der Haß-, Eifersuchts- und Identifikationsmotive mit dem eingangs zitierten griechischen Philosophie- und Familienheiligen eine geradezu schulbeispielhaft »verschobene« ödipale Konstellation entdecken will, so ist dagegen höchstens einzuwenden, daß das fast schon überdeutlich ist.

Johanna wiederum muß die Freiheit, die sie sich so mühsam gegen die Väter, die Männer erworben hat, von einem Sohn gefährdet sehen, der die Rolle des Familienpatriarchen zu restaurieren versucht. Insgesamt kann man den Kern des Konfliktes mit einer höchst aufschlußreichen Formel wiedergeben, die von Johanna mehrfach als Zitat Arthurs gegen Arthur gewendet wird: »Wir beide sind ZWEI« – das ist die Formel einer Selbstbehauptung, die Formel vollzogener Individuation, die in der Umkehrung der sonst eher üblichen Primärbeziehungen von der nichtsymbiotischen Mutter bekräftigt, vom symbiotisch noch fixierten Sohn hingegen verleugnet wird. Später freilich, nicht zuletzt in seiner Philosophie, wird er den eigenen Satz weit konsequenter beherzigen und aus dem Bruch mit der Mutter einen zentralen, den im Wortsinn »antibiotischen« Impuls seines Lebens und Denkens empfangen.

Symptomatischer Ausdruck der Eifersuchts- und Identifikationsmotive Arthurs ist seine zunehmende Frauenverachtung. Johanna kann dergleichen selbstverständlich nicht hinnehmen: In ihrem großen Scheidebrief vom 17. Mai 1814 fordert sie für sich gleichen Respekt wie einst der Vater: »bin ich weniger als er?« Daraus läßt sich auch die Begleichung alter Rechnungen mit dem Vater – »meinem Mann, deinem Vater«, wie es wahlweise heißt – herauslesen. Andererseits regrediert Johanna, indem sie die von Arthur bemühte väterliche Instanz gegen ihn zu wenden versucht, auch wieder auf das familiäre Normengefüge. Und da darf natürlich dessen religiöser Heiligenschein nicht fehlen: Der Gott, an den die Mutter im Gegensatz zu ihrem Sohn glaubt, näherhin – trotz der Allergie gegen das »liebe Kristenthum« – das vierte Gebot, geben den erwünschten transzendenten Geleitschutz. Den Fluch, den sie in Stellvertretung von Gott und Vater 1814 nicht explizite ausspricht und aussprechen will, spricht sie 1815 dann de facto doch aus (14. Juni): Das, was ihr – fast zum potentiellen Muttermörder avancierender – Sohn an ihr tut, getan hat und tun wird, wird ihm gewiß auch ohne ihr Zutun zum Fluche werden. Man sieht: Alttestamentarischer Geist hat auch in Weimar noch eine bleibende Statt. So ist es denn am Ende gut biblisch »vollendet«, der abschließende Wunsch für Arthur eher eine Drohung: »Lebe und sei so glücklich als Du kannst.« Ob die Horaz- und Livius-Zitate, mit denen Arthur den Scheide-Brief der Mutter auf der Rückseite versieht, unmittelbaren Bezug auf den Bruch haben, kann dahingestellt bleiben. Auf jeden Fall drückt es seine Wertschätzung aus, wenn er den Brief als Schreibpapier benutzt. Das Familienband, das Johanna 1809 noch für unzerreißbar erklärt hatte, ist wirklich zerrissen.

In der Folgezeit kooperieren Mutter und Sohn gelegentlich aus finanziellen Gründen. Doch beim Bankrott des Handelshauses Muhl brechen mit den ökonomischen die familiären Dissonanzen in womöglich noch größerer Schärfe wieder auf. Die Mutter – das ist für den Sohn in jedem Sinn die Schänderin der väterlichen Ehre. Und mag sie auch mit ihrem sentimentalischen Entsagungsroman »Gabriele« zu Hochschätzung (nicht zuletzt bei Goethe!) und zu Erfolg kommen, während der von allen Göttern verlassene Arthur in einer gleichzeitigen Ungleichzeitigkeit ohnegleichen erfolglos sein wahrhaft unsentimentalisches Hauptwerk publiziert, so wäre sie doch aus seiner Sicht »ohne den Vater« nichts; schlimmer: Sie wäre wie die arme »matante« Julchen, zu deren Unterstützung man sich ansonsten noch einmal familiensinnig zusammengefunden hat (9. November 1819) – so weit gehen Arthurs aggressive Phantasien über die familiäre Patriarchogenese. Der Reichtum, sei er materiell oder ideell, soll nun einmal unter den beiden Männern bleiben.

Der Rest ist auf geraume Zeit Schweigen. Erst nach der Übersiedlung von Mutter und Tochter an den Rhein und Arthurs Flucht vor der Cholera von Berlin nach Frankfurt ergeben sich wieder vorwiegend geschäftliche Briefkontakte. Gelegentlich fehlt es nicht an mütterlich-fürsorglichen, auch scherzhaften Tönen: guten Wünschen für den garstigen Pudel, Empfehlungen von Kamillentee, Kollegengesprächen über Verleger und Rezensenten. Sehr viel ernsthafter taucht mit den Schatten, die im Frühjahr 1832 über dem früh alt werdenden, von Krankheit und Isolation verdüsterten Arthur liegen, die Selbsttötung des Vaters als drohende Möglichkeit des Sohnes wieder auf (20. März 1832). Aber damit hat es im ganzen auch sein Bewenden: In den 24 Jahren, die Johanna nach dem Bruch von 1814 noch zu leben hatte, sind beide, auch wo sich ihre Wege kreuzten, nie wieder zusammengetroffen. Daß sie die Trennung rigoros aufrechterhalten haben – das ist auch für die Leser, denen nicht daran gelegen ist, drauflos zu urteilen und die Raben-Mutter mit dem armen, erst mutter- und dann gottverlassenen Sohn zu kontrastieren, ein wahrhaft herbes Ende. Die Verletzung, wohlgemerkt: *beider* Verletzung, muß zu tief gewesen sein. Das erhaltene Schlußwort Johannas lautet lapidar: »Lebe wohl.« Testamentarisch hat sie ihren Sohn dreimal enterbt, zwar zugunsten ihrer Gläubigerin Adele, aber gewiß ohne schlechtes Gewissen. Und als die Schwester später in der Wohnung des Bruders erstaunlicherweise einem Bild der Mutter begegnet, womit in der Schopenhauer-Forschung bisweilen der Bruch zwischen den beiden wenigstens symbolisch wieder gekittet werden soll, da ist es ein Bild, das Adele höchst fremd, ja »widerlich« empfindet (19. August 1843). Kurz: Die »zwei« haben einen wirklichen Frieden nicht mehr gemacht. Die Versöhnung, die es bei Johanna nur in der Literatur gab, bei Arthur auch nicht in seinem Denken, ist ausgeblieben. Anstelle der kleinfamilialen Sancta Trinitas, in deren Zeichen die Dialektik die Gegensätze der Wirklichkeit zu vermitteln sucht, stehen die Bruchstücke einer Dualität, die Harmoniebedürfnisse nicht befriedigen kann. Den realistischen Sinn für ungeschönte Dissonanzen freilich wird dieses Ende nur schärfen.

### *Briefwechsel mit einem Kinde?*

An die bekannteste und mit vollem Recht verrufenste Geschwister-Beziehung der Philosophie-Geschichte: die zwischen Friedrich Nietzsche und Elisabeth Förster-Nietzsche, dem »Lama«, muß man erinnern, wenn man die Bedeutung, ohne Umschweife: die Größe Adeles kennzeichnen will. Denn läuft die Bruderliebe der Autorin des »Willens zur Macht« auf einen rabiaten Bemächtigungsversuch hinaus, der keine Skrupel kennt und keinerlei Eigenleben erträgt, so gibt Adele ein Beispiel, wie Zuneigung und Distanzbewußtsein verbunden werden können. Diese exemplarische Fähigkeit aber war Adele keineswegs ins familiäre Nest gelegt: Sie, die ihrerseits zwischen den ungleich größeren Willenspotenzen der Mutter und des Bruders zerrieben zu werden drohte, hat sie vielmehr mühselig erworben. Grund genug für angemessene Anerkennung; Zeit aber auch für die Revision eines Frauenbildes, wie es immer noch durch die Literatur- und Philosophie-Geschichten geistert: das eines talentierten, indes nun einmal potthäßlichen, vor der Zeit alt und altklug gewordenen Blaustrumpfes, den sich kein Mann anziehen mochte. Die Negativporträts von Fanny Lewald über Levin Schücking bis zu Friedrich Hebbel haben dieses Bild fixiert, aber auch wohlwollendere Differenzierungen wie die von Annette von Droste-Hülshoff. Zumal bei Hebbel werden selbst die Spezialisten (wie der Herausgeber dieses Briefwechsels) mit den unvermeidlichen Sympathien für »ihren« Autor nicht daran vorbeikönnen, daß seine römische Begegnung mit Adele, berichtet am 30. Januar 1845 an Elise Lensing, ein brutaler Akt sondersgleichen ist, der nur in seiner schmerzhaften späteren Begegnung mit dem berühmt gewordenen Bruder von einer ausgleichenden zeitlichen Gerechtigkeit geahndet worden ist.

Freilich muß man diese Adele auch etwas gegen sie selber in Schutz nehmen. Die Tagebücher, auch die literarische Produktion dieses immer verliebten, meist beliebten, nie richtig geliebten alten Mädchens, das sentimentalisch seine überhitzte Gefühlskultur pflegt, ohne jemals mit der Realität in die Wochen zu kommen; dessen Innenleben stets in dem Maße ins Kraut schießt, wie es jede klärende Äußerung vermeidet, sind in der Tat öfters dazu angetan, Ungeduld hervorzurufen und Blaustrumpf-Porträts Vorschub zu leisten. Selbst die berühmten Silhouetten Adeles tändeln zu sehr mit geflügelten Amorinen und Amoretten, als daß man in ihnen die Schwere und die Tapferkeit dieses ganz und gar nicht beflügelten Daseins spüren könnte: »Schwarze Kunst«, wie sie Adele nachgerühmt und nur von Arthur geboten wurde, bieten sie nicht.

Indessen: Man lese diese Briefe – und man wird eine ganz andere Frau entdecken.

Das Gefühl, das die halbverwaiste Adele nach der zuerst nur geahnten Selbsttötung des Vaters empfunden hat, war das »der gänzlichen Schutz- und Rathlosigkeit« (22. Januar 1836). Auch die Mutter, die bei aller Zwiespältigkeit von Adele zweifellos geliebt worden ist, hat ihr dieses Gefühl nicht nehmen können – sie hat es ihr nur allzuoft selber vermittelt.

In dem neun Jahre älteren Bruder mußte Adele deshalb zunächst schlüssigerweise Ersatz suchen. Ihre Briefe nennen ihn nicht umsonst das »Haupt der Familie«; und sie bringen die Sehnsucht, seinen Beistand zu haben, auch explizite in unmittelbare Verbindung mit dem Gefühl der Vaterlosigkeit.

Selbst als diese Sehnsucht von Arthur mehr als einmal enttäuscht worden ist, hält Adele daran fest, bei aller Verschiedenheit von Erziehung, Lebenslauf und Geschlecht durch dieselbe »Natur« verbunden zu sein. »Niemand auf der Erde liebt Dich wie ich« (14. Januar 1820), versichert sie nicht ohne Grund dem isolierten Bruder. Ja, als Arthur ihr in einer unverhofften Anwandlung von Zärtlichkeit schreibt, »*außer* ihr« habe er »nie eine Frau ohne Sinnlichkeit geliebt« (5. Februar 1819), da läßt sie sich gerne auf das Gefühls- und Gedankenspiel ein, was wäre, wenn sie nicht seine Schwester wäre. Und gegenüber seinen noch im Säuglingsalter gestorbenen Kindern und deren Müttern entwickelt sie, männer- und kinderlos, wie sie ist, eine Fürsorglichkeit, die fast schon die einer Ersatzmutter, mindestens die einer »treuen Tante« ist (Johannas Roman »Die Tante« schreibt Arthurs Jugendfreund Anthime Grégoire de Blésimaire bezeichnenderweise Adele zu). Daß sie ihrem Bruder nur zu gerne als treue Haushälterin bei der Einrichtung seiner neuen Frankfurter Wohnung geholfen hätte, versteht sich unter solchen Gefühlsumständen am Rande.

Allerdings laufen diese Bedürfnisse schon vor allen weiteren krisenhaften Zuspitzungen weitgehend ins Leere. Das Gefühl der Vaterlosigkeit findet nur in Weimar Kompensation: Hier ist es Goethe, der für die neunjährige Adele alsbald zu jenem »theuren Vater« wird, den sie bis zu seinem Lebensende in ihm behält. Ihrerseits wird sie den von Kindheit an geliebten Goethe-Enkel Wolfgang als »geistigen Sohn« (später gar als »nächsten Freund«) für sich reklamieren, wie sie generell dazu neigt, jüngere Freunde – Felix Mendelssohn-Bartholdy, Louis Stromeyer – als Söhne zu qualifizieren. Die kindlich-töchterliche Liebe zum Ersatzvater Goethe trifft sich übrigens mit jenen schon beschriebenen Gefühlen, die auch Johanna seiner väterlichen Hand entgegenbringt. Ja, für eine Zeitlang schließt die familiäre Liebesgemeinschaft sogar Arthur mit ein. Selbst als er in der Farbenlehre eigene Wege gegangen ist, freut es den Ersatzvater immer noch sehr, daß Arthur – seinerseits für den dummen August der Ersatzsohn – weiterhin so an ihm hängt (5. Februar 1819). Der für den klassischen Geschmack ungraziös formatierte erste Band der »Welt als Wille und Vorstellung« wird zwar sogleich in zwei Teile zerschnitten – und trotz anderer Absichten auch nur kursorisch gelesen –; aber im deutschen Athen, im Schutz des familiär transformierten Olympiers scheint die von lauter Halbwaisen bevölkerte Welt der Schopenhauers noch einmal ganz.

Gleichwohl ist sie nach dem Bruch zwischen Mutter und Sohn natürlich nicht mehr wirklich zu kitten. Die bei Johanna bleibende Adele steht seitdem zwischen den Fronten. Von Arthur, den sie der Mutter wegen etliche Jahre lang nicht sieht, wird sie als feindliche Partei beargwöhnt. Die Situation ist hier von einer bitteren Paradoxie: Sie sucht im Bruder den Vater – er sieht in ihr die Partei der Mutter; Johanna wiederum, die nicht nur *mit* Adele, sondern zunehmend auch *von* ihr, von ihrem Erbteil lebt, verdächtigt sie nicht minder des Verrats. Adeles erschütternder Brief vom 26. Juli 1819 an ihre Freundin Ottilie von Goethe zeigt, daß sie so sehr von der Mutter als Überläuferin zur Partei der Männer verdächtigt wird, daß sie dem Vater, von dessen Selbsttötung sie erst jetzt definitiv erfährt, in den Tod nachzustürzen droht.

Dabei ist kaum eine loyalere Tochter als Adele denkbar. Wohl hat sie keinerlei Illusionen, in welchem Umfang die Mutter ihr Vermögen – das einer Unmündigen – veruntreut hat und ihre »egoistische Liebe« auch die Herangewachsene als Haushälterin, Hausdame, Gesellschafterin, nach dem Ende ihres Weimarer »Cours« als unterhaltsame Hofnärrin, wenn man so will, instrumentalisiert

– ganz anders, als Adele es sich vorgestellt hatte, »nütze, ja benutzt« zu sein. In der Pflege der Mutter kann sie durchaus nicht ihren definitiven Lebenszweck sehen. Sie feiert keine Opferfeste angeblicher Selbstlosigkeit. Sie mißtraut der Mutter unverhohlen. Hinter Johannas Rücken die familiären Fäden wieder anzuknüpfen, ist für sie selbstverständlich legitim. Und die Härte, mit der sie das Verhalten der Mutter gegebenenfalls charakterisiert, zeigt, daß sie nichts weniger als naiv oder gar hörig ist.

Aber sie gibt die Mutter auch an keinem Punkt aus Koalitionsgründen dem Bruder gegenüber preis. Wo Arthur nur Resultate der väterlichen Schöpferkraft entdecken kann, beharrt Adele, die ihrerseits die Frauenfeindlichkeit Arthurs nicht weniger energisch als Johanna bekämpft, auf der auch literarischen Selbständigkeit der Mutter. Sie mildert, sie vermittelt, wo immer es geht. Und am Schluß, wo keine Bedrohung mehr von den mütterlichen Willenspotenzen ausgeht, sondern nur noch eine arme, lahme, unglückliche und von Reue geschlagene Frau ihr gegenübersteht – »die alte Frau«, wie es einmal denkbar nüchtern heißt (2. Dezember 1836) –, da mündet das in die Bitte zu vergessen, »was die Mutter an uns beiden gethan« (23. April 1838); in eben jenes Mitleid, in dem sich Adele am Ende mit der Ethik des Bruders trifft. Diese lebenslang durchgehaltene doppelte Loyalität, die sich wie Johannas Selbständigkeit keinerlei symbiotischen Zwängen fügt, zugleich aber Wärme in die brüchigen Beziehungen bringt, machte Adele auch dann bemerkenswert, wenn es sonst von ihr nichts weiter zu berichten gäbe. Es gibt aber noch anderes von ihr zu berichten – zum Beispiel von ihren Lernprozessen in der Situation, in der auch die Beziehung zwischen Bruder und Schwester endgültig zu zerbrechen droht: beim Bankrott des Hauses Muhl.

### *Das Geschäft des Lebens*

Daß erhebliche Teile des Familien-Briefwechsels Geschäftsbriefe sind, ist auf dem Boden der gutbürgerlichen Gesellschaft, die die Schopenhauers repräsentieren, und der spezifischen Erbverhältnisse, durch die sie verbunden sind, nicht verwunderlich. Es kommt nur darauf an, die Seele dieser Geschäfte nicht zu übersehen: Ökonomisch-psychologische Manuskripte bieten diese Briefe allemal. Und auch Geld und Geist hängen bei den Schopenhauers enger, als sonst wohl üblich, zusammen.

Mit der Dreiteilung des Familienvermögens nach der Selbsttötung von Heinrich Floris einerseits, der Treuhänderschaft Johannas für die beiden Kinder bis zu ihrer Mündigkeit andrerseits ist eine Ausgangslage gegeben, deren Konfliktpotential sich sehr bald zeigt: Johanna, so sehr sie sonst auf der Einhaltung der Distanzen beharrt, ist doch zu selbstverständlich die verfügende Mutter, als daß sie das Sondervermögen der Kinder konsequent respektieren könnte. Adeles Erbteil geht ohne weiteres in die – trotz »Thee und Butterbrot« – aufwendige gemeinsame Haushaltung ein. Und als die mündig gewordene Tochter das ganze Ausmaß der Veruntreuung und Verschwendung erkennt, ist es zu spät, die Verbindung längst unauflösbar: Der Eigenanteil wäre nur um den Preis der vollständigen Preisgabe der Mutter zu retten.

Das ist für Adele um so bitterer, als ihr Erbteil die Basis ihrer Heiratschancen ist. Denn wo sie die Natur mit Häßlichkeit geschlagen, wiewohl mit Kunst und Verstand ausgezeichnet hat – was indessen nach den geltenden Präferenzen eher ein Ehehindernis ist –, da ist nach den Gesetzen des bourgeoisen Heiratsmarktes auch nur mit gebührender Entschädigung etwas, nämlich ein Mann zu wollen.

Der Sohn wird zwar von Anfang an als Mann, als Nachfolger des Vaters und als Charakter weitaus mehr respektiert – abgesehen davon, daß in diesem Fall die getrennte Haushaltsführung profitable Unklarheiten nicht fördert. Aber auch hier gestattet sich Johanna wiederholt ein saloppes Geschäftsgebaren, das einen peinlich genauen und streng rechtlichen Rechner wie Arthur selbst bei bestem Willen nicht zufriedenstellen kann, bei dem schlechteren, der ihn nach dem Bruch von 1814 bestimmen muß, ohnehin nicht. Kein Wunder, daß der Tonfall seiner Briefe vom melancholisch-reflektierenden der Pubertäts- und Studienjahre nach dem Ausbruch der familiären Kapitalgewitter höchst drastisch zum handfest-geschäftsmäßigen wechselt.

Für Arthur besteht zwischen dem Erbe und dem Vater so etwas wie eine symbolische Gleichung: Aus der Sicht des Eifersüchtigen verrät und verkauft die Mutter den Vater wie das Erbe gleichermaßen. Der mit aller Entschiedenheit, ja Rigorosität geführte Kampf um sein Erbteil ist dementsprechend für ihn auch ein Kampf um das Vermächtnis des Vaters: Ihn und es will er sich nicht nehmen lassen. Und da, nicht weniger wichtig, das Erbe des freiheitsliebenden Vaters auch der Garant seiner philosophischen Freiheit und Unabhängigkeit ist – die Philosophieprofessoren: wären sie nur mehr Erben und weniger bestimmt zu erwerben! –, muß er jede Vermögensgefährdung als Generalangriff auf die Grundlagen seiner Existenz empfinden.

Schwester und Bruder wiederum sind auch in allen Vermögensfragen dadurch belastet, daß sie einander nicht unbefangen als Einzelne, sondern nur als Koalitionäre bzw. Gegner der Mutter gegenüberstehen. Arthur, ohnehin mißtrauisch und konfliktfreudig bis zur Streitsucht, kennt hier in seinem Argwohn keine Grenze. Adele ihrerseits mit ihrer doppelten töchterlichen und geschwisterlichen Loyalität ist auch doppelt verletzlich. So provoziert die finanzielle Krise von 1819 eine noch tiefere familiäre Krisis als die von 1814: der primär seelisch bedingten folgt die totale ökonomisch-psychologische nach.

Objektiv erschwerend kommt noch hinzu, daß die Ausgangslage von Mutter und Tochter einerseits, Arthur andererseits ungleich ist: Die beiden Frauen haben bei Muhl fast ihr gesamtes Vermögen, Arthur nur einen Teil stehen. Außerdem sind Mutter und Tochter hochverschuldet und benötigen dringend für ihren Lebensunterhalt Geld. Sie arbeiten deswegen von Anfang an auf einen Vergleich hin, für den Adele die Restbestände des brüderlichen Familiensinns zu gewinnen sucht. Arthur aber, selber nicht vor Ort und nach seinem Gefühl allen betrügerischen Koalitionen der Kontraktoren ausgeliefert, lehnt den Vergleich mit aller Härte ab. Der Erfolg scheint ihm recht zu geben. Die Wertung seines Verhaltens ist indessen äußerst umstritten: Hat er am Ende nicht nur seine Zustimmung verweigert, sondern sich gar auf Kosten von Mutter und Schwester saniert? Einerseits nahm er in der Tat in Kauf, daß der Vergleich überhaupt nicht zustande kam und Mutter und Schwester auch überhaupt nichts erhielten, was nicht ausschloß, daß er *nach* dem Vergleich weidlich von ihm profitierte. Andererseits ist nicht bekannt, daß er Mutter und Schwester den Akkord empfohlen hätte. Er selber ging, obgleich unter gemilderten Umständen, ebenfalls ein erhebliches Verlustrisiko ein. Im übrigen ist er dem Vergleich auch nicht mit einer Klage entgegengetreten. Er glaubte wohl, wie Adele selber vermerkt, sich neutral verhalten zu können. Und das Unterstützungsangebot, das er Adele und, mit einer erneuten Bezichtigung, auch der Mutter gemacht hat, wie er insgesamt durchaus generös bleibt, wo es um Menschliches, nicht Rechtliches geht, läßt ebensowenig einen finanziellen Kannibalen erkennen. Wie also bilanzieren?

Der familiäre Negativsaldo, um in der barbarischen Sprache des Kommerzes zu bleiben, ist nicht zu übersehen. Johanna erhält nur die Bestätigung ihrer schlimmsten Einschätzungen und zieht, wo immer es in der Zukunft um Geschäfte geht – und meistens geht es zwischen ihr und dem Sohn nur noch um Geschäfte – kühl die Konsequenzen: keine übertriebenen Gemeinsamkeiten, zumal sie im Gegensatz zu Arthur die Geschäfte nicht liebt; vor allem keine Unterordnung unter den ökonomisch-philosophischen Querulanten!

Adele aber ist bitterlich von der unbrüderlichen Härte, ja »Grausamkeit« Arthurs enttäuscht. Noch viele Jahre später, als er sie unberechtigterweise wieder mit Verschwendungsvorwürfen traktiert, hat sie nicht vergessen, wie sehr er sie hier allein gelassen hat: sie, die im Bruder den Vater gesucht und nicht einmal den Bruder gefunden hat. Während er sich schlimmstenfalls mit Habilitations- und Dozenturplänen herumschlagen muß, sieht sie ihr ganzes Leben »verpfuscht« – die Aussicht, das geliebte Weimar aufzugeben und als Gouvernante in Rußland zu dienen, muß auf sie, die nicht weniger als Arthur mit dem Unabhängigkeitssinn der Schopenhauers begabt ist, tatsächlich wie ein Todesurteil wirken.

Noch schwerer wiegt, daß Adele sich völlig von Arthur verkannt fühlt. Wo sie als Schwester und Kind reagiert, sieht er »Lärvchen« und »*Sentimens*« (15. Januar 1822), die man in der »feinen Welt« höflicherweise für Realitäten nehmen mag, in der philosophischen »Welt des Ernstes und der Wahrheit« aber keine Geltung haben: Ihm wird auch im zwischenmenschlichen Verkehr die Philosophie zur harten »Schule des Verdachts«.

Gerade die Bitternis dieser schwersten aller Verletzungen aber stößt Adele endgültig aus dem quasi »dogmatischen«, nämlich familiengläubigen Schlummer. In der Vollendung ihrer Geburt liegt ihr Krankheits-, richtiger: ihr Krisengewinn. Danach steht sie Arthurs Härte in nichts mehr nach: Der Schnitt, mit dem sich ihre Seele von ihm scheidet, ist von derselben desillusionierten Schärfe, die sein Verhältnis zu den Menschen prägt. Zwar ist der von ihr gezahlte Preis wohl höher als der seine: Ihre Tagebücher zeigen, wie sehr sie, nach dem für lange Zeit letzten Zusammentreffen in Berlin 1820, bei dem sie den Bruder nicht so »furchtbar« findet, wie sie seine grausamen Briefe empfunden hatte, unter der Trennung leidet: verbunden mit ihren Liebeskrisen hart bis an den Rand des Wahnsinns und der Selbsttötung. Aber auch für sie führt kein Weg in die kindlichen Symbiosen zurück.

Die Affäre Muhl hat unterdessen auch noch einen Positivsaldo aufzuweisen, den man als ökonomisch-*philosophischen* buchen mag. Der Philosoph nämlich erhält Gelegenheit, den seiner Zunft so gerne bestrittenen Realismus zu zeigen. Mit einem schon erstaunlichen Geschäftssinn und Beharrungsvermögen pokert Arthur in der Affäre Muhl ebenso riskant wie hoch – und er gewinnt. Wohl selten ist das beliebte Vorurteil, Philosophen könnten schon von Berufs wegen nicht rechnen, der Adel des Geistes vertrage sich nicht mit den Niederungen der Geschäfte, und überhaupt müßten die höheren Weihen durch eklatante Lebensuntüchtigkeit erworben werden, gründlicher widerlegt worden. Arthur war sich dessen, daß er hier nicht nur einen finanziellen Sieg erstritten hatte, durchaus bewußt. Selbst Adele und Johanna, so gerne vor allem die erstere dem Philosophen gelegentlich wieder Praxisferne zu bescheinigen versucht, können nicht umhin, ihm zumindest in dieser Hinsicht nächste Lebensnähe zu bescheinigen, wie sie ohnehin später nicht mehr bestreiten, daß sein Verhalten in der Affäre Muhl, finanziell gesehen, richtig war. Arthurs inneres Resümee kann man wohl so wiedergeben: »Wenn schon das Leben ein Geschäft ist, das die Kosten nicht deckt, dann soll das Geschäft doch zumindest die laufenden Lebenskosten decken.« Und es muß ja auch wahrhaftig nicht gegen einen Philosophen sprechen, dem es um stichhaltige Lebensbilanzen geht, wenn er rechnen kann.

Ebenso wird ein spezielleres, nicht weniger beliebtes Vorurteil der Schopenhauer-Biographik durch die Affäre Muhl revidiert: So sehr dieser philosophische Rentier *von* seinem Erbe *für* seine Rentiersphilosophie gelebt haben mag – er hat sich dieses Erbe immerhin selbsttätig bewahrt. Die zu Tode zitierte Sequenz Goethes: »Ererben – erwerben – besitzen«, hat hier wenigstens ihr Recht.

Den Nachweis seiner Rechenfähigkeiten kann der dem »Schwabenalter« weißgott entwachsene Arthur in den folgenden Jahrzehnten wiederholt erbringen, in den Auseinandersetzungen mit dem Geschäftsgebaren des Danziger Bevollmächtigten Skerle zur Abwechslung einmal sogar nicht gegen, sondern für alle drei Schopenhauers. Sie werden durch das gemeinsame Erbe, das sie auseinandergebracht hat, paradoxerweise auch zusammengehalten: Das Geld stiftet hier die Verhältnisse. Und Arthur, jetzt vollgültiges Familienoberhaupt, zeigt noch einmal, wie sehr er imstande ist, mit den »Practicis« fertig zu werden und »seinen Mann zu fassen« (19. Juli 1840). Sogar sein so oft beschrieener »fürchterlich mißtrauischer Sinn« schlägt hier zum Guten aus. Die Skerle-Affäre gerät so zu einer Art ökonomischer Familienutopie. Und wer diese sogenannten »Geschäftsbriefe« liest, die in der philosophischen Briefliteratur der Deutschen fürwahr ein singuläres Dokument sind, wird sich dem Vergnügen an dem satirischen Witz und der göttlichen Grobheit, der souveränen Psychologie und dem taktischen Geschick dieses Weltläufigsten, nach eigenem Zeugnis »Geriebensten« in der Gemeinde der Denker, Schweber und Seher nur schwer entziehen können: Wer die Welt so kennt, der darf sie sich auch so vorstellen.

Derlei geglücktes Management ist freilich nie eine Harmoniegarantie. Es gibt immer wieder kontroverse Entscheidungen. Das ferne Danzig, wo man über die genauen Verhältnisse, ja, nicht einmal über den eigenen Besitz richtig Bescheid weiß, bietet ohnehin einen zu großen Ermessensspielraum. Die Schopenhauers profitieren hier zwar von den Vorteilen ihrer Klasse: Sie können von dem leben, was sie nicht einmal kennen. Da sie aber die Schopenhauers sind, zahlen sie dafür, auf dem Boden einer nicht sowohl »ewigen« als vielmehr zeitlichen Gerechtigkeit, auch ihren familiären Preis.

Anfang 1836, als Mutter und Schwester die von Muhl gezahlte Rente nach seinem Tod zu verlieren drohen, wiederholt sich die ökonomisch-psychologische Krise von 1819 bis hart an den Rand eines neuen Bruchs. Arthur fürchtet offenbar besonders Adele wie den leibhaftigen, sonst so erfolgreich vermiedenen Versorgungsanspruch; Adele vermerkt das wieder mit äußerster Bitternis. Trotzdem zögert sie nicht, ihn mit der Versicherung zu besänftigen, daß sie nur den Rat seiner Klugheit, finanziell aber überhaupt nichts von ihm erwarte. Ja, in dieser Familie von Erben, wo die Enterbungsdrohung als Fortführung der familiären Verhältnisse mit den berühmten »anderen Mitteln« allezeit über den Köpfen hängt, akzeptiert sie sogar die vermutete Enterbung durch Arthur, und zwar ausdrücklich unter Anerkennung der Privilegien der Söhne im Patriarchat (wenn er hingegen die Enterbung durch die Mutter hinnimmt, dann ist das eine generöse Geste).

Einen erneuten Kotau des »im Namen des Vaters und des Sohnes« regredierenden Kindes darf man darin freilich nicht sehen. Denn die der geschwisterlichen Symbiose entsprungene Adele zeigt wie in allem übrigen auch ökonomisch ihre vollendete Emanzipation. In der Not nicht weniger »pfiffig« geworden, als es der »geriebene« Arthur schon länger war, kann sie bei verschiedenen Gelegenheiten demonstrieren, daß sie nicht schlechter, manchmal sogar besser als er rechnen kann. Sie beharrt gegen seinen Willen auf ihren Rechten und Entschlüssen. Wo er zu penetrant wird, verbittet sie sich nicht weniger entschieden, als er es getan hatte, seine Briefe. In der Drastik der Wortwahl, der Souveränität der Ironie, auch der Schärfe der Diagnosen und der Härte des Urteils steht dieses ehemals empfindelnde Wesen Arthurs Geschäftsbriefen kaum noch nach. Und daß Adele unerachtet der voraufgegangenen Erbquerelen Arthur bei ihrem Tod ein bestens geordnetes und sogar vermehrtes Vermögen hinterlassen kann, ist am Ende nicht ohne ironischen Triumph. Kurz: Geschäftsfähig ist dieses ehemals so abhängige Wesen am Ende seines Lebens, nach den diversen Familienkatastrophen, wahrhaftig geworden – mag auch das Geschäft dieses Lebens letzten Endes ein trauriges sein.

### *Von der Nichtigkeit und dem Leiden des Lebens*

Unter der Leitung ihres »theuren Vaters« Goethe agiert Adele 1819 in Weimar als Allegorie der Tragödie. Und tragisch, zumindest abgrundtief traurig, ist gewiß der Grundton ihres Lebens. »Ich konte Schwester, Freundin, Tochter, Frau, Mutter, Hausfrau sein und Alles das gut und genügend« (an Ottilie von Goethe am 2. Januar 1828) – und ich war…?

Noch nicht einmal sechsjährig, wird Adele während der großen Europareise von Vater, Mutter und Bruder für anderthalb Jahre alleingelassen. Wenige Monate nach der Rückkunft macht der Tod des Vaters die Siebenjährige zur Halbwaise. In Weimar gerät sie zwischen die Fronten von Mutter und Bruder. Während der Affäre Muhl erfährt sie definitiv von der Selbsttötung des Vaters und verliert zugleich den im älteren Bruder gesuchten Vaterersatz. Ihre Rolle zwischen Johanna und Müller von Gerstenbergk, an den sie sogar verkuppelt werden soll, ist oft belastend, immer prekär. Ihre zahlreichen Liebesenttäuschungen können auch nicht durch ihre noch zahlreicheren Freundschaften kompensiert werden. Freundschaft und Liebe verquicken sich ohnehin meist so unglücklich, daß Adele nur zu oft ganz und gar chancenlos der weit attraktiveren Ottilie von Goethe nachliebt. Alle ihre Heiratsaussichten lösen sich in nichts auf. Am Ende fühlt sie sich innerlich wie äußerlich isoliert. Das mag im Blick auf die innige Freundschaft der letzten Lebensjahre mit Sibylle Mertens-Schaaffhausen ungerecht anmuten, ist aber zweifellos authentisches Lebensgefühl. Der Alternden, die, ohne sich selber zu schonen, ihr Selbstporträt malt: das einer schon früh »Ausgelebten«, nicht »Verlebten«, müssen zum Schluß

Bilder weitgehend die Menschen (30. Dezember 1846) ersetzen: Das Freundschaftsgenie von ehemals ist in der Welt Arthurs angelangt.

Auf das bitterste wird Adele für all das vom »Leben«, das sie nicht weniger drastisch als Arthur glossiert, mit zunehmender, ihr sehr wohl bewußter Häßlichkeit und unheilbarer Krankheit entschädigt. Schließlich stirbt sie an einem Unterleibskarzinom. Wohl selten haben die Gesetze der Psychosomatik eine schlimmere Illustration gefunden: Den Leib, der zu besserer Erfüllung nicht kam, füllt zum bösen Ende ein tödlicher Krebs.

Aus diesen Erfahrungen, die bei Adele wie bei Arthur das Denken nicht relativieren, sondern begründen und legitimieren, entsteht plausiblerweise eine Lebensanschauung, deren Düsternis kaum überbietbar ist. Die Tagebücher, die Briefe an die Freunde zeigen eindrucksvoll, wie die sentimentalische Mitgift der empfindsamen und biedermeierlichen Tradition einem durchaus adäquateren Leidensrealismus weicht. Die Briefe an Arthur, die noch dunkler als die an die Freundinnen und Freunde sind, werden vollends zu einem der großen Dokumente der Illusionslosigkeit. Adeles existentieller Sarkasmus, der hinter dem Arthurs nicht zurücksteht, sähe sich gerne »der ganzen Historie enthoben«: »Ich lebe ungern, scheue das *Alter,* scheue die mir gewiß bestimmte *Lebenseinsamkeit*« (27. Oktober 1831). Auch wenn ihre »Riesennatur« das »tragische Ende« nicht zu bedürfen glaubt, führt ihr Leben doch wie bei Arthur mehrmals bis hart an den Rand der Selbsttötung. Ihre einzige Hoffnung ist öfters ein »zufälliger Tod« oder auch ein Zufall, dem sie hilfreich ihre Hand leihen möchte – so die Weihnachtsbotschaft von 1842. Ihre Gewißheit, eher als Arthur zu sterben, ist unumstößlich; ihre Todessehnsucht zwar ohne Hektik, aber so entschieden, daß sie ihrer Freundin das Versprechen aktiver Sterbehilfe abverlangt. Prinzipiell würde sie nur zu gerne an die Möglichkeit des definitiven Endes, die Arthurs Denken eröffnet, glauben; aber die finale Hoffnung, »die endlose Reihe aufgedrungener Existenzen los zu werden« (16. August 1844), ist ihrem noch abgründigeren Pessimismus, ihrer Krankheit zum Tode, ohne sterben zu können, versagt.

Ein Ende allerdings sollen wenigstens alle schriftlichen Hinterlassenschaften finden: Möglichst wenig soll von ihr bleiben. Hier und in der Kränkung der nie Gekannten, die unbekannt zu »verschwinden« wünscht, hat Adeles herostratischer Umgang mit ihren Papieren, der den Briefwechsel der Schopenhauers so sehr fragmentiert hat, seinen tieferen Grund.

Im ganzen wird auch bei Arthur nur selten das Gefühl der »Nichtigkeit und des Leidens des Lebens« eindringlicher artikuliert: Adeles »schwarze Kunst« kommt da wirklich zu Ehren, wo sie sich mit der des Bruders trifft. Ja, wo er in der Generalabrechnung mit solcher Nichtigkeit, in der Zerstörung der Lebensideologien von den religiösen bis zu den zeitgemäß listig vernünftelnden immerhin die Basis für ein langes, gesundes und auch zunehmend aufgehelltes Leben findet, da erfährt sie das Leiden des Lebens buchstäblich am eigenen Leibe und überbietet ihn nicht im Denken, aber existentiell: Wenn Arthur nach einer treffenden Charakteristik der Forschung der Selbstmörder ist, der am Leben blieb, so ist Adeles Leben gerade noch »gehemmtes Sterben«. Indessen muß man das nicht gegeneinander ausspielen. Komplementär, in einer bis dato unerhörten familiären Arbeitsteilung, machen beide vielmehr dem Hurrapatriotismus des Lebens den Prozeß.

### *Adele liest Arthur*

Solche Komplementarität wird durch Adeles anhaltendes Interesse an Arthurs Werk unterstrichen. Dieses Interesse hält sie selbst zu Zeiten größter familiärer Differenzen fest. Während bei Arthur die finanziellen Querelen und sein bis zum Ende andauernder pathologischer Argwohn oft genug das menschlich Verbindende zu erdrücken drohen, gelingt es Adele zu sondern: Konträr zur »allgemeinsten Erniedrigung des Geschäftslebens«, analog indes zu ihrer doppelten Loyalität, die sich von Arthur keine Denunziation der mütterlichen Schriftstellerexistenz aufreden läßt, kann sie ohne irgendwelche materiellen Konzessionen die geistige Verbindung aufrechterhalten. Gegenleistungen, etwa eine symmetrische Aufmerksamkeit Arthurs für ihre eigenen Arbeiten, werden dabei nicht verlangt. Ganz und gar ohne sekundäre Zwecke wird Adele vielmehr eine der verständnisvollsten und präzisesten »Schopenhauer«-Leserinnen. Und während die frühen philosophischen Briefe Arthurs eher melancholische Präludien waren, die Geschäftsbriefe eher mittelbar zu »ökonomisch-philosophischen Manuskripten« wurden, gewinnt der Briefwechsel hier unmittelbar neben der menschlichen auch erhebliche philosophische Substanz.

Seit der Veröffentlichung des ersten Bandes der »Welt als Wille und Vorstellung«, dessen Erscheinen sie zunächst »wie den Tod« fürchtet, hält Adele den Bruder über öffentliche und private Reaktionen auf dem laufenden. Sie informiert ihn über Rezensionen. Sie sorgt sich um seinen undeutschen, gottlosen und misanthropischen Ruf und kann nur zu gut seine Schweigegebote wegen der Zensur der ängstlichen Frankfurter Kleinbürgerrepublik verstehen, in die es den Hamburger Großbürgersohn verschlagen hat. Auch, solange er nur »im Pulte schriftstellert«, nimmt sie teil. Aber sie möchte nicht, daß er sich durch seine Bücher noch mehr als sonst isoliert. Ihm hingegen sind nach eigenem Bekenntnis Menschen »nichts, nirgends«, sein Werk alles. Ja, parallel zu den grandiosen autobiographischen Zeugnissen des Nachlasses ist allein »sein Buch« für ihn das, was er in der Welt gewollt und vollbracht hat (15. Januar 1822).

Der Glaube an Wirksamkeit allerdings, der denn doch wieder eine Brücke zu den Menschen schlägt, ist auch bei Arthur nur schwer auszurotten – Adele stellt staunend fest, wieviel davon sich bei diesem sonst ungläubigsten aller Philosophen in einer religiös, politisch, poetisch rundum miserablen Welt noch erhalten hat (23. Januar 1836). Immerhin ist sein Werk bei ihr in der Tat nicht ohne Resonanz geblieben. Und mag Arthur auch Adeles »Flatterien« ironisch quittieren, so ist seine Freude darüber, sein Interesse, daß sie erkennt, was sein Leben, Streben und Leiden eigentlich ist (1. Dezember 1835), offenkundig.

Was die philosophischen Inhalte des geschwisterlichen Dialogs betrifft, mag man rügen, daß er sich weitgehend auf Einzelheiten, nicht auf das System im ganzen und von Grund auf bezieht. Daß er dabei aber höchst aufschlußreiche Gegenstände und Thesen berührt, wird man ebensowenig bestreiten können.

Adeles Beharren zum Beispiel auf den Prinzipien der Entwicklung, der Erziehung, auf dem Werden gegen Arthurs unveränderte Fixierung auf das unveränderliche Sein, das »fertig Geborne« (17. April 1841) stattet nicht nur der Welt Goethes seinen Tribut ab; es schließt implizite auch ein Plädoyer für das eigenständige Werden der Mutter und die eigene Entwicklung ein.

Der Gedanke des Werdens kann Adele freilich nicht motivieren, Arthurs Version der hinduistischen und buddhistischen Seelenwanderungsmythologie zu akzeptieren. Es ist ja auch nur zu plausibel, daß die Lebensmüdigkeit Adeles kein Interesse an solch transformierten Unsterblichkeitsphantasien haben kann – wiewohl sie auf der anderen Seite, wie schon beschrieben, auch nicht an die Möglichkeit des definitiven Endes glaubt. Widerspruchsfreiheit mag man von ihr in weniger existentiellen Fragen erwarten.

Daß Adele Arthurs rabiater Metaphysik der Geschlechtsliebe doch noch die Gefühle der Freundschaft und der Sympathie hinzufügen will, denen der realistische Zyniker keine rechte Stelle einräumt, kann bei dem sublimierten Liebes- und realisierten Freundschaftsgenie Adeles nicht überraschen. Aber der Vorzug ihrer Position ist, daß sie in ihrem Verhalten zu Arthur eben die Gefühle bekräftigt, die sie behauptet.

Stößt Adele gar hinter der misanthropischen Fassade auf die »Braminenseele« Arthurs (24. Dezember 1842), dann herrscht vollends geschwisterliche Harmonie. Im Geiste der buddhistischen und hinduistischen Ethik, die der »gläubigen Heidin« Adele durch August Wilhelm Schlegel vertraut war, können beide sich mühelos verständigen. Und wenn es in der Schopenhauer-Legende so beliebt ist, dem Philosophen sein ethisch selbstwidersprüchliches Leben vorzurechnen, so weiß Adele zumindest seit der großen Hamburger Brandkatastrophe von 1842, daß ihr Bruder, den sie geradezu einen »heiligen Denker« tauft (20. Januar 1844), auch in der Tat die Probe auf seine praktische Mystik und die Mitleidsethik der östlichen, in diesem Punkt ebenso der christlichen Tradition macht. Er selbst, diese sonst so unnachgiebige und harte Natur, wird ihr in seiner Ethik lieber (17. April 1841). Kurz: Die »sœur grise«, wie Adele mit einem schönen Wort von den Leuten genannt wird, die »Schwester« aller »innern Menschenqualen, aller Gedankenkrankheiten, aller Gefühlsdifformitäten« (17. April 1841), findet ihren »frère gris«.

Zum seligen Ende ist denn auch dieses schwierige Geschwisterleben trotz aller Narben nicht ohne versöhnlichen Ausklang. Nehmen schon vorher, zumal nach dem Wiedersehen von 1842, die liebevolleren, auch die gutmütig-witzigen Töne zu – die Grüße an den Pudel, die milde Ironie für den eher »brummigen« als »charmanten« Bruder –, so findet Adele sub specie mortis bei Arthur eine schon anrührende Sorge und Freundlichkeit. Von Sibylle Mertens-Schaaffhausen, die ihrerseits Adeles Sterben als exemplarische Freundin begleitet hat, ist Arthur eine letzte verbindende Geste der Schwester übermittelt worden.

»Das Leben wechseln«, wie der Eurobuddhist Arthur es mit den anderen »Buddhaisten« nennt, um das Ende vermeintlich hoffnungsträchtig zu moderieren – damit konnte der des Lebens müden Adele freilich nicht mehr gedient sein, nur noch mit dem Ende sans phrase. Die Philosophie hat hier einmal mehr das Ende uminterpretiert. Es kömmt aber darauf an, es nicht zu verwischen.

## *Freiheit und Verneinung*

Solch definitives Ende ist der den Schopenhauers angemessene Punkt, um die wichtigsten menschlichen und philosophischen Aspekte des Familien-Briefwechsels zusammenzufassen.

Seine Hauptbedeutung läßt sich mit einer Erweiterung des familiären Wappenspruchs umreißen: »Point de bonheur sans liberté – kein Glück ohne Freiheit« (wie auch immer es mit dem relativen Glück innerhalb des Leidens des Lebens bestellt sein mag); keine Freiheit aber auch, zumindest nicht die der Schopenhauers, ohne Verneinung: »Point de liberté sans négation!«

Menschlich: Keine der Dissonanzen, der Pathologien, der Härten, ja, der Grausamkeiten dieses Briefwechsels ist zu dementieren.

Diese Familie hat sich nichts geschenkt. Abgesehen von dem versöhnlichen Ende zwischen den Geschwistern, ist sie nichts weniger als ein Hafen, ein Gemütsasyl, in das man sich flüchten könnte. Desillusioniertheit, die gnadenlose Wahrhaftigkeit und Offenheit einschließt; Widerspruch bis zu blanker Rücksichtslosigkeit; Individuation bis zur restlosen Entfremdung – das sind vielmehr die bestimmenden Züge dieses buchstäblich un-gemütlichen Familienlebens.

Der Krankheits-, besser: der Dissonanzgewinn dieses Lebens ist indessen ebensowenig zu übersehen. Aus ihrem gegebenenfalls ganz und gar distanzierten Umgang miteinander gewinnen die Familienmitglieder ihren lebensnotwendigen Freiheitsraum. Die Bindungen, die sie, und zwar keineswegs nur die Kinder, strangulieren könnten, schneiden sie unverzüglich ab. Und der Liebeserpressung ziehen sie allemal eine freimütige Trennung vor.

Philosophisch: Die väterliche Pädagogik des aufrechten Ganges, wie paradox auch immer sie in der Wahl ihrer Mittel ist, gestattet einen »republikanischen« Geist, der nichts und niemandem, keinem diesseitigen und keinem jenseitigen Herrn »untertan« ist.

Die Beziehung der Geschwister findet ihr tertium comparationis in der Einsicht in die Nichtigkeit und das Leiden des Lebens, dem nur das Mitleiden mildernde Umstände gewährt. Die zahlenmäßig gut besetzte Gemeinde der hurrapatriotischen Daseinsfreunde wird durch sie nicht vermehrt.

Die mütterliche Mitgift des nichtsymbiotischen Lebens schließlich, das nach der Basisformel der Individuation nur Zweiheiten kennt und seine Selbständigkeit und Eigenheit unter allen Umständen behauptet, weist vollends einem »antibiotischen«, nicht angenabelten Denken den Weg. Denn daß ein Philosoph dem, was er selber als einzige, »an sich« nicht individuierte Substanz bestimmt, bis zur Verneinung frei gegenüberzutreten wagt – und eben das, nicht die Irrationalisierung des Willens und nicht die altneue Mystik, ist die einzigartige, epochemachende Leistung Arthur Schopenhauers –; dieser bis zu ihm unerhörte Akt metaphysischer Zivilcourage, der ein für alle Mal damit aufräumt, das Sein wäre mit dem Guten zu verwechseln, ist fürwahr nur einem Denken zuzuschreiben, das sich lösen konnte und gelöst hat. Kein Abhängiger, kein Höriger wird dergleichen zu denken wagen. Wo die positiven Philosophien, die ontologischen Zwangsneurosen dessen, was herrscht und ist, die Bindungen und den Gehorsam fixieren, setzt diese negative Ontologie gründlicher als jede andere »Kritische Theorie« auf die freie Verneinung, mehr: auf die Freiheit durch Verneinung, schließlich auf die Erlösung durch Lösung. Das kann den ideologischen Liebesgemeinschaften kaum gefallen. Und welches anhaltende Harmoniebedürfnis kehrte nicht auch gerne in den Schoß der positiven Ontologien zurück! Aber das ist es nun einmal, was dieser antifamiliale Familien-Briefwechsel exemplarisch demonstriert.

# EDITORISCHE NOTIZ

Die folgende Sammlung dokumentiert den bisher an verschiedenen Publikationsorten »sekretirten« und zum Teil unzuverlässig edierten Briefwechsel der Schopenhauers erstmals zusammenhängend in der heute möglichen Vollständigkeit und Authentizität. Die Reihenfolge ist chronologisch. Die Briefe werden so reproduziert, wie sie uns erhalten oder, bei verloren gegangenen Stücken, anderweitig überliefert sind. Keine historisch-kritische Ausgabe, wohl aber eine philologisch zuverlässige Leseausgabe ist intendiert. Von jeder Korrektur, Vereinheitlichung oder Modernisierung der Orthographie und Interpunktion wurde abgesehen. Mag man sich bei der Werkedition gelegentlich noch darüber streiten, ob derartige Eingriffe vertretbar sind, so ist bei einer Briefedition strikte dokumentarische Treue unabdingbar: Wie anders soll ein Briefwechsel die situativen und historischen Konturen – nicht gewinnen, sondern behalten, die konstitutiv für das Genre sind? Wie anders sollen sich die individuellen Gesichter von Briefschreibern zeigen, die selbstverständlich bis in ihre fehlerhafte oder altbackene Orthographie und Interpunktion hinein unverwechselbar sind? Derlei Korrekturverzicht mag besonders paradox dort anmuten, wo die Briefschreiber, vor allem der Vater, zu den Schulmeistern zählen und selber die größten Fehler begehen. Aber gerade so ist es unübertrefflich aufschlußreich. Die einzigen wirklichen Fehler, die es für eine Briefedition gibt, sind die Korrekturen von Herausgebern, die meinen, es richtiger machen zu müssen; die einzige Regelwidrigkeit und Antiquiertheit die, die sich als »Normalisierung« oder »Modernisierung« im Stile der »Jetztzeit« versteht.

Die früheren Teildrucke, deren editorische Arbeit bei allen Differenzen im einzelnen dankbar genutzt wird, sind im bibliographischen Teil des Anhangs vermerkt. Den Publikationen Arthur Hübschers kommt dabei wie überall in der Schopenhauer-Edition besondere Bedeutung zu. Er hat wie kein anderer als Herausgeber und Kommentator den Familien-Briefwechsel der Schopenhauers erschlossen. Und er hat auch die gravierenden, geradezu inflationären Mängel des ersten Bandes der Briefedition in der Deussenschen Gesamtausgabe beseitigt, obwohl die Resultate dieser Arbeit leider in den Nachtragsband XVI derselben Ausgabe verbannt geblieben sind. Immerhin konnte Hübscher bei der Edition der »Gesammelten Briefe« Arthur Schopenhauers seine Ergebnisse für die Wiederherstellung der authentischen Brieftexte nutzen. Abgesehen von gelegentlichen Versehen, wie sie selbstverständlich auch einer sich als *»editio definitiva«* verstehenden Ausgabe unterlaufen können* und wie sie zweifellos auch dieser Edition wieder unterlaufen sein werden, sind die editorischen Prinzipien seiner Arbeit nur dort diskussionsbedürftig, wo er aus den Briefen Johannas oder Adeles Brieffragmente Arthurs herausgelöst und als eigenständige Briefe dokumentiert hat. Dieses Verfahren ist dort vertretbar, wo, wie bei Nr. 72 und 102 der vorliegenden Sammlung, der Text als wortgetreues Zitat in der Überlieferung markiert ist. In allen anderen Fällen ist es problematisch, weil der genaue Wortlaut ungewiß bleiben muß und die Umsetzung des angeblichen Zitats in die direkte Rede unvertretbare Eingriffe des Herausgebers erzwingt. Man vergleiche die Briefe Nr. 7, 56, 65 und 103 dieser Edition mit dem Druck in den »Gesammelten Briefen« (dort Nr. 1, 6, 19 und 51); und man wird sehen, daß es hier nicht nur um die üblichen philologischen Quisquilien akademischer Federfuchser geht. Der Unterschied zum Beispiel zwischen einem – offenbar definitiv – »zerrissenen Familienband« (Ed. Hübscher) und einem bloß »zerrissen *scheinenden*« (so Johanna über Arthurs Eindrücke) ist schon nicht unbeträchtlich. Das »Anerbieten das Wenige was Dir blieb, *im Nothfall* mit uns zu theilen« (so Adele an Arthur), ist nicht unter allen Umständen identisch mit

* Die meisten Versehen – insgesamt siebzehn – sind bei dem Druck eines Brieffragmentes Arthurs an Johanna (Nr. 29 der vorliegenden Sammlung) unterlaufen. Für eine Kollation auch ohne den Apparat einer historisch-kritischen Ausgabe vgl. das Faksimile im 3. Jahrbuch der Schopenhauer-Gesellschaft von 1914 nach p. VIII und den Druck in den »Gesammelten Briefen«, p. 1.

dem »Angebot, ›das Wenige was ihm geblieben‹, mit Mutter und Schwester zu teilen« (Ed. Hübscher). Und wenn jemand *will*, daß die Wahrheit die ägyptische Finsternis in England durchbrennen *soll* (so wieder Johanna über Arthur; alle Hervorhebungen L. L.), dann ist das gewiß von erheblich anderem Nachdruck als der etwas klägliche Wunsch, »[wenn doch] die Wahrheit mit ihrer Fackel die ägyptische Finsterniß in England durchbrennte« (Ed. Hübscher) – zumal wenn der Schreiber dieses Satzes den Kern aller Welt später als Willen begreift und keinerlei Zweifel daran läßt, welche bigotten Finsternisse seine Fackel nach seinem *Willen* durchbrennen *soll*. Im übrigen sind die fraglichen Brieffragmente in der bezeichnenden Brechung der Adressatinnen eben auch in ihren Briefen enthalten: Man kann ohne Verlust an editorischer Substanz darauf verzichten, mit ihnen das Volumen der erhaltenen Briefe Arthurs zu vergrößern.

Einzelne weitere editorische Probleme sind jeweils bei den Briefen vermerkt. Ergänzende oder kommentierende Randschriften der BriefautorInnen sind dem Haupttext angefügt worden. Unterstreichungen werden *kursiv* wiedergegeben. Notwendige Zusätze des Herausgebers stehen in eckigen Klammern. Überlieferungslücken bei nur fragmentarisch erhaltenen oder dokumentierten Briefen werden durch drei Auslassungspunkte ... markiert. Fehlende Datierungen werden auf der Grundlage der Poststempel oder anderer Datierungsmöglichkeiten nur soweit wie erforderlich ergänzt, Jahreszahlen jeweils nur bei Beginn eines neuen Jahres.

Die erläuternden Anmerkungen des Herausgebers sind auf das Verständnisnotwendige und -wichtige sowie auf die Übersetzung und den Nachweis der Zitate bzw. der fremdsprachigen Texte beschränkt. Um indessen einen besseren Überblick zu ermöglichen, wurde ein ausführlicher Anhang beigefügt, der neben der Bibliographie der bisherigen relevanten Briefpublikationen und einem Personenverzeichnis eine Verwandtschafts- und eine Zeittafel enthält. Die erstere soll im Rahmen des Möglichen die Orientierung in den verwickelten Erbschafts- und Familienverhältnissen der Schopenhauers erleichtern, die letztere ihre unterschiedlichen Wege sichtbar machen. Wenn dabei der graphischen Anordnung zufolge die Lebensläufe der Männer die der Frauen »flankieren« oder gar »umarmen«, dann ist das selbstverständlich ohne jedes Präjudiz für die nähere Charakteristik der Beziehungen: wie es im Briefwechsel dieser Familie nachzulesen ist.

# DER FAMILIEN-BRIEFWECHSEL

*von*

*Adele, Arthur, Heinrich Floris und*
*Johanna*
*Schopenhauer*

1. *Heinrich Floris an Arthur*

Mein lieber Arthur hierbey erfolgt ein Brief von der Mutter und wenn du ihr mit der allerersten Post schreibst, dann könte dein Brief noch wohl sie hier finden da sie in der Mitte des Aprils zuerst nach Dantzig verreisen wird übrigens soll auch an deine Rückkunft gedacht werden und bitte ich mir brav daß Einmahl Eins in französischer Sprache zu lernen, auch Herrn und Mad Grégoire vielmahl zu grüßen. HFS.

*Arthur:* Die Zeilen des Vaters sind einem Brief des Jugendfreundes Gottfried Jänisch an Arthur vom 21. Februar 1799 beigefügt. Zu Jänischs frühem Tod vgl. Brief Nr. 2. Arthur hat auf Jänischs Brief vermerkt: »repondu mais trop tart« [sic!].

2. *Johanna an Arthur*

Hamburg. d. 8. April

Mein guter lieber Arthur.

Dein Vater hat Deinen lezten Brief erhalten, und wir haben uns alle beyde gefreut daß er so gut geschrieben ist, einige kleine Fehler sind zwar noch darinnen, aber Rom ist nicht in einem Jahr gebaut, ich hoffe, du wirst von Zeit zu Zeit einen nach dem andern ablegen, und mir zulezt immer mehr Freude machen. Mache nur jetzt noch guten Gebrauch von der Zeit, denn, wie ich Dir schon in meinem lezten Brief schrieb, Du wirst nicht mehr lange in Frankreich seyn. Dein Vater erlaubt Dir die eilfenbeinerne Flöte für einen Louisd'or zu kauffen; ich hoffe daß Du einsiehst wie gut er gegen Dich ist, er bittet sich dagegen aus, daß Du Dir daß einmaleins recht angelegen seyn läßt. Das ist nun wohl das Wenigste was Du thun kannst, um ihm auch zu zeigen wie gerne Du alles thust was er wünscht. Ich bin heute recht sehr traurig, mein guter Arthur, es sterben jezt so viele Leute in Hamburg, ich habe diesen Winter schon so viele Bekannte verloren, und heute früh ist meine sehr gute Freundinn Mlle *Peterssen* gestorben, Du hast sie wohl gekannt, ihre Eltern wohnen uns schräge gegenüber, heute

8 Tage war sie noch bey mir lustig und froh, Mittwoch hat sie daß Scharlachfieber gekriegt, und ist heute nacht gestorben. Auch Dir, mein Arthur habe ich einen Verlust anzukündigen, der Dich gewis betrüben wird, Dein guter Freund Gottfried, er ist wieder sehr krank geworden, 14 Tage hat er gelegen, man glaubt er hat mit andern Knaben, im Spiel oder im Streit, einen unglücklichen Schlag gekriegt, er ist fast gar nicht zum Bewußtseyn gekommen, und hat allso nichts sagen können. Auch er ist schon 8 Tage glücklicher als wir alle, er ist auch gestorben, Dein Brief an ihn, mein lieber Junge kam zwey Tage nach seinem Tode an. So hast Du denn schon Deinen liebsten Spielkameraden verlieren müssen. Es ist immer gut, lieber Arthur, wenn man sich auch schon in Deinen Jahren an den Gedanken gewöhnt, daß man das was man am liebsten hat so leicht verlieren kann, und daß die Dauer unsers eignen Lebens so unsicher ist. Die arme Doctorin dauert mich am meisten, sie ist erstaunend traurig. Wir in unserm Hause sind alle gesund, Dein Schwesterchen ist munter wie ein Fisch. Lebe wohl, mein guter Arthur. Schone Deine Gesundheit, daß ich Dich froh wiedersehen möge. J. Schopenhauer

*arme Doctorin:* Caroline Jänisch, die Mutter Gottfrieds.

*3. Heinrich Floris an Arthur*

Hambourg, 2. Aout 1799

Ta lettre mon cher Arthur en date du 20 Juillet m'a fait bien du plaisir, & c'est peut-être un bonheur que tu te ne sois embarqué sur le navire appellée »Barbara« comme nous n'en entendons rien encore, cependant nous voudrions bien ton rétour maintenant, et c'est pour cela que j'aye aussi écrit aujourd'hui à Mess. Perrégaux & Co. et à Mess. Stender & Co. à Paris pour que s'ils sçavent quelque bonne occasion pour ici ils en font part à Mons. Grégoire que celui pour lors s'informe du nécessaire & le trouvant à désir, tu fasse conduire pour Paris et tu y laisse la personne jusqu'à ce que tu te mette en route. Dieu veuille que tout aille bien, mais il ne faut nullement être exposé, si même ton départ fut encore differé. Je t'ai mille baisers à rendre de ta Mère, et t'envois égallement la lettre qu'elle avait écrite pour toi tandis que je te croyais déjà en route. Je t'embrasse du fond de mon ame adieu Schopenhauer

Hamburg, 2. August 1799

Dein Brief vom 20. Juli mein lieber Arthur hat mir große Freude gemacht, & es ist vielleicht ein Glück daß du dich nicht auf der »Barbara« eingeschifft hast jedenfalls haben wir noch nichts davon gehört, nun wünschen wir aber sehr deine baldige Rückkehr, und darum habe ich auch heute den Herr. Perrégaux & Co. und Stender & Co. in Paris geschrieben sie möchten falls sich von da irgendeine gute Gelegenheit nach hier bietet Herrn Grégoire davon Mitteilung machen damit dieser das Nötige veranlasse und wenn alles nach Wunsch ist, dich nach Paris bringen lasse wo du bis zu deiner Weiterfahrt bleiben sollst. Gebe Gott daß alles gut geht, aber setze dich nur ja keiner Gefahr aus, selbst wenn deine Abreise sich noch verzögert. Ich soll dir tausend Küsse von deiner Mutter bestellen, und sende dir jetzt auch den Brief den sie für dich geschrieben hatte als ich dich schon unterwegs glaubte. Ich umarme dich von ganzem Herzen adieu Schopenhauer

4. *Heinrich Floris an Arthur*

Mein lieber Sohn!

Jetzt wird es zu bedenklich und zu späth zur See zu retourniren, es sind aber der junge Herr *Weichbrod* und *Mahl* von Holland nach Paris gegangen und ich habe Ihnen zu schreiben, daß Sie mir die Freundschaft erweisen möchten, dir anher mit sich zu nehmen bey ihrem *Rétour* und Mons. Grégoire zu melden, wann Sie gedächten von Paris abzureisen. Ich hoffe und wünsche sehr daß endlich dieses würklich die Gelegenheit sey mit welcher du zurückkommst, und hat mir die Mama aus Dantzig aufgetragen Dir hertzlich zu grüßen. Ich umarme Dir in Gedanken und bin allwege Dein

Hamburg, 9. August 1799 guter Vater Schopenhauer

5. *Johanna an Arthur*

New Castle d. 19. July 1803

Deine Briefe, lieber *Arthur*, haben wir heute Morgen bey unsrer Ankunft hier gefunden, es ist mir lieb, daß es Dir im ganzen gut geht, daß Du gut gehalten und artig begegnet wirst, mit dem übrigen must Du schon zusehn wie Du es Dir am leichtesten nach Wunsche machst, ich denke, es ist unmöglich daß Du unter der Menge nicht einen oder zwey finden solltest die einigermaßen zu Dir stimmen, ich hoffe gewis, daß Du jezt schon besser orientirt bist, denn wie Du den Brief vom 8ten July schriebst warst Du noch zu neu. Du must nur denen Leuten ein wenig mehr entgegen kommen als sonst wohl Deine Art ist, bey jeder gesellschaftlichen Verbindung muß einer den ersten Schritt thun, und warum solltest Du das nicht so gut können als ein andrer, der obgleich er älter als Du ist, doch nicht den Vorzug gehabt hat der Dir so früh zu theil geworden ist, oft und viel unter fremden Menschen zu leben, und allso aus unzeitiger Blödigkeit sich zurückhält, weil er nicht den Muht hat vorwärts zu gehen. Der zeremonieuse Ton muß Dir freylich auffallen, er ist aber der Ordnung wegen unter solch einer Menge junger Leute nohtwendig, es würde schön hergehen, wenn da ein jeder ungenirt zu Werke gehen wollte, so wenig ich für steife regelmäßige Etikette eingenommen bin, so kann ich doch das rauhe sich nur selbst zu gefallen suchende Wesen und Thun noch weniger leiden, welches unsre jungen Kaufmannsdiener und Studenten jezt annehmen, weil sie glauben daß es Ton ist, dieser sogenannte Ton muß alle gebildeten Frauenzimmer und alle wohlerzogne Leute aus denen Gesellschaften verscheuchen wo er herrscht, Du hast keine üblen Anlagen dazu, wie ich oft zu meinem Verdruß bemerkt habe es ist mir lieb daß Du jezt unter Leuten von einem andern Schlage leben muß, obgleich sie vielleicht ein wenig zu sehr auf die andere Seite ausschweifen. Ich werde mich herzlich freuen wenn ich bei meiner Zurückkunft bemerken werde daß Du etwas von diesem komplimentenreichen Wesen, wie Du es nennst, angenommen hast dafür daß Du es übertreiben wirst ist mir nicht bange. Zeichnen, Bücher, Flöte, Fechten und Spazierengehen ist denn doch ziemlich viel Abwechselung. Ich habe viele Jahre hindurch fast keine andern Abwechselungen und Freuden des Lebens gekannt und habe mich recht wohl dabey befunden, und Dein Alter ist eigentlich noch für keine andern gemacht, um die rauschenderen Freuden des Lebens zu genießen muß man erstlich zu leben verstehen, und Du bist erst in der Vorbereitung dazu begriffen. Indessen ist dieser Monat bald aus, und im Monat *August* will der Vater Dir erlauben, alle Woche einmahl nach London zu kommen, es versteht sich, daß Du dann bey *Percivals* gehst, sie sind so freundschaftlich gewesen, es wiederholt von mir zu verlangen, und ich sehe es nicht gern, daß Du allein in einem Wirtshause essen gehst. Geld hast Du, und wenn Du damit auf dem Trocknen bist, so hat der Vater Dir ja gesagt wo Du mehr haben kannst. Ich denke wir sind in etwa 6 Wochen wieder in London, hast Du Lust alsdann wieder zu uns zu kommen und uns auf unsrer übrigen Tour zu begleiten, so rahte ich Dir freundschaftlich, mache es so daß der Vater bey unsrer Zurückkunft mit Deinem Schreiben zufrieden seyn kann sonst stehe ich Dir, in vollem Ernst, für nichts, an Deiner Stelle würde ich alle meine Zeit, und alle meine Kräfte anstrengen um dieses Ziel zu erringen. Du bist vernünftig genug um, wenn Du es recht überlegst, einzusehen wie nohtwendig es Dir zu Deinem künftigen Fortkommen ist, gut, schnell und deutlich zu schreiben, und ich kann nicht begreifen wie es Dir mit sorgfältigem Fleiß und vieler Übung so schwer werden sollte eine so mechanische Übung zu erlernen! Man kann alles was man ernstlich will, davon bin aus eigner Erfahrung unumstöslich fest überzeugt, schreibst Du allso nicht gut, so ist es Deine Schuld und Du must die Folgen davon hinnehmen, denn es ist unsere Pflicht und unser Wille, alles zu Deiner Vervollkomnung beyzutragen was in unsern Kräften steht, die Art und Weise wie wir es thun können wir nicht nach Deinem Gefallen abmessen. Mit meinen Presenten hast Du stehendes Unglück, allso die Nadel ist dem Bleystift und dem Messer nachgegangen, indessen gieb Dich zufrieden, wenn wir wieder in London sind sollst Du eine andre haben, die noch *prettier* seyn soll, bis dahinn werden Dich Miß *Lancaster* wohl mit Stecknadeln aus der Noht helfen. Mit unserer Reise ist es so lange recht gut gegangen, wir haben uns in keinem Orte lange aufgehalten, Du weist der Vater macht nicht gern Bekanntschaften, und so habe ich denn auch nicht viel Gesellschaft als meine eigne gehabt, die viele Abwechselung macht mir indessen viel Vergnügen und mein Tagebuch ist dabey so fortgerückt daß ich in *Edinburgh* wo wir in ein paar Tagen zu seyn gedenken zu einem zweyten Bande werde Anstalt machen müssen ich habe viel Schönes und Merkwürdiges diese 14 Tage unter und über der Erde gesehen viele schöne Schlösser, Parks und Gärten, und was mir noch besser gefällt viele schöne Gegenden, einige so romantisch wild und doch so schön dabey, wie Du es Dir gar nicht vorstellen kannst ich hätte nie gedacht daß es in Engeland solche Felsen giebt, *Darbyshire* ist unbeschreiblich schön, wir waren da in einem kleinen Bade, *Matlock*, und blieben 2 Tage und drüber dort, weil es gar zu schön war, es ist fast wie Karlsbad, aber unendlich schöner, ich konnte mich auf denen hohen mahlerischen Felsen nicht müde genug klettern, von da fuhren wir nach *Castleton*, ein Felsennest, dort bin ich mit *Duguet* u einem Führer allein in die *Peakshöle* herabgestiegen, es war eine beschwerliche Partie, 2 mahl muste ich mich in einem kleinen Boot glat niederlegen und mich so unter die niedrigen Felsenklüfte auf dem unterirdischen Strom fortschiffen lassen, an einer andern Stelle nahm mich der Führer Huckepack und trug mich durch, das Klettern war auch sehr beschwerlich, auch nicht ohne Gefahr, und es dauerte eine gute Stunde ehe ich wieder ans Tageslicht kam, das wäre etwas für Dich! Ein par prächtige Ruinen habe ich auch gesehen, besonders eine alte Abtey, *Fountains Abbey* aus dem 12ten Jahrhundert, dagegen ist Tarant bey Dresden gar nichts, dies war recht so wie ich mir solche Ruinen immer gedacht habe; dann sind wir auch in einem unterirdischen Kanahl in die Kohlenmienen bey Manchester gefahren, wohl eine halbe Stunde lang immer unter der Erde, dabey hat sich denn der Vater erkältet und ist ein paar Tage gar nicht wohl gewesen, es geht aber jezt schon besser. Heute habe ich die große eiserne Brücke bey *Sunderland* gesehen, kurz ich werde genug Dir zu erzählen haben, aber schreiben kann ich nicht mehr. Aus Hamburg haben wir gute Nachrichten, Adele ist wohlauf, zu meiner Freude, In *Edinburgh* erwarte ich Briefe von Dir zu finden. *Adieu*, lieber Arthur, manchmal thut es mir doch Deinetwegen leid daß Du nicht mit bist, indessen bringst Du Deine Zeit wenigstens nüzlicher zu, wenn auch nicht so angenehm. Nimm alles zu Herzen was ich Dir geschrieben habe und folge meinem Raht. Auf mein Wort Du wirst Dich wohl dabey befinden, lebe wohl. Der Vater erwartet nächstens wieder Briefe von Dir, aber auf feinerem Papier.

J. Schopenhauer

*artig begegnet wirst:* Während der Europareise der Schopenhauers war Arthur vom 30. Juni bis zum 20. September 1803 in der Pension des Reverend Lancaster in Wimbledon untergebracht; die Eltern reisten unterdessen bis nach Schottland weiter. Zu Arthurs Reaktionen auf den Geist der geistlichen Anstalt vgl. Brief Nr. 7.
*Percivals:* In seinen Reisetagebüchern verzeichnet Arthur etliche Besuche bei den Percivals. Der mit ihm gleichaltrige Sohn der Familie machte ihn mit einigen Sehenswürdigkeiten Londons bekannt: Quäker-Gottesdiensten, Löwen-Türmen, Tower-Juwelen... (vgl. Arthur Schopenhauer: »Die Reisetagebücher«, hrsg. von Ludger Lütkehaus, Zürich 1988, S. 61 ff.).
*Anstalt machen müssen:* Zehn Jahre später veröffentlichte Johanna ihre »Erinnerungen von einer Reise in den Jahren 1803, 1804 und 1805«, Bde. 1 und 2, Rudolstadt 1813/4, Bd. 3, Rudolstadt 1817. Der Vergleich der Reisetagebücher von Mutter und Sohn gibt trotz vieler Gemeinsamkeiten schon Aufschluß über die spezifischen Differenzen der beiden Autoren (vgl. Hrsg.: »Die Ausfahrt des Buddha? Die Reisetagebücher Schopenhauers«, a. a. O., S. 263 ff.).
*Duguet:* Johannes und Sophie Duguet standen in den Diensten der Schopenhauers, auch nach der Übersiedlung Johannas und Adeles nach Weimar.
*Adele:* Die 1797 geborene Adele war, anders als während der ersten Familienreise im Sommer 1800 nach Carlsbad und Prag, 1803 in Hamburg zurückgeblieben.

6. *Heinrich Floris an Arthur*

Edinburgh, d. 26. July 1803

Mein lieber Sohn

Freylich muß es mir sehr wundern, ja selbst besorgt machen, daß wir zuerst einmahl Briefe von dir haben, während daß es Dir deutlich aufgegeben worden, alle 8 Tage zu schreiben. Heute am 8. Tag hat die Mutter dir einen langen Brief erlaßen, den ich dir bitte, sehr ernstlich zu behertzigen, sonsten ich äußerst aufgebracht seyn würde, denn schreiben du durchaus lernen mußt in gantzer Vollkommenheit, und die anderen Dinge bloß Neben Sachen dagegen sind. Herr *Drewe* wird Dir ebenfalls gleich alles geben, deßen Du nöthig haben möchtest und im August habe ich Dirs gewähret, einen Tag wöchentlich in *London* zu seyn aber keine Nacht und ermahne ich dir in der Reitschule manierlich und vorsichtig zu seyn, übrigens alle 8 Tage zu schreiben auf feinem Papier und werden John Wm Anderson Drewe & Co Deine Briefe immer gleich abschiken, und damit Gott befohlen Schopenhauer

7. *Johanna an Arthur*

Glasgow d 4ten August 1803.

Deine Briefe vom 25 *July* fanden wir erst ehegestern bey unserer Ankunft hier, in *Edinburgh*, wo wir uns doch 6 Tage aufhielten, bekamen wir keine Zeile von Dir, vermuhtlich, lieber Arthur wolltest Du nicht eher schreiben, bis Du Antwort auf Deinen ersten Brief erhalten hättest. Das war aber, aufs gelindeste genommen nicht recht überlegt, denn abgerechnet, daß Deine Verhältnisse gegen uns nicht von der Art sind um Dich zu berechtigen auf jeden Deiner Briefe Antwort zu erwarten, sondern daß Du verpflichtet bist, uns von der Art wie Du Deine Zeit anwendest und von allem Deinem Treiben und Thun Rechenschaft abzulegen, so hättest Du, selbst wenn alles dieses nicht wäre, überlegen müssen, daß wir auf der Reise sind, und uns an keinem Orte lange aufhalten, wenn Deine Briefe allso nicht vor unsrer Ankunft an dem bestimmten Orte sind um uns zu erwarten, so erhalten wir sie entweder nicht oder sie werden uns nachgeschickt, kosten doppelt Porto, und wir können am Ende das Vergnügen haben, sie in Deiner Gesellschaft in *London* zu erbrechen. Übrigens bin ich mit allem, was Du mir schreibst, ziemlich zufrieden, dem Vater ist es sehr lieb daß Du von selbst um 2 Schreibestunden angehalten hast, und ich denke ebenfalls daß es das Klügste ist was Du thun konntest, Du kannst einmahl, wie es scheint, Deine Zeit in Wimbleton nicht sehr angenehm hinbringen, suche sie allso wenigstens nüzlich anzuwenden, mit zwey Schreibestunden den Tag, gutem Willen, und vieler

Übung für Dich alleine, must Du es in solcher Mechanischen Sache durchaus in zwey Monaten weit bringen so bald es Dir ein Ernst darum ist. Noch einen Raht muß ich Dir wegen Deines Schreibens geben, lieber Arthur, der zwar nicht die äußere Form Deiner Briefe betrifft, sondern den noch wichtigeren Theil derselben, den Innhalt; mache es Dir zum Gesez, durchaus nie, auch nicht in der größten Eile, einen Brief oder auch nur das unbedeutendste Billiet fortzuschicken, ohne es noch einmahl durchgesehen zu haben, und wörtlich, und mit Bedacht, thust Du das nicht, so sage ich Dir vorher, daß Du es oft bitter bereuen wirst, und überdies ist dies der einzige Weg Deinen Styl zu bilden und von Fehlern zu reinigen; Ausdrücke welche gebildete wohlerzogne Leute sich nicht einmahl in der Hize des Gesprächs entschlüpfen lassen, z.B. *infame* Bigotterie, werden sich dann nicht mehr in Deine Briefe einschleichen. Es ist wahr, man soll schreiben, wie man ungefähr spricht, aber doch muß man, deucht mir, in einem Briefe mehr auf die Wahl und Zusammenstellung der Ausdrücke sehen, als in einem Gespräche. Man schreibt ja doch langsamer und ungestörter wie man spricht, und der Empfänger eines Briefes liest ihn auch mit mehr Bedacht, als wie er bey einer mündlichen Unterhaltung anwendet. Übrigens begreife ich nun wohl daß es Dir wo Du bist nicht eben ganz außerordentlich gefallen kann, aber nüzlich ist der Aufenthalt gewis für Dich. Ich hoffe, daß Du das Zeichnen fleißig treibst, Du wirst vielleicht nie wieder so viel Zeit dafür haben und dabey solch eine gute Gelegenheit zum Lernen, die Flöte versäumst Du gewis nicht dabey, davon bin ich überzeugt, aber wie geht es mit dem Singen, kannst Du schon solche schöne Kadence machen wenn Du *God save the King* singst, wie die Frau des Herren N.N. der Dir Unterricht giebt? Ich habe in *Edinburgh* einen *Master Smith* im Konzert singen hören, der mir ungefähr in Deinem Alter schien, er sang recht hübsch, aber einen hohen Discant, wie ein Frauenzimmer, quinquelierst Du auch so?

Du thust recht Dich an die Landsmannschaft zu halten, da Du mit denen anderen wenig anfangen kannst, Eschenburg kam mir gleich etwas Droopisch vor, Jacobi habe ich nicht bemerkt wie ich bey H.L. war. Du solltest aber doch weniger Gebrauch von seinen

Schillerschen Trauerspielen machen, und lieber mehr Englisch zu lesen suchen, überhaubt, lieber Arthur, wünschte ich, daß Du die Dichter allesammt und sonders auf einige Zeit über Seite legtest und eine ernsthaftere Lectüre wähltest, so anziehend jene Schriften sind, so sind sie doch nur für die Stunden der Muße, Du hast deren zwar viele, aber in dem Alter in dem Du jezt stehst, ist Deine Zeit so kostbar für die Zukunft, daß Du, wenn Du vernünftig seyn willst, auch aus diesen Dir selbst gelaßnen Stunden so viel Nuzen ziehen must als möglich. Ich gestehe die Beschäftigung mit denen Meisterwerken des Genies ist äußerst reizend, aber wer sich zu anhaltend damit abgiebt, verliert am Ende allen Geschmack an ernsteren Dingen, und glaube mir, Schiller selbst wäre nie was er ist wenn er in seiner Jugend nur Dichter gelesen hätte, er sagt ja selbst, Ernst ist das Leben, heiter ist die Kunst, und Du, mein Arthur, must jezt hinein ins ernste Leben, und wahrlich es wird Dir mehr als ernst, es wird Dir unerträglich vorkommen, wenn Du Dich schon so frühe gewöhnst, Deine Stunden alle mit der Kunst zu vertändeln. Du bist nun 15 Jahre alt, Du hast schon die besten Deutschen, Französischen und zum Theil auch Englischen Dichter gelesen und studiert, und noch außer denen Schulstunden, kein einziges Buch in Prosa, einige Romane ausgenommen, keine Geschichte, nichts als was du etwa lesen mustest um bey H. Runge zu bestehen. Das ist nicht recht, Du weist ich habe Gefühl fürs Schöne, ich freue mich, daß Du es von mir vielleicht geerbt hast, aber dies Gefühl kann uns nun einmahl in dieser Welt wie sie ist nicht zum Leitfaden dienen, das Nüzliche muß vorangehen, und alles in der Welt wollte ich Dich lieber werden sehen als einen so genannten *Bellesprit*, diese Herren sprechen von Gedichten, von Schauspielern, Musikern und Mahlern, als lebte man nur um ins Teater und ins Konzert zu gehen. Sie bilden sich wer weis viel drauf ein, daß sie sich amusiren und dabey mit einigen, leicht zu erlernenden Kunstwörtern und Modeausdrücken um sich werfen können, und sehen mit Hohn und Verachtung auf den arbeitenden prosaischen Geschäftsmann herab, der am Ende die gefeyerten Künstler bezahlt, und wohl gar noch am Ende dem weisen hochtrabenden Bewundrer derselben einen Winkel in seiner Schreibestube anweisen muß, damit er bey seinem Enthusiasmus für die Kunst etwas zu essen hat, wenn nicht etwa sein Papa seel. auch so ein undichterisches Wesen war, welches Geld verdiente zu Bildern und Büchern für den weiseren Sohn. So weit wird es mit Dir nicht kommen, aber wenigstens hast Du doch am Ende Deines Briefes an mich mir ein Lächeln abgejagt. Die Wahrheit willst Du, soll mit ihrer Fackel die ägyptische Finsterniß in England *durchbrennen*, wie kannst Du der Wahrheit so etwas zumuhten? eine Finsterniß kann so viel ich weis, wohl erleuchtet werden aber brennen, mein Sohn, brennen kann sie wahrhaftig nicht. Siehe, so etwas heißt auf englisch *Bombast*, das deutsche Wort weis ich dafür nicht. Vom lieben Kristenthum kriegst Du indessen Dein reichlich Theil, und ich kann es Dir nicht verdencken, wenn es Dir etwas zu viel dünckt, aber ein wenig auslachen muß ich Dich denn doch, weist Du noch wie manchen Krieg ich diesen Winter und sonst vorher mit Dir hatte, wenn Du des Sonntags und die Feyertage durchaus nichts ordentliches vornehmen wolltest, weil es Dir Tage der Ruhe waren, nun kriegst Du der Sonntäglichen Ruhe satt und genug. Indessen wir sind nun im *August*, und Du bist gewis schon diese Woche in *London* gewesen, *H. Paleske* oder *H. Drewe* wird Dir Geld geben, wenn Du es brauchst, ein Verschwender bist Du nicht, allso brauche ich Dir hierüber nichts weiteres zu sagen. Wir sind nun starke 14 Tage in Schottland, in *Edinburgh* hat es mir sehr gut gefallen, wir waren gerade zur Zeit der Pferderennen da und hielten uns ungefähr 6 Tage in der Stadt auf, hernach fuhren wir in die *highlands*, wo wir auch 8 Tage in den über alle Beschreibung erhaben schönen Gebürgen herumreisten, ich habe mein Tagebuch treulich bis auf den heutigen Tag fortgesezt, und werde Dir viel daraus erzählen, wenn wir wieder zusammen sind. Ich glaube, ich habe jezt den besten Theil meiner Reise in Engeland und Schottland weg, schönere, merkwürdigere und interessantere Gegenstände werden mir wohl schwerlich vorkommen. So lange war das Wetter uns auch sehr günstig, seit 3 Tagen ist es aber sehr arg, hier bin ich schon seit ehegestern Abend, und noch bin ich nicht aus dem Hause gewesen, darum erhältst Du auch solch eine lange Epistel. Wir haben H. Meyerhoff hier getroffen, Du erinnerst Dich seiner noch wohl, er war gerade beym Vater im Komtoir da wir Danzig verließen und begleitete uns bis vors Thor, er hat viel nach Dir gefragt und läst Dich grüßen. Auch der junge Rücker ist hier, der sonst bey H. Jenisch war, er erinnerte sich noch gestern Deiner Geburtstagsfeyer in der Rosenstraße mit dem celebren Feuerwerck, seine Brüder waren bey der Fete, und sein Vater war gerade Prätor. Nun Adieu, lieber Arthur, sey froh und gut, und vor allen Dingen vergiß nicht auch meine Gesundheit mit denen übrigen zu trincken. Jeanette Schopenhauer

*Droopisch:* Ferdinand Droop, sprichwörtlich gewordener Schulkamerad im Hamburger Privatlehrinstitut Runge, das Arthur seit Sommer 1799 besucht hatte.
*H. L.:* Reverend Lancaster.

*8. Heinrich Floris an Arthur*

Ich habe Deinen Brief vom I. dieses mein Lieber Arthur erhalten und freue mich, daß es Dir nunmehro Ernst ist, schreiben zu lernen, welches aber nicht anders geschehen kan als durch Vieles schreiben, und um Dir nun dazu in den Weg zu setzen, so schreibe einsweilen den Brief ab, welchen Dir die Mutter aus Glasgow geschrieben und wobey sie doch nur eine Halbe Stunde verwendet hat. Je geschwinder Du wirst lernen eine freye mänliche Faust schreiben desto eher werde ich dir von Herrn *Lancaster* können abrufen, nur bilde Dir nicht ein, daß es vor dieses erreicht worden ist, geschehen werde. Denn ein Mensch der sich der Handlung ergeben will, schlechterdings gut und flüßig schreiben muß. Deine Berechnungen in Ansehung der Zeit daß Deine Briefe uns antreffen, sind gantz unnöthige Dinge, genug daß Dir aufgegeben worden ist, alle Woche einen Brief an Herrn *Andersons Comptoir* für uns zu schicken und welches Du hinfort zu beobachten die Aufmerksamkeit haben wirst, und übrigens von Herrn *Drewe* Dir auszahlen zu laßen, was Du nöthig haben möchtest.

Die Mutter erwartet wie ich daß Du hinfort nicht weiter ermahnt werden darfst gerade zu gehen als andere gut erzogene Menschen und grüßt Dir herzlich
Liverpool, den 10. August 1803

Adieu Heinr. Floris Schopenhauer

9. *Heinrich Floris an Arthur*

Mein lieber Arthur.
Deine Mutter ist nicht sehr zufrieden mit Deinem letzten Briefe, und da es mir diesen Abend an allem Papier fehlt will ich nur kürtzlich auf den deinigen vom 14. dieses erwiedern, daß Du sehr viel schreiben mußt, um flüssig und männlich zu schreiben, wobey dann die Schnörkel alle wegfallen können, und du die Gefälligkeit haben wirst, es an den unterstrichenen Buchstaben zu bemerken und Dir zuzueignen für die Zukunft. Die Übungen im Schwimmen scheinen mir ebenso gefärlich als unnützlich. Im zeichnen und im singen muß Du doch einigen Progreß machen da die Dinge einsweilen angefangen sind und *Michaely* den 29. *September* Du dann wieder zuhaus in London sollst. Ich wünsche daß Du Dich der besten und deutlichsten teutschen Handschrift befleißigst, und mir eine Antwort erläßt, die mir befriedigt.
Bristol 25 August 1803 Dein Vater Heinr. Floris Schopenhauer

10. *Heinrich Floris an Arthur*

London, 2. Sept. 1803

Mein lieber Arthur
Heute zwey Monath verließen wir *London* und haben 1600 Meilen gemacht, und sind wieder da, werden auch bis nächsten Monath heraus wenigstens hier seyn, du aber Dienstag früh herein kommen kannst damit wir dir sprechen und zugleich zu den Races nach Enfield Dir mitnehmen können. Bringe mir mit die Nota wenn Deine Monathe mit dem Lehrmeister zu Ende gehen und Nach-

richt was dann ein Jeder wird haben müßen. Jung zu lernen die Feder so halten daß man dieselbe durch den Fingern allein ohne die Faust fortzurücken gantz in seiner Gewalt hat und so auch wie spielend mit ihr wirken kann, ist daß gantze Geheimniß schön und flüßig zu schreiben. Ja bald bist Du Zehn Wochen drüben her in *Wimbledon* und mit dem Ausgang der 12t wünschte ich Dir Gutschreiben sehen und dir zu uns nehmen zu können in unserem Gegenwärtigen *Logis*

*Norfolk Street No 43 – Strand*
*New Church*

Du verursachst mir durch Deine unbescheidenen Briefe grosses Porto, bringe sie wenigstens mit, wenn Du Dienstag zu uns kommst und mache mir mehr Freude wie Du Dir beflißen bis jetzt zu thun. Adieu Heinr. Floris Schopenhauer

*11. Heinrich Floris an Arthur*

Mein lieber Arthur,
es ist nur daß ich in den Zeitungen gelesen daß den 6t dieses Pferderennen in Enfield seyn würde, und ich bitte mir's aus nicht den langen Weg sich müde und schmutzig zu laufen, sondern mit der gewöhnlichen ersten Kutsche hereinzukommen, da wir auf dir schon warten werden. Ich wiederhole darauf zu achten was ich in meinem vorgestrigen Briefe verlangt habe, da wir es dann schon zu beschicken suchen werden, daß du nicht mehr lange in Wimbledon bleibst, vorher aber die Lections Monate beendigt werden müßen, damit das Geld nicht gar weggeworfen sey, und wird die Mama hier dann auch ein Klavier im Zimmer haben.
Norfolkstr. N 43, 4. Sep 1803 Schopenhauer

12. *Johanna an Arthur*

Freytag Morgen.

Ich hoffe Du bist ganzbeinig nach *Wimbleton* gekommen, aber Du hättest es uns dennoch wohl melden können, schreibe nur recht bald, Du weist wohl der Vater macht sich gern Sorgen wenn er keine hat. Du erhältst hiebey ein Paar *inexpressibles*, welche ich in Ehren zu halten bitte. Von uns kann ich Dir wenig melden, ich bleibe fleißig zu Hause weil ich nicht weiß wo ich hingehen soll, dabei declamiere ich das beliebte *Verbum, je m'ennuie, tu t'ennuies etc.* und zur Gemühtsergözung spiele ich die Sonaten die mir alle Tage besser gefallen. Adieu, Arthur, grüße die *Lancasters* in Maße von mir und nuze die kurze Zeit die Du noch unter ihnen zu wallen hast, nach bestem Wissen und Gewissen. J. Schopenhauer

*Freytag Morgen:* Geschrieben nach dem Besuch in Enfield (vgl. Brief Nr. 11); Poststempel vom 10. September 1803.

13. *Heinrich Floris an Arthur*

London, den 17. Sept. 1803.

Mein lieber Arthur

Die Leute machen gar große Rechnungen wie ich sehe und ich meyne Du wohl es abschlagen könntest, dem 2 Monathlichen Sänger einen Guinea Entrance zu bezahlen, indeßen wird dieser Klavier Unterricht vielleicht dienen daß du dir im Singen selbst forthilfst.

Wenn's mit dem Überschicken der Noten keine Gefahr, so lege sie diesem Briefe bey, und zwar drey Pfundt Sterling [unleserlich] 19361, 19362 & 19363 damit du alles und jedes befriedigen kannst und siehst du wohl ein, wie gut und zuvorkommend ich stets gegen Dich bin. Herrn *Lancaster* will ich daß Seinige welches £25 seyn wird hier aus zahlen oder überschicken wie ers immer will, und bitte ich Ihn mit deßen Familie von der Mutter und mich freundlich zu grüßen, und nichts von Deinen Sachen zu vergeßen.

Schopenhauer

14. *Heinrich Floris an Arthur*

Hamburg, den 23. Oct. 1804

Mein lieber Sohn

Da Du nunmehro mir schriftlich die Angelobung machest, schön und flüßig schreiben und perfect rechnen zu lernen, so will ich dann mir auch darauf verlaßen, mit Bitte es ebenfals dahin zu bringen, wie andere Menschen aufrecht zu gehen, damit Du keinen runden Rükken bekommst, welches abscheulich aussieht. Die schöne Stellung am Schreibepulte wie im gemeinen Leben ist gleich nöthig; denn wenn man in den Speise-Sählen einen so darnieder gebükten gewahr wird, nimt man ihn für einen verkleideten Schuster oder Schneider. Es ist gut, daß Du Dich ein Kleid hast machen zu laßen, bereits resolvirt, aber Du mußt auch eine Winterweste demselben beyfügen und wird Herr Kabrun die Auslage davon machen. Sey diesem guten Mann auch ebenso ergeben wie dankbar und bitte ihn, daß er Dir die Wechselbriefe und die facturen schreiben läßt, auf seinem *Comptoir*, damit diese weiters so aussehen, daß Sie in alle Welt gehen können. Es sind wenige Häuser, wo Du Dich so gut vorbereiten kannst, ein guter Comtorist zu werden, wie bey diesem meinem werthen Freunde *Kabrun* in Dantzig. Beachte demnach alles und merke auf seine Reden, sie können Dir nicht anders wie sehr vörderlich zu Deinem Fortkommen in der Welt seyn. Zwar lohnt es sich nicht, Dir die neue Flöte noch zuzuschiken, weil die ½ der Zeit ja schon passirt ist, die Du in Dantzig noch zuzubringen hast, aber darum spiele immer auf der Alten in ein oder anderes Concert, weilen auch dieses Dir in Deiner Vaterstadt zur mehreren Empfehlung dient. Die Mutter schreibt mir gar, daß Du mit eins ein beßerer Jüngling geworden, da man ihr von Deinem ordentlichen Betragen erzählt, laß diese Ordnung aber auch doch in Deinem Zimmer und bey Deinem Reisegeräthe herschen, denn die Begebenheit in *Braunau* war gar zu ärgerlich.

Solltest Du auf der Reitschule, guten Unterricht oder durch einen guten Korporal durch's *Exerciren* den besseren *Maintient* des Körpers gewinnen können, so will ich auch dazu die Kosten gerne hingeben, allein Du mußt doch auch im französischen wie engländischen Dich üben, und Herrn *Kabrun* wiederum anliegen, dir Briefe in diesen Sprachen, wie in dem teutschen, schreiben zu laßen; er hilft Dir gerne zurecht, und wenn Du seinen Brief-Styl erfaßt, hast Du gantz alles was Dir von nöthen ist, auch wollte ich daß Du bey hiesigem Herrn *Jaenisch* nicht mehr als ein Kind aufs *Comptoir* säßest und damit Gott befohlen

Hamburg den 23 Oct 1804 Schopenhauer

*Herr Kabrun:* Arthurs erster Prinzipal.
*Braunau:* Zu dem auch sonst unerquicklichen Aufenthalt im damals schon ominösen Braunau vgl. die Reisetagebücher Arthurs, a. a. O., S. 215 ff.
*Jaenisch:* Arthurs künftiger Hamburger Prinzipal.
*Hamburg, den 23. Oct. 1804:* Der Vater war nach der großen Reise von 1803/1804 nach Hamburg zurückgekehrt; Arthur hatte in Danzig seine kaufmännische Lehre angetreten.

15. *Heinrich Floris an Arthur*

20. Novembr 1804.

Ich wollte daß du lerntest, dir die Menschen angenehm zu machen; denn so würdest du auch gar leicht den Herrn Kabrun bei Tische zu mehreren Reden veranlassen. Und was dem Geradegehen und -sitzen betrift: so rathe ich dich Jedweden, der mit dir umgeht zu bitten, dir einen Schlag zu reichen, wenn du gedankenlos ob dieser großen Sache dich antreffen läßt. So haben Fürstenkinder verfahren und nicht den Schmertz gescheut für wenige Zeit, bloß nicht als Tölpel ihr Leben lang zu erscheinen. Nichts kann als dieses helfen und ich corrigire dermalen den jungen Lehmann mit Succeß von diesem Erziehungsfehler. Du wirst mit deiner lieben Mutter und Schwester in der Mitte des Decembers das gute Dantzig verlassen und so noch mehr als drei Monate darinnen verlebt haben. Vom Tantzen und reiten kann man nicht leben als Kaufmann, dessen Briefe gelesen werden sollen und folglich gut geschrieben werden müssen. Hin und wieder finde ich die große Buchstaben deiner Schreiberey noch immer wahre Mißgeburthen, besonders im Teutschen, welches als deine Muttersprache dir keines einzigen

Fehlers in der Handschrift zeihen müßte. Es ist gantz gut, daß du in Dantzig confirmirt werden wirst, hier aber noch Morgens die Vorlesungen des Herrn Runge in der Theologie anhören und stets dich bescheiden, sittlich und fleißig betragen. Adieu.

Heinrich Floris Schopenhauer.

16. *Johanna an Arthur*

Weimar, d. 16ten May 1806.

Wir sind lange nicht so schnell gereist, lieber Arthur, als Du meinst und auch ich mir vornahm, das Wetter war so himmlisch und der interessanten Gegenstände so viele die wir damahls wie wir die Reise zusammen machten, in zu großer Eile vorbeyjagten, daß ich es jetzt nicht übers Herz bringen konnte es wieder so zu machen, da ich eben keine zu große Ursache zu eilen habe Dich, mein lieber Arthur, habe ich oft zu uns gewünscht, denn nie hat mir eine Reise mehr Vergnügen gemacht. ich habe nur wenig Zeit zum erzählen, Visiten von Ridels Md. Kühn haben mir den Vormittag weggenommen und jetzt erwarte ich unsern Landsmann Falk, der ... interessant und liebenswürdig ist, und mir hier Contas Stelle dreyfach ersezen kann. Also will ich ... zu sagen, daß wir den Dienstag Lüneburg früh genug erreichten um uns noch ein wenig darinn herumzusehen, Mittwoch sehr spät kamen wir nach Zelle, bis dahin war es kalt die ganze Natur todt, kurz es war Winter, Donnerstag früh um 10 Uhr, weil der Doktor dort etwas zu thun hatte fuhren wir erst ab, und siehe es war über Nacht Frühling geworden, alles blühend und grün und die Luft milde und warm, Hannover erreichten wir um 5 Uhr, ich wollte nicht weiter weil dort kein gutes Nachtquartier zu finden war, und so besahen wir uns die Stadt, die schönen Wälle, die hübschen Aussichten, und freuten uns über den neuen Frühling. Freytag VorMittag waren wir in Göttingen, gingen in und um die Stadt, es war wieder auf den Wällen so schön, hier fand sichs daß der Umweg über Kassel nur 5 Meilen ausmachte, ich konnte mir die Freude, es wieder zu sehen nicht versagen, wir reißen ab, giengen zwey Stunden in dem himmlischen Thal von Minden spazieren, es war über alle Beschreibung schön, den Abend waren wir in Kassel, den Sonntag sahen wir erst die Parade und die Orangerie und brachten den Tag auf der Willhelmshöhe zu, es war wieder ein Tag wie man ihn in Hamburg kaum kennt, wie wir auf dem Wieter Kasten waren kam ein gräßliges Gewitter, das wir in einer Grotte abwarteten, den Effect kannst Du Dir denken, nie wünschte ich Dich so herzlich herbey. Den andern Tag hatten wir bey kaltem regnigten Wetter auf bösen verdorbenen Wegen eine sehr ermüdende Reise nach Eisenach wo wir trotz daß wir um 5 Uhr ausfuhren, sehr spät anlangten, da meine Wahl noch nicht entschieden ist so wollte ich die Stadt auch kennen lernen, mein alter Freund Mattesius führte uns den Morgen umher, wir bestiegen die Wartburg, alles war recht schön, aber doch sah ich aus M.s Beschreibung daß Eisenach nicht für mich ist. Den Abend fuhren wir nach Gotha, auch diese Stadt wollte ich kennen lernen, sie gefällt mir sehr, und wenn Weimar nicht wäre so würde ich sie ohne Anstand zum Aufenthalt wälen, denn so viel ich Erkundigungen einzog so sehe ich daß man dort angenehm lebt, die Stadt ist sehr hübsch, und die Lage weit schöner als die hiesige. Wir blieben einen halben Tag dort und kamen Mittwoch Abend hier an. Jetzt kann ich noch nichts entscheiden, doch gefällt es mir recht gut. Bertuchs, Ridels, Md. Kühn und Falks wollen alles mögliche für mich thun, ich denke wenigstens 14 Tage hier zu bleiben, in der Zeit werde ich wohl mit mir und meinen Wünschen aufs reine seyn, ich glaube ich werde hier Hütten bauen, aber wahrscheinlich kaufe ich das Haus nicht, ich kann angenehmer und wohlfeiler zur Miethe wohnen. Nächstens schreibe ich mehr, heute nimm vorlieb ich bin zu sehr in Eile. Wann Dein Brief gekommen ist kann ich nicht sagen, ich fand ihn vor. Adieu, mein lieber Arthur, trage Geduld mit dem Gänslein, und wirds Dir zu bunt, so esse Mittags im Adler, die Kosten sind unbedeutend, denn es wird so viel mehr im Haus und am Wein erspart, daß Du Sulzers Teorie gekauft hast freut mich. Lebe wohl, schreibe bald und viel, besuche Pistorius u sage ihr daß ich ihr sobald ich kann umständlich schreiben werde. Viele Grüße an Adele, Luise und Sophie.

J. Schopenhauer.

*Weimar, d. 16ten May 1806:* Der Übersiedlung Johannas nach Weimar im September 1806 ging die im folgenden beschriebene Erkundungsreise voraus.
*damahls:* Bereits während der Reise der Schopenhauers nach Carlsbad und Prag im Sommer 1800 hatte Johanna etliche der anschließend genannten Orte berührt.
*Md. Kühn:* Bekannte Johannas schon in der Hamburger Zeit.
*der Doktor:* Der zweite Mann von Johannas Schwester Charlotte.
*Gänslein:* Wohl Adele.
*Sulzers Teorie:* Johann George Sulzer: Allgemeine Theorie der schönen Künste. Leipzig 1771/4 (Arthur besaß die 2. A. Leipzig 1778/9).
*Luise:* Wahrscheinlich Luise Kirsten, eine Jugendfreundin Adeles.

17. *Johanna an Arthur*

Weimar, d. 19ten May 1806.

Deinen Brief ohne Datum habe ich heute erhalten, lieber Arthur, ich glaube aber, daß er vom 14ten ist, die Post ist also die beste. Nach empfang dieses schreibst Du mir noch einmahl gleich nach Dresden, ebenfalls *poste restante*, dann fürchte ich wirst Du mir ferner nicht schreiben können, weil ich mich überall zu kurz aufhalte, und meine Tour auf der Rückreise auch noch nicht ganz bestimmt ist, ich werde indessen fortfahren von Zeit zu Zeit zu schreiben, damit Ihr doch wist wo ich bin. Mein Entschluß hier zu bleiben ist jezt fest, es ist alles wie ich es wünsche, und ich hoffe hier frohe Tage zu leben. Viel Erzählen kann ich Dir nicht, es fehlt mir an Zeit, das bleibt zu meiner Rückkehr, Kühns Haus kaufe ich nicht, es ist sehr klein, schlechte dünne Mauren, baufällig, und so abgelegen daß sie eine Menge Kettenhunde halten müssen, um vor Dieben sicher zu seyn, auch ist es besser, ich mache mich nicht gleich durch Ankauf fest. Ich habe des verstorbenen *D.* Herders Logis gemiehtet, es ist eine untre Etage, so groß als unser jeziges Haus, oben wohnt die Eigenthümerinn eine Hofrähtin Ludekus, eine gebildete Frau, die auch etwas geschrieben haben soll, Mlle. Conta lebt bey ihr ein artiges Mädchen, ich habe einen kleinen Garten wo Adele säen und pflanzen kann, und alles was man zum Hauswesen braucht, Küche und Keller, 4 Zimmer *en Suite etc.*, für weniger als 500 Mk. jährlich, das Haus liegt mitten in der Stadt, sehr freundlich an der Esplanade die eine hübsche Linden Allee ist, das Teater ist kaum

20 Schritte davon, Equipage brauche ich nicht, es giebt hier Miehtwagen und Porteschaisen, so viel man braucht. Der Ton in Gesellschaft ist äußerst gebildet, Ridels thun was sie können für mich, gestern brachten wir einen angenehmen Abend mit Falk und Fernow den Du kennen mußt, bey ihnen zu. Das Wetter ist seit zwey Tagen sehr schlecht, sobald ich kann werde ich mich aufmachen, um vor der Hand Möbel und dergl zu besorgen, jetzt regnet es zu arg. Goethe u Wieland habe ich noch nicht gesehen, ersterer ist in Jena, letztern treffe ich wahrscheinlich Donnerstag bey Md. Kühn. Im Teater bin ich einmahl gewesen, es gefällt mir sehr, die Truppe ist ungefähr wie in München, ein schönes harmonirendes Ganzes, Costüm und Dekorationen sehr schön und herrliche Musick. Diese Woche habe ich hier noch zu thun, Anfang oder Mitte der künftigen gehe ich auf einen oder zwey Tage nach Jena, und dann nach Dresden, da ich einmahl im Gange bin will ich diese Freude noch mit nehmen, da wir nur 2 Pferde brauchen, und keinen großen Aufwand machen kostet die Reise nicht sehr viel, es ist wohl für mich die lezte, die ich in dieser Art mache, und so will ich mich noch ein wenig des Lebens freun. Die Einlage gieb gleich ab, ich habe der Pistorius alles geschrieben und sie gebeten, meinen Entschlus bekannt zu machen, thue Du das jezt auch, so hat man aufgehört sich zu wundern ehe ich zu Hause komme. Viele Grüße meiner Adele, ihr Briefgen und ihr Blümgen haben mich gefreut ich werde ihr auch einmahl schreiben, Grüße auch Luisen und vor allen Sophie, mit dem Feuer hat es wohl keine Gefahr gehabt, denn die Marktstraße ist ziemlich weit, aber doch mag die arme Sophie hübsch Angst gehabt haben, Du aber bist ein wahrer Dromeldarius, so etwas zu verschlafen. Adieu, lieber Arthur, Viel Grüße an alle die nach mir fragen. Gehab Dich wohl J. Schopenhauer.

*Hofrähtin Ludekus:* Johanna Ludecus publizierte unter dem Pseudonym Amalie Berg vorwiegend Romane.

*18. Johanna an Arthur*

Weimar, d. 26 May 1806.

Es verdriest mich recht, lieber Arthur, daß es mit meinen Briefen so konfuse geht, ich kann mir wohl denken daß Du unruhig wirst, doch hoffe ich daß Du jezt außer Sorgen bist, denn ohne Zweifel müssen die beyden Briefe die ich Dir schrieb jezt angekommen seyn. Ich schrieb Dir zuerst den 16ten und meldete Dir daß ich den 14ten nach Ablauf der Post hier angekommen war, den 19ten schrieb ich Dir wieder und meldete Dir daß es mir hier gefiele, daß ich aber vors erste nur miehten und nicht kaufen wollte, u daß Kühns Haus nicht für mich wäre, zugleich schloß ich einen Brief an die Pistorius ein, worinn ich ihr alles sagte, und bat auch Dich ferner in Hamburg aus meinem Plan kein Geheimniß zu machen. Alles das hoffe ich ist jezt in Deinen Händen, ich erzähle es Dir nur so in der Kürze der Sicherheit wegen. Es geht mir hier sehr gut, und ich hoffe es soll noch besser gehen, Herders Logis habe ich gemiehtet, ich habe einen kleinen hübschen Garten, 3 Zimmer mit einem Kabinet *en suite*, Küche, Keller, Wagenraum, Waschhaus, Speiskammer, ein Zimmer für Sophie, 2 BedientenZimmer, alles in der ersten Etage, und eine Treppe hoch, ein schönes Schlafzimmer, und noch eine Kammer, für 170 Thlr. jährlich, die Miehte ist hier theuer, aber das Haus liegt an der Esplanade und 50 Schrit vom Teater, deshalb zog ich es vor, etwas Möblen fürs erste miehte ich Monatsweise, manches andre habe ich schon theils gekauft theils bestellt damit ich es fertig finde, Ridels leisten mir in allem die besten Dienste u Md. Ridel nimmt viele Mühe für mich über sich. Wenn ich dann so ein Jahr hier gewesen bin, so werde ich mich, im Fall es mir nicht zu sehr misfällt, welches ich nicht glauben kann, auf einen festern Fus einrichten, ich denke daß ich fürs erste besser thue es so zum Anfange *a la legere* zu nehmen. Der Umgang hier scheint mir sehr angenehm, und gar nicht kostspielig, mit wenig Mühe und noch weniger Unkosten, wird es mir leicht werden wenigstens einmahl in der Woche die ersten Köpfe in Weimar und vielleicht in Deutschland um meinen Theetisch zu versammeln, und im ganzen ein sehr angenehmes Leben zu führen, Die Gegend um Weimar ist nicht ausgezeichnet schön, aber recht hübsch, aber der Park ist würcklich sehr schön. Vom Teater verspreche ich mir großen Genus, ich habe es dreymahl besucht, es ist würklich ausgezeichnet, in Hamburg haben wir kaum den Schatten davon. Mit Wieland soll ich Morgen bei Ridel zusammen seyn und obendrein *l'hombre* mit ihm spielen, den ganzen Abend werd ich denken *O Lord o Lord what an honour is this* Goethe sollte ich heute sehen, er wollte mich selbst in der Bibliothek herumführen, leider ist er gestern sehr krank geworden, aber doch ohne Gefahr. Ich muß aufhören, denn Falk und der Docktor schwadroniren hier so im Zimmer daß ich mein eignes Wort nicht verstehe. UeberMorgen frühe reise ich nach Jena wo ich mich in der wunderschönen Gegend mit Muße umsehen will, dann gehe ich über Dresden zu Hause, wo ich gern dem Fronleichnamsfeste beywohnen will, und dann über Braunschweig zu Hause, ich werde unterwegs schreyben, so oft es sich thun läst von Dir hoffe ich in Dresden einen Brief zu finden, denn ich schrieb Dir in meinem lezten, daß Du mir nur noch einmahl nach Dresden schreiben solltest, dann schreibst Du mir noch einmahl *Poste restante* nach Braunschweig sollte aber in der Zeit ein Brief an den Docktor einlaufen so schickst Du ihn nicht mit, er will ihn nicht so aufs ungewisse riskiren.

Adieu, lieber Arthur, sage Adelen ich hätte gern an ihr geschrieben, aber wahrhaftig, ich habe nicht Zeit dazu, mein Brief ist so ziemlich konfuse, doch denke ich er wird Dir mit alle dem lieb seyn:

Vielle Grüße Adele Luise und Sophie, adieu lieber Arthur, bald sehen wir uns wieder J. Schopenhauer.

*O Lord o Lord...:* O Gott O Gott welch eine Ehre ist das.

19. *Johanna an Arthur*

Dresden, d. 4. Juny

Deinen Brief vom 24^ten^ erhielt ich hier, mit großer Freude, denn mir war würcklich bange daß meine Briefe an Dich verloren gegangen wären, das wirst Du auch wohl aus meinem letzten Brief den ich Dir in großer Eile aus Weimar schrieb sehen, überhaubt mußt Du mit meiner Korrespondenz gewaltig vorlieb nehmen, und sie nur als Lebenszeichen von mir ansehen, denn in der That ich habe blutwenig Zeit, und wenn ich sie habe ist es gewöhnlich so unruhig um mich her daß es mir schwer wird ordentlich meine Gedanken zu sammeln.

Die Reise macht mir in der That großes Vergnügen, ich weiß lieber Arthur daß Dich das freut. Vom Doctor habe ich noch immer die Meynung die ich sonst hatte, Du gehst darinn von mir ab, und ich verdenke Dir das nicht, ich will mit Dir darüber nicht streiten, ich sehe wohl ein daß alles was Du mir darüber sagst, sowie überhaubt Deine Warnung mich auf niemand ganz zu verlassen aus der reinen Absicht kommt mir zu meinem Glück zu rahten und danke Dir Beydes als Beweis Deiner Liebe. Sey ruhig, mein guter Arthur, ich fühle zu sehr das Glück meiner zu theuer erkauften Unabhängigkeit als daß ich sie muhtwillig verscherzen sollte. Alles was ich gethan habe habe ich aus reinem eignen Antrieb gethan, ich habe keinen Menschen beym Entschlusse selbst um Raht gefragt, denn keiner weis wie ich was mir frommt, aber über die Art ihn auszuführen, muß ich um Raht fragen, denn mir fehlt dort die Erfahrung. Meine Wahl in Weimar zu bleiben reut mich auch hier nicht, Dresden ist für Fremde eine Art Paradies, aber die Einheimischen sehnen sich alle heraus, mündlich sage ich Dir mehr davon, auch über die Etage die ich gemiehtet habe, und über die Möblen. Ich werde allerdings viele alte Bekannte mitnehmen, obgleich der Transport sehr theuer ist, aber Stühle und Sophas sind zu zerbrechlich und zu schwer zu packen, denn alles muß in Kisten gepackt werden. Nun zu meiner Lebensgeschichte, ich konnte nicht eher von Weimar fort als den 28$^{ten}$ nachMittag, wir fuhren nur 2 Meil bis Jena, und blieben auch den andern Tag dort blos der über alles schönen Gegend wegen, die wir auch eigentlich genossen, denn der Doctor kennt dort noch jeden Fussteig. Den folgenden Tag schliefen wir in Weißenfels, die Nacht drauf fuhren wir durch, und kamen Sonntag frühe genug hier an um die Messe zu hören. Neumanns traf ich in der Kirche, sie sind die alten, Kora hat gestern zu meinem Leidwesen die Masern bekommen. Hier lebe ich in der

Gallerie, das Wetter das ein paar regnigte Tage in Weimar abgerechnet sehr schön war, ist jezt sehr kalt, Morgen ist hier die FrohnleichnamsProzeßion, der Kurfürst und Madame werden das halbe grüne Gewölbe anhaben, nach der Messe fahren wir nach Tarant, Freytag frühe geht es fort, und Tag und Nacht durch bis Halle, wo wir Sonntag bleiben wollen, vielleicht auch Montag, ich kenne dort Reichardts, und Profeßorin Froriep, Bertuchs Tochter, dann geht es Montag, oder Dienstag nach Blanckenburg, erlaubt es das Wetter so besteigen wir den Brocken, dann über Braunschweig den geraden Weg nach Hause. Wenn ich komme kann ich nicht bestimmen, ich denke vor der Mitte dieses Monats, ich schreibe mit nächster Gelegenheit wieder, und bestimter von Dir hoffe ich einen Brief in Braunschweig zu finden, Du vergist nicht daß Du die Briefe an den Doctor zurück behältst. es freut mich sehr daß Anthime kommt, laß Sophie ihn nur auf den Saal einquartieren, der Doctor wird wohl noch ein 14 Tage nach meiner Rückkunft bleiben, allso ist es besser sein Zimmer wird nicht derangirt, den Saal brauchen wir so nicht. Alles was Du wegen Anthimes thust hat meinen Beyfall, sprich doch auch mit Döller seinetwegen, ich denke bey ihm wäre er besser weil es nahe an der Stadt ist. Trittau ist weit. Bregardt ist eine eiserne Natur, ich weis nicht ob es mich freut daß er noch länger leiden muß. Viele Grüße den Kindern u Sophie Die Zeit ist hier edel sonst schriebe ich gern mehr. Adieu, lieber Arthur, wie gerne hätte ich Dich hier. Lebe wohl schreibe mir nach Braunschweig doch das hast Du schon gethan, nach Empfang dieses Briefes ist nicht mehr Zeit dazu. Nächstens bestimme ich so genau ich kann den Tag meiner Ankunft.

J. Schopenhauer.

*das halbe grüne Gewölbe:* Die Juwelen aus der berühmten Schatzkammer, die die Schopenhauers schon im September 1800 besichtigt hatten (vgl. Reisetagebücher, a. a. O., S. 28f.).

*Anthime:* Anthime Grégoire de Blésimaire, mit dem Arthur seit seinem zweijährigen Aufenthalt in Le Havre befreundet war.

*20. Johanna an Arthur*

Sonnabend Abend.

Du bist eben fortgegangen, noch rieche ich den Rauch von deinem Zigarro, und ich weiß daß ich dich in langer Zeit nicht wieder sehen werde. Wir haben den Abend recht froh miteinander hingebracht, laß das der Abschied seyn. Lebe wohl, mein guter lieber Arthur, wenn du diese Zeilen erhältst bin ich vermuhtlich nicht mehr hier aber wenn ich es auch wäre, komm nicht, ich kann das Abschiednehmen nicht aushalten. Wir können einander ja wiedersehen wenn wir wollen, ich hoffe es wird nicht gar zu lange währen, so wird auch die Vernunft uns erlauben es zu wollen. Lebe wohl, ich täuschte dich zum ersten mahl, ich hatte die Pferde halb sieben bestellt, ich hoffe es wird Dir nicht zu wehe thun daß ich dich täuschte ich that es um meinetwillen, denn ich weis wie schwach ich in solchen Augenblicken bin, und wie sehr mich jede heftige Rührung angreift. Lebe wohl, Gott segne Dich.

Deine Mutter J. Schopenhauer.

schreibe mir doch ja nächsten Mittwoch.

*Sonnabend Abend:* Der Abschiedsbrief Johannas ist am 20. September 1806 geschrieben.

*21. Johanna an Arthur*

Weimar, d. 29. Sep. 1806.

Dein Brief, mein herzlich lieber Arthur, hat mir den ersten Morgen in Weimar recht angenehm gemacht. Ich denke viel an Dich, und wenn ich erst in Ruhe seyn werde, werde ich Dich schmerzlich vermissen, doch das Schicksal will es so, und woran gewöhnt man sich nicht zuletzt. Daß Du meinen polnischen Abschied so nimst wie er genommen werden muß, ist recht brav von Dir, gewis es war so am besten für uns beyde, ich hätte zu viel dabey gelitten wenn ich förmlich von Dir hätte Abschied nehmen sollen. Adelen hast Du mit Deinem Briefe eine rechte große Freude gemacht, sie wollte erst gar nicht glauben daß Du ihr geschrieben hättest auch mir ist dieser Beweis Deiner Liebe zu ihr sehr werht. Meine Reise ist bei dem himlischen Wetter recht angenehm gewesen, in Braunschweig kamen wir Dinstag NachMittag an und reisten Mittwoch um 2 Uhr Nach Mittag ab, der Professor Römer an den Tischbein mich adressirte ist ein sehr artiger Mann, der sich viel Mühe gab mir den rechten Weg hierher zu erfragen, und uns auch ins Museum führte. Freytag Abend kam ich in Halle an, und hörte daß ich auf dem Wege nach Jena und Weimar weder Pferde noch Unterkommen finden werde, weil alles voll Soldaten liege, meine alten Bekannten konnte ich nicht gleich finden, das machte mich sehr unentschloßen, doch ehe ich es mir versah kam der Hofraht Schey mit seiner Frau und Professor Froriep, ich war unter Freunden, die mir riehten, und so ward denn beschlossen daß ich Sonnabend bey Reichardts und Scheyen zubrachte, und Fuhrmanns Pferde nahm die mich Sonntag durch einen Weg wo ich fast nichts von den Armeen zu sehen kriegte, gerade hieher brachte, wo ich Abends ziemlich spät ankam. Hier ist alles gutes Muhts, die Armee wird bald vorwärts gehen, wies dann wird liegt freylich noch im Dunkel, aber es läst alles gut an, der Krieg ist aber unvermeidlich, Indessen alles ist voll Muht u Leben. Ich schreibe heute nur diese paar Zeilen um Dir zu sagen daß ich hier bin, Viele Grüße an Willinks, Pistorius und alle Freunde.

Es freut mich sehr, daß Böhls Dich so freundlich aufnehmen, Sey nicht so bange zudringlich zu scheinen, wenn sie Dich nicht gern sähen, würden sie Dich nicht bitten. Du bist doch der alte, mit Deiner Rüstung, ich möchte Dich u den Lucas wohl darinn sehen. Der Tod der guten Meyer scheint mir ein Glück, sie ist nun aller Leiden überhoben. Adieu lieber Arthur, nächstens schreibe ich mehr, auch an Ganslandt, sage ihm indessen, daß ich glücklich hier bin, und ihn herzlich grüße. Deine Mutter J. Schopenhauer.

*Willinks*: Bei ihnen war Arthur nach dem Wegzug Johannas in Pension.
*Lucas*: Wohl ein Nachbarsjunge.
*Ganslandt*: Er führte die Geschäfte bis zur endgültigen Auflösung des Handelshauses Schopenhauer weiter.

22. *Johanna an Arthur.*

Weimar, d. 6$^{ten}$ Octbr. 1806.

Ich bin hier mitten im Kriege, lieber Arthur, aber gutes Muhtes und ich schreibe Dir blos um Dich zu bitten es auch zu seyn, und Dich meinetwegen nicht zu beunruhigen. Das Schicksal spielt wunderlich mit mir, daß ich mich gerade in diesem stürmischen Zeitpunct hierher versezt finde, in ein Land, welches wahrscheinlich der Schauplatz eines blutigen Krieges wird, doch da niemand vermuhten konnte daß das geschehen würde was jezt geschieht so ergebe ich mich in Geduld, und mache mir auch keine Vorwürfe darüber, denn ich that was ich für mich und die meinigen fürs beste hielt. Persönlich riskire ich nichts, selbst wenn im schlimmsten Fall die Franzosen Herren dieses Landes würden, so würden freylich die Einwohner durch Contributionen viel leiden, ich als Fremde aber habe nichts damit zu thun, niemand hier macht Anstalt zum fortgehen, und wo die andern bleiben bleibe ich auch, es sey denn daß, welches nicht zu vermuthen ist, der Krieg sich so in die Nähe zöge daß nahe bey der Stadt eine Schlacht gefochten würde so etwas aber merckt man vorher, und mir bleibt dann noch immer die Flucht nach Berlin offen. Die Posten gehen, wegen der Armeen nicht mehr grade nach Hamburg, die heutige von Hamburg ist ausgeblieben, ich habe allso keine Nachricht von Dir, obgleich ich vermuhte, daß Du geschrieben hast, ich lasse diesen Brief unterm Einschluß eines hiesigen Kaufmanns über Leipzig gehen, Du wirst am besten thun mir auch durch diesen Weg zu schreiben, sprich darüber nur mit Ganslandt, und schreibe so bald Du nur kannst, mir verlangt herzlich nach Nachricht von Dir, mein guter lieber Arthur. Der Anblick alles dieses militärischen Wesens ist mir höchst interessant, gestern zog die Sächsische Armee unterm Kommando des Prinzen Hohenlohe durch, ehegestern war der König, der Herzog von Braunschweig und das ganze Hauptquartier hier, so gehts alle Tage, alle Abende kommen neue Truppen, alle Morgen ziehen sie fort und machen neu ankommenden Plaz, alles dies macht den kleinen Ort sehr lebendig, die schönen großen Soldaten in den glänzenden neuen Uniformen, die Officiere, alle die Prinzen und Fürsten die man auf jeden Schritt begegnet; die

Pferde, die Husaren, die Kriegrische Musick, es ist ein so großes gewaltiges Leben, daß es mich unwiederstehlich mit fortreist, nur wenn ich die unvermeidliche Folge des Kriegs bedencke, und wie viele von diesen Menschen die jezt voll Lust und Leben hinziehen bald tod oder verstümmelt da liegen werden, dann engt es mir das Herz ein. Die Soldaten besonders die gemeinen sind voll Entusiasmus, sie wünschen nur daß der Augenblick erst da wäre, er wird bald kommen, alles zieht nach Erfurt, auch Napoleon rückt mit großer Macht an, es muß bald etwas entscheidendes geschehen, und viele denken wohl mit Falstaff, *would it were night and all was over*, die Zeit wird indessen auch kommen. Ich bitte Dich nochmahls, lieber Arthur, sey meinetwegen ruhig, wenn ich auch in einiger Zeit nicht schreibe da die Posten so unrichtig gehen, an mir soll es nicht liegen, aber Briefe bleiben jetzt leicht liegen, oder gehen verloren. Für meine Person riscire ich nichts, oder mache mich beim kleinsten Anschein von Gefahr davon, von unserm Vermögen ist hier nichts als die Möblen die man mir nicht nehmen wird, Silber und Juwelen kann ich leicht in Sicherheit bringen. Sage dies auch allen die sich für mich interessiren, ich bin mit meiner Lage ganz wohl zufrieden und bin noch keinen Augenblick in Sorgen gewesen, ich habe hier Freunde die lebhaft an mir theil nehmen: Riedel sorgt wie ein Bruder für mich, der gute Falck thut auch das seine, und bringt mir gleich jede neue Nachricht zu, was ich sehr gerne habe, auch Bertuch nimmt sich redlich meiner an, ich bin unter sehr gute Menschen gerahten. Mein Logis richte ich mir ein als ob nichts weiter zu thun wäre, es wird sehr hübsch und bequem, meine Möblen sind ausgepackt und kein Stück, keine Tasse, kein Glas zerbrochen, alles ist schon beynahe in Ordnung, Mittwoch schlafe ich zuerst dort. Neue Bekanntschaften habe ich noch nicht gemacht, außer gestern bey Kühns eine Frau v Egloffstein, die Mutter des Hofmarschals. die mich sehr freundlich zu sich eingeladen hat, und die hier ein brillantes Haus macht, bey Frl. v Göchhausen bin ich gewesen, Sie hat mich auf Tischbeins Empfehlung sehr zuvorkommend empfangen, und will mich künftige Woche der alten Herzoginn vorstellen, und mir Wielands und einiger andern Bekanntschaft verschaffen.

Ich darf nur wollen so bin ich hier in den ersten Zirkeln, ich werde aber weislich um mich schauen um mich nicht zu übereilen, Göthe ist noch in Jena, so bald er kommt, werde ich ihn kennen lernen.

Sophie u Duguet arbeiten wie die Türcken in meinem neuen Logis, Adele ist ganz artig, recht gesund und studiert auf einen schönen Brief an Dich, Sie hat an der kleinen Ridel schon eine rechte Herzensfreundin gefunden, Mignon läuft alle Augenblicke fort, und muß immer eingesperrt werden, er ist schon eine ganze Nacht ausgeblieben, aber von selbst wiedergekommen. Kühn reist diesen Montag nach Hamburg, er hat sein Haus verkauft, die Frau und Kinder bleiben aber ganz ruhig hier, bis zum Frühlinge, dann liefern sie das Haus ab. Auch eine Familie Rodde aus Lübeck hat sich hier niedergelassen, es sollen fatale Prisen seyn, ich habe sie noch nicht gesehen. Das sind so meine Neuigkeiten, lieber Arthur, nun wünschte ich gleich wissen zu können wie es dir geht, besonders mit deiner Gesundheit und deinem Gehör. Wie stehst du mit Grasmeyer? Wie ist Jenisch gegen dich? wirst du nicht bald vom jüngsten erlöst? Daß du bey Willinks gut bist, daran zweifle ich keinen Augenblick, wie ists mit deinem Humor? bist du noch oft verdrieslich? oder nimmst du mit dieser närrischen Welt vorlieb weil eben keine bessere zur Hand ist. Was macht der Kymops? Gestern warst du bey Böhls, vergnügt wie ich hoffe. Schreibe mir auch etwas von Anthime, und da du Tygerherz ihn nicht nehmen willst, so sage mir wo er ungefähr bleiben wird. Grüße Böhls, Pistorius und Bregardts, wenn du sie siehst, allen dreyen werde ich schreiben, so bald ich kann, hier im Gasthofe, bey der Unruh im selben Zimmer mit Adelen ist das fast unmöglich, mit Mühe stopple ich die paar Zeilen an dich zusammen, und du siehst es ihnen wohl an. Adieu, mein guter Arthur, dencke fleißig an uns.

Deine Mutter J. Schopenhauer.

So eben lieber Arthur, erhalte ich deinen Brief vom 1ten Octbr., was mich sehr freut, laß das mit den 130 Thlr. Dir keine grauen Haare machen, wenn du gleich 92 Mk davon hast bezahlen müssen, so kann dir nicht viel übrig bleiben, daß Färber die Rech. gleich geschickt hat mußt du ihm nicht übel nehmen, er ist alt und *ergo* besorgt, laß dir ja an nichts fehlen, daß du unnüze Ausgaben nicht liebst, weis ich ja, und das nöthige und selbst angenehme kannst du immer haben wenn du nur wie ich dir zutraue, den letzten Artickel nicht zu weit ausdehnst. Wenn der Winter kommt werden Willinks weniger aus seyn, und da du übrigens gut dort bist, so mußt du nicht zu genau kalkulottiren. Der arme Anthime mit seiner Melancholie! Eigentlich wunderts mich nicht, seine Situation ist darnach. Daß es mit Pistorius besser geht freut mich sehr, wenn es dir möglich ist so besuche sie wieder und bringe ihr meinen Grus. Ich gönne Willink die KupferStiche, aber es ist doch gewaltig wohlfeil, indessen, da deren so wenige sind konnte es nicht anders kommen. Adieu lieber Arthur.

Siegle nicht mehr an mich mit dem Devisenpettschaft, in diesen Zeiten ist das genug, daß ein Brief deshalb aufgemacht würde.

*der König:* Friedrich Wilhelm III., seit 1797 König von Preußen.
*would it were night...:* Nach Shakespeare, »Heinrich IV.«: »Wollt' es wär' Nacht und alles wär' vorüber«.
*Grasmeyer:* Hausarzt der Schopenhauers in Hamburg.
*vom jüngsten erlöst:* Von der Rolle des jüngsten Lehrlings.
*Kymops:* Ein Hund.

23. *Adele an Arthur*

Weimar, den 10ten Octb.

Lieber Arthur

Ich erwatete nicht so bald einen Brief von Dir zu bekomen; doch siehst Du daß ich auch schreiben kan. Ich schike Dir hier noch einen Brief für Emmy Pistorius, bringe ihn ihr bald und grüße sie. Bei diesem Brief ist noch ein anderer Brief an Mademoiselle Connings am Kathrinen Kirchhof. Alles dieses wird Dir durch Herren Kühn gebracht werden. Die Stadt ist nicht groß aber sonst sol sie sehr Stielle seyn; jezt aber sehn wir alle Tage Soldaten Passieren und vor einige Tage sah Sophie ein verwundeten Preuschen Officier der aber in der Stadt das Bein gebrochen hatte. Sophie läst Dich grüßen. Adieu lieber Artuhr, lebe wohl und Vergis nicht

Deine Adele Schopenhauer.

*24. Johanna an Arthur*

Weimar, d. 18$^{ten}$ Octbr 1806.

Daß ich noch lebe siehst Du wohl, zugleich will ich Dir nur versichere daß wir alle wohl sind, und keinem in unserm Hause etwas zu Leide geschehen ist. Ich habe ehegestern, da ich kaum mich ein wenig gesammlet hatte Dir ein paar Zeilen geschrieben um Dich zu beruhigen, denn ich fürchte Du wirst meinetwegen sehr besorgt seyn, aber ich weis nicht ob Du sie erhalten wirst, die Posten gehen noch nicht, morgen heist es geht die erste und ich schreibe dies in Vorraht, jene Zeilen hat ein französischer Officier durch einen Preußischen gefangenen Officier unversiegelt befödert, der Preuße wurde weiter transportirt und hat versprochen meinen Brief mit der ersten Gelegenheit auf die Post zu geben. Ich hoffe er hat es gethan, aber es ist doch möglich daß dieser Brief eher ankommt. Nun will ich Dir in der Kürze die Geschichte

dn. 19$^{ten}$.

Hier wurde ich gestern unterbrochen, wir leben noch in sehr unruhigen Tagen, ich werde auch diesen Brief nicht eher abschicken bis ich gewis weis daß er ankommt, denn ich möchte diese Geschichte nicht gern wieder zu erzählen haben. Ich schreibe Dir indeß mit jeder Gelegenheit ein paar unbedeutende Zeilen in der Hoffnung daß doch etwas davon ankommt, denn würcklich Du mußt unsertwegen in Aengsten seyn. Nun laß Dir erzählen. Ich hohle aber weit aus, auch ist mein Kopf noch gar nicht wieder recht beysammen, ich hoffe, das soll sich im schreiben finden, schreiben war von jeher ein *calmant* für mich. Wann ich Dir zuletzt schrieb weiß ich nicht mehr auch kann ich jezt nicht zu meinem Schreibe-Kasten kommen um nachzusehen, ich weis daß damahls alles hier voll Preußen und Sachsen war, und Niemand die Nähe dieser schrecklichen Katastrophe ahndete, Guter Gott! hätte ich gewust, was uns bevorstand, zu Fuße wäre ich fortgelaufen und hätte sehr übel dran gethan, denn jetzt ists überstanden und ich und die meinen sind gerettet. Mein Logis im ErbPrinzen ward durch die Menge Fürsten und Generäle die dort logirten sehr unbequem ich eilte meinen eigenen Heerd zu haben und bezog den achten meine

Zimmer, die ganz nach meinem Geschmack eingerichtet waren, und in welchen ich nur noch für Gardinen und dergl zu sorgen hatte.

Dn $28^{sten}$ war ich angekommen, damahls war die Preußische Armee in der Nähe aber noch nicht in der Stadt den ersten zog sie hier durch nach Erfurt zu, wo man die Franzosen in der Nähe vermuhtete, das dauerte bis zum $3^{ten}$ oder $4^{ten}$ etwa, ich beschrieb Dir damahls all den militärischen Pomp, alles hoffte, niemand konnte vermuhten daß Thüringen der Schauplatz des Krieges bleiben würde, den $3^{ten}$ war eine eigene Bewegung in der Armee, Truppen die unlängst durchgezogen waren kamen zurück, in den folgenden Tagen kam alles wieder von Erfurt, in und um unsre kleine Stadt war ein Heer von über 100000 Mann Preußen und Sachsen, die Soldaten waren mismuhtig über die unnüzen ermüdenden Märsche, die Landesbewohner über die starcke Einquartierung und daraus entspringende Theurung, man hoffte noch, aber ein düstrer Geist ging durch alle Gemühter, man hoffte und zitterte. Ich wollte fort, aber wo sollte ich hin? Alle riehten mir zu bleiben, ich muste wohl bleiben, denn es waren keine Pferde mehr zu haben, auch nicht einmahl zu kaufen, auch machte Niemand Anstalt zu entfliehen, Den $9^{ten}$ oder $10^{ten}$ traf der König mit der Königin, der Herzog von Braunschweig und viele Generäle hier ein, die Grosherzoginn reiste ab, ein Lager wurde von Erfurt bis zum Ettersberge eine Meile von hier jenseits Weimar aufgeschlagen, welches sich bis dicht an unsern Parck erstreckte, man erfuhr mit Gewißheit daß die Franzosen auf der Seite wo man sie nicht vermuhtete hereingebrochen wären, daß sie Coburg und Saalfeld in Besiz hätten, man hörte von ferne Kanoniren, man wuste nicht was man denken sollte, man glaubte, sie zogen auf Dresden und Leibzig, und der König, die Königinn, der Herzog von Braunschweig waren ruhig hier, die Armee im Lager, jedes Herz klopfte vor Ungeduld über alles dies. Den $11^{ten}$ erfuhr ich daß der G. v. K. hier wäre. Ich schickte ihm meine Adresse, er sprach selbst mit Duguet u sagte ihm, er würde den Abend zu mir kommen, nun sahen wir flüchtige verwundete Sachsen und Preußen zurück kommen, das entfernte Kanoniren hatte fast alle die Tage nicht aufgehört, wir erfuhren, daß eine zu kleine Armee angeführt vom Prinz Louis nach einem achtstündigen Gefecht gänzlich bei Rudolstädt geschlagen wäre, der Prinz, dessen schöne Gestalt wir noch vor wenig Tagen bewundert hatten, war geblieben, er wollte sich nicht ergeben, er wollte dies nicht überleben. Der Anblick der Flüchtigen noch mehr der Verwundeten war gräslich, es fielen Herz zerreißende Scenen vor, auf der Straße sah ich einen Officier geritten kommen, er fragte einen verwundeten Kürassier, wist ihr etwas vom Rittmeister Bär? Der ist tod, war die Antwort, ich sah ihn fallen, und der Officier war sein Bruder. Ich war noch immer entschlossen fort zu gehen, aber ich hatte keine Pferde, auch sagte mir jedermann persönlich würde mir nichts geschehen wenn ich in der Stadt bliebe, aber die Wege wären unsicher, ich blieb, suchte immer im voraus nach Pferden, ließ einpacken, und wollte erst K. sprechen, er schrieb mir den Abend er könne nicht kommen, er würde den folgenden Tag, dn 12ten kommen. Man beruhigte sich, den 12ten besuchte mich erst Bertuch, der mich sehr beruhigte; man glaubte bestimmt die Franzosen zögen nach Leipzig, alles könne gut werden, wir wären nicht in Gefahr. Kurz drauf meldete man mir einen unbekannten, ich trat ins Vorzimmer und sah einen hübschen ernsthaften Mann in schwarzem Kleyde der sich tief mit vielem Anstande bückte und mir sagte erlauben Sie mir, Ihnen den Geheime Raht Göthe vorzustellen, ich sah im Zimmer umher wo der Göthe wäre, denn nach der steifen Beschreibung die man mir von ihm gemacht hatte konnte ich in diesem Manne ihn nicht erkennen, meine Freude und meine Bestürzung waren gleich Gros, und ich glaube ich habe mich deshalb besser genommen als wenn ich mich drauf vorbereitet hätte, wie ich mich wieder besann waren meine beyden Hände in den seinigen und wir auf dem Wege nach meinem Wohnzimmer. Er sagte mir er hätte schon gestern kommen wollen, beruhigte mich über die Zukunft, und versprach wieder zu kommen. Der Tag ging ruhig hin, Lager und alles blieb wie es war. Den Abend kam der G. v. K. er hatte sichs ausgebeten mich allein zu finden, und ich war allein. Er war gegen mich wie sonst, übrigens rieht er mir auch zu bleiben, bis zum Nohtfall, schien sehr unzufrieden mit dem Gange der Dinge, sagte mir die

Feinde wären in Naumburg und hätten dort das Magazin abgebrannt bleiben wir Morgen noch hier, sprach er, so sind wir verloren, ich glaube Sie riskiren nichts wenn Sie bleiben, wollen Sie aber fort so gehen Sie nach Erfurt von dort nach Magdeburg, und wohin Sie weiter wollen, er wollte mir viel von der Lage der Dinge sagen, jedem trat sein Adjutant herein, und meldete ihm, daß man wieder eine starke Kanonade höre, er konnte kaum Abschied nehmen und eilte zum König. Es war schon spät aber ich bat doch noch Conta der seit einigen Tagen bey uns im Hause war, meinen Paß zum Herzog von Braunschweig zu tragen um ihn unterzeichnen zu lassen, geschah, Pferde hoffte ich noch immer zu bekommen, obgleich auf der Post keine waren, und die Bürger keine geben durften, ich war noch nicht entschlossen zu gehn aber ich wollte auf den Nohtfall bereit seyn. Ridel und mein Landsmann F. kamen noch, letztern hatte ich versprochen mitzunehmen, um ihn für das Schicksal des Buchhändlers P. zu bewahren, ich trug ihm auf sich auch einen Paß zu verschafen, nach Pferden zu suchen, und jede Stunde bereit zu seyn, er so wohl wie Ridel hielten die Gefahr noch nicht für dringend, wir lasen das Manifest das ich erhalten hatte, und trennten uns recht ruhig. Montag dn 13ten Morgens, ging ich mit Conta u Adelen ins Lager, das Wetter war alle diese Tage himmlisch schön, das Leben und Treiben im Lager, der schöne Parck, der Sonnenschein erheiterten mich, beim Nachhausegehen sahen wir alle Officiere vor des Königs Hause, und den König am ofnen Fenster, mit Mühe drängten wir uns durch, zu Hause hörte ich, K. wäre dort gewesen er hatte Sophieen gesagt er würde um 2 Uhr reisen, er würde mich nicht mehr sehn können, er bäte ich möchte ihm einige Zeilen zum Abschiede schreiben, das that ich, ich bat ihn mir zu sagen ob ich fliehen sollte und wohin, und mir Pferde zu verschaffen, es war 12 Uhr, ich ging allso zur Hoffdame der verw. Herzoginn, Frl. v. Göchhausen, die in der Zeit meine Freundin geworden war ins Schlos, um etwas neues und bestimmtes zu hören, ich traf sie gerade mit der Herzoginn auf der Treppe, ich ward sogleich der Herzoginn auf der Treppe vorgestellt, die schon von mir gehört hatte, und beängstigt wie sie war, mich doch sehr freundlich aufnahm, und mich mit in ihr Zimmer nahm, Hier kamen verschiedne Officiere, alle mit beunruhigenden Nachrichten, man hörte wieder starck Kanoniren, das Lager, von wo ich eben kam wurde abgebrochen, alles machte sich marschfertig, wie sie fort waren muste ich mich zur Herzoginn sezen, ich blieb eine gute halbe Stunde bey ihr, wir suchten auf der Karte den Weg den K. mir vorgeschlagen hatte, die Königin war eben nach der andern Seite hin aufgebrochen, die Herzoginn sagte mir, sie ließe alles einpacken zur Reise, und rieht mir ein gleiches zu thun, Pferde konnte sie mir nicht geben, sie hatte kaum selbst welche, auch war sie nur reisefertig nicht zur Reise entschlossen, sie wollte mir wissen lassen, wann und wohin sie gienge, so schied ich von ihr. Zu Hause fand ich K.s Antwort, er schrieb mir, wenn es ihm möglich wäre würde er noch einen Augenblick zu mir kommen, übrigens hätte ich, wenn beyde Herzoginnen hier blieben, als PrivatPerson nichts zu fürchten, Pferde hätte er nicht, Übermorgen würden PostPferde zu haben seyn, dann möchte ich über Erfurt, Langensalza, nach Magdeburg oder Göttingen, die Route wäre sicher, ich beruhigte mich allso weil ich muste, das Gewühl der abziehenden Truppen in der Stadt, die Abreise des Königs, alles das benahm mir allen Sinn für eigne Gefahr, die in der That Niemand so nahe glaubte, gegen 4 Uhr, da die Trommel seines Regiments schon zweymahl gegangen war, kam K. selbst, er war sehr bewegt und zugleich voll der großen Ereignisse die ihm bevorstanden, er konnte mir nichts sagen, unser Abschied war würcklich erschütternd, da ging die Trommel zum drittenmahl, und er riß sich los, mir that das Herz weh den schönen alten Mann so hingehen zu sehen, ich weis noch nicht was aus ihm geworden ist. Dieser Abschied und der ganze Wirrwarr des Tages hatte meine Kräfte erschöpft, ich schickte Sophie mit Adelen in die Komedie wo eben Fanchon gegeben ward um allein zu seyn, ich lag ganz stille auf meinem Sopha, die Todtenstille nach dem Lärmen aller dieser Tage war entsezlich, um 7 Uhr hörte ich wieder Fahren und Lärmen in den Straßen, mir wurde es im Hause zu Enge, ich ließ mich von Duguet zu Ridels bringen, nur durch große Umwege konnte ich bis zu ihnen kommen, alle Straßen waren voll Pferde u Wagen, es war die Bagage die der Armee folgte, bey Ridels sprachen wir uns wechselseitig Muht ein, die allgemeine Meynung war noch immer die Franzosen wären bey Leipzig, unsere Armee ginge ihnen dort hin entgegen, wo wahrscheinlich eine Schlacht erfolgen würde, ich ging zu Hause, Ridel, begleitete mich, das Gewühl war geringer geworden, die mehrsten Wagen schon fort, ich fand Sophie und Adele ganz lustig aus der Komedie zu Hause, wir gingen ohne Sorgen zu Bette, ich wachte die Nacht oft auf, alles war stille wie das Grab, und mir schauderte bey dieser Ruhe nach alle dem Lärmen den wir bisher Tag u Nacht gehabt hatten, ich stand erst halb acht auf, die Schlacht hat schon vor 6 bey Jena angefangen, Du kennst den Weg von Weimar nach Jena, Du weist die Felsen, die mit Mauren versehen sind damit die Wagen nicht in den steilen Abgrund fallen, unten im Abgrund liegt das Mühlenthal, dort waren die Franzosen, der Kayser unter ihnen, der Nebel war so dick, daß man im Anfange nichts sah der Kayser, ich weis es von Augenzeugen, stand vor einem Wachtfeuer und wärmte sich und fragte immer ob man die Preußen nicht sähe, da sah man sie auf der Höhe blincken. Die wüthenden Franzosen klimmten die steilen Felsen hinan, der Sieg blieb eine Weile unentschieden, aber alle Augenblicke stießen frische Truppen zur französischen Armee, die Preußen kämpften wie Löwen, aber die Uebermacht war zu groß, sie wurden aus ihrer vortheilhaften Position, die auch wohl nicht genug benuzt wurde vertrieben und den Erfolg weist Du. Ich erfuhr erst gegen 9 von Md[lle] Conta die bey uns im Hause ist daß man kanoniren höre und eine nahe Schlacht vermuhte, nun rief ich Sophien, mein Schmuck ward in mein Korsett genäht das ich anzog, ich hatte mir Tags vorher von einem hiesigen Kaufmanne 50 Louisd'or in Silber gegen einen Wechsel geben lassen um mein Gold zu schonen, denn es war keins mehr in der Stadt zu haben, ich hatte noch über 100 Louisd'or in Gold die in eine Art Gürtel genäht waren, den Sophie auf den bloßen Leib band, mein Silberzeug hatte ich schon gepackt, dies, die Wäsche, und was ich sonst der Mühe wehrt hielt, und fortnehmen durfte, ohne das Haus ganz zu entblößen, und Verdacht zu erregen wurde in eine kleine Kammer neben meinem Boden gebracht, und eine Menge Holz und Reisig drüber geworfen, so daß es wie eine Holzkammer aussehen mußte, andere Dinge wurden im Keller vergraben, und eine Menge Kartoffeln drüber geworfen, in weniger als anderthalb Stunden war alles in Ordnung, Conta, sein jüngrer Bruder, und ein Liebhaber einer unsrer Mädchen der zum Glück da war halfen meinen Leuten redlich. Meine Wirthin, die Hoffrähtin Ludekus war zu mir gekommen, wir gaben einander die Hand drauf, alles zusammen zu tragen und den Muht nicht zu verlieren komme was da wolle, diese würcklich brave Frau hat uns alle mit ihrer Entschlossenheit beseelt. um 10 Uhr ließ mir die alte Herzoginn sagen sie reise in einer Stunde nach Erfurt, ich möchte mich an sie schließen wenn ich Pferde hätte, ich hatte keine, und ergab mich mit Muht in mein Schicksal, die gute Ludekus wollte mich mit Adelen zur Gräfin Bernstorf bringen, die als Dänin sicher zu seyn glaubte, aber Sophie und Duguet konnte ich nicht mitnehmen. Wie konnte ich die treuen Menschen verlassen? ich blieb, und wohl mir, daß ich es that! Wir sezten uns, Md. Ludekus, Mlle Conta, ich, Adele und Conta, gelassen in mein Zimmer im ersten Stock u machten Scharpie, worum uns die Regierung hatte bitten lassen, das waren schwüle Stunden, mein Arthur, die Kanonen donnerten von fern, alles war in der Stadt wie ausgestorben, die Sonne schien auf die grünen Bäume vor meinem Fenster, alles war Ruhe von außen, und welcher Sturm, welche Angst des erwartens in unsern Herzen! Doch sprachen wir gelassen und munterten ein ander auf, die gelassene Ergebung der Ludekus war unbeschreiblich tröstend, ich folgte ihr so gut ich konnte, nur durfte ich nicht auf meine Adele sehen, dann war's mit meinem Muhte aus. Adele selbst war ruhig unbefangen, ein wahres Kind, und mir ein tröstender Engel. Nun kam eine gute Nachricht über die andre, Bertuch u viele Freunde versicherten uns die Preußen siegten, wir Armen hofften mit Angst, es war sehr quälend, Conta gieng ins Schlos, und brachte von dort die Nachricht die Herzoginn hätte einen Jäger auf's Schlachtfeld geschickt, der dieselbe Nachricht brächte. Es schlug 12 Uhr, wir hörten nicht mehr die Kanonade. Welche bange Stille. In der Zeit war Sophie nicht müßig, wir ließen Brod und Fleisch aufkaufen so viel wir bekommen konnten, Sophie ließ kochen und braten, Duguet mußte 50 Buteillen Wein aus dem Keller hohlen, man hatte uns diese Vorsicht gerahten weil dies das erste ist wonach die Franzosen fragen, und man mich warnte sie nicht in den Keller zu lassen, Md., Ludekus that dasselbe. Um ein Uhr klopfte ein Freund ans Fenster und rief uns zu, Sieg, vollkommner Sieg! O, mein Gott! wir fielen einander in die Arme, wir wußten nicht wie uns war, aber auf mein Herz fiel eine unsägliche Angst, eine Ahndung von Unglück wie ich sie einmahl auch schon gehabt habe. Jezt erst zitterte ich, und schalt mich selbst darum. Wenige Minuten drauf entstand ein entsezliches Geschrey auf den Straßen, die Franzosen kommen! Hunderte von Menschen strömten nach dem nicht weit entfernten Marckt, wir machten erschrocken die Fenster auf, eine preußische Schildwacht rief uns zu, es ist nichts, sie bringen KriegsGefangne, würcklich sahen wir einige KriegsGefangne verwundet vorbey bringen, ich sah einen über und über mit Blut bedeckten Chasseur, den ein braver Sächsischer Kürassier gegen die Insulten des Pöbels vertheidigte, der Anblick jagte mich vom Fenster, ich mußte doch wieder hin, nun kamen Reuter Sachsen, Preußen, eine unzähliche Menge BagageWagen in wilder Unordnung in voller Karriere gejagt, Nun war's mit dem Hoffen vorbey, wir gaben einander stumm die Hände, und giengen hinauf in die Zimmer der Hofrähtin, die eine Treppe hoch, und folglich etwas sicherer uns dünckten, noch kamen Freunde, die uns sagten, die Bagage der 20000 Mann die noch frisch im Lager stünden, hätte nur retiriren müssen, weil jene vorgerückt wären und diese nicht ohne Schuz zurück lassen könnten, andre sagten, es stünde freylich nicht so gut als vorhin aber noch wäre nichts verloren, ach aber es waren leidige Tröster, nicht mehr die frohen Gesichter von vorhin. Nun donnerten die Kanonen wieder, und näher näher, fürchterlich nah. Conta war nach dem Schlosse gegangen und brachte die Nachricht, es wäre vorüber, die Wachen wären vor dem Schlosse und an den Thüren schon abgelöst, wir sahen die Sachsen wieder traurig vorbeyreiten, o mein Arthur, die Erinnerung allein macht mich jezt beben. Jezt rasten die Kanonen, der Fusboden bebte, die Fenster klirrten, o Gott wie nahe war uns der Tod, wir hörten keinen einzelnen Knall mehr, aber das durch dringende Pfeiffen und Zischen und Knattern der Kugeln und Haubizen die über unser Haus flogen und 50

Schritte davon in Häuser und in die Erde flogen, ohne Schaden zu thun, Gottes Engel schwebte über uns, in mein Herz kam plözlich Ruhe und Freudigkeit, ich nahm meine Adele auf den Schoos, und sezte mich mit ihr auf das Sopha, ich hoffte, eine Kugel sollte uns beyde tödten, wenigstens sollte keine der andern nachweinen, nie war mir der Gedanke an den Tod gegenwärtiger, nie war er mir so wenig fürchterlich. Adele hatte sich den ganzen Tag, selbst in diesem schrecklichen Moment nicht aus der Fassung bringen lassen, keine Thräne, kein Angstgeschrey, immer gieng sie neben mir, und wenns ihr zu viel ward küßte sie mich und drückte mich an sich, und bat mich, nicht angst zu seyn, auch jezt war sie ganz stille, aber ich fühlte die zarten Glieder wie von Fieberfrost beben und hörte wie ihre Zähne an einander schlugen, ich küßte sie, bat sie ruhig zu seyn, wenn wir stürben so stürben wir ja miteinander, und ihr zittern legte sich, und sie sah mir freundlich in die Augen, ich war in der That damahls weit ruhiger als ich es jezt bin da ich Dir die SchreckensScene erzähle, Gott gab mir großen Muht, wie mir es Noht darum war, die Ludekus war ganz gelassen, die arme Conta folgte unserm Beyspiel und verbarg wenigstens ihre Angst, so saßen wir, da schwiegen die Kanonen, aber nun hörten wir in den Straßen ein fürchterliches Musketenfeuer, einen dumpfen Lärm vom Marckt her, und das Trappeln der fliehenden Preußen durch die Straßen, jezt wieder einige Minuten die fürchterliche Stille des Erwartens, da trat Contas jüngerer Bruder mit der Nachricht herein sie wären da, er hätte die Generäle vor dem Schlos absteigen gesehen, sie sähen gar prächtig aus voll Gold und Silber, auf dem Marckt lägen viel todte Preußen u Franzosen, übrigens verkauften sie schon erbeutete Pferde auf dem Marckt etc, da kam Sophie mit der Nachricht wir hätten 5 Husaren im Quartier, sie schienen ganz artig, einer drunter war Sophiens Landsmann, ihre Forderungen von Essen, Wein, Fourage wären freylich etwas ungestüm, doch Conta u Sophie beschwichtigten sie, und wir gaben her was wir konnten, die Einquartierung geht freylich nur den Hauswirth an, aber es wäre mir in dem Augenblick unmöglich gewesen nicht was ich an Wein, Braten, etc hatte gern zu geben um meiner mir sehr lieb gewordenen Ludekus zu helfen. Die Noht vertilgt jedes kleinliche Interesse und lehrt uns erst, wie nahe wir alle einander verwandt sind. Jetzt atmeten wir wieder, wir glaubten das gräßlichste überstanden, ach es sollte erst kommen, es war beynahe acht Uhr, ich bestand drauf, daß wir uns ordentlich zu Tische sezten, einige Tassen Buillion und einige Gläser Wein ausgenommen, hatte keiner von uns den ganzen Tag etwas genossen, und die verzehrende Angst dabey, eben sezten wir uns zu Tische, da entstand ein Feuergeschrey, und hoch wie der Montblanc thürmte sich eine Feuer-Säule empor, wir sahen wohl, daß es nicht ganz in unsrer Nähe war, aber man rief das Schloß brennt, man rief die Stadt wird an vier Ecken angezündet, lieber Arthur, thut Dir nicht das Herz um uns weh? O mein Sohn zu was für schrecken bin ich gebohren! Endlich erfuhren wir es brenne weit von uns in der Vorstadt wo viele kleine Häuser stehn, das Schloß wäre nicht in Gefahr, es war stille, kein Wind wehte, wir trauten auf Gott und wurden ruhiger, umsonst, neues schrecken war uns nahe, Heulend und zitternd stürzten zwey Frauenzimmer, begleitet vom jüngern Conta zu uns herein, sie waren aus ihrem Hause den Soldaten entflohen, man hatte ihnen bayonette auf die Brust gesezt, man drang in die Häuser, man plünderte, erst konnten wir es nicht glauben, doch fühlten wir daß wir uns nicht aus der Fassung bringen lassen müssen, ich und Md. Ludekus bedeuteten den Damen sehr ernstlich, daß sie wenn wir sie da behalten sollten ganz stille in einer Ecke sizen müßten, ohne uns durch klagen und schreyen zu stören, ich sezte die Tochter in einen Winckel, die Ludekus die Mutter in den andern, und die armen Seelen thaten was wir wollten.

Unsere Husaren waren indeß von Sophien ganz gewonnen, die Gegenwart des Geistes, der Muht dieser Sophie ist unbeschreiblich, sie und Conta haben uns in dieser schreckensNacht von Uebeln gerettet die fast kein andrer entgangen ist. Die Husaren ließen uns sagen wir möchten kein Licht sehen lassen, und die Thüren fest verschließen, eine Thüre zu erbrechen, wäre bey LebensStrafe verboten, obgleich die Soldaten da sie keine Bagage mit sich führen durften die Freyheit hatten Essen und Trinken zu fordern, aber in unserm armen Weimar war dies Verbot aufgehoben, das wußten wir nicht, kurz drauf drohte man, die Hausthüre zu erbrechen,

Sophie und Conta liefen hinunter und beredeten die wilden Menschen, Gott weiß wie ans Fenster zu kommen, sie forderten schnell Brod und Wein, beydes wurde ihnen zum Fenster hinaus gereicht, sie wurden lustig, sangen, und tranken Sophiens Gesundheit, die ihnen Bescheid thun mußte, und giengen weiter, so gieng es verschiedne mahle hinter einander, wir hofften wieder, alles wäre vorüber, mit einem Mahle rief einer unser Leute, die Thüre wäre erbrochen, sie wären im Hause, so wars nicht, blos die äußere Gartenthüre war erbrochen, sie donnerten an der Hausthüre, und verlangten Einlaß wenn sie die Thüre nicht einschlagen sollten, ein Herr aus dem Hause hätte ihnen Einlaß versprochen. So wars auch, der jüngere Conta hatte da er die Frauenzimmer herbrachte auf der Straße den kopflosen Einfall gehabt, um sie sich abzuwehren. Sophie u der ältere Conta giengen allso hin, wir bereiteten uns drauf sie ins Zimmer dringen zu sehn, wir waren alle in ein kleines Hinterstübchen zusammengedrängt um kein Licht sehen zu lassen, Adelen hatte ich auf ein Bett gelegt, ich sezte mich drauf meinen Beutel mit etlichen Thalern in der Hand. Nun hörten wir die wilden Stimmen unten, *du pain, du vin, vite, nous Montons*, und Sophie u Conta hießen sie freundlich willkomen, Sophie sagte sie hätte längst auf sie gewartet und für sie zugekocht, sie möchten nur stille seyn damit der Officier den wir im Hause hätten sie nicht höre, ob sie im Zimmer essen wollten? sie hätte eben den Schlüssel nicht zur Hand, aber hier auf der Diele wäre ja die schönste Gelegenheit, Tisch und alles, und damit tischte sie ihnen Brod Wein und Braten auf, Conta der für ihren Mann passirte that das seine die Wilden wurden wieder zahm, aßen trancken, und waren ganz fidel, denk Dir dabey die gräßlichen Gesichter, die blutigen Säbel blanck, die weißlichen mit Blut besprizten Kittel die sie bey solchen Gelegenheiten tragen, ihr wildes Gelächter und Gespräch, ihre Hände mit Blut gefärbt, ich sah sie nur einen Augenblick von der Treppe, es waren 10 bis 12. Sophie mitten drunter, scherzte und lachte, einer faste sie um den Leib sie drehte sich schnell um und schüttelte ihm die blutige Hand, damit er ihren Gürtel nicht fühlen sollte, Duguet hatte sie fast mit Gewalt eingeschlossen, als Franzose riskirte er nichts, aber sie fürchtete seinen Rausch, der wie du weist von der schlimmsten Art ist, und den er bey der Abspannung aller Kräfte da er den ganzen Tag nicht gegessen und viel gearbeitet hatte, leicht beim zutrinken hatte bekommen können. Die Herren gefielen sich so wohl daß sie gar nicht Mine machten zu gehn, da hohlte Sophie Adelen, die ganz niedlich mit ihnen sprach und sie bat zu gehen weil sie sehr schläfrig wäre, und die Unholde ließen sich von dem Kinde bereden und giengen, unsre beyden treuen Husaren waren mit dabey, die drei andern schliefen im Vorderhause. Nun waren aber meine Kräfte so erschöpft daß ich schlafen mußte, und wenn der Tod neben meinem Bette gestanden hätte, zufällig war ich schon den Tag u den Tag vorher matt und nicht wohl gewesen, unsre Thüren wurden wieder verrammelt, ich legte mich mit Adelen in Kleidern aufs Bette Sophie that ein gleiches unten in ihrem Zimmer, dicht an meinem Zimmer schläft Conta, dieser und alle die übrigen blieb wach, aber ich schlief sanft und ruhig 4 Stunden lang, das Feuer wühtete noch immer, kein Mensch durfte löschen, wenige wagten aus ihren Häusern zu gehen, die es thaten wurden von den Franzosen zurückgehalten, die Herzoginn hatte ihre Bedienten zum Feuer geschickt, man ließ sie nicht durch, Menschen wollten das arme Weimar verderben, Gott war barmherzig, eine kleine Straße gerade über dem herzogl. Stallgebäude, brannte unaufhaltsam, die Flamme schlug hoch in die Luft, nur etwas Wind und das Schloß wäre in Brand gerahten und mit ihm warscheinlich die ganze Stadt, aber kein Lüftchen regte sich das Feuer brannte still fort, bis an ein Eckhaus, dann sank es von selbst zusammen, es hat bis an den folgenden Mittag gebrannt, und doch sind nur 5 Häuser zu grunde gerichtet. Alles war von dem Feuer erleuchtet, ich sah die helle Flamme und mußte doch schlafen, eine ähnliche Müdigkeit habe ich nie gefühlt. Die Nacht ging uns ziemlich ruhig hin, es wurde verschiedentlich gepocht, da man aber nicht aufmachte und kein Licht zu sehen war so gieng man wieder. In der Stadt war entsezliches Elend, und in den Vorstädten, die Esplanade liegt zwar nahe, aber doch nicht im Mittelpuncte der Stadt, dies und Sophiens u Contas gegenwart des Geistes haben uns gerettet. Die Stadt ist förmlich der Plünderung preiß gegeben, die Officiere und die Kavallerie blieben frey von den

Gräueln und Thaten was sie konnten um zu schüzen und zu helfen, aber was konnten sie gegen 50 000 wühtende Menschen die diese Nacht hier frey schalten und walten durften, da die ersten Anführer es wenigstens negativ erlaubten, viele Häuser sind rein ausgeplündert, zuerst natürlich alle Laden, Wäsche, Silberzeug, Geld, ward fortgebracht die Möbeln und was sich nicht transportiren ließ verdorben, fast alle Thüren sind erbrochen, alle Fenster zerschlagen, viele wurden mit Bayoneten aus ihren Häusern getrieben, dazu der gräßliche Witz dieser Nation, ihre wilden Lieder, *mangeons, buvons, pillons brûlons tous les maisons*, hörte man an allen Ecken, überall liefen sie mit brennenden Lichtern umher die sie dann in den ersten besten Winckel schleuderten, es ist unbegreiflich daß nicht Feuer an allen Ecken ausgekommen ist. Auf dem Marckt hatten sie große Wachtfeuer errichtet um welche sie schwärmten und Hüner Gänse, Ochsen, brieten und kochten. Im obern Theil des Parcks bis an OberWeimar und den Webicht hin war ihr Lager, das heißt, die nicht einquartiert waren, bivouakirten, ohne Zelten bey großen Feuern, der Parck ist sehr verwüstet, die schönsten Bäume zum Feuer umgehauen, alle Gebäude darinn, bis auf die kleinen Behältnisse, wo das Gartengerähte aufbewahrt wurde sogar, erbrochen und beschädigt. Die wenigsten im Lager wusten daß unten eine Stadt wäre, dann kamen die aus der Stadt mit Beute beladen ins Lager und erzählten daß es unten eine ansehnliche Stadt gäbe die ihnen preis gegeben wäre und so liefen fast alle hinunter, die Officiere waren außer sich darüber, aber sie durften sie nicht halten. Prinz Murat und viele Generale waren in der Stadt, der Kaiser kam erst den folgenden Morgen, Viele Einwohner flüchteten aus den Häusern, in Wald und Feld, und sind zum Theil noch nicht wieder da, Hunderte hatten sich ins Schloß gerettet, auch in diesem ist man in die Silber und Wäschkammer gedrungen, und manches daraus geraubt, auch des Herzogs Gewehrkammer ist geplündert, die Herzoginn hat unbegreiflich vielen Muht gezeugt, und uns alle gerettet, auch hat der Kaiser fast zwey Stunden mit ihr gesprochen, was noch keiner Fürstinn wiederfahren seyn soll. Sie allein ist geblieben wärend alle die Ihrigen entflohen, wäre sie auch fortgegangen so stünde Weimar nicht mehr. Alles was ins Schloß geflüchtet war nahm sie auf und theilte mit ihnen, dadurch kam es denn, daß sie und alle einen ganzen Tag nur Kartoffeln zu essen hatten, alle die um sie waren versichern mich daß die großherzige Frau sich immer ganz gleich blieb, und in ihrem ganzen Wesen fast kein Unterschied gegen sonst zu bemercken war. Alle, die ihre Häuser verließen haben fast alles verloren, einige sind so glücklich gewesen gleich Officiere ins Quartier zu bekommen die ihnen etwas Schuz, oft mit eigener Lebensgefahr gewährten, am besten kamen die fort die wie wir, Muht genug hatten keine Angst zu zeigen, der Sprache und der französischen Sitte mächtig waren, darunter gehört Göthe, der die ganze Nacht in seinem Hause die Rolle spielen mußte, die bey mir Sophie u Conta spielten, Falk hat sich auch gut durchgeholfen obgleich er schlecht französisch spricht, und so noch einige andre. Dem Bergraht Kirsten der bey uns im Vorderhause wohnt haben wir durchgeholfen, denn bey ihm kann Niemand Französisch. Wieland hat als Mitglied des NationalInstituts, gleich vom General Denon eine Sauvegarde bekommen, die Wittwe Herder deren Logis ich jezt bewohne mußte ins Schloß flüchten, bey ihr ist alles zerstört, und was unersezlich ist, alle nachgelassenen Manuscripte des großen Herders, die sie mitzunehmen vergaß sind zerrissen und zerstreut. Ridels haben nichts als Möbeln behalten, Silberzeug, Gold, wäsche, kleyder sind fort. Sie hatten auf meinen raht die Sachen auf dem Boden versteckt, wie das Feuer ausbrach glaubten sie es sich sehr nahe, was noch nicht war, u trugen sie in den Keller, der gleich zuerst erbrochen ward, die silberne Theemaschine haben sie behalten weil man sie nicht für Silber hielt, u einen Leuchter, den ein Soldat aus Danckbarkeit für ein geschenktes Hemde dem andern wieder abnahm. Kühns ist es fürchterlich ergangen. Ihr Haus liegt, wie Du weist, in der Vorstadt, wohl mir, daß ich es nicht kaufte, Dort haben die Barbaren am tollsten gewirtschaftet, Kühn reiste Montag nach Hamburg, mußte aber wieder umkehren. Dienstag machte er sich doch, trotz der ganz nahen Gefahr davon, und was aus ihm ward weis ich nicht, Frau und Kinder versteckten sich noch ehe die Feinde hereindrangen, im Garten, in einem Loche unter der Erde, der Hauslehrer ein Franzose, Perrin, blieb im Hause, machte sich aber wie die

Plünderung angieng, und ihm blancke Säbel und Bayonette drohten davon, nun ward alles geraubt, und die Möbeln in Stücken zerschlagen, gegen Morgen wurden die Unglücklichen in ihrem ZufluchtsOrte entdeckt, man wollte hineinschießen, und sie kauften sich mit allem los was sie an Geld u Kostbarkeiten bei sich hatten, gegen Mittag kamen wieder andre, die ihnen den Tod drohten, endlich gegen Abend, nachdem sie 24 Stunden TodesAngst ausgestanden haben, sind sie herausgegangen, und jezt im Hause des Kaufmanns Desport, am Marckte. So höre ich noch alle Tage neue Gräuel erzählen Professor Meyer wollte in seinem Hause bleiben, aber die fliehenden Preußen ließen 3 Pulverwagen dicht vor seinem Hause stehen, wovon einer ganz zerbrochen war daß das Pulver umher lag. Meyer konnte allso nicht bleiben, ẽr eilte zu seinen SchwiegerEltern, die nicht weit von Kühns wohnen, auch hierher drangen die Unholde, raubten alles, trieben zulezt mit Gewalt die unglückliche Familie zum Hause hinaus, welche zusehen mußte, wie man ihre Habseligkeiten ordentlich auf Wagen lud und fortfuhr. Meyers SchwiegerVater ist ein alter kräncklicher, hypochondrischer Mann, der eine Kasse zu verwalten hat, und ängstlich Ordnung liebt, Göthe sagte mir nach her er hätte nie ein größres Bild des Jammers gesehen, als diesen Mann im leeren Zimmer rund um ihn alle Papiere zerrissen und zerstreut, er selbst saß auf der Erde kalt und wie versteinert, Göthe sagte er sah aus wie König Lear, nur daß Lear toll war, und hier war die Welt toll. Ich habe Meyern und einigen andern mit den Hemden u anderer Wäsche Deines Vaters ausgeholfen, bis sie wieder sich welche anschaffen können, auch mit unserm Wein habe ich schon manches traurige Herz erquickt, den Verwundeten habe ich Erquickung ins Lazareth geschickt, die andern Einwohner der Stadt können noch nicht dran dencken weil sie zu viel verloren haben, aber ich kann es denn mir ist alles geblieben, Sterbende haben mich gesegnet, das giebt mir wieder Freudigkeit, und der Seegen wird auf uns ruhen, des Abends versammeln sich meine Bekannten um mich her, ich gebe ihnen nur Thee, aber mein heitrer Sinn ist mir geblieben, und Mancher der traurig kam geht erheitert fort, die gute Ludekus steht mir immer treulich bey.

Alles dies geschah, während ich schlief, gegen 6 Uhr wurde ich geweckt weil die Feuersgefahr sich zu nähern schien doch diese Besorgniß legte sich bald, ich sah auf der Straße einzelne mit Beute beladene Soldaten, ich hoffte die Unordnung wäre vorüber, man sagte die Truppen sollten weiter marschiren, da erhob sich das wüste Geschrey von neuem, unser ehrlicher Husar brachte eine gestern bey all dem Unglück entbundne junge Wöchnerinn, ihren Mann, den Säugling und noch 2 Kinder u eine Magd, er bat um Gotteswillen wir möchten die armen Leute aufnehmen die Barbaren hatten sie ausgeplündert und auf die Straße geworfen. Die junge Frau hatte die Gelassenheit und das Gesicht eines Engels, still sezte sie sich hin u säugte ihr Kind, ohne Klagen sprach sie von ihrem Schicksal, und voll Vertrauen auf Gott, mit einer so anspruchslosen Art, es gieng mir durchs Herz, ich fiel ihr um den Hals und küßte sie so herzlich, wie ich nie eine Frau geküßt habe, ich hätte ihr die Hand küssen mögen, sie flößte mir so viel Ehrfurcht ein. Sehen sie, sagte sie, ist das denn nicht schön daß eine so gute Frau Theil an meinem Schicksal nimmt, und muß mich das nicht trösten? Ich habe mich hernach nach den Leuten erkundigt, sie haben doch nicht alles verloren, Gold u Silber hat man nicht gefunden, Mutter u Kind sind gesund geblieben, der Mann heißt Facius, ist ein sehr geschickter Steinschneider, und hat für die ganze Gegend weit u breit zu thun, wird sich allso bald wieder aufhelfen. Nun war unser Zimmer ganz voll, diese Leute, die alte gruselige Md. Jagemann mit ihrer Tochter von gestern Abend, dazu die Forstmeisterin Willhelmi die aus der Gegend von Erfurt sich hierher geflüchtet hatte und bei Ridels logirt hatte. Ridels waren eben des Feuers wegen das noch immer ruhig brannte ins Schloß geflüchtet und sie erzählten uns welche Greuel dort geschehen wären, und wie das noch immer fort wäre. Nun hörten wir am Thorwege vom Vorderhause starck klopfen. Ich sah aus dem Fenster, sah das Thor in tausend Stück brechen und 10 bis 12 wüthende Menschen mit gefälltem Bayonete in den Hoff stürzen, Guter Gott, welch ein Anblick, doch faßte ich mich; wir rangirten uns im Zimmer, die Heulenden wurden zur Ruhe verwiesen, ich stellte mich vor Adelen, wieder den Geldbeutel in der Hand,

Sophie und Conta eilten herunter, krach, fiel die Thüre unten die den Gang nach meinem Zimmer verschließt, die Bayonete haben auf Contas Brust gestanden, und doch gelang es ihm und Sophien, die Menschen mit Wein, Brod, und freundlichen Worten hinauszubringen. Jezt verlangte der Husar mich zu sprechen, er hatte mich noch nicht gesehen, ich flog zu ihm, gab ihm die Hand, er sagte, er wäre der Ehre nicht wehrt, er wäre nur ein Bauer, aber doch hätten seine Hände nie solche Greuel besudelt, und so gab er mir die Hand, ich bot ihm Geld an, er wollte es durchaus nicht nehmen, doch nahm er einen SpeciesThaler am Ende. In der Hize des Gesprächs zog ich meine goldene Dose heraus, er sah sie bedeutend an. *Si vous la demandez il faut que je vous la donne*, sagte ich. Das erschütterte den großen schnurbärtigen Menschen fast bis zu Tränen, aber um eine Prise aus der schönen Dose bat er mich. Nun rieht er mir, bey einem General um eine Sauvegarde anzuhalten, und sagte mir dabey, die Plünderung hätte nun ein Ende, die Infanterie die einzigen die sich deren schuldig gemacht hätten müße nun fort, einen der Plünderer hätte eben ein Officier vor seinen Augen auf der Straße zusammengehauen, zwey würden eben im Lager füsilirt. Niemand von uns konnte zum General gehen, Conta mußte im Hause bleiben, allso faße ich meinen Husaren unter den Arm, Adelen an der Hand, und das hin aufs Schloß zum Prinz Murat. Welch ein Gang, überall die Spuren der gestrigen Nacht, Todte, Verwundete auf der Straße, gefangene Preußen im Park vor dem SchloßPlatze wo sie noch ehegestern stolzirten, wilde, blutige Menschen, die ich nicht Soldaten nennen kann, in weißen, zerrissenen Kitteln, Mord und Tod im Gesicht, die alle Augenblicke meinen Husaren als Camarade anredeten, dazwischen die Musick, Pferde, Reuter, ein unendliches Gewühl. Beim Prinzen wurde ich nicht vorgelassen, er hatte sich eingeschlossen und ließ Niemand vor. Ich gieng zu Hause, schrieb ihm wer ich wäre, forderte seine Menschlichkeit auf, schickte ihm meinen von Bourienne unterzeichneten Paß, bat diesen zu unterzeichnen, mir zu sagen wohin ich gehen könnte, und bat um eine Sauvegarde, dies schickte ich gleich durch meinen Husaren hin, der Prinz sprach ihn selbst, unterzeichnete meinen Paß, *pour se rendre en France*, schrieb dabey einen Befehl an alle Militair und Zivilbehörde mich zu schüzen, und ließ mir sagen, ich solle ruhig seyn, als Fremde brauche ich keine Sauvegarde überdies hätten die Unordnungen ein Ende. Aber es war nicht so, es drangen aufs neue Soldaten bey uns ein. Zum Glück kam im nehmlichen Moment ein DragonerOfficier, der zu essen verlangte, dieser vertrieb sie mit leichter Mühe, so wie ich davon hörte ließ ich ihn in eins meiner Zimmer führen und eilte zu ihm und bat ihn um Schuz. Es war ein freundlicher nicht mehr junger Mann, meine Lage gieng ihm zu Herzen, er versicherte mich daß alle Officiere über die Art mit der Weimar behandelt wäre empört wären, aber die Armee reiste, ohne alles Gepäck u wenn die Leute müde und hungrig, vollends nach einer Schlacht, ankämen, müße man ihnen erlauben Brod u Wein zu fodern, was aber übrigens hier geschehen wäre, wäre freylich entsezlich, jezt hätte das aber eine Ende, indessen indem wir sprachen mußte er doch noch uns und unsern Nachbar, dem eben die Fenster eingeworfen wurden vertheidigen. Nach 2 Stunden wollte er fort, seine Ehre hieng daran, er hatte bis morgen einen bestimmten Weg zu machen. Aber ich strengte alle meine Beredsamkeit an, und so gelang mir es ihn zu bewegen, daß er mir versprach, bis 2 Uhr des Morgens zu bleiben wenn er keinen Officier fände der seine Stelle ersezte, er gieng ins Vorderhaus darnach auszusehen und brachte mir glücklich einen *Commissaire des Guerres* des General Berthier nun waren wir aus der Noht, oben war kein Plaz, ich räumte allso gleich mein bestes Zimmer das ich zum StaatsZimmer bestimmt hatte ein, und übernahm es die Offiziere an meinen Tisch zu nehmen, was meine gute Ludekus, umringt von allen die zu ihr geflüchtet waren, nicht konnte. Der Dragoner ritt gleich nach Tische fort, er u Mr. Denier blieb. Einen artigern, gebildetern, und dabey hübscheren Franzosen habe ich nicht leicht gesehen, mein Tisch war alle diese Tage sehr schlecht bestellt; es war eben keine Theuerung, aber eine so große Seltenheit an Lebensmitteln, besonders Brod entstanden, daß man allgemein Hungers Noth befürchtete, der gute Denier nahm an unserm Unglück Theil als ob es ihn selbst betroffen hätte, mit seiner Schonung machte er es so daß sein Freund beim General Berthier aß, er selbst aber blieb zu Hause, und wenn er ausgieng bat er mich um Erlaubniß und sagte mir wohin er gienge und wann er wieder kommen würde, seine Leute mußten dann Schildwache halten, den ganzen Tag mußte er uns noch oft die Plünderer abwehren. Dafür mußte ich mir gefallen lassen daß mir den Abend wenigstens 10 Officiere vorgestellt wurden die bey mir Thee trancken und himmlisch vergnügt waren wieder einmahl ein hübsches Zimmer, reine Tassen, und ein französisches Haus zu sehen, denn dafür hielten sie mich, wegen meiner Bedienung und der Adele, die würcklich jezt nach alle dem schrecken ganz allerliebst war. Ich that indessen doch etwas gutes, ich schrieb allen Officieren, die mir vorkamen, die Namen von Loder, Schütz, Froriep, und Reichardt in Halle auf, und bat sie diese Häuser wenn sie hinkämen zu schüzen, alle gaben mir ihr Ehrenwort darauf und versprachen freiwillig auch ihren Freunden diese Namen zu geben. Halle ist seit dem mit Sturm genommen, man hatte die Thore geschlossen um den Preußen die Flucht zu erleichtern, vielleicht hat meine Fürbitte etwas geholfen diese Leute zu schüzen die mir so freundlich entgegen gekommen sind. Man hat in Halle gehauset wie hier, auch Jena ist fürchterlich behandelt 15 Häuser sind abgebrannt, Frommans und Fahrenkrüger sind indessen ziemlich gut davon gekommen. *D.* Stark wird gezwungen da zu bleiben um die Lazarethe zu besorgen, die schönen Weiden in dem herrlichen Thal sind umgehauen, und sie wollten hernach nicht brennen, allso umsonst. Lieber, lieber Arthur, in welchen Zeiten leben wir, ja wohl *the times are out of flight.* Der folgende Tag, der 16te, vergieng eben so, wir wurden ruhiger, wenn das Ruhe heißen kann, wenn man es nicht wagt, sich des Abends auszukleiden, wenn man bey jedem Geräusch, jedem Pferde oder Wagen der vorbey fährt, jeder lauten Stimme auf der Straße ängstlich zusammenschreckt, in dieser Stimmung, lieber Arthur, sind wir noch lange geblieben, noch viele, viele Tage. Meine Gesundheit hat nicht mercklich gelitten, nur daß ich so mager geworden bin daß alle meine Kleider, die mir eben anfiengen zu enge zu werden, mir jezt viel zu weit sind, doch das Unglück ist nicht gros, Ruhe wird es bald wieder herstellen. Dn 17., des Morgens verließ mich mein Beschützer Denier, nachdem er Vorkehrungen getroffen hatte zu verhindern daß wir nicht wieder mit Einquartierung belästigt würden, wenige Zeit darauf marschierte das Regiment des Marschals Augereau ein, gerade diese waren den 14ten u 15ten nebst andern unsre Peiniger gewesen, dies bewog uns doch wieder um einen Officier zu bitten. Wir bekamen zwey, einen Picard, einen Normand, sie mögen brave Leute gewesen seyn, aber man sah ihnen ihr schreckliches Handwerck zu deutlich an, den Tag mußte ich schon mit ihnen zubringen, mir kam es bisweilen vor als ob ich holländische Schiffer bei mir hätte, der Abstand zwischen der Cavallerie und Infanterie in der französischen Armee ist ungeheuer, die ersteren tragen alle das Gepräge der Cultur bis auf den gemeinen Husaren herab, die letzteren sind ein wildes Volck, abgehärtet zu allem. Glücklicherweise ward ich den Abend ganz heiser, so daß ich zulezt keinen hörbaren Laut hervorbringen konnte, dies entschuldigte mich den folgenden Tag nicht zu erscheinen, die Herren ließen sichs auch ohne mich wohl seyn. Ich habe dieses Uebel schon vor 7 Jahren in Danzig gehabt, obgleich weniger heftig, mein Schwager warnte mich damahls es nicht zu vernachlässigen, den 18ten war ich fast stumm, und nahm da Hausmittel nicht halfen, meine Zuflucht zum Arzt, es war kein anderer da als *D* Huschke er hat mich aber innerhalb 2 Tagen ganz wieder hergestellt. Ich litt unbeschreiblich dabey daß das Regiment alle Tage drey mahl vor unserm Hause versammelt und jeder Soldat mit Namen einzeln von den Officieren aufgerufen wurde, der Ordnung wegen war das recht gut, aber ich sah wieder die fürchterlichen Gesichter, die weiten schmuzig weißen Mäntel, die sie über die Uniform werfen, u die die Spuren der Schlacht u aller verübten Gräuel an sich trugen; so waren sie auch in jener schreckens-Zeit. Den 18ten wurde der Preußische General Schmettau hier feyerlich begraben mit allem militärischen Prunck, nach dem Begräbniß versammelten sie sich wieder auf der Esplanade, die Musick spielte OpernArien, und die wilden Menschen tanzten u tobten lustig umher bis sie ins Quartier mußten. Endlich zogen sie den 19ten fort, wir behielten den General Dentzel mit einem kleinen Corps zum Schuze, er ist ein Deutscher, und hat sich seit dem sehr menschlich u brav gegen uns benommen, aber er hat in Jena vor diesem studirt, und seine genaue Kenntniß aller Wege ist der

Armee sehr zu statten gekommen, wie konnte er dazu helfen dies Paradies zu verwüsten, er der doch gewiß seine schönsten Tage darinn verlebte. Der General Schmettau der hier begraben ward, wurde schwer verwundet hier eingebracht, man kündigte ihm an daß er in vier Tagen nach Paris müßte, in einem einsamen Augenblick stürzte er sich aus dem Fenster, und starb wenig Stunden darauf. Seit dem wurden wir wegen der Menge Verwundeter die in Lazarethen, Gasthöffen, im Komödienhause auf einander gehäuft lagen, ohne Pflege, Ordnung, und Reinlichkeit, und wegen der entsezlichen Anzahl unbegrabner Todten die bis vor's Schloß herum lagen, aufs neue in Angst gesezt, man fürchtete ansteckende Krankheiten, allmälich wird auch hier Ordnung gemacht, die Todten werden in großen mit Kalck ausgefüllten Gruben die von der Stadt entfernt liegen begraben, die in der Schlacht fielen sind alle schon begraben, und aus den Lazarethen werden sie auch gleich fortgeschafft und liegen nicht mehr wie zu Anfange, hoch auf einander gethürmt Tage lang auf der ofnen Straße. Von diesen Gräueln des Krieges hat man nur einen Begriff wenn man sie wie ich in der Nähe sieht, Ich könnte Dir Dinge erzählen, wofür Dir das Haar emporsträuben würde, aber ich will es nicht, denn ich kenne ohnehin wie gerne du über das Elend der Menschen brütest, du kennst es noch nicht, mein Sohn, alles was wir zusammen sahen ist nichts gegen diesen Abgrund des jammers. Was mich beim Anblick alles entsezlichen was man sich denken kann noch hielt ist daß ich half wo ich konnte um den Jammer zu lindern, mein Landsmann F. gab mir die Wege an, und so habe ich mich einer Stube im Alexandershoff in der an 50 Verwundete lagen, meistens Preußen, angenommen. Ich schickte ihnen altes Leinen zum Verbinden, Wein, Thee, der erst bey mir in einem großen Kessel gekocht wurde, Suppe, einige Buteillen Madera, wovon jeder nur ein kleines Glas bekam, und doch über dieses Labsal in lauten Jubel ausbrach und mich segnete, Brod und was ich konnte, Sophie und Duguet vertheilten es selbst, denn dem harten Inspektor konnte man nichts vertrauen. Es war im ganzen wenig, und half doch viel, besonders da ich die erste war, ich rettete die Armen vor dem Unglück an Gott u Menschen zu verzweifeln. Göthe u andre haben davon gehört, und sind meinem Beyspiel gefolgt. Was mich am meisten freut ist eine Quantität Aepfel die ich wohlfeil kaufte, und unter einer Menge Verwundeter austheilte, die ohne alle Erquickung vor dem Komedien-Hause lagen, und nach etwas kühlendem seufzten, auch zu dieser guten Idee half mir F. Sie haben sich unendlich darüber gefreut. Die mehrsten meiner Pfleglinge sind jezt tod, ihre Stelle wird schnell ersezt, alle Abende kommen wenigstens 300 Verwundete aus Naumburg u andern Orten hier an, alle Morgen schaft man eine noch größre Anzahl weiter nach Erfurt, lieber Arthur, wie hartherzig macht das Unglück, ich freue mich jezt, wenn ich höre daß 4, 500 mit ihren zerschmetterten Gebeinen weiter gefahren werden, ich, die noch vor wenig Wochen den Jungen der vor unserm Hause den Arm brach, um keinen Preis ohne Hülfe fortgelassen hätte! Wir hoffen daß in wenig Wochen das ganze Lazareth fortgeschaft werden soll, der Tod hilft uns fürchterlich. F. ist als Dollmetscher beim jezigen Kommandanten angestellt; Dentzel ist fort, der jezige kann nicht Deutsch, zeigt aber fast noch mehr Eifer der Stadt zu helfen, er hat alle Soldaten die noch hier im Quartier liegen entwaffnet, und hält die strengste MannsZucht. Wie wunderbar spielt das Schicksal mit uns, Dieser F. lebt jezt mitten unter den Menschen, vor denen ich ihn vor 14 Tagen retten sollte u wollte, u dient ihnen. Für die Sicherheit der Stadt ist aufs Beste gesorgt. Der französische Kommandant thut das seine, und alle Nacht patrouillieren 60 unsrer Bürger, ohne Ansehung des Ranges u der Person, um für die Sicherheit der Stadt zu sorgen, wir fürchten wenig mehr die Franzosen, aber wir fürchten die Einwohner der benachbarten Gegend die an den Bettelstab und zur Verzweiflung gebracht sind. Wir erwarten den Herzog der bald zurück kommen wird, wie es heißt, dann sind wir sicher, und die wohlthätige Zeit wird unsre Wunden heilen. Ohne die Herzoginn, die standhaft dablieb wären wir alle verloren, das Schloß wäre angezündet u die Stadt an allen Ecken, glühende Kugeln waren bereit, nur auf die Nachricht daß sie noch da wäre, blieben wir verschont, das weiß man jezt mit Gewißheit. Es ist unbegreiflich wie man dem größten Unglück entgangen ist, Gottes Engel wachte über uns, noch heute sagte mir Göthe daß man in seinem Hause überall zerstreutes Pulver u gefüllte Patronen gefunden hat, in einem Hause ihm gerade gegen über ist förmlich Feuer angelegt worden u nur durch Zufall entdeckt u gelöscht, überall lag Pulver u Patronen, überall standen Pulverwagen, überall lief man mit brennenden Lichtern umher, und Gott erhielt uns doch. Meine Existenz wird hier angenehm werden, man hat mich in 10 Tagen besser als sonst in 10 Jahren kennen gelernt, Göthe sagte heute ich wäre durch die Feuertaufe zur Weimaranerinn geworden, wohl hat er recht. Er sagte mir, jezt da der Winter trüber als sonst heranrücke, müssen wir auch zusammen rücken, um einander die trüben Tage wechselseitig zu erheitern. Was ich thun kann, um mich froh und muhtig zu erhalten thue ich, alle Abende, so lange diese Tage des Trübsals währen, versammeln sich meine Bekannten um mich her, ich gebe ihnen Thee und Butterbrod, im strengsten Verstande des Wortes, es wird kein Licht mehr als gewöhnlich angezündet, und doch kommen sie immer wieder, und ihnen ist wohl bey mir; Meyer, Fernow, Göthe bisweilen, sind darunter, viele, die ich noch nicht kenne wünschen bey mir eingeführt zu werden. Wieland hat mich heute um die Erlaubniß bitten lassen mich dieser Tage auch zu besuchen. Alles was ich sonst wünschte findet sich so von selbst, und ich verdancke es bloß dem Glücke daß meine Zimmer unversehrt blieben, und daß ich Gelegenheit fand mich zu zeigen wie ich bin, daß meine Heiterkeit ungetrübt blieb, weil ich von Tausenden die einzige bin die keinen herben Verlust zu beweinen hat, und nur das allgemeine Leiden kein eignes, mein Herz preßt, ich fühle es wohl wie egoistisch alles dieses klingt, und das ist eben die entsezlichste Seite des allgemeinen Unglücks daß es auch die Besseren unter uns zu diesem Egoismus herunter stimmen kann. Lebe wohl, lieber Arthur, ich wünsche Dir Geduld diesen unendlich langen Brief zu lesen, aber ich konnte mich nicht kürzer fassen, wenn ich alles erzählen wollte, und das mußte ich doch. Theile ihn meinen Freundinnen, Md. Bregardt und Md. Pistorius mit, ich weiß mein Schicksal interessiert sie, und es ist mir unmöglich alles dies mehr als einmahl zu schreiben. Sage beyden daß ich schreiben werde, so bald ich kann, ich habe aber noch viele höchst nöhtige Briefe nach Danzig zu schreiben, und bin noch immer nicht in der rechten Fassung zu einer anhaltenden Beschäftigung. Auch dieses habe ich nur in abgerissenen ViertelStunden zusammen geschrieben, wie Du leicht sehen wirst. Erzähle Herrn Böhl, was ich Dir geschrieben habe, oder laß es ihn lesen wenn er die Geduld dazu hat, woran ich zweifle, da meine Handschrift so klein u unleserlich ist, sage ihm daß ich oft seiner u Md. Böhl gedacht habe und ihrer Freundschaft für mich, sie sind beyde meine ältesten Freunde in Hamburg, ich werde auch ihnen nächstens schreiben. Wenn du mit dem Briefe fertig bist, so schicke ihn der Julchen nach Danzig, denn auch dorthin kann ich dies alles nicht noch einmahl schreiben und ich muß ohnehin über Hamburg nach Danzig jetzt schreiben. Adieu, lieber Arthur, sey meinetwegen unbesorgt, der Horizont wird täglich heller. Ich wünschte Du könntest Tischbein meinen Grus bringen und ihm sagen, daß ich noch lebe, und für seine Empfehlungen herzlich dankbar bin. Göthe hat nichts verloren, Prof. Meyer alles, auch seine Zeichnungen, nur nicht seine Schriften und seine gute Laune. Herders nachgelassene Manuscripte sind unwiderbringlich verloren.

Weimar, d. 26. Octbr. 1806.
Fernow ist ziemlich durchgekommen. Ridels haben alles Geld, Wäsche und Silber verloren, Kühns haben 24 Stunden in einem Loch unter der Erde TodesAngst gelitten, alles, sogar ihre Möbeln ist fort und zerstört, dies Schicksal hatten alle die ihre Häuser verließen, Falck ist ziemlich gut davon gekommen, Bertuchs auch sie hatten den General Berthier im Hause. Wieland hatte als Mitglied des NationalInstitutes Sauvegarde. Die Gräuel die verübt wurden sind unbeschreiblich, das Plündern währte 2 Nächte und einen Tag, die letzte Zeit waren wir unter Deniers Schutz sicher. Allen Städten durch die die Armee gieng ist es wie uns ergangen; So führt man jetzt Krieg.

*Johanna an Arthur:* Der große Brief Johannas über ihre Weimarer Kriegserlebnisse nach der Schlacht von Jena und Auerstedt kursierte in mehreren Abschriften. Er wurde nach dem Tode Johannas von Adele erstmals in der »Zeitung für die elegante Welt« vom 2./7. Juli 1838, dann in den von Adele herausgegebenen autobiographischen Fragmenten Johannas (»Jugendleben und Wanderbilder«, Braunschweig 1839) publiziert.

*G. v. K.:* General von Kalkreuth. Johanna war mit ihm in Danzig und Hamburg befreundet gewesen.
*mein Landsmann F.:* Wohl Johann Daniel Falk.
*Buchhändlers P.:* Der Nürnberger Verlagsbuchhändler Johann Philipp Palm. Wegen der von ihm verlegten Schrift »Deutschland in seiner tiefen Erniedrigung« war er am 26. August 1806 in Braunau erschossen worden.
*K.:* General von Kalkreuth.
*die Königin:* Königin Luise von Preußen.
*Fanchon:* Liederspiel von Friedrich Heinrich Himmel, Text von August von Kotzebue.
*Charpie:* Verbandsmaterial.
*du pain, du vin, vite, nous Montons:* »Brot, Wein, schnell, wir kommen hinauf«.
*mangeons, buvons, pillons brulons tous les maisons:* »Laßt uns essen, trinken, plündern alle Häuser niederbrennen«.
*Si vous la demandez il faut que je vous la donne:* »Wenn Sie sie fordern muß ich sie Ihnen geben«.
*pour se rendre en France:* Für die Einreise nach Frankreich.
*the times are out of flight:* Nach Shakespeare, »Hamlet«: »Die Zeit ist aus den Fugen«.
*D Huschke:* Leibarzt des Weimarer Hofes.
*Landsmann F.:* Johann Daniel Falk.
*Julchen:* Juliane Trosiener, die jüngste Schwester Johannas.

## 25. *Johanna an Arthur*

Weimar, d. 20. Octbr. 1806

Ich habe viel schreckliches erlebt, lieber Arthur, aber Gott hat uns beschüzt und durchgeholfen, von der Schlacht, die den 14ten vor unsern Thoren vorfiel, vom eindringen des siegenden Feindes hast Du wohl gehört, und bist unsertwegen in Sorgen, sey ruhig, wir haben nichts verloren, sind gesund, und hoffen die jezige Ruhe werde wenigstens für unsre arme Stadt die unsäglich gelitten hat von Dauer seyn. Ich habe einen langen Brief für dich angefangen in welchem ich Dir alles umständlich erzähle; ich will ihn aber erst sicher abschicken können, und das geht jezt da die Posten noch nicht in Ordnung sind nicht an, diese Zeilen reichen vor erst hin Dich zu beruhigen. Ich habe Dir schon vor einigen Tagen geschrieben ich zweifle aber ob Du den Brief erhalten wirst, ich will jezt jede Gelegenheit nuzen, Dir ein paar Zeilen zu schreiben, etwas davon wird doch bis zu Dir dringen. So bald Du dies erhälst, schreibe meiner Mutter, denn der gerade Weg nach Danzig ist noch nicht frey um zu schreiben, beruhige sie über mein Schicksal und sey selbst ruhig, Gott schüzt mich wunderbar, ich bin großen Gefahren mir selbst unbewust entgangen, KanonenKugeln und Haubizen sind 50 Schritte vor unserm Hause gefallen, ohne Schaden anzurichten, beruhige gleich meine Mutter, auch alle meine Freunde besonders meinen guten Ganslandt, ich schreibe ihm so bald ich kann. Lebe wohl und ruhiger als ich bisher. Bey allem Unglück bin ich von Freunden umringt, und kann auch noch gutes thun und andern helfen. Deine Mutter J. S.

*einen langen Brief:* Brief Nr. 24.

26. *Johanna an Arthur*

Weimar, d. 24$^{ten}$ Octbr. 1806.

Deinen Brief vom 18$^{ten}$ und einen vom 15$^{ten}$ glaube ich, habe ich richtig erhalten, lieber Arthur, ich sehe daraus daß die Posten von außen hinein wohl richtig gehen, der erste Brief war einige Tage aufgehalten, der zweyte kam ganz zur richtigen Stunde, ob es mit den Posten von hier heraus auch so geht muß ich abwarten, ist das so weißt du daß ich Angst und Furcht abgerechnet nichts gelitten habe, und ich bin an Erfahrung und practischer Lebensweisheit reicher geworden, ich möchte jezt, da es überstanden ist, jene Tage des schreckens nicht weggeben denn wer sieht nicht gern auf überstandene Stürme zurück? Ich habe Dir dieser Tage 3 mahl geschrieben, einer dieser Briefe wird ja wohl angekommen seyn um Dich zu beruhigen, und Du wirst meinen Wunsch erfüllt und nach Danzig geschrieben haben. So bald Du diesen Brief erhältst so antworte mir, ich werde es schwerlich eher wagen dürfen einen viele Bogen langen Brief abzuschicken an den ich jezt für Dich täglich schreibe, und der die ganze Geschichte dessen enthält was ich in diesen lezten merckwürdigen Tagen hier erlebte. Ich möchte die Geschichte nicht gerne zweymahl schreiben, darum zögre ich noch damit, genug für Dich daß ich jetzt ruhig und allem Anschein nach sicher bin.

Ich konnte jenen Schrecken nicht entgehen, in den ersten Tagen war allem vernünftigen Anschein nach nichts zu befürchten, späterhin zog das Gewitter so von allen Seiten um uns her daß Niemand wissen konnte wohin er sich wenden sollte um ihm zu entgehen, zulezt waren keine Pferde zu haben, die Strassen waren unsicher, niemand konnte mir sagen wohin ich gehen sollte, auch war es unmöglich zu vermuhten daß die Schlacht so nahe vor der Stadt gefochten werden würde, und daß hernach solche Gräuel verübt werden sollten. Alle die die lezten Tage entflohen, den Montag oder den Dienstag, als den Tag der Schlacht, haben viel gelitten, sind unter die fliehenden und verfolgenden Truppen gerahten, umgeworfen, beraubt, die Pferde abgespannt, unter freyem Himmel in Todes Angst gelassen, mein gesunder Verstand ließ mir dies voraus sehen, deshalb entschloß ich mich nach meiner lezten Unterredung mit dem G. v. K. zu bleiben, wenigstens noch einige Tage, das war den Abend vor der Schlacht. Die Königinn reiste den Tag ab, kam während der Schlacht zurück, und jagte durch die Stadt, wo sie geblieben ist wissen wir nicht. Die Herzoginn Mutter ist mit 6 Pferden gut fortgekommen, ihre Kammerfrauen aber sind ausgeplündert worden und haben viel gelitten. Bertuch war heute 2 mahl bey mir, auch er entfloh während der Schlacht, und hat viel ausgestanden, ist beraubt und in größrer Todesangst gewesen als wir hier, einer Frau v. Pfuel ists eben so ergangen, ihr sind die Pferde u. alles Gepäck genommen, u sie ist auf der Landstrasse allen Gefahren ausgesezt liegen geblieben, mir ist kein Haar gekrümmt, ich habe Angst gehabt, aber ich bin wahrscheinlich größrer Angst entgangen, und so sehe ich immer mehr man muß seinem Schicksal Stand halten, es folgt uns doch u hohlt uns ein troz unserm Fliehen.

Jezt ist hier alles ruhig, wir haben einen französischen Kommandanten und eine kleine Besazung zur Sicherheit der Stadt, nur der Anblick aller der Verwundeten preßt uns das Herz zusammen, doch werden sie täglich weiter transportirt. Freylich ist unser schönes Land jezt ein weites Grab! Aber die Todten ruhen, nur uns die wir leben drückt des Tages Schwüle. Vor jezt bin ich hier sicher, die Armeen sind weit von uns, das Ungewitter tobt anderswo, so schnell kann uns kein Gewitter mehr überraschen, beym geringsten Anschein von ähnlicher Gefahr werde ich jezt freylich mich in Sicherheit zu bringen suchen, und werde es mit mehr Ruhe thun können als damahls wie große Armeen uns von allen Seiten einschlossen, sie sind jetzt vorüber gezogen, Ruhe und Ordnung kehren zurück, in wenigen Wochen wird alles wieder seyn wie sonst. Ich bin durch die Unglücksfälle hier mit einem mahle einheimischer als ich je in Hamburg war, man hat mich gleich kennen gelernt, und da ich so glücklich bin manchen kleinen Dienst der mir wenig kostet andern leisten zu können, so liebt man mich und alles bestrebt sich mir mit Liebe und Freundschaft entgegen zu kommen. Der Winter wird freylich trauriger seyn als sonst, aber man wird näher zusammen rücken, und ich hoffe doch noch schöne Stunden hier zu erleben. Sollte es wieder trübe werden so gehe ich vermuhtlich nach Dresden, da Sachsen sich jetzt neutral erklärt hat, doch dies ist nicht zu vermuhten, und so lange ich kann bleibe ich hier. Die ersten Tage fürchtete man HungersNoht, aber jezt sind fast alle Lebensmittel wieder zu haben, freylich theuer, aber doch noch immer weniger als in Hamburg, freylich auch nicht so gut, aber Du weißt das ist eben nicht meine schwache Seite. 50 oder 60 Butelen rohten Wein, mehr hat mir die Sache nicht gekostet, und dann was ich seitdem, da der Wein hier sehr rar geworden ist, an meine Freunde und arme Verwundete gegeben habe, es ist nicht viel und ich schäme mich daß man es mir so hoch anrechnet. Heute bat mich Bertuch um eine Butele Madeira für den armen alten Raht Krause, der arme Mann ist vor Schrecken und Angst ganz hin, diese Erquickung wird ihm gut thun und ich bin die einzige die sie ihm geben kann. Göthe hat sich Sonntag mit seiner alten geliebten Vulpius der Mutter seines Sohnes trauen lassen, er hat gesagt in Friedenszeiten könne man die Geseze wohl vorbey gehen, in Zeiten wie die unsre müsse man sie ehren. Den Tag drauf schickte er *D.* Riemer den Hoffmeister seines Sohnes zu mir um zu hören wie es mir gienge, den selben Abend ließ er sich bey mir melden, und stellte mir seine Frau vor, ich empfing sie als ob ich nicht wüßte wer sie vorher gewesen wäre, ich dencke wenn Göthe ihr seinen Namen giebt können wir ihr wohl eine Tasse Thee geben. Ich sah deutlich wie sehr mein Benehmen ihn freute, es waren noch einige Damen bey mir, die erst formell u steif waren und hernach meinem Beyspiel folgten, Göthe blieb fast 2 Stunden u war so gesprächich und freundlich wie man ihn seit Jahren nicht gesehen hat. Er hat sie noch zu niemand als zu mir in Person geführt, als Fremde u als GroßStädterin traut er mir zu daß ich die Frau so nehmen werde als sie genommen werden muß, sie war in der That sehr verlegen, aber ich half ihr bald durch, in meiner Lage und bey dem Ansehn u der Liebe, die ich mir hier in kurzer Zeit erworben habe kann ich ihr das gesellschaftliche Leben sehr erleichtern, Göthe wünscht es und hat Vertrauen zu mir, und ich werde es gewiß verdienen, Morgen will ich die Gegenvisite machen. Schreibe doch nach Danzig, ich habe lange von dort nichts gehört, alle Kommunication dorthin ist von dieser Seite unterbrochen, ich glaube daß meine Briefe nach Danzig noch lange über Hamburg werden gehen müssen. Grüße Gansland, Willinks und alle meine Freunde, bitte Gansland mir bald zu schreiben, ich habe mir von Kauffmann Rinder 50 Louisd'or gegen einen Wechsel geben lassen um mein Gold für den Nohtfall zu bewahren, sage das Gansland er kennt meine Hand und wird den Wechsel ohnehin wohl bezahlen, wenn er vorkömmt. Lebe wohl und sey meinetwegen ruhig, adressiere die Briefe nicht mehr *Poste restante*, die Briefträger wissen schon mein Haus. J. S.

Gieb doch die Einlage Mdlle Bonnier, und schaff uns Nachricht von ihr, Sophie ist in Sorgen weil sie keine Silbe von ihr hört. Das andre Briefchen ist von einer hiesigen Dame, Du mußt wohl ein ander Couvert drum machen ehe Dus auf die Post giebst.

27. *Johanna an Arthur*

Weimar, d. 31. Octbr. 1806.

Dein Brief vom 22$^{\text{sten}}$ Oct. hat mich doch noch in Weimar getroffen, ich habe Deine 3 Briefe richtig erhalten, auch ich, lieber

Arthur, habe Dir oft einige Zeilen geschrieben, wann und wie oft konnte ich in der schrecklichen Zeit nicht genau mercken, alle werden wohl nicht angekommen seyn, denn es ist wohl zu dencken daß man wohl Briefe von innen hinaus aber nicht von außen hinein ließ, doch hoffe ich daß Du einige Nachricht von mir erhalten hast, und jezt meinetwegen weniger besorgt bist. Lieber guter Arthur, Du zitterst wie Du hörtest daß bey Auerstädt welches 3 Meilen von hier liegt eine Schlacht gefochten wäre, wie muß Dir zu Muhte gewesen seyn wie Du erfuhrst daß zur nehmlichen Stunde eine zweyte noch blutigere dicht bey Weimar vorfiel, beyde preußische Armeen waren von einander abgeschnitten, bey Auerstädt war der König, hier der Prinz Hohenlohe, und Napoleon, Ich wollte ich könnte Dir eine kleine SpecialKarte dieser Gegend schikken, damit Du vom ganzen einen Begrif kriegtest, wenn alles vorüber und sicher ist werde ich es thun. Jezt ist hier alles sicher und ruhig, die Verwundeten sind weiter geschaft, bis auf wenige die nicht transportabel sind, die Todten sind alle begraben, für Kranckheiten ist nichts mehr zu fürchten, auch haben wir keine Theuerung, unser Marckt ist wohl versehen und alles beynahe wohlfeiler als wie die Preußische Armee hier stand. Das Land umher ist zwar verwüstet, aber doch nur in einem kleinen Bezirke u wir bekommen unsre Zufuhr aus der Ferne. Es kommen keine Verwundeten und überhaubt keine Truppen mehr her, eine Garnison u einen Kommandanten haben wir, und sind dessen sehr froh, Marodeurs von beyden Armeen verwüsten das Land u machen die Strassen unsicher, obgleich man täglich Chasseurs gegen sie ausschickt. Da ich hier Ruhe hoffen darf will ich bleiben, und mich nicht mit großen Kosten einer gefährlichen Reise aussetzen. Ich schicke Dir hier die Geschichte unserer Leiden, sie ist lang ich hoffe aber Dir soll doch nicht die Zeit dabey lang werden, theile sie denen Freunden die ich Dir darinn nenne, auch Willinks und Gansland mit, und schicke sie dann so bald Du kannst nach Danzig an Julchen, aber franco. Ich schreibe heute ein paar Worte an Ganslandt aber nur in Geschäften, und werde ihn wegen des übrigen an Dich verweisen. Man läßt die militärische Strasse nicht mehr über Weimar, sondern über Buttelstedt 5 Stunden von hier gehen, das ist ein großes Glück für uns, die HerzoginnMutter ist mit der Prinzessin Karoline gestern zurücke gekehrt, alles hofft jezt auf die Rückkehr des Herzogs u des ErbPrinzen. Ich hoffe der Winter soll ruhig vergehen obgleich eben nicht sehr froh, in meinem Kreyse darf ich doch auf manchen fröhlichen Abend hoffen, ich habe jezt ein Klavier, Conta singt recht hübsch und spielt die Guitarre, seine Schwester und eine junge Malerin Mdlle Bardua die viel zu mir kommt auch, da machen wir des Abends Musick, ich habe noch immer viel Besuch, der mir nichts kostet, ich darf jezt keinen Luxus zeigen um denen die alles verlohren nicht wehe zu thun, und finde allso das Leben hier troz der schlechten Zeiten sehr wohlfeil. Adieu, lieber Arthur, wie oft habe ich mich jezt gefreut daß Du nicht hier warst! es werden schönre Zeiten kommen, dann werde ich Dich zu mir wünschen, ich freue mich sehr daß es Dir in Deiner Lage gut geht, hoffe immer das Beste, verliere den Muht nicht, und übereile Dich ja nicht mit der Reise nach Kassel in dieser unruhigen Zeit, schreibe bald.

*Reise nach Kassel:* Arthur erhoffte sich von einem Arzt in Kassel, dem Hofrat Hunold, die Heilung von seinem langwierigen Ohrenleiden (vgl. auch Briefe Nr. 35 und 52).

*28. Johanna an Arthur*

Weimar, d. 7ten Nov. 1806.

Heute frühe erhielt ich Deinen Brief vom ersten Nov. und vorige Post den vom 29. Octbr, dieser Beweis daß die Posten wieder ordentlich gehen freut mich ungemein, denn ich habe richtig am 31sten meinen bewußten langen gehen lassen, nebst einen etwas kürzern dito an Md. Weickhmann, den ich in einem Briefe an Gansland einschloß damit Dein Paket nicht zu dick werden sollte, dergl. erregt jezt immer Aufmerksamkeit, die Briefe werden eröfnet, und wenn dann nur ein Wort darinn zu viel scheint so werden sie unterschlagen, alle Deine Briefe sind uneröfnet angekommen, die meinigen hoffentlich ebenfalls, aber vorige Post erhielten einige meiner Bekannten alle ihre Briefe eröfnet, das hat mich wegen dem Schicksal des armen langen etwas besorgt gemacht, melde mir doch gleich seine glückliche Ankunft, ich möchte nicht gerne einen zweyten fabriciren, er möchte auch nicht so darstellend gerahten wie jener, an dem ich viele Tage geschrieben habe, wie alle Eindrücke noch frisch waren. Ich weiß nicht genau wie viel Briefe ich von Dir habe, einige die ich im ErbPrinzen erhielt habe ich beym Umziehen zerrissen, doch glaube ich daß keiner fehlt, wenigstens habe ich keine Lücke bemerckt, jezt scheint die Post wieder ganz ordentlich zu gehen. Sehr unangenehm ists mir daß ich jezt so ganz ohne alle Nachricht von Danzig aus bin, und auch wohl so bald keine erhalten werde, in den allerersten Tagen meines Hierseyns erhielt ich einen Brief vom Doctor und einen von Md. Weickhmann, seitdem keine Zeile, alle Kommunikation mit Preußen ist für uns unterbrochen, und das kann noch lange so dauern, es liegen gewiß viele Briefe für mich auf der Post, schreibe doch einmahl an Tietz und laß er Dir einen Brief für mich schicken, ich möchte wissen wie es mit der Erbschaft steht, jezt ists wohl nicht der Augenblick an den Verkauf der Güter zu dencken. Viel gäbe ich drum zu wissen wie es jezt hinter Berlin aussieht, und ob Danzig auch wohl in Gefahr kommen kann, aber das Ungewitter ist über uns weggezogen, und liegt rund umher Pechschwarz am Horizont, wir haben unser tüchtiges Theil davon abgekriegt, und sizen jezt eben nicht im Sonnenschein aber doch im trocknen, können aber keinen Zoll weiter sehen als unsre Nase reicht, alle unsre Nachrichten kommen uns von französischer Seite, ich erhalte sie immer brühwarm vom Kommandanten den Falck bey mir eingeführt hat, und der mir nach der Sitte seines Landes fleißig Visiten macht, da aber erfahre ich nur die ungeheuren Fortschritte der unbesiegbaren, übrigens nichts, wir wissen nicht einmahl wo unser Herzog ist, die HerzoginnMutter u Prinzeß Karoline sind dieser Tage eingetroffen, gestern Abend kam auch der ErbPrinz, allmählig wird alles ja wieder ins alte Gleis kommen, wenigstens für den äußern Schein. Wir sind jezt ganz ruhig, wir haben einen Kommandanten, aber fast keine Garnison, unsre Bürger versehen die Posten am Schloß, beym Kommandanten, und an den Thören, und die Patruillen bey Nacht, kein Rang und Stand schließt von diesem Dinste aus, possierlich ists wenn man so seine Bekannten Schildwache stehen sieht, lezt sah ich so den jungen Bertuch u Professor Meyer vor der Haubtwache, sie haben recht ordentlich das Gewehr vor mir presentirt, des Abends wird mir oft eine gute Nacht von meinen Freunden zugerufen, die in Wind und Regen für meine Sicherheit wachen, alle thun es gerne, die Noht vereint alle und weckt schlummernde Kräfte dort, wo man ihr Daseyn nicht ahndete, So gieng es mir mit Conta, und dem Lande auch, er macht sich sehr rühmlich, seit acht Tagen ist er auf einem höchst unangenehmen Posten, wo er aber viel Gutes stiftet, er ist nach Buttelstedt geschickt, einem kleinen weimarschen Städtchen 2 Meil von hier, über welches zu unserm Heil die MilitärStrasse geht, dort muß er die Lazarehte, die Einquartierung, die Pferde für den Transport der Artillerie *etc* besorgen, an einem Ort, wo fast nichts mehr zu haben ist, es ist eine ungeheure Aufgabe, inzwischen erleichtert seine Gegenwart dieses harte Loos den unglücklichen Einwohnern, die ohne seine Hülfe ganz zu grunde gehen müßten. Meine Lage hier ist würcklich ganz angenehm, auch Du würdest Dich sehr glücklich darinn fühlen, die Hamburger aber würden nicht sehr bezaubert davon seyn, den Morgen und Nach-Mittag bringe ich zu wie ich will, ich habe wieder einen Klaviermeister für mich u Adelen genommen, den ersten in der Stadt, der auch den Prinzen Unterricht giebt, meine Mahlerey werde ich nächstens auch wieder hervorhohlen, um zwey Uhr esse ich mit Adelen, gegen 6 Uhr trincke ich Thee, dann kommt mein Besuch, ungebeten, unerwartet, aber allein bin ich bis jezt noch nicht einen Abend gewesen, Professor Meyer, Fernow, Falck, Göthe, Ridels, Bertuchs Familie, Mdlle Bardua, ein Wunder von Talent, Sie wird in kurzem die erste Mahlerin in Deutschland seyn, dazu spielt sie das Klavier u singt in großer Vollkommenheit, Conta u seine Schwester singen auch sehr hübsch, Wieland ist noch nicht gekommen weil er kranck ist, aber Hoffraht Weiland, ein höchst interessanter Mann, u seine Frau, der jüngere Bertuch den Du auch in Paris sahst, singt u spielt recht hübsch, alle diese, und noch einige andre minder merckwürdige, kommen bald alle, bald einer oder zwey, meine Md. Ludekus, die eine der liebenswürdigsten ältern

Frauen ist, und ihre PflegeTochter Mdlle Conta, bitte ich auch immer dazu, um 6 Uhr stellt sich einer nach dem andern ein, bald viele bald wenige, wie es kommt, wir trinken Thee, sprechen, erzählen, lachen, klagen einander unser Leid, wie es kommt, wer Lust hat singt und spielt im Nebenzimmer, um halb neune geht jeder zu Hause, glock neune esse ich, um 11 gehe ich zu Bett. So habe ich seit die ersten Tage des Schreckens vorüber sind noch immer gelebt, ich gehe fast nicht aus dem Hause, und wie Du siehst, habe ich es auch eben nicht nöhtig. Jezt ist mein Haus noch das einzige in welchem es so froh hergeht, die andern haben alle mehr oder weniger verlohren, hernach wird es freylich nicht mehr so seyn, aber dann wird das Teater wieder geöffnet, ich werde mehr ausgehen, künftige Woche werde ich in verschiedenen Häusern, auch wieder bey der HerzoginnMutter vorgestellt werden, dann werde ich weiter sehen wie ich es mache. Auf jeden Fall bin ich hier am rechten Orte, wenn nicht gewaltsame Veränderungen die Menschen auseinander stäuben, die jezt hier ein so harmonisches Ganzes bilden, das alles liegt hinter dem düstern Schleyer der Zukunft, uns beschäftigt nur noch die Gegenwart, kommt Zeit kommt Raht. Allmählich sprechen wir mit Ruhe von der Vergangenheit, die Blessirten sind, bis auf 49, die in wenigen Tagen sterben müssen, und ein paar hundert minder gefährlichen, die in Privat Häusern einzeln verpflegt werden, fortgeschaft, seitdem atmen wir freyer, der Anblick jenes Elends, da tausende hier lagen und fast ohne Hülfe verschmachteten war herzzerreißend, Einquartirungen sind jezt sehr selten, wir haben genug geklagt, allmählig kommen komische Anecdoten aus jener trüben Zeit an den Tag, die durch den seltsamen Kontrast den ernsthaftesten zum Lachen bringen, Meyer hat darinn eine eigene Force, sein sonderbares Ansehen, und seine Schweizerische Sprache machen den Eindruck unwiederstehlich wenn er erzählt, er selbst ist bis aufs Hemde geplündert, aber das schadet seinem Humor nicht. ehegestern war ich bey Frl. Göchhausen im *Palais* der verw. Herzoginn, ein Wagen fuhr vorbey den wir für den ErbPrinzen hielten, *tout au contraire* es war, rahte einmahl, eine Ladung Daahnziger, die Familie v. Campen, er, Md. und ihre Schwester Anette Eschmann, wie ich zu

Hause kam fand ich die Bescheerung, Sie haben die *grand tour* nach Paris gemacht, sind anderthalb Jahr auf Reisen, den Tag der Schlacht waren sie in Erfurt, retirirten glücklich bis Langensalza, wo sie drey Wochen saßen, und jezt hier durch kamen um nach Leipzig von dort nach Berlin zu gehen, wo sie sich den Winter über amusiren wollen, es wird gewis in Berlin recht amusant seyn. Es sind gute ehrliche Seelen, aber von der Platitüde hast Du keinen Begrif, keinen Zug der es verriehte daß sie 5 Meil hinterm Ofen hervorgewesen sind, besehen haben sie alles, Schlösser am Liebsten, u dann die Sprache, kodrig, Plüngen, manck, kurz wie das beste Junge Mädchen, und dann die niedliche Biller im *Louvre*, kurz es war zum weglaufen. Den ersten Abend kamen glücklicher weise wenige zu mir, u gestern Abend giengen sie frühe weg um einzupacken, heute sind sie nach Naumburg gegangen, Glück auf den Weg. Dir gehts mit dem Eduard wohl nicht viel besser, was in aller Welt will der Jüngling in Hamburg?

Deine Nachricht von Hannchens Tod, kam mir unerwartet und betrübt mich um meiner guten Bregardt willen, dem armen Mädchen gönne ich das Ende eines freudenlosen Lebens, dem trübere Tage zu folgen drohten. traure um den traurnden, nicht um den Entschlafenen. Weit härter ist Böhls Verlust, es ist schrecklich wenn solch ein junges blühendes Leben abgerissen wird, ihr blühte die Zukunft, und doch ist sie wahrscheinlich unendlichen Leiden entgangen, denn im Leben entgeht man ihnen nie, auch der anscheinend glücklichste nicht. Nächstens schreibe ich an alle meine Freunde, noch kann ich nicht recht dazu kommen. Sophie bittet Dich mit den Briefen an der Bonnier zu machen, was Du willst, den welchen Kühn gebracht hat machst Du auf, es ist ein Briefchen von Adele an die kleine Peltzer drinn, den sie Dich zu besorgen bittet. Adieu, lieber Arthur, schreibe mir bald recht viel von Hamburg, die Reise nach Kassel wirst Du noch wohl aufschieben müssen bis bessere Zeiten, aber den Brief kannst Du dran wagen, ein Holländer ist für den H. Doctor genug dencke ich mit Dir, adieu mein guter lieber Sohn, der Himmel erhalte Dich.

J. Schopenhauer

Sophie möchte gern wissen was Miß Mitchelet macht.

*wie es mit der Erbschaft steht:* Es ging um den Nachlaß von Andreas und Johann Friedrich Schopenhauer.
*Eduard:* Eduard Labes, der Bruder von Arthurs späterem Bevollmächtigten in Danzig, Carl Wilhelm Labes.
*Hannchen:* Die Schwester von Johannas Hamburger Freundin Maria Bregardt.
*Böhls Verlust:* Das vierte Kind der Familie Böhl, das erst fünfzehnjährig gestorben war.
*die kleine Peltzer:* Hamburger Jugendfreundin Adeles.

*29. Arthur an Johanna*

Vergessen überstandner Verzweiflung.
(aus einem Brief an meine Mutter)

Dies ist ein so seltsamer Zug der menschlichen Natur: man würde dergleichen nicht glauben wenn mans nicht sähe. Herrlich hat Tieck es ausgedrückt in ohngefähr den Worten: »wir stehn u. jammern u fragen die Sterne wer je unglücklicher gewesen als wir; indeß hinter unserm Rücken schon die spottende Zukunft steht, u. lacht über den vergänglichen Schmerz des Menschen« – Aber gewiß, es soll so seyn: nichts soll Stand halten im vergänglichen Leben. Kein unendlicher Schmerz, keine ewige Freude, kein bleibender Eindruck, kein dauernder Enthusiasmus, kein hoher Entschluß der gelten könnte fürs Leben. Alles löst sich auf im Strohm der Zeit. Die Minuten, die zahllosen Atome von Kleinigkeiten, worin jede Handlung zerfällt, sind die Würmer die an allem Großen u. Kühnen zehren u. es zerstören. Das Ungeheuer Alltäglichkeit drückt alles nieder was emporstrebt. Es wird mit nichts Ernst im Leben: weil der Staub es nicht werth ist. Was sollten auch ewige Leidenschaften, dieser Armseeligkeiten wegen.

Life is a jest and all things show it,
I thought so once and now I know it

*(aus einem Brief an meine Mutter):* Datierung umstritten. Nach dem abschließenden Zitat ist von späterer Hand vermerkt: »Hamburg 1807«. Wahrscheinlich ist das Fragment allerdings bereits im November 1806 entstanden: als Reaktion auf die Kriegsberichterstattung Johannas.
*Tieck:* Das Zitat stammt nicht von Tieck, sondern von Wilhelm Heinrich Wak-

kenroder: »Die Wunder der Tonkunst«, aus: »Phantasien über die Kunst für Freunde der Kunst«, Hrsg. Ludwig Tieck, Hamburg 1799.

*Life is a jest . . . :* »Leben ein Narrenspiel, in allem zeigt sich's
So dacht' ich einst und heute weiß ich's.«

Schon im Reisetagebuch vom 14. Juni 1803 hatte der junge Arthur nach dem Besuch der Westminster Abbey den »bekannten Vers« John Gays (1685 bis 1732), die Inschrift unter seiner Büste in der Poet's Corner, notiert (a. a. O., S. 69). Um dieselbe Zeit übersetzt er John Miltons »On Time«.

*30. Johanna an Arthur*

Weimar, d. 14ten Nov. 1806.

Heute Morgen, lieber Arthur, erhielt ich Deinen Brief vom 8ten, er enthält eben nicht tröstliche Nachrichten, aber doch ists mir sehr lieb, daß ich gewiß weiß daß mein langer Brief glücklich angekommen ist. Ich begreife wohl daß er tiefen Eindruck auf Dich gemacht haben muß, aber ich denke er muß auch Deinen Muht erheben, Du siehst wie man durch große Gefahren sicher gehen kann, wenn uns das Glück eben wohl will, und wir nur den Kopf nicht verlieren. Da das Unglück einmahl so glücklich überstanden ist so thuts mir freylich nicht leid es erlebt zu haben, an Erfahrung und Menschenkenntnis habe ich unendlich gewonnen, und lieber Arthur, jemehr Unglück ich in der Welt erlebe je besser bin ich mit den Menschen zufrieden, sie sind wahrlich so böse nicht, jezt da Anekdoten mancherley Art zum Vorschein kommen, finden sich Züge von Edel-Muht, Fassung, HerzensGüte, die mich bis tief ins Herz rühren, freylich auch Schlechtigkeit, Egoismus, Kleinheit des Gemühts, aber der Drang der Zeit entschuldigt diese und sezt jene in ein um so helleres Licht. Ich lebe jezt ganz nach meines Herzens Wunsch, still, ruhig, geliebt von vortreflichen Menschen, und in einem zwar kleinen aber höchst interessanten Kreyse. ich bin immer zu Hause, aber Künste und Wissenschaft theilen sich in meine Zeit, die Musick treibe ich mit Macht, alles dies ist hier sehr wohlfeil, ich gebe dem ersten Meister 6 gl, etwa 10 fl, u er läßt Grund in der LehrMethode weit hinter sich. Dann kommt Fernow alle Morgen zu mir und lehrt mich Italienisch, er thut es ohne alles Interesse bloß aus Freundschaft für mich, er ist höchst interessant, und dabey so gut daß man mit ihm wie mit dem gewöhnlichsten Menschen umgehen kann, und doch ist er einer unsrer ersten Köpfe, lies doch Karstens Leben von Fernow, und seine römischen Studien die er mir leztens gebracht hat; es wird Dich freuen. Die Mahlerey fange ich nächste Woche wieder an, und Professor Meyer wird mir auch als Freund mit Raht u That beystehen. Ich werde jezt in Oel in Lebensgröße mit Adelen gemahlt, die Bardua ließ mich nicht eher in Ruhe, bis ich ihr zu sizen versprach, es ist ungeheuer was diese junge Künstlerinn in Zeit von einem Jahr für Fortschritte unter Meyers Leitung gemacht hat, sie will das Bild zur nächsten Ausstellung haben, wenn es aber so ähnlich wird wie es jezt anläßt so will ich doch sehen ob ich es nicht von ihr für Dich bekommen kann, denn ich dencke, es wird Dich freuen. Diese Woche war sehr interessant für mich, Sonntag ward der gute alte Raht Kraus begraben, Du mußt Dich noch auf den freundlichen alten Mann besinnen, der wie wir zusammen in Weimar waren mit uns gieng, er war Mitherausgeber des Modenjournals, seit 30 Jahren Bertuchs innigster Freund, ein alter JungGesell, aber der Freund u Trost aller jungen Mädchen, der ihnen Bälle u tausend kleine Lustbarkeiten veranstaltete, der durch seine kindliche Heiterkeit jeden Zirkel belebte, liebenswürdig, freundlich, rein wie ein Kind ohne kindisch zu seyn, voll Liebe für die Kunst, ohne sich zum Ideale zu erheben, gab er ihr die Anmuht, die in seinem ganzen Wesen lag, er war Direktor der ZeichenAkademie, die seine größte Freude war, besonders die zwey Tage wo alle Mädchen aus Weimar hinkommen, er war der Freund u Vertraute einer jeden, diesen liebenswürdigen 73jährigen Greis, haben die Barbaren förmlich gemißhandelt, seine Zimmer hatte er ganz allerliebst eingerichtet, und freute sich wenn recht viele Frauen da waren die seine Ordnung bewunderten, (so wie er war dencke ich mir ungefähr den alten Phantasus). Dieses sein Spielwerck ward vor seinen Augen zerstört, er hielts die Nacht durch aus, dann floh er geängstigt, mißhandelt zur Herzoginn, wo er zwey Tage blieb bis Bertuchs ihn zu sich hohlten, wie er wieder unter Freunden war ward er wieder froh, und dachte nicht mehr der vergangenen Schrecken, aber seine Kraft war erschöpft, er meynte er würde besser, und ward immer schwächer u schwächer, bis er sanft unter frohen Fantasien aus seiner Jugend-Zeit einschlief, ohne die Nähe oder die Möglichkeit des Todes zu ahnden. Sonntag NachMittag wurde er dicht bey Lucas Kranach begraben, junge Künstler trugen ihn, Göthe, Fernow, Meyer u viele folgten, auch alle Mädchen aus der ZeichenAkademie, Contas Schwester, die bey uns lebt legte einen grünen Kranz auf seinen Sarg wie er eingesenckt ward, es soll unaussprechlich rührend gewesen seyn, ich gieng nicht mit weil ich gern alle zu lebhaften Eindrücke dieser Art vermeide, den Abend kam Bertuch zu mir, wie er die Conta in ihrem schwarzen Kleyde sah, fieng er wieder unaufhaltsam zu weinen an, es kamen noch verschiedne dazu, Kraus war das einzige Gespräch, und alle wußten so viel gutes von ihm. Montag war ich mit Adelen zu Mittag bey Göthe die Gesellschaft war klein, ich, Bertuchs, Major Knebel mit seiner Frau aus Jena ein höchst interessanter Mann, der auch als Dichter bekannt ist, und seine Frau, und einige Fremde. Ich kann Göthen nicht genug sehen, alles an ihm weicht so vom gewöhnlichen ab, und doch ist er unendlich liebenswürdig, diesmahl habe ich ihn einmahl böse gesehen, sein Sohn, eine Art Taps, der aber im äußern viel vom Vater hat zerbrach mit großem Geräusch ein Glas, Göthe erzählte eben etwas, und erschrack über den Lärm so daß er aufschrie, ärgerlich darüber sah er den August nur einmahl an, aber so daß ich mich wunderte daß er nicht untern Tisch fiel, ein ausdruckvolleres mobileres Gesicht habe ich nie gesehen, wenn er erzählt ist er immer die Person von der er spricht, der Ton seiner Stimme ist Musick, jezt ist er alt aber er muß schön wie ein Apoll gewesen seyn. Montag überraschte mich Md. Beyer aus Bourdeaux, ihr Mann hat in Apollda 2 Meil von hier Verwandte, und dazu den Bandwurm er ist hergekommen um sich kuriren zu lassen, und nun kommt die arme Frau die kein Wort deutsch kann zu alle dem Spectakel in dies ausgeplünderte Land wo die Franzosen *etc.* Den Abend kamen Bertuchs, Knebels, Fernow u Meyer zu mir, es ward viel musicirt, Frau v Knebel singt himmlisch, die Bardua und Conta (sonst Muhls Hoffmeister) halfen mit u es gieng recht gut. Mittwoch Abend kam Göthe, Fernow, Meyer, Ridel, u ein junger Dichter *D.* Schütze der Göthen noch nicht ansichtig werden konnte, und sich deßhalb bey mir einführen ließ. Göthe war in einem seltnen Humor, eine Aneckdote jagte die andre, es war ganz prächtig, wir haben einige mahle so gelacht daß die Leute auf der Straße still gestanden wären, wenn es dergl hier gäbe. Den Morgen ließ mich die Herzoginn Mutter zu sich bitten, ich hatte sie seit dem nicht wieder gesehen, sie war ganz allein mit mir u der Göchhausen, man vergißt gleich die Fürstinn bey ihr, ich blieb zwey Stunden bey ihr, und sie hätte mich gern noch länger behalten wie es schien.

Du siehst wohl daß es mir hier gefallen muß, die leichte Art mit der ich die vorzüglichsten Menschen für mich interessirt habe ist mir selbst ein Wunder, ich habe noch keine Visite gemacht, alles ist so ganz von selbst gekommen. Alle Sonntag u Donnerstag von 5 bis gegen 9 werden sich meine Freunde bey mir versammeln, was an interessanten Fremden herkommt wird mitgebracht, ich habe Göthe den Plan gesagt, er billigt ihn u will ihn unterstüzen, ich gebe Thee, nichts weiter, das übrige Vergnügen muß von der Gesellschaft selbst entstehen, wärst Du doch hier, lieber Arthur, welchen Wehrt könnte grade dieser Zirkel für Dich haben! Göthe, Meyer, Fernow, Schüze, Md. Ludekus, Conta u die Schwester, Bertuchs, Falks, Riedels, Weylands, sind vors erste eingeladen, die übrigen werden sich von selbst finden, Kosten macht das Ganze gar nicht, und unendlich viel Freude. Es fehlt hier an einem VereinigungsPuncte, und sie sind alle froh, ihn bey mir zu finden. Das Teater ist noch verwaist, niemand will gleich subscribiren, aber auch das wird sich finden. Du armer Junge sizest jezt wohl in der Angst in der wir vor 4 Wochen waren, doch bey Dir kann sie nie so groß werden, ich dencke jezt ist in Hamburg alles vorüber, und viel friedlicher wird es abgegangen seyn wie bei uns, ach aber Danzig, wie wehe thut es mir daß ich von dort so gar keine Nachricht haben kann, wenigstens nicht direct. Schreibe doch öfters an Julchen, auch einmahl an Lotten, denn an den Doctor zu schreiben muhte ich Dir nicht zu, damit ich etwas von dorther erfahre, ich habe vorige Woche wieder einem französischen Officier der nach Wittenberg gieng einen Brief mitgegeben, aber auch dieser Brief wird nicht angekommen seyn, wie so viele die ich dorthin geschrieben habe.

Sophie verdient alles was Du von ihr sagst, auch ist sie durch ganz Weimar berühmt, Göthe macht ihr fast jedesmahl wenn er herkommt eine kleine Visite in ihrem Zimmer das er prächtig zu finden weiß, und spricht mit ihr. Adieu, lieber Arthur, verliere den Muht nicht, auch Deine Zeit wird kommen, wo es Dir nach Wunsch gehen wird, wenn man seine Wünsche zu beschräncken weiß so kann man sicher auf Glück hoffen, das erfahre ich jezt denn was ists eigentlich was mich jetzt froh macht? wie klein würde das alles in den Augen der großen Welt, oder der eleganten Hamburger erscheinen? Denke es Dir lebhaft und Du wirst mir recht geben. Lebe wohl schreibe doch ja alle Woche wenigstens, sonst wird mir bange um Dich. Deine Mutter J. Schopenhauer.

*die Bardua:* Das bekannte Doppelporträt von Caroline Bardua, das Johanna vor der Staffelei zeigt, die neunjährige Adele, andächtig zuschauend, melancholisch, in ihrem Rücken (vgl. aber die Kritik in Brief Nr. 34).
*der in Weimar mit uns gieng:* Während der Reise im Sommer 1800.

### *31. Johanna an Arthur*

Weimar, d. 17^ten^ Nov. 1806.

Nur wenig Worte für heute, mein Arthur, ich schreibe nur um Dir aufzutragen die Einlage so schnell und gut als möglich zu besorgen, es ist ein Brief von der HerzoginnMutter, so wie er da ist darfst Du ihn nicht auf die Post geben, er würde nicht ankommen, obgleich er nichts enthält was nicht geschrieben werden darf, er muß an irgend einen KaufMann in Rostock eingeschlossen werden, ich habe der Herzoginn versprochen ihn aufs beste bestellen zu lassen, und traue Dir zu daß Du das schon einzurichten wissen wirst, H. Jenisch, oder Ganslandt haben gewiß Freunde in Rostock, an einen von beyden mußt Du dich wenden, thue Dein Bestes dabey.

Ich habe die Zeitung heute gelesen, welche Greuel sind in Lübeck geschehen! Gieb mir doch Nachricht wie es Crolls, Gouchès und Md. Ganslandt ergangen ist, Du hast mir heute nicht geschrieben, ich nehme das als einen Beweis daß es in Hamburg erträglich geht weil Du von der alten Ordnung nicht abgewichen bist. Schaffe mir doch Nachricht von Danzig, ich kann directe keine Nachricht erhalten, kein Brief soll die Linie der französischen Armee passiren, wie weit erstreckt sich diese Linie? Vielleicht sind sie diesen Augenblick schon in Danzig. Ich habe die Generäle Treskow und Pletz unter denen genannt gefunden die mit Blücher sich ergeben haben, Treskow habe ich in Danzig viel in Gesellschaft getroffen, Pletz lernte ich in Hamburg kennen, Haubtmann Bessel war Treskows Adjutant, er ist allso auch gefangen, vielleicht tod, oder was noch unglücklicher ist, verwundet im Lazareth, hier liegen auch noch 5 unglückliche Preußische Officiere die an allem Mangel leiden, ich will ihnen morgen Mittag zu Essen schicken, heute schickt ihnen meine gute Ludekus, übermorgen Md. Falck, und so wechseln wir mit noch einigen andern ab, wir hörten es erst gestern, und trafen dann unsere Einrichtung unter einander. Vom General Kauffberg höre ich nichts, Horn und Fegesack waren bey seinem Regiment. Wie mag es Kalckreuth gehen? Wo ist er jezt? Ihm ahndete wohl was da kommen sollte wie er von mir Abschied nahm, je mehr ich alles überlege, was er in jener ängstlichen ViertelStunde mit mir sprach wie die Trommel ihn schon laut rief, je deutlicher sehe ich es, ich habe seit dem kein Wort mehr von ihm gehört. Ich begreife es nicht wie man sich noch dem Unbesiegbaren entgegenstellen mag, er geht seinen Gang, und was ihm in den Weg kommt wird zertreten, wie ist es möglich da gegen ankämpfen zu wollen. Gottlob wir haben den Sturm überstanden, er hat uns arg mitgespielt, aber jezt ists vorüber, ich lebe hier fortdauernd ruhig und folglich glücklich, seit lange, seit meinen Kinderjahren bin ich nicht so zufrieden als jezt gewesen, ich hoffe es soll noch besser kommen wann erst alles wieder ins vorige Gleise zurück kehrt, und das dencke ich, soll nicht lange währen. Adieu, lieber Arthur, schreibe mir bald, und besorge den Brief aufs Beste. Was macht Anthime, kommt er bald zur Stadt? Grüße alle meine Freunde. J. Schopenhauer.

*32. Johanna an Arthur*

Weimar, d. 28ten Nov. 1806.

Dein Brief, lieber Freund Arthur, kam ein paar Tage später als gewöhnlich, doch das liegt wohl nicht an dir sondern an den Umständen unter welchen er abgeschickt ward. Die Nachricht von der Einnahme Hamburgs überraschte mich, obgleich wir hier längst etwas dergleichen ahndeten, ich hoffe sie wird keinen dauernden Einfluß auf das Schicksal der Stadt haben, sondern das Gewitter wird sich mit goldnen Ableitern abwenden lassen, ich bin höchst begierig auf deinen nächsten Brief, ich hoffe er wird nähere Umstände der großen Begebenheit enthalten, gottlob daß alles noch so friedlich abgelaufen ist, die armen Lübecker sind noch übler dran gewesen als wir weil die Schlacht in den Straßen zum Theil in den Häusern gefochten ward, es muß über alle Beschreibung schrecklich gewesen seyn. Bey euch liegt man aber jezt auch nicht auf Rosen, die Kaufleute besonders die mit engl. Waren handlen wie Matsen müssen in großer Bestürzung seyn. Ich begreife nicht recht warum Hesse fortgegangen ist, ist Archenholz geblieben?

Du hast recht, den Specktackel den mein langer gemacht hat hätte ich mir auch im Traum nicht einfallen lassen, wie ist so etwas in der Welt möglich! Daß du ihn abschreiben läßt ist recht gut mir wird es selbst lieb seyn, daß eine Abschrift davon auch für meine eigene Erinnerung nach Jahren existiert, den Eindruck des ganzen werde ich zwar nie verlieren, aber die kleinen Nebenumstände verlöschen doch mit der Zeit aus dem Gedächtnis. Aber wie konnte man auf die Idee kommen ihn drucken zu lassen? Angenommen daß er würklich als Brief ein Meisterstück wäre, was mir, und dir wohl auch in der That lächerlich vorkommt, wie können alle die bekannten Namen, Göthe, Bertuch, Kalckreuth, die Herzoginn Amalie *etc.* der Welt öfentlich genannt werden, verhühte ja, ich bitte dich ums Himmelswillen daß niemand mir einen solchen Geniestreich macht, es wäre genug um alle die angenehmen Verhältnisse in denen ich hier lebe mit eins zu zerstören, doch bey der jeztigen Lage Hamburgs denckt wohl niemand weiter daran. Übrigens mußt du ihn schon jezt allen zu lesen geben denen du es nicht wohl abschlagen kannst, nur sorge soviel du kannst daß niemand eine Abschrift davon macht, Md. Faber muß ihn schon lesen wenn sie es absolut will, auch Westphalen, nur vergiß nicht leztерem besonders das Abschreiben zu verbieten.

Ich lebe hier immer sehr häuslich und sehr froh, Göthe war Sonntag und gestern Abend bey mir, der Zirkel der sich Sonntags u Donnerstags um mich versammelt hat wohl in Deutschland und nirgends seines gleichen, könnte ich dich nur einmahl herzaubern! Göthe fühlt sich wohl bey mir und kommt recht oft, ich habe einen eignen Tisch mit ZeichenMaterialien für ihn in eine Ecke gestellt, diese Idee hat mir sein Freund Meyer angegeben, wenn er dann Lust hat so sezt er sich hin und tuscht aus dem Kopfe kleine Landschaften, leicht hingeworfen nur skizirt, aber lebend und wahr wie er selbst und alles was er macht. Welch ein Wesen ist dieser Göthe, wie groß und wie gut. Da ich nie weiß ob er kommt so erschrecke ich jedes mahl wenn er ins Zimmer tritt, es ist als ob er eine höhere Natur als alle übrigen wäre, denn ich sehe deutlich daß er denselben Eindruck auf alle übrigen macht die ihn doch weit länger kennen und zum Theil auch weit näher stehen als ich. Er selbst ist immer ein wenig stumm, und auf eine Art verlegen wenn er kommt bis er die Gesellschaft recht angesehen hat um zu wissen wer da ist, er sezt sich dann immer dicht neben mir etwas zurück so daß er sich auf die Lehne von meinem Stuhl stüzen kann, ich fange dann zuerst ein Gespräch mit ihm an, dann wird er lebendig, und unbeschreiblich liebenswürdig, es ist das vollkommenste Wesen das ich kenne, auch im Äußern, eine hohe schöne Gestalt die sich sehr gerade hält, sehr sorgfältig gekleidet, immer schwarz oder ganz dunckelblau, die Haare recht geschmackvoll frisirt und gepudert wie es seinem Alter ziemt, und ein gar prächtiges Gesicht mit zwey klaren braunen Augen die mild und durchdringend zugleich sind, wenn er spricht verschönert er sich unglaublich, ich kann ihn dann nicht genug ansehen, er ist jezt etwa 50 Jahre alt, was muß er früher gewesen seyn. Er spricht von allem mit, erzählt immer zwischen durch kleine Aneckdoten, drückt niemanden durch seine Größe, er ist anspruchslos wie ein Kind, es ist unmöglich nicht Zutrauen zu ihm zu fassen wenn er mit einem spricht, und doch imponiert er allen ohne es zu wollen. Leztens trug ich ihm seine Tasse Thee zu, wie das in Hamburg gebräuchlich ist, damit sie nicht kalt würde, und er küßte mir die Hand, in meinem Leben habe ich mich nicht so beschämt gefühlt, auch alle die in der Nähe waren sahen mit einer Art Erstaunen zu, es ist wahr er sieht so königlich aus, daß bey ihm die gemeinste Höflichkeit wie Herablassung erscheint und er selbst scheint das gar nicht zu wissen, sondern geht so hin in seiner stillen Herrlichkeit wie die Sonne. Dann ist immer Meyer u Fernow da, beyde auch gar interessant, jeder anders, Meyer ein Schweizer. Fernow ist mein Liebling, er kommt alle morgen mir italienisch zu lehren, ich freue mich immer darauf, dann kommen die Bertuchs, *D.* Schütze ein sehr mittelmäßiger Dichter aber sonst sehr gescheidt, *Dr.* Riemer der bey Göthe im Hause ist, auch ein sehr gebildeter guter Kopf, dies sind die HaubtPersonen, meine gute Ludekus nicht zu vergessen die unter dem Namen Amalie Berg manchen recht hübschen Roman geschrieben hat, und noch verschiedne NebenPersonen die anderswo HaubtPersonen wären, um halb sechs versammeln sie sich, wir trincken Thee, plaudern, neue Journale, Zeichnungen, Musikalien werden herbeygeschaft, besehen, belacht, gerühmt, wie es kommt, alle die was neues haben bringen es mit, die Bardua zeichnet irgend einen als Karrikatur, Göthe sizt an seinem Tischen, zeichnet u spricht, die junge Welt musicirt im Nebenzimmer, wer nicht Lust hat hört nicht hin, so wirds neune und alles geht aus einander und nimmt sich vor nächstens wieder zu kommen. Das ist das wahre Leben, nicht wahr?

Wieland habe ich gesehen, ich hatte einen Besuch bey Frau von Egloffstein zu machen, er hatte es erfahren und war richtig da, er ist 73 Jahre alt, lebhaft genug für sein Alter, er bat auch zu mir kommen zu dürfen, bey schlechtem Wetter geht er nicht aus, daher ist er noch nicht gekommen, und da er ohne Spiel nicht leben kann, so wird er bey mir seine Rechnung nicht finden, denn in meinem Zirkel spielt niemand, auch weicht er Göthen sehr an Interesse. Er trägt ein schwarzes Käpchen wie ein Abbé, das giebt ihm bey seinem weißen Haar etwas erwürdiges, er hat eine französische Phisionomie, und kann nie gut ausgesehen haben, jezt ist er, besonders ohne Brille, ziemlich häßlich. Er war gar freundlich und aufmerck- sam gegen mich, und schien viel von mir gehört zu haben. Heute Abend bin ich bey der Kammerherrin von Fritsch zum Thee gebeten, wo ich ihn wahrscheinlich finden werde. Adliche und Bürgerliche sind gegen mich äußerst zuvorkommend, kurz ich finde mich in keiner meiner Erwartungen getäuscht, und lebe so froh und glücklich wie ich es nur wünschen kann.

Adieu, lieber Arthur, ich könnte dir viel noch schreiben aber es fehlt mir an Zeit, lebe recht wohl, erhalte dich bey gutem Muht, es wird dir auch einst wohl gehen, nur muß man säen um zu erndten, und dann die Zeit abwarten wie ich auch gethan habe, du weißt wie verschieden meine schönsten Jahre von meiner jeztigen Zeit waren. Deine Mutter J. Schopenhauer.

Adele ist artig u gut, sie grüßt dich und hoft auf ein Briefchen von dir. Sophie wünscht Nachricht von Mepski.

*mein langer:* Brief Nr. 24.
*etwa 50:* Richtig: 57 Jahre.

33. *Arthur an Johanna*

Wie fand das himmlische Samenkorn Raum auf unserm harten Boden, auf welchem Nothwendigkeit und Mangel um jedes Plätzchen streiten? wir sind ja verbannt vom Urgeist und sollen nicht zu ihm empordringen. Das eiserne Urtheil des Bedürfnisses ist über der Armen Geschlecht ausgesprochen, Mangel und Nothdurft liegen unabwälzbar auf ihm, fordern jede Kraft und hemmen jedes Streben. Nur wenn sie völlig befriedigt sind, darf der Geist, ermüdet und abgestumpft, durch die Nebel der Erde geblendet, aufwärtsblicken. Tadle die Armen nicht, wenn sie im Staube nach der Freude wühlen. O Gott, wir müssen es ihnen vergeben, wenn sie nach dem Bösen greifen; denn ihr Himmel ist verschlossen und wenige Strahlen scheinen durch bis zu ihnen. Und doch hat ein mitleidender Engel die himmlische Blume für uns erfleht und sie prangt hoch in voller Herrlichkeit, auf diesem Boden des Jammers gewurzelt. – Die Pulsschläge der göttlichen Tonkunst haben nicht aufgehört zu schlagen durch die Jahrhunderte der Barbarei und ein unmittelbarer Widerhall des Ewigen ist uns in ihr geblieben, jedem Sinn verständlich und selbst über Laster und Tugend erhaben.

*Arthur an Johanna:* Von Gwinner überliefertes Brieffragment. Genaue Datierung wie bei Brief Nr. 29 ungewiß; wahrscheinlich ebenfalls geschrieben im November 1806.

*34. Johanna an Arthur*

Weimar, d. 8ten Dec. 1806.

Ich habe gegen meine Gewohnheit deinen Brief vom 26. Nov. nicht beantwortet, lieber Arthur, weil ich daran verhindert ward, auch kann ich dir nur immer dasselbe sagen, mein Leben fließt seinen ruhigen Gang fort, täglich hätte ich irgend etwas Interessantes von den Menschen die mich umgeben zu sagen, aber wer kann das? Überhaubt man gewöhnt sich an das Höchste wie an das Gemeine, was andern höchst merckwürdig erscheinen würde, fällt mir bald nicht mehr auf. Doch will ich dir doch immer etwas erzählen, ich hatte ja immer die Gewohnheit meinen Kindern ein wenig Bonbon aus den Gesellschafften mitzubringen. Vors erste schrieb ich dir den Tag, wie ich bey der Frau v. Fritsch seyn sollte, ich hoffte Wieland dort zu finden, er war nicht da, aber Göthe, er war wieder liebenswürdig aber doch nicht so wie bey mir, zu mir hat er sich ganz gewöhnt, er kommt Donnerstags und Sonntags als ob es so seyn müßte, so lange Weimar steht, hat er das nirgends gethan, des Abends sticht er eine kleine Handlaterne an und geht wohlgemuht zu Hause, dencke dir Göthen mit der Handlaterne, gestern abend mußte ihm noch obendrein Sophie mit einem Endchen wachslicht aushelfen. er wurde schon um 7 Uhr abgerufen, und war ganz verdrüslich drüber, die Frau des *Maréchal Lannes* kommt hier durch, und sollte bey ihm logiren, weil sie schon viele Tage erwartet wurde und nicht kam so meynte er sie käme gar nicht, aß richtig zu Mittag eine kalte GänseleberPastete die für die

Dame bereitet war, und kam den Abend zu mir, nun kam die Dame, und die Pastete war verzehrt und er war bey mir und mußte fort. Vorher hatte ich noch einen andern Besuch Herr von Einsiedel führte sich selbst bey mir ein, weil es ihm zu umständlich war dazu einen andern zu suchen, denke dir eine lange Figur im völligen Hoffkustüm mit Haarbeutel, Degen *chapaubas* in tiefer Trauer, um den Herzog von Braunschweig, denn er ist Oberhoffmeister der verw. Herzoginn, ich wußte gar nicht was ich draus machen sollte, zum Glück war schon meine alte Ludekus bey mir, die ihn kannte und mir vorstellte, da freute ich mich denn würcklich über diese Bekanntschaft, er ist als Dichter auch wohl dir bekannt, und hat noch kürzlich den Terenz übersezt, und zwar meisterhaft, wie ich höre. Er blieb nur bis um 6 weil er die Herzoginn nach Hoffe begleiten mußte, versprach aber recht bald wieder zu kommen. Ich habe würcklich eine Art Cour um mich versammelt, ich weiß nicht wie, ein andrer Kammerherr hat der Bardua einen schlagenden Nachtigall, das Futter dazu für den Winter, und einen Ring obendrein versprochen wenn sie ihn bey mir einführen will, aber dem wirds so gut nicht, er soll dumm und langweilig seyn, der paßt für uns nicht. Mein Bild ist fertig, es ist sehr ähnlich, ich bekomme es umsonst und schicke es dir diesen Frühling, Adele aber ist nicht getroffen.

Du mußt dir überhaubt kein Meisterwerck dencken, es ist der rohe Versuch eines aufkeimenden Talents, das aber ungeheuer viel für die Zukunft verspricht, und so ist das Bild höchst merckwürdig und wird es noch mehr werden wenn die Künstlerinn die höchste Stufe erreicht hat; dies Bild, Wielands Porträt, und noch einige andere von der Bardua waren gestern Abend ordentlich bey mir aufgestellt, und die Kenner sprachen dann ihr Urtheil druber und sezten der jungen Künstlerinn, die gar ein lustiges Wesen ist tapfer zu. Hernach las uns Professor Meyer eine Abhandlung über geschnittne Steine vor, vorbey er die Abgüße der merckwürdigsten vorzeigte. Wer lieber plaudert bleibt dabey dann im andern Zimmer.

Suche doch den Mahler Runge kennen zu lernen, der jezt in Hamburg lebt, es ist derselbe, von dem uns Demiani in Dresden eine so ungünstige Idee beybrachte, Göthe hält viel auf ihn, und korrespondirt mit ihm. Dieser Runge schneidet gar schön in Papier aus und hat Göthen von seiner Arbeit sehr hübsche Sachen geschickt, Göthe erzählte uns davon, ich schnitt für mich einen blühenden Kastanienzweig von einer Fuxia umschlungen aus, und legte sie auf Göthens ZeichenTisch, nun hättest du ihn und seine Freude über meine Kunst sehen sollen wie er es gewahr wurde, er hatte mir eben ein Buquet von Runge mitgebracht wogegen ich freylich zurückstehen mußte, aber meins war in der Art ein erster Versuch, denn die Blumen sind in Lebensgröße, nun kamen verschiedne, die meine Arbeit für Runges Arbeit hielten welche sie früher gesehn hatten, und Göthe rief denn ganz triumphirend, wenn sie lange bewundert hatten, Nein, die Frau, die kleine Frau hat das gemacht, solche Streiche macht sie, sehen Sie einmahl, sehen Sie einmahl, wie hübsch das ist. Er freute sich wie ein Kind zum Weyhnachten drüber, es war Donnerstag, den Abend ward nicht gelesen aber viel Musick gemacht, die übrigen giengen ans Klavier im Nebenzimmer, ich blieb allein bey Göthen an seinem ZeichenTisch, denn ich kann ihn nicht genug sehen u hören, nun erzählte er mir von einem OfenSchirm, den ich so machen müßte, machte mir mit ein paar Strichen eine Zeichnung dazu, und will mir auch beim Aufkleben helfen. Wer kann sich Göthen so denken.

Hernach versammelten sich Meyer, Fernow und Schütze zu uns, wir machten einen kleinen Kreys, die Bardua kam dazu mit welcher immer heillos umgegangen wird, und der Abend vergieng unter Scherz und Lachen.

Leztens habe ich beym Geheime Raht v. Schardt Frau von Wolzogen die den allerliebsten Roman Agnes von Lilien geschrieben hat, und ihre Schwester Frau von Schiller kennen gelernt, Frau von Schiller besuchte mich heute, beyde sind sehr gebildet und interessant. Mit Falck bin ich im Kriege, er ist in Naumburg beym dortigen Commandanten als Dollmetscher, mit eins schreibt er mir daß er mir 2 Pferde gekauft hat weil sie hübsch und wohlfeil sind, ich schrieb ihm wieder ich brauche keine Pferde, ich hätte ihm keinen Auftrag dazu gegeben und er möge sehen wo er damit bliebe, das hat er gar übel genommen, mir wieder einen seyn sollend wizigen

Brief geschrieben der uns allen großen Spaß machte, und es bleibt dabey, Fernow behaubtet ich werde wie der *fra diavolo* nach Neapel, nach Naumburg transportirt werden, ob dieser Missethat.

So lebe ich lieber Arthur, in Hamburg siehts freylich böse aus, doch alles das währt nur eine Weile, ich bin sehr begierig auf Nachricht von dort, schreibe recht umständlich, sage Gansland er möchte mir doch antworten. Erkundige dich bey Westphalen wie es mit Göthens Wercke steht, und ob sie die Einrichtung getroffen haben daß ich sie hier erhalte, vom Buchhändler Hoffmann. Sophie möchte gern wissen ob die Mitchelet zufrieden gemacht ist, sie wohnt Katrinen Kirchhoff, dicht an die Dem., wo die Bonnier war. Die Adresse der Wäscherin folgt hiebey. Adieu, lieber Arthur, halte dich gut. J. Schopenhauer.

35. *Johanna an Arthur*

Weimar, d. 19ten Dec. 1806.

Ich habe zwey Briefe von dir vor mir zu beantworten, einen vom 10ten u einen vom 3ten Dec. Wenn ich auch einmahl eine Woche das schreiben an dich unterlasse, lieber Arthur, so muß dich das nicht kümmern, es fehlt mir oft an Zeit, die Abende bin ich selten ganz allein zu Hause, und der Morgen geht hin, ich weiß nicht wie, obgleich ich immer halb acht aufstehe, was sagst du zu der Bekehrung? Ich befinde mich sehr wohl dabey und es macht mir auch keine Mühe mehr, das beste ist daß Sophie dabey der goldnen Ruhe genießen kann, weil Mdlle Conta es übernommen hat mich zu wecken. Das Italienische nimt mir viel Zeit, ich studire mit großem Eifer, und hoffe den Winter hindurch soweit damit fertig zu werden daß ich es mit Vergnügen lesen kann, ob ich es bis zum Sprechen bringen werde weiß ich noch nicht, es ist eine herrliche Sprache, und ich sehe alle Tage mehr wie sehr unsre Übersezer sich dran versündigen, ich fange an den Ariost zu lesen, wie ganz anders ist er als Gries gerühmte Übersezung. Fernow behaubtet auch mit großer Wahrheit daß alle diese Dinge nicht übersezt werden müssen, da die Sprache sehr leicht zu verstehen ist so kann sie jeder lernen den die Sprache interessiert und der die Dichter lesen will, die andern mögen sich darum behelfen. Das Mahlen nimmt mir auch viel Zeit, ich treibe es mit großem Eifer und ziemlichem Erfolg, Professor Meyer sieht seine Lust daran.

d. 22.

Ich ward vorige Post verhindert den Brief zu endigen, Ich hoffe mein schweigen hat dich nicht beunruhigt. Es ist hier alles still u ruhig, die MilitärStrasse wird in kurzem nicht mehr über Weimar gehen, das heißt durchs Weimarsche Land, denn über die Stadt geht sie schon lange nicht mehr, dann werden wir kaum noch Spuren des vergangenen Unglücks mercken, für die Zukunft wird uns der Himmel schüzen. Aus Danzig habe ich einen Brief von Kabrun vom 2ten Dec. Sie haben dort noch weiter nichts als gewaltige *peur*, was ich Ihnen nicht verdencke, meine Mutter und Schwestern sind in die Stadt zu Trosiener gezogen, und das schon seit 4 Wochen und mehr, ich dencke sie hätten auch nicht nöhtig gehabt zu laufen ehe sie gejagt wurden, der G. v. K. ist in Königsberg sehr unzufrieden und will seinen Abschied nehmen, das hätte er schon lange thun sollen.

Übrigens klagt Kabrun bitterlich, daß er 8 Mann Preußen im Quartier hat, der arme Mann, du hast gewiß einiges Mitleid mit ihm. Doch ist das alles eigentlich kein Spaß, ich schließe daraus daß die lezte preußische Kraft sich dort vereinigt hat, und wenn dann der mächtige Kampf sich dort wieder erneuen sollte so kann es meiner armen Vaterstadt böse ergehn. Ich lese jezt immer die Hamburger Zeitung, aber auch darinn finde ich wenig Trost. Meine Lebensweise ist und bleibt die alte, aber wenn man recht ruhig und zufrieden lebt, so läßt sich wenig davon erzählen. Vorige Woche brachte ich einen sehr angenehmen Abend bey der Herzoginn zu, es war niemand dort als ich, die Hoffdamen, Göthe, Wieland und Einsiedel, Göthe zeichnete wie immer, ich finde ihn aber nirgends heitrer und liebenswürdiger als bey mir. Auch mit Frau von Schiller bin ich näher bekannt geworden, sie ist sehr gebildet, wie du leicht dencken kannst, ihr Umgang ist mir sehr interessant, wir sprechen fast immer von Schillern und sie erzählt mir tausend kleine

Züge von ihm, die machen, daß ich immer mehr bedaure so spät hergekommen zu seyn. Göthe ist noch immer jeden Gesellschafts-Abend bey mir, gestern war mein Zirkel klein, aber um so interessanter, obgleich gerade niemand etwas zum vorlesen mitgebracht hatte, ich schnitt wieder Blumen aus, und Göthe war gewaltig geschäftig sie zu einem Ofenschirm zu ordnen den er selbst aufkleben will, dabey erzählte er Aneckdoten aller Art, ich wollte nur ich hätte mehr Zeit, oder wäre weniger träge im schreiben wie ich gerade jezt bin, dann würde ich mir ein Buch halten, in welchem ich alles eintrüge was ich an solchen Abenden merckwürdiges und schönes höre. Die Bardua mahlt jetzt Göthen, ich glaube fast er würde mir auch sizen wenn ich ihn drum bäte, den Muht dazu hätte ich wohl, aber wenns zur Ausführung käme, und er mich dann so ernsthaft mit seinen durchdringenden Augen ansähe, dann wäre ich in Gefahr davon laufen zu müssen allso lasse ich es lieber, die Bardua wird mir aber das Bild welches sehr ähnlich werden soll, copieren. Unser Teater ist noch immer geschlossen, wir leben aber der Hoffnung daß es bald wieder geöfnet wird, ich wünsche es sehr, obgleich ich es gar nicht entbehre. Hast du Rungen kennen gelernt, von welchem ich dir neulich sprach, hast du bey Westphalen dich nach den Wercken von Göthen erkundigt, ob Madame es so eingerichtet hat daß ich mein Exemplar hieher bekomme? Antworte mir doch auf alles dieses, gieb mir doch auch Nachricht von Pistorius, wie es mit ihnen steht, und wie es mit ihnen werden wird, grüße meine gute Pistorius von mir, und sage ihr sie soll es mir nicht verargen daß ich ihr noch nicht geschrieben habe, obgleich mein langer auch für sie mitgeschrieben war. Mit meinen Briefen geht es wunderbar, ich habe zugleich mit dem langen einen etwas kürzern dito an Mad. Weickhmann geschrieben, der ich eine Antwort auf einen sehr freundlichen Brief schuldig war, und mit diesem kurzen ist in Danzig genau derselbe Specktackel gewesen wie mit dem langen in Hamburg, er soll auch gedruckt werden, wenn ich es erlaube versteht sich, da wird aber nichts draus.

Noch eins, lieber Arthur, wenn du mir schreibst, so siehe doch zu daß du in der Wahl deiner Ausdrücke ein wenig vorsichtiger bist, es ist den Posten nicht ganz zu trauen, und man kann sich

Unheil zuziehen, du weißt ja auch daß ich auch ein halbes Wort verstehen kann.

Siehe zu ob du das Buch dessen Titel ich dir hier einlage mir verschaffen kannst, es ist für meinen Freund Professor Fernow der es zu einer Arbeit die er unter Händen hat nöhtig braucht, du thust mir einen Gefallen wenn du dir recht viel Mühe drum giebst, es ist ein neues Werck, allso wohl nicht in Auctionen zu finden, aus England kann mans jezt auch nicht kommen lassen, vielleicht treibst dus aber doch auf, wenn es auch noch ein paar Monate damit währt, aber lasse dir diesen Auftrag ja recht angelegen seyn, mein lieber Arthur.

An deine Taubheit mag ich ungerne dencken, sie ist das einzige was mich jezt an meinem vollkommenen Glücke hindert, hätte ich nicht die Hoffnung daß du davon befreit werden wirst, so würde mich dieses sehr quälen, fasse nur Muht, und lasse dich nicht zu sehr davon niederdrücken, damit auch dein Gemüht nicht kranck werde, Muht und Fassung sind ja unsre einzige Schuzwehr gegen alle Übel der Welt. Ich billige sehr daß du alles eher versuchst als die Operation, deßhalb ists auch gut daß du dich wieder einsprüzen läßt, schade daß du keine Abschrift von deinem Bericht an Hunold hast, ich würde sie an Stark, auch wohl an Loder wenn er wieder aus Rußland kommt, zeigen und ihre Meynung davon hören. Grüße Gansland, und sage ihm daß ich in allem was er mir schreibt seiner Meynung bin, und nächstens ihm antworten werde. Über deine Einrichtung mit Anthime freue ich mich, Willinks sind doch recht gute gefällige Leute, ich sehe auch draus daß sie dich lieb gewonnen haben, und das gewiß nicht ohne dein Zuthun, beydes ist mir außerordentlich lieb. Reimarus ist ein Narr so lang er ist, aber es ist doch wunderbar daß gerade in unserm Comtoir das Weglaufen von jeher so grassirt hat.

Die Italiener mit ihrer Verwunderung über den Schnee kann ich mir lebhaft dencken, ich erzählte es neulich, und Göthe, Fernow und Meyer die lange in Italien waren amusirten sich sehr darüber, hier ist noch weder Schnee noch Eis zu sehen, es ist Wetter wie im October, und heller Sonnenschein. Lezt sprach man bey mir vom Latein, wie nohtwendig es wäre, und wie wenig es jezt gelernt würde, ich sagte du hättest es in deiner Kindheit durchaus nicht lernen können obgleich du lebende Sprachen sehr leicht vollkommen begriffst, Göthe sagte es wundre ihn nicht, es wäre ungeheuer schwer, da hülfe keine Methode, die ganze Kindheit müsse drauf zugebracht werden, denn wenn 10 Louisd'or auf einem Tisch liegen kann man sie leicht einstreichen, aber wenn sie tief in einem alten Brunnen liegen und Steine, Schutt und Gebüsch obendrauf dann ists ein ander Ding, ein Kind kriecht dann wohl mühsam hinein, aber ein Erwachsener muß es bleiben lassen, ich sagte du hättest Lust es noch zu lernen, ich wolle dir aber abrahten, das sollte ich auch nicht thun, sagte er, es bliebe doch immer etwas hängen, und wenn du es noch thun wolltest so wäre es sehr gut und nüzlich, obgleich du es zur Vollkommenheit nicht bringen können wirst.

Adieu, lieber Arthur, ein fröhliches Fest, schade daß ich dir diesmahl keine Bonbons geben kann. J. Schopenhauer.

Da ich mich eben erinnere daß du mir geschrieben hast, daß die Russischen Posten wieder gehen, so lege ich die ziemlich massive Einlage an Kotzebue von seiner Mama bey, sieh zu wie du sie auf eine gute Art hinspedirst, wenn du es von Hamburg aus nicht kannst, so bitte Ganslandt daß er sie an Labes schickt zur ferneren Besorgung, dieser macht sich gewiß eine Ehre und ein Plaisir draus, auch Kabrun würde es wohl besorgen, wenn er hoffen dürfte, daß es in die Zeitungen käme.

*36. Johanna an Arthur*

Weimar, dn 5ten Jan. 1807

Ich habe dir seit dem 21sten nicht geschrieben mein lieber Arthur, und das ist eben nicht löblich, aber die gottlosen Feyertage sind schuld daran, dafür ist auch mein erster Brief im neuen Jahr an dich, und ich mache Anstalt ihn recht lang und umständlich einzurichten, denn ich weiß du hast das gerne.

Zum neuen Jahr will ich dir nicht Glück wünschen, wenigstens dir nichts von meinen Wünschen sagen, es käme mir vor als ob ich mich selbst höflichst gratuliren wollte. Deine Briefe habe ich alle erhalten, auch den vom 27. der den Tag nach Neujahr ankam, mit der klönigen Einlage, wie kann man mir nur solches Zeug weiß machen wollen, wie alle die zarten Gefühle von denen der Brief überfließt, und bey alle dem thut man nicht was ich will, das heißt man liest ihn nicht und giebt ihn dem Doktor gleich, wie ich verlangte, sondern man schwätzt drüber, macht sich interessant, und giebt ihn allen meinen vertrautesten Freunden, und da die ganze Stadt Anspruch drauf macht mein vertrautester Freund zu seyn so giebt das ein *entre nous* wie das in Berlin, bey welchem 500 Personen engagirt sind, du weißt es ist in Berlin eine *ressource*, die *entre nous* heißt. Ich werde ordentlich wizig aus Ärger über die schwesterliche Liebe, eigentlich ist mir dies affectirte sentimentale Wesen in den Tod zuwieder, und es verdrießt mich auch daß der Doktor in Oliva sizt und nichts von mir erfährt. Nun will ich dir erzählen wie es mir bis jezt ergangen ist, wenn ich das neue Jahr so glücklich durchlebe wie ich es anfieng so wird es das schönste meines Lebens. Den ersten Feyertag war meine Gesellschaft, den Tag vorher hatte Adele ihren Weyhnachten bekommen, und zwar nach der LandesSitte, einen großen TannenBaum mit vergoldeten Nüßen, Äpfeln und Wachslichtern, den mir einige Damen fabrizirt hatten, dabey Puppen, eine kleine Galanteriebude, und mancherley wie du leicht denken kannst, Göthe ist ein unbeschreibliches Wesen, das Höchste wie das Kleinste ergreift er, so saß er denn den ersten Feyertag eine lange Weile im letzten meiner drey Zimmer mit Adelen und der jüngsten Conta einem hübschen unbefangenen 16jährigen Mädchen, wir sahen von weitem der lebhaften Conversation zwischen den dreyen zu ohne sie zu verstehen, zulezt giengen alle 3 hinaus, und kamen lange nicht wieder, Göthe war mit den Kindern in Sophiens Zimmer gegangen, hatte sich dort hingesezt und sich Adelens Herrlichkeiten zeigen lassen, alles Stück vor Stück besehen, die Puppen nach der Reihe tanzen lassen, und kam nun mit den frohen Kindern und einem so lieben milden Gesichte zurück, wovon kein Mensch einen Begrif hat der nicht die Gelegenheit hat ihn zu sehen wie ich. Ihn freut alles was natürlich und anspruchslos ist, und nichts stößt ihn schneller zurück als Prätension. Wir hatten den Abend nichts zu lesen, ein Aufsaz über die verschiednen Mundarten der italienischen Sprache welchen Fernow mit der ihm ganz eigenen Grazie und Klarheit geschrieben und vorgelesen hatte, und der uns einige Abende hindurch unterhalten hatte war aus, und wir hatten nichts anders, allso kam es denn wieder an mein Ausschneiden wofür Göthe sich lebhaft interessirt, mein Ofenschirm ist in voller Arbeit, dencke dir ein Ofenschirm den ich ausschneide, wozu Fernow u Meyer Raht geben, und den Göthe aufklebt. Ob das nicht ein merckwürdiges Stück wird. Ich fabricirte den Abend noch mit Meyern einen transparenten Mondschein, denn Meyer muß auch immer so etwas vor haben, die übrigen standen umher und conversirten im zweiten Zimmer, Conta und die Bardua sangen zwischen durch ein Liedchen, und Göthe gieng ab und zu bald an meinen Tisch wo ich mit Meyern arbeitete, bald nahm er theil an jenem Gespräch, mit einemmahle kam man, ich weiß nicht wie dort auf den Einfall die Bardua, die sich ohnehin leicht graut, mit Gespenster Geschichten Angst zu machen, Göthe stand gerade hinter mir, mit einemmahle machte er ein ganz ernsthaftes Gesicht, drückt mir die Hand, um mich aufmercksam zu machen, und trat nun gerade vor die Bardua und fing eine der abentheuerlichsten Geschichten an die ich je hörte, daß er sie auf der Stelle ersann, war deutlich, aber wie sein Gesicht sich belebte wie ihn seine eigene Erfindung mit fortriß ist unbeschreiblich, er sprach von einem großen Kopf der alle Nacht oben durchs Dach sieht, alle Züge an dem Kopfe sind in Bewegung, man denckt die Augen zu sehen und es ist der Mund, und so verschiebt sichs immer, und man muß immer hinsehen wenn man einmahl hingesehen hat, und dann kommt eine lange Zunge heraus die wird immer länger und länger, und Ohren die arbeiten um der Zunge nachzukommen, aber die können nicht, kurz es war über alle Beschreibung toll, aber von ihm muß mans hören, und besonders ihn dazu sehen. So ungefähr muß er aussehen wenn er dichtet. Den zweyten Feyertag that ich was ich längst thun wollte, ich fuhr des Morgens früh nach Jena wo ich bis zum andern Abend blieb, Fernow begleitete mich. Jena sieht traurig aus, einige 20 Häuser liegen in Asche, und gerade am Eingange der Stadt, von dem Gewühl das die Studenten dort sonst machten ist nichts mehr zu sehen, alles todt und still, wir stiegen in der Sonne ab, und giengen dann zum Buchhändler Fromman, die Frau ist eine Hamburgerin, aber sehr gebildet u liebenswürdig, Göthe hält viel auf diese Familie besonders auf der Frau, ich war ihr auch schon durch die Lodern empfohlen, allso waren wir wie alte Freundinnen. Von da giengen wir zu Fahrenkrüger, der ein gar lustiger Kauz voll Geist u Leben ist, den Abend brachten wir beym Major Knebel mit Frommans sehr angenehm zu, die Knebel singt wie ein Engel, ich glaube ich habe dir das schon einmahl geschrieben wie sie mich besucht hatte, er ist ein alter genialischer FeurKopf durchweg poetisch. Den andern Morgen frühstückten wir auf Hamburger Weise bey Fahrenkrüger, aßen bei Fromman, und waren den Abend mit einem großen Veilchenstrauß hier, denn das Wetter waren durchweg so warm, daß an den Felsen wo die Sonne am wärmsten würckt die Veilchen blühn, heute schneit es zum ersten mahle. Den Tag drauf war Sonntag und wieder meine Gesellschaft, das Teater ist zu meiner Freude wieder geöffnet, ich gehe bey weitem nicht jedes mahl hin, aber es freut mich doch. In Jena lebt man noch wohlfeiler als hier, die Lage ist himmlisch, ich werde vermuhtlich im Sommer Göthens Raht folgen, und mir dicht vor Jena einige meublirte Zimmer miehten, die etwa auf 3 Monate 10 bis 15 Thaler kosten, und einige Zeit mit meinem ganzen Hofstaat in der herrlichen Natur zubringen, Göthe kommt dann auch hin. Den lezten Tag im Jahr gab ich zum ersten mahl ein kleines Suppee, ich könnte mehr Personen sezen aber ich habe mich auf 12 beschränckt, Göthe mit der Frau, Fernow, Meyer, *D.* Riemer der bey Göthen lebt, die Bardua u der Dichter Schütze der ihr ein wenig die Cour macht, Professor Froriep aus Halle, Bertuchs Schwiegersohn, und einer der schönsten u dabey angenehmsten Männer, Conta mit der Schwester, ich u Adele, das waren wir alle, und gewiß einer der angenehmsten Zirckel, Göthe war auf sein Bestes, und alle versichern mir seit vielen Jahren keinen ähnlichen Abend erlebt zu haben, auch war das alte Jahr schon seit zwey Stunden vorüber wie wir uns trennten. Den NeujahrsTag wurde bey mir ein Lustspiel von Schütze gelesen das ganz hübsch ist und allgemeinen Beyfall fand, sieh doch zu daß du es liest, es heißt Der

Dichter u seyn Vaterland, zur Todtenfeyer aller gestorbenen Dichter und derer die noch sterben werden. Schütze hat diese Bahn noch nicht lange betreten, aber der erste Versuch ist glücklich, es ist Wiz und Satyre, aber ohne alle Bitterkeit, und das ist selten, Göthe hatte auch viel Behagen dran, er war aber recht müde von der Schwärmerey der vorigen Nacht. Seit dem bin ich einige mahl im Teater gewesen, Gestern war wieder Gesellschaft, Göthe fieng an von seinem herannahenden Alter zu sprechen mit einer Weicheit des Tons, mit einem so edlen Selbstbewußtseyn daß er uns alle tief rührte, dabey hielt er mich fest bey der Hand, er thut das oft, und erinnert mich dann lebhaft an deinen Vater, der mich dann auch so fest halten konnte. Jezt ist er eben wieder da gewesen um mit mir wegen unserer Kleberey zu sprechen, er fand mich aber mit Fernow italienisch studieren, und hielt sich nicht lange auf. Es ist unbegreiflich wie er sich an mich gewöhnt hat, alles wundert sich drüber, und ich selbst wundre mich auch, aber ich freue mich drüber unbeschreiblich.

Wenns dich langweilt, daß ich immer dasselbe schreibe so sag es ohne Scheu, er ist mir bey weitem hier das Interessanteste, auch lebe ich so viel mit ihm daß er sich in alle meine Vorstellungen einmischen muß. Es giebt noch so manches das ich dir erzählen könnte aber alles das ist mir zu wenig bedeutend. Conta ist fort, und das thut mir sehr leid, er war mir so bequem, wollte ich ausgehen, so hatte ich seinen Arm, wollte ich Schach spielen, so spielte er, wollte ich mir vorlesen lassen, so las er, wollte ich Musick so sang er zu Guitarre, wollte ich *quatre mains* spielen so spielte er, wollte ich mahlen, so saß er mir, wollte ich allein seyn, so gieng er, solch einen *Cicisbeo* finde ich nie wieder. Er ist mit unserem Abgesandten RegierungsRaht Müller nach Warschau geschickt, weiß Gott wann er wieder kommt. Muhl, der Fritz nemlich, hat mir aus Berlin geschrieben, er sizt da fest, weil er nicht nach Danzig kann da die Posten wieder nicht gehen, und ist kranck, er daurt mich sehr, sein Brief ist in einer sehr düstern Stimmung geschrieben, Conta wird ihn sprechen. Der ältre Muhl hat mir auch geschrieben ich soll ihm einen Hoffmeister verschaffen, die Briefe die ich von hier schrieb scheinen nicht nach Danzig gekommen zu seyn, freylich hatte ich sie franckirt, was man jezt wohl nicht sollte.

Zum Neujahrswunsch schreib ich dir hier einen Vers aus Shakespeare her, ich hoffe du wirst ihn verstehen.

*Take care what you write, for seals are no security in our times, a lady I know has been in great danger for some imprudent letters. You may write any news, only take care to call them ridiculous, and incredible when they are not in favour of you know whom.*

Adieu lieber Arthur, mein Bild kannst du erst zum Frühling haben weil es noch zum einpacken zu frisch ist, auch laß ichs gern der Bardua zu Liebe noch hier stehen. Über den Frieden freut man sich sehr, er wurde mit Paucken und Trompeten im Teater verkündet, und dabey laut *vive Napoléon* gerufen. Adieu lieber Arthur.

J. Schopenhauer.

*und nichts von mir erfährt:* Johanna hatte zu diesem Verwandten, mit dem sie die Reise nach Weimar im Mai 1806 gemacht hatte (vgl. Brief Nr. 16), lange Zeit eine positivere Beziehung als ihre Schwester Juliane. Erst die Erbauseinandersetzungen des Jahres 1814 (vgl. Brief Nr. 70) brachten hier eine Änderung.
*Take care what you write . . .:* »Nimm dich in acht was Du schreibst, denn Siegel sind keine Sicherheit in unseren Zeiten, eine Dame die ich kenne war in großer Gefahr wegen einiger unkluger Briefe. Du kannst alle Neuigkeiten schreiben, nur sorge dafür sie lächerlich, und unglaubwürdig zu nennen wenn sie nicht günstig sind du weißt schon für wen.« Kein Shakespeare-Zitat.

## 37. *Johanna an Arthur*

Weimar dn 9ten Jan. 1807,

Nur wenige Zeilen schreibe ich dir heute, lieber Arthur, um dir zu sagen daß ich deinen Brief vom 31. Dec. richtig erhalten habe, und dich zu bitten mir die Stickmuster je eher je lieber zu schicken. Die Labes kann sie nicht brauchen, sie ist noch immer auf der Flucht, die lezte Nachricht von ihr ist aus Memel, wahrscheinlich ist sie jezt tiefer nach Rußland gegangen, und mir kommen sie wie gerufen, nicht allein wegen meines Ausschneidens, wozu sie mir wie du recht als ein geschickter Mensch überlegt hast, sehr nuzen können, sondern auch weil ich Göthen und Meyer damit sehr erfreuen werde seit Krausens Tod dirigirt Meyer unter Göthens Inspection die hiesige Zeichenschule, einige junge Mädchen sollen das Musterzeichnen dort lernen um diese Anstalt, die eigentlich nicht für die höhere Kunst berechnet ist, gemeinnüzlicher zu machen, und nun sind die Herren Direcktoren in großer Noht darum, alle Damen sind mit ihrem gestickten Puz in *requisition* gesezt, alle botanischen Wercke werden nachgeschlagen, und wenn ich mit diesem Schaz auftrete werde ich wie ein Engel in der Noht erscheinen, allso packe sie gleich ein und schicke sie mir, ich werde schon dafür sorgen daß sie zur rechten Zeit und unbeschädigt wieder in Hamburg sind. Auch das Buch für Fernow lege ich dir noch mahls ans Herz, wenn du diesen trefflichen Menschen kenntest du würdest alles anwenden ihn zu erfreuen, er ist hier mein erster Freund. Wenn es seyn kann so lege bey den Zeichnungen 1 oder 2 Duzt Kreydestiften, schwarze nehmlich, von der neuen Art die von außen glasirt sind daß man sie ohne Portecrayon brauchen kann und doch nicht die Finger beschmuzt, Böhmer hat mir einmahl welche verschafft ich dencke du findest sie bey Novalatti, auch hätte ich gern so einen Bleystift ohne Holz, den man nicht anspizen darf, du hast glaube ich auch so einen. Von Danzig habe ich traurige Nachrichten, eben erhielt ich einen Brief vom Docktor, die Allee soll umgehauen werden, Neugarten umgerissen oder abgebrannt, mit Altschottland ist schon der Anfang gemacht, die unglücklichen Einwohner werden nicht in die Stadt gelassen, sie sind in Verzweiflung, sie sollen aufs Land, dort herrscht Mangel u Elend, in der Stadt, ansteckende Kranckheiten, Ruhr u Nervenfieber unter den Soldaten. Md. Labes ist in Riga. Lieber Arthur wie glücklich bin ich hier zu seyn u dich in Hamburg zu wissen.

Leutnant Horn ist verwundet, Bessel gefangen in Mainz, Graf Karl, der Finanzier gefangen in Halle, Kalckreuth hat seinen Abschied genommen und ist in Königsberg. Ich lebe hier wie gewöhnlich, gestern war mein Zirckel größer wie sonst, Göthe war wie immer. Heute bin ich bey Frau von Wollzogen mit Frau von Schiller, auch Fernow, der überall seyn muß wo ich bin, ist er da, denk dir nur nicht einen hübschen jungen Mann unter Fernow, er ist einige 40 Jahre alt und hat eine Römerinn zur Frau, die ich aber nicht kenne weil sie nie ausgeht, H.v. Einsiedel war gestern bey mir, er gefällt mir täglich mehr, jezt übersezt er den Plautus, u wird ihn nächstens bey mir vorlesen, Adieu, lieber Arthur, halte dich gut, dich froh u glücklich zu wissen ist jezt alles was ich zu wünschen habe. J.S.

38. *Arthur an Johanna*

Es ist unbegreiflich wie bei der Bannung der ewigen Seele in den Körper solche aus ihrer vorherigen *erhabenen Apathie* konnte gerissen werden, hinabgezogen in die Kleinheit des Irdischen und so zerstreut durch Körper und Körperwelt, daß sie ihren bisherigen Zustand verlernte und an dem von ihrem vorigen Standpunkt so unendlich kleinen Irdischen theilnahm und sich so darin einbaute, daß sie ihr ganzes Dasein darauf beschränkte und damit ausfüllte; daß die Außenwelt sie so zerstreute, daß sie selbst das Wunderbare und ihr Fremde dieser Außenwelt in dem Grade übersieht, daß Tausende aus der Welt gehen, ohne sie beachtet und darüber gedacht zu haben: da doch jede der dem Menschengeist unerklärbaren einfachsten Naturerscheinungen z. B. eines der Elemente hinreichen würde, ihn sein ganzes kurzes Leben hindurch in beständigem Streben zu erhalten und zu beschäftigen. Aber er geht rasch fort auf der Brücke, deren Grund er nicht kennt, ohne rechts oder links zu schauen seinen kleinen Fußpfad, ohne zu denken woher noch wohin, nur emsig zum nächsten Schritte strebend.

*Arthur an Johanna:* Datierung unsicher; nach Gwinner Anfang 1807.

39. *Johanna an Arthur*

Weimar. d. 30. Jan: 1807

Vor allen Dingen, lieber Freund Arthur, sollst du unsäglich gelobt werden, denn du bist ein gar vernünftiger Mensch, und machst deine Sachen gut; die Zeichnungen sind nebst den Zeichenstiften angekommen und haben große Freude angerichtet, da man wohl jezt in Danzig etwas anders zu thun hat als zu sticken so können sie wohl 14 Tage hier bleiben, und länger hat man sie nicht nöhtig. Die Kreyde kam unversehrt an, hast du sie eingepackt so mußt du ebenfalls gelobt werden, ich habe Göthe, Fernow, Meyer und der Bardua jedem einen verehrt, und sie haben sich alle hübsch bedanckt, wovon dir auch ein Theil gebührt, ich habe Göthen auch die Nachtlampe um nach der Uhr zu sehn gegeben, weil er lezt drüber klagte, daß er oft aufwache und dann nicht wissen könne wie es an der Zeit wäre, dafür hat er mir einen Kasten mit transparenten Mondscheinen gegeben, und Göthe wird mir zu dem Kasten immer mehr neue Mondscheine erfinden, und ich und Meyer werden sie ausführen, er mit dem Pinsel ich mit der Scheere, es ist eine herrliche Sache um solche gemeinschaftlichen Arbeiten die man mit Lust und Liebe gemeinschaftlich anfängt und ausführt; es giebt kein schönres festres Band fürs gesellige Leben, ich habe immer mit meinen Freunden so etwas vor, und das giebt ein Zusammenkommen, ein Berahten, ein Ueberlegen, als hinge das Wohl der Welt daran, am Ende wirds ein Ofenschirm. Aber es ist nicht der Ofenschirm, es ist die einzige ewige Kunst, die ewig die Form wechselt und doch stets eine und dieselbe bleibt die uns zusammenführt, und daß mir das Glück ward die Kunst zu fühlen zu lieben, und auch nicht ganz ungeschickt zu üben, das ist's, was mich jezt in der Liebe dieser vorzüglichen Menschen so glücklich macht, klugen vernünftigen Leuten muß unser Beginnen fast thöricht vorkommen, wenn so ein *Senator* oder Burgermeister sähe wie ich mit Meyer Papierschnitzels zusammenleime wie Göthe und die andern dabey stehen und eifrig Rath geben, er würde ein recht christliches Mitleid mit uns armen kindischen Seelen haben, aber das ist eben das Göttliche der Kunst, sagt dein Liebling Tieck, wenn ich nicht irre, daß ihr Beginnen, ihre Werckzeuge so fast kindisch und einfältig aussehen. Der Ofenschirm ist fertig und die Bewunderung aller Welt, er ist würcklich über Erwarten hübsch, Göthe hat letzt mit dem Licht in der Hand wohl eine halbe Stunde davor gesessen und ihn besehen, und wer in die Nähe kam den kriegte er beim Schlafitchen, und er mußte mit bewundern und besehen, jezt wird ein andrer gemacht, und zwar wird der ächte

Bogen GoldPapier den ich aus *London* brachte mit dazu gebraucht. Göthe ist seit einiger Zeit nicht recht wohl, eigentlich ist er nicht kranck, aber er fürchtet kranck zu werden, und schont sich ängstlich, doch kommt er zu mir wenn er irgends kann, und läßt sich in der Portechaise zu mir tragen, er kommt mir bisweilen etwas hypochondrisch vor, denn seine Kranckheit verschwindet ganz wenn er nur ein wenig warm in der Gesellschaft wird, und das geschieht so leicht. Am Dinstag gab ich einmahl eine *extra* Gesellschaft, denn ich mußte einige der adlichen Häuser in denen ich gewesen war einladen, wie wenig kostet ein solcher Zirckel und wie hübsch ist er! Ich hatte ein kleines Konzert, mein neues *Piano* ist wunderschön von Ton, Werner mein Musickmeister spielt es sehr schön, dann auch singt er einen schwachen aber angenehmen Tenor, die Bardua und der erste Sänger bey der Oper Stromeyer, sangen Duette, Arien und auch kleine hübsche Lieder meistens von Göthe zur Guitarre. Dann waren noch 3 Musici von der Kapelle des Herzogs, alles dies kostet nichts als einige Gläser Punsch, diese Leute spielen nicht für Geld sie kommen aber gerne wenn man sie bittet. Um 9 Uhr ließ ich Punsch, Bullion und Butterbrödchen herum geben,. wie in Hamburg in der Sonntagsgesellschaft beym Spiel, und wir blieben bis gegen 12 Uhr lustig und guter Dinge zusammen. Die Göthen kam allein, und sagte mir er wäre nicht wohl und würde wenn es ihm möglich wäre eine halbe Stunde kommen doch sey dies nicht gewis, mit eins sah ich ihn aber im Nebenzimmer zwischen der Bardua und der Conta ganz gemühtlich sizen, ich lief gleich voller Freude zu ihm, die Mädchen machten mir Plaz, und ich habe fast eine Stunde mit ihm geplaudert, er erzählte mir viel von Huber dessen Leben jezt heraus gekommen ist, welches du lesen mußt, er war unbeschreiblich sanft und liebenswürdig gestimmt, du meinst es ist unmöglich *vis a vis* ihm nicht ein wenig scheinen zu wollen, sähst du ihn nur, du würdest fühlen wie unmöglich es ist gegen ihm sich anders als natürlich zu zeigen, er selbst ist ganz Natur, und seine hellen klaren Augen benehmen alle Lust sich zu verstellen, man fühlt doch daß er durch alle Schleyer sieht, und daß diesem hohen reinen Wesen jede Verstellung verhaßt seyn muß. Ich pflegte ihn nach besten Kräften und hatte die Freude seinen Bedienten bis 11 Uhr mit der Laterne warten zu sehen der schon um acht Uhr gekommen war. Seit gestern ist der Herzog wieder hier, und die Fürsten von Gotha auch, morgen ist der Herzogin Geburtstag, das alles macht in dem kleinen Nest viel Lärm und Specktackel und ist Schuld daß ich Göthen und manchen andern seit dem nicht sah, morgen wird der Herzoginn zu Ehren die Oper Faniska gegeben wozu ich mich freue. Ich habe mit deiner matantersch schon vorher ein Einsehen gehabt ehe ich deinen Brief erhielt, und habe ihr durch die Finger gesehen, du hast recht, es ist wie du sagst, und so laß sie doch auch einen kleinen Spas haben. Der Docktor kommt freylich nicht viel zur Mutter aber sie sind selbst Schuld, du glaubst nicht wie sie ihm mitspielen, indessen will ich auch nicht behaupten daß er gar keine Schuld habe, es wird wohl seyn wie gewöhnlich die Herren haben beyde Schuld. Gottlob daß ich klug genug war mich aus allen ähnlichen Familienverhältnissen zu ziehen, ich kann dem Unwesen von ferne zusehen, und ich fühle täglich mehr wie sehr alles dies kleinliche Thun und Treiben mein eigentliches besseres Seyn zerstören würde.

Dem *Anthime* gratulire ich zur Schwindsucht, es ist doch eleganter als der garstige Bruch der mir von Anfang an nicht gefallen wollte, ich dencke mir daß du jezt mit deinem Freunde ein recht vergnügtes Leben führst, freue dich nur drüber und sey gutes Muhtes.

Laß den Vogelbusch nur seine Künste machen mir ahndet es hilft, mich freuts sehr daß du nicht viel Schmerzen dabey hast.

Der Bregardt Brief werde ich ehestens beantworten, grüße sie und sage ihr das. Was du mir von Pistorius sagst wundert mich doch, freylich so sind die Menschen, und wohl ihnen, die Ausnahmen gehn zu grunde, gottlob deren sind wenige. Ich mußte dem Dölle auch 1 Mck p. Stunde geben, es ist viel Geld, aber in dem theuren Hamburg ists nicht zu viel, doch glaube ich daß grade für diesen Unterricht wohlfeilere Meister zu haben sind. Auch ich hatte einige Nachricht von dem was man in Königsberg u Danzig erzählt aber ich glaubs nicht, wenn du dergl Unwahrheiten mehr hörst so schreibe sie mir doch zum Spaße.

Sieh zu daß du das Buch für Fernow über *Copenhagen* bekommst, er brauchts, und ich möchte ihm gerne den Gefallen erzeigen, gieb dir Mühe drum lieber Arthur, ich bitte dich. Wegen Danzig bin ich jezt ruhiger, die Armeen beziehen die Winterquartire, der Winter wird ruhig hingehen, und gegen den Frühling kann sich vieles ändern.

Adieu, guter lieber Arthur, gehabe dich wohl, Adele grüßt und bittet auch um ein paar Zeilen, geschrieben sind die ja bald, und so dencke ich du machst ihr einmahl die Freude. Grüße alle die mein gedencken, und schreibe bald. J. Schopenhauer.

*matantersch [sic!]:* Juliane Trosiener.
*Vogelbusch:* Christian Vogelbusch, Wundarzt.

40. *Johanna an Arthur*

Weimar, d. 3.ten Febr. 1807.

Ich will dir nur wenige Zeilen heute schreiben, mein Arthur, weil ich nur wenig Zeit habe. Ich bin heute Abend bey Göthe zu einem kleinen Fest geladen das er ganz eigen für mich angestellt hat, und wozu ich mich sehr freue. Der KammerRaht Ridel bringt dir den Brief, er nimmt die Gelegenheit wahr einige Wochen in Hamburg zuzubringen da der Erbprinz sein ehemaliger Zögling nach Schleswig geht um seine Gemahlin zu besuchen. Ich denke es wird dich freuen ihn zu sehen da er dir viel von mir erzählen kann, führe ihn doch auch wo möglich bey Willinks ein, denn ich wollte doch auch daß er mir von dir erzählen könnte wenn er wieder kommt. Deinen Brief vom 28sten habe ich erhalten und mich drüber gefreut. Sage Mdlle. Willink daß ihre Muster Göthen u Meyer als ganz neu und geschmackvoll besonders aufgefallen sind, und daß sie sie den andern weit vorziehen, sage ihr daß wenn sie mit Ridel wieder einige aus ihrer Fabrick schicken könnte sie mich und meine Freunde sehr erfreuen würde. Du bist ein gottloser Mensch, und verführst mich deine Mama auch zur Gottlosigkeit, denn verzeihs mir Gott, ich habe über den Tod des ehrlichen alten Stenders lachen müssen, und das ist doch nicht erlaubt. In die Schachtel mit den Zeichnungen hätte freylich manches gekönnt, aber ich weiß auch nicht was es seyn könnte, Handschue sind hier zu haben, und ich brauche erstaunend wenig Puz hier, doch sollst du mir zum Sommer einen Strohhut schicken, doch da ist noch lange hin, ich schreibe erst noch deßhalb. Die Nachricht von den Büchern freut mich, thue mehr dergleichen. Die Weihe der Kraft werde ich lesen, mit der Zeit, jezt lebe ich unter den Italienischen Dichtern, und bin entzückt von ihrer Herrlichkeit.

Adieu lieber Arthur, ich muß mich ankleiden, viele Grüße Anthime u Willinks, kann Anthime schon unsre Dichter verstehen? Lebe wohl künftige Woche schreibe ich wieder.

J. Schopenhauer.

*Die Weihe der Kraft:* »Martin Luther oder die Weihe der Kraft«, Tragödie von Zacharias Werner.

41. *Johanna an Arthur*

Weimar, den 12. Februar 1807.

Deinen Brief vom 4ten habe ich richtig erhalten, lieber Arthur, sowie Du auch wahrscheinlich den meinigen vom 3ten. Von der »Weihe der Kraft« ist erst ein einziges Exemplar hier und das hat die Herzogin Mutter, Fernow brachte es mir gestern ehe ers ihr hintrug, denn er ist ihr Bibliothekar, und las mir den Prolog vor, der auch mir, einzelne Stellen abgerechnet, sehr schön dünkt, nur die Versart ermüdet ein wenig, in ein paar Tagen wird er es mir wiederbringen und vorlesen, worauf ich mich sehr freue, er liest schön, und du weißt, das ist meine Passion.

Bei Göthen wars den Abend wie ich dir schrieb ganz allerliebst, er hatte einige junge Schauspieler, die er oft bey sich deklamiren läßt um sie für ihre Kunst zu bilden, eingeladen und las mir mit ihnen eine seiner frühesten Arbeiten ein Stück voll Laune und Humor »Die Mitschuldigen« betitelt, vor. Er hatte selbst die Rolle eines alten Gastwirths darin übernommen, was blos mir zu Ehren geschah, sonst thut er das nicht. Ich habe nie was Aehnliches gehört, er ist ganz Feuer und Leben, wenn er deklamirt, niemand hat das ächt Komische mehr in seiner Gewalt als er. Zwischendurch meisterte er die jungen Leute, ein paar waren ihm zu kalt. »Seyd Ihr denn gar nicht verliebt?« rief er komisch erzürnt, und doch war's ihm halb ein Ernst, »seyd ihr denn gar nicht verliebt? Verdammtes junges Volk! Ich bin sechzig Jahr alt und ich kanns besser.« Wir blieben bis halb zwölf zusammen, ich saß bey ihm und die Bardua auf der andern Seite, wir beyde sind seine Lieblinge.

Am Donnerstag drauf bestand mein Zirkel fast nur aus Herren, aber es waren gerade die interessantesten, Frau v. Göthe war die einzige Dame. »Weil wir eben in solchem kleinen vertraulichen Zirkel sind«, fing er an, »so will ich denn einen Bericht von einer Naturmerkwürdigkeit mittheilen; es ist billig, daß man unter Freunden sich dergl. wechselseitig mittheilt und weil wir eben so ganz unter uns sind« – und damit fing er aus einem Briefe eine Geschichte einer Mamsell, die in die Wochen gekommen war, an zu lesen. Darüber kam die Bardua. »Gerechter Himmel! da kommt die Bardua!« rief er aus, »nun darf ich nicht weiter lesen.« »Es thut nichts,« sagte ich, »die Bardua muß so lange draußen bleiben.« Das war Wasser auf seine Mühle. Der Bardua kündigte er gleich gravitätisch an, sie müsse draußen bleiben, den Bertuch, den Sohn, der gewaltig lang ist, stellte er an die zugemachte Thür, welche die Bardua von draußen gewaltig berannte. »Halten, halten Sie Ihren Posten wohl, Bertuch, denken Sie, Sie sind in Breslau, es soll Ihr Schaden nicht seyn, ich will schon so lesen, daß Sie dort so gut hören sollen als hier.« Die Bardua machte einen erbärmlichen Spectakel, er ließ sich nicht stören und verwies sie nur von Zeit zu Zeit mit ein paar Worten zur Ruhe und Geduld, zuletzt spielte sie aus Leibeskräften auf dem Clavier. »Eine Kriegslist,« sagte er, »hilft nichts, wir lesen lauter« und so erhob er die Stimme oder ließ sie sinken, nachdem sie accompagnirte, wie in einem Melodram, bis ans Ende wo sie dann feyerlich hereingeholt ward. – Alles dies ist nichts, aber man muß es sehen. Dieses kleine Intermezzo stimmte uns alle lustiger, es wurde viel den Abend gelacht, zuletzt aber kam das Gespräch auf die Alemanischen Gedichte. Meyer als Schweizer und Legationsrath Weyland als Elsasser sind der Sprache mächtig und lasen manches daraus sehr hübsch vor, Göthen ist die Sprache fremde ... er las aber doch sein Lieblingsstück das Gespenst von der Kanderer Straße (er hält viel von diesem Gedichte) und er las es wie nur er lesen kann. Mache doch daß du die allemannischen Gedichte zu lesen bekommst, ich weiß, sie gefallen dir wenn du dich nur erst mit der Art bekannt gemacht hast.

...Ich hoffe gerne das Beste, aber über ihre ungeheure Angst, über ihre Schwäche ungewöhnliches zu ertragen kann ich mir keine Illusion machen, und die sind denn doch das wahre Unglück, ich muß mich von dem Gedanken daran gewaltsam zurückziehen, Gott läßt den Wind sanft wehen wenn das Lamm geschoren ist, sagt Yorick, das will ich hoffen. Es freut mich sehr daß du gerade in dieser freudenlosen Zeit deinen Freund Anthime bei dir hast.

Grüße alle meine Freunde, besonders die guten braven Willinks, nie habe ich einen klugern Streich gemacht als da ich dich in dies Haus brachte. Ich bin heute unsäglich liebenswürdig, würde Meyer sagen, darum schreibe ich dir auf der andern Seite ein neues Lied von Göthen ab welches mir sehr gefällt, es erscheint in seinen neuen Schriften...

Du siehst einliegende Karte; die habe ich mit Göthe fabrizirt, nämlich er hat *R* gezeichnet, und ich habe es ausgeschnitten, dann hat er es auf Papier gelegt, ist mit einem Tuschpinsel darüber gefahren, und wir haben eine gewaltige Freude über das schöne *R* gehabt, das dadurch wie gedruckt dastand. Es will verlauten, daß man in England ganze Alphabete dieser Art von Blech hat, die dazu dienen, um Inschriften und dergleichen sehr sauber zu fabriziren und auch schnell. Nun wollte ich dich bitten, zu sehen, ob man dergleichen in Hamburg fertig verkauft und mir den Preis davon zu melden. Machen wollen wir sie dort nicht lassen, das könnte man auch hier thun; auch sollst du sie nicht gleich kaufen, im Falle sie zu haben sind. Die Buchstaben müssen wohl einen Zoll groß sein oder auch etwas mehr; auch übersieh nicht den Einbug unten an der Karte; er dient dazu, daß man die Form gleich aufkippen kann; durch's Wegnehmen würde der nasse Buchstabe verwischt werden...

*Alemanischen Gedichte:* Sc. Johann Peter Hebels.
*ungeheure Angst:* Wohl die Angst der Danziger Bevölkerung im allgemeinen und der Angehörigen Johannas im besonderen. Der vorhergegangene Passus des Briefes enthielt nach Schemann sorgenvolle Betrachtungen über das Schicksal der Danziger.
*neues Lied von Göthen:* »Ich hab' mein Sach auf nichts gestellt«.

42. *Johanna an Arthur*

Weimar, d 20^ten^ Febr. 1807.

Diesmahl, lieber Arthur, schreibe ich dir nur einige flüchtige Zeilen, auch kann ich dir würcklich nichts als immer das nehmliche von mir erzählen, mein Leben dreht sich in dem schönen engen Kreyse, je schöner es ist je weniger läßt sich davon sagen, doch habe ich diese Woche einige ungewöhnliche Plaisierlichkeiten gehabt, am Montag ward Tasso zum erstenmahl auf einem Teater, hier gegeben, und vortrefflich, ich habe beym Lesen keinen Begriff von dem hohen Interesse gehabt das man auf der Bühne auch an der Handlung dieses dem Ansehen nach so thatenlosen Stücks nehmen kann, aber freylich muß es gespielt werden wie es hier gespielt ward. Ehegestern las Einsiedel und Fernow, Göthen, mir, Meyern und noch einigen die deshalb mich besuchten eine Komödie aus dem Lateinischen des Plautus vor, sie heißt das Gespenst, Einsiedel hat sie gar hübsch übersezt, Göthe war so bezaubert davon daß er sie ehestens hier spielen lassen will, troz dem Abweichenden der Sitten ist das Ganze so durchaus unterhaltend, die Situationen so komisch, daß die alte Ludekus, die oben nervenschwach auf dem Sopha liegt, ganz unruhig über den Jubel ward den wir unten trieben. Die Alten, lieber Arthur, sind doch unsre Meister, doch du bist in diesem Artikel ein Ungläubiger. Gut, daß der alte Bregardt endlich abgeschurrt ist, sein Leben war weder ihm noch andern eine Freude, die Frau wird jezt wieder aufleben, ihrem Gemüht thut das Alleinseyn nicht weh, sie braucht nur Gesellschaft die kann sie dort haben, auch muß sie ja in Hamburg bleiben, sie ist dort in ihrem Element. Die Einlage empfehle ich dir bestens, spedire ihn an die Adresse so schnell du kannst, mir ist dran gelegen, er enthält einen Auftrag von Göthe, wir wollen gern den Ciliax fürs hiesige

Teater kapern, die Bachmanns sind ohnehin bankrott. Der Winter ist mit einem mahl hier eingetroffen, gestern ist 3 Fuß hoch Schnee gefallen, die Sonne scheint und die Bäume vor meinem Fenster sehen prächtig aus. Die Weihe der Kraft kann ich noch nicht habhaft werden, ich werde sie so bald ich kann lesen, ich lese ohnehin jezt wenig, ich lebe mehr, der Buchstabe ist doch immer ein todtes Wesen.

Adieu mein Arthur, die Zeit fehlt mir, nächstens schreibe ich mehr J. Schopenhauer.

*Ciliax:* Zeitgenössischer Tenor (vgl. Brief Nr. 43).

*43. Johanna an Arthur*

Weimar, d. 10ten März 1807.

So eben, mein lieber Arthur, erhalte ich deinen Brief vom 4ten, und da ich eben noch ein paar Stunden diesen Abend frey habe so will ich ihn flugs und fröhlich beantworten, ich habe noch einen vom 18ten Febr nicht beantwortet, schilt mich nicht wegen meiner Saumseligkeit, ich dencke viel, und mit rechter Liebe an dich, ich wünsche dich oft zu mir, und wenn Fernow, und St. Schütze mir erzählen wie sehr spät sie zum Studieren gekommen sind, und ich doch sehe was beyde wurden, so fliegt mir so manches Project durch den Kopf, aber freylich, beyde brachten Schul- und mühsam selbst erworbne Kenntnisse auf die Akademie die dir bey der eleganten Erziehung die du erhieltst und in unsrer Lage erhalten mußtest, mangeln, beyde in sehr beschränckter Mittelmäßigkeit an einem kleinen Orte geboren konnten so manchen Genuß ohne ihn nur zu wünschen entbehren, der dir wenigstens für die Zukunft unentbehrlich seyn muß, allso mußt du wohl in der Laufbahn bleiben zu der du dich einmahl bestimmt hast. Hier, wo niemand reich ist sieht man alles anders, bey euch strebt man nach Geld, hier denckt niemand daran, nur leben will man, die Freude findet man in dem wodurch man die Nohtwendigkeiten des Lebens sich erwirbt, ich bin hier in einer ganz andern Welt, aber ich weiß wohl daß die Welt in der du lebst auch seyn muß, obgleich ich mich herzlich freue daß ich ihr entronnen bin, indessen kann es doch nicht fehlen daß meine Ansichten dir bisweilen wunderbar vorkommen müssen, und ich verarge dir es nicht. Bey dem geschäftigen MüssigGange den ich treibe komme ich wenig ans schreiben, aller Welt bin ich Briefe schuldig, ich schäme und ärgre mich drüber, aber das hilft nichts, meine Tage vergehen so schnell! und doch gehe ich fast nie aus, ein paar Tage in der Woche gehe ich ins Teater, zwey Abende nimmt mein TheeZirkel, die übrigen vergehen ich weiß nicht wie, Fernow kommt gewöhnlich zu mir wenn ich zu Hause bin, die Bardua, dieser, jener, und so vergeht die Zeit. Heute stand ich um 8 auf, frühstückte und las, halb zehn kam Meyer, ich habe mein Porträt angefangen in Lebensgröße in Pastell nach dem Spiegel zu mahlen, und Meyer giebt mir Raht dabey, ich wollte doch einmahl wieder etwas Großes mahlen, ich habe Conta und seine Schwester in Miniatur gemahlt und viel Ehre damit eingelegt. Bis 12 Uhr blieb Meyer bey mir, so lange mahlte ich, sein treuherziges Geschwäz, wovon doch fast jedes Wort aufgeschrieben zu werden verdiente, wünschte ich dir wohl einmahl zu hören, um 12 kam Fernow, ich las mit ihm Gozzis prächtige Mährchen, von 1 bis 2, und gleich nach Tische hatte ich mancherley zuzuschneiden was genäht werden muß, dann kam die Bardua und Conta und Fernow wieder, lachten, sangen, alberten um mich her, Fernow gieng bald fort, Conta und die Bardua tranken Thee mit mir, um halb 7 gieng die Bardua zu Wielands, mit dessen Töchtern, die eigentlich das Schlechteste von seinen Wercken sind, hat sie viel Umgang, dann spielte ich bis gegen 8 Uhr eine Partie Schach mit Conta, und nun habe ich bis gegen 11 Uhr noch ein paar Stunden für dich, um 9 esse ich, das geht aber schnell. Siehst du das ist ein Tag aus meinem Leben, die übrigen sind Variationen für dasselbe Thema, es ist ein Leben wovon sich wenig sagen läßt, aber es lebt sich gut, und man begreift dabey nicht wo die Zeit bleibt. Nun will ich in der Kürze deine Briefe beantworten. Die Einlagen im ersten aus Danzig sind würcklich von Weickhmanns, so possierlich sie sind, freuten sie mich doch, beantworten kann ich sie jezt Gottlob noch nicht, aber wenn die Posten dorthin erst wieder gehen, werde ich gewaltig schmieren müssen, denn es liegt ein ganzer Stoß Danziger da, die beantwortet werden wollen, ich dencke ich thue klug wenn ich bey Zeiten anfange. Den guten Schwalb grüße und vertröste ihn auf die Zukunft wegen meiner Antwort. Wenn die Harmonie dir der Mühe wehrt dünckt so unterschreibe, du mußt doch auch etwas haben das dich erfreut, und diese Freude ist sehr anständig. Wenn Laurent seinen Denner nicht zum Ansehen schicken will so mag er ihn behalten, laß es nur ganz gut seyn und sage ihm nichts mehr drüber, Göthe hat es sich schon aus dem Sinne geschlagen. Wegen der Buchstaben will ich mit Göthen sprechen, zwey Marck ist aber sehr theuer für einen solchen Spaß, man könnte sie hier wohlfeiler machen lassen, Die Weihe der Kraft habe ich jezt gelesen, es sind einzelne herrliche Stellen und Scenen drinn, aber die Söhne des Thales sind mir lieber, Luther selbst gefällt mir am wenigsten er ist mir zu unbestimmt gezeichnet, die Scene wo er beim Übersezen die Starrsucht bekommen hat, ist zu arg, auch sein Ton wechselt, bald spricht er Schillerisch, bald Shakespears, bald ächt Luthersch, das ist nicht gut, es fehlt dem ganzen an Haltung, es ist schade um Werner daß er mit dem großen Talent unter den verblasenen Berlinern lebt, hieher sollte er kommen, und bey Göthen in die Schule gehen. Einsiedels Plautus ist noch nicht heraus, und wird auch in diesen bösen Zeiten nicht so bald herauskommen, aber sein Terenz ist zu haben, sieh zu wie du ihn zum Lesen bekommst. Daß dir in der Welt und in deiner Haut nicht wohl ist würde mir bange machen, wenn ich nicht wüßte daß es gerade jedem in deinem Alter so ist den die Natur nicht von Hause aus zu einem Kloz bestimmte, du wirst bald mit dir selbst ins reine kommen, und dann wird die Welt dir auch gefallen, wenn du nur immer Frieden mit dir selbst zu erhalten weißt, freylich mein armer lieber Arthur, dir wird in deiner isolirten Lage der Übergang ins würckliche Leben schwerer als andern, ich allein vielleicht verstehe dich, und könnte dich geduldig anhören und dir rahten und dich trösten, und fehle dir gerade jezt da du ein Wesen an das du dich mit vollem Vertrauen wenden kannst am nöhtigsten hast, aber das ist nicht zu ändern, habe Geduld, es kommen dir schönre Zeiten. Gerade in der Zeit in der du jezt lebst, lieber Arthur, schwindet die bunte Kinderwelt, die erste FrühlingsZeit des Lebens, in der neuen Welt die dir sich öfnet, weißt du noch nicht Bescheid, du schwanckst, und weißt selbst nicht recht wohin du gehörst, das wird sich ändern, dein Unmuht wird schwinden, und du wirst gern und froh leben. Es kommt dir jezt vor als ob ich Unrecht hätte, auch das ist natürlich und wird sich auch geben, wenn dir vielleicht nach einem Jahr diese Zeilen wieder in die Hände fallen. Es ist mir sehr lieb daß der Brief nach Danzig abgegangen ist, der Ciliax ist freylich, die schöne Stimme abgerechnet, eben kein Held, aber es ist nichts seltners als ein guter Tenorist, dafür ist Ciliax noch ein vortreflicher Schauspieler, denn ganz schlecht ist er doch nicht. Wir haben hier einen Bassisten Strohmeyer, eine hübsche Figur, und eine wunderschöne Stimme, aber er spielt so daß er öfter Strohmann als Strohmeyer genannt wird, und doch freuen wir uns ihn zu haben. Wenn der Ciliax nur kommen will, Ehre soll er mir schon machen wenn er nur seine Stimme behalten hat, wie ich hoffe. H. Quandt als Hamlet muß göttlich seyn, Madame spielt vermuhtlich die Ophelia?

Von mir kann ich dir nicht viel sagen, ich gehe meinen alten Gang, am Sonntage hatte Göthe mich mit meinen beyden Freunden Meyer u Fernow zum Frühstück eingeladen, um mir Arbeiten von Runge zu zeigen. Beschreiben kann ich sie dir nicht sie sind zu wunderbar, aber mache doch um Gotteswillen daß du den Runge kennen lernst, dir kann in Hamburg nichts interessanters widerfahren als diese Bekanntschaft, ich konnte sie machen, Tischbein bot sie mir an, und ich möchte mich prügeln daß ichs nicht that, aber die Dresdner, Neumann und Demiani besonders hatten mich gegen ihn eingenommen. Welch ein poetisches Wesen ist dieser Mensch, erst sah ich viel von seinen ausgeschnittenen Sachen, sie sind sehr schön, aber ich mache sie fast so gut, Göthe sagt ich mache sie eben so gut, das ist aber nicht, dann ist sein Gesicht in Kreyde gezeichnet, Göthe sagt er hat nie ein Profil wie seines gesehen, dieser Kopf ist leider *en face* es hat aber einen Raphaelischen Blick, ohne Raphael zu gleichen, dann sind vier große Blätter, bloße Umrisse, in Kupfer gestochen, sie werden aber nicht verkauft er verschenckt sie nur, die sind eben das unbeschreiblich wunderbare, es sind Blumen und Genien, wie Arabesken, aber der tiefe Sinn der darinn liegt, die hohe Poesie, das mystische Leben, du mußt sie sehen, mein Arthur, ich kann dir anders nicht helfen, ich weiß du wirst davon ergriffen, entzückt, bezaubert werden. Meyern dabey zu sehen ist höchst ergözlich, er schimpft drauf wie ein Rohrsperling, weil er immer davor stehen bleiben muß bis ihm der Kopf weh thut. Hernach führte Göthe mich im Parck spazieren, daß ich immerfort dachte O Lord, o Lord *etc.* wirst du dir wohl selbst dencken. Seit ein paar Abenden liest Göthe selbst bey mir vor, und ihn dabey zu höhren und zu sehen ist prächtig, Schlegel hat ihm ein übersetztes Schauspiel von Calderone im Manuscript geschickt, es ist Klingklang und Farbenspiel, aber er liest auch den Abend keine drey Seiten, sein eigener poetischer Geist wird gleich rege, dann unterbricht er sich bey jeder Zeile, und tausend herrliche Ideen entstehen und strömen in üppiger Fülle, daß man alles vergißt und den einzigen anhört. Welch ein frisches Leben umgiebt ihn noch immer! Der arme alte Wieland, er kommt mir gegen ihn vor wie der alte Kommandant von Eger, wenn Wallenstein ihm sagt an meinen braunen Locken zogen die Jahre leicht vorüber du kennst die Stelle, sie heißt anders aber dies ist der Sinn davon. Auch fühlt Wieland sich durch Göthens Gegenwart gedrückt, deßhalb kommt er nicht in meine Gesellschaft so gern er möchte, denn wo er mich zu treffen weiß geht er gerne hin, lezt besuchte ich die Göchhausen, er kam gleich auch, denn er hatte von der Herzoginn gehört daß ich oben wäre, diesmahl interessierte er mich würcklich er war traurig, denn er hatte den Tag vorher die Nachricht bekommen daß seine erste und einzige Liebe die alte la Roche gestorben wäre. Er sprach viel von sich, seiner Jugend, seinem Talent Niemand, sagte er, hat mich gekannt oder verstanden, man hat mich in den Himmel erhoben, man hat mich in den Koht getreten, beydes verdiente ich nicht, dann erzählte er, wie er der la Roche zu gefallen die ersten Verse gemacht hätte, wie er eigentlich nicht zum Dichter gebohren wäre, nur Umstände, nicht die Macht des Genies hätten ihn dazu gebracht, er habe seine Laufbahn verfehlt, er hätte Philosophie studieren sollen, oder Matematik, da wäre was Großes aus ihm geworden, er hätte immer so gerne gerechnet. Nun aber hätte er müssen Jura studieren, hernach wäre er Registrator oder so etwas bey einem Archiv in einem kleinen Städchen geworden, da hätte er denn nun Verse gemacht um sich von der jämmerlichen Aktenkrämerey zu erholen, Nie, sagte er, hatte ich einen Freund mit dem ich meine Arbeiten theilen oder drüber sprechen konnte immer war ich allein, niemand verstand mich, niemand kam meinem Herzen nah, lieber Arthur, einen fast 80jährigen Greis so sprechen zu hören ist wahrlich betrübt, und dieser heißt der Dichter der Grazien, und ist offen genug, sich gegen mich einer Fremden die er wenig kennt, und gegen eine alte Hoffdame die er wohl kennen muß so heraus zu lassen, ich begreife das nicht. Hernach, sagte er, kam ich hieher ins vornehme Leben, und da mußte alles eben bleiben wie es war, jezt bin ich alt und stumpf und werde wohl nicht lange mehr bey euch bleiben, und ich tauge auch nicht mehr unter euch. Die Göchhausen und ich trösteten tüchtig drauf los und wiedersprachen was wir konnten, ich führte ihm Voltaire zu Gemühte, ich weiß er hört sich gern mit ihm vergleichen, ach, sagte er, Voltaire war ein ganz andrer Mensch, was schrieb der noch in meinem Alter, ich habe keine Phantasie mehr, mit mir ists vorbey. Indessen übersezt er doch noch den Cicero, sehr ämsig und mit großer Freude dran. Falck ist Legationsraht geworden, er bläht sich gewaltig mit dem Titel, wie weyland der alte Bregard, er der auf den Adel u alles was ihm angehört sonst recht unanständig schimpfte. Meyer ist Hoffraht und hat Krausens Stelle und Wohnung was mich und alle sehr freut. Seit drey Posttagen waren keine Hamburger Zeitungen gekommen, was zu vielen Vermuhtungen Anlaß gab. Heute kamen alle mit einem mahle, vermuhtlich ist bey euch die neue Einrichtung der PostÄmter Schuld daran. Verliehrt Beseler auch dadurch? und lebt seine Frau noch? Die Bregardt schrieb mir vor einiger Zeit sie wäre im Sterben. Wenn Ridel einen Huht für mich mitnehmen kann, so bitte ich dich mir durch Md. Pistorius einen italienischen Strohhut, nach der neusten Mode zurecht gemacht und garniert zu verschaffen, *N.B.* nicht zu vergessen daß mein Kopf so dick als deiner ist, der Huht muß dir passen, sonst kann ich ihn nicht tragen; wenn Ridel ihn nicht mit nehmen kann so schicke ihn nicht, dann will ich lieber noch ein wenig warten. Aber große Bohnen von der schönsten Sorte, und graue Erbsen wie Jenisch und Pistorius sie im Garten hatten, auch ein wenig BlumenSaamen, Sommergewächs, kann Ridel mir wohl mitbringen, von allem brauchts nur ganz wenig, du weißt, zum Säen gehört nicht viel, und ich brauche auch nicht viel, den BlumenSaamen laß nur weg, ich kann dergl auch hier bekommen,

Adieu, mein Arthur, grüße alle meine Freunde.

J. Schopenhauer.

d. 13$^{\text{ten}}$

Gestern war mein Theezirkel. Ich dencke, ich habe dir den Tod des General Schmettau der hier verwundet lag, und im Augenblick da die Franzosen einzogen sich aus dem Fenster stürzte, erzählt, und wie ehrenvoll er hernach vom Feinde begraben ward. Die rechte Geschichte seines Todes wurde nicht ganz offenbar, es hieß er wäre an seinen Wunden gestorben. Die Familie läßt ihm ein Denckmahl sezen wozu Göthe die Idee gab; ein Haus welches einstürzt weil Jupiters DonnerKeil drauffällt, Schmettau, in Rittertracht, das Schwert in der Hand geht im Augenblick des Einstürzens mit festem Tritt heraus, und sieht zürnend hinauf nach dem Donnerkeil, der eben einschlägt. Göthe zeichnete es mit ein paar Strichen auf um es mir deutlich zu machen. Ich schicke dir seine Skizze, bin ich nicht eine prächtige Mama? aber nimm sie gut in Acht, doch das thust du schon von selbst.

*Denner:* Balthasar Denner (1685–1749), spätbarocker Porträtmaler.
*Söhne des Thales:* Drama von Zacharias Werner.
*Schauspiel von Calderone:* »Der standhafte Prinz«.
*der Sinn davon:* Nach »Wallensteins Tod« (V, 4): »Und seh' ich mich / Dir gegenüber, ja, so möcht' ich rühmend sagen, / Daß über meinem braunen Scheitelhaar / Die schnellen Jahre machtlos hingegangen.«

44. *Johanna an Arthur*

Weimar, d. 23. März 1807.

Soeben erhalte ich deinen Brief vom 18$^{\text{ten}}$, ich war würcklich eben nicht besorgt, aber doch verwundert so lange nichts von dir zu hören, denn an meine Saumseligkeit bist du schon gewohnt, aber ich nicht an die deinige, die Nachrichten von Pistorius sind mir lieb, und fallen mir weniger auf als dir, denn, lieber Arthur ich habe so viel länger als du gelebt, und habe schon so manche Erfahrung dieser Art gemacht, wie gut ists daß es nicht anders ist, wie könnte man leben, wenns nicht eben so wäre! Mir geht es hier fortwährend gut, den Tag wie ich deinen Brief fortschickte (denn seit dem 20. Febr. habe ich dir noch einmahl dn 14. März geschrieben) überraschte mich der alte Wieland mit seinem Besuche, er konnte es doch nicht übers Herz bringen nicht zu mir zu kommen wie die andern, und so kam er denn mit der Göchhausen angestapft, tranck Thee mit mir und war seelenvergnügt, es war keiner meiner GesellschaftsTage und ich hatte dem Professor Reinbeck versprochen den Abend mir einen kleinen Roman von ihm vorlesen zu lassen, der in England spielt, und über welchen er ihn drucken läßt gerne meyne Meynung wissen wollte, besonders in Hinsicht auf Sitten, Local *etc.* Reinbeck kam allso mit seiner Frau, und Fernow mit einem Kammerherrn der verw. Herzoginn, der mich noch nicht kannte, und mich kennen lernen wollte, auch dazu, und ich hatte einen recht hübschen kleinen Zirckel der den alten Wieland recht zu erfreuen schien, besonders lieb war es ihm, Reinbecken zu treffen den er noch nicht kannte, und dieser freute sich ebenfalls nicht wenig drüber. Wie Wieland fort war fieng Reinbeck dann seine Vorlesung an, die Geschichte ist ganz artig aber Aufsehen wird sie wohl eben nicht machen, und das englische Leben war sehr darinn verfehlt, da habe ich aber ausgeholfen so gut ichs vermochte, Fernow ward die Zeit dabey jämmerlich lang, er mußte aber aushalten. Göthe verläßt mich nicht, er hat jeden Abend seinen standhaften Prinzen standhaft vorgelesen, bis gestern, wo er ihn zu Ende brachte, es ist ein wunderbares Wesen drum, und es sind wahrlich Stellen darinn die grade ins Herz dringen, und wo es mir anfängt möglich zu erscheinen daß man Calderon neben Shakespear nennt, aber wie viel Wust, wie viel Haubt und Staatsaktionen sind mit hineingewebt, und dann das ganze südliche Wesen, das FarbenSpiel das Spiel mit Bildern mit Tönen, die unsere nördlichen Naturen gar nicht ansprechen, indessen ists doch ein hoher Genuß von Göthen dies lesen zu hören, mit seiner unbeschreiblichen Kraft, seinem Feuer, seiner plastischen Darstellung reißt er uns alle mit fort. Obgleich er eigentlich nicht kunstmäßig gut liest, er ist viel zu lebhaft, er deklamirt, und wenn etwa ein Streit oder gar eine Bataille vorkommt macht er einen Lärm, wie in Drurylane wenns dort eine Schlacht gab, auch spielt er jede Rolle die er liest, wenn sie ihm eben gefällt, so gut es sich im Sizen thun läßt, jede schöne Stelle macht auf sein Gemüht den lebhaftesten Eindruck, er erklärt sie, liest sie zwey dreymahl, sagt tausend Dinge dabey die noch schöner sind, kurz es ist ein eignes Wesen, und wehe dem der es ihm nachthun wollte, aber es ist unmöglich ihm nicht mit innigem Antheil mit Bewunderung zuzuhören, noch mehr ihm zuzusehen, denn wie schön alles dieses seinem Gesichte seinem ganzen Wesen läßt, mit wie einer eignen, hohen Grazie er alles dies treibt, davon kann niemand einen Begrif sich machen. Er hat etwas so rein einfaches, so kindliches, alles was ihm gefällt sieht er leibhaftig vor sich, bey jeder Scene denckt er sich gleich die Dekoration, und wie das Ganze aussehen muß, kurz ich wollte du hörtest das einmahl. Diesen Sonntag wird Fernow eine Erzählung von St. Schütze vorlesen, die hübsch und lustig seyn soll, dann kommt Göthe wieder mit einer Ballade. Zwischen durch singt die Bardua uns ein Lied von Göthe von Zelter oder Hummel komponirt, er hat das gerne, und extert die gute Bardua nicht wenig wenn sie undeutlich ausspricht, oder gar die Verse verwechselt, lezt habe ich entdeckt, daß sein Lied, ich hab mein Sach auf nichts gestellt recht gut zur Melodie, es giengen drey Burschen zum Thor hinaus, sich paßt, darüber hatte er große Freude, und nun muß die Bardua es jeden Abend singen. Diese Woche ist kein Teater, und da wird Einsiedel uns wieder einen Abend ein Stück aus dem Plautus vorlesen, Wieland wird uns auch wohl etwas von seinen Briefen des Cicero zum Besten geben, Fernow hat sie ihm durchsehen müssen und er rühmt sie sehr. Sieh, lieber Arthur, solch ein Leben führe ich aber jetzt kommt der Sommer, noch wenige Wochen, und wir stieben aus einander wie würden die Hamburger meine Lebensweise langweilig und armselig finden! mich macht sie indessen sehr glücklich und dir sollte es wohl auch gefallen wenn du es erst etwas gewohnt wärst. An Anbetern fehlt es mir auch nicht, aber laß dir nicht bange werden, ein, wie ich glaube, reicher Franckfurter Kaufmann, der sich einer Erbschaft wegen einige Wochen hier aufhielt, hat sehr ernstlich um meine Hand geworben, ich habe ihn aber ebenso ernstlich nach Hause geschickt. Dann ist hier auch ein Kammerherr der Großfürstinn der mich gern in den Adelstand erheben möchte, ein herzlich alberner Tölpel, der aber eine geistreiche Frau gehabt hat, und gerne wieder eine hätte, der mich unverhohlen venerirt, alle Welt weiß es, aber abweisen kann ich ihn noch nicht, weil er aller Welt nur mir nicht seine Absichten erklärt, dieser macht uns allen großen Spaß mit seiner prächtigen Uniform seinem hohen Federbusch, und seinem goldenen Schlüssel. Am Freytage hatte er mich und meinen ganzen Cirkel zu sich gebeten, die Bardua, seine Vertraute, mußte ihm eine Liste davon machen, wir kamen auch alle, selbst Göthe, ich machte den Thee, und er spielte die Harmonika dazu, was das gottlose Volck für eine Lust dabey hatte kannst du dir dencken, indessen er war seelen vergnügt, und ließ sich nichts anfechten. Solche kleine CotterieSpäße giebt es denn auch, und sie beleben das Ganze. Adieu, Freund Arthur, ich muß eine WochenVisite machen, das kostet hier aber keine Species-Thaler wie in Hamburg, habe ich Zeit so schreibe ich dir noch ein ZigeunerLied von Göthen hin welches nie gedruckt ward obgleich es schon lange existirt, wonicht so bleibts auf künftig.

J. Schopenhauer.

Ich komme eben von meinem Besuche zurück, ich habe ein Bulletin welches aus Dresden eingeschickt ward gesehen, die Feinde stehen dicht vor Danzig, zum Theil in den Vorstädten, die Vorposten der Sachsen sind in Ohra, eine Vorstadt, ich weiß nicht welche ist vor der Stadt gegen dn 10$^{ten}$ angebrannt und brannte am 11$^{ten}$ noch, ich glaube nicht, daß die Stadt schon beschossen ward, es stand im Bulletin nichts davon o mein Arthur, was sind das für Zeiten!

Ich kann dir jezt das Lied nicht abschreiben, ich habe keinen Muht dazu. Ich lege dir die Abschrift bey die ich davon habe, es wird dir Spaß machen, schicke mir aber diese nehmliche in deiner Antwort wieder, ich will sie gern behalten.

*Nachrichten von Pistorius:* Anlaß nicht rekonstruierbar.
*Kammerherr:* Ludwig von Schardt.
*Zigeunerlied:* Aus dem ersten Entwurf zum »Götz«; allerdings schon 1784 in Friedrich von Einsiedels »Adelar und Hilaria« gedruckt.

45. *Johanna an Arthur*

Weimar, d. 13. April 1807.

Ich habe zwey Briefe von dir zu beantworten, mein lieber Arthur, einen vom 2ten dieses den ich heute erhielt, und einen vom 28 März, einen sehr langen ernsthaften Brief, der eine ernste Antwort verdient, und der mir schon manches Nachdenken, manche Sorge wie und ob ich helfen kann gekostet hat, dein Glück, deine Zufriedenheit liegen mir sehr nahe am Herzen, wie noch etwas, wie noch alles für dich geschehen konnte galt meine Stimme nicht, jezt kann nur reifliches gelaßnes Nachsinnen was zu thun übrig sey helfen, denn wenn kein Mittel mehr unversucht da ist um unsre Wünsche zu erfüllen, nur dann erst können wir ruhigen Muhtes uns in das unabwendbare ergeben und sagen meine Schuld ists nicht. Jenen Brief allso werde ich nächstens umständlich beantworten, dies soll dir wenigstens ein Beweis mehr seyn daß ich dich liebe, und wenigstens allen guten Willen habe zu deinem Glücke beyzutragen, wenn auch die Kraft dazu mir mangelt.

Wir sind hier alle, wenigstens die Bessern unter uns durch den Tod der Herzoginn Mutter in tiefe Trauer versezt, heute wird sie in der Stille beerdigt, nachdem sie einige Stunden vorher auf einem Katafalk wird gesehen werden können, ich will mit Bertuchs hingehen, du weist ich sah nie einen Todten, und ich glaube doch es ist gut auch dies zu können, ich denke die traurige Pracht, die um sie verbreitet ist wird ein rührendes aber kein schreckliches Bild in meinem Gemüthe zurücklassen, ich will sie gerne noch einmahl sehen, die seltene Frau, und noch seltnere Fürstinn. Sie soll im Tode ihrem großen Oheim Friedrich den 2ten sehr ähnlich sehen, sie glich ihm schon im Leben, sie hatte auch die schönen großen blizenden Augen die bis ins Herz hinein sahen, nur waren sie wohl milder als seine der Beschreibung nach seyn mochten. Sie hatte etwas unbeschreiblich gütiges und freundliches in ihrem ganzen Wesen, ich habe 3 Abende und 2 Morgen in allem bey ihr zugebracht. Sie hatte mich gerne, und ich konnte mit ihr so zutraulich sprechen als ob sie keine Fürstinn wäre. Ach sie war das Band das die Bessern hier zusammenhielt, sie hat während sie für ihren unmündigen Sohn regirte Weimar aus einem elenden Dorf zu dem geschaffen was es jezt ist. Sie zog Göthen, Wieland, Schiller, alle die großen Geister her, die Weimar zum deutschen Athen machten, sie war keine gelehrte Dame, aber ein liebenswürdiges ganz weibliches Wesen voll Liebe zu allem schönen und guten, im 18ten Jahr ward sie Wittwe, 56 Jahre lebte sie hier, that unendlich viel gutes, und verbreitete Freude um sich her wie ein guter Genius; wie ihr Sohn zur Regierung kam wurde ihre Macht freylich sehr eingeschränckt, aber sie that doch was sie konnte, bis zum lezten Augenblick. Sie ist nur wenige Tage dem Anschein nach ganz unbedeutend kranck gewesen, 68 Jahre ist sie alt geworden. Man konnte ihr ein weit längeres Leben versprechen, sie war fast nie krank, aber die vielen Schrecken, der Untergang ihres ganzen Hauses, und alles was sie in den lezten 6 Monaten erleben mußte haben wohl ihr Leben untergraben, obgleich man ihr äußerlich nichts anmerkte; wie Wieland, seit 30 Jahren unzertrennlich von ihr, dies tragen wird, er der mehr als 70jährige Greis, den sie pflegte wie einen geliebten Bruder, dessen Schwächen sie so duldend ertrug, das weiß Gott, Frl. Göchhausen und Einsiedel sind beyde kranck, beyde dancken ihr alles und sind mit ihr alt geworden, Einsiedel hatte ihr sogar als Page gedient.

Nach Mittage.

Ich bin hingegangen mit den Bertuchs, ich traf auf Meyer, der mich hinauf führte, ich habe gesehen und nicht gesehen, das schwarz behängte Vorhaus, die Treppen mit Tuch schwarz bedeckt, die künstliche durch tausend Kerzen erhellte Nacht, die lange schwarze Gallerie an deren Wänden die Lichter wie Sterne aussahen und kaum leuchteten weil das Schwarz rings umher jeden Lichtstrahl beynahe einsaugte, alles das stimmte mich wunderbar feyerlich, aber eben nicht traurig. Nun trat ich in den Saal, er war noch schwärzer, Seitenwände, Decken, Fusboden alles schwarz, er war voll Menschen, und kein Laut war zu hören, ich wurde vorgeschoben bis an das Geländer das die Menge von dem Traurgerüste trennte, da lag sie im Sarge mit ihrem Fürsten Mantel, ich konnte in der grauenhaften Beleuchtung ihr Gesicht nicht unterscheiden, neben ihr lag der FürstenHut und der Scepter, die Juweelen dran blizten wunderbar in dem Helldunkel, am Haupte standen zwey in Krep gehüllte Damen, von beyden Seiten viele Männer in TraurMänteln mit großen an beyden Seiten aufgekrämpten Hüten von denen lange Flöre herab hingen, sie standen starr und stumm wie Geister, es waren alle die zu ihrem Hoffe gehörten, und Deputirte von der Stadt und den verschiednen Departements, alle sahen gleich aus, alle schienen mir kaum lebendig, einer sah mich an, er war blaß wie ein Todter ich erkannte meinen Freund Fernow, der ihr Bibliothekar und auch ihr Freund war, er kam mir vor, als wär er auch gestorben, ich erschrack heftig, dies und die schwüle Luft, oder was es sonst, genug mir schwindelte, ich wäre vielleicht ohnmächtig geworden wenn Meyer mich nicht schnell ergrifen und herausgeführt hätte, unten in der Frühlingsluft unter den knospenden Bäumen ward mir gleich besser, Meyer führte mich zu Hause und blieb bis 9 Uhr bey mir, sein Gespräch erheiterte mich, er erzählte mir viel von ihr, 15 Jahre war er mit ihr im freundlichsten Verhältniß, heute hatte er die traurige Pflicht die Verzierung und Anordnung des Sarges des Baldachins *etc.* anzuordnen, jezt ist mir ganz wohl und ich werde ruhig schlafen, nur fürchte ich für Fernow, seine Gesundheit ist nicht stark, sein Gefühl ruhig und tief, er liebte sie sehr und sie that viel für ihn, nun mußte er in der dumpfen Luft an ihrem ofnen Sarge stehen, ich war um 5 Uhr da, um 8 gingen Sophie und Duguet mit Adelen hin, er stand noch da, und hat noch eine Stunde da stehen müssen.

Meyer ist ein vortrefflicher Mensch, ihn von Weimar und dem ehemaligen Leben hier erzählen zu hören ist einzig. Er hat mich ganz wieder erheitert, Göthe schäzt und liebt wohl niemanden so wie ihn, er hat jezt Krausens Stelle und Wohnung in der Zeichen-Akademie mit dem HofrahtsTitel, er ist eigentlich häslich, aber ein reiches schönes Fräulein hat sich dennoch in ihn verliebt und ihn fast gegen Willen der vornehmen Familie geheurahtet und lebt schon manches Jahr glücklich mit ihm. Er muß hier *nolens volens* VerzierungsRaht seyn, wir haben neulich in einem Anfalle von lustiger Laune eine Menge Rähte erdacht, ihn nennen wir also beliebter Kürze wegen den Zierraht, und alles was nicht Raht ist zum Beyspiel Schütze, Fernow, heist Unraht.

Unser Teater ist jezt der Trauer wegen geschloßen, in acht Tagen geht es wieder auf dann wird Einsiedels Stück von Plautus gegeben, mit Masken auf altgriechisch, ich freue mich dazu der Neuheit wegen. Wenn Ridel den Hut nicht nehmen kann so schicke ihn mit der Post, das Porto macht wenig. Auch bitte Malchen Pistorius daß sie mir 12 weiß seidne glatte Schnürbänder anderthalb Ellen lang, und 12 dito 3 Ellen lang, ordentlich an beiden Enden beschlagen besorgt, ein Stück baumwollne Litzen wie diese Probe, ein Stück etwas dickere zu Schürzen 6 Dutzt. kleine spize baumwollne Knöpfe, und 6 Dutzt. dito gestickte von Kambray besorgt und schicke sie mit, alle diese Dinge kosten wenig und sind hier nicht zu haben, daher will ich mir mit einem mahle eine Provision davon kommen lassen. Wenn Ridel schon fort seyn sollte so kannst du diese Kleinigkeit wohl in ein kleines Kästchen gepackt mit der Post schicken, aber schnell denn ich brauche sie nötig, besonders die Schnürbänder an die ich einmahl gewohnt bin, wenn die Stücke der Litzen 60 Ellen wären so reicht von den dicken ein halbes Stück zu. Sage Gansland das mir die unglückliche Niederkunft seiner Frau sehr nahe geht, und schreibe mir doch etwas von der Bregardt, wie sie lebt, siehst du sie gar nicht? Ich bin begierig wie der Hut ausfallen wird, da ich eben nicht glaube dir ordentlich geschrieben zu haben wie ich ihn wünsche, doch du wirst wohl Rahtgeber gefunden haben, hast du ihn noch nicht gekauft, so bitte ich dich nur deshalb an die Pistorius zu wenden, ich wünsch ihn von feinem Stroh, wo möglich italiänschem, so einfach garnirt und von so simpler Form wie man ihn nur trägt, ein runder Hut, wofern sie Mode sind, gefällt mir am besten. Sophie läst dich bitten eine Uhr Silber oder Gold gilt ihr gleich, für Duguet zu kaufen, seine haben die Franzosen mitgenommen, das Geld dafür wird Gansland dir in ihrem Namen auszahlen, die Uhr muß aber gut und wohlfeil seyn, sie bittet dich nicht mit dem Kauf zu übereilen sondern nur von einer guten Gelegenheit dazu die sich in Hamburg leicht findet gebrauch zu machen.

An Danzig kann ich ohne inneres Grauen nicht denken, die unsern sind gewis alle dort geblieben, denn die Mutter ängstet sich für eine Reise nicht weniger als für eine Belagerung, mein Trost ist Labes, vielleicht hat er sie auf irgend eine Art in Sicherheit gebracht, sie selbst können keinen Entschluß fassen. Aber die arme Lotte mit den Kindern in der Stadt, und ihr Mann draußen, und ein wühtender Feind, und alle Greuel der Welt zwischen beyden, das ist entsezlich. Adieu mein Arthur, wenn du etwas erfährst so schreibe mir gleich. J. Schopenhauer.

*nie einen Toten gesehen:* Auch die Leiche ihres Mannes nicht. Zu Johannas Nekroallergie vgl. auch Brief Nr. 30.

46. *Johanna an Arthur*

Weimar, d. 28 April 1807.

Ich habe mir den heutigen Tag recht eigends aufgespart um recht umständlich dir auf deine Klagen und deine Wünsche zu antworten. Die Sache liegt auch mir am Herzen, mein Arthur, ich habe lange und viel drüber gedacht, und doch habe ich kein erfreuliches Resultat herausbringen können, und das, lieber Arthur ist wohl ganz natürlich, es ist so schwer, sich in eines anderen Lage zu denkken, besonders in eine so ganz verschiedne Lage wie die deinige von der meinigen ist, bey so ganz verschiedenem Karackter. Du bist von Natur unentschlossen, ich vielleicht nur zu rasch, zu entschlossen, zu geneigt zwischen zwey Wegen vielleicht den anscheinend wunderbarsten zu wählen, wie ich selbst bey der Bestimmung meines Aufenthaltes that, indem ich statt nach meiner Vaterstadt zu Freunden und Verwandten zu ziehen, wie fast jede Frau an meiner Stelle gethan haben würde, das mir fast ganz fremde Weimar wählte. Doch ich will mich in diesem Augenblick von alle dem losmachen, und dir nur schreiben was mein Verstand und die

Lebensklugheit die ich durch so mannichfaltige Erfahrungen gewann, mir lehren. Daß du mit deiner ganzen Situation unzufrieden warst wußte ich längst, dies kümmerte mich aber nicht viel, du weißt welchen Gründen ich dein Misvergnügen zuschrieb, dazu kam daß ich nur zu gut weiß wie wenig dir vom frohen Sinn der Jugend ward, wie viel Anlage zu schwermüthigen Grübeleien du von deinem Vater zum traurigen Erbtheil bekamst, dies hat mich oft bekümmert, aber ändern konnte ichs nicht und so mußte ich eben mich zufriedenstellen und hoffen daß die Zeit die so viel ändert auch dich hierinn vielleicht ändern möchte. Da kam dein Brief vom 28sten März, der ernste und doch gelassene tief aus dem Gemüht und ins Gemüht dringende Ton in dem du schriebst weckte mich aus dieser Ruhe, wäre es möglich daß du auf deinem jezigen Wege ganz deine Bestimmung verfehltest! So muß ich alles alles anwenden um dich noch wo möglich zu retten, ich weiß was es sagen will ein Leben zu leben welches unserm innern wiederstrebt, und wenn es möglich ist will ich dir, meinem geliebten Sohne, diesen Jammer ersparen. Ach, lieber lieber Arthur, warum mußte damahls meine Stimme so wenig gelten, was du jezt wünschest war ja einst mein wärmster Wunsch, wie thätig strebte ich drauf los ihn auszuführen, troz allem was man mir entgegen sezte war ich doch durchgedrungen, aber wir beyde wurden auf eine grausame Art getäuscht, wir wollen drüber schweigen, diese späte Klagen helfen nichts. Unruhig über dein Schicksal unentschlossen wie ich uns beyden rahten sollte, wußte ich keinen Ausweg als mich an einen Freund zu wenden, dem ich Einsicht genug zutraue mir gerade in diesem Fall zu rahten der einst auch der seine war, und unter viel ungünstigeren Umständen, denn er war sehr arm, und 4 oder 5 Jahre älter als du jezt bist da er sich zum Studieren entschließen konnte, freylich aber auch konnte er Latein und hatte mehr eigentliche Schulwissenschaft als du. Dieser Freund ist Fernow, wenn du ihn kenntest würdest du ihn lieben und achten wie ich, er ist hier der einzige Mensch zu dem ich über alles mit vollem Vertrauen sprechen kann, weil ich weiß daß alles was mich betrift, auch ihn lebhaft ergreift, genug er ist mein Freund im vollen Sinn des Wortes. Mit ihm sprach ich allso, und las ihm die merckwürdigsten Stellen aus deinem Briefe vor, da er dich nicht persönlich kennt, so kann er über deinen eigentlichen Beruf nicht entscheiden, doch sagte er mir seine Meynung, ich bat ihn sie mir für dich aufzuschreiben, hiebey folgt der Aufsaz, er hat 18 Jahre anstatt 19 die du hast, verstanden, doch das eine Jahr macht keinen wesentlichen Unterschied. Du siehst Fernow meynt wie ich, daß es nicht zu spät sey wenn du nur würcklich den unwiederstehlichen Trieb zur Wissenschaft und den Muht zur Ausdauer fühlst, du würdest alsdann etwa im 26sten Jahr dir selbst und deiner Wissenschaft leben, bleibst du bey der Handlung so verläßt du Jenisch im 22sten Jahr dann mußt du noch, wie es auch gleich deines Vaters Plan von jeher war, ein paar Jahre auf einem andern Komtoir zubringen, und wirst dich allso nicht viel eher etabliren können was ich und kein erfahrner Freund ohnehin je dir rahten würde, die Zeit siehst du ist allso die nehmliche ungefähr, ohnehin wirst du später einsehen daß ein ordentliches Etablissement mit Weib und Kind und allem Hausgesind nicht für die ersten JugendJahre des männlichen Alters ist, wenn man eben nicht gesinnt ist auf Lebenszeit in den ehrwürdigen Philisterorden aufgenommen zu werden. Ich, mein Arthur, will wahrlich deinem Glücke nichts in den Weg legen, du selbst aber mußt dir den Weg suchen und wählen, dann will ich rahten und helfen, wo und wie ich kann. Suche allso vors erste mit dir selbst aufs reine zu kommen, ist der Hang zur Wissenschaft bey dir so groß daß er die Aussicht auf 5, 6 Jahre sehr angestrengter Arbeit, entfernt von glänzenden Vergnügungen, und dann am Ziele ein mäßiges arbeitsvolles Leben, ohne Glanz im Stillen, ungenannt vielleicht, nur durch das Streben und Erringen des Bessern erheitert, aufwiegt, daß du um dieser Aussicht willen gern die Hoffnung einst reich, und angesehen vielleicht, in einer großen Stadt zu leben, geachtet und genannt von einem Theil Europens zum andern, entsagen kannst, nun dann wähle dir, werde Arzt oder Jurist, aber ein Brodstudium mußt du dir wählen, nicht allein weil du auf diese Weise nur leben kannst, denn du wirst nie reich genug seyn von deinen Renten alleine zu leben, sondern auch damit du einen bestimmten Zweck habest worauf du hinarbeitest, denn nur diese feste Bestimtheit macht glücklich. Bist du entschlossen so melde mir es, aber du mußt dich alleine entschließen, rahten will und werde ich dir nicht, es ist ein großer ernster Schritt, irre dich nicht, lies Fernows Aufsaz achtsam durch, und täusche dich ja nicht, damit du nicht Mismuht und Unzufriedenheit mit deiner freylich nicht angenehmen Situation mit dem großen Triebe zum höhern Wissen, der alles niederreißt um nur jenen Zweck zu erlangen, verwechselst. Bist du entschlossen so werden wir mit Jenisch wohl fertig, ich werde wo möglich wenige Meilen von hier, in einer Stadt oder auf dem Lande, irgend einen geschickten Schulmann auffinden, bey diesem mußt du ins Haus ziehen, und mit dem angestrengtesten Fleiß, zwey Jahre vom Morgen bis in die Nacht arbeiten um das versäumte nachzuholen, Fernow versichert mich daß mit Talent und angestrengter Mühe es möglich ist in dieser Zeit latein und was man sonst braucht um sich fürs eigentliche Studieren vorzubereiten zu lernen. Nach Weimar nehme ich dich nicht, du hättest hier, besonders mit mir, zu viel Zerstreuung, nur wenn du alle dein Tichten und Trachten auf diesen einzgen Zweck richtest kannst du zum Ziel kommen, bist du dort fertig, so gehst du auf ein Jahr auf irgend ein Gimnasium, um dich an die akademische Lehrart zu gewöhnen, wahrscheinlich würde ich dir zu Gotha rahten, das dortige Gimnasium wird gerühmt, um für dich die besten Mittel aufzufinden wenn wir erst über den Zweck einig sind, habe ich hier Männer zu Freunden von denen du dir gerne rahten lassen wirst. Aber bedencke es wohl alle schöne Litteratur, alles was dir jezt Freude macht, mußt du auf einige Zeit bey Seite legen, und nur mit einem trocknen mühsamen Studium dich beschäftigen, wenn es dir ein Ernst ist, du mußt dich entschließen ein stilles einsames Leben zu führen und dir nur gerade so viel Erhohlung gönnen wie nöhtig ist damit deine Gesundheit nicht zu grunde gehe, denn von jezt an muß kein Augenblick mehr verlohren werden, und in diesem Entschluß mußt du Jahre lang beharren, denn ich bin überzeugt du willst nicht auf dem breiten Heerwege der Mittelmäßigkeit stehen bleiben sondern zu etwas höherm dich erheben, fühlst du hiezu Kraft und Muht so biete ich dir gern die Hand. Aber dencke dir doch auch das Leben des vollendeten Gelehrten nicht zu reizend, ich sehe es jezt in der Nähe, lieber

Arthur es ist ein angestrengtes, arbeitsvolles, mühseliges Leben, nur die Freude an der Beschäftigung giebt ihm Reiz, dabey wird man nie reich, man erwirbt mit Mühe als Schriftsteller was man zur Nohtdurft braucht, ein geschickter Arzt hat es freylich besser, aber wie beschwerlich, wie traurig ist sein Geschäft, wie viel Geduld hört dazu die manichfaltigen Launen der Krancken und Gesunden zu ertragen, ein practisirender Arzt ist nie sein eigner Herr. Der Jurist hat es darinn wohl besser, besonders der Professor auf einer Universität, aber wie viel hört dazu ehe man es in diesem Fach zu etwas ausgezeichnetem bringt, wie trocken ist das Geschäft des practisirenden Juristen, wie empört es oft das Gefühl für Recht und Billigkeit. Um als Schriftsteller zu leben muß man schon etwas ausgezeichnetes liefern können, Fernow lebt so, und ich sehe wie er arbeitet, um 5 Uhr früh sizt er schon am SchreibePult, wenn er um 12 zu mir kommt, hat er schon des Tages Last und Hize viele Stunden lang getragen, den Abend arbeitet er wieder, und so vergeht ein Tag nach dem andern, und was hat er dafür? Freylich die Freude an seinem Werck und den Beyfall der Kenner, um diesen giebt er wenig denn er ist nicht ehrgeizig, jene würde er um keinen Preys geben, er würde eben so arbeiten sagt er, wenn er reich wäre, so arbeitet er aber um zu leben, er lebt höchst eingeschränckt, und doch wirds ihm schwer so viel zu verdienen, dafür aber hat er jezt im 42n Jahr, schneeweißes Haar, das Ansehen eines Greises, und eine zerrüttete Gesundheit, und dennoch ist er einer von denen Glücklichen denen ein leichter Sinn und frohes rasches Blut zu Theil ward, er ist von Natur lustig und guter Dinge, hat sich wie er selbst sagt nie über etwas gegrämt, hat ein sanftes gelaßnes Temperament, und wurde gewiß von der Natur mit großer physischer Kraft ausgestattet, wie man noch an der Ruine dessen was er sonst war, sieht.

In deiner jezigen Laufbahn hast du denn doch schon bedeutende Fortschritte gemacht, das mechanische des Geschäftes lernst du, im Fall du noch lange die Aussicht hast der jüngste zu bleiben könnte man mit Jenisch sprechen lassen, damit du entweder von ihm wegkommst, oder er eine Aenderung trift, ich will wenn du es wünschest dann an Severin Schröder darüber schreiben, daß du nach überstandnen Lehrjahren dann ein oder 2 Jahre auf ein ander Komtoir gehst ist wohl nöhtig aber ich halte das für kein Unglück, du bleibst dann auf dem einmahl eingeschlagnen Wege, und wenn du erst das lästige mechanische Einerley deines jezigen Treibens los wirst, wirst du auch mehr Geschmack an deinem Geschäfte finden, viele vorzügliche Köpfe weihten sich ihm, und mehr als je braucht es jezt vorzüglicher Köpfe, der Kaufmann im großen Sinn des Wortes ist freyer als jeder andre, ihm bleiben Stunden genug zur höhern Bildung des Geistes über, lies in dem Buche von Raynal welches du hast, dessen Titel mir eben nicht gegenwärtig ist, was dieser drüber sagt, mit großer Kraft und Wahrheit. Als Kaufmann kannst du unendlich viel Gutes thun, du kannst später mein Alter verschönern, du kannst Adelen versorgen, und ich kann sie ruhig dir überlassen wenn ich sterbe ehe sie versorgt ist. Doch es soll weder von mir noch von irgend etwas die Rede jezt seyn als von dir. Lieber Arthur, überlege alles reiflich und wähle, aber dann bleibe fest, laß es dir nie an Ausdauer fehlen und du kommst sicher zum Ziele wähle welches du willst. Ich sage dir nicht daß du mich nicht betrügen sollst, denn ich kenne dich und deine feste reine Rechtschaffenheit, aber mit Trähnen im Auge beschwöre ich dich betrüge dich selbst nicht, gehe ernstlich und ehrlich mit dir selbst um, es gilt das Wohl deines Lebens, es gilt die Freude meiner alten Tage, denn nur von dir und Adelen hoffe ich Ersaz für meine verlohrene Jugend, ich ertrüge es nicht dich unglücklich zu wissen, besonders wenn ich mir den Vorwurf machen müßte durch zu große Nachgiebigkeit dies Unglück dir zugezogen zu haben. Du siehst, lieber Arthur, daß ich dich herzlich liebe, und gern dir in allem helfen will, belohne mich dafür durch Vertrauen, und dadurch daß du wenn du gewählt hast, beim Vollbringen deiner Wahl meinem Rahte folgst, und mich nicht durch Wiederspänstigkeit kränckest, du weißt ich bin nicht eigensinnig, ich weiß Gründen nachzugeben, und werde nie etwas von dir fodern was ich nicht auch mit Gründen unterstüzen könnte. Alles was ich bis jezt für dich that war gut für dich, daß du zu Rungen kamest, daß du zu Willinks zogst, daß du zu Lancaster kamst, war mein Werck alles dies ist das zweckmäßigste was für dich geschah, wäre mein Plan damahls nicht so unbarmherzig zerstört du hättest jetzt eine Domherrn Stelle und wärst auf der Universität, wie viel that ich dafür, Böhmer, Runge, Lienau, alle mußten mir helfen, meine Gründe waren unwiederstehlich, nur jene grausame List konnte sie besiegen, dein Vater hatte in seinem Sinne nicht Unrecht, auch er wollte dein Bestes und er kannte nur dies eine, vielleicht ists auch das Beste.

Von dem Fehler deines Gehörs spreche ich mit Fleiß nicht, wird er nicht gehoben so ist er ein Unglück das du mit Ergebung und mit Muht tragen mußt, wird es nicht ärger, so ist das Unglück eigentlich unbedeutend, und wird dir in keinem Geschäfte sonderlich hinderlich seyn, so wie im entgegengesezten Fall in jedem, etwas mußt du indessen werden, und ich glaube dennoch daß als Kaufmann dir deine Taubheit weniger hinderlich seyn wird wie als Arzt oder Jurist. Und nun genug von alle dem. Ein großes Unglück hat über uns alle geschwebt, es ist vorüber gezogen. Göthe ist dem Tode nahe gewesen, seit 14 Tagen die er kranck war, habe ich ihn nicht gesehen, jezt ist er besser, und kommt hoffentlich übermorgen zu mir, dann gebe ich meine Gesellschaft zum letzten Mahle, es wird jezt Sommer, und die Zeit der Geselligkeit ist vorüber. Er hat der verwittweten Herzoginn eine Standrede geschrieben die am Tage ihres feyerlichen Leichenbegängnisses in der Kirche abgelesen wurde, gerne schickte ich sie dir wenn sie nicht auf so dickem Papier gedruckt wäre, wie wunderbar der große Mann jeden Ton zu trefen weiß, wie meisterhaft alles ist was von ihm kommt, sie ist ich weiß nicht ob in der Hallschen oder Jenaer Litteratur Zeitung abgedruckt, dort kannst du sie finden, auch kommt sie wohl ins Morgenblatt. Im Modenjournal des künftgen Monats wirst du einen sehr hübschen Aufsaz über sie von Fernow finden, auch einen über eine große Kazbalgerey die in Dresden unter den Mahlern, bey der diesjährigen Ausstellung entstanden ist. Vor ein paar Monaten war auch etwas von meiner Facon drinn, aber nur eine Übersezung, nehmlich die Englischen Moden, Bertuch hat hier niemand, der englisch ordentlich versteht, da half ich ihm aus der Noht, aber lustig wars mir mein Geschreibsel gedruckt zu lesen. Morgen wird das Gespenst von Plautus hier gespielt, welches Einsiedel übersezte und bey mir vorlas, ich freue mich dazu es wird ganz nach alter Weise mit Masken gespielt. Am Sonnabend wurde Don Carlos ziemlich gut gegeben, besonders Wolf und seine Frau als Posa und Eboli spielten meisterhaft, das Ende war mir neu, Schiller hats kurz vor seinem Tode verändert, wie der König den Karlos mit der Königinn überrascht (der GroßInquisitor bleibt ganz weg) brennt Don Karlos zwei Pistolen auf den König ab die beyde fehlen, der König giebt Befehl ihn der Hermandad auszuliefern, die Königinn liegt in Ohnmacht, Karlos tritt zu ihr, betheuert ihre Unschuld in einer langen Rede, und ersticht sich. Fürs Teater ist dies Ende wohl befriedigender, aber mir wollte es doch nicht gefallen, vielleicht wegen des Ungewohnten. Ridel ist hier ohne Huht, und ohne Hosen auch, die trägt seine Frau, ich glaube er hat ihretwegen nicht gewagt mir einen mitzubringen, oder auch aus Furcht meiner möchte hübscher ausfallen als der den er ihr gebracht hat, ich sehe jetzt der Ankunft des meinigen nebst den Kleinigkeiten um die ich dich bat mit der Post entgegen. Du wirst mich hoffe ich nicht warten lassen. Ridel ist ein armer ängstlicher Philister, du weißt Tischbein hat ein Eselsbuch das er gar nicht aus den Händen giebt er will es gerne mit Erläuterungen bekannt machen, und gab mir damahls einen Brief an Professor Römer in Braunschweig damit ich mit dem drüber sprechen und dann Tischbein meine Meynung von ihm melden sollte, über all den Wirrwarr schrieb ich nur durch Ridel erst, und rieht Tischbein davon ab weil Römer mir nicht der Mann dazu scheint, zugleich bat ich ihn das Buch durch Rideln an Göthen zu schicken mit dem ich drüber gesprochen hatte, er hat es auch gewollt, was mich sehr wundert, und der ängstliche Ridel hats nicht nehmen wollen weil Göthe es der Esel wegen seiner Meynung nach übel nehmen könnte, ist allso abgereist ohne von Tischbein Abschied zu nehmen, ist das nicht eine ächte Eseley?

Adieu lieber Arthur, die Post eilt und mir schmerzen die Finger, beherzige alles was ich dir schicke und schreibe, und antworte bald deiner Mutter J. Schopenhauer.

*Die Sache:* Arthurs Wunsch, die kaufmännische Lehre zu beenden und doch noch zu studieren.
*auf grausame Art:* Bezug wie bei der im folgenden genannten »grausamen List«

nicht klar. Die Alternative zwischen Reise und Kaufmannslehre einerseits, Studium andererseits, vor die der Vater den Sohn gestellt hatte, kann eigentlich nicht gemeint sein.
*der Aufsaz:* Abgedruckt bei Gwinner, S. 55 ff.
*dessen Titel:* Wohl die »Mémoires de politique de l'Europe« von Guillaume Raynal (1713–1796).
*Eselsbuch:* »Lebensgeschichte des Esels« (unveröffentlicht).

47. *Johanna an Arthur*

Du bist also entschlossen, mein Arthur; viel Glück dazu, ich hoffe es soll dich nicht reuen; denn nach diesem Schritte käme jede Reue zu spät. Jetzt ist nur EIN Weg für uns und der geht vorwärts. Wir müssen nun die Zeit zu Rathe halten. Du siehst, ich beantworte deinen Brief wenige Stunden nachdem ich ihn erhielt, und habe auch schon an Jenisch und Willink geschrieben. Die Briefe lege ich dir offen bei, wenn sie dir zweckmäßig dünken, so gib sie ab. Daß du so gegen deine Gewohnheit schnell dich entschlossest, würde bei jedem andern mich beunruhigen, ich würde Uebereilung fürchten; bei dir beruhigte es mich, ich sehe darin die Macht des Naturinstincts, der dich treibt. Nur jetzt Ausdauer und Muth, guter Arthur, wende alle deine Macht, alle deine Kräfte an, das Ziel zu erreichen, es wird dich lohnen. Lieber, lieber Arthur, laß es mich nie bereuen, daß ich nicht deinen Wünschen entgegenarbeitete, dein Glück soll mich für alles, für jede Sorge um dich, für so vieles, wovon du nichts weißt, oder es doch nur ahndest, entschädigen. Du kannst nur glücklich werden, wenn du jetzt nicht wankst noch weichst. In deinem Alter kann man ungeheuer viel, wenn man nur ernstlich will. Jetzt willst du gewiß mit ganzer Seele, aber wirst du ausdauern und werden die großen Schwierigkeiten, die sich dir entgegenstellen, dich nicht zurückschrecken? Nur dies Eine fürchte ich; denn an Talent fehlt es dir nicht, aber du bist alt und klug genug, um dein eigenes Heil zu bedenken, und so hoffe ich getrost. Ich habe auch meinen Freund Fernow schon gesprochen, auch Meyern, der mich heute besuchte, habe ich deinen schnellen Entschluß erzählt. Göthe nahm gestern Abschied von mir, übermorgen geht er ins Karlsbad: gebe der Himmel, daß er mit neuem frischen Leben zurückkehre. Meyer fand unser beider Benehmen recht und billig, Fernow hat deinen Brief gelesen, und freut sich deines Entschlusses, und wird uns ferner rathen und helfen. Ich denke dich in Gotha in das Haus irgendeines der vielen vortrefflichen Schulgelehrten zu bringen, die dort sind. Fernow hat dort einen Freund, *Dr.* Jacobs, der ein gar trefflicher Mensch sein soll, auch nach Meyer's Aussage, gelehrt und gebildet wie wenige. Vielleicht nimmt er dich, auf jeden Fall soll er deine Studien leiten. Ich werde Ende der künftigen Woche mit Fernow hinüberfahren und sehen, wie und wo ich dich dort anbringe. – – In Gotha sollst du so gut als möglich ist wohnen, aber Eleganz mußt du Verzicht thun; wenn du erst unter uns bist und das hiesige Leben siehst, wirst du alles dieses für Philisterei halten und dich darüber schämen; wenn du erst ein Mann bist und deinen eigenen Herd hast, dann magst du dir dein Nest so zierlich du willst und kannst aufzieren, bis dahin aber ist das lauter Ballast, der dir nur hinderlich wird. Alle Abreden wären also genommen, du reisest sobald du kannst über Kassel gerade hierher, wenn keine Reisegesellschaft sich findet, mit der ordinären Post. Bücher, Bett, Notenpult und Schreibepult werden über Lüneburg hierher an mich geschickt, die übrigen Möbeln bleiben fürs erste bei Willink's. Ich werde in der Zeit für dich hier sorgen. Auf dem Lande kannst du nicht sein: es ist kein Landprediger in der Nähe, der gelehrte Kenntnisse genug besäße. Es ist auch nöthig, daß du erst eine Zeit das Gymnasium besuchst, um dich an den akademischen Vortrag zu gewöhnen, alles das ist dort zur Hand, du kannst mehreres auf einmal dort lernen, sodaß der einförmige Unterricht dich nicht ermüdet, auf dem Lande wäre das alles einseitiger. In alle diesem folge ich Fernow's Rath, er ist mein Freund und hat mein volles Vertrauen; er war nie in Gotha, kennt Jacobs nicht persönlich, steht aber schon lange mit ihm in einer gelehrten Correspondenz, fürchte also nicht, daß er etwa das Interesse eines Freundes befördern will; das Gute, was ich dir von Jacobs schreibe, ist der allgemeine Ruf: seit ich hier bin, habe ich schon viel von ihm gehört – – Denke nicht ferner über deinen Entschluß, er ist jetzt gefaßt; aber waffne dich mit Muth, strebe dich von so manchem unnützen Tand loszumachen, der dir nur hinderlich sein und nicht helfen kann. Du verachtest den Reichthum, lerne auch seinen Schein verachten und deinen Blick einzig nach dem schönen großen Ziel zu richten, das du dir selbst gesetzt hast, so wirst du glücklich sein. Auch mir ist jetzt wohler ums Herz; denn dein Mißmuth drückte auch mich; es wird jetzt alles besser, alles recht gut gehen, das hoffe ich mit Ueberzeugung.

*Johanna an Arthur:* Am 14. Mai 1807.
*wie und wo:* Arthur wohnte in Gotha bei dem Gymnasialprofessor Karl Gotthold Lenz; er nahm im Gymnasium an den Stunden des Philologen Christian Fr. W. Jacobs teil und erhielt außerdem Privatunterricht bei Fr. Wilhelm Döring, dem Direktor des Gothaer Gymnasiums.

*48. Johanna an Arthur*

Weimar. d. 19 May. 1807.

Meinen langen vom 14ten hast Du jezt wohl, und ich hoffe mit Freuden gelesen, Freytag fahre ich mit Fernow nach Gotha, wo ich wohl ein paar Tage bleiben werde, um für Deinen Empfang alles vorzubereiten, da ich weiter nichts meinem Briefe hinzuzufügen habe, so will ich weiter nichts über die große Sache sagen, sondern Dir nur einige kleine Aufträge geben. Erstlich vergiß nicht Göthens Schriften recht ordentlich auch für die künftigen Lieferungen zu besorgen damit ich weiß ob ich sie von Hamburg oder hier bekomme. Hernach laß *Md. Pistorius* Dir noch 4 Ellen von diesem Band besorgen, wie auch 24 Ellen wohlfeiler Franzen zu bunten kattunen Gardinen, ungefähr a 7, bis 10fl, p Elle. Sie müssen etwas dunckel, und abstechend, braun, gelb, orange grün oder so ungefähr seyn, der Kattun um welchen sie sollen, ist sehr bunt, *Md. Pistorius* kennt ihn. Dann hätte ich gerne 6 oder 8 ℔ Macaroni, ein Fäßchen Sardellen, und 4 Töpfe französischen Senf, diese Dinge können wohl bey Deinen Sachen gepackt werden, Franzen und Band aber bringst Du mit. Auch einige Flaschen schönes Oel wären mir sehr lieb, die Pistorius wird Dir zu alle diesem helfen. Adieu, lieber Arthur, es lohnt mir nicht mehr Dir viel zu schreiben, weil Du bald hier bist. J. Schopenhauer

Sophie hätte gern für Ihren Mann 3 tb Havannah Tobacksblätter, vielleicht kannst Du die auch bey Deinen Sachen packen lassen, sie sagt, Du kennst das, er ist zu Cigarren.

*meinen langen:* Brief Nr. 47.

49. *Johanna an Arthur*

Weimar d. 21 May.

Ich schreibe Dir nur diese wenigen Zeilen die Dich hoffentlich noch in Hamburg treffen um Dir zu sagen daß ich jezt durch Bertuch die erste Lieferung von Göthens Wercken erhalten habe, Angelika hat ihre Sachen gut gemacht dafür soll sie gelobt werden, mache jezt nur aus daß ich die nachfolgenden Lieferungen auf die nehmliche Weise erhalte, Adieu, ich hoffe bald auf Nachricht von Dir. J. Schopenhauer

Siegle den Brief von *Duguet* wieder zu u schicke ihn an die *femme d'Augustin* bey *Md. Boeck*.

50. *Johanna an Arthur*

Weimar. d. 15 July. 1807.

Ich erhielt Deinen Brief, eben wie ich bey mir überlegte ob ich mich beunruhigen oder mich ärgern sollte, daß Du nicht schriebst, und da kam er eben zur rechten Zeit, wie ich noch keins von beyden gethan hatte. Den Brief von *Anthime* habe ich Dir zu spedirt, es ist mir lieb, daß Du ihn richtig erhalten hast, vermuhtlich hast Du ihm jezt Deine Adresse gegeben so bekommst Du die Briefe wenigstens einen Tag früher. Ich würde Dir schon eher geschrieben haben aber es war eher keine Gelegenheit. Fernow ist gestern mit St Schütz nach Karlsbad gereist, ich bin jezt hier sehr einsam, denn Falck, Einsiedel, die Göthen, die alte Ludekus u. die Conta, die jungen Bertuchs alles ist fort, ich gehe auch Ende dieser Woche oder Anfangs der künftigen nach Jena wo ich bleiben werde solange es mir gefällt, die Frommann hat mir ein paar Zimmer verschaft die ich wochenweise bezahle, ich nehme Adele, Sophie und die Köchinn mit, *Duguet* bleibt hier und hütet das Haus, wenns mir gefällt so bleibe ich leicht einen Monat in der schönen Gegend. Mit der Einrichtung Deiner Studien bin ich sehr zufrieden, melde mir aber doch von Zeit zu Zeit wie es damit geht, und wenn Du irgend eine Abänderung triffst, an Deinem Fleiße und Deinem Ernst zweifle ich keinesweges, verlange auch deshalb keine Rechenschaft von Dir, aber da das Ganze mich so interessirt will ich doch zu meiner eignen Befriedigung gern wissen wie es damit geht. Vom Prof. Galetti hatten mir andre schon das nehmliche gesagt was Du mir schreibst. Daß Dir die Gegend, der Parck, die Gesellschaft gefallen würden wuste ich vorher, doch freuts mich es von Dir zu hören. Nur mit dem Wassertrincken ists freylich ein böser Umstand, dem wir abhelfen müssen. Die Foderung Bier bey Tische zu trincken ist so natürlich daß es mir nicht in den Sinn kam daran zu zweifeln daß es bey Lenzens geschähe, giebt man doch dem Gesinde welches, oder doch Geld dafür. Du bezahlst so gut, daß es das Wenigste ist was du fodern kannst, da Lenz nicht Wein trinckt, so kannst Du wohl keinen fodern, Du kannst ja ein Glas Wein dann und wann auf Deinem Zimmer trincken, nur bitte ich Dich mäßig darinn zu seyn, bey Deiner Konstitution wäre das Übermaß hiziger Getrãncke höchst gefährlich, Du bist nur zu sehr gespannt. Überdies ist nichts gefährlicher als die Gewohnheit allein, etwa beim Lesen zu trinken, man trinckt so leicht zu viel, und wenn man es auch ohne betruncken zu werden ertragen kann, so schadet doch das Übermaaß auf andere Weise, besonders jungen Leuten die noch keines künstlichen Feuers bedürfen. Ich würde so nicht predigen, lieber Arthur, wenn ich nicht grade von Jugend auf mit Männern gelebt hätte die ohne sich zu betrincken, doch mehr trancken, als sie sollten, und denen dies durch lange Gewohnheit zur andern Natur geworden war. Ich habe gesehen und auch gefühlt, welche bösen Folgen dies für sie und die ihrigen hatte, des Geldaufwandes dabey nicht einmahl zu gedencken.

Doch diesmahl ist eigentlich die Rede vom Wasser, nicht vom Wein. Ich rahte Dir, lieber Arthur, bescheidentlich aber deutlich dem H. Lenz zu vernehmen zu geben, wie Du von Jugend auf nicht an Wassertrinken gewöhnt seyst, Du fändest es schade Deiner Gesundheit und verdürbe Dir den Magen, Du bätest Dir allso Bier aus, Du wirst ja sehen, was darauf erfolgt. Hast Du nicht recht Kurage dies selbst zu sagen so siegle die Einlage mit einer Oblate und gieb sie ab, doch ists besser, dencke ich Du sprichst für Dich selbst und zerreißt den Brief an Lenz. Der rohte Wein ist in Gotha theuer und schlecht, Burgunder ist für Dich zu hizig und sehr theuer. Ich rahte Dir, Du läst Dir von Zeit zu Zeit eine Buteille Würzburger welches sehr guter weißer Wein ist, hohlen und trinckst nach Tisch in Deinem Zimmer 1 oder 2 Gläser wenn Du Lust dazu hast, und bey Tische Bier, welches Lenz Dir geben muß. In Schnepfenthal kriegen sogar die Jungens bey Salzmann Wasser u Wein zu trincken, sie geben aber auch so viel wie Du Pension.

Meine Idee war überhaubt nur daß Du bey Lenz ein Jahr bleiben solltest, bis Du Dich orientirt hättest, hernach solltest Du Dir Privatlogis nehmen und nach Gefallen einrichten welches weniger kosten muß, und wohl so angenehm für Dich wäre wenn Du erst einmahl bekannt wärst. Hängt er Dir den Brodtkorb zu hoch, und mußt Du noch zu viel außer der Pension bezahlen was eigentlich dazu gehörte, so ziehst Du schon Weyhnachten aus, denn solche Knickerey ist unerträglich, wir sagen ihm dann Michaelis auf, doch sieh erst zu wie es wird, auf jeden Fall muß alles gar sänftiglich geschehen ohne die Leute zu beleidigen weil Du sie doch noch brauchst, um Deine Studien ordentlich zu machen wozu nach aller Sachkundigen Urtheil kein besserer Ort in der Welt ist als Gotha. Du siehst ich habe alles gut für Dich überlegt das Türcksche Anwesen konnte ich aber nicht ahnden. Von Liebenstein weis ich nur daß es dort sehr leer ist, ich weis niemand der hinginge. Der alte Bertuch ist in Rudolstadt, wohin er seine Litteraturzeitung verlegt, er kommt heute oder morgen wieder, ich werde mich nach dem neuerfundenen Lichtleiter der mir etwas unglaublich vorkommt, erkundigen, wenn ich ihn zu sprechen bekommen kann (den Bertuch nämlich) noch ehe ich nach Jena gehe.

Adieu, lieber Arthur, addressire Deinen nächsten Brief nur hieher, da es ungewiß ist wie lange ich in Jena bleibe, *Duguet* soll dafür sorgen daß ich meine Briefe richtig erhalte.

Der Mops ist 2 Stunden nach Deiner Abreise zu Hause gekommen, und befindet sich vortreflich, das Eichhörnchen hat sich an seiner Kette erhängt zu Sophiens großer Betrübniß, auch sind die beyden Sperlinge gestorben, und es hat sich nach ihrem Tode ausgewiesen daß sie junge Nachtigallen waren, die Mäuse sind auch fortgelaufen. Das sind lauter Hiobsposten, und dabey fällt mir ein daß ich immer keine weitere Nachricht von Danzig habe. Lebe wohl. J. Schopenhauer

*Liebenstein:* Andere Pensionsmöglichgkeiten in bzw. bei Gotha.

51. *Johanna an Arthur*

Jena. d 29sten July. 1807

Seit acht Tagen bin ich endlich hier, lieber Arthur, nachdem ich so lange vergebens auf den Kayser gewartet hatte, der dann doch den Tag nach meiner Abreise angekommen ist, da er indessen gar nicht ausstieg so würde ich ihn doch wohl nicht recht gesehen haben. In Gotha ists wohl recht prächtig gewesen wie ich höre, erzähle mir doch ein wenig davon, wenn Du mir schreibst. Es gefällt mir hier recht gut, mein Logis ist zwar nichts weniger als elegant, aber es gefällt mir doch recht gut, es ist nicht unbequem hat eine hübsche Aussicht auf die Berge, einen artigen Blumengarten dicht am Paradiese, und ist sehr wohlfeil, nur habe ich bey der großen Hize viel gelitten weil es sehr der Sonne ausgesezt ist. Es ist mir lieb daß Du mit dem Weine eine erträgliche Auskunft gefunden hast, und sonst übrigens ziemlich zufrieden bist, was wir in Zukunft zu thun haben wollen wir einst mündlich miteinander überlegen, auf keinen Fall aber ists nöhtig daß Du mit Lenz brichst wenn Du sein Haus verläst, das will ich dann schon übernehmen ganz freundschaftlich einzurichten. Falck hat mich gleich nach seiner Ankunft besucht, und war noch zehnmal langweiliger als sonst, seine Vornehmthuerey ist in der That so unerträglich als unklug, denn er wird aller Welt damit zur Last, und am Ende werden ihm alle bürgerlichen Thüren verschlossen werden, wofür an den Höfen schwerlich Ersaz finden möchte.

Daß es mit Deinen Studien gut geht ist nicht mehr als ich erwarte, bald wirds mit jedem Tage mercklich besser gehen und dann wirst Du erst anfangen Dich Deines Entschlusses recht zu erfreuen. Mit dem Lichtmesser ists in der That nichts, wie ich Dir auch durch Passow sagen ließ. Ich schreibe dieser Tage an Ganslandt und werde dann suchen Dir den Knaster den gelben zu verschaffen, mir wärs lieber Du bliebst bei dem Svigent dem gelben, gewöhntest Du Dir vielleicht die garstige Schweinerey noch ab, wenn er Dir nicht schmeckte. Mit der *Claque* wirst Du possierlich aussehen, konntest Du aber solch ein Thier nicht in Gotha bekommen? wenn Du es ja haben mustest, wer weis ob der aus Hamburg passen und sonst recht seyn wird. Mit den Hemden wünsche ich daß Du Dich noch ein wenig geduldest, bis ich wieder in Weimar bin. Schicke mir indessen mit ehester Gelegenheit ein Hemde durch die Boten. Die Briefe addressire nach wie vor nach Weimar da ich nicht weiß wie lange ich hier bleibe, *Duguet* ist dort und besorgt sie hierher.

Am Sonntage war ein Herr Knievel aus Danzig hier den Ratzky mir recommandirt hat, er hat die Belagerung mit ausgehalten und hat mir viel von dort erzählt. Mariechen *Barstow* ist verheuhrahtet, der alte *Ross* ist tod, *Allmondis* haben kurz vor der Belagerung ihr Haus neu gebaut, so daß es fast das schönste in der Stadt ist, deshalb hat auch der Kaiser drinn logirt. Die Verheerungen auf dem Lande sind nicht so arg, die halbe Allee steht noch aber Aller Engel ist mit sammt der Kirche ganz geschleift, Gärten und Dörfer, wie Langfuhr, Stries, Oliva sind unbeschädigt. Fernow ist in Carlsbad glücklich mit seinem Neffen angelangt, sie logiren auf der Wiese im Maltheser Krug. Göthe ist noch da und bleibt noch ein Weilchen. Adieu Arthur, gehabe Dich wohl, und grüße Deine Hausherrschaft ein paarmahl. J. Schopenhauer

*Kayser:* Napoleon.
*Paradiese:* Wiesengelände an der Saale.
*Knaster:* Schnupftabak.
*Claque:* Zylinderähnlicher Hut.
*Ratzky:* Vgl. Brief Nr. 70.

52. *Johanna an Arthur*

Jena d. 12ten Aug: 1807.

Ich habe gestern Deinen Brief vom achten erhalten, lieber Arthur und ich sehe mit Vergnügen draus daß es mit Deinen Studien gut geht, und Deine Situation Deinen Wünschen zusagt. Fahre nur so fort, und laß Dich weder durch die Mühe, noch auch durch die angenehme Empfindung gelobt zu werden irre machen, sondern strebe gerade und ernsthaft zu dem großen Ziele hin das Du Dir einmahl vorgesezt hast, es mangelt Dir nicht an Kräften es zu erreichen, aber der Weg ist doch weit. Passow hat mir gesagt daß Döring die Schwachheit hat bey seinen Schülern gewaltig in die Trompete zu stoßen, lasse Dich nur nicht von ihm übereilen, sondern warte lieber bis Ostern um in der Klasse wie die andern Latein zu studieren, Passow, der es doch versteht, hat mir gesagt, es wäre alles Mögliche wenn Du bis Ostern so weit kämst. Daß Du mit Deinem deutschen Aufsatz bey Jacobs so gut bestehst wundert mich nicht, bey der großen Lectüre und dem Talent das Du hast ist das sehr leicht, ich wünsche nur daß Du Dich nicht dadurch verführen läßt zu viel Zeit auf diese Dinge jezt zu wenden da die Erlangung gründlicher Kenntnisse und eigentlicher Gelehrsamkeit Dein Haubtzweck seyn muß, die schönen Wissenschaften sind eine zu reizende Beschäftigung, und der Beyfall den man damit erwirbt macht zu große Freude als daß man nicht gern sich ganz ihnen hingäbe, und doch, wenn man sich über den gemeinen Dilletantismus den jezt jeder Friseurjunge treibt erheben und selbst etwas Rechtes darinn leisten will, muß man ernst und gründlich Studien getrieben haben, die man hernach nur als Kenner im Wercke wiederfinden kann. Ich bin noch immer hier, und werde noch etwa 10 Tage hierbleiben, die Gegend ist wunderschön, ich habe hier manche angenehme Bekanntschaft, und mein Aufenthalt hier ist eher eine Oeconomie als eine Ausgabe. Gestern hatte ich mit einer Gesellschaft einen Spaziergang nach der Kunitzburg gemacht die auf einem hohen Felsen in Ruinen liegt, wir waren 3 Stunden gegangen und gestiegen, die Burg lag nahe vor uns, wir durften nur ein Holz durchstreichen um hinzukommen, aber in dem verwünschten Holz verirrten wir uns so, daß wir keinen Ausweg finden konnten, die Sonne gieng entzückend unter, wir sahen sie durch die Bäume funckeln, und konnten nicht heraus um das herrliche Schauspiel das wir ahndeten zu sehen, endlich fanden wir den Ausweg, die Sonne war schon hinunter, ohne in den Ruinen gewesen zu seyn stiegen wir hinab ins Dorf, erquickten uns ein wenig, lachten uns selbst aus, und kamen um halbeilf in der prächtigen Mondnacht zu Hause. Adele war mit und hielt aus wie ein Held.

Die Nachricht daß die 63 Thlr sich ihrem Ende nahen überrascht mich sehr, und ich muß Dich ernstlich bitten in Zukunft besser zu hausen. Es sind 126 Mck *Banco*, allso über 150 Mck. *Curant*, und damit bist Du in 5 oder 6 Wochen fertig geworden, wärend ich alle nöhtigen Ausgaben für Dich bezahlt habe. Deine Lehrstunden bey *Döring* können noch keine 3 Monate betragen das wären etwa 19 Thlr 12 g. Ich gestehe Dir ich begreife nicht wo Du mit dem übrigen Gelde geblieben bist. Sey so gut mir so bald Du kannst eine Art von Rechnung darüber zu schicken, die gerade nicht sehr detaillirt zu seyn braucht, ich will wissen wie viel Du für die nöhtigen Bücher ausgegeben hast, wie viel Deine Installation etc kostete, um die zufälligen ersten Ausgaben von den fortlaufenden zu trennen. Wie viel Döring Dir kostet weis ich. Wenn Du wie ich sehr billige, acht Stunden die Woche hast so beträgt es gerade den Monat 13 Thlr. Melde mir dabey wie viel Deine andre Lehrstunden kosten, und auch ungefähr Dein Frühstück, Wein, u. dergl. Weis ich dann wie viel Du nohtwendig brauchst, so werde ich umso eher bestimmen können, wie viel Du etwa darüber zu Deinen Vergnügungen brauchst, sage mir auch darüber selbst Deine Meynung, ich halte es aber für sehr gut hierin eine gewisse Ordnung zu machen, damit Du selbst weist was Du zu thun und zu lassen hast. Du bist kein Verschwender lieber Arthur, aber Du läßt Dich zu leicht gehen und ich fürchte Du hast aus Hamburg die Thorheit mitgebracht Dich einer weisen Oeconomie zu schämen, die ist aber jezt doppelt nöhtig da Du einen Weg verlassen hast auf welchem schon Deine Lehrjahre in kurzer Zeit etwas einbringen konnten, da Du hier noch lange blos zehren mußt ehe Du etwas verdienen kannst. Ich selbst scheue jede unnöhtige Ausgabe, und bitte Dich ein Gleiches zu thun, denn Deine und meine Verpflanzung und erste Einrichtung haben viel Geld gekostet, Du würdest Dich wundern wenn ich Dir vorrechnete wie viel Du schon seit Du von Hamburg bist gebraucht hast. Ich brumme nicht, lieber Arthur, ich will nur Dich aufmerksam machen, und ich weiß, daß es Dir mit Deinem guten Kopf nicht fehlen wird, den rechten Weg zu finden. Daß Deine Freude die meinige ist weist Du, Du weist ich bin noch nicht so alt und lebenssatt daß ich vergessen haben sollte daß ich einst jünger war, daß Du Dich Deiner Jugend so viel als möglich freuest wünsche ich von Herzen, aber Verschwendung ist nicht reine Freude, Du kennst die schönen Freuden des Lebens, bleibe ihnen treu und laß Dich nicht von falschen Freunden in Sümpfe führen aus denen Du hernach mit zerstörten Sinnen und zerrüttetem Gemüht herauskommst, und in neue Wirbel Dich stürzt um Dich und Deine Reue zu vergessen. Ein reines Herz, mein Arthur, eine frische lebendige Jugend ist das höchste Glück, um beydes kann man in Deinem Alter leicht kommen, und dann geht man ohne Rettung zu Grunde. Es gefällt mir nicht recht, daß Du Dich an lauter *Comtessen* und *Barons* hängst, giebts denn in unserm Stande niemand der Dich interessieren könnte, die Ansichten und Aussichten jener Menschen die nicht wie Du zum erwerben geboren sind und sich allso für besser düncken, sind von den unsern verschieden, auch verleitet ihr Umgang zu größeren Ausgaben, und verrückt unsern Gesichtspunckt, Du gehörst einmahl zur bürgerlichen Welt bleibe darinn, und bedencke, daß Du mir versichertest Du wolltest allem Glanz entsagen, wenn Du nur den Wissenschaften leben könntest, und daß dies Dir mehr Ehre macht, als die Jagd nach Flitter und Schein. Deine Ausflucht nach Liebenstein tadle ich nicht, obgleich mir dünckt, Du hättest Dich mit der Reise hierher, dem Aufenthalt in Kassel und Weimar während 6 Wochen, wohl für diesen Sommer begnügen können, wie Dir der Tag hat 10 Thaler kosten können begreife ich nicht da ein Reitpferd wohlfeil ist und Table d'hôte und Logis wenns drey zusammen haben, auch nicht viel kosten, wahrscheinlich hast Du Dich aber als reicher Hamburger spendabel zeigen wollen, die Hoffrähtin Ludecus und Mlle. *Conta* haben während 4 Wochen im selben Ort kaum 100 Thlr gebraucht. Du bist kein reicher Hamburger,

Du wirst noch viel in der Welt brauchen und ich wiederhohle meine Bitte nicht fortzufahren wie Du angefangen hast, weil Du es sicher selbst bereuen würdest. Ich hoffe Du reichst noch mit den 20 Thlr die Du etwa bey Abgang Deines Briefes noch hattest etwas aus, ich kann Dir von hier kein Geld schicken, und Du mußt allso warten bis ich wieder in Weimar bin. Doch will ich ja nicht daß Du Schulden machst, eher melde es mir und ich will mein Vergnügen aufopfern und früher nach Weimar zurückkehren. Lebe wohl, mein guter Arthur, verstehe mich nicht unrecht ich bitte Dich, Dein Wohl und nichts weiter liegt mir am Herzen, und ich will gerne alles dazu beytragen daß Dein würckliches Wohl befödert werde, Proben davon hast Du ja genug.

Deine Mutter. J. Schopenhauer

Einlage gieb an Mlle. Wichmann, es ist eine Antwort auf ein Billet von ihr, sage mir wes Geistes Kind ist sie? an Gansland schreibe ich dieser Tage nicht. Die Bücher besorge ich wenn ich zu Hause und in Ruhe bin.

*Aufenthalt in Kassel:* Wegen einer Ohrenoperation bei dem Hofrat Hunold.

53. *Johanna an Arthur*

Weimar d. 28. Aug. 1807.

Seit Dienstag Abend bin ich wieder hier, lieber Arthur, und freue mich dessen, obgleich es mir in Jena recht gut gieng. Deinen Brief vom 16ten erhielt ich in Jena, ich sehe aus Deiner Rechnung daß Du manche Ausgabe gehabt hast die nicht gleich wiederkommt, ich bin in dieser Hinsicht zufriedner mit Dir, und bitte Dich nur überhaubt zu sparen was Du kannst, ohne zu knickern, oder Dir etwas wesentlich nöhtiges zu entziehen. Ich schicke Dir hier abermahls 50 Thlr. 100 Mck banco wirtschafte gut damit, und wenns gegen die Neige geht melde es mir. Von einem Brief von Anthime an Dir weiß niemand etwas, er wird wohl schlecht bestellt worden seyn, hier habe ich über *Duguet* in dieser Hinsicht nicht zu klagen, er hat alle meine Briefe deren ich eine ungeheure Menge aus Danzig erhalten habe, alle ordentlich bestellt. Der alte Weickmann hat mir gar einen possierlichen Brief geschrieben, den ich Dir gelegentlich mittheilen will, so auch Kabrun, Muhl, *etc*, sie haben alle den Kopf voll Burgermeistern und Rahtsherren, und die Lutheraner und Reformirten haben wieder ihre alten Fehden hervorgesucht, es ist ein Jammer mit denen Philistern. Eine böse Nachricht ist daß mein vielgeliebter Neffe aus purer Dummheit bankrott ist, ich verliere nichts bey ihm aber der arme Junge dauert mich. Deinen Brief hat August richtig erhalten, wie ich von seiner Mutter weiß, er ist jezt in Carlsbad von wo er den 7ten mit seinem Vater nach Jena reisen wird, sobald werden wir ihn allso nicht wiederhaben. Deine Bücher schicke ich Dir nächstens, den Tristram will ich gern wenigstens ein Weilchen behalten, auch den großen Atlas, weil er so bequem ist meine ausgeschnittne Blumen drinn zu verwahren, wenn Du ihn aber brauchst so schreibe mir daß ich ihn mitschicke. *Anthime* kann ja wohl die paar Meilen vollends machen und nach Gotha kommen, solche Zusammenkunft auf halben Wege ist auch nur halb. Ich kann die Leinwand zu Deinen Hemden noch nicht bekommen, Du mußt Dich noch etwas gedulden in kleinen Städten ists nicht anders. Von Dir habe ich kein Tuch bis jezt gefunden aber es freut mich sehr daß ich meines wiederhabe. *Addio*, nächstens schreibe ich mehr, ich habe heute der Visiten wegen die mich willkommen hießen keine Zeit, auch ist Fernow gestern Abend wiedergekommen und ich erwarte ihn eben heute. Nachmittag giebt Falck in seinem neu ausstaffirten Eulennest den berühmten großen Thee, wir sind alle voll des besten Willens ihn auszulachen. J. Schopenhauer

Ich erwarte den *D. Schröder* nebst Töchterchen und Kebsweib aus Hamburg, er ist in Karlsbad und Wien gewesen, das Mädel ist sehr hübsch, wenn sie über Gotha gehen must Du die *honneurs* machen.

*mein vielgeliebter Neffe:* Carl Gottfried Tietz, der Sohn von Heinrich Floris' Schwester Maria Renata, verheiratete Tietz.
*August:* von Goethe.
*Tristram:* sc. Laurence Sternes.

54. *Johanna an Arthur*

Weimar d. 22 sten Septmbr. 1807.

Ich habe Deine Briefe vom 19 ten und 20 sten dieses wohl erhalten, lieber Arthur, und die Kiste Bücher, die ich ehegestern abschickte ist hoffentlich bey Dir angelangt, die Bücher hast Du aufgestellt und den Thee Dir zur Probe wohl schmecken lassen. Es wird mir recht lieb seyn Dich einige Tage bey mir zu sehen, nur bringe guten Humor mit und laß den Disputirgeist zu Hause damit ich mich nicht alle Abend über die schöne Litteratur und über des Kaysers Bart zu kazbalgen brauche, wenn Du an der statt etwas besseres Wetter besorgen könntest damit alles freundlich und friedlich und heiter von innen und außen wäre solltest Du mir doppelt willkommen seyn, warhaftig ich bin dies abscheuliche Wetter so überdrüssig ich wäre im Stande zu Gottes Tisch zu gehen wenn das was helfen könnte. Daß aus Deiner Zusammenkunft mit *Anthime* nichts wird ist mir ganz recht, so ein Spaß kostet viel Geld, und ich möchte Dir die Frage thun mit der Du mich bey andern Dingen oft geärgert hast, *whats the use of it?* bey dem Abschiednehmen ist wenig Freude und man fühlt dann daß das Kommen des Gehens nicht wehrt war, was ihr euch zu sagen hattet konntet ihr euch in den vielen Monaten die ihr zusammen ward reichlich sagen. Doch mochte ich Dir die Freude mit meinen Einwendungen nicht verderben, und wills auch jezt nicht wenn noch etwas aus dem *rendez vous* werden sollte, zieh hin wenn Du drauf so bestrebt bist.

Daß Du ordentlich mit geritten bist einen Studenten zu begleiten hat mir Spaß gemacht, mir ists noch wie gestern daß ich als Mädchen am offenen Fenster stand und die hübschen Musjes die mir in dem Augenblick recht vornehm und mächtig erschienen vorbey ziehen sah, und ich selbst kam mir noch größer vor wenn sie unterm Fenster hielten mich zu grüßen und die Anführer so ehrerbietig den Degen vor mir senckten, und nun reitet schon mein eigener Stuhlerbe mit dahin. Der Abgang der Schüler auf Michaeli und Ostern ist etwas ganz gewöhnliches, tröste Dich, andere ersezen die Stelle, und Dein Stündlein schlägt zulezt auch. Von Deinem Aufenthalt künftgen Winter wollen wir mündlich sprechen. Von Mdlle Wichmann habe ich schon viel Gutes gehört, ich bin auf ihre persönliche Bekanntschaft begierig, wenn sie zu mir paßt und sich ein wenig in dem Ton der um mich her herrscht, und in meine Weise schicken will, so will ich thun was ich kann ihr den Aufenthalt hier angenehm zu machen, auch mich wirds freuen solch einen Ersatz für den Wildspuck die Bardua zu haben, die mir doch oft zu unbändig war, und irgendein junges Mädchen habe ich doch gern um mich, mit den verheurahteten Weibern ist der Umgang zu umständlich. Gott gebe, daß Jacobs bleibt, es wäre sehr gut fürs Ganze.

Ich habe vergessen Dir zu melden daß das kleine Ungethüm die Göchhausen sich vor 14 Tagen *sans façon* aus dieser Sterblichkeit getrollt hat. Ich bin auch gar nicht wohl, aber trollen will ich mich doch nicht, das niederträchtige Wetter ist schuld dran. Wenn Du auf einen Sonntag kommst so erschrick nicht wenn Du Gesellschaft findest und Göthen drunter, diesen Sonntag ließ er sich ordentlich bey mir zum Thee melden, und war gar prächtig, er hatte mir Stecknadeln aus Karlsbad mitgebracht, er hat mich aber schon vorher besucht seit seiner Zurückkunft, er sagte mir des Sonntags wenns frühe finster wird müßte er zu mir kommen, es ist allso leicht möglich daß er den Sonntag auch da ist wenn Du kommst. Das Teater ist in vollem Gange, Montag, Mittwoch und Sonnabend wird gespielt, richte Dich darnach mit Deinem Herkommen.

Nun noch eine *Commission* über die Du die Nase ziehen wirst, aber ich kann Dir nicht helfen, Reinbeck und Fernow haben mir wohl eher ähnliche bestellt. In Gotha wohnt ein *Pizzicágnolo* auf deutsch Wurstmacher, nahmens Buffleb et Co. ein weltberühmter Mann. Zu dem verfügst Du Dich, verlangst in meinem Namen eine schöne Zungenwurst, ein Schinken, und etwa 2 ℔ geräucherte Bratwurst, hierüber läßt Du Dir eine Rechg. geben und sagst ihm daß ich Dir das Geld bey Deiner Zurückkunft mitgeben werde, bringe diese Sachen mit, wenn Du kannst, es soll Dein Schade nicht seyn. Wenn nicht so muß er sie mir herbesorgen, das kommt aber durch Porto und Emballage theurer, das lezte mahl hat er sie mir in einem Kästchen geschickt, sage ihm ich dencke daß das bey dem kurzen Wege überflüssig ist wenn sie nur sonst gut in

Papier gepackt sind, am besten wärs Du brächtest sie mit dann haben wirs gleich. *Addio.* J.S.

*whats the use of it?:* »Wozu ist das nütze?«
*Mdlle Wichmann:* Nicht definitiv zu ermitteln; vielleicht die Tochter des Berliner Bildhauers Ludwig Wilhelm Wichmann.

55. *Johanna an Arthur*

Weimar d. 30 7 tmbr. 1807

In ein paar Tagen hoffe ich Dich hier zu sehen wenn das entsezliche Wetter Deine Reisegesellschaft nicht abhält. Ich dencke Du bringst die Ladung vom *Pizzicágnolo* mit, Du kannst sie ja hinten an den Wagen binden lassen.

Wenn Du frühe kommst so kannst Du noch auf einen Ball bey Göthen gehen, die Geheime Räthinn hat mir aufgetragen Dich einzuladen, Du wirst schwerlich diesmahl eine andre Gelegenheit haben Göthen zu sehen, weil er die künftige Woche wahrscheinlich nach Jena geht, aber auf dem Ball wird er wenigstens ein paar Augenblicke erscheinen. Doch aufgeschoben ist nicht aufgehoben, siehst Du ihn nicht jezt so ists ein andermahl. Morgen Abend bin ich bey Göthen. Addio mündlich mehr. J. Schopenhauer.

Ich habs mit Fr. v. G. so verabredet daß es von Dir abhängt, ob Du Sonntag zum Ball kommen willst oder nicht. Wunderhübsche Mädchen sagt sie sollen da seyn, noch besser als leztens.

56. *Johanna an Arthur*

Weimar d. 6ten Nov: 1807.

Wie unangenehm der Eindruck war den Dein gestriger Brief auf mich machte brauche ich Dir nicht zu sagen, Du kannst ihn selbst berechnen. Du siehst wie es mit Deiner eingebildeten Menschen- und Weltkenntniß steht, was geschehen ist sagte ich Dir vorher, aber Du trotztest auf Dörings Vorliebe zu Dir und auf seinen Hang zum Gelde, Du siehst wie sehr Du irrtest, wenn Dir das mit den Gegenständen die Dich zunächst umgeben geschieht, so müßtest Du doch wohl in Deiner Beurtheilung im Ganzen allmählich etwas vorsichtiger werden, dies ist die erste Lection die die Dich umgebende Welt Dir giebt, sie ist hart, aber wenn Du Dich nicht änderst wird es noch härter kommen, Du wirst vieleicht sehr unglücklich werden, und weder das Bewußtseyn es nicht verschuldet zu haben, noch die Theilnahme der bessern Menschen wird Dich trösten, denn Du wirst beydes nicht haben. Arthur, wenn Du doch endlich einmahl verständest was Du immer überlaut bewunderst, Göthens Spruch: »habet die Narren eben zum Narren wie sichs gebührt«, ist oft und laut von Dir nachgeplapert, heist das aber die Narren zum Narren haben wenn man sie bessern will? wahrlich nicht, das heist sich ihnen gleich stellen, im Gegentheil, sie laufen lassen und ihre Narrheit benutzen, zum Nutzen oder Vergnügen wies kommt, und dabey ihnen aus dem Wege gehen, damit nicht durch irgendeinen ungefähren Stoß aus dem Narren ein Wühtender wird, das ist Lebensweisheit, und diese, und keine andre hat Göthe mit seinem Spruche gemeynt. Du bist kein böser Mensch, Du bist nicht ohne Geist und Bildung, Du hast alles was Dich zu einer Zierde der menschlichen Gesellschaft machen könnte, dabey kenne ich Dein Gemühte und weiß daß wenige besser sind, aber dennoch bist Du überlästig und unerträglich, und ich halte es für höchst beschwerlich mit Dir zu leben, alle Deine guten Eigenschaften werden durch Deine Superklugheit verdunckelt und für die Welt unbrauchbar gemacht, blos weil Du die Wuth alles besser wissen zu wollen, überall Fehler zu finden außer in Dir selbst, überall bessern und meistern zu wollen, nicht beherrschen kannst. Damit erbitterst Du die Menschen um Dich her, niemand will sich auf eine so gewaltsame Weise bessern und erleuchten lassen, am wenigsten von einem so unbedeutenden Individuum wie Du doch noch bist, niemand kann es ertragen von Dir der doch auch so viele Blößen giebt sich tadlen zu lassen, am wenigsten in Deiner absprechenden Manier, die in einem Orakelton gerade heraus sagt, so und so ist es, ohne weiter eine Einwendung nur zu vermuhten. Wärst Du weniger als Du bist, so wärst Du nur lächerlich, so aber bist Du höchst ärgerlich. Die Menschen im ganzen sind nicht böse wenn man sie nicht hezt, Du hättest wie tausend andre in Gotha ruhig leben und studiren können und alle persönliche Freyheit haben die das allgemeine Gesez erlaubt, wenn Du ruhig Deinen Gang gegangen wärst, und andre ruhig den ihrigen hättest gehen lassen, aber das wolltest Du nicht, und so wirst Du ausgestoßen. Ich kann die Professoren und ihr Betragen gegen Dich nicht loben, ich will es auch nicht entschuldigen, aber was hattest Du mit ihnen zu schaffen? warum hörtest Du nicht ihre Kolegien, nahmst für Dich heraus was Du brauchen konntest und ließest es übrigens dahingestellt seyn ob ihre Aufsätze mehr Sinn oder mehr Worte haben? ohne am Tische eines ihrer Kolegen laut oder leise dem Nachbar ins Ohr (welches obendrein eine arge Ungezogenheit ist) gilt gleich, abzuurtheln, solch eine ambulirende Litteraturzeitung wie Du gern seyn möchtest, ist ein langweiliges gehässiges Ding, weil man nicht Seiten überschlagen oder den ganzen Kram hinter den Ofen werfen kann, wie mit den gedruckten. Wenn Du tadlen willst so mache Dich einmahl an Deinen hochgefeierten Freund Passow, der wahrlich große Ursache hat sich jenes Aufsatzes zu schämen, und es jezt auch thut, welches mir seinetwillen sehr lieb ist. Genug, Arthur, Du bringst die Menschen gegen Dich auf, ohne Noth, sie mishandeln Dich dafür, das ist in der Regel, und geschieht Dir gewis, Du magst unter Philistern oder schönen Geistern leben, niemand wird ein Betragen wie das Deine dulden, und Du mußt entweder Dich ändern, oder Du gehst zugrunde, Du wirst zu Grund und Boden getreten werden, und nicht ehrenvoll fallen, auch die Ersten und Klügsten werden Dich tadeln und ausstoßen so gut als die geringsten. Welch eine Aussicht dies für mich ist, die ich wie andre Mütter einst an Dir eine Stüze und die Freude meines herannahenden Alters hoffte, das dencke Dir einmahl lebhaft, und so brauche ich Dir wenigstens für meine Person keine Vorwürfe zu machen. Auch alles was ich Dir bis hieher schrieb soll kein Vorwurf seyn, nur ein Versuch Dich Dir einmahl zu zeigen wie die Welt Dich sieht, wie ich, Deine Mutter, die Dir so manchen Beweis ihrer Liebe gab, Dich leider sehen muß, und nun ziehe daraus was für ein Resultat Du kannst.

Jezt zu der wichtigen Frage was für Dich zu thun ist, und die ist sehr schwer zu beantworten, seit ich Deinen Brief erhielt habe ich keinen anderen Gedancken gehabt und bin doch zu keinem Schluß gekommen. Du brauchst eigentlich jezt nur Griechisch und Latein zu lernen, welches Du fast überall kannst, dies gründlich zu lernen wirst Du die zwey nächsten Jahre gewis nöhtig haben, die höhern Wissenschaften bleiben für Deine Universitäts Jahre, außer was Du in Erholungsstunden durch eine gewählte und von einem sachkundigen Mann geleitete Lectüre Dir selbst erwerben kannst, deshalb brauchst Du auf kein Gimnasium und noch weniger nach München oder Göttingen zu gehen. Dieser erste so schnell und arg mislungene Versuch schreckt mich einigermaßen von dem Gedancken ab Dich abermahls auf ein Gimnasium zu schicken, wo doch immer das Verhältniß der Schüler sehr eingeschränckt ist, gegen die Freyheit der Studenten auf einer Akademie, und Deine widerhärige Natur will sich ja einmahl weder in die Schrancken des bürgerlichen Lebens noch der allgemein anerkannten Schicklichkeit fügen, obgleich ich wohl weiß daß Du darohne nicht durchkommen wirst, so will ich doch wenigstens den Augenblick wo Du gewaltsam hineingerissen werden wirst nicht ohne Noth beschleunigen. Ich kann noch nichts bestimmen, ich will erstlich mich umhören, dencken, fragen, unablässig, und wahrlich ich werde Dich erlösen so bald ich kann. Der Gedancke nach Göttingen zu gehen ist nichts, was sollst Du dort unter den Studenten ohne Student zu seyn? Nach München? das ist sehr weit, sehr kostbar und ists nicht lächerlich latein und griechisch von dort zu holen da es fast auf jeder Dorfpfarre zu finden ist. Weißt Du noch wie Du mir aus Hamburg schriebst daß Du gerne auf jede Annehmlichkeit Verzicht thun würdest um nur unablässig zu studieren und die ohne unserer beyder Schuld versäumte Zeit wieder einzuholen? Dencke darann daß kein einzger Umstand eingetreten ist der Deinen Gesichtskreys erweitern kann, im Gegentheil dieser mislungene Versuch sezt Dich weiter zurück. Doch es wird nicht nöhtig seyn daß Du eben ein Karthauser werdest, ich wollte Dich nur an Deine ersten guten Vorsäze erinnern und Dich bitten dabey zu verharren und Deinen großen Zweck nicht aus den Augen zu lassen um weniger wichtiger Dinge willen. Was du allso jezt zu thun hast ist dieses, halte Dich ruhig bey Lenz, ohne weder verdrüßlich noch übermühtig zu erscheinen, bleibe ruhig, kalt, still, und vermeide in irgendein Gespräch einzugehen welches auf Deine Zukunft bezug hat, sey sehr höflich, dadurch zwingst Du die andern es auch zu seyn, und übrigens bleibe für Dich allein oder besuche wie sonst die Häuser in die Du eingeführt bist, ohne Dir irgend etwas mercken zu lassen, die Aufgabe ist schwer, aber nöhtig und als Übung für manche Situation in Deinem künftgen Leben Dir gesund. Ich will indessen für Dein Bestes sorgen, ich finde gewis etwas aus, welches Dir gut thut, ich habe ja noch immer Rath gefunden, nur muß ich um nichts übereiltes zu thun, mir Zeit lassen. Daher must Du lieber noch einige Tage länger in Deinem Fegefeuer bleiben, lange solls nicht währen, mir liegt selbst dran um der edlen Zeit willen die verlohren geht, daß Du bald wieder in Thätigkeit kommst. Daß Du so gut Du kannst diese Zwischenzeit anwendest brauche ich Dir nicht zu empfehlen. Ich würde Dich gleich herkommen lassen, aber theils weis ich Dich jezt nicht gut auf längre Zeit zu beherbergen, denn ein paar Tage kann man sich wohl behelfen aber nicht wochenlang. Deine Gegenwart und Dein ewiges einreden würde mich auch hindern ordentlich für Dich zu forschen und zu wählen, und würde mich bald ärgerlich bald verwirrt machen, besonders wenn Deine edle bekannte Unentschlossenheit dazu käme, und überdieß kann ich diesmahl nicht dafür stehen daß der Unwille über Dich der doch bey Lesung Deines Briefes in mir aufwallte nicht meiner Herr würde und es zwischen uns zu heftigen Auftritten käme die wir beide besser thun zu vermeiden. Allso ists besser Du bleibst noch dort, und wartest ruhig meinen nächsten Brief ab der Dir vieleicht schon etwas entscheidendes bringt. Glaube mir Du dauerst mich, ich weiß Du bist nicht bösartig, und gelingts mir nur einmahl Dir anschaulich zu machen wie und wo Du fehlst so bist Du geborgen. Ich hoffe Du wirst alles anwenden mir für den Kummer den Du, und Du allein, mir machst Entschädigung zu geben, dies kannst Du nur wenn Du in Zukunft besser meinem Raht und meinen Warnungen folgst. Lebe wohl, beruhige Dich über das Vergangne, ertrage die Gegenwart, und sey klüger für die Zukunft. J. Schopenhauer

Nimm noch eine Warnung von mir an, ich bitte Dich thue ein übriges und nimm sie blindlings an, wenns nicht anders seyn kann. Vertraue Dich von heute an keinem Deiner dortgen jungen Freunde, Neugier, die Sucht sich in fremde Händel zu mischen und der den mittelmäßgen Menschen eigne Hang sich an jeden zu drängen der eine Art Celebrität hat, sie sey von welcher Art sie wolle, und wärs ein armer Sünder der morgen gehängt werden soll, wird sie zu Dir führen, denn leider bist Du in dem kleinen Kreyse der Dich umgiebt eine merckwürdige Personage geworden, sie werden forschen und fragen, und hernach klätschen und trätschen, oder mit Deinem Vertrauen sich geheimnisvoll anstellen. Daß sie Dein Vertrauen misbrauchen ist gewis, ich könnte Dir Beweise verschaffen, wenn ich wollte, aber ich hoffe Du glaubst mir aufs Wort. Sprich gar nicht davon wie lange Du noch in Gotha bleibst, mache Dich breit und bequem in Deinem Zimmer, als ob nichts vorgegangen wäre, und antworte auf alle Fragen höflich, freundlich, unbestimmt, das wird sich finden, kommt Zeit, kommt Rath *etc. etc.* Sieh das wäre der Anfang auf Göthes Weise die Narren eben zum Narren zu haben. Selbst Lenz darf nichts weiter erfahren, ich weiß er brennt für Neugierde, aber ihm sagst Du nur ja sehr höflich, wenn er frägt, Du hättest mir geschrieben, es wäre noch nichts unter uns bestimmt, und da Du bey ihm so sehr wohl aufgehoben wärst könntest Du ja es abwarten, frägt er nicht so sagst Du auch nichts. Wenns Zeit ist wollen wirs ihm wohl zu wissen thun, und vieleicht gebe ich ihm dann auch meine Meinung noch zu verstehen.

*brauche ich Dir nicht zu sagen:* Nach seinen Spottversen »Auf die Gothaer Philister« und den Gothaer Gymnasialprofessor Christian Ferdinand Schulze (»Gedichte von an über Schopenhauer«, hrsg. von Arthur Hübscher, Zürich 1984, S. 27f.) waren Arthur von Fr. W. Döring, seinem Gymnasialdirektor, die lateinischen Privatstunden gekündigt worden. Sein Brief hatte der Mutter davon wie von seinen Plänen, nach Weimar überzusiedeln, Mitteilung gemacht.

*»habet die Narren...«:* Frei nach dem Refrain von Goethes »Kophtischem Lied« aus den »Geselligen Liedern«.
*sich jenes Aufsatzes schämen:* Anlaß nicht rekonstruierbar.

57. *Johanna an Arthur*

Weimr d. 30ten Nov: 1807

Endlich, lieber Arthur, wirds wohl Zeit daß wir wieder einmahl einen Plan für Deine Zukunft bestimmen, der hoffentlich dauerhafter seyn wird als der welcher, gewis nicht ganz ohne Deine Schuld so schnell zertrümmert ward. Doch das Geschehne ist unwiederbringlich dahin, und ich will nicht ferner darüber sprechen, es soll mir sogar nicht leid darum seyn, wenn Du nur durch diese Erfahrung für die Zukunft gewizigt bist und Dich gescheuter aufführst. Ich habe Erkundigungen rechts und links eingezogen, die Antworten trafen weniger schnell ein als ich erwartete, und so habe ich immer gezögert um mich nicht zu übereilen, jezt indessen kann ich Dir das Resultat von allen diesem und von meiner ernstlichen Überlegung vorlegen, da Du kein Kind mehr bist so halte ichs für sehr billig daß Du auch eine Stimme in einer Sache habest die Dich so nahe angeht. Mit Göttingen, München, Braunschweig ists nichts für Dich, ich dencke Du wirst mir die Mühe schencken Dir zu schreiben warum es mit diesen Örtern nichts ist, wenn ich Dich sehe will ich Dir mündlich sagen warum, im Fall Du es verlangst.

Ich sehe nur zwey Wege für Dich, entweder Du bleibst hier in Weimar, oder Du gehst nach Altenburg, acht Meilen von hier. Das hiesige Gimnasium ist nichts für Dich, auch ist der Ruf Deiner Thaten schon vor Dir hergegangen, man würde ungern Dich aufnehmen, und ich sehe hundert Kollisionen in die wir beyde gerahten könnten, die höchst unangenehm für Dich und mich wären, denn Du must nicht vergessen daß der hiesige Direktor der Bruder Deines Lenzes ist, ihm mit Leib und Seele ergeben, und trotz alle dem Guten was Du von seinem Karackter gehört haben willst, und trotz seiner vieleicht großen Gelehrsamkeit, der unerträglichste bornirteste Pedant, über den Schüler und Lehrer gleich unzufrieden sind, er hat ordentlich Furcht dafür daß Du in seinen Schaafstall kommen möchtest und arbeitet mit Händen und Füßen dagegen; er würde sich gewiß nicht mit Dir einlassen und Dir Privatstunden geben. Schwab soll recht viel wissen, aber platterdings nicht lehren können und die elendeste Methode von der Welt im Unterricht haben. Riemer, einer unsrer gelehrtesten Philologen, der mit dem Gimnasium nichts zu schaffen hat, würde Dir herzlich gern Unterricht geben, aber seine Beschäftigung mit Göthen läßt ihm keine Zeit. Es bleibt Dir allso nur Passow, und von diesem kannst Du allerdings viel lernen, aber auch er hat fast gar keine Zeit, er könnte Dir nur 6 Stunden die Woche geben, und dazu müste der Sonntag mit zur Hülfe genommen werden. Willst Du allso hier gerne seyn, so kannst Du nur diese 6 Stunden wöchentlich von Passow haben, übrigens must Du alleine studieren, und zusehen wie Du Dir forthilfst. Auf diese Art höre ich studiert sichs freylich am besten, und wenn mans recht anfängt und Hülfsmittel wie sie die hiesige Bibliothek darbietet hat, kann man ungeheure Fortschritte in allen Wissenschaften machen. Der andre Vorschlag den ich Dir zu machen habe ist nach Altenburg zu gehen, und dort zu studieren ohne eigentlich Gimnasiast zu seyn, beim Direcktor Matthiä zu logieren und zu essen und von den öffentlichen Lehrstunden mitzunehmen was Dir gut dünckt, nebst Matthiäs Privatunterricht, Du wärst dann dort ungefähr wie jetzt in Gotha, es sollen sehr brave Männer bey der dortigen Schule seyn, unter andern wird Messerschmidt sehr gerühmt, Matthiä soll ein sehr großer Philologe seyn, und seine griechische Grammatik ist die beste die man hat, auch in aesthetischer Hinsicht rühmt Passow ihn sehr und sezt ihn fast Jacobs gleich. Altenburg soll ein hübsches Städtchen nah an den böhmischen Gebürgen seyn, 8 Meilen von hier und 8 Meilen von Karlsbad, Du kannst allso immer in einem Tage von dort herkommen, die Lage der Stadt soll angenehm seyn, der Ton der Gesellschaft recht gut, es wohnen viel recht gebildete Leute dort, unter anderm ein Universitätsfreund von Fernow, Waitz, von dem Du die Balladensammlung hast, man soll dort höchst gesellig seyn. Ein dicker H. von Trapp der mit einer Engländerin in Karlsbad war wohnte dort, er wuste nicht genug davon zu rühmen und hat noch hernach mit dem Vater drüber correspondiert, weil dieser ordentlich Lust gekriegt hatte einmahl nach Altenburg zu ziehen. Matthiä wird sehr gerühmt, so auch seine Frau, die Wichmann ist einmahl mit Lenzens dort gewesen, beyde sollen recht liebe Leute seyn, sein Brief an Passow den ich Dir beylege trägt auch ganz den Stempel eines recht ehrlichen anspruchslosen Gemühts. Ich habe aber nicht allein von Passows sondern auch von andern Freunden viel Gutes von ihnen gehört. Wie Du dort leben würdest und was Du dort lernen könntest siehst Du aus dem Briefe und dem Lectionskatalog. Willst Du lieber hier seyn so must Du Dich auf Passows 6 Privatstunden und eignen Fleiß einschräncken, denn übrigens ist hier nichts für Dich, das Gimnasium ist in der That schlecht bestellt und nur für gewöhnliche Schüler ohne Ansprüche eigentlich berechnet, es ist kein Lehrer außer Passow dabey der Dir eingen Nuzen schaffen könnte. Ich würde Dir dann nicht weit von mir und Passow eine Stube und Kammer miethen und meublieren, Du wirst für uns beyde zuträglich finden daß ich dann unser gegenseitiges Verhältniß so einzurichten strebe daß unsrer beyder Freyheit kein Abbruch geschieht und ich in der zwanglosen, friedlichen, unabhängigen Ruhe bleibe, die mich jezt erst recht eigentlich des Lebens froh werden läßt. Allso, lieber Arthur, wenn Du hier wohnst treibst Du Dein Wesen für Dich als wäre ich nicht da, nur daß Du alle Mittage von ein Uhr bis etwa gegen drey bey mir zu Tische kommst, den Abend bringt jeder von uns zu wie er will, außer meine beyde Gesellschaftsabende wo Du mit den übrigen natürlicherweise zu mir kommst, und wenn Du willst auch bey mir zu Abend issest, die andern Abende speist Du zu Hause, auch Deinen Thee trinckst Du zu Hause, wie es dann mit Deinem Abendessen *etc.* einzurichten ist wird sich finden, ebenso auch mit der Aufwartung, die *Duguet* Dir wohl wird besorgen können da er so wenig zu thun hat, so lieber Arthur, glaube ich ists nothwendig für uns beyde, auf diese Weise bleiben wir so ziemlich in unsern jezigen Verhältnissen, ich gestehe Dir ich finde die meinigen so angenehm, ich bin dieser ruhigen Lebensweise so gewohnt daß mir für alles graut was eine Abänderung darin zuwege bringen könnte, indessen alles dies kann auch mit Deinem Hierseyn gar wohl bestehen wenn man nur gehörige Maasregeln trifft, und ich bin überzeugt, Du wirst Dir gern alles gefallen lassen was ich in dieser Hinsicht wünschen werde, und mir jede Einrichtung überlassen, Deine eigne Freyheit gewinnt dadurch auch. Deine Zeit auszufüllen und nüzlich anzuwenden muß Deine Sorge seyn, da Du die Wichtigkeit dieses Punctes ohnehin fühlst glaube ich Dir hierüber nichts mehr sagen zu dürfen. An Vergnügungen hast Du drey Abende Theater und zwey Abende bey mir, und daran wohl genug, obgleich ich fürchte die Abende bey mir werden Dir nicht immer so angenehm erscheinen, wie denen die älter und bedeutender als Du bis jezt noch seyn kannst, thätigern Antheil daran nehmen können, Du bist der einzge ganz junge Mensch in dieser Gesellschaft. Doch das Interesse Göthen *etc.* nahe zu seyn wird Dich für die Lustigkeit die Du vieleicht vermissen wirst hoffentlich entschädigen. Mit andern angenehmen geselligen Verhältnissen darfst Du Dir nicht schmeicheln, junge Leute Deiner Art sind hier nicht, alles was hier von Deinem Alter ist steht in andrer Hinsicht weit hinter Dir zurück, und die übrigen haben ihre Geschäfte und sind auch großentheils verspießbürgert, doch alles dies ist keine HauptSache und wird Dich wenig kümmern.

Jezt wähle Dir, lieber Arthur, und das bald, denn es ist Zeit. Frägst Du mich um Rath so stimme ich für Altenburg, weil ich glaube daß der Aufenthalt dort für Dich am zweckmäßigsten seyn wird, und daß Du dort bey weniger Zerstreuung als hier, wo Dich doch das Teater etc. sehr anziehen wird, dennoch ein angenehmes Leben führen können wirst, wie ich nach aller Urtheil glauben muß, willst Du lieber hier seyn, so habe ich auch nichts dagegen, ich glaube auch daß Du mit Fleiß und Anstrengung hier Deinen Zweck erreichen können wirst, Du sollst mir recht willkommen seyn, und ich will thun was ich ohne meine eigne Freyheit und Ruhe aufzuopfern thun kann, um Dir Deinen Aufenthalt hier recht angenehm zu machen. Ich bitte Dich überlege und entschließe Dich, damit ich Dir entweder hier ein Zimmer besorge, oder nach Altenburg an Matthiä schreibe. Ich muß Dir noch sagen, daß es Mühe kostete Passowen zu bewegen daß er Deinen Unterricht übernehme, er hat gar zu wenig Zeit, man dencke auch, Professor, Bräutigam, Schriftsteller und Recensent in einer so kleinen Person esch ischt ä vieles würde Meyer sagen. Nun will ich Dir noch in der Kürze sagen, in Göttingen ist das Latein in so schlechten Umständen daß es zum Sprichwort dient. In München ists sehr theuer, das gesellschaftliche Leben so elend als möglich, Jacobs u. Schlichtegroll höchst unzufrieden und die Schule noch nicht recht organisirt sondern erst im werden, in Braunschweig ist das Karolinum eine Ritterakademie eigentlich, wo junge Grafen für schweres Geld nichts lernen und für alte Sprachen gar nicht gesorgt ist, und in Schulpforta kann man freylich sehr gelehrt werden, aber die ganze Einrichtung stammt noch aus den Mönchszeiten und ist noch ganz klösterlich so daß die Schüler dem strengsten Zwange unterworfen sind. Alles dies weis ich aus sichern Quellen, Du siehst ich habe mich gut umgehört. Du wirst jezt entscheiden und mir so bald als möglich Deine Meynung kundthun, damit ich für Dich das nöhtige besorgen kann.

Ich höre Werner ist in Gotha, und besonders viel bey Lenz, das ist mir um Deinetwegen sehr lieb, sollte er nach Weimar kommen so siehe zu wie Du ihn mir zuschickst, ich möchte ihn gar zu gern sehen, und ihm selbst wird meine Bekanntschaft zu mancher andern mit weniger Mühe verhelfen. Wenn Du ihn hast kennen lernen so kannst Du ihm ja einen Brief an mir mitgeben, ich höre er ist sehr mittheilend und liest und deklamirt gern vor, das soll mich freuen wenn ers bey mir thun will.

Nun noch ein paar Worte wegen den Spielsachen. Kaufe mir ein Schattenspiel, aber kein lehrreiches, sondern so eins nach der alten Art wie es Dich so zu beglücken pflegte, und entweder einen Kuckkasten für einen Thaler oder einen solchen Kasten mit Transparents, wies Dir am hübschesten deucht. Kannst Du auch ein Domino Spiel finden so kaufe es auch, hier siehts mit allen solchen Dingen schlecht aus; findest Du noch irgendeine artige nicht theure Schnurrpfeyferey so füge sie hinzu, Ritterspiel *etc.* haben wir schon, aber kaufe nichts theures, hier macht man mit einigen Groschen so viel Freude als mit einigen Thalern. *Adieu*, antworte bald, so bald nur etwas entschieden ist wollen wir uns über das wenn und wie näher berahten, schicke mir Passows Brief und den Lections Katalog wieder.

J. Schopenhauer

In Gotha sind gewiß viele in Altenburg bekannt, ziehe dort Erkundigungen ein, und im Fall Du Dich für Altenburg entschließt so erkundige Dich ob Dein Gepäcke über Weimar gehen muß oder ob es geradezu nicht näher ist.

*Werner:* Zacharias Werner.

58. *Johanna an Arthur*

Weimar d. 13 Dec^r^. 1807

Ich hoffe Du hast die 50 Thlr die ich Dir diese Woche mit der Post schickte, richtig erhalten, die Nachricht, daß Du wieder ohne Geld wärst kam mir unerwartet, da Du noch obendrein nicht einmahl Deine Buchhandl. Rechg bezahlt hast, und weder Lehrer noch andre Dinge die lezte Zeit zu bezahlen oder zu kaufen hattest, ich hoffe Du wirst in Zukunft dies besser einrichten, daß Du im Triumph von Gotha abziehn willst ist nicht ganz passend, denn mir deucht Du hast wohl über nichts zu triumphiren, der Aufenthalt war eben nicht sehr gloreich. Wenn man nach geendigten Schulstudien auf die Universität abgeht und so einen neuen Abschnitt seines Lebens anfängt ist solche Feyerlichkeit nicht unrecht angebracht, aber das ist doch nicht Dein Fall, ich billige diese Feyerlichkeit nicht, doch will ich sie Dir nicht wehren, aber Dein alter Waidspruch *what's the use of it* wäre hier nicht übel angebracht, die Professoren werden sich über Deinen Triumph nicht ärgern, sie wissen wohl wer gern tanzt, dem ist leicht gepfiffen, und die Gimnasiasten spielen gern Studentens und lassen sich eine Lustpartie nie zur ungelegnen Zeit kommen, mit den 50 Thalern aber kommst Du hoffentlich zu allem aus, die Auslage für Adele wird etwa nur ein paar Thaler seyn, Du bringst entweder ein Schattenspiel oder einen Kuckkasten, was Dir am hübschsten dünckt, aber ein Domino vergiß ja auch nicht. Ich habe ein Logis für Dich gemiehtet, an eins mit der Aussicht nach dem Park war gar nicht zu dencken, es liegen fast nur lauter herrschaftliche Gebäude am Park, auch war eben keine große Wahl, weil unsere Officiers wieder gekommen sind und die möblirten Logis eben sehr gesucht werden. Du hast bey Deinem Hutmacher eine Treppe hoch zwey hübsche Stuben und eine Garderobe, ich muste 2 Stuben nehmen, Stube und Kammer allein war nicht zu finden, die Stuben sind ordentlich meubliert, und wenn Du willst, kannst Du auch noch Deine alte Komode aus Hamburg wieder haben, einen Menschen der Dir Deine Kleyder *etc* rein macht wird Dein Wirth besorgen, das ist besser, so braucht man für nichts zu stehen. Die übrige Aufwartung besorgt die Magd im Hause wie gewöhnl. gegen ein Trinckgeld, den 21sten oder 22sten werden die Zimmer frey dann laß ich sie reinmachen, und Du kannst den 24sten einziehen, auch lasse ich Dir noch diese Woche Holz fahren. Deine Sachen lasse einpacken, die Wichmann wird Dir den Bücherkasten schicken, womöglich aber so lasse die Kisten selbst wägen damit wir mit der Fracht nicht betrogen werden, Du adressirst sie an H. Kaufmann C. S. *Rinder* und bemerkst im Frachtbrief das Gewicht, ein Fuhrmann der sie mitnimmt soll sich künftge Woche bey Dir melden und nähere Abrede nehmen, die Fracht werde ich hier bedingen und bezahlen. Es wäre sehr gut wenn Du Deine Sachen und auch Dein Bett einige Tage vor Deiner Abreise absenden oder wenigstens auf jeden Fall einpacken könntest, einen kleinen Koffer mit dem nothwendigsten mache so, daß er mit Dir zugleich oder vor Dir eintrift, denn die Frachtfuhren zögern in dieser Jahreszeit und bey diesen Wegen oft, auch muß Adelens Spielzeug spätestens d. 23 hier seyn. Dich selbst erwarte ich auch d. 23sten. Du steigst bey mir ab, und sollte Dein Logis noch nicht in Ordnung seyn so beherberge ich Dich den ersten Tag und die Nacht so gut ich es kann, ich glaube aber daß alles fertig seyn wird. So viel von Deinem Herkommen, ich wollte Du wärst schon da und alles in Ordnung.

Nun zu Deinem Verhältniß hier gegen mich, und da dünckt mirs am besten ich sage Dir gleich ohne Umschweife was ich wünsche und wie es mir ums Herz ist, damit wir einander gleich verstehen. Daß ich Dich recht lieb habe daran zweifelst Du nicht, ich habe es Dir bewiesen und werde es Dir beweisen, so lange ich lebe. Es ist zu meinem Glücke nohtwendig zu wissen daß Du glücklich bist, aber nicht ein Zeuge davon zu seyn. Ich habe Dir immer gesagt es wäre sehr schwer mit Dir zu leben, und je näher ich Dich betrachte je mehr scheint diese Schwierigkeit für mich wenigstens zuzunehmen, ich verhehle es Dir nicht, solange Du bist wie Du bist, würde ich jedes Opfer eher bringen als mich dazu entschließen. Ich verkenne Dein Gutes nicht, auch liegt das, was mich von Dir zurückscheucht nicht in Deinem Gemüth, nicht in Deinem innern, aber in Deinem Wesen in Deinem Äußern, Deine Ansichten, Deine Urtheile, Deine Gewohnheiten, kurz ich kann mit Dir in nichts was die Außenwelt angeht übereinstimmen, auch Dein Mismuth ist mir drückend und verstimmt meinen heitern Humor, ohne daß es Dir etwas hilft. Sieh, lieber Arthur, Du bist nur auf Tage bey mir zum Besuche gewesen, und jedesmahl gab es heftige Scenen, um nichts und wieder nichts, und jedesmahl atmete ich erst frey wenn Du weg warst, weil Deine Gegenwart, Deine Klagen über unvermeidliche Dinge, Deine finstern Gesichter, Deine bizarren Urtheile, die wie Orakel Sprüche von Dir ausgesprochen werden, ohne daß man etwas dagegen einwenden dürfte mich drückten, und mehr noch der ewige Kampf in meinem innern mit dem ich alles was ich dagegen einwenden möchte gewaltsam niederdrückte, um nur nicht zu neuem Streit Anlaß zu geben. Ich lebe jezt sehr ruhig, seit Jahr und Tag habe ich keinen unangenehmen Augenblick gehabt den ich Dir nicht zu dancken hätte, ich bin still für mich, niemand widerspricht mir, ich widerspreche niemand, kein lautes Wort hört man in meinem Haushalt, alles geht seinen einförmigen Gang, ich gehe den meinen, nirgends merckt man wer befiehlt und wer gehorcht, jeder thut das Seine in Ruhe, und das Leben gleitet hin ich weis nicht wie. Dies ist mein eigentlichstes Daseyn, und so muß es bleiben, wenn Dir die Ruhe und das Glück meiner noch übrigen Jahre lieb ist. Wenn Du älter wirst, lieber Arthur, und manches heller sichst, werden wir auch besser zueinander stimmen, und vieleicht verlebe ich dann meine lezten Tage in Deinem Hause mit Deinen Kindern wie es sich für eine alte Grosmutter gehört, bis dahin laß uns streben daß die tausend kleine Neckereyen nicht unsre Gemühter erbittern und die Liebe daraus verjagen; dazu gehört daß wir wenig miteinander sind, denn obgleich wir bey jedem wichtigen Anlaß bald eins sind, so sind wir bey jedem andern desto uneiniger. Höre allso auf welchem Fuß ich mit Dir seyn will, Du bist in Deinem Logis zu Hause, in meinem bist Du ein Gast, wie ich es etwa nach meiner Verheurathung im Hause meiner Eltern war, ein willkommner lieber Gast der immer freundlich empfangen wird, sich aber in keine häusliche Einrichtung mischt; um diese, um Adelens Erziehung und Gesundheit, um meine Domestiken bekümmerst Du Dich gar nicht ich habe das bis jezt ohne Dich besorgt, ich werde es ferner, und dulde keine Einrede, weil es mich verdrüslich macht und nichts hilft. Alle Mittage um ein Uhr kommst Du und bleibst bis drey, dann sehe ich Dich den ganzen Tag nicht mehr, außer an meinen Gesellschaftstagen wozu Du kommen kannst wenn Du willst, auch an den beyden Tagen Abends bey mir essen kannst wenn Du Dich dabey des leidgen Disputirens *etc* das mich auch verdrüslich macht, wie auch allen Lamentirens über die dumme Welt und das menschliche Elend Dich enthalten willst, weil mir das immer eine schlechte Nacht und üble Träume macht, und ich gern gut schlafe. In den MittagsStunden kannst Du mir alles sagen was ich von Dir wissen muß, die übrige Zeit mußt Du Dir allein helfen, ich kann Deine Erheitrung nicht auf Kosten der meinen bewircken, auch wäre dies nicht, ich bin das Alleinseyn zu lange gewohnt, ich kann mich nicht davon gewöhnen und so bitte ich Dich sprich nicht dagegen, ich gehe von diesem Plan unter keiner Bedingung ab, Dein Abendessen schicke ich Dir alle Abende durch meine Köchinn, Deinen Thee sollst Du im Hause haben, das nöhtige Geschirr dazu werde ich Dir geben, auch einen Theekasten wenn Du es willst. Ich wiederhohle Dir 3mahl die Woche ist Theater, zweymahl Gesellschaft, Du kannst Dir Erhohlung genug verschaffen, auch wirst Du wohl bald einige junge Bekannte finden, wie wäre es wenn ich nicht hier wäre? Genug, Du weist jezt meinen Wunsch, ich hoffe Du wirst Dich genau darnach richten, und mir nicht für meine mütterliche Sorge und Liebe, und für die schnelle Einwilligung in Deine Wünsche durch widerstreben welches Dir nicht helfen, sondern nur alles noch übler machen würde, betrüben wirst.

Von allen Gründen, die Dich bestimmten, Weimar zu wählen seh ich nur den einen daß Du gern hier seyn wolltest, Du bist in Weimar nicht mehr als anderswo bis jezt zu Hause, ob Du es mit der Zeit seyn wirst werden wir sehen, ich lasse Dich eben gewähren, wie ich immer gethan habe. Dein Urtheil über das Gimnasium von Altenburg ist nach Ausspruch sehr competenter Richter, von denen ich Dir nur Passow zu nennen brauche, seicht, grundlos, voreilig absprechend, und ohne gehörige Sachkenntniß ausgesprochen, aber das ist man von Dir so gewohnt, und es wird noch ein Weilchen so bleiben.

Werner ist gleich nach Jena gereist wo Göthe sich seit 5 Wochen aufhält, Göthe hat mich heute grüßen lassen und hat mir sagen lassen in 6 Tagen wäre er hier und würde den Werner mir mitbringen, mit dem er alle Abende disputirt, und der mir mancherley vorlesen soll, da wirst Du ihn allso sehen, den Attila kann er nicht geben weil er keinen Schauspieler zu dieser Rolle hat, an die andern Wernerschen Sachen ist in Weimar nicht zu dencken. Ich höre Werner hat dem mistischen Wesen entsagt, das ist brav von ihm, würde Hinckel sagen.

Lebe wohl dies ist der lezte Brief hoffe ich auf lange.

J. Schopenhauer

Gieb doch der Magd von Lenz Trinckgeld bey der Abreise.

Adelen habe ich eben gesagt daß Du künftig in Weimar wohnen wirst, sie freut sich sehr darüber, besonders behauptet sie müßtest Du ihr etwas zum Weynachten schencken, Du weißt wie Kinder sind, die eigennüzigsten Kreaturen in der Welt. Da weder das Schattenspiel noch der Guckkasten viel kosten und an beyden ihr Herz hängt so bringe nur beydes mit, eins davon soll dann Dein Opfer seyn, ich hoffe Du wirst eine Gelegenheit finden mir die Sachen zu schicken, Du weist der 24ste ist der große Tag, Dich erwarte ich den Tag vorher, Du mußt das Fest doch sehen. Fernow hat einen Auftrag an Dich für die Gothaer Bibliothek, Du sollst Dich nach beyliegenden Büchern erkundigen, und sobald als möglich Bescheid schreiben was davon zu haben ist, dann können sie vieleicht mit Deinen Sachen oder den Spielsachen herüberkommen.

*59. Johanna an Arthur*

Weimar d. 13 Dec.

Ich muß Dir heute doch wieder schreiben, um Dir zu sagen daß ich mit den hiesigen Fuhrleuten die Fracht Deiner Sachen nicht verdingen kann weil sie nur bis Erfurt fahren, und dort der Gothaer ihnen die Sachen abnimmt. H. Rinder hat aber dem Fuhrmann Heinrich Stapf in Gotha geschrieben, er möchte mit Dir darüber sprechen und vieleicht die Spedition übernehmen, nimm mit diesem allso ordentlich Abrede, verdinge alles *p. centner*, ich habe gehört der *centner* kostet 8g. doch weiß ich nicht ob bis Gotha oder nur bis Erfurt, laß es womöglich selbst wägen, und thue Dein Bestes, die Adresse an *C. S. Rinder* bleibt, dieser wird das Übrige dann besorgen. *Addio.* J.S.

60. Johanna an Arthur

Weimar d. 18 Dec. 1807

Es ist mir recht lieb daß aus Deiner Begleitung nichts wird, so kannst Du Deine Sachen die Du am nöhtigsten brauchst ordentlich transportiren, in einen Wagen geht gewaltig viel wenn nur eine Person darinn sizt. Ich rathe Dir nicht zu einem Einspänner, der Weg bey Erfurt ist grundlos, Du könntest im Lehm sizen bleiben, besser ists lieber es mit den Kosten nicht so genau zu nehmen, besonders da Du viel auch Bücher *etc.* einpacken kannst. Ich weis nicht ob die Wichmann Dir den Kasten noch wird schicken können, wie ich ihr zuerst davon sagte wollte sie ihn mit dem Fuhrmann retour schikken der jezt aber Deine Sachen auch mitbringt und allso zu spät kommen würde. Sieh zu, ob Du die Bücher in der großen Kiste, im Koffer und im Wagen nicht vertheilen kannst, es sind ja nicht so sehr viele, Fernow bittet Dich ihm die Bücher über welche er den Schein schickt mitzubringen, es sind zwey Folianten, das ganze Werck hat *2 Tom*, in 6 Folianten, er will nur die beyden ersten haben, nicht alle 6, besorge das doch auf der Bibliothek, wenn sie es etwa unrecht verstünden, und bringe es ihm mit. Die Einlage gieb an Buffleb, und bringe mir das darin bestellte zu den Feyertagen mit, auch die Rechg, wen Du Geld übrig hast so bezahle sie wo nicht bringe sie mit, ich schreibe ihm darüber das nöhtige, aber entblöße Dich nicht von Geld, man kann im Winter nicht wissen was vorfällt, und ob Du nicht eine Nacht unter weges bleiben must. Die erste Nacht wirst Du wohl in meinem Logis schlafen, hernach werde ich Dir, da es in den Feyertagen ohnehin schwer halten wird Arbeitsleute zum Aufschlagen deines Bettes *etc* zu finden, das Bette vors erste geben in welchem Du hier geschlafen hast. Adieu, mach Dir den Kopf nicht unüz warm alles wird seinen ordentlichen Gang ohne große Schwierigkeit gehen, Deine ganze Verpflanzung ist ja gar nichts gegen mein Umziehen von Danzig nach Hamburg, von Hamburg nach Weimar, oder auch nur vom Wandrahm nach den Kohlhöfen.

Mache daß du Mittwoch vor der Komödie kommst. Ich weis freilich nicht was gegeben wird, und ob ich hingehen werde.

J. Schopenhauer

Eben läßt Göthe mir sagen, daß er mit Werner angekommen ist, Sonntag werden sie wohl zu mir kommen.

*Kohlhöfen:* Hamburger Wohnung der Schopenhauers vor und nach dem Tod von Heinrich Floris.

61. *Arthur an Johanna*

Wir sollen nicht grünen und blühen wie die Pflanzen der Erde: das sagt uns jedes Trauerspiel; also wol etwas Besseres, sagt sich der Zuschauer und sieht mit Genuß zertrümmern alles was ihm oft das Wünschenswertheste schien.

*Arthur an Johanna:* Von Gwinner mitgeteiltes und auf das Jahr 1808 datiertes Bruchstück, bei dem es allerdings ungewiß ist, ob es sich um ein Brieffragment handelt.

*62. Johanna an Arthur*

Es ist Zeit, lieber Arthur, daß ich dir von Deinem väterlichen Vermögen Rechenschaft ablege, mir ists leichter dies schriftlich als mündlich zu thun, und Du kannst es auch so besser übersehn und begreifen was ich Dir zu sagen habe. Zuerst wirst Du aus der beygelegten Kopie ersehen daß *An* 99 die bey meiner Verheurahtung zwischen ihm und mir getrofne Heurahts-Notel aufgehoben ward, und wir nach Hamburger Weise in Zukunft in Gemeinschaft der Güter leben wollten, Du wirst mir wohl aufs Wort glauben, sonst muß ich Dir eine Kopie vom dortigen Rathause kommen lassen. Die Theilnehmer an diesem Akt sind außer mir alle todt, es waren Labes und mein Onkel Lehmann als meine Assistenten, der Stadtrath Flander als Gerichtsperson, und Willhelm Uphagen als Bevollmächtigter Deines Vaters, in dessen Hause in Danzig wo ich damahls war, der Akt unterzeichnet ward. Nach Hamburger Rechten gehört mir ein Drittel des Ganzen, die Verwaltung eures Vermögens und dessen Mitgenuß bis zu eurer Mündigkeit, dagegen muste ich den Wittwen-Eid ablegen euer Bestes nach Kräften zu bewürken, der Stadt hold zu seyn und die gehörigen Abgaben zu entrichten.

Aus Ganslandt beygelegter Rechnung wirst Du sehen wie wir stehen, die Verwickelung in der Dein Vater uns lies, die traurigen Umstände bey seinem Tode die uns zwangen geheimnisvoll und leise zu handeln und die nachherigen bösen Zeiten sind Schuld daß wir nicht reicher sind, doch haben wir genug um anständig zu leben und können wohl zufrieden seyn.

Du siehst auf der Rechnung: wir besitzen jezt baar 109 875 Mk. bco. Diese habe ich belegt so daß sie 54.950 Thlr. Sächsisch, oder sogenanntes gutes Geld ausmachen. Dies Jahr langen wir reichlich mit den Zinsen wozu noch die 800 Mk. die Du auf der Rechnung findest kommen und die nicht zum Kapital gehören, auch voriges Jahr zwangen nur unsre Badreisen mich etwas aufzunehmen, obgleich noch nicht alles belegt war, in Zukunft, wenn keine Unglücksfälle dazwischen kommen können wir reichlich auf die angefangne Weise fortleben.

Von diesen 54950 Thlr. kommt Dir der dritte Theil nämlich 18316 Thlr. zu.

Dazu kommt unser Mobiliarvermögen, an Hausraht, Wäsche und Silberzeug. Ich habe bey Ganslandt nachgefragt, wie man es damit in Hamburg hält, gewöhnlich vereinigen die Erben sich darüber unter einander, ist das nicht so wird alles von einem gerichtlich beschwornen Taxator gewürdigt und dann zahlt der so die Sachen behält die andern aus oder sie werden verkauft. Ich möchte nicht gern fremden Leuten alle mein Haab und Gut zeigen, und zweifle nicht daß Du Dich nicht mit mir vereinigen solltest, und weiß auch daß Du Deine Mutter nicht drücken wirst. Ich habe für mich drüber gedacht und das was ich habe mit der Summe dessen was ich in den beiden Auctionen verkaufte verglichen, und schlage Dir vor es auf 4000 Mk. bc oder 2000 Thlr Sächsisch zu schätzen, es kostet neu viel mehr, würde aber in einer Aukzion schwerlich mehr oder so viel bringen, genug ich glaube Dir nicht Unrecht zu thun. Von diesen 2000 Thlr gehört Dir der dritte Theil, nehmlich 666 Thlr. macht mit den 18316, 18982 Thlr, der runden Zahl wegen sage ich 19000, die habe ich a 5 p.c. sicher für Dich belegt wie Du auf beygefügtem Zettel findest, Du hast allso eine jährliche Rente von 950 Thlr gut Geld. Hiezu kommen noch die Güter von Deinem Grosvater, da beyde Groseltern vor Deinem Vater starben so bin ich Miterbe, vom Onkel Andreas aber erbst Du einmahl mit Adelen allein wenn er stirbt, das heißt, der junge Tietz kriegt eine Hälfte und Ihr beyden die andre. Die Güter die in drei Theilen zwischen uns, dem Andreas und dem jungen Tietz getheilt werden, sind jezt nicht rahtsam zu verkaufen, sie sind sehr unterm Preise verpachtet, doch muß man jezt Geduld haben bis beßre Zeiten erscheinen, noch habe ich nie etwas davon gezogen, erst lasteten Prozesse drauf, hernach der Krieg, doch hat mir Kabrun versprochen daß es dies Jahr besser gehn soll, dann würden auf unser Theil etwa 1000 fl. Danziger, oder 250 Pr, oder circa 290 Thlr. gut Geld fallen, was davon herauskommt werde ich Dir redlich melden und Dir Dein Theil schicken, bey einer andern nächstes Jahr zu treffenden Einrichtung muß viel mehr herauskommen, ich werde ferner in dieser Sache unser aller Bestes besorgen wenn Du nichts dagegen hast; ich habe schon am 3. *Sptmbr* an Kabrun wenigstens wegen der diesjährigen Zinsen geschrieben, und melde Dir den Erfolg, etwas kommt doch dabey heraus, und so hast Du doch wohl tausend Thaler jährlich, und die wirst Du bey Deiner jezigen Denck- und Lebensweise wohl nicht ausgeben. Mit dem was noch, wie Du auf der Rechnung siehst, im Ausland steht müssen wir zum Frieden warten, Ganslandt nimt sich ferner der Sachen an, ich treibe ihn von Zeit zu Zeit, und wenn etwas erfolgt melde ichs Dir und gebe Dir Deinen Antheil. Kommt von Cabinyes, wie ich hoffe, noch etwas heraus, so erhält unser Vermögen einen beträchtlichen Zuwachs, wir müssen Geduld haben bis zum Frieden, der alles entscheidet.

Von Deinen 19000 Thlr habe ich 10000 in Leipziger Stadt-Obligazionen die für sehr sicher gehalten werden, 6000 bey der hiesigen Ober-Kammer, von den übrigen 3000 kommt es auf Dich an ob ich Dir einen Wechsel drauf geben und Dir alle Vierteljahr die Zinsen schicken soll, oder willst Du sie selbst belegen lassen, sie liegen in Hamburg noch bey Ganslandt, sage mir drüber Bescheid.

Bey Deiner Abreise werde ich Dir die Intressen Deines Vermögens vom lezten Vierteljahr übergeben, sie betragen 237 Thlr 12 g. Was Du bis dahin brauchst, Deine Miehte etc. bezahle ich natürlicher weise, auch die Wäsche die ich Dir machen lasse berechne ich Dir nicht. Es kommt mir überall wunderlich vor so mit Dir zu rechnen, ist unser Interesse nicht eins? Aber Ordnung muß seyn; unser gegenseitiges Verhältnis kan nichts zerreißen, die Natur band es zu fest, fehlt mir je etwas, zu wem kan ich aufsehen als zu Dir? und brauchst Du die Mutter, so findest Du sie immer wie bisher. Deshalb aber müssen wir dennoch alles verabreden.

Die Intressen der 6000 Thlr hier werden vierteljährig bezahlt, das erste fällt den 1ten März, die von Leipzig fallen Ende Juny und Dezember, die andern von den 3000 Thlr kannst Du von mir vierteljährig geschickt bekommen wenn Du es willst.

Da Du aber doch bis zur Hebung Deiner Intressen leben must, so rathe ich Dir etwa 900 Thlr von den 3000 baar um Neujahr geben zu lassen, um sie im voraus zu haben, die Intressen die Du dadurch verlierst sind nur zehn Thaler, und am Ende des Jahres hast Du leicht so viel erspart daß Du sie wieder bestätigst, und doch wieder eine ähnliche Summe aufs künftige Jahr voraus hast.

Die Papiere die Dein Vermögen enthalten will ich Dir übergeben wenn Du willst, doch halte ich sie bey Dir nicht gut verwahrt, willst Du sie mir vertrauen, so schreibe ich darauf daß sie Dir gehören, verwahre sie wie bisher, und schicke Dir die Intressen. Sterbe ich, so geört Dir ja doch die Hälfte von allem was ich besize, eine Quittung verlange ich von Dir nicht, wozu soll sie, ich baue auf Deine Redlichkeit daß Du nach meinem Tode Adelen eben die Summe giebst die ich Dir heute gebe, das übrige theilt ihr beyde, ein Testament werde ich schwerlich machen, aber meine Wünsche werde ich vielleicht aufschreiben und Du wirst sie bey meinen andern Papieren von Wichtigkeit leicht finden, und gewis gern erfüllen wenn es seyn kann. Solltest Du heurathen so daß im Fall Du vor mir stürbest andre Erben mit Adelen zu thun hätten, freylich auf den Fall müßten wir eine gerichtliche Quittung von Dir fordern, aber der Fall ist so weit im Felde und so unwahrscheinlich daß wir uns jezt den Kopf damit nicht zerbrechen wollen.

Überlege Dir alles und antworte mir wie Du willst, schriftlich oder mündlich.

Meiner Mutter gebe ich jährlich 600 fl, oder 150 Thlr. Pr. Sterbe ich so ist mein Hauptwunsch daß dies bis zu ihrem Tode fortgesezt werde. Ob Du mit dazu beitragen willst und etwa einen Theil der Danziger Revenuen dazu bestimmen, hängt von Dir ab, mache Dich lieber nicht dazu anheischig sondern sieh erst wie Du auskommst.

Deine Mutter J. Schopenhauer

Nachdem ich dieses beendigt erhielt ich Bescheid von Kabrun, dies Jahr ist von dort auf nichts zu rechnen. Die Kontribuzion zehrt alles auf und die Pächter zahlen nicht weil Krieg und Einquartierung und Plünderung sie ruinirt haben. Man muß allso noch ein Jahr Geduld haben, in der Zeit ändert sich gewis vieles. Ich nehme aber deshalb meine Anfrage wegen der Pension meiner Mutter zurück, ich will mich schon durchhelfen, wenn Du aus Danzig etwas bekommst wollen wir wieder darüber sprechen. Mein Hauptwunsch ist daß Du alles hast was Du brauchst, und aus oeconomie keine Gelegenheit versäumen darfst was Tüchtiges zu lernen.

Beyliegenden Zettel von Kabrun die Güter betreffend bitte ich mir zurück.

[Anlage 1]

| | |
|---|---|
| 10 000 Thlr in Leipzig. Die Interessen fallen d. 31 *Dec* und den 31 *Juny* jedesmahl 250 Thlr macht zusammen (5 %) | 500 Thlr. |
| 6000 Thlr beim Herzog, die Intressen werden vierteljährig bezahlt d. 1 März, 1. *Juny*, 1 *Septem* und 1. *Dec.* jedesmahl 75 Thlr. zusammen | 300 Thlr. |
| 6000 Mk. *banco* die ich Dir als 3000 Thlr mit 5 p.c. verzinse | 150 Thlr. |
| | 950 Thlr. |

Die 6000 Mk hat Muhl Ende *Nov:* gezogen, er wird sie, wie er mit meinem Gelde auch gethan hat in Preußisch courant umsetzen und wartet den Zeitpunct ab es mit Vortheil zu thun, alsdann wird er mir Nachricht davon geben, und ich werde Dir es genau melden, auch Tag und Datum wann die höheren Zinsen anfangen einzugehn. Ich hoffe Du bist davon überzeugt, sonst bin ich auch gerne erbötig Dir gegen eine Quittung alles zu übergeben, was vielleicht wohl das Beste wäre.

Die 6000 Thlr sind den 1. *Dec.* aufgesagt, ich habe an Kabrun und Muhl geschrieben ob sie sie nehmen wollen, sie werden den 1. *Juny* ausgezahlt mit den letzten Interessen, eher konnte ich sie nicht aufsagen. Ich hoffe Muhl wird mir wie sonst 8 p. ct. geben, Kabrun hat sich damahls zu 6 erboten, und wird ja nicht zurücktreten, noch habe ich keine Antwort.

[Anlage 2]

18 316 Thr
666

18 982

Die Zahl voll zu machen: 19000.

| | |
|---|---|
| 10000 Thr | Leipziger Stadtobligazionen |
| 6000 Thlr | Weimarische Kammer-Obligazionen |
| 3000 Thlr. | baar oder in Wechsel. |
| 19000 | |

[Arthur notiert darunter:]
Die 3000 Thlr hat *Muhl* zu 8% genommen, im *Novbr:* 1809.
Von den 6000 Thlr. nimmt *Kabrun* 3000 Thlr zu 6% *del credere* eingerechnet vom 1 *Juni* 1810 an. Laut Brief v. 11 *Jan.* 1810.
Und *Muhl* 3000 Thlr zu 8%.
Brief v. 15. *Nov.* 1810.

*Johanna an Arthur:* Nach Gwinner ist dieser Rechenschaftsbericht Johannas auf September 1809, vor Arthurs Aufbruch zum Studium in Göttingen, zu datieren.
*Cabinyes:* Schuldner der Schopenhauers in Barcelona.
*Kontribuzion:* Danzig hatte unter der napoleonischen Besetzung eine hohe Kontribution zu zahlen.
*Beyliegenden Zettel:* Die dem Brief beigefügten kommentierten Anlagen, die zweite mit einer Anmerkung Arthurs, sind hier angeschlossen.

*63. Arthur an Johanna*

Die Philosophie ist eine hohe Alpenstraße, zu ihr führt nur ein steiler Pfad über spitze Steine und stechende Dornen: er ist einsam und wird immer öder je höher man kommt, und wer ihn geht, darf kein Grausen kennen, sondern muß alles hinter sich lassen, und sich getrost im kalten Schnee seinen Weg selbst bahnen. Oft steht er plötzlich am Abgrund und sieht unten das grüne Thal: dahin zieht ihn der Schwindel gewaltsam hinab; aber er muß sich halten und sollte er mit dem eigenen Blut die Sohlen an den Felsen kleben. Dafür sieht er bald die Welt unter sich, ihre Sandwüsten und Moräste verschwinden, ihre Unebenheiten gleichen sich aus, ihre Mißtöne dringen nicht hinauf, ihre Rundung offenbart sich. Er selbst steht immer in reiner, kühler Alpenluft und sieht schon die Sonne wenn unten noch schwarze Nacht liegt.

Einen Trost gibt es, Eine sichere Hoffnung, und diese erfahren wir VOM MORALISCHEN GEFÜHL. Wenn es so deutlich zu uns redet, wenn wir im Innern einen so starken Bewegungsgrund auch zur größten, unserm scheinbaren Wohl ganz widersprechenden Aufopferung fühlen: so sehen wir lebhaft ein, daß ein anderes Wohl unser ist, demgemäß wir so allen irdischen Gründen entgegenhandeln sollen; daß die schwere Pflicht auf ein hohes Glück deutet, dem sie entspricht: daß die Stimme, die wir im Dunkeln hören, aus einem hellen Orte kommt. – Aber kein Versprechen gibt dem Gebote Gottes Kraft, sondern sein Gebot ist statt des Versprechens... Diese Welt ist das Reich des Zufalls und des Irrthums: darum sollen wir nur nach dem streben, was kein Zufall raubt, und nur das behaupten und nach dem handeln, worin kein Irrthum möglich ist.

*Arthur an Johanna:* Nach Gwinner stammt dieses Fragment aus einem während der Übersiedlung Arthurs von Göttingen nach Berlin in Ellrich geschriebenen Brief vom 8. September 1811. Ob es sich dabei wirklich um ein Brieffragment und nicht um eine für sich stehende philosophische Reflexion handelt, ist indessen ungewiß.

*64. Johanna an Arthur*

Seit unsrer lezten verdrieslichen Unterredung habe ich mir fest vorgenommen lieber Arthur, nie wieder von Geschäften mündlich mit Dir zu sprechen, weder von angenehmen noch unangenehmen, weil meine Gesundheit dabei leidet, darum schreibe ich, so wenig ich sonst das Schreiben unter Leuten leiden kann, die einander alle Tage sehen.

Hier erhältst Du die Interessen Deines Geldes bei Muhl von vorigem Jahr, Muhl hat sie mir durch Wechsel mit dem Rest dessen was ich noch zu fordern hatte übermacht, er schreibt mir dabei unsre diesjährigen Interessen würden in Zukunft immer wie sonst richtig einkommen. Die Rechnung von diesem Gelde ist so.

| | | |
|---|---|---|
| 2 Kapitale bei Muhl | 2961 | . Thlr. |
| | 3049 | . Thlr. |
| | 6010 | |

[Arthur korrigiert:] Rth. 3094
[Arthur korrigiert:] Rth. 6055

Hievon machen die Zinsen a 6 g 10. jährlich, nehmlich von jedem Tausend 60 Thlr. die Summe von 360 Taler 14 g [Arthur korrigiert: 363–7.] Preußisch. Das preußische Geld verliehrt jezt nur 2 vom Hundert, gegen sächsisches gutes *conv:* Geld. Allso macht das Agio auf diese 360 Thaler 14 g nur 1 Thaler. Deine Rechnung steht allso folgendermaßen.

360 Thlr. 14 g preußisch machen 359 Thaler 14 g Sächsisch, wie Du leicht ausrechnen kannst.

| | | |
|---|---|---|
| | 360 | . 14 g |
| | 1 | |
| | 359 | . 14 g |
| Hiervon geht noch ab ½ pc. Unkosten an Verkaufsspesen etc. | 1 | . 20 . |
| | 357 Thlr. 18 g conv. Geld | |

welche ich Dir hiemit überschicke.

Es hängt nun von Dir ab, ob Du die Hälfte dieser Summe über welche neulich unser Streit entstand, und über welche wir uns zulezt dahin vereinigten, daß sie dienen soll die größeren Ausgaben meiner Mutter, Deiner Grosmutter vom vorigen traurigen Jahr zu bestreiten, mir gleich geben wirst, dann schreibe ich Muhl daß er sie gleich auszahlt, oder ob Du mir nicht lieber die erste Hälfte Deiner diesjährigen Muhlschen Zinsen zu diesem Zweck überlassen willst, und das baare Geld behältst. Ich rathe zu lezterem u. werde Dir dann zu seiner Zeit schriftliche Beweise vorlegen, daß das Geld so angewandt ist, und daß ich es nicht für mich behalten habe, auch werde ich meiner Mutter melden, daß es von Dir kommt.

Kabrun habe ich geschrieben, daß er Deine Zinsen von Weickmann schicken soll, daß Dir jenes Kapital gehört, wegen der von mir bei ihm aufgenommenen 500 Thlr. habe ich auch meine Einrichtung gemacht, so daß Du darüber ganz außer Sorgen sein kannst, sie gehen *nicht* von dem Deinigen es war auch nie meine Absicht, daß sie es sollten obgleich Dein natürlicher Argwohn Dich verleitete dies zu glauben.

Ich habe Kabrun auch um die Rechnung der lezten zwei Jahre wegen der an meine Mutter jährlich auszuzahlenden 200 Thlr. und wegen der Einkünfte aus gemeinschaftlichen Ländereien von welchen sie bis jezt ausgezahlt wurden gebeten. Auch um Nachricht vom Nachlaß des Andreas bat ich ihn, alles dies werde ich Dir vorlegen, wenn ichs erhalte, welches hoffentlich innerhalb vierzehn Tagen oder drei Wochen geschehen wird.

Du bist, wenn ich nicht sehr irre, d. 14ten *Nov:* angekommen. Gans kam d. 14ten *Januar*, das weis ich gewis weil ichs in meinem Kalender anmerkte. Den 14ten *April* bist Du fünf Monate und er drei Monate bei mir im Hause. Gegen Ende dieses Monats wünsche ich nun wieder zu meiner alten Einrichtung zurückzukehren und daß Du alsdann Dir entweder einen anderen Ort des Aufenthalts erwählst oder im Fall Du hierbleibst Dich für Dich einrichtest. Müllers Zimmer sind noch nicht vermiethet, und bleiben vielleicht bis Johanni unvermiethet, wenn wir nicht eher einen Mietsmann dazu finden wie wir ihn wünschen, dies bestimmt mich allso nicht zu dem Wunsche den ich Dir äußere, aber wohl folgende Gründe: Es wird mir auf die Länge unangenehm oder vielmehr beschwerlich eine so große Wirtschaft zu führen, so viele Essen, Wäsche, etc. zu besorgen, und beschränkt auch im Sommer zu sehr meine Freiheit, besonders die fortwährende Gegenwart eines Fremden wie Gans. Dann, und das ist die Hauptsache, wird es mir zu kostbar auf die Länge, so gros mir Dein angebotenes Kostgeld schien so finde ich doch, daß ich bei der jezigen Theuerung nicht damit auskomme, freilich fällt im Sommer einer der kostbarsten Artikel das Holz weg, welches ich aber nicht allein zur Heizung eurer Zimmer sondern auch zur Wäsche, zum öfteren Braten etc. verbrauchte, aber alles dis ungerechnet übersteigen doch meine jezigen Ausgaben für den Tisch, für Kaffee, Zucker, Seife *etc.* um mehr als die Hälfte das, was ich sonst für diese Artikel ausgab, und das ist zu viel. Ich sage Dir dis nicht, weil ich mehr als das ausgemachte von Dir verlange, ich bin gewohnt, einmahl eingegangne Bedingungen fest zu halten, ich werde nicht mehr als das ausgemachte von Dir annehmen, denn ich will auch den kleinsten Schein von Eigennuz von mir entfernen, ich sage es Dir nur, damit Du nicht denkst, ich sei ungefällig, damit Du siehst, das ich triftige Gründe habe zu wünschen, daß ich bald allein wieder lebe. Ich will auch jezt meine täglichen Ausgaben auf einen festen Fus sezen um mit dem was ich jezt gewis habe auszukommen, das kann ich bei dieser ausgebreiteten Haushaltung nicht. Willst Du indessen mir die gehabten Ausgaben in etwas erleichtern, so gieb *Duguets* und der Male ein ordentlich Trinkgeld, wenn Du fortgehst für Ihre mit Dir u. Gans gehabte Mühe sonst mus ichs thun in Deinem Namen, denn es ist unbillig, daß die Leute nicht mehr einnehmen, wenn sie mehr arbeiten und Sophie u. Male haben dismahl einen schweren Winter gehabt. Wie viel Du mir zu bezahlen haben wirst, magst Du selbst berechnen. Zieh 25 Thlr. gut Geld davon ab, als Interessen für ein halb Jahr (welches d. 30 Juni fällig ist) von der Obligazion, die Du mir auf Zinsen geliehen hast. Ende des Jahres hoffe ich die Obligazion Dir wieder zu erstatten, ich arbeite jezt daran sie bei Rindern einzulösen. Deine Papiere liegen noch sicher im Archiv, wenn Du fortgehst übergebe ich Dir alle gegen eine Quittung von Dir, oder auch eher wenn Du willst.

*Johanna an Arthur:* Nach Gwinner ist dieser Brief auf April 1814 zu datieren.
*angekommen:* Arthur war schon am 5. November zurückgekommen, hatte aber wahrscheinlich in einem Gasthof gewohnt.
*Gans:* Josef Gans, ein Studienkollege Arthurs.
*Müllers:* Muller von Gerstenbergk, der Freund Johannas, der zunächst eine eigene Etage in ihrem Wohnhaus, dann einige Zimmer in ihrer Wohnung gemietet hatte und auch mit ihr aß. Die freigewordenen Zimmer sollten weitervermietet werden.
*Male:* Haushaltsangestellte Johannas.

*65. Johanna an Arthur*

Die Einquartirung u. mancherlei andre Hindernisse hielten mich ab Dir gestern zu antworten, wie ich mir doch fest vorgenommen hatte. Heute will ich es in möglichster Kürze der Reihe nach thun. Wie Du es mit dem Gelde das Du für meine Mutter geben willst, einrichtest, ist mir recht. Doch möchte ich Dir rathen, lieber das baare Geld zu behalten weil es Dir u. mir wohl bequemer ist, aber mach es wie Du willst. Wegen des Kapitals der 3049 oder 94 Thlr. habe ich gewis einmahl einen Irrthum gemacht, entweder in dem Verzeichnis Deiner Gelder das ich Dir schickte, oder in dem so ich zu meiner eignen Notiz machte ehe ich die Papiere ins Archiv brachte. Nach lezterem habe ich das Dir zukommende Geld berechnet, denn Muhl hatte Dein u. mein Geld auf einen Wechsel gesezt und mir ihn ohne weitere Berechnung mit einem ganz kurzen in Eil geschriebenen Briefchen geschickt. Wenn ich Dir die Originalwechsel abliefere wird sichs bald zeigen, wo der Irrthum liegt, gut daß er nur 45 Thlr. betrift.

An die Erhöhung Deiner Pension gehe ich ungern, wie froh wär ich, wenn ich Dich u. Deinen Freund als meine Gäste betrachten könnte, ohne alle Entschädigung! Ich sehe indeß es ist Dir ganz im Ernst daß ich keinen Schaden durch Euch leiden soll und ich will auch nicht eigensinnig oder albern generös erscheinen, willst Du mir allso für Gans so viel geben als für Dich, da er nicht weniger braucht, so denke ich jezt, wo manche Ausgabe wegfällt, oder doch geringer wird, auszukommen, genau läßt sich dergleichen nie berechnen.

Ich schrieb Dir wegen des Trinckgeld an meine Leute, weil ich mir bewußt bin Dir, wenigstens stillschweigend, freie Bedienung versprochen zu haben. Mit Trähnen bat ich Dich bei mir zu wohnen, das ist wahr, ich wollte nicht im Zorn von Dir mich trennen, dann wollte ich auch, daß Du meine Lebensweise näher und länger ansehen solltest, damit Du keine falsche Idee davon mit Dir nähmest, ich dachte auch, es würde Dir gut sein, wieder einmahl in einer Familie zu leben.

Jezt weise ich Dir nicht die Thüre, nie kann mir solch ein Gedanke kommen, Du müßtest mich denn aufs Heftigste erzürnen. Ich schrieb Dir aus keinen anderen Gründen als die ich Dir meldete, was ich Dir schrieb. Ich halte es nicht für gut, daß eine Mutter mit ihrem erwachsenen unabhängigen Sohne in einem Hausstande lebt, es kommt für beide nie etwas gutes dabei heraus, dagegen wenn der Sohn im Orte lebt ist sein Besuch für beide eine Freude und Erhohlung. Ich sehe nicht ein wohin Du diesen Sommer gehen willst, in Dresden ists traurig, in Tübingen oder Stuttgard ists noch nicht recht geheuer, nach Berlin zurück magst Du nicht, ich würde Dir rathen, Dich hier einzurichten, wo Du angenehmer leben und für Dich studiren kannst wie an jedem anderen Orte. Vielleicht aber willst Du nach Ilmenau, Rudolstadt oder sonst eine schöne Gegend in der Nachbarschaft, ist dies der Fall, so bist Du mir, wie wir jezt leben, willkommen, und kannst bis Mitte oder Ende Mai bleiben, es wäre mir sogar lieb, denn ich würde Dich ungern auf 14 Tage oder 3 Wochen ohne Noth in einen Gasthof oder andres Logis ziehen lassen, auf mehrere Monate wär es ein anderes. Die Gründe warum habe ich Dir geschrieben, wenn auch der, daß es zu viel mir kostet jezt wegfällt, so bleiben doch die andern, genug ich wünsche daß Du nicht für wenig Wochen Dir die Last und mir das Misvergnügen machtest, auszuziehen. Willst Du Dich auf längere Zeit in Weimar einrichten, so stehe ich gern bereit Dir mit Rath und That dabei zu helfen. Da mein Quartier mir wenn Du nicht bei mir wohnst zu gros ist so will Müller mir die Last der Miethe dadurch erleichtern, daß er mir die Hinterstuben abmiethet u. sein Quartier vermiethet. Dis Quartier enthält 5 Stuben u. ist nicht wohlfeil, es ist uns auch nicht gleich wer darin wohnt, eine Familie mit Kindern möchte ich ungern darin wissen, daher ists nicht wahrscheinlich daß es vor Johanni vermiethet wird, sollte sich aber gegen Erwarten eine gute Gelegenheit dazu finden eh du verreist, so werde ich es Dir sagen und wir sehen dann uns einzurichten so gut es gehn will. Ich kann dann auf die kurze Zeit Gans mein Schlafzimmer geben, in mein Kabinet schlafen und Müller zieht ins Gansens Stube, oder wir sehn sonst uns zu helfen.

Müller verdrängt Dich nicht, er weis nichts von dem was wir jezt miteinander verhandeln, denn es ist meine Art nie von dem was ich thue oder lasse ohne Noth zu sprechen. Ich spreche überhaupt fast nie von Dir mit ihm obgleich er nie sich so von Dir ausdrückt daß Du es nicht selbst anhören könntest weil er weis es würde mir wehthun, wenn er es thäte. Daß Du fortwährend auf ihn schimpfest ist mir unangenehm und auch Deiner nicht werth, so wie überhaupt das Schimpfen das Du Dir nur zu sehr angewöhnt hast. Von jenen unangenehmen Vorfällen zwischen Dir und Müllern haben wir so viel gesprochen, daß es endlich genug sein könnte. Ich war damals nicht mit Dir zufrieden, mit ihm aber auch nicht, ich sagte es ihm wie Dir, er erkannte sein Unrecht in meiner Gegenwart sich so vergessen zu haben, bat mich um Vergebung und die Sache war zwischen mir und meinem Freunde abgethan. Er war fest entschlossen, nie wieder in gleichen Fehler zu fallen, aber es gieng nicht, ihr seid ein paar einander so entgegengesezte Elemente daß es knallen und bumsen muß wenn ihr zusammenkommt ohne daß jeder deshalb an sich schlechter wäre. Das sah ich deutlich, ihr könnt nicht neben einander existiren, daher traf ich die Einrichtung nach welcher wir jezt drei Monate ganz friedlich neben einander leben und uns wohl dabei befinden. Müller hat jezt keinen Grund Dich fern zu wünschen, er hast Dich nicht wie Du ihn, er ist darin gerechter als Du. Das Alleinessen Mittags ist ihm recht da er jezt viel zu thun hat, u. es ist möglich daß diese Einrichtung bleibt selbst wenn Du fort bist, im übrigen genirst Du ihn gar nicht. Dein Treiben u. Wesen gefällt mir freilich nicht immer und ganz. Du scheinst mir zu absprechend, zu verachtend gegen die die nicht sind wie Du, zu aburtheilend ohne Noth u predigst mir zuweilen zu viel. Deswegen aber wünsche ich nicht daß Du ein tüchtiger Husar wärst, wenn auch Deine Weise zu sehen und Dein Eifer anderen diese Ansicht aufdrängen zu wollen mir nicht gefällt. Ich weis dis ist die jezige Art der jungen Welt, ich ertrage sie, und denke die junge Welt wird auch einst alt. Besonders aber verdrist es mich wenn Du auf die schimpfest die ergriffen von der großen Zeit in der wir leben, das Schwerd zur Hand nehmen selbst wenn die Natur sie nicht dazu bestimmte. Du solltest andern ihre Weise lassen wie man Dir die Deine läst denke ich. Gans ist dann froh seine angeborne Feigheit hinter Dir zu verbergen und pappelt Dir nach ohne deinen Geist zu haben, das ist gar nicht erfreulich zu hören, lieb wärs mir, wenn Du solche Unterhaltung in Zukunft vermiedest.

Warum unser Familienband Dir zerrissen scheint begreife ich nicht. Laß nur Gelegenheiten zur Theilnahme kommen, Du wirst sie bei mir u Adelen nicht vermissen, schon unsre Bereitwilligkeit Deinen israelitischen Freund aufzunehmen sollte Dir ein Beweis davon sein. Wollte ich Dir meinen Freund opfern weil ihr euch nicht miteinander vertragt so thäte ich Unrecht an ihm und mir. Du hast mir oft bei andern Gelegenheiten mit Recht gesagt, wir beide sind zwei, und so muß es auch sein.

Genug ich habe dafür gesorgt daß ihr einander wenigstens nie in den Weg treten könnt da ich die Unmöglichkeit einsehe daß ihr euch je erkennen könntet. Ich aber kenne euch beide jeder ist mir lieb nach seiner Art u keiner thut dem andern bei mir Eintrag, keinen werde ich dem andern opfern. Da ich aus Gründen die ich einsah eh ich Müllern kannte, weis, daß wir beide nie in *einem* Haushalt auf die Dauer leben können, da ich weis daß Du selbst dis nie wünschtest, warum soll ich mich von einem Freunde losreißen der mir treu ist und helfend so wie 's Noth thut, der mir meine Existenz angenehmer macht und den ich und viele achtungswerthe Menschen für gut u rechtlich anerkennen? Blos weil er sich hingerissen von Zorn, Empfindlichkeit und Hize unartig gegen Dich betrug der auch nicht artig war? Besonders da ich die natürliche Antipathie zwischen euch anerkenne für welche ihr beide nicht könnt? Da wäre ich sehr ungerecht gegen mich und ihn, laß ihn nur immer wo er ist, er thut Dir keinen Eintrag. Sei mild, gut, theilnehmend gegen mich u Adelen, size nicht immer auf dem Richterstuhl uns gegenüber u Du wirst sehen ob wir Dich lieben. Antworte mir nicht, es ist unnohtig, wenn Du Deine Abreise bestimmt hast so sag es mir, doch das eilt nicht ich brauchs nicht lang vorher zu wissen. Wenn Briefe von Kabrun kommen melde ichs Dir gleich. J.S.

*Johanna an Arthur:* Kurz nach Brief Nr. 64 auf April 1814 zu datieren.
*bei mir zu wohnen:* Bei seiner Rückkehr von Rudolstadt nach Weimar.

*66. Johanna an Arthur*

Hier hast Du Kabruns Brief den ich gestern Abend erhielt. Den Wechsel Hr v. Weickmanns lege ich an Dich endossirt bei. Du siehst Dein Kapital ist vollständig erhalten. Zu meiner laufenden Rechnung mit Kabrun die ich zu Deiner Einsicht beilege muß ich einige Bemerkungen machen. Der obenstehende Saldo von 585 fl ist der Rest einer Summe die von längerer Zeit aus Nachzahlungen der Pächter etc. von den Gütern sich herschreibt und der dazu diente die 800 fl von meiner Mutter zu komplettiren da die Güter nur gewönlich circa 600 einbrachten. Die größeren Interessen die Du im Jahr 1812 bemerkst sind von einem kleinen Kapital das ich dort mit Deinem zusammen hatte das aber jezt davon getrennt ist wie Du aus Deinem Wechsel siehst, die überall angemerkte Agio ist der Unterschied zwischen Danziger und preußischem Gelde und geht Dich nichts an, Du bekommst Deine Interessen in preußischem Gelde wie ich auch. Da Kabrun mir Deine Interessen berechnet hat so bin ich jezt in Deiner Schuld. Im Jahr 1812 hast Du alles richtig erhalten. Im Jahr 1814 zahlte Dir Kabrun die erste Hälfte in Berlin aus, die zweite von 95 Thlr. 4 g will ich Dir in diesen Tagen oder bei Deiner Abreise geben, wie Du es willst, das Geld dazu habe ich. In Zukunft wird das Geld Dir geradezu übermacht. Ich denke so ist alles in Ordnung. Daß die lezten Interessen von W im Jahr 1814 angemerkt sind muß Dich nicht irren, sie waren 1813 fällig konnten aber jezt erst gezahlt werden. Ich gestehe die ganze Rechnung macht mich ein wenig konfus; sie ist von gar zu langer Zeit her, Du weist indessen was Du jedes Jahr bekommen hast, das ist die sicherste Richtschnur für Dich, wenn Du jedes Jahr richtig Deine 95 Thlr. zweimahl bekommen hast, so ist Dir Dein Recht geschehen. Siehe Du selbst zu ob es so ist wie ich meine, jede Deiner billigen Forderungen erfülle ich gerne und mir liegt selbst dran, daß Dir vollkommnes Recht geschehe eben wie mir auch, und ich gestehe ich bin nicht recht einig mit mir selbst ob ich Dir Deine Interessen einmahl oder zweimahl zu geben habe, ich will aber an Kabrun um Erläuterung dieser Rechnung schreiben, ich denke es sind nur die im abgelaufnen Jahr fälligen

Interessen bezahlt und Deine Forderung fängt jezt mit dem 12ten Januar an wo dann die Zinsen am 12ten July fällig sind, ists anders so schicke ich Dir das Geld nach wo Du auch seist. Darauf verlaß Dich fest.

Ich wünschte Du entschlössest Dich jezt wegen der Zinsen von Muhl, vom Jahr 1813 ist noch nichts von den Gütern eingekommen, wie Du siehst, denn die unterm 31. *Jan.* 1813 angeführten Pachtgelder sind die vom Jahr 1812. Indessen erhält meine Mutter immerfort ihre 800 fl. Bist Dus zufrieden, so schreibe ich Muhl daß er die erste Hälfte Deiner Zinsen Kabrunen giebt zu diesem Zweck, denn ich glaube nicht daß vom vergangnen Jahr etwas einkommen wird da die Leute alle ruinirt sind. Ist die Erbschaft erst regulirt so nimt jeder von uns sein Theil und Du bezahlst jährlich 1 Drittel der 800 fl. an meine Mutter und ich zwei Drittel. Kabrun beträgt sich so generös daß wir immer sorgen müssen ihn zu dekken, er hat meiner Mutter gewis Geld über die bestimmte Summe hinaus gegeben, ist aber zu delikat es mir anzurechnen wie ich sehe, da er meine Lage kennt und weis daß ich genug zu thun habe um die im vorigen Jahr gemachten Schulden abzutragen. Ich würde mich schämen wenn ich Dir zutraute daß Du glauben könntest ich wollte jene Gelder von Muhl anwenden um meine eigene Schuld bei Kabrun zu bezahlen, das berühre ich allso nicht weiter. Willst Du über alles dies lieber mit mir sprechen so will ich Dir morgen eine Stunde dazu bestimmen, doch denke ich die Sache ist klar in so weit sie es sein kann und wir haben nichts weiter darüber zu reden, bis ich Antwort von Kabrun bekomme worüber leicht mehr als ein Monat hingeht denn die Briefe laufen eilf Tage und darüber.

Damit daß Kabrun solch eine Versorgung für die Meinen gefunden hat ist mir ein Stein vom Herzen gewälzt, mit dem Zuschuß den wir ihnen geben werden sie jezt bequem auskommen. Wegen der Erbschaft werde ich ihm schreiben und sagen daß ich keinen Anspruch daran mache noch machen kann, doch wegen meinem kleinen Antheil an den Gütern und für Adelen will ich ihm eine Vollmacht senden mit der Kondizion daß er wenn er sie nicht persönlich ausüben will sie dem übertrage den er will. Meine Vollmacht an den Advokaten Sommerfeldt gab ich damals auf Muhls Bitten blos in seiner Angelegenheit weil ich nicht die beiden gut zusammenbringen konnte und so alles am besten gieng. Willst Du mich in dieser Lage zu Deiner Bevollmächtigten machen so glaube ich thust Du klug, Kabrun verwaltet dann unser gemeinsames Interesse und hat nicht nöthig Dir besonders Rechnung abzulegen welche Mühe er wohl schwerlich bei seinen vielen Geschäften übernehmen würde, ich bin dann bereit Dir von allem treulich Rechnung abzulegen, doch das mache wie Du willst, ich wende mich auf jeden Fall an Kabrun. J.

Den Brief und die Rechnung bitte ich mir bald zurück weil ich schreiben will.

*Johanna an Arthur:* Im Anschluß an Brief Nr. 65 zu datieren, wie sich aus dem Briefanfang ergibt.
*W.:* Weickhmann.

67. *Johanna an Arthur*

Die Thüre die Du gestern nach dem Du Dich gegen Deine Mutter höchst ungeziemend betragen hattest so laut zuwarfst fiel auf immer zwischen mir und Dir. Ich bin es müde länger dein Betragen zu erdulden, ich gehe aufs Land und werde nicht eher wieder zu Hause kommen bis ich weis daß Du fort bist, ich bin es meiner Gesundheit schuldig, denn ein zweiter Auftritt wie gestern würde mir einen Schlagfluß zuziehen der tödlich werden könnte, Du weist nicht was ein Mutterherz ist, je inniger es liebte je schmerzlicher fühlt es jeden Schlag von der einst geliebten Hand. Nicht Müller, das betheuere ich hier vor Gott an den ich glaube, Du selbst hast Dich von mir losgerissen, Dein Mistrauen, Dein Tadeln meines Lebens, der Wahl meiner Freunde, Dein wegwerfendes Benehmen gegen mich, Deine Verachtung gegen mein Geschlecht Dein deutlich ausgesprochener Wiederwillen zu meiner Freude beizutragen, Deine Habsucht, Deine Launen denen du ohne Achtung gegen mich in meiner Gegenwart freien Lauf ließest, dies und noch vieles mehr das Dich mir durchaus bösartig erscheinen läßt, dies trennt uns, wenn nicht auf immer doch auf so lange als bis du reuevoll und gebessert zu mir zurückkehrest, dann werde ich Dich gütig aufnehmen, bleibst Du wie Du bist so will ich Dich nie wiedersehen. Lebte Dein Vater, der wenig Stunden ehe er zum Tode gieng Dich ermahnte mich zu ehren, mir nie Verdrus zu machen, was würde er sagen, wenn er Dein Benehmen sähe. Wäre ich tod und Du hättest mit dem Vater zu thun, würdest Du wagen ihn zu meistern? sein Leben, seine Freundschaften bestimmen zu wollen, bin ich weniger als er? Hat er mehr für Dich gethan als ich? mehr gelitten? Dich mehr geliebt als ich? Du der so viel wissen will, studire das Gebot von Vater und Mutter auf daß es Dir wohl gehe, und denke des Spruchs des Vaters Seegen baut den Kinder Häuser, der Mutter Fluch reißt sie ein. Ich fluche Dir nicht, aber das Gefühl mit welchem ich von Dir scheide kann Dir nicht Seegen bringen. Meine Pflicht gegen Dich ist vollendet ziehe hin, mein leztes Geschäft mit Dir habe ich sachkundigen Männern vertraut die redlich und treu ihr Amt verwalten, sie werden es schon beendigen, seze nicht die Krone Deinem Benehmen dadurch auf, daß Du dich weigerst, Formalitäten zu erfüllen, denen jeder Erbe sich unterwerfen muß. Wegen der Erbschaft und Güter in Danzig wende Dich an Kabrun, wegen des übrigen an Ganslandt, ich habe nichts mehr mit Dir zu schaffen. Du erhältst hier deine Bücher, mehr habe ich nicht von Dir, das Bild des Großvaters und ein kleines plattirtes Schreibzeug daß ich Dir einst schenkte, ein Dekel davon ist verloren ich weis nicht wie, das ist aber eine unbedeutende Kleinigkeit laß ihn auf meine Kosten machen wenn Du willst.

Ich habe noch ein eisern Bett mit katunnen Gardinen das Dir gehört, ich wills taxiren lassen, man soll Dir den Preis melden und dann soll es von Dir abhängen ob Du es mir dafür verkaufst oder ob es Dir nachgeschickt werden soll. Laß deine Addresse hier, aber schreibe mir nicht, ich werde vor jezt keinen Deiner Briefe lesen noch beantworten, unser Weg trennt sich von nun an, ich schreibe dis mit tiefem Schmerz aber es mus so sein wenn ich leben und gesund bleiben soll. So ist es denn vollendet. Ich habe befohlen, daß Du bis Donnerstag Morgen in meinem Hause bedient werdest wie sonst. Laß uns friedlich scheiden weil mir nicht miteinander gehen können, und suche keine Zusammenkunft zu erzwingen die meinen plözlichen Tod nach sich ziehen könnte. Du hast mir zu weh gethan. Lebe und sei so glücklich als Du kannst.

Johanna Schopenhauer

*Johanna an Arthur:* Wie nach Brief Nr. 68 anzunehmen ist, auf den 17. Mai 1814 zu datieren.
*Formalitäten zu erfüllen:* Bezieht sich auf die in Brief Nr. 69 genannte Quittung, mit der sich Johanna gegen etwaige künftige Ansprüche Arthurs sicherstellen wollte.

*68. Johanna an Arthur*

Da ich einen unendlichen Wust Papiere durchsuchen müste um die Abschlußrechnung Ganslandts nach welcher ich *Anno* 1809 um Michaelis mit Dir unser Vermögen theilte so weit es damals in meinen Händen war zu finden, und Du sagst daß Du eine Kopie davon hier hast so bitte ich sie mir zur Ansicht aus, Du sollst sie gleich wieder haben. Ich bin entschlossen Dir heute Vormittag Deine Papiere zu übergeben, halte Dich dazu bereit, doch verlange ich, daß Du nicht eher in mein Zimmer kommst bis ich Dich rufen lasse, ich muß Ruhe bei disem Geschäft haben und meine Gesundheit leidet zu sehr bei jedem heftigen Ärger wie der gestrige war.

Du erhälst hier die Kabrunschen Zinsen. Zweimahl 95 Thlr. 4 g macht 190. 8 g. Nun ist das Preußische Geld jezt 4 pro cent besser als hiesig Kourant und 2. p.c. schlechter als Sächsisches gutes Convenzionsgeld. 190 Thlr. 8 g. Preußisch machen allso 197 Thlr. 22 g. hiesiges Geld welche du hiebei erhältst. Du weist jede Rolle von 20 Thlr. Sächsisch enthält 21 Thlr. 6 g. hiesiges Geld. Dafür erhalte ich jezt von Dir zurück 60 Thlr. für den lezten Monat vom 17. April–17. Mai DER HEUTE IST. Daß Du noch 2 Tage länger bleibst rechne ich auf die Zeit daß Du in Rudolstadt warst. Du brauchst mir nur durch die Überbringerin Sophie das Geld zu schicken und mir sagen zu lassen daß Du alles richtig befindest. Schriftliche Antwort verbitte ich mir weil Du mir dadurch vielleicht neuen Ärger erwecken würdest der mir nur zu sehr schadet auch erwarte ich die verlangte Abschrift der Rechnung von Ganslandt sogleich mit zu erhalten. Wenn es Dir auch jezt nicht gelegen ist die Sache abzumachen so mußt Du Dich doch diesmahl in meinen Willen fügen, mir ist dran gelegen mit Dir sobald als möglich alle Geschäfte abgethan zu haben. J. Schopenhauer.

[Arthur notiert dazu:]

Sie wollten neulich daß ich von der letzten Pension die 25 Th für meine Obligation abzöge, obwohl mir solche erst d 30 Juni zukommen. Soll ich sie jetzt abziehn? mir ists gleich, ich erinnere Sie bloß daran. Denn Eile hats nicht damit.

[Johanna antwortet:]

Ich werde sie Dir zur rechten Zeit frankirt überschicken.

*Johanna an Arthur:* Laut Angabe des Datums im Brief selber geschrieben am 17. Mai 1814.
*[Arthur notiert dazu:]* Die dem Hauptbrief angeschlossene Frage Arthurs und Johannas Antwort wurde wie die Korrespondenz dieser Tage insgesamt von Zimmer zu Zimmer als Hauspost besorgt.

69. *Johanna an Arthur*

Hier hast Du Deine Papiere, sieh sie durch, sobald Du die Quittung, die ich beilege abgeschrieben und gehörig unterzeichnet und besiegelt hast auch durch H. Schwabe der schon davon benachrichtigt ist und dem Du keine Verbindlichkeit dafür hast, hast bekräftigen lassen, werden sie Dir eingehändigt, was nach 1809 eingegangen ist kannst Du selbst bei Ganslandt erfragen, wegen der Erbschaft verhandelst Du selbst mit Kabrun, so wäre ich denn mit Dir völlig auseinander gesezt. Die vorige Schuldverschreibung fodre ich zurück indem ich eine neue beilege, ist Dir die alte lieber so schicke die neue zurück, Wort werde ich Dir halten. Persönlich kann ich dies Geschäft nicht mit Dir abthun.

J. Schopenhauer

Johanna an Arthur: Wohl ebenfalls am 17. Mai 1814 geschrieben.

*70. Johanna an Arthur*

Weimar, d. 24. Nov. 1814

Wahr ist es ich bin Kabrunen für meine Person noch vom vorigen Jahre eine kleine Summe auf seine Rechnung schuldig geblieben, da er mir aber wiederhohlentlich schrieb, ich möchte mich darum nicht kümmern sondern sie ihm nach meiner Bequemlichkeit wiedergeben, er ließe sie mir ohne alle Interessen solange ich wollte, so habe ich damit warten wollen bis Neujahr wo ich am mehrsten Geld zu empfangen habe. In diesem Jahr bin ich ihm nichts schuldig als die 200 Thaler preußisch (800 fl. Danziger Geld) die meine Mutter von uns erhält, er pflegte mir immer Weihnachten oder Neujahr eine Rechg. darüber zu schicken wie auch von den Einkünften unsers gemeinschaftlichen Theils der Ländereien wo das denn gewönlich miteinander aufgieng, im Jahr 1813 ist nichts eingegangen, wie leicht erklärlich und ich habe ihn so befriedigt, in diesem Jahr aber, da doch wieder Gras und Korn gewachsen ist, muß doch etwas eingegangen sein, ich mußte daher seine Rechnung abwarten da man doch ohnehin nicht eher etwas bezahlt bis es gefordert wird. Ich kann aufs Heiligste versichern, daß Kabrun auch nicht von Ferne gegen mich hat verlauten lassen als wolle er früher als sonst bezahlt sein, ich hätte sonst, schon um meiner Mutter willen ihn befriedigt, und hätte es auch nicht ohne bedeutende Aufopferungen geschehen können, er hat aber nie im mindesten eine Äußerung gegen mich gemacht, als ob er sein Geld verlange. Um so mehr erstaune ich über sein Betragen gegen Dich und kann es nur seiner, durch ein dumpfes Vorgefühl des nahen Todes erhöhten Ängstlichkeit zuschreiben. Julchen schrieb mir in dem Briefe in welchem Sie mir Kabruns Tod meldete man habe auf seinem Tisch einen Brief von Dir gefunden in welchem Du ihn bittest Dir Deine Interessen von Weickmann endlich auszuzahlen und eine angefangene Antwort von ihm in welcher er Dir einstweilen 20 Thlr übermacht, sie schrieb mir dabei Kabrun hätte in der lezten Zeit oft über Mangel an baarem Gelde geklagt weil er dessen bei seinem großen Bau in Schellmühl viel brauchte und sie glaube, er hielte Dein Geld zurück um die 800 fl. von diesem Jahr damit zu decken. Dies verdroß mich mehr als ich sagen kann, denn Kabrun wußte, daß ich *allein* responsabel bin für das was die Mutter erhält und daß er sich nur an mich, nicht an Dich dessen Interesse jezt ganz von dem meinen getrennt ist, halten kann, ich hatte es ihm deutlich gesagt, wie ich Dir den Wechsel von Weickmann abtrat. Ich schrieb gleich an meinen alten Freund MacLean der Executor des Testaments ist, er möchte Dir schicken, was Dir gebührt weil diese Dinge Dir nicht angehen, und Dir melden, ich hätte der Mutter ihre 800 fl. bezahlt wie ich zu thun schuldig sei, man würde auch nie in dieser Hinsicht etwas von Dir fordern, zugleich gab ich ihm eine Anweisung von 200 Thlr. an Muhl. Zu diesen 200 Thlr. habe ich Deine mir für die Mutter zugestandenen 180 Thlr. einstweilen mitgebraucht, doch nur einstweilen, ich bin damit noch immer in meiner Mutter Schuld, und werde es ihr zahlen sobald es nöthig ist. Daß ich sie ihr nicht eher gab dazu hatte ich folgende Gründe. Julchen schrieb mir zu wiederholten mahlen, ihr kleiner Handel gienge vortreflich, sie kämen gut aus, ja sie hoffe mit der Zeit ganz ohne unsere Hülfe auszukommen. Da sah ich allso keine Noth, ihr das Geld jezt zu geben wäre unklug gewesen, denn wenn sie solche Summe in die Hand bekäme so hätte sie sie ausgegeben und es kann eine Zeit kommen wo ein Nothpfennig nöthig ist, ich kenne Julchen darin, bei mir war das Geld sicherer. Dies war ein Grund, der zweite ist dieser. Du erinnerst Dich, da wir miteinander ausmachten daß die Mutter diese, unter uns streitigen, 180 Thaler bekommen sollte, bestimmten wir vorläufig sie sollten zur Bezahlung der Schulden dienen die die Mutter im Jahre 1813, in der Schreckenszeit, bei Kabrunen gemacht haben könnte, denn was er ihr vorher vielleicht mehr gegeben hat that er aus gutem Willen, auch glaube ich nicht daß es baar Geld war, nie hat er mir oder der Mutter etwas angerechnet, auch hatte ich ihm wiederhohlt geschrieben, daß meine Umstände mir nicht erlauben über die 800 fl. hinauszugehen, davon war allso gar nicht die Rede. Julchen schrieb mir in den ersten Briefen nachdem die Posten wieder giengen, es beängste sie ungemein daß Kabrun ihnen Baargeld gegeben hätte. Ich schrieb allso Kabrunen, ich vermuthe er habe der Mutter mehr gegeben als die 800 fl. (Bemerke hiebei daß Kabrun mir die Rechnung vom Jahr 1813 schon geschickt und ich sie mit ihm schon berichtigt hatte, ohne daß mehr als 800 fl für die Mutter draufstünden). Ich sagte ihm wir müßten seine Güte nicht misbrauchen, er habe ohnehin schon so viel für die Mutter in jenen traurigen Tagen gethan. Ich sei daher bereit ihm das was er der Mutter über jene 800 fl hinaus, *in der Zeit* gab zu ersetzen, soweit meine Kräfte es erlauben. Ich konnte das, da ich Deine 180 Thlr. in Händen hatte, mein Vornehmen war eine Hälfte der Schuld von den 180 Thalern zu bezahlen, die andere Hälfte aus eigenen Mitteln hinzu zu thun, und dann das was von den 180 Thalern übrigbliebe der Mutter zu geben. Kabrun antwortete mir darauf was er in der traurigen Zeit für die Meinen gethan fordere keinen anderen Dank noch Lohn als was die That selbst schon mit sich bringe, und führte mir dabei ein altes Liedchen zu Gemüth das wir beide in unsrer Jugend oft gehört haben, und in welchem es hieß »Ein gutes Werck bringt jederzeit die süßeste Zufriedenheit«. Julchen fuhr indessen in ihren Briefen an mich fort mich mit Ängstlichkeit wegen ihrer Schuld bei Kabrun zu quälen und mich wegen meines Versprechens zu mahnen. Ich schrieb allso wieder an ihn und wiederhohlte mein Anerbieten, er beantwortete meinen Brief in allem übrigen, übergieng aber diesen einzigen Punct mit Stillschweigen. So mußte ich freilich denken er wolle das Geld nicht ersezt haben da er aber nichts, ausdrücklich verbindendes, darüber geschrieben hatte, hielt ichs für möglich daß er sich noch anders besönne, und da ich besonders die Meinen in keiner Noth wußte, hielt ich die 180 Thlr. zurück und wollte erst seine gewönliche Neujahrsrechnung abwarten. Darüber ist er gestorben, und jezt muß ich erwarten was seine Erben thun werden, ich habe in dem Briefe an *H. MacLean* mit großem Bedacht dieser Sache gar nicht erwähnt, denn ich bin in meinem Herzen fest überzeugt daß Kabrun dies Geld nicht wiederhaben wollte und ich sehe nicht ein warum meine Mutter, von einem so vertrautem Freunde es nicht annehmen sollte, da Kabrun so viel schon für sie that und ihre Lage aufs genaueste kannte, indessen muß ich abwarten, was die Erben thun, kann ich die 180 Thlr. der Mutter retten so thue ich es und zahle sie ihr dann bei Heller und Pfennige aus sobald noch ein Umstand berichtigt ist von dem ich Dich jezt unterrichten will obgleich er mich alleine angeht. Ich weiß nicht ob man Dir gemeldet hat daß meine arme Schwester Anette endlich nach unsäglichem Leiden, wenige Wochen vor Kabrunen gestorben ist. Wie mein Vater starb haben weder ich noch meine Schwestern von der Mutter etwas verlangt weil wir wußten daß er wenig nachließ und der Mutter nichts entziehen wollten, Lotte wurde damals von Reyger geschieden und lebte bei der Mutter in Stutthoff wo sie die Wirtschaft führte. Von uns allen hat sie gerade am wenigsten ein Recht von der Mutter etwas zu fordern, sie war nie im Stande etwas für die Mutter in ihrer bedrängten Lage zu thun, hat ihr immer Kosten gemacht und dazu unendlichen Kummer und auch Schande durch ihr Leben mit *Ratzky* da seine Frau noch lebte. Im Grunde ist Lotte gut bei all ihrem ehemaligen Leichtsinn, und es thut ihr gewis recht weh, nichts für die Mutter thun zu können. Nun kommt aber mein Herr Schwager *Ratzky* und verlangt sein Theil an Annettens Nachlaß. Dieser kann nur gering sein, der Vater ließ zwar etwas nach, aber in den bösen Zeiten ist wohl viel verloren gegangen, ich habe aus Liebe zu meiner Mutter nie darnach fragen mögen. Ueberdies hatte Annette 2000 fl. die jeder von uns einst ein alter Großonkel der Bürgermeister Schwarz vermachte, mit der Bedingung, daß sie nach dem Tode eines der Geschwister an die andern fielen. Da sie aber längst mündig war, und immer in der vollkommensten Gemeinschaft mit der Mutter lebte, so hat niemand darnach zu fragen, wenn das Geld nicht da ist, denn sie konnte ja bei Lebzeiten mit dem ihrigen machen was sie wollte. Ratzky weis das alles, aber er denkt doch bei dieser Gelegenheit von der furchtsamen mit solchen Dingen unbekannten schwachen Mutter ein paar hundert Thaler von dem zu erschnappen, was ich der Mutter gebe mit Deiner Hilfe, vorzüglich scheints auf die 180 Thaler abgesehen. Du mußt wohl davon etwas haben verlauten lassen, denn Julchen fragte mich schon vor einiger Zeit darnach und ich habe ihr geschrieben, daß sie hauptsächlich zuerst zur Bezahlung der Schulden bestimmt wären. Ich hatte mit Bedacht früher vermieden, davon zu sprechen, weil ich erst abwarten wollte, ob Kabrun Forderungen machen würde oder nicht, ich wollte ihnen keine Hoffnung erregen, die vielleicht hernach getäuscht werden müßte.

Julchen schrieb mir vorige Woche Ratzkys Forderung und fragte daneben abermals sehr ängstlich nach den 180 Thalern, so daß ich deutlich sehe, sie will *Ratzky* damit befriedigen, das ist aber gar nicht meine Meynung, daß der schlechte Mensch erhalte, was wir zu besserm Zweck bestimmt haben. Ich habe an Lotten geschrieben, um sie zu bewegen daß sie ihren Mann dahin bringe daß er wartet bis unsere 71 Jahre alte Mutter nicht mehr lebt, dann soll er sein Antheil an ihrem sämtlichen Nachlaß haben wenn er ihn nicht der armen Julchen lassen will. Geht er dies nicht ein, so habe ich mich dahin erklärt, daß auch ich meinen Antheil verlange, wodurch der seine dann schon sehr geschmälert wird, besonders wenn die Mutter die Kosten für Annettens Krankheit und Begräbnis in Anschlag bringt, wozu sie ein Recht hat und worauf ich bestehe. Überdies verlange ich, daß die Theilung gerichtlich und öffentlich geschehe, damit die Welt sein Benehmen gegen die alte von aller Welt geachtete Mutter erfahre. Ich hoffe dies soll ihn abschrecken, und geschiehts nicht, so wird er wenig genug bekommen, wenigstens kein baar Geld als worum es ihm am meisten zu thun ist, was nicht da ist, kann er nicht fordern. Kommen in der Zeit Kabruns Erben mit einer Forderung und gelten meine Beweise, daß Kabrun diese nicht gemacht haben würde nicht, so kommt der Theil dieser Forderung den Annette, die mit der Mutter in Gemeinschaft lebte, zu tragen hätte, mit in die Berechnung. Bis das alles entschieden ist halte ich die 180 Thaler zurück und weis ich thue Recht daran, ich habe dies auch Julchen geschrieben. Was auf mein Theil von Annettens Nachlas fiele, laß ich natürlich der Mutter und Julchen thut das nähmliche. Von Dir wünsche ich folgendes. Du mischest Dich gar nicht in die Sache die ich Dir nur gemeldet habe, um Dir zu erklären warum ich die 180 Thaler nicht schon ausgezahlt habe, obschon mein bloßes Wort das ich gute Ursachen dazu habe, Dir genügen müßte. Frägt man bei Dir wegen der 180 Thaler an so antwortest Du Du habest sie mir ganz zur freien Disposition zum Besten der Mutter überlassen Du wüßtest daß sie einstweilen zur Bezahlung der 800 fl von diesem Jahre angewendet wären, gedenkst übrigens mit keiner Silbe der Schulden die die Mutter bei Kabrun haben kann, denn wenn er, wie ich fest glaube, sie der Mutter nicht anrechnen wollte, so wär es albern Grosmuth diese kleine Summe die der Vater seiner Freundin schenken wollte, den Kindern aufzudrängen die ohnehin reich genug sind. *Sei unbesorgt, daß ich die 180 Thaler für mich behalten* werde, ich will sie nur der Mutter retten. Mit den 800 fl die die Mutter erhält will ich es in Zukunft so halten, ich will Muhlen auftragen, ihr alle Vierteljahr ein Viertel davon zu zahlen, und zwar das erste kommenden Neujahr. Bist Du noch gesonnen Dein Drittel dazu beizutragen, so bezahlst du jährlich 66 Thlr. 16 g, ich und Adele 133 Thlr. 8 g. Preußisch Geld, denn 800 Danziger Gulden sind gerade 200 Pr Thaler. Ich werde dann Muhlen auftragen der Mutter von meinen Zinsen alle vierteljahr 33 Thaler 8 g auszuzahlen, soviel beträgt der vierte Theil von 133 Thaler 8 g. Du trägst Muhlen oder *Weickmann* auf, ihr ebenfalls Neujahr, Ostern, Johanni und Michaeli 16 Thaler 16 g zu zahlen von Deinen Interessen, so viel beträgt ein Viertel von 66 Thlr. 16 g. Ich habe recht gerechnet, verlaß Dich drauf. So erhält die Mutter das Geld ordentlich zu Zeiten wo sie es wegen Miethe usw. am nöthigsten braucht und Muhl wird gerne ein paar Thaler ein paar Monat früher geben als Deine Interessen fallen, der Mutter zuliebe, er zieht sie Dir dann halbjährig ab und mir auch.

Wegen der Erbschaft des Andreas habe ich Dir folgendes zu melden: Ich überschickte Kabrunen meine hier gerichtlich bestätigte Vollmacht. Er schickte sie mir unterm 19. August (wenn ich nicht irre, genug es war Ende August oder in den ersten Tagen des Septembers, da ich den Brief erhielt), zurück mit dem Bedeuten daß die preußische Justiz verlange ich solle es gerichtlich dokumentiren lassen daß ich Adelens Vormünderin sei. Es war der lezte Brief den ich von ihm erhielt. Er meldete mir darin es wäre mit der Erbschaft noch im weiten Felde, Jahre könnten noch darüber hingehen weil man alles so in die Länge zöge. Ich schrieb gleich an Ganslandt, schickte ihm die Vollmacht, und bat ihn, beim Hamburger Senat bestätigen zu lassen daß ich würcklich und förmlich Adelens Vormünderin bin. Der Senat war willig dazu, aber wie es in Reichsstädten, besonders in diesen Zeiten wo so viel wichtiges zu verhandeln ist geht, man sah die Ausfertigung dieses Dokuments als eine

Kleinigkeit an, verzögerte sie von Tag zu Tag, Kabrun starb darüber und ich mußte nun wieder bitten es nicht eher auszufertigen bis ich meinen neuen Bevollmächtigten ernannt habe, um dies zu können, muß ich erst Antwort auf zwei Briefe aus Danzig haben, darüber gehen gewönlich an 4 Wochen hin, denn die Briefe laufen 10 bis 11 Tage und man kann nicht immer gleich antworten. Ich schrieb gleich d. 9ten *Nov:* da ich die Nachricht von Kabruns Tod erhiehlt an *Muhl* und unseren *Cousin Meyer.* Muhl habe ich gebeten mir einen tüchtigen Rechtsgelehrten zum Bevollmächtigten vorzuschlagen, denn da wir mit den *Creditoren* von Tietz und mit der preußischen Justiz zu thun haben, ist ein solcher nothwendig, ich habe ihn gebeten mir von dem Procurator Sommerfeld bestimmte Nachricht zu geben der früher in den Muhlschen Sachen, freilich nur zum Schein meine Vollmacht hatte, von dem ich aber sonst viel Gutes gehört habe. Meyer war des Andreas Vormund und verwaltete die Ohraschen Ländereien, er war es der Kabrunen immer Rechnung davon ablegte. Diesen habe ich gebeten, mich vom Zustande der Ländereien, ihrem muthmaßlichen Werth und ihrem Ertrag in diesem und dem vergangenen Jahre, wo ich keine Rechnung erhielt, zu unterrichten, wie auch von dem was Andreas hinterlassen hat ohne die Ländereien. Ganz unbeträchtlich kann dies nicht sein da die Danziger Papiere sehr steigen. Dabei bat ich auch ihn, mir einen tüchtigen Rechtsgelehrten zum Bevollmächtigten vorzuschlagen und erkundigte mich, ob der Advokat *Repell* noch lebt und dergleichen annimmt, den dieser leistete mir einmahl in einem Prozesse gute Dienste, den ich für Deinen Vater der damals noch lebte, in Danzig ausfechten mußte weil er sich nicht damit abgeben mochte und meinte ich könne das besser als er, besonders da ich zur Stelle war. Sobald mir Meyer wegen der Erbschaft und der Ländereien Antwort gibt, melde ich es Dir, und hätte es auch ohne Deine Aufforderung gethan, denn es ist billig und nöthig daß Du von allem unterrichtet seist. Wenn ich einen Bevollmächtigten habe, melde ich es Dir auch, damit Du den nämlichen wählen kannst, wenn Du es willst, denn da Kabrun tot ist, mußt Du einen andern wählen. Ich warne Dich für einen Herrn Stadtmüller der sich mir zum Bevollmächtigten angeboten hat und sich vielleicht auch bei Dir melden wird. Er ist Kaufmann, und ich glaube er hat eine Schwester von Eduard Labes Wittwe zur Frau. Ich traue ihm, aus mehreren Gründen nicht, die zu weitläufig sind anzuführen. Eine Hauptursache warum er meine Vollmacht nicht haben soll, ist die, daß er der Bevollmächtigte der Tietzischen Creditoren ist, oder doch wenigstens an ihrer Spize steht, ich kann mir denken, daß er gern das Ganze unter Händen hätte um uns zu geben, was ihm beliebt. Bei der Theilung der auf Stadtobligationen stehenden Kapitalien kann er nicht viel schaden, denn da gehts seinen ordentlichen öffentlichen Gang, wohl aber beim Verkauf der Ländereien dabei hätte er gern zwei Stimmen, wie ich mercke, um sie vielleicht für einen Spottpreis selbst zu behalten. Ich werde besonders drauf sehen, daß wir dabei so wenig als möglich betrogen werden und Dir zu seiner Zeit das Nöthige redlich melden, verlaß Dich darin auf mein heiliges Versprechen. Denn gerade in dem Verhältniß in welchem ich zu Dir stehe, liegt mir daran daß Dir in allem Recht geschehe und daß Du auch nicht den leisesten Grund habest zu argwöhnen ich gehe nicht redlich mit Dir um. Noch eins habe ich Dich zu fragen. Bist Du fortwärend gesonnen den dritten Theil der 800 fl mit beizutragen wie Du versprachst, so bist Du mir für dieses Jahr 66 Thaler 16 g schuldig, doch will ich diese nicht eher von Dir haben bis ich der Mutter die 180 Thaler ausgezahlt habe und Dir bewiesen habe, daß ich es that, oder willst Du daß ich die 66 Thlr. 16 g von den 180 Thaler abziehe und ihr nur 112 Thlr. 8 g bezahle? Auf diese Frage erwarte ich Deine bestimmte Antwort, wie auch ob Du meinen Wunsch wegen der 180 Thaler gewährst und ob Du im Fall man bei Dir darum anfrägt, so antworten willst wie ich Dir oben schrieb. Auch laß mich wissen ob Du in Zukunft den dritten Theil zu den 800 fl an die Mutter beitragen willst. Diese drei Antworten kannst Du leicht durch Adelen mich wissen lassen. Das übrige was ich Dir schrieb braucht keiner Antwort da es Dich nur von dem unterrichten soll, was Du wissen mußt. Ich lege Dir einen Brief bei, den ich eben von Julchen erhielt. Du siehst daraus wie nothwendig es ist, daß ich mich in diese Sache menge, auch daß Julchen nur das Geld haben will um *Ratzky* zufrieden zu stellen, meine Briefe konnte sie nicht haben da sie diesen schrieb. Die Auszahlung von Muhl sind eben die 180 Thlr. Wenn wie ich es verlange, die Theilung gerichtlich geschieht und ich erst einen Bevollmächtigten dazu erwählen und anstellen muß, so vergeht Zeit, Julchen braucht das Kapital nicht zu kündigen. Die Begräbnis- und Krankheitskosten werden den dritten Theil der 2000 fl so schmälern daß es am Ende eine Kleinigkeit sein wird dem habsüchtigen Menschen das Seine zu geben. Da er auf *Recht* besteht, soll ihm *Recht* werden. Wenn Kabruns Erben unwiderlegliche Ansprüche machen, kann er noch in den Fall kommen Geld zuzugeben wenn er auf die Erbschaft besteht. Alles dies geht nur mich an, ich weiß daß ich *Recht* thue. Dir melde ich es nur um Dich wegen der 180 Thlr ins Klare zu sezen. In Deine mir vorgeschlagene Korrespondenz willige ich insofern, daß Du ernstlich Dein Versprechen hältst, mir nichts Unangenehmes zu sagen denn meine Gesundheit fordert Schonung wenn ich nicht plötzlich an einem Schlagflus aus der Welt gehen soll, den mir jeder tiefempfundne Zorn zuziehen kann, ich habe Beweise davon die ich Dir aus Schonung verschweige. Ich bin nicht mehr was ich vor einem Jahre war das fühle ich deutlich. Der Tod schreckt mich nicht aber um Adelens willen wünsche ich noch einige Jahre zu leben und ich nahe jezt einem Alter in dem die mehrsten Frauen sterben, was ich Dir, der einst Medizin studierte, nicht zu erklären brauche. Schreibe mir nur wenn es nothwendig ist, das ist jezt, glaube ich nicht der Fall. Adelens mündliche Bestellung genügt mir. Ich werde Dir auch schreiben wenn es Noth thut. Lebe wohl und glücklich.

J. Schopenhauer.

*Lotte:* Charlotte Trosiener, nach Johanna die zweitälteste der vier Schwestern Trosiener, war in erster Ehe mit dem zuvor erwähnten Fritz Reyger, dann mit dem Physikus Ratzky verheiratet, der wahrscheinlich mit dem von Johanna öfters erwähnten »Doktor« (vgl. Briefe Nr. 16 und 36) identisch ist.

*Andreas:* Michael Andreas Schopenhauer, der von Jugend auf geistesschwache und später entmündigte jüngere Bruder von Heinrich Floris.

*Tietz:* Vgl. Brief Nr. 53.

*Herrn Stadtmüller:* Carl Stattmüller, Danziger Kaufmann, Nachlaßverwalter von Michael Andreas Schopenhauer und Bevollmächtigter der Tietzschen Gläubiger.

*71. Johanna an Arthur*

Weimar, d. 1sten Januar 1815

Du erhälst hier einen Wechsel von *Frommann* auf 1000 Rthlr. *conv.* Geld zahlbar in 6 Monaten, wo Du dann auch a 5. p.c. die bis dahin abgelaufenen halbjährigen Zinnsen erhalten wirst, die vom verflossenen halben Jahr erhälst Du mit der nächsten fahrenden Post, nach Empfang derselben bitte ich mir eine Quittung darüber aus wie auch meine Schuldverschreibung über diese 1000 Thlr. Daß dieser Wechsel Dir nach Ablauf baar ausgezahlt wird, bin ich bereit Dir wenn Du es verlangst zu garantiren, und thue es auch hiemit. Will Frommann nach dem ersten July das Geld länger behalten und Du es ihm lassen so ist das Deine Sache und ich stehe nicht weiter dafür, nicht weil ich ihn für unsicher halte, im Gegentheil, ich weis daß er jetzt sehr gute Geschäfte macht, aber weil ich mich auf Bürgschaften überhaupt nicht einlassen will. Gern hätte ich Dir eine Leipziger Obligazion wie die so ich von Dir erhielt gegeben, und hätte mich besser dabei gestanden, da ich sie wahrscheinlich unter dem Werth gekauft hätte, aber es war mir für jezt unmöglich so viel baar Geld zusammenzubringen, auch glaube ich ists besser für Dich nicht zu viel an einem Nagel hängen zu haben.

Kabruns Brief lege ich bei. Wie er Dir schreiben kann daß Deine 3000 Thlr. Garantie für die jährlich an meine Mutter zu zahlenden 800 fl gewesen sei, ist mir unerklärlich, so wie manches andere aus seinen lezten Tagen, er wuste ja daß diese 800 fl immer vom Ertrag der Ohraschen Ländereien bezahlt wurden und diese 3000 Thlr. von jeher Dir bestimmt waren, er hat Dir ja selbst in Berlin die Zinsen davon ausgezahlt. Daß er aus übertriebener Regsamkeit und ängstlicher Erwerbssucht die lezte Zeit in einer Art Verstandes-Verwirrung gewesen sein muß, erhellt aus seinem Testament, er hat es allein ohne gerichtliche Beihülfe gemacht, alle Form übergangen, aber eine weitläuftige Abhandlung über das Recht das jeder hat über das Seine zu verfügen zum Eingange geschrieben, auch die Kinder hat er nicht vor Gericht legitimirt, die Folge ist daß sich jezt eine arme ihm nah verwandte Schneiders Wittwe findet die einen Proceß gegen das Testament erhebt und ihn wahrscheinlich gewinnen wird, so daß die Kinder wenig oder nichts bekommen, dies schreibt mir sein Executor *MacLean*.

Von meiner Mutter habe ich gute Nachrichten. Ratzky hat sich zurückgezogen mit seinen Ansprüchen da er meine ernsten Vorkehrungen sah. Julchens kleiner Handel geht gut, dies schreibt sie mir, auch *Almondi* und *MacLean*, beide suchen vereint Kabruns Stelle bei ihr und meiner Mutter zu ersezen, besonders mein alter Freund *Almondi* der mir einen sehr angenehmen Brief über diese Sache geschrieben hat, allso ist vor jezt dort keine Noth. Sollte sie eintreten werde ich es Dir melden und gewiß thun was ich kann ihr abzuhelfen. Das Geld das die Mutter bei Muhl hat ist aufs Haus versichert und steht allso gut. Die Kabrunschen Erben haben wegen der, vielleicht in der Schreckenszeit 1813 bei ihm gemachten Schulden, keine Ansprüche an meine Mutter gemacht und werden es auch wohl nicht denn er hat diese Kleinigkeiten wohl nicht angeschrieben, doch behalte ich die 180 Thlr. die Du zu ihrer Zahlung gegeben hast noch immer bis ich darüber ganz sicher bin. Muhl hat meine Mutter und Julchen besucht und sie beide wohl und zufrieden gefunden. Anettens Tod ist ihnen eine große Erleichterung. Ich habe Muhl geschrieben daß er ihnen die zwei Drittheil der 800 fl für mich, von Neujahr an vierteljahrweise auszahle, und ihm vorläufig gemeldet daß Du ihm für Dein Drittheil den nehmlichen Auftrag geben würdest. –

Wegen unsrer Forderung an *Böhl* in *Cadix* meldet mir Ganslandt, sein Bruder in Hamburg schreibe ihm, sie suchten in Waaren zu circa 40 p.c.; in baarem Gelde zu 25 p.c. ihre Schuldner zu befriedigen, er räth mir das baare Geld zu nehmen und lieber drei Viertel zu verlieren, weil ich bei Waaren leicht noch schlechter wegkommen könnte, ich werde seinem Rath folgen, willst Du lieber Waaren nehmen so schreibe an Ganslandt, vielleicht läst sichs machen daß Du für Dein Drittheil Waaren bekommst. Sonst geht die Sache im Ganzen, ich besorge das nöthige mit Ganslandt und zahle Dir Dein Drittheil aus sobald ich etwas erhalte.

Wegen der Erbschafts-Sache des *Andreas* habe ich endlich die nöthigen Belege vom Hamburger Senat erhalten, meine Vollmacht ausgefertigt und sie, um allen ferneren Einwendungen der

Preußischen Justiz auszuweichen, zur Bestätigung nach Hamburg geschickt, in den nächsten Tagen erwarte ich sie zurück, dann geht sie gleich nach Danzig. Der Kriminal-Rath und Justiz-Commissarius *Skerle* ist mein Bevollmächtigter, ich kenne ihn nicht, aber Muhl hat ihn mir als den tauglichsten Juristen dazu empfohlen, ein Jurist muß es sein, es ist besser etwas daran zu wenden und jemanden zu haben der die Justiz und ihre Kniffe kennt, Muhl sagt er kenne ihn als einen thätigen ordentlichen Mann und dem Rath dieses erprobten und redlichen Freundes zu folgen halte ich für das Klügste und Beste. *MacLean* schreibt mir aus freien Stücken daß Muhl, mit dem er so viel ich weis gar keine Verbindung hat, jezt ganz so sicher sei als jemals, auch von andern höre ich das nehmliche. Herr Stadtmüller wird mir von allen Seiten dermaßen gepriesen daß ich nichts weiter von ihm hören mag, er gehört zu denen die Rechnung ablegen müssen deshalb kann er mein Bevollmächtigter nicht sein. Ich lege Dir einen ziemlich albernen Brief von unserm *Cousin Meyer* bei, den Du nur zerreißen kannst oder aufbewahren wie Du willst. *Andreas* Nachlas mus viel beträchtlicher sein als er es angiebt. Was ich Dir jezt melde weis ich nur von Hörensagen, aber ich halte es für wahr. *Andreas* erbte von seinem Bruder Johann 60000 fl, dann noch, wenig aber etwas, wie viel weis ich nicht, von seinem Bruder Carl, der Deinen Vater enterbte, dann noch vielleicht 8 bis 10000 fl von seinen Eltern ohne dem Antheil an die Ländereien, da käme dann die Summe heraus die Kabrun Dir angab. Ich werde drauf drängen von den Vormündern genaue Auskunft über diese Summen zu erhalten und deshalb an Skerlen das nöthige bei Übersendung der Vollmacht schreiben. Seine Antwort theile ich Dir mit. Ich glaube nicht daß Du auch darum zu schreiben brauchst, es ist genug wenns einer von uns thut und die Leute werden über unnüze Schreibereien verdrüslich. Doch hälst Du es für besser so thue es. Die Vollmacht die Du schickst must Du gerichtlich ausfertigen auch Deine Handschrift und Siegel von einem Notarius recognosiren lassen, sonst gilt sie nicht und macht neuen Aufschub. Schicke sie nur an Muhl und schreibe ihm dabei das nöthige, sollte man an Deiner Majorennität zweiflen so leben noch zwei Deiner Taufzeugen, meine Schwester

*Ratzky* und *Friedrich Soermanns*. Du bist in der Pfarrkirche getauft, wo man leicht Dein Taufzeugnis finden kann. Du wirst aus Meyers Briefe sehen daß Kabrun mit Stadtmüller Tietzens Antheil an die Ländereien für weniger als ein Drittheil ihres Werthes gekauft hat, das geschah in der großen Geldnoth, er wuste die Zeit zu benutzen, mir wollte er es damals für 12000 fl verkaufen. Bei allem übrigen Guten blieb doch mancher schmuzige Flecken in seiner Handelsweise.

Wenn ich Dir wieder etwas zu sagen habe werde ich es thun, ich wünsche Dir ein gutes Neujahr. J. Schopenhauer

*Frommann:* Johanna hatte dem befreundeten Jenaer Verlagsbuchhändler Carl Friedrich Ernst Frommann, um ihm aus einer dringenden Geldverlegenheit zu helfen, eine Arthur gehörende Obligation geliehen, ohne die nötige Einwilligung einzuholen. Arthur erhielt dafür den erwähnten Wechsel – allerdings wieder, ohne über die Identität von Obligationsempfänger und Wechselgeber informiert worden zu sein.
*enterbte:* Karl Gottfried Schopenhauer, der jüngste Bruder von Heinrich Floris, hatte seine Angehörigen enterbt. Freilich hatte er auch nichts mehr zu vererben – ein nur noch symbolischer Akt.

72. *Arthur an Johanna*

1.) Ein Wechsel auf aller Orten ist ein Wechsel auf keinen Ort. Ich kann doch nicht dem Frommann aller Orten damit nachlaufen. Will ich den Wechsel verkaufen, so wird man mich auslachen. Wenn auf Einen der an keinem Wechselplatz wohnt ein Wechsel gestellt ist, so muß er *domizilirt*, dies heißt in einem Wechselplatz zahlbar sein. Ich verlange demnach, daß Frommann auf den Wechsel schreibe, zahlbar in Leipzig, oder in Berlin, oder in Hamburg, oder in welchem Wechselplatz er will, nur muß der Wechsel *domizilirt* seyn,
2.) Der Wechsel muß *acceptirt* sein, denn dadurch erst hat er volle Kraft. Frommanns Name muß also drey Mahl darauf stehen. Was er aber von Ausreden und Verpfändung darauf gesagt hat, ist unnütz. Das alles liegt in dem Wort »Wechsel«.

3.) Ihr Indossement ist auch nicht richtig. Es muß nicht heißen »Werth in Rechnung« sondern »Werth empfangen«. Sie haben ja meine 1000 Thaler empfangen. Denn eben in diesem Indossement liegt Ihre Garantie, die ich Ihnen keineswegs erlasse, sondern mir vorbehalte. Länger als zur Verfallzeit werde ich das Geld dem Frommann nicht lassen aus den oben angegebenen Gründen,
4.) Wünsche ich, daß der Wechsel auf Sächsisches Conventionsgeld laute, da es mir mit der Wechselwährung nicht recht klar ist.

*Arthur an Johanna:* Dieses auf die erste Januarhälfte 1815 zu datierende Brieffragment, das sich auf den in Brief Nr. 71 erwähnten Wechsel bezieht, wird von Johanna in ihrem Brief an Frommann vom 17. Januar 1815 wohl wortgetreu zitiert (vgl. Hermann Vogel von Frommannshausen: »Arthur Schopenhauer und C. F. E. Frommann«. Mit sechs unbekannten Briefen Schopenhauers. In: ›Süddeutsche Monatshefte‹ 4/1935, S. 449–457). Der Wechsel Frommanns fand in der vorliegenden Form keine Gnade vor dem ökonomisch-philosophisch geschulten Auge. Johanna an Frommann: »Ich schreibe Ihnen, so widerwärtig es mir ist, seine eigenen Worte ab, damit Sie sehen, welcher Wust von Unsinn in solch einem Naturfilosofischen Kopfe wühlt... Haben Sie je solch einen Brief eines Sohnes an seine Mutter gesehen? Er wäre der Mann, mich auf diesen Wechsel zu verklagen... er läßt es [das Geld, L. L.] Ihnen nicht, davon bin ich überzeugt wie von meinem Dasein, Sie würden sich Impertinenzen von dem mistrauischsten aller Menschen zuziehen, und mir unangenehme Briefe, die mir das Leben verbittern und abkürzen. Wäre diese Sache nicht, so vergäße ich ihn ganz, schriebe ihm nie und nähme keinen seiner Briefe an, so aber muß ich mit ihm in Konnexion bleiben, was mein schwer beleidigtes Mutterherz in seinen innersten Tiefen empört, besonders da ich doch fühle, daß ich Unrecht that, wenn auch aus den edelsten Gründen, indem ich einen Theil seines Eigenthums ohne seine Einwilligung in Gefahr setzte. ... Ich glaubte er würde aus Achtung gegen seine Mutter nicht auf so schnelle Bezahlung dringen, ich kannte den Filosofen nicht, für dergleichen Schwachheiten hat er keinen Sinn.«
*oben angegebenen Gründen:* Johanna fügt in Klammern hinzu: »*(nehmlich weil er Ihre Vermögensumstände nicht kennt)*.«

73. *Johanna an Arthur*

Weimar d. 22. Jan. 1815.

Hier hast Du den Wechsel wie Du ihn verlangst, er war auch in der ersten Form ganz gültig, aber ich habe es aufgegeben Dir dergleichen begreiflich machen zu wollen. Jezt erwarte ich mit nächster Post meine Handschrift von Dir zurück. Einen Monat vor der Verfallszeit wird Frommann selbst sich bei Dir mit der Anfrage melden wo Du den Wechsel eingelöst wünschest. Du wirst Deine 1000 Thlr baar erhalten, kannst Dir eine Leipziger Obligation kaufen und behältst noch etwas übrig. Mein Gewissen ist hierüber beruhigt, Deine Vorwürfe achte ich so wenig als Deine Ermahnungen, aber sie ärgern mich, und so verbitte ich sie mir für die Zukunft. Sonst muß ich die Erlaubnis an mich zu schreiben zurücknehmen, es war die Hauptbedingung dabei, daß alles, was mich verdrießen könnte dabei vermieden würde. Zahlt Frommann nicht so zahle ich Du hast meine Garantie.

Erkundige Dich in Danzig selbst ob *Weickmanns* gut sind und ob Muhl mehr als 6 p.c. zahlt ich mische mich nicht mehr in Deine Angelegenheiten. Wir beide sind ZWEI das Wort habe ich zu oft von Dir gehört als daß ichs nicht behalten haben sollte. Wegen der Erbschaftssache werde ich Dir alles mittheilen was ich erfahre, ich habe es versprochen und halte es, traust Du aber nicht so laß *Skerle* u Stattmiller Dir besonderen Bericht abstatten, mir liegt nichts daran, ich habe eine Mühe weniger. Ich schicke Dir einen Brief von *Stadtmiller* den ich vorige Post erhielt, ich habe ihm heut geantwortet, ihn an *Skerlen* für meine Person verwiesen, ihm gemeldet daß ich den Bau des Winkelhofes für nöthig halte, aber erst genauer von den Kosten etc unterrichtet sein will, und daß ichs zufrieden bin daß er die Güter administrirt nur bitte ich um regelmäßige Rechnungen. Ich habe gemeldet, daß ich Dir den Brief mittheile und daß Du ihm Deine Meinung selbst melden willst. Allso schreib ihm und *Skerlen* was Du willst, ich will Dich von allem unterrichten aber keinen Schritt für Dich thun der mir nur Ärger und Verantwortung zuziehen würde. Ich verlange auch nicht zu wissen was Du beschließest, mir gilt es gleich. Über die alte Vollmacht die Du *Kabrun* geschickt hast solltest Du die Leute nicht plagen, die Vollmacht ist durch Kabruns Tod und durch die neue an *Skerle* ganz unbedeutend niemand kann sie benuzen. Lebe wohl.

Johanna Schopenhauer

*Winkelhofes:* Auf den Schopenhauerschen Ländereien bei Danzig.

74. *Johanna an Arthur*

Weimar d. 1ten Febr. 1815

Es ist allerdings nothwendig daß Du gleich Deine Vollmacht wegen der Ohraschen Ländereien an *Skerlen* oder an wen Du willst schickst, wie Du schon aus *Stadtmillers* Brief sehen mußt, diese lange Zögerungen verhindern ja den Abschluß neuer Pacht Contracte und thun uns überhaupt Schaden. Wenn Deine Vollmacht an *Skerlen* nur für die Erbschaft gilt so must Du freilich eine zweite nachschicken, ich habe es auch so gemacht, die Abschrift der meinigen kann ich Dir nicht schicken weil ich keine habe, so ein Ding hat seine gehörige Form die jeder Notar kennt, meine zweite Vollmacht war ein sogenanntes Blanket in Beziehung auf die erste Vollmacht, um ihre Gültigkeit zu erweitern. Der Bau auf den Gütern ist nothwendig glaube ich, wenn nicht das Ganze drunter leiden soll, ein Pächter auf 30 Jahr ist nicht zu haben, diese Art Pachtung wird auch von allen Oekonomen für den Besitzer als nachtheilig angesehen. Jezt kann im Winter nicht gebaut werden, ich habe einen Anschlag verlangt wieviel das Ganze kosten kann, ehe ich mich bestimmt dafür erkläre, wenn ich ihn erhalte, theile ich ihn dir versprochnermaßen mit. Das Ganze kann nicht kostbar werden, da die Kosten in so viel Theile gehn und es nur zur Noth ein kleines Häuschen werden soll, Du denkst Dir das alles viel zu gros und schwierig. Wenn gebaut werden muß so denke ich mein Theil von den Interessen dieses Jahres großentheils zu bestreiten, ich werde mich darüber mit *Stadtmiller* zu verständigen suchen und rathe Dir auch dazu. Willst Du Dein Antheil verkaufen so erkundige Dich in Danzig wieviel es werth ist, bist Du dazu gestimmt, so melde mir um wieviel Du es weggeben willst, vielleicht werde ich dann mit Dir handelseins und behalte es, denn in je weniger Theile solch ein Besitz geht je besser ists für die Besitzer. Zeige Du nur weder *Skerlen* noch *Stadtmillern* zu großes Mißtrauen, Du schadest Dir selbst dadurch, betrügen können sie uns so arg nicht als Du denkst da wir ja Rechnungen erhalten. Verpflichtungen zu Geldbeiträgen übernimmt kein Bevollmächtigter ohne Auftrag. *Skerlen* traue ich auf Muhls Empfehlung, übrigens kann man eine Vollmacht auch wieder auflösen wenn man Unrath spürt. *Stadtmil-*

*lern* halte ich für keinen Betrüger, aber für eigennüzig, das war Kabrun auch. Ob *Meyer* und der jüngere *Weickmann* Associés sind weis ich nicht. Lebe wohl. J. Schopenhauer

Eile nur mit dem Blanket an *Skerlen* damit einmahl eine Ordnung wird. Ich habe ihm auch geschrieben, daß ich wegen des Baues nähere Auskunft verlange, und überhaupt alles Nöthige um uns sicher zu stellen, Du kannst ohne Schaden zu fürchten Dich auf meinen Brief an ihn beziehen, doch gebe ich Dir hiezu keinen Rath, mache es wie Du willst, denn ich scheue jede Verantwortung bei Dir.

75. *Johanna an Arthur*

Weimar d. 14. Juny 1814

Lies die Einlage und schicke sie dann auf die Post.

Dein Brief verdient keine Antwort von mir, andere Hände sollten sich damit befassen, deren Amt es ist, Menschen oder Philosophen zu behandeln, die ihre Mutter für eines Diebstahls verdächtig erklären, ich mag sie aber nicht auffordern, doch behalte ich ihn in guter Verwahrung. Frage Julchen, ob sie Dein Geld erhalten hat, meine 33 Thlr. 8 g. sind ihr gezahlt. Julchens Brief erfolgt hiebei zurück.

Daß der Fluch meiner Mutter mich nie drücken wird, weis ich, Dir fluche ich nicht weil ich nicht fluchen kann, ob aber alles was Du an mir thust und gethan hast und wahrscheinlich noch thun wirst, Dir nicht, ohne mein Zuthun einst zum Fluche werden wird, das wird die Geschichte Deines künftigen Lebens zeigen, ich wünsche es nicht, aber ich fürchte es, denn ich glaube an Gott.

Johanna Schopenhauer

Hier ist der lezte Brief von *Skerle*, ich erwarte ihn zurück zu erhalten. Ich schickte ihn nicht, weil er nichts enthält und ich erst den darin versprochnen Bericht erwarte, deshalb habe ich ihn auch nicht beantwortet, sondern nur Muhlen gebeten *Skerlen* zur Thätigkeit zu ermahnen.

Wenn Du an Julchen schreibst so lege ihr folgende Fragen vor die sie der Reihe nach beantworten muß
1) ob sie den 14 *Jan.* dieses Jahres 800 fl. Danz. Gold. vom Muhlschen Komtoir erhalten habe um damit die Pension des vergangnen Jahres an Kabrun zu zahlen.
2) ob sie d. 17 Mertz 33 Thlr. 8 g in meinem Namen fürs Osterquartal erhalten habe.
3) ob Muhl ihr Deinen Beitrag mit 16 Thlr. 16 g. besonders gezahlt habe. Hat er es nicht so schreibe ihm darum, erkundige Dich auch bei ihm was er seit Kabruns Tod in meinem Namen der Mutter gezahlt hat, und was ich ihm in Bezug auf ihre Pension bald nach Kabruns Tode geschrieben habe.

Das übrige ergiebt sich aus meinem beigeschlossnen Brief an sie.

[Arthur hat auf der Rückseite notiert:]

– »turpe putant parere minoribus & quae
Imberbi didicere senes perdenda fateri.
Hor: epist: II, 1.84.

Veritatem laborare nimis saepe, a junt, exstingui nunquam.
Liv: 22,39.

*Juny 1814:* Obwohl dieses von Gwinner als »Scheidebrief« bezeichnete Schreiben unmittelbar an die Auseinandersetzungen vom Mai 1814 (vgl. Briefe Nr. 67ff.) anzuschließen scheint, ist es nach der plausiblen Argumentation von Arthur Hübscher (Schopenhauer-Jb. 1973, S. 113) wohl auf den 14. Juni 1815 zu datieren, nicht 1814, wie Johanna irrtümlich schreibt. Der Anlaß ist Arthurs Mißtrauen in bezug auf die Verwendung des Dritteils, den er zum Unterhalt von Johannas Mutter beisteuerte (vgl. Brief Nr. 70).
*Fluch meiner Mutter:* Juliane hatte den Briefen Johannas zu Unrecht die Absicht entnommen, daß sie die Unterstützung der Mutter einschneidend verringern wolle.
*»turpe putant ...:* »Schimpflich, meinen sie, ist es, Jüngeren zu gehorchen und, was sie / als Bartlose lernten, als Greise aufzugeben.« Das Horaz-Zitat – gut geeignet, Generationenkonflikte zu bezeichnen, von Arthur aber wie das folgende Livius-Zitat wohl nicht in ganz unmittelbarem Zusammenhang mit den mütterlichen Invektiven notiert – ist in verkürzter Form in den Schluß der Farbenlehre eingegangen (Werke, Bd. III, S. 727).
*Veritatem laborare ...:* »Die Wahrheit, sagen sie, plagt sich oft nur zu sehr, ausgelöscht aber werden kann sie niemals.« Das Livius-Zitat ist, geringfügig verändert, auch im Prooemium der »Theoria colorum physiologica« von Arthur verwendet worden.

*76. Johanna an Arthur*

Weimar, d. 28. Juni 1815

Seze in diesem Augenblick alles zwischen uns getretene bei Seite, und lies diesen Brief ohne Bitterkeit wie ich ihn schreibe. Ich bin krank, gefährlich krank, obgleich ich herumgehe und lebe wie sonst. Vieles Sitzen, Gram, Verdruß haben mir eine Verstopfung in den edleren inneren Theilen zugezogen, die nach Aussage der Ärzte in Wassersucht übergehen und mir einen langen qualvollen Tod zuziehen wird, wenn ich nicht bei Zeiten vorbeuge. Schon im vorigen Jahr hätte ich nach Karlsbad gehen sollen, ich konnte es nicht weil ich das Geld dazu nicht hatte, ich habe den Winter gespart, ich habe manches geschrieben für Bertuchs Jurnäle und auch sonst, so habe ich die paar hundert Thaler zusammengebracht die diese Kur mich kosten wird und gehe jezt hin da es die höchste Zeit dazu ist. Auch Adelens Brustkrampf und Nervenschwäche fordert eine Kur, ich werde allso meinetwegen vier Wochen in Karlsbad und ihretwegen vier Wochen in Eger bleiben. Niemand begleitet mich als Sofie. Diese Reise habe ich aufs sparsamste eingerichtet, ich gehe mit einem Fuhrmann der für 50 Thlr mich hin und her bringt. In Karlsbad ists dies Jahr nicht voll, und das Papiergeld macht das Leben dort wohlfeiler als hier.

So hatte ich mein Haus bestellt und gehe den 2ten *July* von hier ab, Logis haben mir Schubecks aus Hamburg besorgt, es sind die Schubecks die mit uns in Paris waren. Ich war ruhig, hoffte wieder Gesundheit zu erlangen und baute auf meine feste gesunde Natur die doch noch nicht ganz vernichtet ist. Jede heftige Gemüthsbewegung ist mir streng verboten, da kommts wie ein Donnerschlag vom heitern Himmel und erschüttert mich fürchterlich. Frommann, von dem ich die heiligsten Versicherungen hatte daß er den Wechsel zur gehörigen Zeit zahlen wird, meldet mir mit einem mahle, jezt da meine Abreise vor der Thür ist, daß er jezt nicht zahlen kann. Er ist redlich, darauf will ich schwören, er ist auch solide, denn er verlegt keine Modeartikel, lauter Werke von bleibendem Werth, aber der überall herrschende entsezliche Geldmangel der durch den neuen Krieg und das überhand nehmende *Agiotage* mit

Staatspapieren entsteht, macht es ihm vor jezt unmöglich die tausend Thaler aufzubringen.

Ich kenne meine Verpflichtung gegen Dich zu zahlen wenn er nicht zahlt, hätte er es mir schon Ostern gemeldet, ich hätte die größten Opfer gern gebracht um Dir Wort zu halten, aber da wuste er es selbst nicht. Jezt habe ich nicht tausend Thaler zur freien Disposition, nicht 100, denn meine Zinnsen reichen eben hin um davon zu leben, borgen thut hier niemand, weil niemand Geld hat, und jedes Kapital muß doch vorher gekündigt werden, das weist Du, dazu ist es jezt zu spät wenn ich in diesen Tagen zahlen soll. Überlege jezt kalt mit mir was in dieser verdrieslichen Lage zu thun ist.

Du kannst Frommann auf den Wechsel verklagen, ihm sogar Arrest geben lassen, dann mus er brechen, denn zahlen kann er nicht, was er hat wird verkauft, andere Gläubiger melden sich, wer weis wie wenig p.c. dann herauskommen. Du weist von Muhls Sache her, wie klug man thut wenn man in solchen Fällen Nachsicht hat. Daß Du durch dies harte Verfahren eine ganze Familie ins Elend stürzen wirst, berühre ich nur obenhin und überlasse das Übrige Deinem eigenen Gefühl.

Wenn nun die volle Überzeugung da ist daß Frommann nicht zahlen kann, so must Du mich verklagen, ich habe das Geld nicht baar, des ist Gott mein Zeuge, Du kannst ja denken daß ich es tausendmahl lieber hergäbe als diesen Brief schreiben, ich werde allso dann ausgepfändet, meine Meubels, mein Silber werden um Spottpreis verkauft. Von meiner Gesundheit spreche ich nicht, denn ich will Dich nicht zu rühren suchen, aber sagen muß ich doch, daß ich unmöglich glauben kann, daß Du so an Deiner Mutter handlen könntest. Nur der grimmigste Haß könnte Dir ein solches Verfahren eingeben, die Klugheit verbietet es Dir sogar. Was gewännest Du dabei? Über all dies Verfahren gienge doch viel Zeit hin, und unabsehliches Unglück für mich und die Familie Frommann entstünde daraus.

Höre allso meinen Vorschlag. Ich kann Dir keinen andern machen, ich lege Dir eine Anweisung an Muhl bei, zahlbar 27. *Februar* 1816. nebst einen Brief in welchem ich ihm darüber die nöthige Nachricht gebe, schicke ihm den Brief und die Anweisung zur Acceptazion, er wird sie acceptiren, das weis ich. Bis zur Zahlung der Anweisung verzinst Frommann Dir das Geld so hoch Du willst, thut er es nicht so mache ich mich anheischig dazu. Bis Antwort von Muhl kommt verfährst Du nicht weiter gegen Frommann, der Wechsel bleibt in Deiner Hand, in voller Gültigkeit. Ist die Anweisung acceptirt schickst Du ihn mir. Die Kosten des vielleicht nöthigen Verlängerns oder Protestirens des Wechsels erseze ich Dir, ich weis nicht was in solchen Fällen nöthig ist damit der Wechsel noch ein Jahr gültig bleibe, ich denke er ist es ohnehin ein Jahr lang, das kannst Du in Dresden leicht bei d. H. *Breling* oder sonst erfahren.

Frommann meldet mir Du habest schon Staatspapiere für das Geld gekauft, das ist freilich schlimm, aber der Handel kann ja rückgängig werden wenn Du außer Stand bist ihn zu erfüllen ohne daß Dein Ehrenwort drunter leidet, welches Du, wie Frommann mir meldet gegeben hast, denn Deine Briefe an ihn habe ich selbst nicht gesehen. Auf allen Fall hast Du ja Deine Leipziger Obligazionen aus denen gleich Geld gemacht werden kann, verlierst Du dabei so ersezt Frommann Dir den Schaden, und wenn er es nicht thut so mache ich mich anheischig dazu.

Über diese drei Artikel, die Zinnsen, die etwanigen Kosten bei Sichermachung des Wechsels, und den Schaden der Dir durch den wegen des Ankaufs der Staatspapiere vielleicht nöthigen Verkauf der Leipziger Obligazionen entstehen kann, seze Du ein Papier auf in welcher Form Du willst, Frommann wird es unterzeichnen und ich auch als Bürge für ihn. Mir liegt mehr daran als vielleicht dir selbst, daß Du in dieser Sache durchaus keinen Verlust erleidest. Ich baue so ganz auf Deine Rechtschaffenheit daß ich Dir freie Hand lasse dies zu bestimmen, denn für einen Betrüger hielt ich Dich nie. Dieser Vorschlag ist, dünkt mir alles was Du verlangen kannst wenn Du nicht an Unheil Deine Freude hast, was ich nicht glauben will. Beruhigt reise ich nun ab, ich habe das Meine gethan, mehr kann ich nicht. Laß Deine Antwort so sein daß ich sie ertragen kann. Ich wohne in Karlsbad am Markt, im Hause des Postsekretär *Leiner*. Antworte aber zuerst Frommann. J. Schopenhauer

*Bertuchs Jurnäle:* U.a. das »Journal des Luxus und der Moden« und die »Allgemeine Litteraturzeitung«.
*daß er den Wechsel... zahlen wird:* Vgl. Brief Nr. 71 ff.

77. *Johanna an Arthur*

Carlsbad. d. 10ten Juli 1815.

Seit zwei Tagen habe ich Deinen Brief, gegen dessen Billigkeit ich nichts einwenden kann, ich habe ihn gelesen und wieder gelesen und weis noch immer nicht mich zu entschließen was ich eigentlich drauf antworten soll. Mein Herz spricht für Frommanns, von seiner Redlichkeit habe ich eine beßre Idee als Du, und diese stützt sich auf eine mehrjährige Bekanntschaft und das Zeugnis von Leuten denen ich trauen muß, vor allem weis ich, daß Seebeck wie er in Jena lebte oft Geldangelegenheiten mit ihm zu verhandlen hatte und sehr zufrieden mit ihm war, daß wir nichts bei ihm verlieren können wenn wir ihm Zeit lassen, glaube ich mit triftigen Gründen behaupten zu können die aber für einen Brief zu lang sind. In diesen glücklichen Zeiten da wir mit Gewißheit dauernden Frieden erwarten können muß auch der Buchhandel sich heben und wer in diesem Jahr, bei den plötzlich eingetretenen Unfällen nicht zahlen konnte, weil alles ins Stocken gerieth, wird es doch im nächsten können. Dagegen aber sagt mir mein Verstand daß Du vielleicht, ja wahrscheinlicherweise sogar, nicht Unrecht hast, wenn Du denkst Frommann könne doch wohl vielleicht zahlen wenn er große Opfer bringen wollte, und daß ich wohl weniger riskire wenn ich Muhlen mein Geld lasse als wenn ichs Frommann vertraue. Dann aber würde es mich auch wieder sehr kränken und betrüben wenn Frommanns unglücklich würden und ich hätte es abwenden können, ich würde nie ruhig daran denken können, es wäre mir eine Reue fürs ganze Leben. Nicht weil ich Frommann so besonders liebe, er hat viel lächerliches und wunderliches, aber gewis er ist ein ehrlicher Mann im Grunde des Herzens und in all seinem Thun, wenn ihn auch vielleicht jezt die augenblickliche Verlegenheit zu einem kleinen Pfiff und Knif verleitet hat. Die Familie ist unter sich so glücklich, die Frau ein Muster häuslicher

Tugend, hängt so treu an Mann und Kinder, die Kinder an den Eltern, der Sohn ist ein sehr wackerer junger Mensch geworden der dem Vater arbeiten hilft mit der Aussicht einst seine Stelle bei Mutter und Schwester zu vertreten, alles das gienge zu Trümmern wenn Du ihn umwirfst und ich ihm nicht helfe. Nun ein Vorschlag. Willst Du Frommann schreiben Du könntest, aus Rücksicht für mich, Dich nicht entschließen mich an seine Stelle treten zu lassen, Du verlangtest von ihm die Zahlung die er versprochen hat, zugleich läst Du, wie Du schreibst, den Wechsel ihm ganz im Stillen durch einen Advokaten presentiren und mit Klage drohen, aber nicht gleich ihn verklagen, sieh dann was er thut, aber ich bitte Dich recht inständigst, verklage ihn nicht, das thut ihm zuviel Schaden, warte es noch ab, vielleicht hilft er sich wenn er Ernst sieht, wenn er es kann so thut er es gewis, kann er es nicht, nun so melde ihm ich hätte Dich so sehr gebeten meinen Vorschlag anzunehmen daß Du es mir nicht abschlagen könntest, schreibe ihm Deine gar nicht unbilligen Bedingungen vor, er wird sie gewis annehmen und ich garantire sie Dir, seze mir auch den Wechsel an Muhl auf wie Du ihn haben willst, ich könnte ihn hier wo ich niemand darinn um Rath fragen kann, vielleicht fehlerhaft schreiben. Muhl zahlt ihn gewis, und thut er es nicht so kann ich bis dahin schon das Geld schaffen, glaube mir. Ich glaube Du kannst diesem Vorschlag folgen ohne der Wahrheit nahe zu treten, glaubst Du es anders, nun so schreibe mir nur gleich den Wechsel vor, den Brief an Muhl will ich ändern wie Du es wünschest, ich schrieb ihn so um nicht weitläufig zu werden und weil ich nichts unwahres darinn sah, ich sage Muhlen darinn daß ich die tausend Thaler Dir schuldig bin, die nähren Umstände gehen ihn ja nichts an, und ich schrieb in großer Eile.

Ich bin sehr matt, der Brunnen greift mich an, aber er thut mir wohl, mit Mühe habe ich nur diese Zeilen schreiben können, auch ist das Schreiben nur zur höchsten Noth vom Arzt erlaubt. Das Wetter ist sehr rauh, und zu meinen übrigen Übeln ist noch ein heftiger Katarrh gekommen.

Lebewohl und entscheide, aber ich wiederhole die Bitte, mache

Frommanns nicht unglücklich, ich will nach Kräften alles thun was Du willst ehe ich das ansehe. J. Schopenhauer.

Darinn hast Du ganz recht, daß Du Frommann eher verklagen oder mit Klage drohen kannst als ich, schon des Anstandes wegen.

*78. Johanna an Arthur*

Karlsbad d. 20. Juli 1815

Deinen Brief vom 15ten dieses erhielt ich ehegestern, heute geht erst die Post allso konnte ich eher nicht antworten. So wars auch mit dem ersten, ich beantworte ihn mit dem ersten Posttag zwei Tage nach dem Empfang, ist er Dir zu lange unterwegs gewesen so ists die Schuld der hier sehr unordentlichen Postleute.

Hier ist der Wechsel auf Muhl genau nach Deiner Vorschrift, er wird bezahlt und akzeptirt das weis ich, das nöthige was Du verlangst werde ich an Muhl schreiben.

Frommann schreibe selbst was Du von ihm verlangst, er wird gern in allem bereitwillig sein, Zinnsen, Unkosten etc. etc. bezahlen. Ich garantire es wie Muhls Zahlung. J. Schopenhauer

*Wechsel auf Muhl:* Arthur hatte sich auf Johannas Bitten hin damit einverstanden erklärt, Frommann zu schonen und einen Wechsel auf das Danziger Handelshaus Muhl zu akzeptieren.

*79. Johanna an Arthur*

Weimar, d. 4ten Febr. 1816

Gestern erhielt ich Deinen Brief und hätte Dir ohnehin heute die Einlage geschickt die ich mit letzter Post erhielt. Ich habe auf den ersten Brief von *Skerl* nicht geantwortet weil ich nichts drauf zu antworten wußte. Ich bin für die außergerichtliche Abmachung und nicht dagegen, sie erspart Zeit, denn die gerichtlichen Termine werden oft weit hinausgeschoben: sie erspart auch die Unkosten die damit verbunden sind. Betrug ist dabei nicht denkbar denn man muß uns Rechnungen ablegen. *Skerl* eilt jetzt weil ich ihm zweimahl schrieb er möchte der Sache ein Ende machen und weil ich nicht allein *Muhl* sondern auch *MacLean* und *Almondi* hinter ihm her gehetzt habe. Die beiden letzten sind auch bei der Sache interessirt als Vormünder und *Executoren Kabruns* der zu den Tietzischen Kreditoren gehörte, sie sind meine alten Freunde, auf die ich bauen kann, ich will sie bitten dahin zu sehen daß uns kein Unrecht geschieht, und sie werden es thun, ich weis es. *MacLean* kennt *Skerl* seit vielen Jahren weil der Geheime Rat *Simpson* ihn immer comployirte. Er meldet mir er sei ehrlich aber langsam, weitläuftig, und habe viel zu thun. Von *Friedrichsen* weis ich nichts böses. *Skerles* Lob kommt daher, weil ich an *Almondi* schrieb, ich glaubte die Creditoren von Tietz zögen die Sache in die Länge. *Almondi* hat dies wahrscheinlich gegen *Skerle* geäußert da er ihn auf meine Bitte zur Thätigkeit antrieb. Dies ist meine Ansicht der Dinge, ich werde ihr folgen, thu Du auch was Dir recht dünckt, mit Dir darüber disputiren will ich nicht. Was ich als Vormünderin Adelens thun darf und zu thun hab weis ich, das ist meine Sorge. Jezt müssen wir d. 29. Febr. abwarten. Die Einlage bitte ich mir zurück ich will dann darauf antworten wegen des Zehnten, den ich suchen will uns zu ersparen da, so viel ich weis, alles Abzugsgeld zwischen Sachsen und Preußen aufgehoben ist. Ich will die nöthigen Schritte deshalb hier thun und Dir den Erfolg seiner Zeit melden.

Muhl wird die 1000 Thlr zur Verfallzeit zahlen, darauf verlaß Du Dich. *Frommann* wird auch zahlen was er versprach, ich zweifle nicht daran. Johanna Schopenhauer

*Skerl:* Der Kriminalrat Gottlieb Wilhelm Skerle, der Bevollmächtigte Johannas und Arthurs in Danzig.

*außergerichtliche Abmachung:* Es ging um die Erbschaft von Michael Andreas Schopenhauer (vgl. Brief Nr. 70).

*80. Johanna an Arthur*

Weimar, d. 15ten Mai 1816

Was Du wünschest, hatte ich schon am letzten Posttage gethan, gleich nachdem ich *Skerles* Abreise erfahren hatte. Bis dahin erwartete ich posttäglich Nachricht von der Auszahlung und fand mich sehr unangenehm getäuscht. Ich habe alles nöthige an Muhl und auch an den Herrn *Wilde* geschrieben um unsre Sache zu beschleunigen, mir scheint diese neue Verzögerung daran zu liegen daß *Wilde* nicht genugsam unterrichtet ist, wie weit die Sache gediehen sei. Dem habe ich durch Übersendung der Abschrift des letzten Dekrets abgeholfen die ich Dir früher mittheilte, und hoffe nun alles bald beendigt zu sehen. Auch an *Stadtmiller* habe ich geschrieben um zu erfahren ob die Ländereien endlich verpachtet sind und wie es damit steht. Was ich erfahren melde ich Dir jedesmahl und versäume nichts. Bei der preußischen Justitz geht es in solchen Erbschaftssachen immer so. Eine Bekannte von mir, Md. *Quandt* aus Leipzig, war auf ihrer Reise nach Frankfurt vorgestern hier, und klagte mir, daß ihre sehr reiche Schwiegermutter schon *Anno* 1806 in Berlin gestorben ist ohne daß sie und ihr Mann es haben dahin bringen können daß bis jetzt das mindeste zur Regulirung der Erbschaft gethan sei, und obendrein haben sie noch alle Kriegslasten und Abgaben von den liegenden Gründen baar bezahlen müssen. Das ist nun so und da wir beide es schwerlich ändern können, müssen wir es in Geduld tragen, und nur von unsrer Seite thun was wir können um ein Ende zu machen und darin versäume ich nichts.

J. Schopenhauer

*81. Johanna an Arthur*

Weimar, d. 24. Juni 1816

Ich danke Dir für die Nachrichten. die Du mir wegen unsrer Erbschaftsangelegenheiten mittheiltest, ich bin dadurch mehr ins Klare gekommen als durch die vielen Briefe die ich schon deshalb schrieb und erhielt. Da der jetzige Kanzler von Müller eben nach Wiesbaden reiste so habe ich ihm einen Brief an *Skerlen* mitgegeben worin ich ihm meine Furcht entdecke daß Wilde unsre Sache noch gar nicht recht einsieht, weil es ihm wahrscheinlich an Zeit und Lust fehlt die Akten gehörig zu lesen. Da ich jezt täglich sehe welche Stöße von Akten denen Geschäftsmännern in diesem Fach über den Hals geschickt werden, so ist mir dieser Fall sehr wohl denkbar, und Wildes Äußerungen gegen Muhl, und auch in einem Briefe an mich, bestätigen mich darin. Der Brief von Wilde an mich zeigt eine völlige Unbekanntschaft mit allem was bis jezt geschehen ist, ich habe ihn *Skerlen* zugeschickt, und ihn aufs dringendste gebeten an Wilden deshalb zu schreiben, zugleich habe ich verlangt daß er dafür sorge daß die Kapitalien die eingeklagt werden sollen, es jezt werden, ich habe deshalb hier mir Raths erhohlt, und weiß daß es gleich geschehen kann. Auch an Muhl schrieb ich gestern, bat ihn Wilden zur Thätigkeit und Lesung der Akten anzuhalten und zugleich dafür zu sorgen, daß die Kapitalien gleich eingeklagt werden. Gehen die Gelder in drei Theile so thut es auch Andreas Antheil an den Ländereien, auf die Weise gehören uns fünf Neuntheile und Tietzen vier, nehmlich, ein Drittheil von meinem Mann, in drei Theile deren jeder ein Neuntheil des Ganzen macht, und von welchem jeder von uns eins zukommt, dann Andreas Antheil wieder in 3 Theile, drei Neuntel, davon eins Dir, eins Tietz und eins Adelen gehört, das übrige Drittel oder drei Neuntel, gehört Tietz, ich habe also mit Adelen zusammen ein Drittel des Ganzen oder drei Neuntel, Du zwei Neuntel für Dich. Zum Verkauf wirst Du schwerlich kommen denn die Ländereien stehen noch immer in sehr niedrigem Preise. Dein Grosvater hat das Ganze vor vielleicht 40 Jahren, wenigstens lange ehe ich heurathete, für 10.000 Pr.Thlr. gekauft, ich weis zwar daß er wohlfeil gekauft hat aber die Zeiten haben sich seitdem wenig gebessert.

Es ist mir besonders lieb gewesen durch Dich zu erfahren wie es jetzt mit den Ländereien steht, trotz aller Mühe und aller Briefe konnte ich bis dahin nichts davon vernehmen. Dies Jahr ist nichts davon zu erwarten das sehe ich wohl ein, aber im künftigen, hoffe ich, werden wir doch wieder unsere Zinnsen davon ziehen.

Wenn nur erst die Kapitalien vertheilt werden, das ist ein Schritt der auch die übrigen herbei führen muß. Deine Grosmutter starb da wir eben in Lyon waren, allso im Jahre 1804, ihr Nachlaß kann nur gering sein, sie lebte vom Ertrag der Ländereien den ihre Kinder ihr ganz ließen, und von dem was Dein Vater ihr wöchentlich gab, ich glaube es war 50 Danzger Gulden. Ob der Kaufpreis des Gartens in Ohra zu ihrem Nachlaß gehört oder ob er gleich unter die Erben vertheilt ward, weiß ich nicht, der Verkauf geschah noch zu Lebzeiten Deines Vaters, ich habe nie etwas davon erfahren.

Mit den Staatsobligationen und Dokumenten werde ich es machen wie Du, ich wünsche ebenfalls herzlich daß alles bald beendet sei und werde. J. Schopenhauer

*in Lyon waren:* Anfang Mai 1804 auf der Europareise der Schopenhauers (vgl. Reisetagebücher, a. a. O., S. 150ff.).

82. *Johanna an Arthur*

Langenschwalbach d. 1ten Aug. 1816

Ich hatte schon alles gethan was Du verlangst ehe ich Deinen lezten Brief mit der Einlage von Weickmann erhielt, die ich Dir hier zurücksende. Vor drei Wochen sprach ich *Skerlen* bei meiner Durchreise in Wiesbaden, ich wuste daß er da war und suchte ihn auf, er behauptete alles so eingeleitet zu haben daß die Theilung jezt geschehen müste und daß er auch auf einen früher von mir erhaltenen Brief an Wilde geschrieben habe.

Jezt ist er seit 5 oder 6 Tagen hier, ich sehe ihn alle Tage und lasse nicht ab ihn zu ermahnen. Er behauptet jezt die Schuld der Verzögerung liege daran daß *Wild* oder *Weickmann* nicht gerichtlich von Dir bevollmächtigt sind. Er konnte *Muhl* und *Wilde* in meinem Namen bevollmächtigen aber nicht gerichtlich in Deinem da Deine Vollmacht ihn nicht dazu berechtigt wohl aber die meine, auf die Frage warum er Dir das nicht geschrieben habe, antwortete er mir er habe gehofft so damit durchzukommen. Ich weis indeß alles das sind Kniffe um seine Unthätigkeit zu beschönen, und verfolge ihn immerfort, so lange er hier bleibt, das wird aber nur noch wenige Tage sein. So viel habe ich erlangt daß er abermals an Wild und den Direktor des Stadtgerichts geschrieben hat. Er schwört hoch und theuer jetzt werde alles bald in Ordnung kommen, noch ehe er zu Hause kommt, was im September geschehen wird.

J. Schopenhauer

*83. Johanna an Arthur*

Weimar d. 11ten Nov: 1816

Seit zehn Tagen bin ich wieder zu Hause, Sofie starb drei Tage vor meiner Ankunft; dieser Todesfall und seine Folgen, nehmlich eine durchaus veränderte Einrichtung meines Hauswesens, dem jezt Adele unter meiner Leitung vorsteht, haben mich bis jetzt verhindert Deinen Brief vom 2ten *Nov:* zu beantworten.

*Skerle* muß jetzt schon zu Hause sein, ich erfuhr schon vor 6 Wochen daß er auf dem Rückwege sei, ich habe auch schon von Mannheim aus an ihn nach Danzig geschrieben und erwarte täglich seine Antwort.

Du hast darinn Recht daß eigentlich mit den Coupons der Zehnte bezahlt werden müsse, und ich werde darinn Deinen Willen unterstützen, nur muß dies keine neue Zögerung der Vertheilung oder gar einen Proceß mit der Regierung herbeiziehen. Diese verlangt gewis nichts Besseres als die Sache noch in die Länge zu ziehen, mir aber gebietet die Vernunft lieber einen kleineren Schaden zu tragen als das Ganze aufs neue aufs Spiel zu sezen. Ich betrachte die Regierung als einen bösen Schuldner, mit dem man es nicht so genau nehmen muß, freilich ist das Recht im eigentlichen Sinn auf unsrer Seite, aber sie haben die Gewalt, sie sind im Besitz. Wegen der einzuklagenden Kapitalien höre auch ich nichts obgleich ich sie in meinem letzten Brief an *Skerle* wieder in Anregung brachte.

*Almondi* hat mir noch nicht geantwortet, ich hätte Dir es unaufgefordert mitgetheilt, wenn ich eine Antwort erhalten hätte. Ich will ihm wieder schreiben, mit nächster Post, ich versäume nichts, aber man kommt eben nicht vorwärts. Deshalb muß man alle unnützen Weitläuftigkeiten meiden und nur suchen das Seinige zu erhalten, wenn es auch ein Opfer kostet, doch werde ich mir nur gefallen lassen was ich mus.

Ich danke Dir indessen für Deine Mittheilungen, seit langer Zeit sind sie das erste was ich von dieser Sache wieder höre.

J. Schopenhauer

*Deinen Willen unterstützen:* Vgl. dazu Brief Nr. 84.

84. *Johanna an Arthur*

Weimar, d. 24. Nov: 1816.

Aus einliegendem Briefe den ich gestern erhielt, wirst Du sehen daß die Vertheilung vermuthlich geschehen ist ehe Dein Brief an *Skerle*, oder auch der meinige von hier ankommen konnte. Ich habe *Skerlen* heute geantwortet und ihm unsern Vortheil aufs Beste empfohlen. Meine persönliche Bekanntschaft und ein Brief den ich um ihn anzutreiben, aus Mannheim an ihn schrieb, haben ihn vermuthlich so schnell auf einmahl gemacht. Eigentlich scheint es uns auch nur schnell.

Wie Du die Regierung zwingen willst die *Coupons* zu nehmen begreife ich nicht, der einzige Weg dazu ist daß Du sie beim König verklagst. Durchsezen wie Du meinst, läst sich bei einem ganzen Kollegium nichts, das geht seinen Gang. Hat es Dir aber Unrecht gethan, so kannst Du klagen, eher nicht, und dazu ist immer noch Zeit, hast Du das Geld erst in Händen so ist es um so besser. Ich spreche im Sinn Deines Vaters, der immer behauptete man müsse erst sich in Besitz setzen und hernach sein Recht verfechten. Ob ein Prozeß gegen die Regierung Dir nicht mehr kosten wird als 18 p. c. der Erbschaft, steht dahin. Es ist ja auch noch gar nicht erwiesen, daß die *Coupons* durch Schuld der Regierung werthlos sind, wie Du meinst, ich habe indessen *Skerlen* diesen Punkt besonders empfohlen.

Wie soll ich Muhlen zum Aufseher der Regierung setzen, thu Du es selbst wenn Du es für nöthig hälst. Wenn sie uns ein Kapital unterschlagen wollten so müßte sich ja das ganze Kollegium dazu vereinen, wie ist das denkbar? Ich verstehe Dich gar nicht, bald schreibst Du Preußen wäre nicht Algier, bald machst Du die ganze Regierung zu Dieben. *Skerle* ist ehrlich, *Muhl*, *Almondi*, *MacLean* und Kabruns Vorsteher der Handlung, Dodenhoff, versichern mich dessen. Er ist reich, hat einen Theil an der sehr einträchtlichen Handlung seines verstorbenen Schwiegervaters Gerlach und seine Frau war eins der reichsten Mädchen in Danzig. Solche Leute stehlen in der Regel nicht. Ich habe 9 Wochen täglich mit ihm gelebt, ihn genau beobachtet, manches lächerliche aber nichts unrechtliches an ihm gefunden. Wenn man jemandem seine Vollmacht giebt muß man ihm trauen, setztest Du ihm einen Aufseher, so braucht der wieder einen Aufseher, und es wird wie mit dem der über die Pyrenäen reiste und seinem Maulthier einen Barbier mitnahm. Doch so wie es auf Glauben an Menschen ankommt werden wir uns nie verstehen, thu Du daher was Dir Recht dünkt auf Deine Rechnung, ich kann meine Überzeugung nie der eines andern unterordnen. Ich versäume nichts, thue meine Pflicht, und bin mit meinem eigenen Bewußtsein zufrieden. Ich werde kein Opfer bringen, das ich vermeiden kann, und versäume keinen Schritt ihm auszuweichen, aber wenn ich alles Thunliche gethan habe gebe ich mich auch zufrieden, und hier dünkt mir ist die Hauptsache erst klar zu sehen ob man uns denn so gros Unrecht thut als Du meinst. J. Schopenhauer.

*die Vertheilung:* Des Nachlasses von Michael Andreas Schopenhauer.

85. *Johanna an Arthur*

Weimar, d. 19. Jan: 1817.

Hier ist das Papier. Ich würde es Dir eher geschickt haben wenn ich nicht auch auf die Nachricht daß die Theilung wirklich vorgegangen wäre gewartet hätte und Dir allso deshalb mit dem Papiere zugleich hätte schreiben wollen. Daß dies nicht schon geschehen ist nimmt mich sehr Wunder, ich schreibe deshalb an *Skerlen*.

Wegen der Ländereien meldet mir Dodenhoff der die Geschäfte der Kabrunschen Erben besorgt und an den ich mich deshalb gewendet habe, die künstliche Überschwemmung bei der Belagerung habe auch diese Ländereien betroffen, das Wasser sei noch nicht gänzlich abgelaufen, deshalb hätten sie in diesen letzten Jahren wenig oder nichts getragen. Die Verwaltung sei freilich bei H. Friedrichs nicht in den besten Händen, da er sich wenig darum bekümmert, indem der Tietzischen Masse nur ein sehr kleiner Theil davon gehört, das mehreste uns und Kabruns Erben. Ich soll mich nur bis diesen Frühling gedulden, dann wird die Kabrunsche Erbschaft regulirt, und dies wird ein mächtiger Keil sein zur Beförderung der Angelegenheiten der Ländereien, Dodenhoff will sich selbst alle Mühe deshalb geben. *Almondi* meldet er mir sei nach Polen gereist und habe mir deshalb nicht antworten können.

Diese Woche schreibe ich wieder an Dodenhoff. Er ist ein Freund meiner Mutter und ich habe ihm selbst hier im vergangenen Frühling manches Angenehme erzeigt, deshalb glaube ich daß er um meinetwillen sich der Sache thätig annehmen wird wenn sie nur erst wieder im Gange ist. J. Schopenhauer.

*H. Friedrichs:* Daniel Friedrichsen, Verwalter des Tietzschen Erbes, zugleich Miterbe und Pächter der Schopenhauerschen Ländereien bei Danzig (vgl. Briefe Nr. 93 ff.).

*86. Johanna an Arthur*

Weimar, d. 26. Januar, 1817.

Mit lezter Post erhalte ich beiliegenden mir sehr verdrieslichen Brief den ich Dir beilege damit Du Deine Einrichtungen danach treffen kannst, schicke ihn mir aber bald wieder. Ich hatte schon vor beinahe zwei Monaten *Muhl* geschrieben er möchte das Geld einstweilen für mich in Empfang nehmen und mir rathen ob ich die Dokumente noch behalten oder verkaufen soll, er hat mir nicht geantwortet, und nun schreibt mir *Skerle* sie wären nach Berlin gesendet und ich soll nur geschwind schreiben ob ich sie *a tout prix* verkaufen will. Das muß ein Misverständnis sein, denn so etwas hat mir Muhl noch nie gethan, sein längeres Schweigen besonders um Neujahr bin ich gewohnt, er hat dann viel zu thun, obendrein verheurathet er in diesen Tagen seine Tochter an einen jungen Mann (*Abeg* aus Heidelberg), den er in die Handlung nimmt. Die Frau ist wie mit allem auch hiemit unzufrieden und das giebt wohl viel häuslichen Wirrwarr der ihn am Schreiben hindert. Daß Dein Eigenthum mitgeschickt ist ist mir doppelt verdrieslich, da Du, so viel ich weis, *Skerlen* aufgetragen hast es an *Weickmann* zu geben, ich eile deshalb es Dir zu melden. An *Muhlen* habe ich alles ungefähr mit heutiger Post so geschrieben wie jezt Dir, und noch folgendes.

*Muhl* soll Geld und Dokumente in zwei gleiche Theile theilen, daß niemand von uns dabei zu kurz kommt und mir Adelens Antheil wie es ist überschicken, *a tout prix* zu verkaufen ist mir nie in den Sinn gekommen, ich will sehen wie es mit den Papieren steht, und kann auch von hier aus sie in Berlin oder Leipzig verkaufen wann ich es später für rathsam halte. Dein Antheil soll er zu Deiner Disposizion stellen wie sich von selbst versteht. Sind die Papiere so daß sie nicht in zwei gleiche Theile getheilt werden können so soll er sie mir alle schicken. Ich melde es Dir dann gleich, und erwarte von Dir wie Du Theilung machen willst zu erfahren. Muhl habe ich zugleich um schleunige Antwort gebeten, *Skerlen* noch nicht geantwortet, honoriren wollen wir ihn wenn alles vollendet ist was er für uns zu thun hat, ich will erst erfahren was man ihm zu geben hat, am besten ist es wohl gethan eine Rechnung von ihm zu fordern.

Es ist hier heute 11 Grad Wärme und ich habe seit früh morgens kein Feuer im Ofen. J. Schopenhauer.

87. *Johanna an Arthur*

Weimar, d. 29. Jan. 1817

Gestern morgen erhielt ich Deinen Brief, hier meine Antwort und die Papiere zurück wie Du es verlangst. Du hast Recht. Die Übergehung der 337 Thlr. baar Geld und die immerfort weniger werdende Summe des Ganzen war auch mir aufgefallen, die Verwechslung der Pfandbriefe hatte ich nicht bemerkt. Mit heutiger Post schrieb ich an Muhl, stellte ihm darin Deine Ansicht vor, die jezt auch die meine ist, und bat ihn um Untersuchung der Sache und Hilfe so wie diese ohne Prozeß möglich ist, denn einen Prozeß führe ich nie wenn nicht die äußerste Noth mich zwingt.

*Skerlen* habe ich noch nicht geantwortet, mit seinem Honorar muß es Zeit haben bis alles beendet und seine Vollmacht abgelaufen ist. Schreibe mir zu seiner Zeit, was Du ihm zu geben denkst. Ich will späterhin Muhlen oder Repeln fragen was in solchen Fällen üblich ist, meine Meinung ist noch immer wir fordern zusammen eine Rechnung von ihm, das ist Advokaten Gebrauch, ich weis, daß Müller vor einiger Zeit einer Frau v. Löwenklau in Sachsen in einem ähnlichen Fall beistand, freilich anders als *Skerle* uns geholfen hat, er rettete ihr ihr ganzes Vermögen, und sie forderte Rechnung von ihm. Er nahm nichts weil die Frau es nöthig braucht, das gehört aber nicht hieher, und ich möchte auch von *Skerlen* nichts geschenkt haben.

Da Du der Meinung bist daß die Dokumente in Berlin verkauft werden sollen, so bin ich es auch zufrieden und habe heute Muhl geschrieben daß er es thun soll weil ich jezt mit Dir darüber einverstanden bin. Wegen der Ländereien müssen wir doch wohl die nächste Rechnung abwarten. Verkaufen will ich gern sobald wir nur nicht zuviel dabei verlieren. Deines Vaters Drittheil brachte sonst immer 6–800 fl ein und sie waren schlecht verpachtet. Deine Grosmutter hatte sie für 40.000 fl um einen Spottpreis gekauft, und das vor 50 Jahren. Jezt sind sie gewis das Doppelte werth, die Güter müssen steigen wenn Frieden bleibt. Hätten wir nur jemand der sie redlich verwaltete. J. Schopenhauer

Je eher Du Muhlen schreibst je besser. Ich habe heute meinen lezten Brief in dem ich ihm schrieb er solle uns die Papiere schicken widerrufen, der Brief gieng erst Sonntag Abend ab. Ich that dies nur weil ich glaubte Du wolltest es nicht, weil Du *Skerlen* anbefohlen hattest jetzt Weickmann Deinen Antheil auszuliefern, und ich in Deine Angelegenheiten mich nicht zu mischen habe.

*88. Johanna an Arthur*

Weimar, d. 5ten Mertz 1817.

Ich werde Ihnen über alles Auskunft geben wozu aber etwas Zeit erfordert wird, soviel kann ich Ihnen aber ohne des nähern im Voraus versichern daß Ihr Sohn gewaltig im Irrthum steht, und daß durchaus nichts von Unterschleif entdecken wird weil durchaus keiner Statt findet und nicht Statt finden kann, wär er hier und lies sich gegen *Skerle* oder sonst jemand zu solchen Äußerungen hinreißen, so würde es ihm blos einige 100 Thlr. kosten, um ihn für die Zukunft klüger und vorsichtiger zu machen. Man mag den preußischen Gerichten Langsamkeit und unendliche Formalitäten vorwerfen, von Unterschleif ist aber noch nie gehört worden, und wer mit dem Geschäftsgange nur einigermaßen bekannt ist, begreift leicht, daß eben dieser in solchen Fällen endlosen Formalitäten wegen auch Unterschleife durchaus unmöglich sind. Die Curatoren sind als rechtschaffene Männer bekannt, wären sie es aber auch nicht, so wird gerade vor dem Gericht auch der geringste Unterschleif entdeckt werden. Die Langsamkeit ist übrigens sehr zu entschuldigen und wenn man nur ein wenig nachdenkt, was durch 2 Belagerungen und die 7 jährige Franzosen- oder vielmehr Räuberherrschaft, durch die Zerstörung mehrerer tausend Grundstücke, auch den Ruin mehrerer tausend Familien in Unordnung gerathen ist, der muß sich vielmehr wundern daß man sich überhaupt noch herausfinden kann. Daß dieselben Pfandbriefe so wie sie ins Depositorium gekommen sind auch wieder herausgekommen sind, dafür will ich mit meinem Kopf bürgen, ob er einen Irrthum begangen und sie einmahl preußisch einmahl pohlnisch genannt hat, ist wohl möglich, und sogar zu entschuldigen, so wurden z. B. 1807 Theile von Pohlen abgerissen und wenn die Dörfer worauf der Pfandbrief lautet in den abgetretenen lagen so wurde er pohlnisch, nun sind Theile wieder zurückgegeben und man hat daher nur auszumitteln wo die Dörfer noch jezt liegen, worüber ich von der Landschaftsdirekzion Nachrichten einziehen werde. Als nun der Magistrat oder die Kämmerei, nicht das Gericht wie Ihr Sohn meint von den vorhandenen Papieren den 10ten Theil nahm so war es ja gleichviel ob der Pfandbrief pohlnisch oder preußisch war. Mir scheint aber ein Versehen bei Berechnung der zur Ausgleichung erforderlichen 80 Thlr welche die Kämmerei, vielleicht in der Meinung es sei von pohlnischen Pfandbriefen die Rede gewesen zum Cours der polnischen hätte berechnen sollen. Diese greift nun Ihr Sohn auf und ohne ein Wort von der ganzen Sache zu verstehen verwirrt er sich selbst in seiner wahrscheinlich ihm so wenig als irgend jemand verständlichen Rechnung. Sagen Sie ihm vorläufig was Sie von dem Gesagten für gut finden. Daß Kabrun den Nachlaß für weit größer gehalten kann weiter nichts beweisen als daß er sich geirrt hatte, wenn nun nicht so viel da ist, und ob er die Sache schneller beendigt hätte bezweifle ich fast, denn da er sich klüger als alle übrige Sterbliche hielt und jeden schulmeistern wollte, so geschah es ihm oft sich so mit allen Behörden zu entzweien daß er Wischer und Nasen bekam und seine Sachen liegen blieben. Die Papiere gehen nächste Woche nach Berlin, und Herr Friedrichs hat mir heute versprochen die Administrazions-Rechnung in 8 Tagen aufzumachen. Ich habe die von Ihrem Sohn aufgestellten Bemerkungen in Nota genommen um solche mit den Curatoren durchzugehen.

Dies ist eine treue Abschrift von dem was mir Muhl unterm 6. *Febr.* schrieb.

Du hast Dir in Deinem vorlezten Brief einen Ton gegen mich erlaubt der mich zu dem Entschluß brachte keine Feder für Dich mehr anzusetzen. Nach Deinem Brief vom 28sten habe ich dennoch Dir heute wiedergeschrieben, bekomme ich aber noch einmahl eine ähnliche Zeile von Dir so gehen alle Deine künftigen Briefe an mich unerbrochen auf der Post zurück. Anstand, gemeine Achtung kann ich wenigstens von Dir erwarten. Überhaupt will ich nur im äußersten Nothfall Briefe von Dir sehen.

Johanna Schopenhauer

Md. Hartwig schicke ich einstweilen was ich finde, ich habe noch ein Büchelchen von ihr, ich suche danach und schicke es wenn ich es finde, verlohren ist es nicht, aber unter meinen Papieren vergraben.

*89. Johanna an Arthur*

Weimar, d. 11ten Juny

Ich beantworte Deinen Brief vom 8ten mit der ersten Post, wie Du siehst, weis aber wenig darauf zu sagen. Ob Friedrichs oder Muhl die Dokumente an Bauer geschickt hat kommt auf eins heraus. Friedrichs ist Miterbe und Muhl weis doch von allem. Ich habe seit vielen Wochen nichts von unserer Angelegenheit gehöhrt, habe deshalb an Muhl geschrieben und erwarte Morgen oder Montag seine Antwort, vor zwei Monaten ungefähr schrieb mir Muhl die Bankobligazionen wären verkauft, wenn alles verkauft wäre würde er mir Rechnung davon ablegen. Dann würden auch die Tietzischen Erben von dem Gelde uns unsern Theil von den 1780 Thlr. zahlen und alles reguliren. Mir dünkt es wäre einmahl Zeit daß wir zu dem unsern kämen, ich hat's Muhlen ernstlich geschrieben und hoffe es soll nun gehen. *Skerles* Forderung ist enorm, aber Advokaten sind immer Gauner, an mich ist deshalb noch keine Forderung gekommen, ich hatte Muhl gebeten mir eine ordentliche Rechnung über die Gebühren von *Skerlen* zu schaffen, habe sie aber noch nicht erhalten. Zahlen werden wir müssen denn die Herren lassen sich nichts abdingen. Warte Du mit der Zahlung bis ich meine Rechnung erhalte, ich werde Dir gleich melden ob sie auch so hoch steht. Übrigens zahlen wir beide nur an *Skerlen*, da die Creditoren von Tietz auf dem Platz sind und keinen Bevollmächtigten brauchen.

Das Friedrichs uns betrügen wird ist nicht warscheinlich, überdies hat Muhl ein Auge drauf, wegen der zuerst nicht geschehenen Angabe der Zinnsen kann ich Dir nichts sagen, was ich darüber erfahren konnte habe ich Dir immer zugeschickt. Wenn Du mir die von *Bauer* erhaltene Rechnung zu ihrer Zeit mittheilst soll es mir lieb sein, wenn ich etwas erfahre theile ich Dir es auch mit und habe es immer gethan. J.S.

*90. Johanna an Arthur*

Weimar d. 29. Juni 1817

*Skerle* fordert 75 Thlr. von uns weil er als unser Bevollmächtigter unsre Stelle in Danzig vertrat, und für die bisher geleisteten Dienste. Für das was er in Zukunft etwa thun wird läßt er sich aufs neue bezahlen, ich werde ihn nie wieder brauchen obgleich ich von seiner Ehrlichkeit überzeugt bin trotz seiner zu großen Forderung, denn das ist Advokaten-Art, aber er ist mir zu langsam, hat zuviel Geschäfte, und ein Sachwalter der mehrere Monate zum Vergnügen verreist, daneben auf Liebhaber-Theatern spielt, ist nicht für mich. Versuche ob Du ihm etwas abdingen kannst, ich thue es nicht weil ich weis es wäre vergebene Mühe. Von mir hat er soviel ich weis bis jezt noch nichts gefordert, doch habe ich noch keinen Brief von Muhl, nur eine ganz kurze Nachschrift unter einen Brief seines Hauses, in welcher er bald zu schreiben verspricht indem das schöne Wetter und der Aufenthalt auf seinem Gute ihn bis jezt davon abgehalten haben. Sobald ich weis was *Skerle* von mir fordert melde ich es Dir ohne daß Du mich daran erinnern brauchst, ebensowohl als was Friedrichsen mir wegen der Ländereien melden wird von denen ich noch immer nichts in Erfahrung bringen kann. Hat *Skerle* für die Erben von Tietz mitgearbeitet so wird er sich auch von ihnen bezahlen lassen, das heißt wenn es ihm von ihnen aufgetragen ward, das geht uns nichts an, ich glaube aber sie hatten einen andern Advokaten wie das in solchen Fällen wo mehrere interessirt sind gewöhnlich ist. Kommt ihnen gleich *Skerles* Arbeit mit zu gut so haben wir deswegen doch keine rechtlichen Ansprüche an sie, weil wir von ihnen nicht den Auftrag hatten diese Sache zu reguliren, wir thaten es für uns. Willst Du für Deine Person an sie deshalb schreiben so thue es, ich mag aber von der ganzen *Skerle*schen Geschichte nichts mehr von Dir hören. Du liebst den Streit ich den Frieden und weis überdies daß kein Advokat etwas Beträchtliches von seinen Forderungen fallen läßt wenn er nicht dazu gezwungen wird, und zwingen kann ihn nur das Gericht, wir aber haben keinen rechtlichen Grund ihn zu verklagen.

Bauer meldet mir mit vorlezter Post den Verkauf sämmtlicher

Dokumente deren Ertrag Rthlr. 7049.- ist, auf mein Teil käme daher 2.349 Thlr. 16 gl. 4 gf. ich möchte auf diese Summe bei ihm disponiren, dies thue ich heut und bitte ihn eine Kopie der an *Friedrichsen* geschickten Verkaufsrechnung Dir zu schicken Du wirst sie mir dann mittheilen. Da die Dokumente verkauft sind wird Friedrichsen uns nun auch unser Theil von dem auf Häusern bestätigten Kapital bei Bauer anweisen. Muhl schrieb mir von einiger Zeit daß er dies würde, ich habe ihn gebeten *F* daran zu erinnern. Mit dieser Anweisung hoffe ich, soll auch die Rechnung wegen der Ländereien ankommen.

*Skerles* Exposizion wegen der alten Erbschaften kam mir gleich unbedeutend vor weil ich wußte daß da nichts zu holen ist. *Johann* ist 23 Jahre tod sein Nachlas ward beim Leben meines Mannes regulirt. Karl starb wenig Jahre darauf, fast blödsinnig, mit Hinterlassung eines wunderlichen Testaments dessen Abschrift ich besize, das aber gar nicht in Erfüllung gehen konnte weil er fast nichts nachlies, und Leute bei denen er wohnte seine Geistesschwäche benuzt hatten. Wie wenig Dein Grosvater nachlies kannst Du aus beiliegender Bilance des Zustandes seines Vermögens in der Zeit seines Todes sehen, die ich unter alten Papieren meines Mannes fand, und deren Authentizität Dir hoffentlich nicht zweifelhaft sein wird. Den Garten in Ohra hat Dein Vater selbst in Danzig Anno 4 verkauft wie er da war, die Ländereien sind noch da. Nach seinem Tode erhielt ich noch circa 4000 Danziger Gulden von Kabrun die ich gleich Gansland gab und die zur Masse unsers gemeinschaftlichen Vermögens kamen. Deine Grosmutter lebte vom Ertrag der Ländereien die ihre Kinder ihr ließen, von den Zinnsen des Andreas und von 300 Thl. die dein Vater seiner Mutter jährlich gab, bis an ihren Tod im Garten zu Ohra, dessen Nutznießung ihr ihre Kinder ebenfalls ließen. Sie war tod, da Dein Vater in Danzig war. Erkundige Dich beim alten Weickmann ob ich die Wahrheit sage, er ist der einzige unsrer noch lebenden Verwandten aus jener Zeit. Daß diese Erbschaften nicht gerichtlich regulirt sind ist möglich weil die Erben sich unter einander vertrugen und die Gerichtskosten mit Recht scheuten. Bald darauf trat die erste Belagerung ein, die Stadt blieb 6 Jahre mit all ihren

Archiven in den Händen der Franzosen, dann kam die zweite Belagerung, die Stadt wurde wieder preußisch. Welche Unordnung muß aus alle diesem entstanden sein, möglich ist es das irgendwo noch ein paar 100 Thlr. in *Deposito* stecken, aber gewis auch daß sie aufzufinden viel Geld, Zeit und Mühe kosten würde, das könnte 20 Jahre dauern und den Ärger hätte man umsonst. Alle die darum wissen konnten sind lange tod, Kabrun, *Carl Mackensen*, der alte *MacLean* und Herr von Schröder, die nach und nach Vormünder der für wahnsinnig erklärten alten Frau waren.

Mir sagt meine Vernunft, nach reiflicher Überlegung, das bei einem Unternehmen wie das diese alten Erbschaftssachen noch einmahl gründlich durchsehen zu lassen, was doch geschehen müste, die Advokaten zwar eine reichliche Erndte finden würden, wir aber nicht. Ich bin allso fest entschlossen keinen Schritt deshalb zu thun und verlange mit jeder Aufforderung dazu verschont zu bleiben. Du bist Herr Deiner Thaten, und glaubst Du das meine Ansicht unrecht ist so folge der Deinen. Meine Einwilligung gebe ich dazu, ich bin persönlich dabei interessirt, als Miterbin, da alle diese Leute lange vorher starben ehe ich Wittwe ward und ihr Nachlaß allso zu dem Deines Vaters gehört. Du, längst mündig, ein Gelehrter, der einzige noch lebende Deines Namens, der noch obendrein solche Geschäfte zu lieben scheint, magst es thun, gilt aber mein Rath etwas, so unterläßt Du es. Ich will weder Mühe, noch Zeit, noch Geld an eine Sache wagen die ich für unausführbar halte, und von der ich überzeugt bin, daß sie wie die Welt besonders in Hinsicht auf Rechtshändel jezt steht, uns selbst im besten Fall, nichts einbringen würde das die Mühe lohnte, und in keinem Fall unter wenigstens zehn Jahren zu Ende kommen würde. Daß ich den Ertrag dieser Erbschaften, wenn ich das Ende dieser Sache erleben sollte, für mein und Adelens Theil nicht antreten werde, als nach Abzug des uns treffenden Theils Deiner dabei gehabten Unkosten will ich Dir gerichtlich in meinem und Adelens Namen versprechen, ich weis im voraus daß Du doch noch wirst von Deinem eigenen Gelde zuschießen müssen, weil alles drauf gehen wird. Der warscheinlichste Fall aber ist das weder Du noch ich, noch Adele das Ende erleben, und Du Dich um mehrere 100 Thlr. ärmer machen wirst.

Daher gebe ich kein Geld dazu her, stelle alles in Dein Belieben, setze weiter keine Feder dazu an, und will von der ganzen Sache nichts hören, als wenn Du den Revers wegen Entsagung jener Erbschaft, bis das Du bezahlt bist von mir forderst, es sei denn das Du mir meldest, daß Du die Richtigkeit meiner Gründe einsiehst, und das ganze eitle Unternehmen aufgiebst. Johanna Schopenhauer.
Die Bilanz erbitte ich zurück.

*Johann:* Jüngerer Bruder von Heinrich Floris.
*Karl:* Vgl. Brief Nr. 71.

*91. Johanna an Arthur*

Weimar d. 9ten Juli 1817

Beiliegende Rechnung erhielt ich mit vorlezter Post von Muhl, ich sende sie im Fall man sie Dir nicht auch geschickt hätte, und bitte um Rückgabe derselben. J. Schopenhauer

*92. Johanna an Arthur*

Weimar d. 27. Juli 1817

Eine nicht bedeutende Unpäßlichkeit und Mangel an Zeit haben mich verhindert Deinen lezten Brief früher zu beantworten. Die Rechnungen die ich von Dir erhielt sende ich nicht zurück weil ich es für überflüssig halte. Verlangst Du sie so stehen sie gleich zu Diensten und ich sende sie mit umgehender Post.

Von *Skerles* Forderung an mich habe ich noch immer nichts erfahren. Muhl ist auf seinen Gütern und schreibt mir daher selten und sehr kurz sobald ich davon höre melde ich es Dir. An Hr. *Friedrichsen* schreibe ich mit heutiger Post, wegen Rechnung von den Ländereien und Theilung des Kapitals. Wenn er antwortet melde ich Dir den Erfolg. Was Du in Hinsicht der Erbschaft Deiner Grosmutter thun willst ist mir recht, sobald ich nicht Geld dazu geben muß, weil ich glaube daß nichts dabei heraus kommen wird. Ich überlasse Dir die Sache, und billige jeden Deiner Schritte darinn, Du hast mehr Zutrauen dazu als ich, daher ist es billig daß Du die Sache leitest. Willst Du einem Advokaten die Hälfte des dabei Herauskommenden bieten, thue es, ich bins zufrieden. An *Skerle* möchte ich indessen nicht rathen sich zu wenden, wir kennen seine Saumseligkeit. Aber es giebt ja andere. Ich habe meinen Entschlus die ganze Sache Dir zu übertragen schon Dir kundgethan und bleibe dabei. J. Schopenhauer

*93. Johanna an Arthur*

Weimar d. 7ten Sep 1817

Ich habe genau denselben Brief von *Skerle* erhalten und war im Begriff ihn Dir zu schicken als ich Deinen erhielt. Von Muhl habe ich einen langen Brief aus seinem Gute Uhlkau, in welchem aber kein Wort von unsern Angelegenheiten steht, bloß Nachrichten von sich und den Seinen. Er scheint von gar nichts zu wissen da sein Schwiegersohn *Abegg* jezt die Handlung hauptsächlich führt, und er nur zuweilen zur Stadt kommt um nachzusehen, doch will ich meinem nächsten Briefe ihm meine Meynung über *Friedrichsen* sagen. So wie wir endlich einmahl Rechnung wegen der Ländereien erhalten, müssen wir suchen die Verwaltung jemanden anders zu übertragen, denn vor halben Werth sie zu verschleudern bin ich nicht gesonnen, sie haben vor etwa 40 Jahren 10 000 Thaler gekostet und waren sehr wohlfeil, jezt müssen sie mehr bringen, oder doch nicht weniger. Wenn Du nichts dagegen hast will ich *Dodenhoff* zu bewegen suchen daß er die Verwaltung übernimmt. *Friedrichsens* Benehmen ist nicht so daß man gros Zutrauen zu ihm fassen konnte, und da ihm der allerkleinste Theil der Ländereien gehört uns aber und Kabruns Kindern der größte so haben wir darüber zu bestimmen. Ich möchte *Dodenhoff* dazu nehmen weil er noch von Kabrun her das alles kennt und nicht vornehm thut. Was wir wegen des so unbillig gebrochenen Versprechens wegen des

Kapitals thun können, weis ich nicht, erwächst uns Schaden daraus so müßte freilich *Friedrichsen* ihn tragen, wollen wir jezt dagegen schreiben so hilft es nicht, ich glaube aber wir thun am besten den Januar abzuwarten. Doch willst Du einen Versuch bei Friedrichs machen ihn zu früherer Zahlung zu bringen so schicke mir nur Deinen Brief, und ich will ein paar Zeilen hinzufügen um auch in meinem Namen das zu bestätigen was Du fordern wirst, denn Du hast diesmahl ganz vollkommen Recht. *Skerle* hat mir nun auch seine Rechnung von 75 Thalern geschickt. Wir werden schon zahlen müssen, ich will aber sobald als möglich meine Vollmacht zurücknehmen, wenigstens ihm andeuten daß ich von keinem Verkauf der Ländereien Notiz nehme wegen dessen man nicht vorher bei mir angefragt hat. Thu Du das auch, er ist zum Verkauf nicht bevollmächtigt, aber er könnte uns doch in Schwierigkeiten verwickeln, denn ich habe nun einmahl kein rechtes Zutrauen mehr, er ist was man im allgemeinen ehrlich nennt, aber auf Advokatenweise. J. Schopenhauer

94. *Johanna an Arthur*

Weimar. d. 21. Jan: 1818

Ich habe gestern von Muhl und Skerle Briefe erhalten.

Die auf dem Duisburgischen Hause bestätigten 1750 Thlr. sind wie ich sehe Danziger Thlr gewesen, die ein viertel schlechter als preußische Thlr sind, diese gelten 4 Danziger Gulden, jene nur drei.

Auf Adelens Theil kommen 626 Rthl. 16g auf Deines eben soviel.

Von unserm Antheil an den Ländereien sind 1300 fl eingegangen, davon gehören zwei Drittel mir und Adelen, allso 866 fl 20 g.

Von dem Antheil an den Ländereien aus der Erbschaft des Andreas sind 866 fl 20 g eingegangen, davon gehören Adelen die Hälfte also 433 fl 10 g.

Ich habe mit heutiger Post über den mir und Adelen treffenden Theil dieser Gelder disponirt. J. Schopenhauer

*95. Johanna an Arthur*

Weimar d. 26. Jan:

Von Muhls Hause habe ich einen Brief in dem nichts anders steht als in dem Deinen, so auch von *Skerle*. Von Muhl selbst habe ich einen Brief aus Uhlkau, der aber kein Wort weiter von unsern Geldgeschäften enthält, Muhl weiß wenig davon da er in Uhlkau fast immer sich aufhält, in diesem Augenblick ist er sogar nach Warschau zu seinem Bruder gereist, kehrt aber im künftigen Monat wieder zurück.

Ein Danzger Gulden macht ungefähr 6 g preußisch. Du kannst das leicht berechnen, ein Holländischer Dukaten gilt 12 Gulden Danzger Geld ohne die immer wechselnde Agio, ein Laubthaler 6 Gulden, ein preußischer Thaler 4 Gulden. Im Ganzen ist ein Danzger Gulden soviel als ein französischer *Livres* sonst war. Drei Gulden machen einen Danziger Thaler, allso ist dieser nur 18 g preußisch. Fünf Sechser machen einen Gulden, 2 Dütchen einen Sechser, drei Groschen ein Dütchen, 3 Schillinge einen Groschen. Der Danzger Gulden besteht aus dreißig Groschen oder neunzig Schillingen, die wie ich glaube, die kleinste Kupfermünze in der Welt sind.

Ich habe an Dodenhoff geschrieben und ihn gebeten die Verwaltung der Ländereien zu übernehmen, aber keine Antwort erhalten, ich hab Julchen gebeten ihm zu sagen daß er wenigstens antworten möge, sie hat ihn aber noch nicht habhaft werden können, sie schreibt mir er sei neu verheurathet, und sei immer in der Adorazion neben seiner Frau, sie wird ihn aber baldmöglichst zu sprechen suchen.

Ich habe keinen Zweifel an Friedrichsens Honettität und Solidität, weil Muhl und alle mich deren versichern, aber ich denke er bekümmert sich nicht um unsere Sache weil sie ihn wenig angeht, die eigentlichen Verwalter der Ländereien müssen von Gottes und Rechtes wegen die Vormünder von Kabruns Kinder sein, denn diesen gehört das Drittheil welches Tietz von seiner Mutter erbte, da Kabrun es um ein Spottgeld früher gekauft hat. Friedrichsen gehört nur das dem Tietz von seinem Onkel zugefallene 9tel des Ganzen.

Das Kassenbuch von Friedrichsen halte ich ebenfalls für überflüssig abzuschreiben, ich habe aber Muhls Haus gebeten es genau nachzusehn, und mir zu melden wie hoch sich künftig die Zinsen jährlich belaufen werden, da die Ländereien wieder ordentlich verpachtet sind. Wegen Friedrichsen muß ich Dir noch sagen daß ich glaube wir können uns jezt dabei beruhigen wenn auch Dodenhoff die Verwaltung nicht übernehmen will, da die Ländereien wieder verpachtet sind und er nichts damit zu thun hat als das Geld einzunehmen und uns auszuzahlen. Meine große Sorge war nur daß er sich gar nicht darum bekümmern und sie ungenuzt liegen ließe.

Mit der Vertheilung der Zinsen ist es wie Du sagst. Ich habe Dir das auch schon am Mittwoch geschrieben, der Brief hat sich mit dem Deinen gekreuzt.

*Skerle* hat uns nur zweijährige Interessen berechnet für die Jahre 16 und 17, Du kannst freilich fragen wo die von 14 und 15 sind, wirst aber wohl nichts dafür erhalten, als vielleicht eine Berechnung daß sie unter das baar deponirte Geld gerathen sind, womit Meyers Schuld getilgt ward, oder sonst so etwas. Ich denke Andreas starb 1813, da hat er die Zinsen noch erhalten da sie im Januar fällig sind. Die Zinsen müßten also 187 Thlr 8g machen, nicht wie Du meinst 230 Thlr, ich gebe es auf um so etwas zu schreiben, es kommt nichts dabei heraus als Ärger und Porto, die Herren haben das Kreutz gehabt, und sich damit gesegnet, wir können froh sein daß es nicht ärger war und wir soweit sind daß sie uns nichts mehr anhaben können. 6 Thlr. 16 g machen wirklich 27 fl Danzger Geld bis auf einen oder zwei Groschen, vielleicht steht das Danzger Geld jezt noch niedriger gegen das Preußische wie zu meiner Zeit, auf den schlimmsten Fall hätte Muhl uns 3 fl, oder 18 g zuviel angerechnet, das ist doch kaum des Erwähnens werth.

Alles was Du wieder zu wissen verlangst steht in meinem letzten Brief vom 21ten. J. Schopenhauer

*96. Johanna an Arthur*

Weimar. d 29 Merz.

Ich will Muhl ebenfalls schreiben daß mir Herrn *F* Forderung etwas aus der Luft gegriffen erscheint und ich so viel möglich weigere zu zahlen, denn er hätte sich freilich eher melden sollen wenn er etwas zu fordern hat.

Von Cadix habe ich nichts erhalten, sonst hättest Du es auch. Ich habe aber von *Blacker* aus Hamburg, der hier war, gehört daß die Sache sehr schlecht stehen soll und selbst *Böhl* in Hamburg nichts bekommt obgleich sein *Ferdinand* in Cadix ist.

Die Verwaltung der Ländereien trüge ich gern jemand anders auf, aber ich fürchte niemand will sich damit befassen. *Dodenhoff* und *Almondi* haben mir beide nicht darüber geantwortet. Ich fürchte es wird wohl so bleiben müssen. Die Sache ist nicht in schlechten aber in nachlässigen Händen bei *Friedrichs*. Den jährlichen Ertrag der Ländereien in den lezten Jahren giebt mir Muhl in einem mit lezter Post erhaltenen Briefe auf 1929 Danziger Gulden, oder 413 Thlr preußisch an, wovon aber noch mehrere Inhaber rückständige Zahlungen zu leisten haben, ist dem so, so erhältst Du ungefähr 114 Thlr und ich mit Adelen 159 Thaler jährlich davon nach meiner Rechnung.

Was Du mit der Frage sagen willst, ob ich gefunden habe daß die bewußten Thaler preußische sind und nicht schlechte, weiß ich nicht mehr. J.S.

*Herrn F:* Friedrichsens.
*Cadix:* Die Gebrüder Böhl in Cadix waren Schuldner der Schopenhauers.

*97. Johanna an Arthur*

Weimar d. 13ten Mai 1818

Ich danke Dir daß Du ferner fortfahren willst *Julchen* zu unterstützen, und bin ebenfalls entschlossen es dieses Jahr beim Alten zu lassen. Für die Zukunft dachte ich ihr die Hälfte von dem zu geben was sie bis jezt von uns erhalten hat, ich denke sie wird damit vollkommen zufrieden sein, doch habe ich ihr noch nichts davon geschrieben, sondern sie nur gebeten mir von ihrem künftigen Lebensplan vors erste Nachricht zu geben, ich erwarte alle Tage ihre Antwort, und werde ihr nicht eher wieder schreiben bis ich sie erhalten habe um ihr das Porto zu ersparen. In ihrem Briefe, den sie im ersten Schmerz an mich schrieb, äußerte sie einige Sorge wegen der Kosten des Begräbnisses, das wie sie meint, wohl an 300 Danzger Gulden zu stehen kommen könnte; ich habe ihr gemeldet daß ich gern dazu beitragen will ihr diese Ausgabe zu erleichtern, sie soll mir nur das Nähere darüber melden, meine Schwester Lotte wird ja wohl auch etwas dafür thun, und vielleicht findest Du Dich auch bewogen ihr etwas dazu zu geben. Diese Sorge dünkt mir die quälendste wenn man ohnehin über einen solchen Verlust trauren muß, und Julchen hat durch treue Pflege der Mutter wohl verdient daß wir sie ihr erleichtern. Ich adressire meine Briefe an sie immer nur geradezu an Julie Trosiener, und sie kommen richtig an, eine nähere Adresse weiß ich nicht obgleich mir das Haus in der Hundegasse, wo sie wohnt, wohlbekannt ist. *Barstow*, der erste Mann der Md. *Almondi* wohnte darin, ich weis aber nicht wem es jezt gehört. Sobald ich etwas näheres von Julchen erfahre melde ich es Dir. Tauberts [unleserlich] will ich ebenfalls nicht bezahlen und berufe mich bei der Weigerung auf Deine Gründe die mir billig scheinen.

Ich hätte eher geantwortet, aber ich bin die Feyertage über bei Frommanns ins Jena gewesen, und habe Deinen Brief deshalb erst heute bei meiner Zuhausekunft vorgefunden. J. Schopenhauer

*beim Alten zu lassen:* Nach dem Tod der Mutter Johannas im April 1818, die von Juliane gepflegt worden war, mußte die Höhe der künftigen Unterstützung geklärt werden.

*98. Johanna an Arthur*

Weimar. d. 17. Mai. 1818.

Ich habe vorige Post einen Brief von Julchen erhalten, sie bittet wir sollen ihr dieses Jahr soviel als sonst geben und künftig die Hälfte, ich habe ihr heute geschrieben daß ich es thun will, und auch daß Du mir den Auftrag gegeben hast ihr vorläufig zu sagen daß Du ebenfalls darein willigst. Das Begräbnis hat wirklich, bei aller Oekonomie 300 Danziger Gulden gekostet, sie müssen jezt ihre Todten außer der Stadt begraben und doch in der Pfarrkirche die Unkosten zahlen, daher kostet alles das Doppelte, es ist eine abscheuliche Prellerei. Die arme Julchen hat all ihr Geld und dazu den für das vorige Winterhalbjahr gesparten Hauszins hingeben müssen, denn die Krankheit der Mutter hat auch viel gekostet, obgleich ich ihr schon seit einem Jahr von Muhl habe soviel alten Rheinwein und Mallaga schicken lassen als sie zu ihrer Stärkung bedurfte, denn den hatte sie sehr nöthig und wir haben sie damit noch eine Weile hingehalten. Ich schreibe heute an Muhl er möchte Julchen in meinem Namen hundert Danziger Gulden schicken, ob und was Du etwa auch thun willst ihre jezige traurige Lage zu erleichtern überlasse ich Dir. Johanni erhält sie von uns die gewöhnlichen 50 Thaler, dann wird sie sich auch wieder von ihrer jezigen Betrübnis erholt haben und wieder frisch an die Arbeit gehen, und ich denke daß wir außer der kleinen Beisteuer von Hundert Thalern, zu denen Du ein Drittheil giebst, in künftigen Zeiten wenig mehr werden für sie zu thun haben, dies Jahr muß ihr schon noch durchgeholfen werden. Lotte kann nichts für sie thun, sie hat selbst Noth durchzukommen, ihr Mann ist jetzt Phisikus in Neustadt. Wegen der Ländereien habe ich heute abermals an Dodenhoff geschrieben, es wäre mir gar zu lieb wenn er die Verwaltung derselben übernehmen könnte, denn er ist ein rechtlicher Mensch wenn er auch nicht das Pulver erfand, sonst habe ich nichts weder von Danzig noch Ganslandt gehört, außer leztens von einem Herrn *Toußaint* aus Hanau, den ich dort kennen lernte, daß Ganslandt bei Gelegenheit einer Ressourcen-Sache sich mit der ganzen Stadt Hanau überworfen hat, aber doch noch immer dort lebt. Lebe wohl. J. Schopenhauer

99. *Adele an Arthur*

Tausend Dank, lieber Arthur, weil Du über den Zauberton Rom mein Andenken nicht überhörtest, sogar noch an die längst vergangene Zeit dachtest und so freundlich schriebst. Seit langen langen Zeiten hat mich nichts so durchaus erfreut, wie dieser Brief, wie diese Schilderung Deines Treibens und Lebens. Wir gewöhnen uns, Rom und Italien, weil es UNS UNERREICHBAR ist, unerreichbar FERN zu glauben, und so konnte ich selbst nicht begreifen, wie Du und das ersehnte Land mir plötzlich so überraschend nah gerückt sein könnten, daß ich nun genau wisse, wie es dort um Dich stehe.

Ich begreife Dein Gefühl ganz, wie Dir der erste Eintritt dennoch vielleicht NICHT genügte und Du nichtsdestoweniger nachher alles genießen konntest, wie es sich bot, ohne schwärmerische Aufwallung mit reiner betrachtender Ruhe, ohne Dich mit Vergleichungen Deiner Phantasiebilder zu martern; wie Dir die Vergangenheit, in der Du so viel lebst, wie zur Gegenwart verwirklicht wird, und wie Dich das Alles immer im Bezug auf Dein Werk doppelt erfreut und interessirt. Auch die wunderbar weiche Stimmung mit der Du Venedig nennst, ist mir gar nicht fremdartig, mag nun die Zauberei sein WIE sie will. Ich dachte, es käme immer schöner, schreibst Du – ach es gäbe beinah gar keine Traurigkeit, wenn man das nicht eben so gar oft denken müßte! Es geht mit dem Leben ja ebenso, und wir müssen am Ende Alle damit enden, uns den Irrthum zu gestehen, und den Blick VON uns weg auf Alles um uns her zu richten. Schön ists, daß man denn doch auch manchmal zurücksieht, recht weit zurück, noch weiter als von Rom – nach VENEDIG; nicht wahr?

Da Du mir nicht freiwillig erzählst, so frage ich: kennst Du Thorwaldsen, Canova, und was hast Du dort gesehen? kennst Du Kestner in Rom? warst Du bei der Humboldt? Niebuhr ist ein Esel, ich fand noch nicht Gelegenheit dem Goethe die Geschichte zu erzählen; warum, nachher. Ohne Zweifel ist Bunsen schuld, mir thut es leid, es war so der erste Anflug von Gefühl, was ich einmal für ihn empfand, ich war eben vierzehn Jahr und nun wird mir der Schlingel ein Philister! Magnus ist noch in Italien, schwerlich aber in Rom. Was Du über Deinen Freund Ruhl schreibst, hat mich innigst erfreut. Ja, wohl liegt etwas unaussprechlich rührendes in der wunderbaren Geschichte. Als Maler ist er längst mein Augenmerk, ich sah sehr brave Sachen von ihm, nur zu wild, zu sehr nach der neuen Teutschheit schmeckend. Den Pinsel hat er sehr in seiner Gewalt; vielleicht dankt Dir die Kunst in ihm noch viel, denn Du mußt ja Gewalt über ihn haben bei solcher Liebe. Es ist recht, daß Du ihm gleich geschrieben, er ist doch ein seltner Mensch und verdient wohl, daß Du kleinliche Rücksichten seinethalben übersiehst. Erhalte Dir den Freund, ihm das Gefühl, man hat es wohl nicht oft im Leben. Möge Dir das Glück immer so treu sein und die Mißverständnisse alle so schön lösen – jede andere Versöhnung läßt einen Stachel zurück, diese bringt euch näher als ihr je war't, es ist ein FINDEN, kaum ein WIEDERfinden zu nennen.

Nun laß uns von Deinem Werke reden. Ich erhielt es vor kurzem. Quandt's Vater ist todt, daher die Verzögerung. Goethe empfing es mit großer Freude, zerschnitt gleich das ganze dicke Buch in zwei Theile und fing AUGENBLICKLICH an, darin zu lesen. Nach einer Stunde sandte er mir beiliegenden Zettel und ließ sagen: Er danke Dir sehr und glaube daß das ganze Buch gut sei. Weil er immer das Glück habe, in Büchern die bedeutendsten Stellen aufzuschlagen, so habe er denn die bezeichneten Seiten gelesen und große Freude daran gehabt. Darum sende er die Nummern, daß Du nachsehen könnest was er meine. Bald gedenkt er Dir selber weitläufiger seine Herzensmeinung zu schreiben; bis dahin solle ich Dir dies melden. Wenige Tage darauf sagte mir Ottilie, der Vater sitze über dem Buche und lese es mit einem Eifer, wie sie noch NIE an ihm gesehen. Er äußerte gegen sie: auf ein ganzes Jahr habe er nun eine Freude; denn nun lese er es von Anfang zu Ende und denke wohl soviel Zeit dazu zu bedürfen. Dann sprach er mit mir und meinte, es sei ihm eine große Freude, daß Du noch so an ihm hingest, da ihr euch doch eigentlich über die Farbenlehre veruneinigt hättet, indem Dein Weg von dem seinen abgienge. In diesem Buche gefalle ihm vorzüglich die Klarheit der Darstellung und der Schreibart, obschon Deine Sprache von der der Andern abweiche, und man sich erst gewöhnen müsse, die Dinge so zu nennen, wie

Du es verlangst. Habe man aber einmal diesen Vortheil erlangt und wisse: daß Pferd nicht Pferd, sondern *cavallo* und Gott etwa *dio* oder anders heiße, dann lese man bequem und leicht. Auch gefalle ihm die ganze Eintheilung gar wohl – nur ließ ihm das ungraziöse Format keine Ruh, und er bildete sich glücklich ein, das Werk bestehe in zwei Theilen. Nächstens hoffe ich ihn wieder allein zu sprechen; vielleicht äußert er etwas Befriedigenderes. Wenigstens bist Du der einzige Autor, den Goethe auf diese Weise mit diesem Ernste liest; das, dünkt mich, muß Dich freuen. Wir, Ottilie und ich, fingen dann auf gut Glück an; die Vorrede erschreckte mich und ich wollte sogleich bei dem von Dir bezeichneten Theil beginnen. Ottilie bestand auf dem Anfang, ich fand später zu viel fremde Worte und Andeutungen, die ich nicht verstehen konnte, freute mich aber sehr mir einbilden zu können, die ersten Seiten wirklich verstanden zu haben. Laß mich aber erst weiter lesen – etwa das, was Du mir vorschlägst. Wenn ich einen Freund hätte, der mir's erklärte, läse ich wohl das ganze Buch. Traust Du es etwa Quandten zu? Hier habe ich Niemand, als Häser, meinen Lehrer der italienischen Sprache. Ein gründlich gebildeter Mann, doch wollte ich lieber gestehen das sittenloseste Buch gelesen zu haben als ein Werk der Art – Du kennst die Narren nicht, mit denen ich lebe. Häser könnte mich verrathen und ich wäre geliefert. Ich weiß wenig, doch zeige ich das schon nicht gern – und es ist auch gut so; denn uns Frauen kleidet vieles Wissen schlecht.

Meinem innern Leben ist dagegen etwas Ernst nöthig, darum lerne ich wo ich kann und weiß, doch da ichs im äußeren nicht brauche, laß ichs ganz tief DARINNEN hausen und leben. Goethen sah ich sehr viel, der Kaiserin Aufenthalt führte Feste herbei, unter ihnen eine Redoute. Goethe erhielt den Auftrag die Werke der vier Schriftsteller, die hier ehemals vereint waren, im Zug wo möglich einzuschalten, insofern sie sich personificiren ließen. Er faßte die Idee auf und schrieb eine Reihe höchst wunderbarer schöner Gedichte, die drei junge Mädchen, als Epos, Tragödie und Nacht den Zug erklärend, vor der Kaiserin sprachen. Der Zug selbst bestand nun aus seinen, Schillers, Herders und Wielands Werken in buntester Mannichfaltigkeit und großer Pracht aneinander gereiht.

Wo es nöthig war, sprachen die vorgestellten Personen selbst, außerdem Epos und Tragödie als Herolde des Festes. Die Nacht hatte den größten Theil des Prologs und Alles auf die Kaiserin unmittelbar sich beziehende. Die Charakteristik jedes Dichters gieng seinen Gaben voran, die ILM erklärte Goethen selbst. Der TAG schloß, von den Wissenschaften unterstützt, das ganze Fest. Wie mich dies ganz wunderbare Vorüberführen von Weimars längst vergangener Herrlichkeit ergriff, wie begeistert ich unter Goethe's Leitung als Tragödie auftrat, kannst Du leicht denken. Wir brachten einen ganzen Tag allein mit ihm auf dem Lande zu und er wußte uns durch die Schönheit der Verse und der Ueberredung seines Eifers zum Unglaublichen zu vermögen. Du wirst das, wenn es erst gedruckt ist, erhalten wenn Du willst, und Dich wundern, daß dies mit EINER Probe geleistet, in zehn Tagen gelernt werden konnte. So wie er einen Theil der Verse vollendete, gab er ihn her, weigerte aber das Ganze dem B. zum Druck, da er es selbst für zu ernst hielt, um es ungefeilt dem Publicum zu übergeben. Seitdem nun ging ich oft mit Julie Eglofstein zum Goethe, um dort zu lesen, ihn über Dramaturgie reden zu hören, endlich dort zu spielen. Er studirte uns Paleophron und Neoterpe ein, was wir bald darauf in seinem Hause gaben. Jede Woche bringe ich nun einen freien Abend dort zu, wir lernen dabei weit mehr als man glaubt, denn er verbindet diesem Spiel unendlich viel Schönes, Ernsteres. Nebenbei amüsirt es ihn selbst, es erinnert ihn an seine Jugend, an Wolffs etc. etc. In diesem Augenblick habe ich ihn zwar lange nicht gesehen, das heißt acht Tage. Und weil ich im Erzählen bin, so laß mich gleich meinen Winter-Bericht hinzufügen. Nach der Kaiserin Abgang trat Trauer und Stille ein, und man gewann Zeit seine eigentlichen guten Stunden zu genießen. Ich habe viel in meinem engern Kreise gelebt. Die Mutter schreibt einen Roman, der uns einen Theil der Abende beschäftigt. Sie liest ihn vor, er kommt mir ausgezeichnet vor und ich glaube, gerade Romane schreiben Frauen am besten. Da ich anfange, die Stimme zu verlieren, habe ich mich aufs Clavier verlegt und treibe es mit großem Eifer. Nebenbei habe ich mir das Studium des Vasari auferlegt, weil ich nach Dresden (auf vier Monate) gehe und die Gallerie dort mit etwas gescheuterem Blicke als sonst sehen möchte. Lieber Freund, schlucke die bittere Empfindung wieder hinunter; ich WEISS wahrhaftig wohl, WIE WEH es thut, daß ich JETZT nach Dresden gehe – doch habe ich das Versprechen, Dich bei Deiner Rückkehr zu sehen. Ich reise nach Leipzig und Du kommst hin oder läßt mich holen; wenn ich in Dresden bin, will ich das schon vorbereiten. Ich hätte Dir den Schmerz ersparen können, aber seit vier Jahren sehne ich mich nach einer Gelegenheit etwas Rechtes zu lernen. Du wirst mich entschuldigen! nicht wahr? Größten Theils danke ich der Mutter Erlaubniß, Dich gewiß zu sehen, Quandten. Ich wußte es wohl, daß Du ihn nicht liebtest; wir fühlen beide das Peinliche einer ganz unvollkommen gebliebenen Ausbildung und Richtung seines Wesens, es ist etwas ganz ungeordnetes, wildes in seiner Fantasie wie in seinem ganzen Leben. Mich ängstigte er früher oft ganz unbeschreiblich – dagegen rührte mich seine himmlische Güte des Herzens, seine Treue, seine Hingebung. So wird es Dir auch oft ergehen. Er zieht nach Dresden, dort werde ich ihn jeden Tag sehen, er wird mich fragen ob Du ihn liebst – ich will ihm sagen, was wahr ist, daß Du ihm sehr gut bist; aber betrügen kann ich ihn nicht, denn er glaubt jedem meiner Worte. Ehe ich nach Dresden gehe, erwartet mich noch eine große Freude: die Wolff kommt auf einige Wochen. Du kannst mein Glück Dir denken. Das Glück hat sich mir überhaupt wieder recht treu gezeigt, es drohte mir das Schlimmste was mir begegnen kann. Unser Hausgenosse schien sich nach SÜDEN begeben zu wollen, die Mutter, die ohnehin hier ungern lebt, wäre sicher auch fortgezogen. Eine Reihe der wunderlichsten Zufälligkeiten stellt mich für dies Jahr noch ganz SICHER.

Was Du mir über mein Gefühl in der Schweiz schreibst, ist mir höchst erfreulich. Du hast also doch verstanden, was ich eigentlich wollte. Außer Dir aber auch noch Niemand. Es ist wunderbar wie in uns doch dieselbe Natur aus allen Verschiedenheiten, die uns Geschlecht, Erziehung und Leben aufdrang, hervorblickt. Nur in Deinem ungemäßigten Stolze finde ich mich nicht, und doch begreife ich, wie Du dazu kommst. Zugeknöpft! sagst Du – und es thut mir weh, daß auch ich Dir sagen muß: zuknöpfen ist das einzige Mittel Dich ruhig zu erhalten. Aber wie Dich auch das Schicksal oder Deine Seele treibe, gegen mich immer WAHR! nicht so, mein Freund?

Da schreibst Du närrischer Mensch, AUSSER MIR hättest Du nie eine Frau ohne Sinnlichkeit geliebt. Ich habe sehr gelacht. Möchte aber fragen, ob Du mich denn wohl, wenn ich nicht Deine Schwester wäre, hättest lieben können; denn am Ende giebt's Frauen genug, die höher stehen als ich. Wenn also mein eigentliches Wesen und nicht der Schwestername mir Deine Neigung gab, könntest Du eine Andere lieben, fast – sieh', ich sage FAST, ebenso lieben. Das Mädchen, die Du nennst, jammert mich sehr, ich hoffe zu Gott du hast sie nicht betrogen; denn Du bist ja gegen Alles WAHR, warum denn gegen so ein armes schwaches Ding nicht? Was Du für Kleinigkeiten von Deiner Frau forderst! Nur eben Alles, wie Alle. Doch wäre, dünkt mich, sehr leicht, ein Mädchen zu finden, die einem großen Theil Deiner Wünsche entspräche, der Zufall walte nur – ihr findet eher zehn Frauen als wir einen Mann. Häusliches Glück ist wohl das Schönste, was uns dies Dasein giebt, und die Meisten gehen stumm, ohne Klage hin und haben es nicht und dürfen es nicht einmal SUCHEN. Ich habe es auch nicht; mich drängt, mich quält fremde Einwirkung, mich treibt mein Stolz oft zu Unfreundlichkeiten gegen Gerstenbergk, gegen die Mutter. Aber ich kann auch nur hier und dort wieder halten was von meinem Glücksbau fällt, stützen und verdecken, mich zurückzuhalten streben und mich selbst in Schlaf singen, wenn mich der Schmerz zu heftig angreift. Und das thue auch Du.

So eben erhalte ich noch eine Nachricht von Deinem Werke. Minister Gersdorf hat es gelesen und ist sehr davon erbaut. Gerstenbergk hat mich danach gefragt, ich möchte es ihm aber nicht gern geben. Ottilie sammelt immer alle Nachrichten Dich betreffend ein, wahrhaftig Du kannst stolz auf ihre Neigung zu Dir sein! Ueberhaupt fragen mich oft die Leute, besonders Eglofsteins nach Dir. Tinnette Reizenstein ist als Philosophin und Betschwester hier, auf einige Wochen, angelangt. Was sie mit all den Grazien angefangen haben mag, die ihr sonst günstig gewesen! Mich dünkt, Du warst auch ihr Anbeter? Uebrigens Alles beim Alten, Fremde von Bedeutung sehen wir nicht; ich nehme die früher genannten Theaterkünstler aus. Pückler und Haugwitz sind nicht gekommen. So begnügt man sich mit den alten wenigen Freunden; Froriep und Könneritz sind am meisten bei uns. Letzterer muß mir immer den Commentar zu dem von Dir Gesagten liefern, er hat Kunstsinn und Geschmack und erzählt sehr hübsch. Von der Fackelnbeleuchtung der Antiken haben wir schon oft gesprochen. Nebenbei lese ich Krysalides Reise durch Italien, kann also immer im Geiste Dir folgen.

In Venedig hast Du Byron nicht gesehen. Das ist mir höchst fatal und unerklärlich; denn wenig Dichter haben mich so angesprochen, wenigere haben mir den Wunsch sie zu sehen gegeben. – Lebe wohl! mein Brief ist ein Buch worden – und ein neumodisches, ohne inneren Zusammenhang der Einzelheiten. Es hängt darum doch Alles in mir ganz ordentlich zusammen; aber mein Leben bringt es mit sich, daß ich bald den Speisekammerschlüssel, bald die Palette, den Federhut und die Schreibfeder wechselnd ergreifen muß. Ich glaube zwischen den Zeilen dieses Briefes liegen wohl zwanzig Sorten von Stimmungen und Geschäften. Anfang und Ende aller ist meine herzliche Liebe zu Dir. Adio!

Deine Adele.

*Adele an Arthur:* Gwinner datiert diesen Brief auf März 1819; aus den Tagebüchern Adeles (2 Bände, Hrsg. Kurt Wolff, Leipzig 1909) ergibt sich jedoch der 5. Februar 1819 als wahrscheinliches Abfassungsdatum.

*Zauberton Rom:* Arthur hielt sich, abgesehen von einer Reise nach Süditalien, von Dezember 1818 bis Mai 1819 in Rom auf.

*beiliegenden Zettel:* Goethe hatte auf dem Zettel die Seiten 320, 321, 440 und 441 der Erstausgabe der »Welt als Wille und Vorstellung«, die ihm wie Adele im Auftrag Arthurs von Quandt geschickt worden war, markiert. Thema der Seiten ist die »Erkenntnis des Schönen« und der »erworbene Karakter« (vgl. auch Arthurs Notiz dazu W I, S. 369).

*Ottilie:* Ottilie von Goethe, die Freundin Adeles, Goethes Schwiegertochter.

*Kaiserin:* Maria Feodorowna.

*B.:* Bertuch.

*Wolffs:* Die Schauspieler Amalie und Pius Alexander Wolff.

*einen Roman:* »Gabriele«, Neudruck München 1985.

*jetzt:* Das heißt: »erst jetzt« – wegen des Bruchs zwischen der Mutter und Arthur.

*Unser Hausgenosse:* Müller von Gerstenbergk.

*Das Mädchen:* Die Geliebte Arthurs in Dresden, wahrscheinlich eine Kammerzofe, mit der er eine früh verstorbene Tochter hatte (vgl. dazu auch die Briefe Nr. 100ff.).
*Reise durch Italien:* Gemeint ist August Wilhelm Kephalides' Reisebericht, Leipzig 1818.
*Byron nicht gesehen:* Gesehen hatte ihn Arthur schon, nur nicht, trotz eines Empfehlungsbriefes von Goethe, seine Bekanntschaft gemacht: Er fürchtete Byrons Attraktion auf seine venezianische Freundin Teresa Fuga (vgl. Arthur Schopenhauer: Gespräche, hrsg. von Arthur Hübscher, Stuttgart 1971, S. 220).

*100. Adele an Arthur*

Großneuhausen ein Gut der Fr. von Werther
unweit Cölleda d. 12[ten] Mai

Eine eigene Verkettung von Zufälligkeiten machte mirs ganz unmöglich Dir zu schreiben bester Arthur, und nun muß ich hier Deinen Brief aus dem Kopf zu beantworten versuchen, da er in Weimar verschlossen liegt ich aber hier bei Werthers (Ottobals Mutter) den schönen Frühling genieße. Fr. von Werther hat eine sehr liebe Tochter, die in geistiger wie in gemüthlicher Hinsicht mir lieb und werth ist, und deren Einladung zufolge ich hierher kam. Obschon man auf dem Lande ist, geht es ziemlich städtisch zu und so bleiben mir kaum freie MINUTEN – geschweige STUNDEN Dir ordentlich zu schreiben. Nimm vorlieb.

Du eräthst leicht, daß unter allem was Du mir schriebst Deine Liebesgeschichte mich am meisten frappierte – ich danke Dir herzlich, daß Du mir so offen darüber schriebst, denn obschon mich das Ganze fremd und unangenehm berührt zeigt mirs doch manche Gründe der Entschuldigung für Dich – und Deine Liebe blickt mich freundlich durch alles an, was mich etwa verletzt. Ob ich das Kind in D. sehen kann, laß ich noch unentschieden, mit dem fremden Mann kann ich doch wahrlich nicht davon reden? Das ist wieder einer von Deinen unbegreiflich wunderlichen Einfällen. Kan ich jedoch für das Mädchen irgendetwas thun, so sage es unverhohlen, nimm Deine Pflicht nicht im gewöhnlichen engen Sinn in den Eure Schlechtigkeit sie gern reduziert – ich wollte, das Kind wäre nie ins Leben getreten, ists aber da, so sorge für dasselbe nach dem Grad des Bedürfnisses welches die spätern Jahre in ihm entwickeln mögen. Sehr seltsam ist mirs von Dir vorgekommen, daß Du vom Sterben, von Testieren sprichst – Du fühlst Dich doch nicht kränker? Wie wunderbar in Dir Mistrauen und Glauben, das Hohe und Niedre sich vereinen spricht sehr in diesem Briefe sich aus. – Du vertraust MIR unbedingt, und weiß Gott, Du sollst Dich nie in mir in meiner Liebe täuschen. Sobald ich nach D. komme, will ich mich unter der Hand erkundigen (ich denke Ende Juni dort einzutreffen) wie es der Unglücklichen geht, und Dir dann schreiben. Sie dauert mich sehr obschon mir dieser Handel so ganz UNBEGREIFLICH ist, daß ich ihn nicht ohne VERACHTUNG denken kan – ich habe allenfalls gelernt daß die Welt so ist nur kan ich mich noch immer nicht darin finden.

Ein zwoter Punkt in Deinem Briefe hat mich sehr bewegt – Deine baldige Rückkunft – ich mögte gern länger in D. bleiben um Dich schon Anfang des Herbstes zu sehen – sehr fatal aber bleibt es mir dadurch, daß die Mutter allein reist, Eurem unseeligen Vernehmen eine Öffentlichkeit zu geben, die ich mit großer Vorsicht mied, wo es irgend gieng. Dies nun zu bewerkstelligen, Dich, mich und die Mutter zugleich zufriedenzustellen ist eine schwierige Aufgabe – erleichtre es mir Arthur, versprich mir zufrieden zu sein wie ichs einrichte. Laß keinen Zweifel Deine Seele berühren auch wenn es mislänge, wenn ich mit fortmüßte, versteh mich wie ich mich gebe, offen und ohne Hinterlist!

Neulich verbreitete sich ein albernes Gerücht, daß *Muhl* nicht sicher mehr stehe, die ganze Sache klärte sich sehr schnell auf; es war ein Misverständniß durch des $2^{ten}$ Muhl Unglück und Ende in *Warschau* veranlaßt; indessen hatte es die gute Folge daß die Mama Sicherheit meines Vermögens auf die Güter verlangte. Einige trübe Tage hat mir die Sache gemacht, denn die weite Entfernung verzögerte doch die Gewißheit, daß es ein bloßer Krämerklatsch sei, nun sind wir jedoch GANZ BERUHIGT. Bei der Gelegenheit erfuhr ich dann, wie bedeutend die Summen, die wir in Spanien stehen haben – Du warst eigentlich jetzt nicht so gar weit entfernt, und ich begreife überhaupt nicht, warum Du als Haupt der Familie nicht einmal einen Versuch machst, einen Theil dieser Gelder zu retten. Freilich trägt die Länge der Verjährung viel zu den Schwierigkeiten die zu lösen sind bey. –

Weimar den 22ten Mai

Ich bin wieder hier und im Besitz Deines Briefes – dennoch schicke ich das einmal geschriebene, ich betrachte es als nicht mehr mein, da es Dir zugedacht war. Auch ist da nichts zurückzunehmen, was ich Dir einmal sage, ist immer was ich denke. Natürlich beantworte ich nun Deine Fragen wie sie folgen in besserer Ordnung. Ich gehe mit der Mutter nach D. um 3 Monate bei Tettenbach dem besten Blumenmaler malen zu lernen: Quandt hat wahrscheinlich bis dahin Bianka v. Lon die Du kennst, und einer Sylphe verglichst GEHEIRATHET. Dadurch wird mir die Möglichkeit gewonnen in Dresden zu bleiben, denn die Tante Quandt die mich sehr liebt, würde mich wohl aufnehmen. Ich konnte nicht bei Quandts wohnen, wenn Er da, oder unverheirathet war weil man sehr über seine Neigung zu mir gesprochen, mich bereits sogar in Leipzig als seine Braut fetirt hat, und mich das immer ungemein gestört und betrübt hat. Ich konte Quandten nie etwas anderes als eine theilnehmende Freundin sein, und bin daher sehr glücklich über diese Lösung des an sich sonst sehr klaren Verhältnisses. Ich schreibe ihm auch nicht nach Italien, weil es mich nichts kostet es zu unterlassen, es aber seiner Frau leicht fatal sein möchte. Eine sehr traurige Geschichte erzählt man sich, er soll einen Prozeß mit 2 Vettern haben die ihm Unrechtmäßigkeit des Vermögens vorwerfen und fast $\frac{2}{3}$ seines Eigenthums mit schrecklichen Drohungen verlangen, ich höre, er übergiebt die ganze Sache dem Gericht, was die Vettern jedoch nicht gethan haben wollten. Von ganzer Seele wün sche ich ihm Glück und Frieden, er ist zu schwach, um fest zu stehen, unter so vielem Schwankenden, im Leben, und doch zu geistig gebildet, von zu kühner Fantasie, um mit der Woge die die andern trägt gelassen mitzuschwimmen. –

Laß mich auf Dich und Deine Reise mit meinen Gedanken haften und davon mir Dir reden.

3 Monate warst Du in *Rom!* mein Byron nennt sie die Niobe der

Nationen. Mich hat das immer unbeschreiblich ergriffen, und das eine Wort hat mir die Idee des Empfindens mit dem ich Rom einst sehen werde, gegeben. Die üble Wirkung die der schneidende Contrast des Neuen und Alten, des Gemeinen Schmutzig-Widrigen mit dem Edlen und Hohen macht – – so wie Du sie mich errathen läßt, so habe ich sie mir immer gedacht. So haben mir viele Menschen, jetzt zuletzt Könneritz, dann Du *Rom* gezeichnet, und ich glaube, ich würde wenig Unerwartetes in Italien finden, so viel ist mir durch Erzählungen näher gerückt.

Dein Urtheil über *Canova* befremdet mich, man giebt ihm Spielereien mit seiner Kunst Schuld, und unter allem erträgt der wahre Genius dies am wenigsten, dem höher strebenden Künstler muß z. B. ein goldnes Diadem, ein Lorbeerkranz auf einem weißen Marmorbilde unleidlich sein, und eine Muse mit dem ersten besten Fürstinnengesichte muß ihm meine ich ganz gottslästerlich erscheinen. – *Thorwaldsen* hat sich das nie erlaubt – indessen ist mein Urtheil nichtig, ich kenne Beider Werke leider nicht.

Über Deine Westennoth und Visitenklage bei der Humboldt habe ich gelacht – ist der Zweck dem Maß des Strebens und Arbeitens werth so thue ich was erforderlich ist, sintemal nun eine Weste sehr schnell angezogen ist hätte ich sie vertauscht und in der einen Secunde vieleicht einen erfreulichen Abend gewonnen. Halb scherzend berührst Du den üblen Ruf den Du nach *Rom* brachtest dort leider reisend hinter Dir ließest. Es ist mir ein unaussprechlicher Schmerz wenn ich etwas derart höre, im NOTHFALL tritt das Urtheil mit Füßen aber ich beschwöre Dich, mache Dirs nicht ZUR LUST. Die Anklagen die Du mir nennst konte ich errathen: – laß Dir gestehen: daß ich mit aus Feigheit Dein Buch oft beiseite lege wenn ich irgendetwas einzelnes darin lese. Eure philosophischen Ansichten sind mir nicht ganz fremd, und ob ich gleich nichts weniger als bigott, nicht einmal ganz echt christlich bin, wie man es jetzt wenigstens so nennt, so fürchte ich doch: Dein Glauben Deine Meinung widerspricht der meinen und ich scheue den Schmerz dieser Verschiedenheit. Nie kan ich darin mit Dir übereinstimmen daß Du Dir aus der Verachtung der Menschen NICHTS machst, reiße wie Du willst an der Lebenskette die uns alle verknüpft, Du reißest Dich doch NICHT los, und es ist eine große Frage ob nicht Stunden kommen wo Du die Menschen brauchst, über die Du Dich jetzt stolz erhebst – gesetzt aber es wäre dann möglich gewesen, zu vollbringen was Du für nöthig fandest, ohne diesen Haß auf Dich zu laden, es fände sich gar, daß diese kleinen Mishelligkeiten die zu großen führen mit Deinem Werk in GAR KEINER VERBINDUNG ständen? Wie dann? Ich bin fast überzeugt: Der Übermuth den die innere Kraft auch mir sogar zuweilen giebt, DER ists der Dich treibt, immer mehr und mehr gegen Dich zu stellen; je größer der feindliche Haufe, je größer der Sieg – je größer der Stolz – aber am Ende, WARS DER MÜHE WERTH? Ist etwa der ganze Sieg gar unnöthig, und kämpfest Du mit Windmühlen die zu umgehen viel leichter, sicherer und KLÜGER war? Dein Schimpfen auf Teutschland sollte mir geläufige Sprache sein, die meisten geistreichen Männer unserer Zeit führen sie, ich aber hafte zu fest am vaterländischen Boden, um etwas anderes als immer wachsenden Schmerz zu empfinden. Mein Freund, zur RUHE, kommst weder Du noch einer der anderen, so bald wenigstens; mir scheint das Ende dieser momentanen Ausruhe-Ruhe schon ziemlich nah und vieleicht müssen wir unsre eigentliche Spektakelzeit erst noch erleben. Doch Du sitzest ruhig in Italien und hast bei manchem großen Vorzug auch noch DEN daß Du nicht jede Zeitung lesen, oder erzählen, und überhaupt nicht viel Politik hören mußt. Mitunter war das hier herzlich unleidlich, da am Ende das Reden nichts hilft. –

Wie hast Du nur mit dem Witte zusammenhalten, Freundschaft pflegen können, ’s ist ja ein miserabler Kerl von Hause aus, der immer nur zu erschleichen, zu erbetteln verstand und seine Feigheit und seinen Übermuth zur Schau stellte! Dich hat seine Schonheit erfreut, denn er soll ja nicht einmal Kraft des Geistes oder Genius, sondern auswendig gelernte Gelehrsamkeit haben – ich kan’s nicht begreifen. Göthen erzählte ichs; er lachte sehr über die Seidler, deren Klatschen auch er oft erfahren, auch Deine 16 Engländer belustigten ihn sehr. Die Sandische Geschichte hat ihn ungewöhnlich ergriffen, er spricht fast immer Politik läßt sich alles Neue erzählen, und scheint im Innersten tief verwundet, obgleich er immer äußert: Er habe vorausgesehen, daß es so kommen müsse – das Zugrundegehen alles Wissenschaftlichen, aller Künste, alles Zarteren leitet er als unvermeidliche Folge der eingreifenden gewaltthätigen Roheit her; es ist traurig diese Andeutungen zu hören, er spricht sich nur selten in einzelnen Worten aus, doch seine Meinung ist klar. Des alten Voigts (des Ministers) Tod, Miench Huflands Heirath mit Sturza hast Du wohl auch erfahren? Falk hat seinen Sohn verloren an einer ansteckenden Krankheit. Überhaupt mähte der Tod mit gewaltiger Hand, unzählige Bekante sind mir in diesem Jahre gestorben. Eine Frau die mich sehr liebte, die Bergräthin Kirst (die Freundin Louise, die Du Dich wohl erinnerst ist ihre Tochter) ist auch darunter. Mich umringten Krankheit und Tod von allen Seiten, von einem Krankenbett zum andern schleichen war mein einziges Geschäft; so gieng es die drei ersten Monate des Jahres, Tag für Tag! Ottilie ist in Berlin sie geht nach Dresden, dann über Dessau heim. Ihre Kränklichkeit nimt zu, ihre Kräfte schwinden, mit Todesangst sehe ich zu, wie meinem Leben ein Schlag droht, der alles zerstören muß, was mich glücklich macht. Ein unbeugsamer Starrsinn der ihrem Wesen eignet läßt sie nichts ernstlich brauchen, und so bleibt mir nur die Hoffnung auf ihre gute Natur, auf ihre Jugend, die sie vieleicht doch rettet! Für den Moment ist ohnedies nichts zu fürchten, sonst weißt Du wohl gienge ich nicht fort. GENUG DAVON.

Wo magst Du sein? In Mailand oder Bologna oder gar im geliebten *Venedig?* Deine Geschichte daselbst fängt an mich zu interessieren, möge sie glücklich enden – die Geliebte ist reich, sie ist von Stande gar und doch meinst Du, sie werde Dir folgen wollen? Wunderlich; dazu gehörte LIEBE! Hättest Du die WIRKLICH gefunden dann thätest Du gar wohl sie zu erhalten – am Ende sitzest Du auch wohl bereits in *Venedig?* Und ökonomisch willst Du sein und verliebt dabei? Und *triste raison!* ausrufen und von zerstörten Träumen reden? Es giebt doch Träume die lange dauern, darum schreie ich mich nicht selbst wach, ich versuche sie zu halten und am Ende – bist Du auch *in Venedig*. Ach ich mache dumme Späße und doch thut mirs innerlich recht weh, daß in Deinem einem Briefe 2 Liebesgeschichten sind ohne Liebe, und das alles dies doch nicht ist was ich Dir gewünscht hätte. Diese Neigungen haben einmal schon eine traurige Wendung für das unglückselige Mädchen in Dresden genommen. Möge kein Unglück wenn auch anderer Art der Dame in Venedig od: Dir selbst drohen, und mögest Du in *Mailand* ruhig sitzen. Möchtest Du doch nicht ganz die Fähigkeit verlieren, eine Frau zu schätzen wenn Du mit dem Gewöhnlichen und Gemeinem in unserm Geschlecht Dich abgiebst und führte Dir der Himmel einmal eine Frau zu, für die Du etwas tieferes empfinden köntest, als diese Wallungen, DIE ICH NICHT EINMAL VERSTEHE.

Über Dein Buch weis ich nichts Neues, eine theils lobende theils tadelnde Rezension steht in dem neuen literärischen Journal was in Leipzig dies Jahr neu erschienen, bei Brockhaus – den Titel weiß mir niemand zu nennen, ich werde aber Göthen fragen, alle 14 Tage komt ein Heft heraus.

Der Mutter Roman ließ ehe Du ihn beurtheilst, er ist dünkt mich das Beste was sie schrieb, und mir sehr lieb. –

Jetzt also bist Du schon über *Florenz* dem Ideal aller meiner Kunstreisen, ich hoffe Du sahst *Pästum* doch, Zeit genug kommst Du nach Mailand und in die Schweitz – in der festen Zuversicht sende ich den Brief dahin ab, bekomme ich nicht abermahls Nachricht so erkundige ich mich gewiß in Dresden und suche mir Geld zu verschaffen um es dem armen Mädchen zu senden. Daß Dir indeß zuweilen bange wird ist billige Strafe, WIE GERING GEGEN DIE DER ARMEN!

Mir wäre es sehr lieb, wenn Du mir aus Italien kleine Lieder zur Guitarre und echte *Sepia* mitbrächtest, vieleicht in Mailand in der Kunsthandlung. Auch hätte ich gern etwas von Mosaik wo möglich ungefaßt, damit es nicht zu theuer wird, hier brauche ich solche Kleinigkeiten viel, und muß sie theuer bezahlen, Könneritz sagt, dort habe solcherlei Zeugs gar keinen Werth.

Nun wie ich lebe? In Sauß und Brauß seitdem alles gesund ist; wir fahren viel aus, ich bin fast den halben Tag mit meinen Freunden in der freien Luft und halte diese Zeit nicht für verloren weil ich mich viel gesunder fühle. Sehr bald treibt es uns ohnedies auseinander. Göthen sah ich alle Mitwoch wo wir abends bei ihm aßen; er hat mir ein sehr schönes Blumenstück von Seger zum kopieren gegeben, ich sitze den ganzen Tag und male.

Mein Innres ist klar und heiter wie der blaue Himmel über mir, Ottilie fehlt mir, aber ich gönne ihr ihr Glück in Preußen zu sein, da sie's jahrelang wünschte. Die Mutter ist unendlich freundlich und gut, mit Gerstenberg geht es leidlich. Die Freunde kommen viel, alles um mich her ist mir eben recht. Könneritz allein macht mir trübe Stunden er ist hier Stadt-*Adonis* und man klatscht wenn ich FREUNDLICH mit ihm bin, ich fürchte auch seine Eitelkeit und so fühle ich mich bald angezogen bald zurückgestoßen, mir ist aber ein solches Spiel zuwider. Es liegt mir so klar in der Seele, daß ich ihm gut bin und mich seiner Liebenswürdigkeit freue, ABER WEITER NICHTS, daß ich gar nicht begreife wie irgendein Mensch etwas anderes dahinter suchen kan. Indessen muß man dem allgemeinen Urtheil nachgeben und folglich nicht mehr viel mit ihm reden; das geschieht den auch; aber es ist lächerlich denn er weiß recht sehr genau, wie wir miteinander stehen und daß wir uns gewiß nicht ineinander verlieben. *Adio caro*, behüte Dich ein guter Geist vor *Venedig!* Denke meiner oft und bleibe mir recht treu und gut

Deine Adele

N.S.
Göthe geht im August nach Carlsbad; vieleicht träfst Du ihn wenn Du dies Jahr im Spätherbst hingiengst denn seine Reise wird eher später als früher, doch wirst Du wohl deßhalb nicht eher zurückkommen, und so gar lange bleibt er doch nicht. *Meier* ist viel bei ihm, und alle Fremde fast die durchreisen. Tiek war da (der Bildhauer) er kam aus Carara. Man sagt der Herzog geht nach Italien.

*Sandische Geschichte:* Das erfolgreiche Attentat des Theologiestudenten Karl Ludwig Sand auf August von Kotzebue.
*die Geliebte:* Auf wen sich dieser Passus bezieht, hat die Schopenhauer-Biographik nie feststellen können. Die venezianische Geliebte Arthurs (Teresa Fuga) kann diesen Angaben zufolge nicht gemeint sein.

*101. Adele an Arthur*

Weimar den 28ten Mai 19

Vieleicht erhälst Du diesen Brief ZWEI TAGE später als den andern – in diesen zwei Tagen liegt die Umwälzung meines ganzen Erdengeschicks – *Muhl* hat falliert. Gestern hat er der Mutter die von allen Seiten beruhigt, dennoch auf Hypothek auf die Güter drang, geschrieben. Ich schreibe Dir einige Stellen aus dem Briefe ab. Nachdem er den Fall der Hamburger und Riganer Häuser erwähnt und über die Folgen des daraus entstehenden Miscredits geklagt, fährt er fort. – »Da wir in jeder Hinsicht die größte Sicherheit anbieten konten, so würden wir unter andern weniger ungünstigen Umständen sie auch gewiß gefunden haben, allein in dieser fürchterlichen Zeit hat jeder mit sich selbst zu thun und so wird uns leider nichts anderes als die traurige Nothwendigkeit uebrig bleiben als UNSRE ZAHLUNGEN EINZUSTELLEN. Ich beschwöre Sie sich durch diese traurige Nachricht nicht so sehr niederschlagen zu lassen, Sie haben dazu durchaus keine Ursache und für Ihre eigne Existenz nichts zu besorgen, denn unsre Sachen stehen keinesfalls schlecht, – – – nur das Bewußtsein daß unsre Sachen nicht schlecht stehen kan unsren Muth aufrecht erhalten. WENN nicht neue unerwartete Unglücksfälle hinzukommen, und unsre *Creditoren* ihren eignen Nutzen nicht aus den Augen setzen, so haben wir Hoffnung allen gerecht zu werden.«

Die Hypothek auf dem Gute schlägt er wie er sagt meines Nutzens wegen ab, die Güter sind bereits verschuldet – wie stark wissen wir nicht. Ohnedies wird er sich erklären, ehe ein Brief ihn erreicht, vieleicht bringt Dir die nächste Post die Bestätigung unsres Unglücks.

Entsetzlich ist's daß *Muhl* NICHT EINMAL DIE FÄLLIGEN ZINSEN GESCHICKT HAT – wir sind ganz OHNE GELD, obendrein noch manches schuldig. Dennoch ist wohl das einzige Mittel sogleich nach *Danzig* zu reisen, die Mutter hat dies eingesehen und sich das Geld dazu geliehen. Wie wir LEBEN werden, was für Mittel ergreifen davon ein andermal, wenn die Rinde von kalter Verzweiflung sich gelöst hat – mein Herz ist zerdrückt durch der Mutter Zustand, und durch den Abschied der mir bevorsteht. Die Reise wird für uns die dortigen Freunde gewinnen, in der Nähe läßt sich's besser beurtheilen, endlich muß auch ein Abschnitt gemacht, ein ganz anderes Leben begonnen werden.

*Muhl* schreibt ferner: »Nach der Lage der Masse ist mit Gewißheit anzunehmen, daß die *Creditoren* NOCH IM LAUFE DIESES JAHRES EIN BEDEUTENDES *a Conto* ZAHLUNG ERHALTEN. – Meine Handlung war ein täglicher Verkauf, und Tägliche Einnahme, und der Stillstand würde für alle gleich verderblich sein. Wird aber eine Administration eingeleitet, so daß das Werk fortgeht, so werden wenn sich hinlängliche Summen gesammelt, solche unter die *Creditoren* vertheilt. Ich würde Ihnen rathen sich an Herrn *Soermanns* ihren alten Freund und Verwandten zu wenden der sich Ihrer gewiß bestens annehmen wird.« –

Die Mutter folgt dem letzten Rath und übergiebt dem Vetter ihre und meine Angelegenheiten, Gottlob Du lieber Arthur hast nur 8000 Gulden dort, so ist doch Eins von uns nicht ganz unglücklich. Mein Leben ist auf diese Art geschlossen ein ganz neues fängt an – ohne Vermögen, ohne Freunde denn hier ist zu theuer Leben, und zu schwer – wir gehen also wohl ganz fort, denke Dir meine Lage. Die Mutter ist in Verzweiflung, mache ihr ja keine Vorwürfe, ich entschuldige sie ganz. Sie trägt mir auf Dir zu sagen daß sie alles thun wird um auch Dir zu Deinem Kapital zu verhelfen.

Wir reisen ohne es bekannt zu machen unter einem Vorwande in 4–5 Tagen allein mit dem kleinen Mädchen die ich mir aufgezogen, die Jungfer, Köchin, Bedienten schaffen wir ab sobald ihre Zeit um. Wann wir wiederkehren auf wie lange weiß Gott. Lebe wohl ich kan nicht mehr, aber gewiß werde ich meiner werth handeln, ich bin auch sehr gefaßt und ergeben. Schreibe der Tante Julchen für mich – und gleich, damit mich dort Dein freundliches Bruderwort tröste. Ein gutes Geschick walte ueber Dein Leben mein guter Arthur. Deine Adele.

*falliert:* Vgl. dazu die Einleitung

*102. Arthur an Johanna*

...obgleich Sie das Andenken des Ehrenmannes, meines Vaters weder in seinem Sohn, noch in seiner Tochter geehrt haben...

*Arthur an Johanna:* Dieses Bruchstück vom Juli 1819 wird in Adeles Brief an Ottilie von Goethe vom 28. Juli 1819 (»Aus Ottilie von Goethes Nachlaß. Briefe von ihr und an sie 1806–22« hrsg. von Wolfgang von Oettingen, Weimar 1912/13 = Schriften der Goethe-Gesellschaft, Bd. 27, S. 352) ausdrücklich als wortgetreues Zitat Arthurs markiert. Nach Adeles Tagebuch vom selben Tag enthielt Arthurs Brief neben der Invektive gegen Johanna auch das Angebot, sein verbleibendes Vermögen mit Mutter und Schwester zu teilen (vgl. auch die Briefe Nr. 103 f).

*103. Adele an Arthur*

Stries bei Danzig den 14ten Jul.

Vorgestern Abend erhielt ich Deinen Brief, also auch Du, lieber Arthur, so tief mit in unser Unglück hereingerissen? Deine Reise geendet – alle Deine Pläne gestört – Ich hieng so sehr an dem Gedanken Dich wenigstens, obschon nicht heiter doch ruhig ueber die Zukunft und die traurige Bedingung des Lebens in dieser Welt zu wissen – jetzt ist auch diese Freude mir genommen. Seit fast 4 Wochen sind wir hier und fast nichts geschah in dieser langen Zeit das unser Geschäft gefördert hätte. Man mußte aller *Creditoren* Einwilligung erlangen die Sache auf keinen Fall gerichtlich zu machen. Daß dies uns allen zuträglich, beweisen die noch immer ungeordneten Massen von *Labes*, *Schönbeck* und *Franzius*, 10 Jahre giengen darüber hin, und noch immer haben die *Creditoren* nichts erhalten. *Repell*, Kaufmann und Jurist, und *Soermann* waren vorläufig zu Administratoren gewahlt, *Abeck*, *Muhls* Schwiegersohn führt die Handlung fort jedoch so daß er nur verkauft, nicht aber wieder kauft, sonst würden wir handelnde *Creditoren*. Wir sprachen Reimer, der einst beim Vater war und noch manche Andere, alle fanden diese Maaßregeln gut. Muhl hat sich aus allem heraus auf sein Gut Uhlkau zurückgezogen, *Abeck* soll ein anerkannt rechtlicher Mensch sein, er scheint es auch mir. Die Güter sollen nicht verschleudert werden, sind also vor der Hand nicht verkauft, Muhl bezahlt vom Einkommen den Hypothek habenden Schuldnern die Interessen, damit er sich das Gut zu erhalten und es vortheilhafter zu verkaufen im Stande sei. Die Hauptsache ist und bleibt das Weinlager was fast 200000 Rth werth ist. Heute war die erste Hauptconferenz unter den gewählten Administratoren, Muhl und Abeck deren Inhalt sämtlichen Bevollmächtigten und Schuldnern vorgelegt wird. Von *Soermann* suchten wir unter der Hand das Resultat zu erfahren, (Morgen fahren wir jedoch erst nach der Stadt das Genauere zu hören) er sagte uns: Es sei Uebereinkunft daß Abeck die Handlung auf oben gesagte Weise fortführe bis im März, da ohnehin alle Leute im Hause bis Ostern angenommen wären; folglich bezahlt werden müßten, dann solle ein Divident des Eingekommenen an sämtliche Schuldner vertheilt werden. Muhl habe vieleicht Hoffnung noch vor dieser Zeit einen Accord anbieten zu können doch äußerte er dies dünkt mich nur im Vertrauen als ungewiß. Mutter die Dir selbst schreiben wollte und Dein Anerbieten dankbar anerkennt, obschon sie jetzt keinen Gebrauch davon zu machen denken und hoffen kann, läßt Dir sagen, sie werde Alles für Dich thun wie für sich, ich werde Dir immer genaue Nachricht geben. Wir wollen diese Bedingungen eingehen jedoch hinzufügen daß wir wünschen daß jemand erwählt, im Nothfall auch dafür schadlos gehalten werde, daß er *Abecks* Bücher genau revidire; gleichsam sie mit führe, was beide Administratoren wohl im Ganzen aber nicht wohl im Einzelnen zu thun vermögen. Dies ist der Rath mehrer gescheuten Männer gewesen, auch Reimer wünschte einen Dritten mit hereingezogen. Ueber alles dies erhälst Du 3 oder 4 Tage nach diesem Brief genaue Auskunft, der Wunsch Dich der peinigenden Unruh zu entreißen lies mich nicht länger das Schreiben verschieben, und es ist schon weit ueber Mitternacht. Morgen in der Stadt habe ich mir Muhl bestellt, ihm Deinen Brief zu uebergeben, dann erfahren wir auch genauer den Inhalt der Conferenz. Ich melde ihn Dir genau, so wie auch Alles was ich an Nebenumständen früher gehört und nur heute nicht mehr zu schreiben vermochte.

*Soermann* ist Dein Pathe, Rathsherr, und heißt mit Vornahmen FRIEDRICH.

*Muhl* wird Dir ohne Zweifel noch schreiben, da die Post erst Mittags abgeht, ich bin nur Morgen verhindert. Ich hoffe zu Gott, daß Du nicht auf gerichtliche Einmischung bestehst, sonst wäre es unser aller Ruin! Wir leben hier in Stries ruhig – aber doch sehr betrübt und verstimmt im Innern, man lernt nur nach und nach die Außenseite wieder beherrschen, und das ist NÖTHIG, denn thränenvolle Augen sehen nicht KLAR. Wenn ich nur nicht Weimar verlassen muß bin ich zu allem entschlossen, auf das Schlimmste gefaßt, ich will gern alles uebrige opfern und mir verdienen was ich brauche, aber Ottiliens und ueberhaupt meiner Freunde verlust zu tragen halte ich mich selbst für zu schwach. Ueber dies alles NÄCHSTENS ich muß Dir einen langen Brief schreiben ueber meine Zukunft meine Pläne. Heute fallen mir die Augen vor Ermattung zu. Lebe wohl! Daß ich Dir danke, für die Mäßigung gegen die Mutter, für das Anerbieten das Wenige was Dir blieb, im Nothfall mit uns zu theilen weißt Du – was brauchst Du noch der Worte! Du sollst auch mit mir zufrieden sein und einsehen: daß alles was ich Dir früher schrieb, nicht blos WORTE waren! Lebwohl.

Deine Adele

104. *Adele an Arthur*

Von Tag zu Tag nähere Auskunft hoffend schrieb ich Dir nicht, weil ich nichts zu schreiben hatte, ich mogte nicht klagen ohne zugleich Dir meinen künftigen Weg anzudeuten, und bis jetzt bleibt meine Zukunft im tiefsten Nebel verhüllt. Muhl äußerte sich als wenn er Hoffnung hätte Accord anbieten zu können, macht schöne Redensarten und es geschah nichts. Abegg hatte Dir geschrieben, Dir den Auszug der 1sten Conferenz gesandt, Du sahst also klar wie nichts zu thun blieb als mit dem Strom zu schwimmen. D. Götz, Stadtmüller, Reimer, Röppell waren der nemlichen Meinung. *Muhl* ist leichtsinnig, nicht schlecht, obschon er nicht nützen kann, könnte er schaden, das scheint aber nicht zu befürchten. Das Gerücht vom Accord hat sich verbreitet, aber noch ist nichts offenbares geschehen. Somit mein Freund wären wir auf uns reduziert. Es schmerzt mich hier in der großen Welt, in allen Gesellschaften sein zu müssen obschon es uns gar nichts kostet, denn ich denke immer an den Thorschluß! Eine neue Bahn, ein neues Leben! Gerstenbergk will alles mit uns theilen, mit uns ziehen wohin wir wollen, und wo er Brodt finden kann, er quält mich mit seiner Großmuth, denn Arthur ICH will FREI sein. Ich erkenne gerührt seine Liebe und treue Freundschaft in Noth und Glück, aber ich will nicht ihn einschränken; wir werden sehr einfach leben von dem was bleibt, ich will meine eignen Bedürfnisse so viel mein Kranksein zuläßt verdienen. Der Weg dazu ist noch nicht entschieden, gleichviel. Laß mich erst genau wissen was uns blieb, laß mich diesem Strudel entronnen, die ersten Schritte gethan sein, so sollst Du mich ruhig und zufrieden wissen. In der höchsten Noth, aber auch nur in der HÖCHSTEN, verlasse ich mein Vaterland und gehe als Gouvernante nach RUSSLAND. Durch die Kaiserin und unsre Hoheit erhielte ich leicht *recommandationen* und kann vieleicht in wenig Jahren meine ganze Zukunft sichern. Heirathen kann, WILL ich nicht ohne Neigung, ein jeder kennt seine Kraft, was tausende drückt ist mir nichts, was tausende tragen würde mich zerdrücken.

Die Mutter war von Deinem Anerbieten gerührt, aber als sie las was Du ueber den Vater und uns geschrieben war sie außer sich, und sehr erzürnt, ich verstand gleich daß Du etwas anderes gemeint als ausgedrückt hattest, und legte es dadurch bei daß ich ihr sagte ich würde Dir antworten. Ich bitte Dich nur um Himmelswillen quäle jetzt nicht die Mutter, sie nimmt sich ganz vortrefflich, und ich weiß selbst nicht was Du sagen willst – sie habe das Andenken des Vaters nicht geehrt. Laß mich nichts mehr davon hören. Handle recht und edel, wie Deine Natur ist, ohne Worte die das mit einer dunklen Tinte ueberdecken, was sonst so hell in seinem eignen Glanze strahlte. Bis jetzt danken wir Dir beide herzlich, auch ich will jetzt nicht Geld aber etwas anderes von Dir bitten.

Du schriebst mir Du seist in Heidelberg – wir gründeten darauf den Plan wenn *Muhl* nicht in dieser Zeit *accord* biete, oder wenn uns der Winter hier zu kostbar würde, in Dresden ihn zu verleben. Dort leben wir sehr wohlfeil, lassen Essen hohlen, brauchen nur 2 Zimmer, etc. etc. Darum wenn Du nicht sehr gerne in Dresden bleibst so schreibe mir bestimmt Deinen Winterplan, und wann Du nach Heidelberg zurück gehst. Denn gerade jetzt müßt Ihr beiden Euch nicht treffen, ich aber muß der Freude entsagen Dich zu sehen. Arthur, lieber, geniere Dich aber NICHT um unsern Plan, handle ganz unabhängig von unsern Wünschen, meine Bitte geht NUR auf NACHRICHT, ich könte Dir verschweigen WARUM, aber es muß klar und offen zwischen uns bleiben, das bedenke und antworte eben so frei und ohne Rückhalt.

Wegen der Ländereien haben wir mehrmals mit Stadtmüller gesprochen, RÖPELL hoffen wir soll als Jurist uns beistehen, obgleich er sonst nicht so kleine Geschäfte macht. Ich nahm Stadtmüllern die Rechnung ab, und lege sie Dir bei, der unten stehende Ueberschlag der Ausgaben ist natürlich nur so ungefähr bestimmt, denn mit Gewißheit läßt sich nichts thun. Hoffentlich findest Du Dich heraus, die Abschrift ist zu volumiös.

Wenn Stm, wie Er sagt, den Theil der Ländereien dazu kauft die Kabrun gehörten, so wäre das sehr gut, weil wir dann mit ihm zusammen Alles hätten und sein Interesse mit dem unsern gleich gienge, wir folglich hoffen könten daß er alles mögliche zu unserem Nutzen einrichte. Beiliegende Notizen der Mutter sollte ich Dir abschreiben, mir fehlt aber Zeit. Vergieb und buchstabiere Dich heraus, und schalte hier den Zettel ein.

Schreibe mir was Du in Heidelberg zu thun denkst, und ueberhaupt gieb mir ausführliche Nachricht.

Von mir verspreche ich Dir das nemliche, wie sich's finde und füge ich hoffe bestimmt so viel erwerben zu können daß mich nicht künftig meine Dankbarkeit an Gerstenbergk binde. Ich rechne darauf ein Paar kleine Mädchen in *Pension* zu nehmen oder – doch was soll das? was geschieht sollst Du erfahren nicht was geschehen könnte.

*Julchen* grüßt Dich sehr, sonderbar, wie sie an Dir hängt! wie Dich hier manche wohl vergessene Menschen nennen und auf ihre Art lieb haben. So treibt uns alle ein ewiges Irren durch das Leben. Lebe wohl! Sei heiter und muthig und liebe mich recht denn jetzt bedarf ich aller Liebe noch mehr als sonst.

Danzig den 24sten August 19 Deine treue Schwester Adele.

*in Heidelberg:* Unter dem Eindruck der drohenden Vermögensverluste erwog Arthur, in Heidelberg zu lehren.

105. *Adele an Arthur*

Danzig den 8ten Sept.

Wie kanst Du glauben ich hätte der QUANDT und NICHT DIR geschrieben? *Soermann* sagte mir Du giengst nach Dresden, augenblicklich schrieb ich *poste restante* wie fr., in der Hoffnung Dich erreiche so der Brief sicher. Er enthält genaue Nachricht ueber unsre Ländereien, wir haben Geld für Dich liegen und fragen an, wohin es geschickt werden soll? Sodann ist eine Rechnung dabei die uns durch Stadtmüller endlich verschaft worden ist. Laß sogleich dem Brief nachsetzen denn er liegt in Dresden. Aus Deinem ersten Briefe ersehe ich daß *Abegg* mir vorgeflunkert hat, und Du nicht den Auszug der ersten Conferenz erhalten hast; obschon das eigentlich ganz unbedeutend ist, habe ich Abegg um die Conferenz ersuchen lassen, werde sie zierlich abschreiben und Dir senden. Du wirst wenigstens dann Bestätigung alles dessen finden was ich schrieb und Dich ueber die Art des Accords den man erwartet beruhigen. *Muhl* hofft von Außen Hülfe, indessen wie gesagt, ich glaube nicht daran. Böttger *Lesse* hat wenig damit zu thun ich glaube Deine Nachrichten gehen ins Blaue hinein. Repell versichert man müste jetzt passen sich ruhig halten; er wird die Sache mit den Ländereien als Jurist aus Freundschaft übernehmen.

Es war unser Plan nach Dresden zu kommen eh' wir von Dir wußten, mein Brief fragt Dich deshalb: doch ist dieser Punct bereits in dem Deinen beantwortet, Du wirst wohl bleiben und wir werden vieleicht hier AUSHALTEN, oder heimkehren. Letzteres ist schwer, bis alles entschieden. Deine Nachrichten über Weimar, die Art wie Du die Liebe und Freundlichkeit meiner Freunde empfunden, hat mich TIEF gerührt. Ich wollte Dir so gern viel darüber schreiben, nun finde ich indem ich todtmüde vom Seebade zurückkomme, Deinen Brief, und kan in dem Augenblick nur flüchtig Alles berühren. Daß Du nie so von mir empfangen werden kanst, daß Du nicht in Weimar mit MIR warst, kann ich nie verschmerzen, ich kan nicht ohne Thränen daran denken! – Laß das, jetzt will ich nicht weich werden, laß mich zu einer andern bessern Stunde Dir mehr sagen. –

Daß Deine Tochter todt ist, thut mir LEID, denn wenn das Kind älter worden wäre, hätte es Dir FREUDE gemacht. Du wärst nicht so allein gewesen. Du hättest für jemand zu sorgen. Du glaubst nicht Arthur wie wenig Opfer ich scheuen würde, um Deinen Lebensweg heiterer zu schmücken, um Dir eine menschlich frohe Stunde in jedem Tage zu geben! Daß Du in Heidelberg lesen wirst, freut mich sehr; Du wirst Dich dort wohl fühlen, es ist ein Paradies. Wie man den Winter nicht gesammt lieber im freundlichen *Manheim* als in Dresden verlebt begreife ich nicht – doch laß Dich nicht von Deinem Mistrauen verleiten hierin eine leise Ueberredung zu sehen Dresden zu verlassen. Ich werde innerlich so viel durch das Gefühl leiden daß wir immer nur NACH EINANDER, nie ZUSAMMEN die Orte berühren – daß ich wahrlich nicht den Aufenthalt für sogar wünschenswerth zu halten vermag. Der Plan war vernünftig, und hier ists nicht angenehm, doch lassen sich vieleicht andre Mittel finden, ohne große Ausgaben doch den Winter auswärts zu verleben.

Hier geht es so im alten Zuge fort, wie leben sehr gesellig, das heißt wir gehen immer aus, ich stehe dennoch einsam und sorgend da. Ich nehme keinen Antheil an dem Getriebe, am eifrigsten sorge ich für meine Gesundheit und fahre deshalb täglich nach dem Strande um zu baden. Hoffnung habe ich daß es besser werden kan, das ist aber auch alles denn in 2 Monaten läßt sich das nicht beurtheilen. Schreibe mir sogleich daß ich erfahre ob Du meinen Brief hast, die Abschrift die ich Dir versprach denke ich durch Gelegenheit zu senden. Sei indessen ganz ruhig es soll nichts ohne Deine Zustimmung geschehen. *Soermann* ist alt und etwas faul aber sehr brav und sehr gerecht, Du kannst ihm ruhig vertrauen.

*Muhl* scheint den Kopf wieder etwas zu heben und Muth zu fassen, vieleicht ein günstiges Omen – vieleicht nur sein Leichtsinn. Daß wir herkamen um den alten *Weickmann* sterben zu sehen, daß seit zwei Tagen der Mutter Freundin von *Campen* ihm folgte weißt Du wohl auch noch nicht. Es ist alles traurig und verwüstet, ich gehe unter den Straßen unserer brillanten Zeit, vor dem ehemaligen Eigenthum unserer Familie oft traurig vorüber.

Göthe ist in *Carlsbad*, wie ich höre heiter und wohl. Auch unsre Freunde sind es alle. Hier will eine Fräul. *Andreße* aus Berlin Dir genant sein. *Julchen* grüßt Dich – hüte Dich ihr irgend etwas zu schreiben was andre nicht wissen sollen, sie liebt Dich mehr noch als mich ist aber schwatzhaft und unbedacht. Du wirst ihr hoffentlich die kleine *Pension* lassen? Nicht wahr? Lebe Wohl – die Post komt.

Adele.

*deine Tochter:* Vgl. Brief Nr. 99.

*106. Adele an Arthur*

Danzig den 9[ten] Nov. 19.

Hoffentlich hast Du Dir diesmal mein Schweigen richtig gedeutet, lieber Arthur, ich hatte Dir nichts neues zu sagen, denn an eine freie Mittheilung der Gedanken an den gewohnten Austausch der Ansichten, Meinungen und Ideen ist fast nicht zu gedenken bei der Größe des Raums der uns trennt. Unwillkührlich warte ich immer auf einen äußern Anstoß, hab ich dann endlich die Feder in Händen, dann ist mir wieder als könte ich nicht enden, und das ängstigende Verstummen das mir die Nothwendigkeit auferlegt, rächt sich selbst an mir, ich komme mir weiter von allem entfernt vor, es ist mir als könte ich gar nicht mehr erreichen was mir lieb ist.

So sehr ich zuweilen die Blutsverwandtschaft zwischen Dir und mir empfinde, wenn Du plötzlich so aus meiner tiefsten Seele heraus denkst, so sehr schmerzt es mich wenn ich so betrachte wie Dir doch noch alle Hauptschlüssel zu meinem Wesen fehlen, wie Du sie gleichsam immer aus der Hand fallen lässest, in die ich sie lege. So kanst Du noch nicht fassen daß bei mir immer das WAR ein IST bleibt; was ich Dir früher in Hinsicht meines Vermögens, des damaligen Planes der Mutter alles zu vermachen, Dich falls Du heirathetest sicher zu stellen, ja sogar in Hinsicht meiner Mitgabe, schrieb, das steht so klar und so hell in meiner Seele daß ich, wäre ich in der damaligen Lage DASSELBE WÖRTLICH noch einmal schriebe. Deine damalige Vertheidigung, Deine Klagen ueber die Mutter, Deine widerlegenden Gründe sind mir eben so gegenwärtig, vor allem aber mein Freund ist mir's vor Augen, daß ich Dir schrieb: daß ich Dich liebte aus treuem Herzen. Das ist nun mein so ganzer Ernst gewesen, daß ich wäre der Fall umgekehrt, hätte es in MEINER Macht gestanden Dir ein Opfer zu bringen, wie's in der DEINEN zu stehen schien, nicht EINEN Moment gezögert hätte. Da nun der Mensch nur nach sich die Welt beurtheilt, so war mir, als müßte ich in Dir gleiche Neigung für MICH finden, und da zwischen LIEBE und HASS nie ein Gleichgewicht in MIR war, fürchtete ich Liebe zu mir würde Dich alles vergessen machen was Du Muttern vorwirfst, ich fürchtete Du würdest Dresden verlassen um meinetwillen. Dazu kam daß die edlere Natur in der Regel wenn die Menschen die uns beleidigten leiden helfen möchte oder doch lindern und so vergaß meine weichere Frauen-Seele die Härte Deiner männlichen Natur. Folglich schrieb ich blos unklar weil ich eine Kenntniß meines Wesens in Dir voraussetzte die Dir erst spätere Jahre geben werden, Du wirst lernen daß ich immer WAHR bin, und dann kein Wort für den Schaum jugendlicher Aufgeregtheit nehmen, wenn es ein Gefühl ausspricht. Nun zur Beantwortung Deiner ferneren Einwendungen.

Zuerst sagst Du: ohne den Vater wäre die Mutter wie Julchen – möglich, nicht wahrscheinlich, der Mutter Geist hatte von je eine andre Richtung, sie wurden verschieden erzogen, und die Verschiedenheit der Naturen sprach sich sehr früh bestimmt aus, ich sprach hier mit VIELEN darüber. Ich wende ein: Du hast als Mensch ein Urtheil ueber das Seiende, nicht ueber das was WERDEN KÖNTE. Ferner die Selbstbiographie ist gar NICHT von der Mutter, Gerstenbergk hat sie fürs Conversations-Lexicon gemacht, Brockhaus hat sie zu den Zeitgenossen benutzt, OHNE DER MUTTER VORWISSEN, es gab damahls einen heftigen Streit. Die Eselei von G. hat also hier niemand als Er zu tragen, die Mutter hat jene Beschreibung nie gelesen, ich selbst auch nicht. Ueber der Mutter Betragen gegen Dich haben wir oft gesprochen, ich wiederhohle mich als Echo des Briefes vor 2½ Jahren ich WILL nicht richten. Daß mein Vermögen besser bewahrt werden konte gebe ich ZU, unbedingt sogar.

Da Du Kaufmann warst konte ich mir nicht denken, daß Du so fremd im Geschäft bist, schrieb also nichts ueber die *Muhl*sche Angelegenheit WEIL da die Gläubiger nach der ersten Conferenz es eingegangen daß die Handlung bis März fortgehe, NICHTS GESCHE-

HEN KONTE was ihnen vor Ablauf jener Zeit bekantgemacht würde. Der einzig mögliche Fall war ein Anerbieten des Accords der natürlich dann die erste *Convention* aufhebt. So lange Muhl insolvent ist kan seinerseits für den Einzelnen wie für alle NICHTS geschehen. Das Einzige was mir oblag war auszuspionieren: ob Accord geboten würde, bis gegenwärtigen Moment konte ich nichts Bestimtes erfahren; folglich nichts schreiben, Jetzt habe ich heimlich die bestimte Nachricht erhalten daß *Muhl* innerhalb 14 Tagen oder 3 Wochen einen solchen Schritt thun wird, vermittelst *caution* und auch vorgeschossener Summen. Dies ist jedoch noch das größte Geheimniß, nicht einmal die Administratoren ahnden es; auf welchem seltsamen Wege ich es erfahren kan ich nicht sagen: genug ich WEISS es. Demzufolge bleiben wir HIER, Du aber hälst Dich volkommen ruhig bis Dir der *accord* geboten wird, jeder Schritt den man jetzt thäte wäre unklug, da er die vorschlagende wir annehmende Partie sind, man muß das gelassen AN SICH kommen lassen, Ich verliere ALLES bei Muhl, Mutter hat ueberhaupt fast nichts, wir haben 22000 Rth dort, das ist fast alles mein. *Muhl* bot sich der Mutter zur VERWALTUNG meines Vermögens an, ich war unmündig, sie nahm es auf seine Freundschaft bauend an, machte aber nichts gerichtlich darüber, doch zeugen seine Briefe (und seine Wechsel natürlich) die in meinen Händen sind gegen ihn. ICH kan und darf nicht in die Reihe der Gläubiger gerechnet werden, es ist himmelschreiendes Unrecht, meine Pläne gehen darauf einst in der ZUKUNFT wenn Muhl sich erhohlen sollte einen Theil des Geldes das ich jetzt verliere, wieder zu erhalten; wenn er jetzt accordirt aber, da wir mit die Hauptschuldner sind, den *accord* recht vortheilhaft zu leiten, wenns möglich; denn die Zukunft kann man nicht berechnen. Was der Mutter gehört, muß mit in die Creditoren-Masse, sie ist nichts mehr als die Andern. Ein Wort von Dir kan alle meine Pläne zerstören, ich beschwöre Dich gegen *Lesse* nichts davon zu äußern, denn wenn irgend jemand ahndete daß ich einen späteren Vorzug für mich zu bezwecken trachte, würden die Creditoren es anders nehmen, es vieleicht für Bestechung der Hauptschuldner halten, KLAGEN und DANN ist Alles verloren. Du bist mir Verschwiegenheit schuldig. Ohne dies ist ja alles unreif, und ich kan nur die Fäden aufschlagen, mein Gewebe noch nicht beginnen. Neulich war ein fürchterlicher Schok, die Hamburger hatten geklagt, blieb es dabei, mußte ich in Dienste gehen, denn vieleicht hatten wir dann in 10 Jahren nichts zu hoffen, und wir haben ja nicht zu leben auf so lange. Man ueberzeugte sie daß die Klage gegen ihren eigenen Vortheil sei und sie nahmen auch dieselbe am andern Morgen zurück. Nun ist Ruhe.

Wegen Stadtmüller ist das Nöthige besorgt, noch ist das 2^te^ Geld, die Zinsen nemlich, nicht eingelaufen, es ist uns Martini versprochen. Das wäre jetzt. Erhalten wirs so uebermache ich in 8 Tagen Beides, wo nicht so warte ich etwa bis zum 20^ten^ und sende dann was hier ist, durch *Lesse*, denn vieleicht hast Du auf das Geld gerechnet. Wo nicht, kan bis dahin vieleicht eine Nachricht von Dir ankommen, obschon keine Antwort. *Lesse* ist der gescheuteste Kaufmann hier, ich bin sehr gut mit der Frau, und von ihm auch wohlgelitten.

Was nun werden soll mit mir? Besonders wenn mir auch die Hoffnung einer einstigen Verbesserung genommen wird, denn sie ist ja NUR auf das GEFÜHL des Rechts nicht des VORTHEILS JENER Menschen gegründet – ich weiß es selbst erst halb. Jetzt will ich fürs erste, wenn wir in W sind mit Hülfe zweier weiblicher Domestiken die Wirthschaft führen, und womöglich mir nebenher meine eignen Bedürfnisse vollständig befriedigen. Ich denke entweder zwei kleine Mädchen in *Pension* zu nehmen; oder mittlerer Weile allerlei Arbeiten nach Berlin zu senden, um mir das Nöthige zu erwerben. Ich will durchaus nichts von Gerstenbergk annehmen, und bedarf nur 200 Rth das ist das höchste. Geht mein Schiff unter, bricht Alles zusammen, so gehe ich als Gouvernante mit recomandationen der Kaiserin Mutter, der Großfürstin und des Prinzen nach Rußland, auf einige Jahre. Wenn ich nicht etwa vor Schmerz sterbe wenn ich Ottilien verlasse so wird mir so geholfen. Jetzt leben wir hier in der großen Welt aber spottwohlfeil. Man fetiert uns und meine Garderobe ist so schön, daß ich mir fast nichts zu kaufen brauche. Mein Herz ist schwer aber mein Sinn ist klar, ich weiß was ich will und was ich soll. Ich bin heiter denn die Natur hat mir unendlichen Trost gegeben, Danzig liegt in einem Paradiese, wie ein Stammbuch der Welt gemahnt es mich oft wenn ich umherstreife; von allen Ländern findest Du PROBEN, oft begrüßt mich mein herrlicher Rhein, oft Schwaben, oft sogar ein Eckchen Schweiz, wenn auch nicht das Oberland von Bern! Ach Arthur, wie oft denke auch ich ich wollte es wäre ein Traum! Wem gab nicht das Schicksal eine schaukelnde Gondel der Thorheit und wer verließe nicht gern das feste Land der Wirklichkeit der harten Nothwendigkeit um wieder eingewiegt zu werden von den schmeichelnden Wellen! Nur glaube ich, denken wir ueber Nothwendigkeit sehr verschieden, ich ließe vieleicht an Deiner Stelle den Traum nicht los, denn wenn es möglich ist glücklich zu sein so soll man genießen, beides Entbehren und Genießen ganz, und rein ohne Umschränkung wie es das Leben giebt! Darum wer weiß ob ich nicht nach *Venedig* eilte! Ich wüßte gern wie Dir dort das Herz gebunden ward denn nie habe ich eine solche Leidenschaft in Dir für MÖGLICH gehalten, geht es aber nicht so schweige nur fort.

Du siehst ich thue keinen Schritt ohne ihn Dir VORHER mitzutheilen, ich erwarte dasselbe von Dir. Es ist tröstlich zu wissen daß den andern das Unglück nicht zerdrückt. Du bist ohnehin nicht in Noth, besonders wenn Du die Vorlesungen anfängst. Warum Du aber nach Heidelberg gehst da die Universität sinkt und nicht nach Bonn wo ein neues Leben sich öffnet, ist mir räthselhaft. In Heidelberg ist unangenehm leben in geselliger Hinsicht nämlich.

Ueber Dein Buch las ich eine Rezension im neuen literarischen Wochenblatt (KOTZEBUES). Ich denke fast sie ist aus Weimar, etwa von Riemer. Ich freute mich eine Ansicht des Ganzen daraus zu erhalten, doch ist sie zu zierlich und leicht, damenmäßig für ein so ernstes Werk. Dennoch ist der Schreiber gescheut und manches hat mich sehr frappiert, einiges hat mir als wahr in die Augen leuchten wollen. Lob oder Tadel kan Dir JETZT vom Einzelnen beinah gleich gelten, die Hauptsache bleibt daß Dein Werk bekant werde, damit dadurch Dir neuer Lebensstoff erwachse, denn die Gegenwart hält ja auch Dich! Für kommende Jahrhunderte arbeiten ist groß, erhebend schön, gearbeitet HABEN läßt eine peinigende Leere zurück; darum wünsche ich Dir sogar einige Kämpfe mit den Zeitgenossen, Niederlage oder Sieg, wie's komt. Das ist ja das Band das Dich ans Leben knüpft. –

Meine Gesundheit hat sich nicht verbessert, ich war darauf vorbereitet aber es hat mich sehr betrübt, meine Zukunft wird dadurch getrübt, wie soll ich Kräfte finden das Rechte zu thun, wie meinem Geiste Klarheit, Umsicht erhalten wenn ich krank da liege? Ich vertraue indessen dem Glück, mein Glaube steht fest, und wo die Kraft erfordert ist giebt Gott sie auch.

Nimm zum Schluß die gewisse Versicherung daß, sollte der *accord* sich so gestalten daß er mit dem Einzelnen nicht mit ALLEN geschlossen würde, was jedoch nicht zu glauben, Dein VORTHEIL mir so nah als der meine stehn soll. Daß ich wenn ich nichts mehr für Dich thuen KAN, versuche mir einen Vorzug zu schaffen wirst Du begreiflich finden, ich gebe Dir aber mein Wort eher MEINEN Nutzen aus den Augen zu setzen ehe ich Dir irgend einen Abbruch thuen lasse. Vertraue mir ruhig fort. Ich schrieb Dir von meiner Idee weil ich fürchte es könnte sie einer errathen und Dir anders UNWAHR vorstellen, Du aber von dem unseeligen Verhältniß zur Mutter geblendet irgend eine falsche Ansicht annehmen. Ich werde auch Sorge tragen daß Du alles zur Zeit wo möglich am frühesten erfährst.

Lebe wohl! Sei ein ander mal milder, freundlicher gegen mich, bedenke wie lieb Du mir bist und wie wund mir das Herz ist, schone mich, behandle mich vorsichtiger. Klagen ist nicht meine Art, auch nicht dulden, tragen will ich was ich kan, aber Ihr, die ich liebe, solltet helfen, statt dessen fügst Du ein neues Gewicht hinzu. Fröhliche Tage, heitres Gelingen Deines Strebens, wünscht Dir meine ganze Seele. Laß mich bald von Dir hören, schreibe mir doch ueber den Divan in dem ich jetzt lebe, auch das Erfreulichste ueber Kunst, was sich eben begiebt, ich höre nichts von dergl. allotria und bedarf dennoch der Erheiterung – mehr als dieser Brief vieleicht zeigt. Adele gesendet d. 12$^{t.}$ Nov.

107. *Adele an Arthur*

Lieber Arthur!
Dein Brief den ich diesen Morgen empfing hat mich sehr unangenehm berührt. Du erlaubst Dir eine Art Argwohn als könne ich die unbedeutende Geldsumme Dir vorenthalten wollen, oder als hätte ich mir irgend einen Nutzen dadurch zu erlangen gestrebt, daß ich sie Dir noch nicht geschickt. Ich fühle mich beleidigt in einem Augenblick, wo eine Welt von Sorge mich niederdrückt – gleichviel Du kannst nach diesem Briefe mir weder rathen noch helfen, ich weiß es.

Der Ausdruck FÄLLIGE ZINSEN ward von mir irriger Weise auf die MARTINI fälligen Güterzinsen bezogen – Deine Connection mit Böttiger und Lesse glaubte ich sei durch seine Erwählung zum ADMINISTRATOREN zu erklären. In Geschäftssachen ist Klarheit nöthig: Du mußtest schreiben, daß Du Kapitale bei Lesse hast, die er verinteressirt, denn unmöglich konte ICH AHNDEN, daß Du in Danzig ueberhaupt Geld hast. Daß meine Mutter das Geld einkassierte, geschah laut auftrags in einem Briefe »daß wir für Dich wie für uns die Ländereien-Angelegenheit betreiben möchten!« Wird uebrigens nicht weiter von nöthen sein, da Du DURCH UNS jetzt Herren Stadtmüller bekannt bist. Hierbei muß ich erwähnen daß ich Stadtmüller neulich gesprochen, und er mir gesagt hat, er habe Dir in Hinsicht dieser Geschichte geschrieben, ich werde ihm Morgen früh das Geld zustellen und ihn ersuchen Dir jede nöthige Aufklärung zu geben. WIR MÜSSEN Erbpacht annehmen, weil die PÄCHTER GEBÄUDE AUFGEFÜHRT HABEN, und nicht zu vertreiben waren. Dagegen aber soll der Pacht immer in preußischem Gelde, den Rth. zu 4 Gulden Danziger gerechnet bezahlt werden. *Roepell* als Jurist, und Stadtmüller als Mitinteressent sind bestimmt dieser Meinung, letzterer wird Dir, wenn es nicht bereits geschah alles genauer auseinandersetzen. Noch immer ist der fällige Zins nicht ausgezahlt, indessen hast Du von nun an mit Stadtmüllern die Sache abzumachen; er wird Dir sehr leicht beweisen daß in unsrer Lage Erb-Pacht nur die gesetzliche Form dessen ist was seit Jahren geschah, und daß wir durch die ART DER AUSZAHLUNG nur gewinnen und unser Kapital vollkommen sicher stellen, was in so bedrängter Zeit viel ist.

*Muhl* bietet Accord, den schändlichsten der unsre ganzen Hoffnungen zerstört und dem dennoch nicht zu entgehen ist, man schreibt Dir wahrscheinlich durch diese Post. 30 Prozent! *Soermann, Roepell, MacLean* und noch einer schießen Summen vor und verbürgen sich. Die Sache ist noch nicht bekannt, wird es aber in wenig Tagen. Dieser Beweis wie schlecht es um *Muhl* steht, raubt mir alle künftige Hoffnung. Der Hamburger Bevollmächtigte, der früher geklagt und alles selbst höchst sorgsam untersucht hat, soll sich zufrieden damit bezeigt haben. Officiel weiß es noch niemand. Lesse ist eben so überrascht gewesen wie wir selbst. Die Mutter ist krank, ich ringe nach Fassung, aber das Gefühl der Abhängigkeit lastet im Voraus auf meiner Seele. Sobald ich ruhiger bin schreibe ich wieder, Du wirst indessen sehr bald die Nachricht förmlicher erhalten. Wir werden uns ruhig halten, NICHT GLEICH UNTERSCHREIBEN sondern erst das Beispiel der Anderen abwarten, ich rathe Dir das nemliche an, obschon man mich versichert es werde zweifelsohn durchgehen, die Auswärtigen haben so wenig Hoffnung daß sie leicht zufrieden sein werden: An einzelnen Accord ist nicht zu gedenken, denn niemand weiß ob die Handlung künftig fortgehen wird oder ob es unmöglich ist. Man zahlt in 3 Terminen, der letzte ist 15 Monat nach der Annehmung des Accords.

Du fühlst meine entsetzliche Lage, verarge mir also nicht wenn ich jetzt außer Stand bin zu schreiben. Gieb mir bald Nachricht von Dir – doch bitte ich Dich ernstlich reize mich jetzt nicht durch Mistrauen, ich bin so wund gedrückt, und habe so verschiedene schmerzliche Losreißungen mit mir selbst in der Stille abzumachen daß ich nichts weiter ertragen kann. Argwohn hat noch nie zu dem gehört was ich erduldet, auch die LEISESTE Andeutung tritt scheidend zwischen uns, ich habe Deine Festigkeit aber ich habe auch Deinen Stolz, das vergiß nicht.

Adele Schopenhauer

N.S. Noch sprachen wir weder mit *Muhl* noch mit *Abegg*. *Soer-*

*mann* gab uns aus Freundschaft vorläufige Nachricht uns den Schreck zu ersparen, ich weiß es erst seit gestern.
D. 22[ten] Nov. 19.

108. *Adele an Arthur*

Deinen gestern empfangenen Brief eile ich zu beantworten, denn er lastet auf meiner Seele. Und WIE käme ICH zu halbem Vertrauen? Kennst Du mich, oder kennst Du mich nicht? Und wie käme die gemeine berechnete Klugheit in meine Seele, die Gottlob, nie kleinlich erschien? Was ich sagte ist WAHR, ganz ungetheilt wahr; schienen meine sonst freien rücksichtslosen Worte Dir ängstlich, so liegts an der Mutter Wunsch daß ich Dir nicht davon schreiben möge, ein unbestimmtes unausgesprochenes Verbot ängstigt. WIE ich schrieb SO IST ES; unser gefährlicher Plan wie Du ihn nennst, ruhte bloß auf Ms Aeußerungen: daß unser Glück ihm eben so viel gelte, als das der Seinen, da seine EHRE jedes Opfer für uns verlange. Die an Vernichtung streifende Verzweiflung M's wenn er mich sah, die Angst mit der er mich beobachtete, gab mir den Muth bei *Abegg* leise zu horchen. Ich erfuhr NICHTS, als was ich wußte, daß wenn jener die Güter behalte, ihr Ertrag sich mehre, er vieleicht, da er sich ganz einschränkt, uns in ZUKUNFT UNTERSTÜTZEN könne. So warteten wir den Accord ab um dann ganz unabhängig von dieser Abschließung v. M, der ja erst dann selbständiger Mann und EIGNER WIRD, eine gewissere Hoffnung zu erlangen. Noch ists nicht geschehen; noch haben wir NICHT DIE ENTFERNTESTE Aussicht auf eine BESTIMMTE Rente – wir haben GAR NICHTS als die obige VERSICHERUNG später in einem Zettel wiederhohlt; und bemerke wohl: dieses Billet kam NACH Empfang Deines Briefes. Ferner hat M. einige HIER werthlose schöne Kunstsachen aus dem Feuer gerettet, er hat einmal mich rathen lassen, daß er wünsche sie, WENN sie erst sein sind, zu unserm Besten zu verkaufen. Das ist jetzt gerade so viel wie gar nichts, denn wer kauft jetzt dergleichen, und hier in diesem Winkel der Welt! wie fern kann man immer eine solche Aussicht nennen! Wie ist dies alles so gar wenig tröstlich, so ganz UNGEWISS daß wenn alles gut gienge man eigentlich nicht einmal darauf hin etwas VERLANGEN könte, wenn er sich weigerte! Was hat dies nun mit dem »unter einer Decke spielen« zu thun? wie kommst Du auf den Gedanken, daß wir einen unrechtlichen Weg einschlagen könten? – daß der schlechtere Accord uns nütze? Bei allem was mir heilig schwöre ich Dir DAVON IST UND KAN NICHT DIE REDE SEIN, Du weißt jetzt ALLES. Muhl scheint mir leichtsinnig aber ich kenne ihn nur als einen rechtlichen Mann, ebenso Abegg; hätte er gethan, was Du argwöhnst so wäre er ein Schuft. Nach allem was mir *Soermann, Lesse, Roepell*, sogar Götz gesagt, steht die Sache wirklich so schlimm, sind dennoch die Hamburger bestochen, so ist die ganze Stadt im Bunde, denn ein gewisser Bankdirektor *Gibbens* der uns sehr ergeben, Muhl's deklarirter Feind ist, lies uns stecken, wir mögten den Accord annehmeen, denn die bewußten 4 Herren fingen bereits an zu schwanken da Abeggs Ueberredung sie eigentlich VERLEITET habe. Ihm habe ferner der Hamburger gesagt die Sache stünde wegen den fallenden Wein- und Kornpreisen so schlecht, daß sie 20 Prozent zu nehmen gedächten falls accordirt würde. Nun ist's aber allerdings wahr, daß die 4 Herren durch Abegg's einnehmendes Wesen ueberredet sind; es ist ferner bekannt daß M. auf jeden Fall aus der Handlung tritt selbst wenn ABEGG sie fortführen könte. Was soll man nun thun? Wir hatten durch Aeußerungen Anderer und durch unsere Wünsche verleitet auf 50 Prozent gerechnet, darum zerschmettert der Schlag alle meine Hoffnungen, denn wenn Muhl den ich für rechtlich halte wirklich so uebel steht, so hat er selbst NICHTS, wie kan ich da FORDERN? wie etwas auf diese leeren Hindeutungen geben? mir KAN und WIRD ja nichts bleiben als mir zu erwerben was ich brauche, und vieleicht Weimar zu verlassen. Das dünkt mich rechtfertigt eine Klage. Ich habe mir vorgenommen *Soermann* zu bitten daß er Dir ueber die Sache klar und deutlich schreibe, dadurch erlange ich zweierlei, ich sichere Dich für Misbrauch der Vollmacht die Dir Verdruß bereiten könte, und verschaffe Dir eine klarere Ansicht, ohne Dich im geringsten zu beschränken. Man hat mir deutlich machen wollen daß der ungeheure Irthum möglich sei, daß das Weinlager durch niedrige Preise die man mithalten müsse, verliere, weil man schnell verkaufen müsse. Ich kan betrogen sein, versuche Dein Glück aber hoffe nichts. Endlich bedenke daß Du Zeit hast, unterrichte Dich ehe Du auftritst, sieh erst was die Anderen thuen. DU NIMMST UNS DADURCH FÜR DEN MOMENT ALLEN LEBENSUNTERHALT, klagst Du, so machst Du uns zu Bettlern, das ueberlege wohl. Uebereile um Gottes willen nichts, und schreibe mir alles; *Soermann* wollte ich nicht sagen daß ich Nachricht von Dir hätte, sondern wollte thun als ängstige mich Deine Streitsucht. Leicht wirst Du ausfinden ob er Dir reinen Wein einschenkt, er hatte von je den Nahmen eines Ehrenmannes. Was soll ich Dir sagen ueber den sich immer wiederhohlenden Schmerz daß Du mir nicht glaubst? Wir haben nur 22000 Rth bei Muhl, sieh selbst die Ankündigung. Du wirst 30000 für die Schoph.-familie finden, davon hast Du 9000. Der Mutter Vermögen gieng theils im Kriege verloren, durch den ungeheueren Aufwand der Einquartierung, theils in Rußland was nicht 4000 Rubel sondern 6000 Rth sind. Von dieser Summe erhielten wir gar NICHTS, obgleich die Kaiserin selbst sich für uns verwandte. Ferner glaube ich – es wird mir schwer es zu sagen, die Mutter hatte als ich noch ein Kind war, in W zu groß gelebt, Deine Mündigkeit forderte den $3^{ten}$ des vieleicht nicht mehr rein vorhanden, ihr eigenes Vermögen deckte es, und so blieb ihr wenig. Seitdem ich erwachsen lebten wir bequem aber gar nicht prächtig, seitdem ich die Wirthschaft führte lebten wir von unserem Einkommen, DAS WEISS ICH. Du siehst es ist keine Hoffnung nirgends so weit wir blicken, aber wir müssen durch. Erspare mir den unnützen Tadel meiner Mutter und meines unverheiratheten Lebens, ich wußte was ich that und weiß es noch. Schone mich denn meine Kräfte sind mir zu nothwendig um sie durch Aerger, Streit und Wiederlegung oft besprochener Dinge zu schwächen. Vor allem aber entschließe Dich, laß uns entweder aufhören uns zu schreiben oder glaube Deiner Schwester unbedingt. Gemein kan ich nie sein und die elende Pfiffigkeit die Du mir andeutest verachte ich zu sehr um nicht durch den leisesten HÖFLICHEN oder GROB geäußerten Argwohn tief verwundet zu werden. Du wirst mich immer gleich finden aber will nicht in einem fort im Himmel erhoben und dann verdammt werden, fasse endlich eine klare Idee meines Wesens, – wo nicht, gieb mich auf.

Ich kan mich NICHT entschließen meiner armen Tante mitzutheilen daß Du ihr die Pension von Weihnacht an entziehst, sie lebt kümmerlich und hat nichts als das bischen Außenleben. Ich lasse ihr meinen Theil noch, denn wenn ichs irgend eruebrigen kann soll sie nicht darben, ihrer Hände Arbeit nährt sie nicht obschon sie Fraisen und Jabots trennt und näht. Ich bitte Dich ihr selbst zu schreiben, ihre Freude da ich ihr sagte daß sie das Geld behielte, im Sommer nemlich, und daß Du es ihr wohl wie ich glaubte ließest war mir zu wehmüthig, ich bitte also um Entschuldigung, ich kan es weder ihr noch der Mutter sagen. Wie ich selbst es ihr geben will frage mich nicht, einige Arbeiten mehr oder minder werden mich in W nicht drücken, muß ich, so will ich sehen es zu verdienen.

Der Mutter sagte ich von Deinem Rath – wir denken beide genau dasselbe, die papierne Bilanz will nichts sagen. Der Wein deckt nicht, ich schrieb was man damahls hoffte und glaubte, die Erfahrung zeigt es anders. Das verkaufen ist ja eben gerichtliches Verfahren, es ist allerdings möglich daß nach 10 Jahren dadurch mehr gewonnen wird – indessen aber wovon leben? Wir haben nichts als 2000 Rth in Weimar, 800 Rth Schulden und was wir verdienen und verkaufen können.

Deine Scherze verwunden mich gar nicht, ich selbst bin oft heiter, lustig sogar, denn was geschehen SOLL, es wird geschehen. Deine Rezensionen kann ich nicht lesen, ich habe nichts als die Danziger Anzeigen und die Berliner Zeitung. Ueber Venedig bleibt mir nur eine Notiz zu machen: ich schrieb VIELEICHT und das vieleicht ist eben die kleine Erklärung, daß ichs könte, ich sage ganz kühn Alles für alles, nichts für die Hälfte! oder Genießen und Entbehren ganz – denn im UNRECHT, in dem Verbotenen, oder als Schädlich erkanten liegt meine Unmöglichkeit des Genusses und es bleibt bei gänzlichem Entbehren und wo möglich bei RUHIGEM obendrein. Gienge ich nach Italien, und bliebe; so richtete ich mich ein, ich würde genug zum Leben haben ohne das Tragische Ende zu bedürfen und wüßte ganz genau OB und WIE ich wagte. Folglich paßt die Antwort nicht auf meinen Charakter, es ist zwischen uns mancher Unterschied, darum habe ich blos nicht bedacht, daß Dein Glücklichsein das Opfer Deiner ganzen Zukunft fordert, MEIN GLÜCK hingegen mir in der Zukunft vieleicht Schmerzen bereiten würde denen ich kluger weise entgehen konte, aber meinem Beutel schwerlich schwindsüchtige Auszehrung zuzöge. Endlich bleibt noch zu bemerken daß ich als Mann mich nicht einmal vom Stuhl viel weniger von einer Brücke stürzte – weil ich kein Geld hätte.

Addio, es gehe Dir gut, und sogar besser als mir.

d. 9ten Decemb. Adele.

Neues zu schreiben ist mir unmöglich denn nichts interessiert mich genug um es zu schreiben nichts Dich um es zu lesen. Wir bleiben noch einige Zeit hier um Gewißheit abzuwarten, des Accords halber.

N.S. Im Moment der Absendung durchlese ich meinen Brief, – Du begreifst doch daß Muhls Versprechen sich nur auf Erhaltung der Güter bezieht, die wegen starker Hypothek nichts beitragen würden die Masse zu vergrößern, da mit dem Verkauf zugleich jene Schuldner zu uns uebrigen Creditoren gezählt würden da die Anleihen den JETZIGEN, obschon nicht den Einkaufswerth uebersteigen. Hier ist also seinerseits nicht die allergeringste Unredlichkeit.

*Pension ... entziehst:* Das hat Arthur dann doch nicht getan, vielmehr seine Tante bis zu ihrem Tode unterstützt.
*vieleicht:* Vgl. Brief Nr. 106.

*109. Adele an Arthur*

Danzig den 14ten 1/20

Dein Brief an *Soermann* brachte mir einen Augenblick heftigen Schreck, ihm und Abegg eine sehr ernste Sorge, Beide sprachen ein Langes und Breites mit mir darüber. Ich hielt DIR Wort, und lies ihnen ihre Angst, aber ich theile sie nicht, denn DU sagtest mir, Du würdest nicht klagen, und Deine eiserne Strenge gab mir Hoffnung. Dennoch Freund, müssen wir nun enden, es ist nichts zu machen, und WIR haben bereits den Accord unterschrieben. Ich hoffe Arthur, in meinem gereizten letzten Briefe, wie in allen früheren, hast Du endlich doch die Wahrheit meines Wesens, und meiner LIEBE zu Dir erkant. Laß mich Dir also ohne alle Umschweife, geradezu sagen, wie es steht – und dann ende, thue was warlich nicht mehr zu vermeiden ist. *Roepell*, der achtungswertheste unter den drei Männern und ich glaube auch *Soermann* werden Dir juridisch und gelehrt auseinandersetzen, was eigentlich nur weniger Worte bedarf; diese wenigen gebe ICH Dir, verlaß Dich auf ihre WAHRHEIT.

Muhl kanst Du nicht festsetzen lassen, denn das preußische Gesetz weicht von dem SÄCHSISCHEN ab, mit übergroßer Bedächtlichkeit erleichtert es des leichtsinnigsten Bankrotteurs Lage; zum Beweis führe ich Eggerts, Schönbecks und Labes Massen an, die in 10–12 Jahren noch nicht geordnet – unzählige Familien giengen an diesen Bankrotts zu grunde, ihnen wird NICHT GEHOLFEN. Auf den erst gewählten Mittelweg, die Handlung unter Administratoren fortzuführen, und allmählig zu realisiren kanst Du nicht bestehn weil

1) die drei Administratoren es nicht länger bleiben WOLLEN, da sie die VERANTWORTLICHKEIT scheuen, durch ihre Geschäfte und ihre Landwohnungen an eine genaue Einsicht verhindert werden, Du begreifst daß freie Menschen nicht zu ZWINGEN sind.

2) was für ein Jahr taugte, nützt nicht für länger. Die ordinairen Weine müssen immer neu angeschafft werden, die Leute bei gutem und schlechtem Verkauf gehalten werden, die größeren Kunden mindern sich, und die Sache zieht sich in's Unendliche. –

3) Abbegg versichert: daß ihn nichts in der Welt bewegen sollte, die erniedrigende Rolle fortzuspielen, er scheint ein Mann von Ehre, und ICH GLAUBE er würde eher selbst auf Klage dringen, denn seine Lage ist schrecklich. Davon nachher.

4) *Roepell* und *Soermann* geben ihr Ehrenwort daß bei allmähliger Realisirung nach den jetzt leider traurigen Conjuncturen NOCH WENIGER ALS 30 PROZENT herauskämen.

Von diesem habe ich mich leider nach und nach durch Hin- und

Herhören ueberzeugt, ich spreche also nicht papageimäßig eine gelernte Lexion. Ich habe Dir aber nun etwas zu sagen, was Dir keiner der andern Herren eingestehen wird. Du glaubst, die 4 Herren die Caution leisten, haben einen Profit zu hoffen der die Gefahr weit UEBERWIEGT – ich glaube gerade das Gegentheil. Höre meine Gründe. Ich schrieb Dir von *Gebbens* Warnung. Aufmerksam bemerkte ich bald Abeggs wachsende Angst, endlich gestand er Herr *Mac Lean* und Herr Höhne bestünden auf einen TERMIN wäre bis dahin nicht entschieden ob der Accord ANGENOMMEN würde, so wollten sie zurücktreten. Ich traute nicht, und wollte die Noth höher steigen sehen. Gestern war Abegg bei mir, an der Todesangst in seinen Zügen, an dem ganz wiedersprechenden in seinen Worten sah ich daß es WAHR ist, Höhne und *MacLean* wanken! –

Nun ist aber dieser Abegg der ueberredenste gefährlichste Mensch den ich je gesehen; nicht blos für Weiber ich möchte sogar sagen er ist es mehr für MÄNNER. Mit einer wunderbaren Kraft Vertrauen und Wohlwollen sich zu erwerben, mit schmeichelnder Klugheit und Milde und einer dazu anerkanten RECHTLICHKEIT gewinnt er – SO gewann er *Roepell* der für sehr KLUG gilt, *Soermann* den man sehr UMSICHTIG nennt, durch diese Beiden die Anderen, die dem BEISPIEL folgten. Wäre Abegg nicht mein Feind, müßte nicht ein geheimes Mistrauen mich oft erkälten so würde ich ihn sehr hoch stellen. Darum Arthur hoffe ich oder vielmehr ich weiß, daß *Soermann* irrt wenn er glaubt, Du würdest aus Rachsucht gegen Muhl ihn verderben. Wie sollte eine solche Rachsucht in Dein gerades freies Herz kommen? Wenn Du Dir nicht nützen kanst weiß ich wirst Du ihm nicht schaden wollen aus Lust am Bösen. Ich erwähne also nur weil mich *Soermann* bat daß Du ihn den Unschuldigen und nicht Muhl zu Grunde richtest, mit ihm seine Familie und vieleicht noch unzählige andere – vor allem DEINE SCHWESTER und Deine Mutter.

Ferner ich glaube Abeggen wirklich daß er so nicht fortleben kan, denn er leidet wie ein Verdammter in dem Fegfeuer, sein Stolz erliegt diesen Kränkungen und je tiefer ich in sein Inneres blicke je mehr erschreckt mich die Heftigkeit seines Wesens, die heimlich in ihm kocht. Er wird ehr alles im Stich lassen – und wer soll dann die

Handlung führen? jeder bezahlte Diener hat das Interesse die Sache in die Länge zu ziehen, WEM also trauen?

Dies beweißt Dir also, sowohl die Unmöglichkeit den erst gewählten Weg zu gehen, als auch die Schädlichkeit wenn es gelingen möchte die Umstände so zu verändern, daß die Sache ueberall MÖGLICH würde. Nun aber komme ich eigentlich erst zu meinem Zweck Dir nemlich vorzustellen daß wenn nur zwei Wege sind, gerichtliche Klage und Einwilligung in den Accord wir leider rasch zum letzten greifen müssen.

Die Größe der Gefahr wenn die Sache gerichtlich wird ist Dir klar, laß mich aber noch eine Seite derselben erwähnen. Wenn die Güter verkauft und nicht zur Tilgung der Hypothekschulden hinreichend befunden werden, so wird der fehlende Rest zur Masse geschlagen, Muhl aber bleibt ruhig sitzen, ihm bleibt die Pachtung und Verwaltung, tausend heimliche Uebereinkünfte mit jenen Gläubigern werden möglich. Ist also irgend Betrug zu fürchten, so ist es da. Die Nähe der Gefahr ist Dir nicht klar, gesetzt nun aber Du zögerst, der Termin der etwa noch 4 Wochen sein mag, endet, Höhne und *MacLean* treten zurück. Wer sichert uns einen Tag, eine Stunde vor der Klage des ersten besten hiesigen Schuldners, der eben so gut als wir die Unmöglichkeit des ADMINISTRATIONS-HANDELS einsieht, und täglich hört: bei Muhl ist Rum angelangt – so und so viel Wein ist gekauft – dies bestellt etc. – man sieht das Nächste und Größte, der HIESIGE Schuldner also natürlich dies Uebel am richtigsten, er eilt ihm abzuhelfen, und da giebt's kein Mittel. ER KLAGT und wir sind verloren.

Ich sage Dir Abbegg gewann *Soermann* und *Roepell*, aber wenn ihm der Muth fehlt, wird er nicht das neue Gelingen eines Plans hoffen, ohnehin ist er hier nicht, weder durch Neigung noch durch Pläne gebunden – er kan nicht zum 2$^{ten}$ mahle die Caution schaffen und geht in die Welt und dann muß es abermahls zur Klage kommen. Oder laß ihn bleiben, es muß dann doch etwas geschehen, dies Etwas wird immer KLAGE und unser aller Verderben. Was ich Dir ueber seinen Charakter sage, muß unter uns bleiben, ich mögte NICHT daß Du es gegen *Soermann* erwähntest, aber ich glaube mein Urtheil ist richtig, denn Abegg ist unvorsichtig und hat eine Art

Achtung oder Vorurtheil für mich, so daß ich ihn gelassen beobachten konte. *Soermann* endlich scheint mich sehr gern zu haben, aller Wahrscheinlichkeit nach wünscht er unsern Vortheil, wäre irgendeine Möglichkeit dem bösen Fall zu entgehen so hätte S. mich sie errathen lassen. Ich habe einen Beweiß davon, den ich Dir offen mittheile. Ich habe durchgesetzt, daß die Mutter verlangte wir möchten die 6000–7000 Rth wieviel es ist, mit einem mahle ausgezahlt bekommen. *Soermann* hat mir die Sache geführt, und wenigstens uns Rath gegeben und Muhl hat es versprochen. Dies ist für uns sehr wichtig gewesen, denn Du weißt wir sollen davon leben und haben Schulden die wir nicht mehren dürfen. Wie viel nun noch bei M. auszurichten sein mögte müssen wir abwarten, JETZT IST GAR NICHTS in dieser Sache geschehen, und es kan auch nicht, denn kommt es zur Klage so ist alles null und nichtig.

Ich nahm Abegg in die Klemme, ob seine Angst vieleicht Dir nutzen könne, ich that es sogar ein wenig gegen meine Ueberzeugung denn ich verlangte doch etwas Unrechtes von ihm. Indeß ich that es, es kommt mir vor als wäre er UNFÄHIG etwas zu thun, er meinte M. solle Dir schreiben, wie das wird weiß ich nicht. Aber GEWISS WEISS ICH DASS ER NICHTS THUEN kan, sonst hätte ihm die Angst die Möglichkeit entlockt. Vieleicht erhieltest Du auch Dein Geld auf einmal, doch zweifle ich, besonders da Du nicht sagen kanst daß Du es von uns weißt. Denn für uns wird glaube ich fest *Soermann* etwas thuen, und er hat schon unendliche Schwierigkeit gehabt es zu erlangen. Nun also Arthur, habe ich nach meinem Gewissen Dir die Gründe offen und ehrlich gesagt. Nun laß mich Dir noch eben so offen und einfach die Bitte ans Herz legen meiner zu denken, und die NOTH ZU BETRACHTEN in die Du mich stürzen kanst! Ich bin in herzlich betrübter Lage – denn wir sind Froriep 500 und leider Gottes Quandten 800 Rth schuldig. Diese letzte Schuld obgleich der Gläubiger sehr edel ist, drückt mich ungeheuer. Mit der größten Anstrengung sinne ich wie sie zu tilgen ist, denn gerade Quandten kan ICH nicht schuldig seien. Darum ist jeder Monat Ungewißheit eine neue Hölle – ich kan die Sehnsucht nach Entscheidung der Nothwendigkeit nur mit aller Kraft meiner Seele unterdrücken. Ich glaube ich habe gethan was Recht war, gegen mich und Dich und gegen die Mutter. Ich bin offen gegen Dich in jeder Hinsicht gewesen und TRAUE Dir unbedingt. Mit Geld kanst Du mir nicht helfen, so hilf mir durch deinen ENTSCHLUSS das Unabänderliche zu thun. Mein Weg ist rauh und hart, aber meine Seele ist klar, und gewiß mein Freund ich werde nicht unglücklich sein. Gebe nur Gott, daß ich bei Ottilien bleiben kan! Dazu lasse er mir alle meine Freunde und ich werde zufrieden sein, auch Dich bitte ich innigst, traue mir mit der alten Liebe, verhärte Dein Herz nicht gegen mich, selbst wenn ich zuweilen unbedacht heftig Dir wehe that. Niemand auf der Erde liebt Dich wie ich, bedenke wohl was das heißt und halte das Herz fest was nicht leicht zu gewinnen war. Julchen wollte Dir antworten – ich verbat es. Sie trägt mir auf Dir zu sagen sie fühle sie könne nichts verlangen da es Dir selbst so uebel gehe, sie bitte Dich wenn es Dir einmal möglich würde ihrer zu denken, es gehe ihr uebel. Sie dankt Dir für das Gute was sie von Dir erhielt. – Es hat mir ungeheuer weh gethan, denn gerade jetzt ist ihr das Handeln verboten und eine neue Auflage drückt sie SEHR – ich hoffe es war Dir unmöglich. Ich BEGREIFE es nicht weil die Summe so klein ist aber ich GLAUBE an Dich. Ich kan's aber nicht, die Mutter wird ihr geben so viel sie kan, ich will aber alles Mögliche thun um meinen Theil fortzugeben, wenns uns möglich, es ist ja nicht so viel auf einmal! Das arme Wesen hat so gar nichts als das bischen Leben, ich kan nicht es ihr schmälern wollen.

Schreibe mir umgehend ich bitte Dich! auch außerdem noch WARUM Du nun nach Berlin gehst? Wann? und wie lange Du bleibst. Ich baue so ruhig auf Dein Wort daß nun, da ich den Brief schließe es mir ganz leicht um's Herz ist, Du wirst nicht klagen, denn Du hast es gesagt – die Klage hindern, denn sonst wäre es ja nur ein Wortspiel, sobald Du einsiehst daß ich recht habe. Wäre ich nur erst heim! gewiß wird es noch bis Ende Sommers dauern bis ich etwas ernstes für meine Existenz thun kann, denn erst muß mir das Haus in Ordnung, die Leute müssen abgeschafft werden – und Quandts Schuld muß getilgt sein sonst bin ich nicht frei.

Kanst Du mir noch irgend einen Rath geben, so bitte ich schwesterlich darum, es ist mein größter Wunsch uns zu nützen und auf eine anständige Weise etwas zu meiner Erhaltung zu thun. Wäre nur erst diese quälende Sorge von mir genommen, der Mutter Angst steckt mich zuweilen an, wir werden GANZ ARM wenn es zum *concours* komt. Gott erhalte mir die innere Freiheit! Die äußere ist hin. Ich bin traurig aber ruhig, denn was in Deiner Hand steht wirst Du thuen. Aus *Bordeaux* und Hamburg sind die Einwilligungen angelangt, in 3–4 Wochen kan alles beendet sein. Lebe wohl! Ich habe Dir nichts mehr zu sagen als die Wünsche daß Dir in all den trüben Tagen manche Sonnenhelle Stunde bleibe. Ich bitte Dich dringend um Antwort, Du kanst denken wie sehr ich sie ersehne in jeder Hinsicht. Lebe Wohl Deine treue Adele.

110. *Adele an Arthur*

Danzig den 1sten Feb.

Ich habe mich geirrt – ich büße es aber ich will und mag nicht klagen. Auf alle Deine harten Beschuldigungen, auf den gräßlichen Gedanken, daß die Mutter oder ich je einen Moment daran gedacht haben Deinen Tod Erbschaftswegen zu wünschen auf die unendlichen Schmähungen Ihrer und meiner habe ich NICHTS, gar nichts zu sagen. Fahr wohl, gebe Dir der Himmel eine treuere Liebe als die meine, ein reineres argloseres Herz als das meine! Ich habe Dich ganz unsäglich lieb gehabt – ich weiß nicht mehr warum. Denn DU HAST MIR nicht getraut; ich fühle es Du mistraust bei diesen Zeilen in Deiner Hand. Du willst mich nicht verstehen, Du willst nicht begreifen daß 6 Monate eine Sache ändern. Ich schwöre Dir bei allem was mir heilig ist, bei allem Trost den ich je hoffen werde und bedürfen – meine Mutter nennt Dich nicht, nie klagt sie Dich bei andern an, NIE hat sie es gethan, auch nicht gegen die verächtliche Seidler. Alles uebrige was Antwort bedarf werde ich beantworten wenn ich gefaßter bin.

*Soermann* hat Dir geschrieben, also höre nur ihn. Die 7000 würden wir erhalten haben als unsern uns vom Herauskommenden gehörenden Theil. Man giebt ein Geringes dafür, nennt es discontiren. JEDER KAN DIR DAS ERKLÄREN.

Indeß das ist vorbei, wenn Du nicht unterschreibst nimt Mutter allerdings die 2000 Rth auf, bezahlt Quandten, uns bleibt GAR NICHTS weiter. Wir arbeiten ums Brodt, denn wir sind Bettler. Ohne Zweifel weißt Du daß Du Deine eigne Ehre weit mehr angreifst da Jeder DIR unsre Armuth zuschreiben wird, oder wie willst du *Soermann*, *Roepell* und Abegg zu Ruhe, zum Schweigen bringen?

Du machst uns elend, so wisse auch was Du thust und wie die Welt unsre Lage ansehen wird. Thue was Dir Recht scheint. Ich bin nicht eine Minute falsch oder unwahr oder mistrauisch gegen Dich gewesen folglich habe ich nichts zurückzunehmen.

Meinem EIDE daß uns nichts bleibt, als die Schuld in Rußland, 2000 in Weimar, von denen 800 zu bezahlen, und das kleine Stückchen Land, glaubt hoffentlich jeder MENSCH. Leb wohl, ich wünsche Dir NIE eine Erfahrung wie ich sie machte, ich gönne Dir eine BESSERE LIEBE als meine war! In 8 bis 10 Tagen schreibe ich Dir ueber das was meine Mutter betrifft. Ich bin fertig mit Dir, denn Du stürzest mich, die Mutter und Ottilien die nur für mich lebt ins Elend weil Du einer Schwester die seit 7 Jahren Dir treu anhing nicht GLAUBEN kontest daß sie es ehrlich und rechtschaffen meinte und NICHTS forderte als was DEIN EIGNER Vortheil verlangte.

Adele.

Ich bitte Dich noch, wenn Du mir nichts ueber unser Geschäft sagen kanst, so warte meinen nächsten Brief ab – ich kan ja nichts von Dir hören als was mir das Herz von einander reißt daß Du Deiner Schwester und Deiner Mutter eine *infamie* zutraust die die strengste Strafe verdiente. Auch kan ich nichts mehr hinzufügen was Dir nützen könte.

111. *Arthur an Adele*

Meine liebe Adele,
hinsichtlich des Briefes, den Du mir vor einigen Wochen durch Herrn *Nicolovius* schicktest, möchte es doch wohl nicht ganz überflüssig seyn Dir anzuzeigen, daß ich den Sommer in Dresden

zubringen werde. Denn hier habe ich doch keine Zuhörer und habe seit $1\frac{1}{2}$ Jahr nicht gelesen; Berlin liebe ich gar nicht, besonders der Sommer ist hier unerträglich, theuer ist es entsetzlich. Was ich in der Welt allein eigentlich gewollt habe, habe ich vollbracht, mein Buch: da nun für meine mäßigen Bedürfnisse mein Vermögen ausreicht, werde ich denn wohl den Rest meiner Tage, deren größte Hälfte schon vorüber ist, in Dresden leben, wie immer bloß mit meinen Studien und Gedanken beschäftigt, bis man etwa mich zu einem Lehrstuhl beruft. Vielleicht komme ich zum Winter wieder hieher, aber wahrscheinlich erst dann, wenn man wird erkannt haben, wer ich bin: wo nicht; nicht –

Natürlich kann eure Anwesenheit in Dresden mich nicht von meinem alten Lieblingsaufenthalt vieler Jahre verscheuchen. Macht was ihr wollt: ich bekümmre mich nicht darum: ich thue recht, scheue Niemand, und gehe meinen Weg, ohne rechts oder links zu blicken.

Was Deine geäußerten *Sentimens* gegen mich betrifft; so sind das Lärvchen, die wohl in der feinen Welt gelten, darin Du aufgewachsen bist, weil man aus Höflichkeit thut, als nähme man sie für Realitäten: aber in der Welt des Ernstes und der Wahrheit, in der ich gelebt habe, nimmt man das eben für Lärvchen. Deine wahre Gesinnung gegen mich habe ich erprobt, ergründet und erforscht: da kann mich nichts irre machen: in die Sprache jener Gesinnung übersetze ich Deine Briefe, und da lauten sie gar sehr viel anders; denn die Motive werden klar.

Berlin 15. Jan$^{r}$ 1822. Adieu! Arthur Schopenhauer.

*112. Adele an Arthur*

Bonn den 12$^{ten}$ Octob.

Dein Brief lieber Arthur, hat mich überrascht und erfreut, daß Du nach Frankfurt geflüchtet wußte ich durch Briefe, aber sonst ist mir seit Jahren keine Nachricht gekommen. Victor Ratzky ist seiner Bemühungen unerachtet nicht weiter gekommen, als an die Hessische Grenze, darum hast Du nichts mehr von ihm gesehen, auch zu uns ist er natürlich gar nicht gekommen sondern nach Berlin zurück. Diese Nachrichten habe ich durch Gerstenbergk der Kanzler in Eisenach ist und Victorn gesehen hat. Lieber Arthur Du willst von der Vergangenheit schweigen, Du magst nichts über Dich sagen und so gern ich viel früge, begreife ich Dein Gefühl viel zu gut um Dich irgend zu quälen. Daß wir uns einander so nahe sind hat etwas sehr wohlthuendes für mich, es scheint mir möglich Dich zu sehen, und glaube mir einige Stunden Gesprächs würden bei Menschen unserer Art mehr thun als 100 Briefe. Dennoch bitte ich Dich laß dies nicht Dein letzter Brief seyn, schreibe mir bald, und wenn Du willst nur von Deiner Gegenwart die mir heiter scheint. Auch mir geht es nicht eben traurig obschon mich manches drückt – die Vergangenheit ist noch nicht so ganz überwunden und so gesund wie Du, bin ich nicht, es ist mir eine Schwäche geblieben, und ich muß mich schonen. Was das Aeußere betrifft so kan ich das nicht beurtheilen, ich glaube ungefähr in gleichem Falle mit Dir zu seyn. Ueber dies Alles gedenke ich Dir bald in einer *ruhigern* Stunde mehr zu sagen; wir wollten den Winter in Weimar u. Eisenach zubringen, die Cholera hat unsre Pläne zerstört, wir haben hier *eilends* eine Wohnung gemiethet, und ich schreibe in dem leeren Zimmer mit geborgter Tinte, weil ich nach Bonn hereingekommen bin, um allerlei zu besorgen zum Umzug und Quartier. Die nächsten 10–12 Tage werden in dieser Unruhe hingehen, denn ich muß überall selbst seyn, u. dies Blatt soll nur als Vorläufer eines zweiten Dir sagen daß ich unverändert und fest gehofft habe daß wir uns einander nähern würden, und Dir Deinen Brief herzlich danke, obschon mir Dein Schweigen früher sehr weh that. Laß das vergessen seyn. Jetzt Dir ausführlichere Mittheilungen zu machen ist, das begreifst Du, unmöglich, mir lag aber am meisten daran jedes Mißtrauen zu beseitigen und ein längeres Schweigen hätte Dich verletzt.

Ob Du den Winter ruhig in Fr. bleiben kanst, man bald wissen können, im Frost haben wir rasches Fortschreiten der Krankheit zu scheuen, jedenfalls kömmst Du mir *näher.* Hast Du irgend einen Wunsch in Hinsicht auf Bücher, Kunstsammlungen oder dergl. so schreibe mir, ich habe sehr liebe Freunde dort, die mir überall gern gefällig sind. Wie gern ich Dein einsames Leben wenigstens mit freundlichen Minuten schmückte wirst Du wills der Himmel einmal einsehen lernen. Guter Arthur lebe wohl und möglichst froh, schreibe bald Deiner treuen Schwester Adèle

Wir bleiben bis zum 22 in Unkel später adressire nach *Bonn* Vierecksplatz.

*Adele an Arthur:* Der Briefwechsel setzt im Herbst 1831, nach der Übersiedlung Arthurs von Berlin nach Frankfurt, wieder ein. Bereits 1829 waren Johanna und Adele nach Bonn umgezogen.

*113. Adele an Arthur*

Bonn d. 27. October.

Dir nach so langem Schweigen ein deutliches Bild der innern und äußern Gestaltung meines Lebens zu geben wird schwer seyn, lieber Arthur. Dennoch muß ich es versuchen, denn es ist die einzige Art, wie wir Geschwister uns einander nähern können, was nach meiner Ueberzeugung gut für uns Alle Beide, und gewiß doch ganz naturgemäß ist. Wenn ich irgendwo schroff erscheine, so rechne es bitte *nicht* auf meine Stellung zu Dir, es ist nur so manches in der Vergangenheit was mich fest, aber auch *hart* machte, und doch bin ich zu weiblich, um den Schmerz dieser Härte wegen weniger zu fühlen! – Wenige sind wohl so glücklich gewesen als ich im Leben: das plötzliche Aufhören des Glücks und die Verachtung, die dieses Aufhören mir gegen die liebsten Menschen aufzwang, brachte mich in die Mitte zwischen Wahnsinn und Tod. Ich suchte mir zu helfen und fand Mittel aus, das Leben zu ertragen, ohne Freude, aber doch ohne Klagen, und mein Körper blieb länger krank als meine Seele. Ich fand eine Frau hier am Rhein, die mich sehr lieb gewann, Madame Mertens, sie that viel für mich und hat mich ohne Zweifel gerettet. Wir sind jedoch nicht ihretwegen hergezogen; der Aufwand in W war zu groß gewesen, es fanden sich Schulden, die mit sehr großen Opfern meinerseits gedeckt wurden, und es war nöthig von einem andern Ausgangspuncte aus zu leben, neue Verhältnisse zu haben, aus ökonomischen Gründen. Dazu kam das Klima, welches in W die Mutter zu jährlichen Badereisen nöthigte, die hier unnütz wurden, was eine Ersparniß war. Endlich lasteten die Erinnerungen bleischwer auf mir, ich ging gern, die herzogliche Familie starb, vieler Freunde Schicksal änderte sich, sie zogen weg u. W konte uns nicht mehr fesseln, obschon es uns unvergeßlich lieb bleibt. Hier nun leben wir ruhig. Ich wache etwas mehr über die Ausgaben u. habe dennoch oft schwere Sorgen, mit denen ich Dich jedoch *total verschone*. Wir bewohnen 6 Monate ein kleines reitzendes Landhaus in Unkel und haben 2 Winter hier als Fremde gelebt. Der öftere Umzug wird mir jedoch fast allzu schwer: er sollte mir dies Jahr erspart werden, wir wollten den Winter in Jena, Eisenach u. Weimar verleben, aber die Cholera kam dazwischen, wie ich Dir bereits geschrieben habe.

So bin ich denn mit dem größten Theil unserer Möbeln hierher gekommen: wir werden hier bleiben und ich bin ganz unbeschreiblich gelassen dabei, nicht froh, nicht trübe, nicht heiter, nicht ernst; aber ruhig. Der erste Arzt hier ist mein recht herzlicher Freund, also wird Alles geschehen was zu unserer Pflege nöthig. Unsre Einrichtungen sind vernünftig gemacht, so daß ich ohne drückende Sorge durchzukommen hoffe, da die Mutter fleißig arbeitet an der Herausgabe der sämmtlichen Werke. Keine einzige leidenschaftliche Empfindung bewegt mich, keine Hoffnung, kein Plan – kaum ein Wunsch; denn meine Wünsche streifen an das Unmögliche: so habe ich ihrem Flug und Zug nachsehen lernen, wie dem der Vögel in der blauen Luft. Ich lebe ungern, scheue das *Alter*, scheue die mir gewiß bestimmte *Lebenseinsamkeit*, ich mag nicht heirathen, weil ich schwerlich einen Mann fände der zu mir paßte. Ich weiß nur einen, den ich heirathen könte ohne Widerwillen, u. der ist *verheirathet*. Ich bin stark genug um diese Öde zu ertragen, aber ich wäre der Cholera herzlich dankbar, wenn sie mich ohne heftige Schmerzen der ganzen Historie enthöbe. Daher ist mir Deine *Angst*, da auch Du Dich unglücklich fühlst und oft dem Leben entspringen wolltest durch irgend einen Gewaltschritt – seltsam. Ich meine: nun man kan es abwarten, ich kan recht gut leben und bin oft sehr heiter, aber es trifft mich – *eh bien!* einmal endigt es mir gleichviel wann. Vorigen Winter war ich sehr trübe, ich litt sehr, es hat mich so zurückgebracht, daß ich zu sterben glaubte, zuletzt hätte ich fast den unvernünftigen Streich gemacht eine Vernunftheirath zu schließen, zum großen Glück kam einiges dazwischen, u. mir war mit einem mahle wieder sonnenklar daß, da nun hoffentlich Leidenschaft und Liebe hinter mir liegen, ich zwar heirathen kan, aber nur einen Mann, den ich ganz besonders u. durchaus *achte* und geistig über oder neben mich stelle, wo er dann als Mann doch über mir stünde. Nur so könte ichs mit klarem Gewissen – nun sieh selbst, wo findet sich das leicht? Der Mann würde sich finden; aber auch zu mir finden? Mich kennt fast Niemand, denn meine Seele hat ein Gesellschafts*kleid* wie die Venezianischen Schleier u. Masken, von mir selbst sieht man nicht viel. Warum die Leute langweilen? Sie wollen meistens blos oberflächliche Worte, und wenn ich denn in Gesellschaft muß, gebe ich diese. Dennoch haben einige Freunde mich halb und halb erkannt, d'Alton, ein sehr geistreicher alter Mann, seine Frau u. Tochter, Münchow, auch ein älterer Mann, u. mein Arzt, Wolff, zuletzt aber die Mertens, die mich wirklich kennt, so gut man sich eben in dieser kuriosen Welt kennen lernen kan, wenn man in ganz verschiednen Verhältnissen aufwächst. Ich habe sie sehr lieb und sehe sie oft. Außerdem kenne ich eine Menge Leute theils in theils außer dem Hause die mich aber nichts angehen.

Sieh, lieber Arthur, das wäre, etwa das Aueßere der Person abgerechnet, alles was von mir zu sagen wäre. Diese ungemein freie unbefangene Stellung hatte ich nie zu Dir, konte sie nicht haben: Jugend, und was dazu gehört, äußere Einwirkungen, Hoffnungen u. Erinnerungen zerrten an mir, ich hatte Rücksichten, Ansichten. Jetzt ist vieles anders: die Zeit hat Dich gelehrt, daß mich mein *freier Wille*, keine Art Noth, keine Hilflosigkeit zu Dir treibt. Ich bin überzeugt, daß unsre Charaktere im Guten u. Schlimmen viel Aehnliches haben, wir wollen, denke ich, nun einmal sehen, wo wir zusammenpassen. Du magst die Menschen im Allgemeinen nicht, ich achte sehr wenige, und lebe gern allein oder mit sehr wenigen; doch bin ich nicht menschenscheu. Du glaubst die menschliche Natur zu kennen, ich manchmal auch, manchmal bescheide ich mich, und glaube daß ich anfange *mich* zu kennen. Laß mich Dich womöglich sehen; wenn ich irgend einen Menschen zu kennen *wünsche*, bist Du es. Ich glaube, Du wirst den Winter in Frankfurt bleiben können; aufs Frühjahr wirst Du wohl dem Süden zu das heißt nach der französischen Schweitz fliehen; gieb mir in der Nähe ein Rendezvous von ein Paar Tagen, aber wo möglich in einem kleinen unbemerkten Orte, und wohin ich von hier aus leicht ganz allein reisen kann. Bis dahin schreibe mir was Du willst, über Dich, über Andre, über Bücher, Städte, Musik, kurz was Du willst: ich werde *Dich* herauslesen lernen, aus dem was Du schreibst. Fürchte kein Spioniren, was Du von Deinen Verhältnissen verschweigst, werde ich nie zu errathen suchen, aus Rechtlichkeit u Faulheit. Ich glaube es wäre gut wenn die Mutter gar nicht ahndete, daß wir uns schreiben, bin aber auch bereit es zu sagen, wenn Du es willst. Bist Du der ersten Meinung, so frankire und addressire Abzugeb. bei Professor *d'Alton*, dann frankire ich meine Briefe, die Posten sind sicher. Ist Dir das fatal so addressire Viereckspatz in Bonn. Ich möchte Dir jede unangenehme Erfahrung sparen. Willst Du von irgend alten Bekannten *for good old syne* Nachricht so sage es. Und nun ein eiliges Lebewohl, halte Dich froh und gesund und denke freundlich Deiner Schwester Adèle.

d'Alton bekam während unseres Landaufenthalts öfters Briefe von uns, so fällt das nicht auf.

N. 2.

Zum Glück kam Dein Brief lieber Arthur ehe ich diesen fortschickte, ich kan also gleich ihn zum Theil beantworten, muß aber kurz seyn weil ich ganz furchtbar Zahnweh habe, ich fürchte die spanische Fliege wird mir morgen noch schwer machen zu schreiben. Also: von Friedrichsen u Skerl weiß ich *nichts*, todt sind sie nicht, das hätte man mir mitgetheilt. Ich habe nach Stadtmüllers Tode den Friedrichsen *nicht* wie die Familie *vorschlug* gewählt, sondern unser Vetter u Bekannter Carl Labes hat meine u der Mutter unbeschränkte Vollmacht. – Daß die Einnahme stets nach vollendetem Jahre erst einkommt ist richtig, Carl Labes hat uns auch nicht zu vollem die Renten geschickt, voriges mahl, weil das Wasserunglück um Danzig herum die Leute zu sehr heruntergebracht hatte. Genau kan ich die fehlende Summe nicht angeben, aber ich traue dem als allgemein vortrefflich u rechtlich gerühmten Carl ganz unbedingt. Ich könte Dir genau schreiben wie viel von der Einnahme fehlte wenn ich die Papiere hätte, aber diese hat die Mutter und ich mag nicht sie wieder fragen. Daß man mir Vortheile gegeben, kan ich nicht glauben, das wäre ja unrechtlich, und obendrein *ganz unverständig*, da ich es nie verlangt habe, auch mit dem Herrn gar nichts zu thun habe. Stadtmüllers sind unendlich arm, wenn Du also klagst, so wirst Du nichts bekommen; so aus der Ferne macht sichs schwer. Wir haben auch keine Nachricht, erwarten jetzt auch noch keine, denn die Zahlungszeit ist ja noch nicht. Willst Du genauere Nachricht so rathe ich Dir schreibe an Carl, denn die Papiere mir geben zu lassen würde mir vielen Verdruß zuziehen und unglücklicherweise habe ich die Summe welche gleich in der Wirtschaft verwandt wurde vergessen; ich weiß aber daß Carl noch eine Nachzahlung des Fehlenden hoffte, die aber noch *nicht* statt gefunden hat, u an die ich *nicht* glaube der Noth wegen in welcher die Menschen wirklich waren, auch fände sie erst statt wenn sie wieder zahlen. Meinst Du mit den Vortheilen die ich haben soll die Zahlung von 29? Meines Wissens muß allerdings das Geld welches wir zuletzt bekommen u was nicht die volle Rente war, die Zahlung von 29 gewesen seyn – schreibe also an Carl oder mir ob Du durchaus willst daß ich die Mutter frage.

[Randschrift Adeles:] Wie können den Stattmüllers Deine Einnahme haben wenn Friedrichsen Deine Vollmacht hat, dann muß der sie haben für Dich, u die Familie Stattmüller. Friedrichsen habe ich nicht gewollt weil 1) ihn Stadtmüllers hatten, 2) weil ich ihn einmal auf Nebenwegen getroffen Anno 19, und endlich weil er mir persönlich zuwider war. Carl thut es aber aus Gefälligkeit, ich fürchte also er thäte es nicht auch für Dich, da Ihr Euch nicht kennt.

*sämmtlichen Werke:* Johannas »Sämmtliche Schriften« erschienen in 24 Bänden 1830/31 bei F. A. Brockhaus in Leipzig und J. D. Sauerländer in Frankfurt/M.
*nur einen:* Wohl Gottfried Osann.
*for old good syne:* Aus der guten alten Zeit.

*114. Adele an Arthur*

Bonn den 24ten December

Ich begreife nicht, lieber Arthur, warum Du mir nicht antwortest, zwar kreuzten sich unsre Briefe, indessen erhielt ich Deinen zeitig genug um Dir die Hauptfrage darin zu beantworten; ich finde nichts vergessen als die Erwiederung der Frage nach Kunstsachen und Büchern. Das ist ganz einfach, ich bin mit mehreren Familien dort recht bekant und vieleicht hättest Du Brentanos, Passavants, etc, etc. Bilder gern gesehen. Dann ist dort ein Herr Malz, Bruder einer Bekanten der ein Kunstfreund ist, alle guten einzelnen Gemälde kennt, u zum B. Wendelstädts Sammlung ist noch sehr interessant. Ferner bin ich mit Stark bekannt, mit Schlossers, und den alt Adligen, durch welche man hier und da an die Kirchen u Geistlichen Bibliotheken gelangen kan. Ich vergaß daß Du von Berlin kommst, das wirkt auf Dich wie auf viele andre, Du hast viel gesehen, und bist wahrscheinlich abgekühlt gegen all dergl. Mir ist nun dagegen *ein* gutes, bequem gesehenes Bild, immer lieber als zwei, drei Hundert, in einer Gallerie, denn ich sehe langsam, fasse genau aber auch langsam, und bin ungemein leicht durch Nebeneindrücke zu stören. *Chaqu'un à son goût* also nimm es nicht übel. Und glaube doch nicht daß ich eine Protecktors Miene annehmen wollte um einer so ganz unbedeutenden Sache wegen, ich bin 10 mahl in Frankfurt gewesen, das ist alles.

Ich finde jetzt Du hast ganz recht, es könte Dich zu Bekantschaften verlocken die Dir später unbequem wären, und Dir bleiben Bilder genug in der weiten Welt. Mit mir war das anders, ich gieng mit Menschen die mich lieb hatten u die auch ich lieb hatte, ich mochte viel lieber herumstreifen als bei Diners u Soupers seyn, so hatte ich mich meistens so eingerichtet, daß ich keine Zeit hatte zu dergl. u sah nur meine Freunde, die Bilder u all die allerliebsten Dörfer u Orte um Frankfurt. Schelble u sein Caecilien-Verein sind nun ferner als eine Musikalische Perle zu betrachten, so verständig ich einiges zu tadeln *vermag*, in der Art wie er den Verein hält, so entzückend ists Musiken zu hören, die man kaum irgendwo außer früher bei Zelter hörte. Dann ist die Bildung eines Chors der wie eine Solostimme mit Ausdruck u Einsatz fertig wird etwas sehr

Frappantes. Endlich ist leider Zelter gealtert u Schelble steht noch im Mannesalter, lauter Dinge die ein musikalischer Mensch beachtet. Deine Harthörigkeit kan Dich von so großen Musiken nicht abhalten, obgleich sie Dein Urtheil etwas unsicherer macht. Den Tadel würdest Du daher kaum so merklich finden wie ich, u den Genuß glaube ich eben so groß, wobei Du einen eminenten Vortheil hättest, denn ich muß mich auf den Tadel besinnen um mich nicht vor mir selbst zu blamiren.

Heute ist Weihnachten – es wird nichts bescheert. Wir können jetzt nicht wegen der Theurung, und am Ende ohne meine alten Freunde mache ich mir nicht viel daraus, was ich brauche kaufe ich, und die Mertens schenkt mir immer noch eine Menge Zierlichkeiten, mehr als nöthig. Indessen ist dieser Tag dennoch mancher Erinnerung wegen sehr betrübt. Ich wollte Dir schreiben vor Jahresschluß, ich bin gerade so pedantisch als eine Frau seyn darf ohne unausstehlich zu seyn. Obendrein aber hasse ich alles Halbe, es war mir herzlich lieb daß Du wieder schriebst, u ich will u kan nichts thun was dieser Näherung störend entgegenträte.

Ich habe ungeheuer an Zahnschmerz gelitten, überhaupt welche Riesennatur habe ich! wie wirken Körper u Geistes Schmerzen gleich so in Massen. Man hohlte noch Abends 11 Uhr einen Arzt, der ein Paar Stunden bei mir blieb, spanische Fliegen eine auf die andre, Blutegel, in die Wunde gestreutes Gift – nichts half, endlich gab man mir bis 44 Tropfen Opium, u da erst verfiel ich in Ermattung, denn ich phantasirte *früher* vor Zahnschmerz, damahls aber war ich bei ganz klarem Verstande u konte die Schmerzen recht genau unterscheiden. Es war eine Erkältung beim Umzug gehohlt, das ist alle Jahr mein *casus*. Der Deine sey aber heute ein heiterer Tag, u für mich eine freundliche Minute des Andenkens.

Adèle.

*Chaqu'un à son goût:* Jeder nach seinem Geschmack.

*115. Adele an Arthur*

Bonn den 25ten Januar

Dein Brief, lieber Bruder, hat mir zwei sehr verschiedene Empfindungen gegeben, die eine *Freude* daß Du Dich so abquälst meiner Zahnweh wegen, denn das ist gut u freundlich, u. ich danke Dir herzlich dafür, will auch das Rezept für den Nothfall bewahren, mit dem Kreuzsplitter kan ich mich nicht befassen denn mir fehlt die Hauptsache – der Glaube, ohne welchen dergl. Curen nicht gelingen. Was Du über meine Unbekantschaft mit meinen Geldangelegenheiten sagst, schmerzt mich; ich meinte Du wüßtest wie diese scheinbare Unmündigkeit entstand. –

Mein Vater ließ mir die Mutter als natürlichen Vormund zurück. Anno 19 war ich noch nicht mündig als also *mein ganzes Vermögen ohne Hypothek* Muhl anvertraut worden war, was in meiner Kindheit geschah, u Anno 19 als es verloren gieng, *bis auf 30 Prozent*, war ich *rechtskräftig unmündig*. Als ich mündig geworden, stand es allerdings bei mir meinen Vormund, das heißt meine Mutter, zur Rechenschaft zu ziehen, es war aber von ihrem ganzen Vermögen so gut wie *nichts* vorhanden, Mobiliar, Silber kurz Alles, wenn man's verkaufte, u jedes einzelne Hundert was ihr gehörte in Anspruch genommen hätte, würde nicht *zum Viertel* meiner rechtskräftigen Forderung gereicht haben. Hierzu kam daß wir um nach Danzig zu gehen, und um die 15 Monate zu leben, welche Muhls Arrangement dauerte Schulden gemacht hatten. Bei so bewandten Umständen konte ich, die die Mutter von Herzen liebt, *keine Auseinandersetzung fordern* – meine Forderung hätte sie zur Bettlerin gemacht. Anno 23 wurde die Mutter krank, 3 mahl wurde Wiesbaden gebraucht, im Moment ihres Erkrankens forderte Froriep sein Darlehn, welches er uns nach Danzig von selbst angeboten, zurück. Diese Rückzahlung u die Reisen mußte *mein* kleines Vermögen decken denn was die Mutter verdiente (u sie arbeitete redlich) reichte nirgends aus. Als nun so die Mutter immer mehr meine Schuldnerin geworden, und als sie so sehr bereute mein Vermögen u das ihre nicht besser zu rathe gehalten zu haben, u doch noch oft große Rechnungsfehler machte, da geboten mir Klugheit u Zartgefühl einen Weg, den ich gieng. Klugheit lehrte mich mich aller Details aller kleinen Ausgaben bemächtigen – alles geht durch meine Hand u wo ich *kan* ohne die Mutter zu kränken, spare ich, u *darum* verließen wir W. – Zartgefühl lehrte mich wie nöthig es sey der Mutter wenigstens so viel als möglich Freiheit zu lassen – u so ließ ich ihr auch das gewohnte Geschäft in Danzig die Einnahme der Ohraschen Länderein zu betreiben wo das Geld dann blieb – ach Gott! Das wußte ich nur zu gut da ich die Wirtschaft führe. Den kleinen – sehr kleinen Rest meines Vermögens, nachdem ich Mutters Schulden bezahlt placirte ich selbst a 5 Procent u sicher bei einem Manne der keine Geschäfte mehr macht u etwas über 200000 Rth. in Vermögen hat, meistens in Fremdhäusern u Fremdländereien. Er that es aus Gefälligkeit, weil er das Geld mit einem Capital in das Schaaffhausische Comptoir gab, wo er als Verwandter u ehemaliger Schef 5 Procent bekomt. Fallirte auch das Comptoir so hielte ich mich an ihn, u seine großen ganz freien Weingüter u 4 Häuser sichern mich.

Die Mutter arbeitet immer in der Hoffnung mir zum Theil durch ihren Erwerb zu ersetzen was sie mir verloren hat, gebe Gott seinen Segen dazu ich brauche es sehr nöthig, denn ich bin schwächlich u werde nie heirathen. Ich werde aber die unglückliche Frau nicht drücken und quälen. Glaube mir, Arthur, wenn ich einen Fehler habe, ist's der *zu* bestimmt, zu fest zu seyn, nicht der weich u lässig zu handeln. Ich werde meine Mutter gewiß überleben, aber keineswegs wirst Du mich unsicher u unklar mich an Dich klammern finden! Ich weiß ich werde viel, viel ärmer seyn als Du, aber sey ganz ruhig, ich werde mir selbst helfen, und sterbe ich einst ganz einsam, so wirst Du was dann noch da ist, von mir geordnet u wohlbehalten erben. Die Mutter hat nichts mehr leider! sie hatte schon anno 19 eigentlich gar nichts mehr, durch Ganslandt, und Rußland, durch den Krieg u große Unkenntniß in Geschäften hatte sie alles verloren. Wäre der Bankrott nicht gekommen so hätte ich mit 24 Jahr allerdings mein Vermögen gefordert, u der Mutter pension gegeben für meinen Unterhalt, wie sie aber dann zu leben für *möglich* gehalten haben mag, ob blos durch Erwerb – das kan ich nicht begreifen, denn was noch von ihr mit bei Muhl gestanden haben mag, das war sie schuldig in Parzellen hier u da. Spätere Berechnungen der 30 Procent v. Muhl, und Erfahrungen sehr schmerzlicher Art, Gespräche mit wohlwollenden Geschäftsmännern haben mich darüber aufgeklärt, anno 20 wußte ich das nicht. Sie verdient indessen viel, aber es geht auch meistens darauf, u immer zahle ich noch Reste Schulden ab. Mir bleibt jedoch einst meine kleine Leibrente bei Muhl u das Geld von Ohra gewiß, denn nie werde ich in den Verkauf willigen, u ich bin mäßig. Was noch bleiben wird, wenn sie stirbt, muß ich erwarten. Ich bin mir bewußt für meine Person nie verschwendet zu haben und ein ziemlich sicherer Tact hält mich von Unvorsichtigkeiten ab.

Dies ist die traurige Rechtfertigung meiner Handlungsweise. Vieleicht tadelst Du mich sehr streng, es muß aber jeder Mensch nach seiner Ueberzeugung handeln – gegen mich war die Mutter immer gut, ich konte nicht hart seyn, um so weniger da Ihr nicht einig wart – ich hätte das nicht ertragen können.

Was die geforderte Notiz betraf so begreifst Du nun daß ich um consequent zu handeln, sonst wäre ich ein schwaches miserables Ding, *nicht plötzlich* die Mutter um Rechenschaft des ihr einmal überlaßnen Geschäfts fragen *konte*. Ich habe seitdem Gelegenheit gefunden es im Gespräch zu thun, es ist wie ich sagte, *wir* haben unsre Einnahmen erhalten, obschon damahls geschmälert durch die Wassernoth. Uebrigens vergißt Du daß diese Notiz für Dich *ganz werthlos* ist, da ich ganz entschieden weder mit Skerle noch mit Friedrichsen zu thun haben will, u *gegen* den Rath der Stadtmüller, gleich nach dem Tode ihres Mannes Labes zum Bevollmächtigten erwählte. – Es ist also weder Schwäche noch Unmündigkeit welche mich abhielten im nächsten Zimmer eine Notiz zu hohlen die Du wünschtest, sondern es war *Consequenz*, die Neigung für Dich machte mir sie aber schwer, u so äußerte ich mich unsicher, mag auch in der Verlegenheit Dir nicht dienen zu können einzelne Ausdrücke Deines gewiß ernst u wohl gelesenen Briefs falsch verstanden haben. Waren diese Irrthümer bedeutend so sprich sie aus.

Was Du nun über das sagst was ich über mich schrieb so muß ichs gelten lassen, es war ohnedies meine Absicht nur einmal *so* zu schreiben, also wenn Dir's unangenehm war, so bist Du sicher, es geschieht nicht mehr. Was Herrn Schelble betrifft so *kenne ich den Mann blos als Musiker* aber gar nicht persönlich, außer daß er mir einmal vorgestellt worden ist. Die Persönlichkeit hat ja mit dem Musikverein nichts gemein. Uebrigens lieber Arthur sänge ich Dir wirklich lieber vor, als daß ich Dir über Gesang schriebe, aber für so albern halte mich doch nicht daß wenn ich kein Lied singen *könte*, ich über Musik urtheilte, ich würde auch nicht über Chöre urtheilen wenn ich nicht viele hundert Chöre gesungen hätte; ich denke gerade wie Du daß machen besser ist als beurtheilen, aber ich kan doch nicht mit Dir singen! u darum schrieb ich über Musik weil ich nicht so recht ohne sie leben kan.

Schlüßlich indem ich fürchte Du wirst wieder tausend Dinge tadeln, bitte ich Dich: ists Dir Ernst Dich mir näher zu stellen, u hälst Du es für Recht daß wir aneinander halten, so vernichte die Animosität in Dir die Du noch gegen mich hast, sie ist eine Hemmkette. Ich denke u glaube lieber das Beste von Dir, um so freier trete ich Dir entgegen, je höher ich Dich stelle, so wohler wird mir seyn wenn wir uns sprechen. Du aber versuche es Vertrauen zu meinem Character zu haben, in meiner Schilderung habe ich nicht gelogen, da Du aber keine willst so urtheile nicht bis Du etwas Genaues über mich hörst oder bis Du mich siehst.

Die Cholera ist noch in Berlin, sie wird von Halle auch wohl weiter gehen, somit denke ich gehst Du noch nach der Schweitz u ich sehe Dich. Im Voraus bitte ich jedoch mir gar keinen Vorschlag zu machen Dich auf ein Paar Stunden zu sehen, kan es nicht auf *einige Tage* seyn so lasse es.

Freundlichst grüßend – wie man g Briefe schließt

Bonn, den 25$^{\text{ten}}$ Januar: 1832 Deine treue Schw Adèle

*Rußland:* Den Bankrott des Handelshauses Peter de Bü(i)hl in Petersburg.

*116. Johanna an Arthur*

Bonn, d 25 Jan 1832.

Ich erhielt gestern Dein Schreiben vom 22t dieses, und beantworte es sogleich, um Dich nicht warten zu lassen.

Nach dem Tode des guten *Stattmiller*, den mir seine Wittwe, mit der ich von jeher in freundlicher Verbindung gestanden, meldete, schrieb auch Skerl an mich, um mir Hr. Friedrichsen, oder auch meinen nächsten Blutsverwandten, Karl Labes, zum Bevollmächtigten vorzuschlagen. Ich wählte letzteren aus mancherlei Gründen, von denen ich nur die bedeutendsten Dir hersetzen will. Ich war mit der Verwaltung des H. F., solange er nach Kabruns Tode sie führte, nicht ganz zufrieden gewesen. Die Gelder giengen unordentlich, oft gar nicht ein; besonders war dieses in dem für mich so unglücklichen Jahre 1819 der Fall, wo ich bei meiner damaligen Anwesenheit H. *F.* persönlich kennen lernte, und dieses veranlaßte mich, meinen alten Freund Stattmiller dahin zu bewegen daß er selbst die Verwaltung der Familiengüter übernahm. F. ist ein sehr vertrauter Freund *Skerles*, oder war es wenigstens dazumal. Er that damals sehr reich und was man »dick« zu nennen pflegt, war aber inwendig hohl, und ich weis nicht recht mehr ob er 1 oder 2 Jahre später förmlich bankrott machte, oder mit seinen Gläubigern sich arrangirte. Seitdem lebt er ohne großen Aufwand, und mag auch wohl in jeder Hinsicht solider geworden sein. Er ist aber der Geschlechtsvormund der Frau Stattmiller, und wie ich glaube, auch der Vormund ihrer Kinder, ich hielt es für besser, nicht ganz in seinen Händen zu sein, sondern in meinem Bevollmächtigten ihm jemand entgegenzustellen, der auf dem Platze selbst die Rechng. einsehen und berichtigen konnte, die auch mir alljährlich, bei der Zahlung abgelegt wird, und zugleich zur ordentlichen Leistung derselben ihn anhalten kann.

Karl Labes ist der jüngste Sohn meiner Kusine Labes, deren Du Dich doch noch erinnern mußt. Seine Großmutter war meiner Mutter Schwester, seine Mutter und ich lebten von Jugend auf als Schwestern mit einander, wie das bei so naher Verwandtschaft natürlich ist. Du und Adele und er, sind was man in Danzig Ander-Geschwisterkind nennt, *Cousin à la mode de Bretagne*, allso noch immer nahe verwandt. Er ist mit Frau Stattmiller ebenfalls, aber weitläuftig verwandt, die Wittwe seines unglücklichen Bruders Eduard ist die Schwester derselben. Friedrichsen aber ist soviel ich weiß, nicht mit ihr verwandt, und kann es auch nicht wohl sein. Sie ist aus der alten Patrizierfamilie *Broen*, er aber ein Mennonit, oder war es wenigstens. Karl Labes ist ein sehr stiller, sehr bescheidener, etwas unscheinbarer junger Mann, aber von ganz vortrefflichem Karakter, das hat er sein Lebelang bewiesen und thut es noch täglich, ich kenne sein Leben von Jugend auf; er ist treu, thätig, zuverlässig und unermüdlich in Erfüllung einmal übernommener Verpflichtungen. Dafür erkennt ihn die ganze Stadt, obgleich sie über manche seiner Sonderbarkeiten zuweilen lacht.

Die Revenuen von 1829 habe ich im Jahre 1830, ohne viele Umstände, wenn gleich sehr verspätet und vermindert erhalten, was dem großen Unglück, welches die Überschwemmung im Jahre 29 in der Danziger Niederung anrichtete, zugeschrieben werden mußte, und folglich auch ertragen. Die Revenuen von 1830 habe ich im vergangenen Jahre ebenfalls, wie Du auch, erhalten, und erwarte jetzt die von 31, die aber schwerlich viel vor dem Monat März eintreffen werden. Zu Kabruns Zeiten erhielt ich das Geld immer im December des nähmlichen Jahres, *Stattmiller* hatte die Einnahme zu erhöhen und besser zu ordnen gewußt, die Zahlung aber traf immer erst zu Anfange des folgenden Jahres im *Jan:* oder *Febr:* ein, jetzt ist sie noch mehr verspätet, was ich zum Theil H. Friedrichsens Verwaltung zuschreiben muß, ohne mich aber weiter darüber beklagen zu wollen, wenn sie nur richtig geleistet wird.

Dein Zorn gegen Frau Stattmiller thut mir leid, ich kenne sie lange als eine achtungswerthe Frau, sie brachte ihrem Manne ein sehr bedeutendes Vermögen zu, und blieb von Schulden belastet in Dürftigkeit zurück, was ihrem Verfahren gegen Dich einigermaaßen zur Erklärung, vielleicht auch zur Entschuldigung dienen kann. Übrigens fällt es mir nicht ein, Dir in Deinem Thun und Lassen guthen Rath aufdringen zu wollen. Daß ich aber an dem, was Du gegen sie unternimmst, keinen Theil nehmen kann, geht daraus hervor, daß ich mich über sie nicht zu beklagen habe. Mein

Bevollmächtigter ließ von H.F. sich die Rechg. vom Jahr 29 vorlegen, das Resultat davon war jene kleine verspätete Zahlung, die ich im Jahr 30 erhielt. Von Frau Stattmiller war dabei gar nicht die Rede.

Ich glaube allso nicht daß wir in dieser Angelegenheit so bald wieder zu konferiren haben werden; alles was ich Dir darüber sagen kann habe ich gesagt, Du selbst bist allein vollkommen fähig, was für Dich dabei zu thun wäre zu ermessen, ohne meines Rathes dabei zu bedürfen.

Lebe wohl und gesund Deine Mutter Johanna Schopenhauer

*117. Johanna an Arthur*

Bonn, d. 6 ten Febr: 1832.

Ich habe im Jahre 1830 für mein und Adelens Antheil an den Einkünften vom Jahre 29: 110 Thlr erhalten. Die darüber erhaltene Berechng. habe ich nicht zur Hand, sie liegt mit andern Papieren in Unkel, wo ich bis jezt den größten Theil des Jahres zubrachte, und nur während der trübsten Wintermonate nach Bonn zog. Das wird aber in der Folge abgeändert, weil mein zunehmendes Alter es erfordert, ich habe mir hier in der Stadt eine Wohnung gemiethet, und gebe Ende dieses Jahres Unkel auf, wo ich nur den nächsten Sommer zuzubringen noch gedenke.

Von hier bis Berlin sind 89 Meilen, von dort nach Danzig 3 oder 64, bei der großen Entfernung von mehr als 150 Meilen wirst Du einsehen, daß ich nicht wohl mehr dorthin korrespondiren kann als eben nöthig ist. Auch weiß ich nicht, was ich thun könnte, um Dir Dein Geld von 1829 bald zu verschaffen. Briefe zwischen hier und dort sind lange unterweges, drei Wochen gehören fast dazu ehe man Antwort erhält, denn die wenigsten Leute antworten mit umgehender Post, von Berlin aus kannst Du alles weit leichter selbst besorgen.

Friedrichsen kannst Du melden daß und wie viel ich vom J. 29 an Einkünften erhalten. Übrigens hoffe ich wirst Du für meine Offenheit gegen Dich mich gegen ihn nicht kompromittiren, obgleich Du ihm sagen kannst, daß Du, auf Deine Anfrage, von mir selbst erfahren, daß ich Geld u Berechg erhalten, und zwar noch bei Stattmillers Lebzeiten, durch diesen 40 Thlr auf Abschlag, und im August, oder Anfangs Sep: durch Labes, noch 70 Thlr u die Rechg. Ich rathe Dir auch nicht Fried. Deine Vollmacht abzunehmen, erhälst du was vom J: 29 Dir zukommt, so hast Du eigentlich keinen Grund dazu, denn wenn er Dich auch betrügen wollte, was bei der Geringfügigkeit des Ganzen kaum der Mühe wehrt wäre, so sieht doch mein Bevollmächtigter ihm auf die Finger; ihm die Vollmacht abzunehmen, wäre eine Beschimpfung, die ihn gegen uns alle aufbringen müßte, zu unserem Schaden, denn wir bleiben doch in seiner Hand. Er besitzt wirklich schon seit vielen Jahren 1/9 tel an den Ländereien, ich glaube durch Kabruns Tod oder Tietzens Bankerott ich weiß es nicht mehr genau. Die Verwaltung können wir ihm nicht abnehmen, Frau Stattmiller und er selbst haben mit uns darüber zu entscheiden, und könnte dieses auch zu Wege gebracht werden, so weiß ich Niemand der blos, *pour nos beaux yeux*, mit dieser unendlichen Plackerei sich befassen möchte. Hast Du aber erst Dein Geld so bist Du sicher genug, daß er Dich ferner nicht betrügen kann, denn erregt seine Rechg. Dir Zweifel so kannst Du, durch Labes oder mich, immer erfahren, ob sie mit der so ich erhalten stimmt. Übrigens habe ich noch bis zur Stunde weder Berechng noch Geld vom vergangenen Jahre erhalten. Auch hat Labes auf einen Brief den ich um Neujahr ihm schrieb, mir noch nicht geantwortet, wahrscheinlich weil er Geld und Rechg. mitschicken zu können hofft. Friedrichsens Thätigkeit und Lokalkenntniß ist übrigens alles Lobes werth, das Du auch selbst in Deinem ersten Briefe an mich ihm beilegst. Ich habe Deinetwegen an Labes nicht geschrieben erstlich weil ich kaum glaube, daß er sich noch eine zweite Last auflegen wollen wird, denn er ist etwas umständlich in seinem Thun und Lassen und dann, ehrlich herausgesagt, ich wünsche daß wir beide nicht den nemlichen Bevollmächtigten haben, Du selbst hast in Deinem ersten Briefe an mich die Bemerkung gemacht, daß es so besser sei. Man kann ja Friedrichsens Verfahren auf diese Weise immer besser kontrolliren und sieht gleichsam mit vier Augen, die immer besser sind, als zwei, auch habe ich noch andre Gründe die ich Dir nicht auseinanderzusetzen brauche, die meine Ansicht bestimmen.

Willst Du aber dennoch einen andern Bevollmächtigten wählen, so weiß ich niemand Dir zu nennen, der Dich und den Du genauer kennst als *John Simpson*, den ich aber keinesweges besonders empfehlen möchte. Auch haben wir dort noch Verwandte, die von väterlicher Seite Dir eben so nahe stehen als Labes, Namens Meyer, auch ein Wilhelm Weickmann, doch weiß ich von den Verhältnissen derselben wenig oder gar nichts.

Von einem Verwandten namens Eduard *Schopenhauer* weiß ich nichts und begreife auch nicht wo, er herkommen kann, wenn er nicht etwa ein Holländer ist. Er müßte etwa ein Bastard Deines Onkels Johann sein, der im Jahre 94 oder 95 starb, den dieser aber gewiß nicht anerkannt hat, – sonst wüßte ich darum. *Johann* hatte freilich eine Magd im Hause mit der er lebte, doch von Kindern habe ich nichts gehört. Aus Ärger über die Kreatur rührte ihn der Schlag, sie wurde vieler Betrügereien überwiesen und aus dem Hause gejagt was weiter aus ihr wurde, habe ich nicht erfahren. Man hat mich hier kürzlich gefragt, ob dieser Eduard mein Sohn sei, von seiner Autorschaft weiß ich übrigens nichts, da sie nicht in mein Fach schlägt.

Ich denke Dir jezt alle Auskunft über die Ohraischen Angelegenheiten gegeben zu haben, die Du billiger Weise verlangen kannst, und daß unsre Korrespondenz über diesen Punkt für jezt beendigt ist. Sollte irgendetwas vorfallen, wobei ich mit Rath und That Dir helfen kann, so sollst Du indessen mich eben so bereitwillig dazu finden, als Du mich dieses mal gefunden hast.

Lebe wohl, kehre bald in Deine Heimath zurück, denn wir sehen jezt am Rhein der Ankunft der asiatischen Hyäne entgegen, die ich indessen nicht fürchte. Ordentlich leben, vor Erkältung sich hüthen und bei der kleinsten Anwandlung von Unwohlsein sich ins Bette legen, Kammillenthee trinken, bis der Arzt kommt, den man gleich holen lassen muß, hilft am besten. An Ansteckung glaube ich nicht. Franziska Ratzky, Deine Kusine, hat in Zoppoth bei Danzig, zwei Cholera Kranke gepflegt, von denen eine gestorben, sic hat sie frottirt, ihnen alle nur möglichen Dienste geleistet, und ist doch frei von Ansteckung geblieben. Nur muß man genau auf sich achten, auch die kleinste Unordnung in seinem Körper nicht unbeachtet lassen, und nie nach Sonnenuntergang sich der freien Luft aussetzen, bis die böse Zeit vorüber ist.

Ich hoffe und wünsche daß dein Unwohlsein jezt ganz gehoben ist. Deine Mutter J. Schopenhauer

*pour nos beaux yeux:* Unserer schönen Augen wegen.
*Eduard Schopenhauer:* Kein Verwandter der Schopenhauers.
*asiatischen Hyäne:* Die Cholera.

118. *Johanna an Arthur*

Bonn, d. 24 Febr. 1832.

Mancherlei häusliche u gesellige Abhaltungen haben bis heute mich verhindert Dir zu schreiben, daß ich Deinen Wunsch erfüllen und Karl Labes auf keine Weise abzuhalten versuchen will, Deine Vollmacht zu übernehmen; ich werde, wenn ich ihm zu schreiben veranlaßt werden sollte, der ganzen Sache gar nicht gegen ihn erwähnen, hoffe und erwarte dagegen aber von Dir, daß Du meinem Worte trauest, und wenn er, was allerdings nicht wahrscheinlich aber doch möglich ist Deinem Verlangen nicht willfahren sollte mir nicht etwa ein hinterlistiges Verfahren zutraust und argwöhnest ich habe mein Wort, das ich Dir freiwillig gebe, gebrochen. Ich nehme da eine seltsame Art von Prekauzion, die ich aber, bei Deiner Art die Dinge anzusehen, für nothwendig erachte.

Bis heute habe ich weder Geld noch Briefe von Labes erhalten, doch muß Beides bald eintreffen. Ich freue mich, daß Du meinen Rath in Hinsicht auf *Fried*: befolgt hast. Ich denke Du wirst gut dabei fahren. Sollte Labes mich um Rath fragen, ob er Deine Vollmacht übernehmen soll, werde ich ihm nicht abrathen: das verspreche ich Dir ebenfalls. Glaube mir, ich wünsche auf meine alten Tage nur Ruhe, ich scheue mich vor Allem was diese unterbrechen kann, daher mein anscheinendes Zurückziehen. Seit dem Anfall der am 24 *Dec*: des Jahres 1823 meine linke Seite lähmte, was ich noch immer empfinde, hängt mein Leben an einem schwachen Faden, der bei heftiger Gemüthserschütterung brechen kann, wenn ein Schlagfluß mich treffen sollte, das weiß ich, sage es aber keinem, denn anscheinend bin ich für meine Jahre noch ziemlich rüstig u gesund.

Dein Traum in der Neujahrsnacht ist wunderlich. Man soll an dergl. nicht glauben kann es aber doch nicht immer lassen, mich hat er seltsam berührt, als Beweis daß du noch der alten Zeit gedenkst, ehegestern war Dein Geburtstag, da habe ich auch an Dich u Gottfried gedacht.

Daß Du sehr krank gewesen bist, u so lange, habe ich mir nicht vorgestellt, ich hoffe Du hast einen guten Arzt und ordentliche Pflege gehabt. Nimm nicht übel, daß ich in diesen Zeilen so vieles ausgestrichen habe, die Leute um mich her und auf der Straße sind heute so unruhig es ist so viel Hin und Herlaufens um mich her, und doch will ich nicht länger mit meinem Schreiben an Dich zögern, am Ende würde gar nichts daraus, ich kenne mich auf dem Punkt.

Auf diesen Brief erwarte ich keine Antwort, den Ausgang der *Fried:* Sache aber melde mir, wenn Du meines Rathes dabei zu bedürfen glaubst, oder es sonst für nöthig hältst.

Lebe wohl, schone Dich bei diesem unerträglich scharfen, das Mark in den Beinen austrocknenden Mistral, der auch wohl in Frankfurt jetzt weht und trotz dem heitern Sonnenschein mir gefährlicher dünkt als Regen und Sturm.

Deine Mutter J. Schopenhauer

*Traum:* Vgl. HN IV, 1, S. 46. Arthur hatte diesen Traum als Vordeutung auf seinen baldigen Tod aufgefaßt, indessen zugleich als Warnung verstanden, die ihn mitbewog, vor der Cholera aus Berlin zu fliehen.

### 119. *Johanna an Arthur*

Bonn, d. 1ten März -32.

Vorgestern Abend erhielt ich beikommenden Brief, mit einer wahren Ochsenpost, ich bitte ihn mir zurückzusenden. Daß die Pachtgelder der Cholera wegen ungünstig ausfallen würden, habe ich erwartet. Du siehst auch, daß *F.* uns in dieser Hinsicht nicht wohl betrogen haben kann. Aber die an den Rath gezahlten 32 Thlr. machen mir Bedenken. Meines Wissens hat Stattmiller mir in zwei Terminen das Ganze in Abrechnung gebracht, daß der Rest jetzt wirklich bezahlt ist, weil er bezahlt werden mußte, leidet keinen Zweifel, ich fürchte aber Stattmiller hat mir in der Noth berechnet, was er erst später zu bezahlen meinte, und der Tod hat ihn übereilt. Sobald ich nur nach Unkel kommen und meine dort gelaßnen alten Briefe nachsehen kann, werde ich mich davon überzeugen. Ich melde dieses Dir nur, damit auch Du diese Nachsuchung treffen kannst, bitte Dich aber, über diesen meinen Argwohn keinen vorlauten Lärmen zu erheben, sondern ganz still zu sein, bis wir uns überzeugt haben, daß es so ist wie ich leider glauben muß, ich möchte um keinen Preiß eine solche Beschuldigung nicht aussprechen, die ich hernach nicht beweisen könnte und überdem ist dieses ein Fall, bei dem es auf ein paar Wochen Zeitverlust nicht ankommen kann. Ist die Sache erwiesen, so werde ich mit Dir vereint die nöthigen Maasregeln treffen, und mich mit Dir darüber gern berathen. Stattmiller hat mir damals die Belege nicht gesendet daß das Geld bezahlt sei, ich forderte sie nicht, weil ich ihm traute, und nicht unnützes Porto wegwerfen wollte. Bestätigt sich mein Verdacht, so werde ich die Belege fordern, die Fried. doch auffinden muß.

Tobe nur nicht, und thue keine harten voreiligen Schritte, die mich zwingen würden Dich im Stiche zu lassen; was sein muß, soll geschehen, aber mit geziemender Ruhe, damit kommt man am weitesten. Lebe wohl, ich hoffe Deine Gesundheit ist jezt ganz wieder hergestellt. Deine Mutter Johanna Schopenhauer

*120. Johanna an Arthur*

Bonn, d. 10ten März 1832.

Ich habe Deinen Rath befolgt, und ganz in dem Sinn wie Du es mir vorschriebst an Labes geschrieben ohne Deiner Unzufriedenheit mit Fried: zu erwähnen, seine Antwort werde ich Dir mittheilen. Bei genauerer Durchsuchung meiner Papiere, die ich nach Bonn mitgenommen, habe ich auch den Brief von Labes gefunden, in welchem er die Berechg. von 1829 mir sendet, ich lege den Brief bei, weil er dir vielleicht nützlich werden kann, behalte ihn bis Du abreisest, vielleicht findet sich dann eine Gelegenheit ihn mir wieder zukommen zu lassen. Auch lege ich einen Brief des seel. Stattmillers bei, ich denke es ist der letzte den ich von ihm erhalten, er hat ebenfalls auf das Jahr 29 und auch auf Dich Bezug. Aus der Erbpacht die erwähnt wird, ist nichts geworden, auch habe ich unsere Vollmacht darüber, die durch Stattmillers Tod ungültig ward, nicht erneuert. Ich freue mich Daß Du gerecht genug gegen mich jezt bist, einzusehen daß ich keines Verraths gegen Dich fähig bin, und Dir im Gegentheil gern beistehen und helfen möchte.

Deine Krankheit macht mir Sorge, ich bitte Dich doch ja Dich zu schonen, worin besteht denn eigentlich Dein Übel? Graues Haar! ein langer Bart! ich kann Dich mir gar nicht so denken, auch ist es mit dem ersten wohl nicht so arg, und dem zweiten ist leicht abzuhelfen.

Zwei Monat auf der Stube, und keinen Menschen gesehen, das ist nicht gut mein Sohn, und betrübt mich, der Mensch darf und soll sich nicht auf diese Weise isoliren, er kann es nie, ohne geistig, und auch körperlich dabei zu verlieren und Du sagst noch vollends Gottlob dazu.

Lebe wohl, die beiden Briefe die ich Dir jezt schicke sind zufällig in meinen Schreibkasten gerathen wo ich sie jezt erst gefunden, die aber auf die es wegen des Zehnten eigentlich ankommt, sind leider in Unkel geblieben, wo ich erst Mitte April hinkomme.

Deine Mutter J. Schopenhauer

121. *Johanna an Arthur*

Bonn d 20 März. 1832.

Die alten Briefe die ich Dir sandte, können Dir dennoch von einigem Nutzen sein, der von Stattmiller beweist, daß der gute Mann noch bei seinen Lebzeiten Dir Deinen Antheil an den Einkünften von 1829 zusammenzubringen sich bemühte, der von Labes enthält die Berechnung jenes Jahres, die Du zu Anfang unsrer erneuten Korrespondenz zu haben wünschtest.

Ich antworte den Tag nachdem ich Deinen Brief erhielt, um Dich sobald als möglich aus der Angst zu reißen, die Deine düstre Fantasie Dir einjagt. Selbst wenn Deine Vollmacht so gestellt wäre, wie sie wahrscheinlich nicht ist, wie Du es aber zu befürchten scheinst, so könnte Fried. Deinen Antheil doch nicht verkaufen, ohne daß mir und Adelen das Näherrecht bliebe, von dem Du uns doch wohl zutraust daß wir es nicht anders als zu Deinem Vortheil, und wie Du es wünschen würdest, benutzten. Du weist das ja aus Erfahrung von Stattmiller her. Das ganze wäre allso nur eine Spiegelfechterei, auf die Fried. sich nicht einlassen würde. Auch sind die Gesetze in Preußen eine sichere Schutzwehr gegen solche Spitzbübereien. Du hast noch immer von Fried. und seiner eigentlichen Lage keinen rechten Begriff, er ist sehr unordentlich und ein schlechter Zahler, aber daß er einige Hundert Thaler zusammenstehlen, und damit fortlaufen würde ist mir ganz unglaublich. Daß er nicht länger Dein Bevollmächtigter bleibt halte ich selbst für gut, aber so, mich nichts, dich nichts, kannst Du eine gerichtlich gestellte Vollmacht auf einen bloßen Brief hin ihm nicht abnehmen lassen, und Labes, der schon um meiner und Adelens willen in leidlichem Verhältniß mit ihm bleiben muß, und ohnehin ein Mann des Friedens ist, würde dieses auch nie unternehmen. Mein Rath ist folgender. Du schreibst an *Skerle* der sich immer gut gegen uns benommen hat, und so ehrlich ist, wie man es nur von einem Juristen fordern kann. Schicke ihm die Abschrift der von Fried. unterzeichneten Rechnung von 1829, die Du von mir erhalten hast, melde ihm dabei daß ich meinen Antheil von diesem Jahr erhalten, daß er Labes vollständige Rechnung von diesem Jahr abgelegt hat und das Geld daher in Händen haben muß, und bitte ihn Fried. zu fragen ob er jezt gleich Dir von beiden Jahren schicken will was von 29 und 31 Dir zukommt, an Frau Stattmiller darfst Du Dich nicht halten, nur an ihn, denn er allein ist Dir verantwortlich, nicht die Frau, gegen die Du keine Beweise in Händen hast. Im Fall Fried. nicht gleich bezahlt, so gieb *Skerle* den recht ernstlichen Auftrag

Fried. durch einen Advokaten gerichtlich zur Zahlung anhalten zu lassen, denn *Skerle* selbst ist als Justizrath vielleicht zu vornehm dazu. Hast Du erst Dein Geld, dann ist es erst Zeit Fried. die Vollmacht ebenfalls durch *Skerle* (den Du wahrscheinlich auch gerichtlich dazu bevollmächtigten mußt, was Du vorher bei ihm erfragen mußt) die Vollmacht abnehmen zu lassen. Hast Du sie in Händen, dann ist es Zeit Labes zur Annahme derselben zu bewegen, weil Du wünschest mit mir einen und denselben Bevollmächtigten zu haben. Dazu wird Labes sich wohl entschließen, aber nicht dazu sich mit Fried. herumzubeißen, was ihm auch von unsrer Seite gar nicht zuzumuthen ist. Mit Fried. mußt Du erst ganz auseinander sein, ehe Du mit Labes anbindest, und folgst Du meinem Rath so verspreche ich Dir alles was in meinen Kräften steht anzuwenden, um ihn zu bewegen, daß er auch Deine Vollmacht übernimt. Stelle *Skerlen* zugleich auch die Sache mit dem Zehnten vor wenn Du ihm schreibst. Von Labes habe ich deshalb noch keine Antwort, bin ich in Unkel, was gleich nach den Feiertagen geschieht, so sende ich die Stattmillerschen Briefe ein, werde Dich aber zuvor davon benachrichtigen damit Du es mit mir gleichzeitig thun kannst.

Nur eines bitte ich Dich, mäßige Dich und behandle Friedrichsen durchaus nicht auf ehrenrührige Weise, Nachlässigkeit ist alles was Du höchstens ihm vorwerfen darfst, er ist freilich ein Schuft, aber wir sind einmal in seinen Händen, können ihn als Verwalter nicht loswerden, haben auch Niemand an seine Stelle zu setzen, also verfahre säuberlich mit dem Knaben, es ist das Klügste für uns, und Leute seiner Art sind dickfellig; wer weiß wie sich alles noch einmal wendet, muß vielleicht Frau Stattmiller einmal ihren Antheil um einen Pappenstiel verkaufen, dann sprechen wir näher darüber. Dann benutzen wir unser Recht, Du und Adele theilen sich darin, dann hat Md. Fried. nur noch ein 9$^{tel}$ und wir können das Ganze nach unserm Willen einrichten. Das Alles liegt im Reich der Möglichkeiten, und die Lage der Wittwe Statt ist der Art, daß ich noch immer glaube es kommt in Jahr und Tag noch dazu.

Was Du über Deine Gesundheit, Deine Menschenscheu, Deine düstre Stimmung mir schreibst, betrübt mich mehr als ich es Dir sagen kann und darf, Du weist warum. Gott helfe Dir, und sende Dir Licht und Muth und Vertrauen in Dein umdüstertes Gemüth, dies ist der herzlichste Wunsch Deiner Mutter J. Schopenhauer

*Du weist warum:* Johanna fürchtete offenbar, daß Arthur sich wie der Vater das Leben nehmen könnte.

*122. Johanna an Arthur*

Bonn d. 3ten April. 1832.

Ich erhielt Deinen vorletzten Brief fast am nehmlichen Tage mit der Nachricht von Goethens Tod, und da wirst Du es mir hoffentlich nicht verdenken, daß es mir zu schwer ward ihn so zu beantworten wie ich es wünschte, und ich dieses also aufschob, und um ruhiger und gefaßteren Mutes es zu können.

Aus Deinem letzten vom 31. Merz ersehe ich indessen, daß das, was mir am meisten Kopfzerbrechens gemacht haben würde, die Schwierigkeit von Fried: Deine Vollmacht zurückzuerhalten, durch seine eigne Eselei gehoben ist, und gratulire schönstens dazu. Du erhältst mit diesem Briefe einen an Labes, den Du dem Deinigen an ihn beischließen magst, wenn er Dir so recht ist. *Skerle* ist nicht so böse wie Du ihn glaubst, aber Rechtsgelehrte schreiben nicht gern eine Zeile die ihnen nicht bezahlt wird, denn sie sind das einmal so gewohnt, deshalb antwortet er Dir nicht. Doch wollte ich nicht daß wir ihn erzürnen. Man kann ja manierlich auseinander kommen, und hoffentlich werden wir nicht wieder mit ihm in Collision kommen. Zur Wiedererstattung des uns warscheinlich ungerechter Weise abgenommenen Zehnten wird er, schon aus bloßer Trägkeit uns nicht verhelfen, das kann ich Dir prophezeien, aber ich habe noch einen mir und besonders Adelen sehr wohlwollenden juridischen Freund in Danzig, der mir jezt erst eingefallen ist, an diesen wende ich mich, sobald ich in Unkel bin, was gleich nach den Feiertagen geschehen wird; lauten Stattmillers Briefe, die ich dort vorfinde, so wie Du und ich es meinen, so schicke ich sie ihm ein, und dann werden wir ja sehen, wie es wird. Da Du den

Sommer in Frankfurt bleiben willst, so werden Deine Briefe wohl in Berlin liegen bleiben, da sie aber mit den meinen gewiß gleich lauten, so hat das wenig zu sagen, erhalten wir, nehmlich Adele unser Recht, so wird es auch Dir nicht versagt werden.

Lebe wohl, und freue Dich des Frühlings, der in Frankfurt überaus schön ist, schöner als anderswo.

Deine Mutter J. Schopenhauer

P. S. Ich schicke Deinen und Fried: Brief Dir zurück, ich glaube du thätest wohl sie an Labes zu senden, da Du es portofrei thun kannst, damit er selbst sieht wie Fried: sich benimmt, der gewiß auf Dein Konto Lügen wird, daß die Balken knacken.

*Gratulire schönstens dazu:* Friedrichsen hatte die Vollmacht von selber zurückgegeben.

*123. Johanna an Arthur*

Bonn d. 11ten April 1832.

Ich hoffe Du hast meinen vor einigen Tagen an Dich abgesandten Brief, nebst der Einlage an Karl Labes erhalten, und hast letztere zweckdienlich gefunden. Seitdem habe ich von Karl einen Brief erhalten, den ich Dir beilege, aber gelegentlich, ehe ich nach Unkel gehe, mir wieder zurückerbitte. Du wirst daraus ersehen, daß die Angelegenheit wegen des Zehnten in guten Händen, aber leider auch daß mein vorgefaßter Argwohn gegen Stattmiller sich bestätigt: Sehr zu beklagen ist es, daß dieses in Deiner Erbitterung gegen Menschen, zu denen Du doch auch gehörst, Dich bestärken, und Dich düsterer und argwöhnischer machen wird, als Du ohnehin es schon bist. Und doch darf man den armen mit Sorge und Noth kämpfenden Mann nicht zu strenge richten. Gewiß er wollte uns nicht betrügen, und konnte es auch nicht wenn er leben blieb. Er meinte uns in folgenden Jahren das, freilich widerrechtlich von uns entliehene zu erstatten ohne daß wir darum wußten, indem er die Schuld, die er uns als abgetragen angezeigt, bezahlte, und da überraschte ihn der Tod. Ich kann keinen Stein auf sein Grab werfen, der [fehlendes Wort] gleicht einer Kostenveruntreuung, und diese Schuldigen sind mir immer als höchst bedauernswerth erschienen.

Den 25ten gehe ich, wenn nichts dazwischen kommt nach Unkel, so bald ich dort einigermaaßen in Ordnung bin, schicke ich die geforderten Belege an Labes, und werde auch Deiner Forderung dabei erwähnen, gut wäre es freilich wenn auch du die Deinigen mitsenden könntest, das ist freilich so nicht wohl möglich, indessen ist wohl auch, wenn Du wieder in Berlin bist, Zeit dazu, und die Familie Stattmiller wird sich ohnehin mit Wiedererstattung des Geldes nicht übereilen, das weißt Du am Besten, wie es damit steht.

Lebe wohl, mein Sohn, ich will hoffen daß dieser fürchterliche Mistral, den ich fühle, selbst wenn ich noch im Bette bin, Deine Gesundheit nicht wieder angreifen wird.

Deine Mutter J. Schopenhauer

124. *Johanna an Arthur*

Unkel, d. 22. Juni. 1832.

Ich beantworte Deinen letzten Brief, den ich bald nach meiner Ankunft in Unkel erhielt, weit später, als ich es mir vorgesetzt hatte. Mein Umzug hieher hatte sich verzögert, ich bin erst in den ersten Tagen des Monats Mai hergekommen, acht Tage wenigstens vergiengen in den *horreurs* die eine solche Expedizion gewöhnlich begleiten, dann kamen nicht aufzuschiebende Arbeiten, dann ein ganz unvermutheter Besuch Ottiliens mit ihren beiden Söhnen und ihrer Mutter, die drei Wochen bei mir zubrachten, in Bonn oder Godesberg sich einmiethen wollten um den Sommer in unsrer Nähe zuzubringen, und dann, auf die Nachricht daß die Cholera in Erfurt ausgebrochen sei, verwichnen Sonntag aber Hals über Kopf per Dampf nach Hause eilten, was mir etwas wunderlich vorkam, die Fête hätten sie hier abwarten und Ulrike mit der Goethen kleinem Töchterlein nachkommen lassen können sollte ich denken.

Daß es mir aber Freude machte, alte Freunde wiederzusehen,

und daß ich bei so bewandten Umständen nicht ans Briefschreiben kam, wirst Du leicht begreifen, und auch entschuldigen. Unsere Angelegenheit habe ich aber darüber nicht vergessen, kaum daß ich um mich sehen konnte, und ehe noch mein Besuch anlangte, habe ich Stattmillers Briefe und Rechg gesucht und gefunden, und es geht daraus hervor, daß die Sache leider so steht, wie wir es ohnehin schon dachten. Ich habe Briefe u Rechg an Labes gesandt, und erwarte jetzt täglich die Antwort. Ich habe ihm gemeldet, daß Du Deine Beweise dafür in Berlin liegen habest, und er wohl am besten thun würde, es nicht darauf ankommen zu lassen, welchen Gebrauch Du davon machen würdest, sondern Md. Stattmiller ermahnen durch baldige Einsendung unsrer Gelder eine allemal nicht löbliche That ihres verstorbenen Mannes wieder gutzumachen. Ich konnte mich nicht entschließen, eine Familie mit der ich stets in den freundlichsten Verhältnissen stand, durch Einmischung eines Fremden zu beschimpfen, auch Labes, an dem mir viel gelegen ist, hätte ich dadurch beleidigt, ich weiß, er ist redlich, und wird von den ihm anvertrauten Papieren keinen unrechten Gebrauch machen, das ärgste was daraus entstehen kann, ist das ich einige Wochen länger auf meine 32 Thlr warten muß und das ist am Ende zu ertragen. Daß er den Brief nicht erhalten, kann er nicht vorgeben, denn ich bin so gescheidt gewesen mir einen Postschein darüber geben zu lassen. Erhalte ich nicht morgen oder übermorgen die erwartete Antwort, so schreibe ich noch einmal. Mein Brief an ihn ist d. 10ten Mai abgegangen, wenige Tage später kamen meine Gäste. Mein juridischer Freund in Danzig ist übrigens der Justizrath Nikolovius, der älteste Sohn des Staatsraths Nikolovius in Berlin, der in Jena studirte und als Verwandter Goethens viel in Weimar bei uns war. Er hat bei dem großen Examen sich ungewöhnlich ausgezeichnet, weshalb er sehr frühe eine Anstellung erhielt, auf welche mancher junge Mann Jahre lang warten muß, den die äußeren Umstände nicht minder begünstigen als ihn. Er hat zu allen Diensten, zu Rath und That, in seinem Fach sich bei uns freiwillig erboten und ist als sehr redlich und brav mir bekannt, so daß ich mit vollem Vertrauen meine Zuflucht zu ihm nehmen werde, wenn der Fall eintreten sollte, daß ich dessen bedarf. Ich habe in Weimar vor drei Jahren ihn gesehen, kurz ehe er nach Danzig und ich an den Rhein gieng.

Nimm meinen herzlichen Dank für Deine köstliche Geschichte von der englischen *Lady.* Ich wollte ich könnte sie mit einer von gleichem Werth erwiedern, um Dir ein Vergnügen dafür zu machen, denn so hat mich lange nichts ergötzt. Schade, daß ich sie nicht wohl wieder erzählen kann. Der Pogwisch habe ich sie aber doch mitgetheilt, ich dachte es wäre ihre letzte Stunde, so lachte die Frau. Der Himmel gewähre Dir bald eine ähnliche Pläsirlichkeit. Ich lese jetzt ein Buch, Dymokratos, das mir sehr gefällt, daraus lerne ich den Wehrt solcher Begegnisse noch mehr schätzen, als es ohnehin in meiner Natur liegt. Lebe wohl mein Sohn

Deine Mutter J. Schopenhauer

Adresse: Unkel über Oberwinter am Rhein.

Ich habe wie eine junge Katze geschrieben, nimms nicht übel, es geschah *entre chien et loup* mit schlechter Feder, die ich noch immer nicht gelernt habe, mir selbst schneiden.

*englischen Lady:* Nicht rekonstruierbar.
*Dymokratos:* Gemeint ist: Karl Julius Weber: »Demokritos«, Stuttgart 1832.
*entre chien . . .:* Sprichwörtlich für »in der Abenddämmerung«.

125. *Johanna an Arthur*

Unkel d 17. Sept. 32 unter Remagen

Eben wollte ich Dir heute schreiben, um Dir die Abschrift eines Briefes von Labes zu schicken, den ich vor einigen Tagen erhalten, als die Ankunft des Deinigen dieses überflüssig machte, denn dein Brief von L ist fast wörtlich eine Abschrift des meinigen. Du siehst indessen wieder einmal durch Deine beliebte grüne Brille, mein Sohn, wenn Du glaubst L. sei über meine Äußerung über Nicolovius verletzt und ärgerlich, ich sehe von alledem nichts, er meint es wie er es schreibt; so wie er jetzt Friedrichs u Stattmillers Handlungsweise näher kennenlernt sieht er ein, wie schwierig es ihm werden würde mit gehöriger Strenge gegen diese Leute, in seinen

Verhältnissen nehmlich, zu Werke zu gehen, er wollte zu eigner Erleichterung, aber auch zu unserm Besten uns rathen, und hat es auch wirklich gethan. Gelingt es uns Nicolovius zur Übernahme dieser *corvée* zu bewegen, so ist das für uns sehr ersprießlich, ich kenne N. Er ist durchaus brav u gescheidt. Ich habe Labes folgendes geantwortet: Aus Achtung für Frau Stattmiller, um eine nicht zu entschuldigende Handlung ihres verstorbenen Mannes nicht kundbar zu machen, die sein Andenken mit Schande bedecken würde, und auch um ihr größere Kosten zu ersparen, will ich Friedrichsens Vorschlag annehmen; ist das Geld aber nicht den letzten *October* in meinen Händen (L.s Brief ist vom 1ten *Sept.*) so werde ich den Weg Rechtens gehen, und L. außerdem meine in seinen Händen befindlichen Beweise gegen Stattmiller unserm Anwalt zu übergeben, ich riethe Fried: aber sehr ernstlich auch Dich zu gleicher Zeit zu befriedigen, denn Du möchtest noch weit weniger zur Nachsicht geneigt sein als ich. Übrigens wunderte ich mich, daß Frau Stattmiller sich nicht an ihre Nichte Röschen wendet (deines Spielgefährten Eduards Tocher, deren Mutter die Schwester der Frau Stattmiller ist). Diese ist seit kurzem an einen alten reichen Mann verheirathet, und es wäre wohl ihre Pflicht mit einer für sie so unbedeutenden Summe das Andenken ihres Oheims vor Schande zu retten, der von ihrer frühen Jugend an Vaterstelle bei ihr vertreten hat. Wenn diese unangenehme Sache erst beseitigt wäre, schrieb ich ferner an Labes, würde ich es versuchen, Nicolovius zu bewegen, ihm die Last unsrer Geschäftsführung abzunehmen, denn ich könnte die Gründe die ihn bewegen dieses zu wünschen nur billigen, weil ich ihre Rechtmäßigkeit einsehe: u dieses ist auch wirklich meine Meinung. Daß Du in Mannheim bist freut mich, es ist ein Ort den ich immer geliebt habe. Auch lebt es sich dort wohlfeil, wenn man sich einzurichten weiß, wobei *Friedrichs* Dir sehr mit Rath beistehen kann. Grüße den guten alten Freund auf das freundlichste von mir, wenn Du ihn siehst, und halte ihn in Ehren, er verdient es. Das Klima von Mannheim ist im Sommer äußerst mild, aber im Frühling und Herbst sind die aus den nahumliegenden Sümpfen aufsteigenden Dünste freilich etwas bedenklich. Lebe wohl. Deine Mutter J. Schopenhauer

[Adele fügt hinzu:]

Sey freundlich gegrüßt lieber Arthur; ich habe an Frl. *Vincenti* geschrieben wie ich Dir von Mainz aus *Ende July* schrieb, wo Friedrich nicht helfen kann, kann es die Generalin gewiß mit Rath und Tath.

*Generalin:* Frau von Vincenti, die Witwe des Mainzer Stadtkommandanten. Anlaß nicht rekonstruierbar.

*126. Johanna an Arthur*

Bonn, d. 7ten Jan: 1833

Ich habe Deinen Auftrag an *Labes* ausgeführt, und hoffe er wird im Stande sein Alles nach Deinem Willen einzurichten, ich bin nur froh daß diese häsliche Geschichte endlich beendigt ist und wir unser Geld haben. Wegen Veränderung der Vollmacht habe ich noch keinen Schritt gethan, da Labes in seinem Briefe kein Wort davon erwähnt, habe ich es auch unterlassen, und ihn nur gebeten zu sorgen, daß wir unsre Einnahme bald und richtig erhalten, wir wollen dann abwarten wie es in Zukunft sich gestaltet. Da Nikolovius, wie ich höre, jezt in Berlin ist, so wäre ohnehin für den Augenblick nichts zu machen; ich hoffe er ist nur zum Besuch dort; würde er versetzt und Karlchen machte mir Sperenzien, so weiß ich warlich nicht *a quel Saint nous vouer*, aber das wird ja nicht sein!

Wenn du Frau von *Heigendorf* wiedersiehst, so grüße sie auf das Allerfreundlichste von mir, ich halte wirklich viel auf diese Frau, ich wollte die wirklich schöne Gegend um Bonn lockte sie im Sommer in meine Nähe, ich sähe und hörte sie gar zu gern, sage ihr das.

Allso, ein Hallischer Ritter hat für mich eine Lanze gebrochen? ich danke es ihm vom Herzen, weis aber sonst nichts weiter davon, denn seit vier Jahren lese ich keine einzige Recension, kein einziges Blatt derart kommt über meine Schwelle; *quand on le sait, c'est peu de chose, quand on ne le sait pas ce n'est rien*; und übrigens kann man sich durch dumme Rezensionen leicht irren lassen, und seine Sachen schlechter machen, als ohnedem geschehen wäre, das habe ich zu meinem Schaden damals erfahren. Mein Thermometer sind einstweilen die *Verleger*, und da steht es noch gut. Übrigens sage ich mit Goethen, der auch keine Rezensionen mehr las, »Hat auch der Wallfisch seine Laus, kann ich auch meine haben.« Übrigens sehe ich als einen Beweis Deiner Theilnahme es an, daß Du mir diese Nachricht gemeldet hast, und ich habe mich darüber gefreut.

Glück zum neuen Jahr, mein Sohn, möge es uns dreien einmal etwas Gutes bringen, es ist lange nicht geschehen, und wäre wohl einmal Zeit dazu. Johanna Schopenhauer

*a quel Saint...:* »Welchem Heiligen wir uns weihen sollen.«
*Heigendorf:* = Caroline Jagemann.
*quand on le sait...:* »Was ich nicht weiß, macht mich nicht heiß.«
*»Hat auch der...«:* Frei nach Goethe: Gedichte aus dem Nachlaß, »Invectiven«.

*127. Johanna an Arthur*

Bonn, d. 12ten Aug. 1833.

Ich danke Dir daß Du mir die Veränderung Deines Aufenthaltes meldest, die mir nicht unerwartet kam, ich meine, ich habe Dir schon früher, als Du nach Mannheim gehen wolltest geschrieben, daß der Ort im Sommer, besonders wegen der in der Nähe der Stadt befindlichen stehenden Gewässer und Sümpfe, weder gesund noch angenehm ist. Frankfurt aber ist für einen einzelnen Mann ein sehr wünschenswerther Wohnort, den ich aber, in meiner Lage mir schwerlich wählen würde; für eine große Stadt ist Frankfurt mir zu klein, für eine kleine zu groß, im Ganzen ein Klatschnest, was Dir aber gleichgültig sein kann. Siehst du Ottilien oft? und macht sie hübsch viel dumme und liebenswürdige Streiche, *al solito?* Hieher wird sie diesen Sommer nicht kommen, und ich bin es wohl zufrieden denn ihre Anglomanie würde mir viel Noth machen, da ich meine Zimmer gern rein von diesem Fliegenschwarm erhalte der sich überall ziemlich unnütz macht und nach des verstorbenen August G. Ausspruch, uns die Societät verdirbt.

Daß Kügelgen eine Ahnung von einem gewaltsamen Tod

gehabt hätte ist mir nicht erinnerlich, auch glaube ich es nicht. Ich habe mich aber eine Zeitlang mit dieser dummen Idee geschleppt, die mich gottlob verlassen hat; ich äußerte dies zuweilen, auch gegen Dich, solange Dein Vater noch lebte, vielleicht hast Du dies verwechselt. Adele ist von Weimar ziemlich gesund und recht zufrieden heimgekehrt, mich zieht das Herz gar nicht mehr nach dem Ort, wo alles anders ist, als es war. Zum Ausleben ist am Ende jeder Ort gut genug. Daß Du mit Labes zufrieden bist, ist mir lieb, wir lassen es allso beim Alten, solange es so geht.

Lebe wohl, und pflege Deine Gesundheit J. Schopenhauer

*August G.:* August von Goethe.

*128. Johanna an Arthur*

Bonn, d. 29. April 35

Ich würde früher Deinen Brief beantwortet haben, mein Sohn, aber ich wartete von einem Tage zum andern auf Moneten, und kann auch heute Dir nur melden, daß sie auch bei mir nicht angelangt sind, was mich ziemlich genirt, da ich fest darauf gerechnet habe. Aus Ungeduld habe ich heute an Labes geschrieben, ich weiß es ist weggeworfenes Porto, denn hoffentlich kreuzen sich die Briefe unterweges; aber man macht wohl mitunter etwas Dummes um sich nur sagen zu können, man habe doch etwas gethan.

Mit meiner Gesundheit geht es so leidlich wie es gehen kann, wenn man in ein paar Monaten das siebzigste Jahr antreten soll. Auch Adele ist ziemlich wohl. Unser Hausstand hat mit einer jungen Hündin sich vermehrt, welche die berühmte Iris, von der Adele Dir gewiß erzählt hat nebst fünf andren, die alle verschenkt sind, vor vier Wochen zur Welt gebracht hatte. Diese wird *Stella* genannt, wegen eines schwarzen Sterns vor der Stirn.

Deine Anekdote vom *Signor colla testa di cane* hat mich lachen gemacht, und auch gewissermaaßen gerührt. Der arme Gottlieb, seine Mutter hat manche Thräne in meiner Gegenwart um ihn geweint. Seitdem habe ich von vielen Seiten lauter Gutes und löbliches von ihm gehört.

Von Frau von *Löwenich* könnte ich viel Lustiges Dir erzählen, wenn ich über das Ausbleiben des Geldes nicht so verdrießlich wäre. Nur so viel: gleich nach ihrer Heirath nannte der Frankfurter Witz sie die Frau Professorin *Gardumm*. Ich habe einmal während seiner Regierung bei ihr zu Mittag gegessen, und er war albern genug die alte Bekanntschaft mit mir zu erneuern, ich hatte den Narren schon längst vergessen. Kennst Du *Fletchers have a wife and rule a wife?*, so gieng es ihr. Sie nahm ihn um einen Begleiter auf Reisen zu haben, aber als er einmal festsaß, wollte er durchaus nicht aus dem warmen Nest, es half weder Bitten noch Zureden. Da faßte sie sich kurz, machte ihm die Hölle tüchtig heiß, und richtete es ein, daß er am Ende herzlich froh war mit einem Kopfstück per Tag ins Freie zu kommen.

Schreib mir doch ob die Brentanos Bettinens wunderliches Werk wirklich aufgekauft haben, damit es aus der Welt kommt, erkundige Dich danach, so genau Du kannst, ich wüßte es gar zu gern.

Lebe wohl in deiner Eremitage mit Deinem garstigen Pudel, der wie alle seinesgleichen nach altem Käse riecht. Da solltest Du unsre zierliche Iris sehen, das ist eine andere Person. J. Schopenhauer

*Signor colla . . .:* »Der Herr mit dem Hundekopf.« Bezug nicht rekonstruierbar.
*Fletchers . . .:* »Besitz ein Weib, regier ein Weib«, nach: Francis Beaumont, John Fletcher: »Rule a Wife and Have a Wife«. Arthur besaß die Ausgabe London 1791.
*wunderliches Werk:* Bettina von Arnim: »Goethes Briefwechsel mit einem Kinde. Seinem Denkmal«, Berlin 1835.

### *129. Arthur an Johanna*

Geehrteste Frau Mutter!
Sie werden zweifelsohne bereits die erquickliche und erklekliche Nachricht erhalten haben von einem in Danzig für uns, daß ich mich so ausdrücken darf, gefundenen Fressen: (hier allgemeine

Familiengratulation, mit Verbeugungen). Jedoch bin ich der unmaaßgeblichen Meinung, daß wir nicht zu gierig darüber herfallen, sondern uns erst NACH MEHR umsehn; als bescheidene Leute. Will mir nämlich wittern, daß man uns mit einem kleinen Theil des Zukömmlichen abspeisen will. Ich finde allerlei Verdächtlichkeiten, die ich in innere und äußere theile.

I° Die äußerlichen.

a) Der Hr. Kriminalrath schreiben eigenhändig, was Sie seit 20 Jahren nie gethan haben und der Brief ist 4 Seiten lang: *vuol dire*, Sie scheuen die Blicke der naseweisen Schreiber: *vuol dire*, Sie haben Ursach dazu.

b) Der Brief ist frankirt, was Advokaten nie thun, als wenn sie fuchsschwänzeln, sonst lassen sie sich auch noch den Brief bezahlen, mit 16ggr *pro his litteris*. – Noch zu bemerken, der Brief ist sehr ausführlich und höflich, während der Hr: Krim: Rath sich sonst lakonischer Kürze und Spartanischer Gradheit befleißigen.

c) *Last not least*: in dem Schema zur Quittung kommt, so lang und ausführlich es ist, gar nicht vor, was ich denn eigentlich gekriegt habe, sondern nur daß ich genug habe und kontentirt sei.

II° Die innern.

a) Ich traue Advokaten im Allgemeinen und auch dem Hrn: Krim: Rath im besondern, gar nicht so ganz und gar; im Gegentheil.

b) Derselbe agirt hier als Sachwalter des Gegenparts, des Schuldners: er steht also nicht neben uns, sondern uns gegenüber, welches die feindliche Position ist. Also vorgesehn! *en garde!* –

c) 3 Mal wird gesagt, daß der Kommerzienrath Schmidt gestorben sei; aber nie, WANN er gestorben ist; hier scheint mir der Hase im Pfeffer zu liegen! Posito, er wäre 20 Jahre todt: so hat sich durch die Zinsen das Kapital verdoppelt: und statt 500 Rth die man als uns für unser 5/9 zukommend angiebt, wären es 1000 Rth. Wenn wir nun da, des Friedens halber, die Zinsen schenkten; so müßten wir doch 500 Rth rein erhalten und ließen uns noch die Hand küssen. Das ist mein Plan.

d) Wird gar nicht gemeldet, wer denn eigentl diesen Hasen aufgejagt hat: und muß doch seyn: denn *ex nunc* wird man nicht die

Anwandlung gehabt haben uns sein liebes Geld in den – zu jagen; sondern hätte uns ja noch länger in Unschuld dahin leben lassen können. Muß also ein Dränger und Droher daseyn; wer ist dieser Goldmann? er könnte uns die besten Lichter aufstecken; *posito*, daß er nicht schon geschmiert ist.

Sehr ist zu wünschen, daß wir Alle *de concert* agiren, weil wir da mehr Nachdruck haben. –

Nach oben ist noch anführen:

e) Der Beweis aus den Büchern der Hohenfelds muß schlecht oder ungültig seyn: da man sonst darauf trotzen würde. Auch ließe er sich wohl umstoßen durch einen Gegenbeweis aus den Büchern der Vormünder des Andreas und der Erben des Johann: und dann ist's klar. Die Preuß: Justiz hat sich sehr gebessert und ist nicht mehr so langsam, wie der Skerle angiebt, um uns einzuschüchtern.

Nunmehro, was thun wir? – Ich fürchte, daß Sie für schnelles Nehmen sind: aber bedenken Sie, daß wir wahrscheinlich das Doppelte erhalten können, wenn wir uns gehörig benehmen: jedenfalls müssen wir mehr kriegen, als das erste Gebot: jeder Bieter hat noch etwas zum Zulegen *in petto*. Eine Hauptfrage ist: wer kriegt die übrigen 4/9? ich denke Mad: Stattmiller und Mad: Friedrichsen: erstere wird wohl durch Labes vertreten. Sollte man diesen, damit sie schweigen, nicht mehr geben als uns? – Sollte man Ihnen und Adelen mehr geboten haben als die Hälfte der anerkannten Forderung, so hoffe ich, daß Sie es mir nicht verschweigen werden. Wenn aber Alle wirklich gleich behandelt werden; so können die Anwesenden am besten ins Innere der Sache sehn, und wenn sie aufrichtig sind, uns rathen. – Oder sind die Tietzischen Erben wieder ganz andre? die wir gar nicht kennen? seine Gläubiger? hier bin ich im Dunkeln. Jedenfalls vermuthe ich, daß man sich der Anwesenden auf eine oder die andre Art versichert hat, ehe man an uns gieng. Immer jedoch könnte Labes Ihnen rathen. – Mein Plan ist, jedenfalls erst nach dem Todesjahr des Komm: R. Schmidt zu fragen und nach den sich daraus ergebenden Zinsen: und möchte ich gern mit dem Erlaß dieser davon kommen, folgl 200 Rth statt gebotener 100 Rth einkassiren.

GLEICHSAM P. S. – Den oben sub II, c. im Pfeffer gewitterten

Hasen halte ich bereits bei beiden Löffeln! – Habe nämlich nachgesehn den alten Bericht v. Skerle über die ganze Erbschaft vom Andreas v. Aug: 1815: es sind 3 Bogen, die Sie mir damals nach genommener Durchsicht nach Dresden sandten. Daselbst also heißt es, bei Angabe des Bestandes der Verlassenschaft wörtl so:

»Es kommen jedoch hinzu noch 100 f und diejenigen 300 # welche auf dem Hohenfeldtschen Grundstück für den »Kriegsrath Schmidt als Leibrente eingetragen sind, da LETZTERER VERSTORBEN ist.« –

Das schrieb Skerle 1815. Ergo ist der Schmidt wenigstens schon 20 Jahre todt, wahrscheinlich länger, vielleicht sehr viel länger: Daraus folgt, daß die von jenen 300 Dukaten auf unsere 5/9 kommenden 500 Rth GOLD (nicht Courant) durch die aufgelaufenen Zinsen jetzt WENIGSTENS 1000 Rth GOLD betragen, und wenn er 1815 schon 10 Jahr todt war, 1250 Rth GOLD: ein erhabener Gedanke! – Schlechterdings dürfen wir uns nicht mit 50 Rth court für jedes 1/9 abspeisen lassen; es wäre unverantwortlich! Wenn wir das unverminderte Kapital in GOLD nehmen, und die Zinsen fahren lassen; so haben wir eigentlich schon ZU VIEL gethan, näml mehr als die Hälfte unsrer Forderung fahren gelassen! – Mein Plan ist, dem Skerle kurz und höflich zu schreiben: »er habe vergessen, das Todesjahr des Hrn Schmidt anzugeben, welches ich mir zu melden bäte, um zu ersehn, wieviele Zinsen zum angegebenen Kapital hinzugekommen« und weiter nichts: da sieht er gleich, daß wir keine Narren sind, und wird sein Ziel niedriger stecken, nämlich bloß auf Erlaß der Zinsen. Er wird mir das Todesjahr wohl richtig melden; sollte er das nicht, so kann ich ihn durch obige Angabe dermaaßen *ad absurdum* führen, daß er vor Schreck einen verkehrten Heisterkopf schießt. Zudem bezeugt seine Angabe v. 1815, daß damals das Kapital UNBEDENKLICH ALS NICHT GEZAHLT angesehn wurde. Damit komme ich ihm nachher.

Ich setze voraus, daß Skerle Ihnen ganz eben so wie mir geschrieben hat: allenfalls könnten wir uns gegenseitig seinen Brief überschicken. Ich hoffe, daß Sie mir beistimmen und im gleichen Sinn handeln werden. Ich werde an Sk: nicht eher schreiben, als bis ich Ihre Meinung vernommen, welcher ich daher zuversichtlich BALD entgegensehe. Vielleicht hat Ihnen schon Labes geschrieben: Sie trauen ihm sehr viel Gutes zu: vielleicht mit Recht: es giebt auf der Welt gewiß ehrliche Leute, wie es auch vierblättrigen Klee giebt.

Wie manches mag noch seyn, was aus Andreas' Verlassenschaft uns gebührt und kein Zufall, wie dies Mal, ans Licht bringt! Ich habe vor mir, was ich 1815 auf Skerle's mündlichen Aussagen niedergeschrieben habe. Da heißt es, zur Erbschaftsmasse gehörten noch beträchtliche ausstehende Kapitalien, die eingeklagt werden müßten, aber pupillarisch-hypothekarisch sicher ständen: und so vieles aus den Verlassenschaften der Mutter und Brüder des Andreas! und Kabrun schätzte den Nachlaß des Andreas auf 70 bis 80000 Danz: Gulden. Ich wünschte, daß Sie, nach beendigter Sache, ein Mal eine Vermahnung an Skerle schrieben, ob nicht noch sonst wo etwas wäre: auf Sie nimmt man mehr Rücksicht. – Jetzt brauchten Sie eigentlich dem Skerle nicht zu antworten, sondern könnten warten, was er auf meine Frage antwortet. Also lassen Sie uns de Conzert und mit Verstand agiren! und ja nichts übereilen: zum Nachgeben ist immer Zeit: aber wir müssen uns in Respekt setzen und »also borstig seyn: denn alles jagt man mit Falken, nur nicht das wilde Schwein«. Um baldige Antwort bittet

Ihr ergebener Sohn Arthur Schopenhauer.

Frankfurt a. M. d. 22 Juli 1835.

Bedenken Sie, daß Sie an mir einen nach weit zurückgelegtem Schwabenalter sehr gescheut gewordenen Sohn haben und der gerieben ist in der Welt: und schlagen Sie daher seine Meinung nicht in den Wind!

*Verdächtlichkeiten:* Aus dem Nachlaß des Großvaters Andreas Schopenhauer waren zwei Grundstücke, auf denen eine hypothekarische Schuld zugunsten seiner Erben eingetragen war, mit einem entsprechenden Preisnachlaß an den Kaufmann Carl Friedrich Hohnfeld verkauft worden. Diese Summe war zwar als Sicherheit einer von Hohnfeld an den Geheimrat Martin George Schmidt zu zahlenden Leibrente zunächst blockiert, wäre aber einschließlich der aufgelaufenen Zinsen nach dem Tode Schmidts fällig gewesen. Der Bevollmächtigte der Schopenhauers in Danzig, der Kriminalrat Skerle, hatte indessen die Auszahlung verzögert und seine Klienten mit nur einem Teil des ihnen zustehenden Betrages abzuspeisen versucht.

#: Dukaten.
*»also borstig seyn...«:* Frei nach Goethe, »West-östlicher Divan«, »Buch der Sprüche«.

*130. Johanna an Arthur*

I. über das äußerliche

a) ich bin noch immer von Skerles Rechtlichkeit überzeugt, u habe keine Ursache ihm zu mistrauen. Der Profit den er hier machen könnte müßte, wegen der Geringfügigkeit der Summe, obendrein unbedeutend sein.

b) der Brief ist frankirt weil er mit dem Dienstsiegel gesiegelt ist, das ist eine Höflichkeit die ihn keinen Heller kostet. Fast alle Briefe die ich von ihm erhalten, waren so frankirt. Du hast ihm oft das Leben sauer gemacht, warst knittelgrob, wie man in den Wald ruft hallts wieder. Machs wieder so, du wirst es erfahren.

c) Das Schema der Quittung sei zum Umtausch mit einem bessern dir überlassen, je mehr wir bekommen je lieber ist es auch mir.

II. Das innerliche

a) ist mit obigem a beantwortet.

b) S. ist nicht nur des Gegenparts Sachwalter, sondern auch unserer, gegen *en garde* habe ich aber nichts, nur gegen jede Übertreibung.

c) Zu erfahren, wann der Kom.Rth. Schmidt gestorben ist, wird nicht schwierig seyn. Ist er früher als mein Mann gestorben, so kommt mir als Wittwe ein Drittel, ein Kindestheil, und nicht ein 9tel zu.

e) auf den Beweis aus den *Hohenfeldschen* Büchern wird gar nicht getrotzt. Johanns Erbe war Dein Vater der ihn viele Jahre überlebte. Wir giengen 1793 nach Hamburg, Andreas, Dein Großvater starb 94 oder auch 93 um Weihnacht oder Neujahr herum. Johann 94: Ende April, beider Erbschaft wurde noch von Deinem Vater in Empfang genommen.

Deines Vaters Schwester war an den Kaufmann Tietz verheirathet und wurde noch vor unserm Hinzug nach *Hamburg* Wittwe;

sie hinterließ einen nichtsnutzigen Saufaus von Sohn, der aufs Land zog eine Magd oder so etwas heirathete, eine Menge Kinder hatte in Schulden u Armuth gerieth, mich mit Briefen um Geld bombardierte, und wie ich jetzt sehe maustot ist, seine wehrte Familie sind die Tietzischen Erben. Weder Md. *Stattmiller*, noch Friedrichs, noch Labes, haben das mindeste hiemit zu thun, u wissen von gar nichts.

d) *Skerle* als *executor* des Hohenfeldt Testaments, that seine Pflicht, indem er bei mir über diesen Punkt Nachfrage hielt. Er allso ist dein Goldmann.

Und nun, was thun wir.

Ich werde *Skerle* schreiben daß Du u Adele zwei sind und ich nur eine, daß ich euch beiden als übermäßig mündigen Kindern, die Sache habe überlassen müssen, und von seinen guten Gesinnungen gegen mich fest überzeugt bin, und allso hoffe er werde es so einrichten daß wir erhalten was uns gebührt. Nun thue du das Deine, Dein Plan mit den Zinsen ist nicht zu verwerfen, verwickle uns aber nicht in kostspieligen Prozeß, u sey nicht all zu grob gegen *Skerle*. Mach Deine Sache gut ich gebe Dir völlige Freiheit aber ich will mich nicht mit herumbeißen, ich will diesmal zusehen.

Vater, Mutter u Brüder Deines Vaters, bis auf den blödsinnigen Andreas sind vor ihm gestorben: allso ist die Erbschaft bei seinen Lebzeiten regulirt. Der Vater war sehr heruntergekommen, besaß außer dem Grundstück u den Ländereien in *Ohra* wenig, wovon ich Dir Beweise schicken kann, wenn Du das Porto hin u her nicht scheust. Die Mutter lebte nach ihres Mannes Tod, von den Ohraschen Ländereien u von dem Beystande ihres Sohnes Heinrich Floris. Sie war von so heftigem Charakter, daß sie zuletzt für wahnsinnig erklärt und unter Vormundschaft eines alten Freundes, Namens *Mackensen* gesetzt wurde, die Regierung gieng heillos mit ihr um, Deinen Vater kränkte es tief, wegen des blödsinnigen Andreas aber konnte er nichts ändern, als mich im Jahre 99 hinschicken. Sie wohnte im Gartenhause in *Ohra* in einer Stube, das ganze Haus war leer, man hatte alles gerichtlich verkauft. Ich tröstete sie, beruhigte sie, schaffte an, was ihr fehlte, sorgte für ihre Bequemlichkeit, aber wie ich sie fand werde ich nie vergessen. Sie lebte nicht lange mehr, nachdem ich fort war. Karl der zweite Bruder Deines Vaters, ein elender, ausgemergelter, durch thierische Ausschweifung halb wahnsinnig gewordner Mensch, hatte von seiner Familie sich losgerissen, lebte in einem Winkel, mit schlechtem Volk, sein Vermögen bestand in dem was er von seinem Bruder *Johann*, dem ehemaligen *Associé* Deines Vaters ererbt hatte. Diese Erbschaft gieng damals in vier Theile, er wurde darum betrogen, starb arm, hinterließ ein Testament in welchem er seine Familie enterbte und an andere Leute viele Tausende vermachte, worüber alle Welt lachte, denn es war nichts vorhanden wovon die Legate hätten ausgezahlt werden können. Auch dies geschah noch bei Lebzeiten Deines Vaters. Hätte die Nachlassenschaft des blödsinnigen Andreas aus 80000 Danziger Gulden bestanden, so hätte *Johann* über 3mal hunderttausend Gulden wenigstens nachlassen müssen, das wären an hunderttausend Thaler, er hatte kaum die Hälfte, das weiß ich gewiß, allso: Andreas stand lange unter Vormündern. Genug in dem Revier springen keine Hasen uns mehr auf. Der größte Theil von Andreas Geld war in polnischen u andern Papieren die fast allen Werth verloren hatten. Kabrun schwatzte wie ein Narr ins Geleg hinein.

Ich lege Nr. 1 einen Brief von *Skerle* bey vom 21 Octbr. 1834 von dem ich gern die Hälfte abschnitte um Dir Porto zu ersparen, Du könntest aber denken ich wolle Dir wunder was verheimlichen. Aus eben dem Grunde, weil ich Dich kenne u Deinen fürchterlich argwöhnischen Sinn, wollte ich Dir den Brief nicht schikken, bis ich nähere Nachricht wie es mit der Sache stünde erhalten. Ich schrieb *Skerle*, der Wahrheit gemäß, daß ich mich wohl erinnere von der Leibrente sprechen gehört zu haben, aber nicht von der Bezahlung der 300 Thlr., auch unter den wenigen Notitzbüchern Deines Vaters die ich habe, nichts davon gefunden. Nun war alles stille, zweimal habe ich seitdem an *Skerle* deshalb geschrieben, u endlich auf meine dritte Mahnung die Antwort No 2 erhalten, von der ich gleich vermuthete, daß sie mir ein werthes Handschreiben von Dir zuziehen würde.

Beide Briefe bewahre bis Du sie mir mit Gelegenheit wiederschicken kannst. *Vale.* J.S.

Korrespondiere mit Adelen darüber, an *Skerle* schreibe ich wenn Du geantwortet hast, Adele soll den Brief vorher lesen, auch Du wenn Du es verlangst.

Frage *Skerle* wie es zugeht daß die Tietz. Erben so viel erhalten als Du u Adele zusammen, Geschwisterkinder pflegen zu gleichen Theilen zu gehen; da aber, wie es scheint, die Erbschaft vom Grosvater herrührt, der vor meinem Mann gestorben ist, so kommen uns u jenen Erben jedem die Hälfte der Summe zu, von der Hälfte die uns gehört + 50 Thlr, trifft mich dann der dritte Theil, 150 Thlr, und euch beiden jedem auch so viel. Siehst Du ich kann auch rechnen, doch das findet sich, wir wollen nicht die Haut verkaufen bis wir den Bären haben u uns auch nicht darum streiten.

*Johanna an Arthur:* Der briefliche Kommentar Johannas zu Arthurs Brief vom 22. Juli 1835 ist wie der folgende Brief Adeles vom 24. Juli 1835.

131. *Adele an Arthur*

Bonn den 24ten July 35

Allerdings, lieber Arthur, wollte die Mutter die 200 Rth. annehmen. Ich aber hatte die feste Ueberzeugung Du würdest uns schreiben und wollte das gern abwarten, und so gab sie nach. Obgleich mir scheint, daß Du in den Summen einige Verwechselungen machst u die Abreviatur Fl. Danc. Cour. Dich irre macht und Du Dich dann verschrieben hast, denn die ganze ursprüngliche Summe beträgt für *uns Alle nur dreihundert Ducaten.* Du aber sprichst mehrere Male von fünfhundert, so sehe ich doch daß wir eigentlich ganz einer Meinung sind. *Warum* aber Skerle uns den Fall meldet ist mir klar. Du oder wir konten ja aus der von ihm eigenhändig geschriebenen Auseinandersetzung v. anno 15 die Sache bemerken, und da er nicht blos Hohenfeldtscher sondern auch Schopenhauerscher Testamentsexecutor oder doch Geschäftsträger ist konten wir ihn verklagen, und der Unredlichkeit beschuldigen, dem konte er sich als kluger Jurist nicht aussetzen. Ich bin demnach vollkommen einverstanden mit Dir, daß Du nach Lesung der Beilagen ihm *in Deinem und in meinem Nahmen* freundlich aber bestimmt schreibst und anfragst wann Schmidt gestorben, wegen der zum 2ten Capital angelaufenen Zinsen. Mir scheint kein Prozeß möglich, besonders wenn wir die Zinsen *erlassen* und sehr ruhig handeln; wir haben Unrecht gehabt uns nicht als Schuldner zu melden was ich nach den von Dir, nach Skerle angeführten Stellen kaum begreife. Daß die Hohenfeldtschen Beweise nicht gültig sind ist klar.

Meiner Mutter etwas undeutliche Bemerkungen betreffend, füge ich eine Uebersicht bei, weil ich glaube die Sachen sind Dir nicht ganz gegenwärtig.

Andreas Schopenhauer starb 93 oder Anfang 94, im April 94 sein Sohn Johann. Die Erben Beider waren der Vater, Onkel Karl, Andreas und die Diez, diese Erben sind die Contractanten in Folge einer von ihrem Vater mit Schmidt getroffenen Uebereinkunft. Fünf Jahre nach des alten Andreas Tod schließen sie *Anno 98* den Contract. Wahrscheinlich starb Schmidt nach unserm Vater; denn unsre Mutter hat den Garten und das Haus in Ohra welche Skerle anführt, und auf welchen die Rente beruht als unser Vormund verkauft obschon unser Vater den Verkauf eingeleitet hatte. Denn dieser Verkauf geschah im September *1805*, ein halb Jahr nach unsers Vaters Tode. Folglich erbt sie als Witwe ein 9tel, wir aber die wir von Vater und dem Anno 7 verstorbenen Onkel erben, bekommen jeder zwei Neuntel, wie auch die Diezschen Kinder.

Da dieser Verkauf Anno 5 geschah, können *weder* die Friedrichs noch Stadtmüller Antheil an der Erbschaft haben, denn ein späterer Verkauf der sogenannten Niederfeldschen Ländereien, bei Ohra, der Dich irre zu machen scheint, kan ihnen an diese früher *von der Mutter selbst* an Hohenfeldt verkauften Stücken kein Anrecht keiner Art geben. In so fern scheint mir unnütz Labes in die Sache zu ziehen. Ich bin jedoch erbötig jetzt den OberregierungsRath Kleefeld durch seine Tochter insgeheim zu fragen *wer die Hohenfeldtschen* Erben sind. *Ich melde es Dir dann.* Mitlerweile schreibe Du an Skerle. Sollte ich mich irren und Skerle Dir eine andre Summe angegeben haben so schreibe es, auf den Fall wäre Alles anders. Was wir künftig in Bezug der Erbschaft des Andreas thun davon müssen wir jetzt schweigen. Lebewohl lieber Arthur

Deine treue Schwester Adèle.

*132. Arthur an Adele*

Liebe Adele!

Falls Du noch nicht dahinter gekommen seyn solltest, warum Du aus meinen Zahlen nicht klug werden konntest, eröffne ich Dir, daß Sk: mir für 2/9 nur 100 Rth C[t], Euch aber, für 3/9 200 Rth C[t] geboten hat. Er tritt, wie Ihr beide richtig bemerkt, in dieser Sache noch als unser Erbschaftsregulator auf. – Wie nennt man nun das auf Deutsch? – Gehn der Mutter endl die Augen auf? – An die Existenz der Notiz der Abzahlung in Hohenfelds Büchern werde ich glauben, wenn ich sie sehe. Angenommen aber, sie existirte wirklich; so ersiehe aus folgendem Auszug aus dem Preuß: Landrecht, den mir ein Special hieselbst, der Advokat ist, ausgeschrieben hat, daß dieselbe gegen uns schlechterdings nicht anzuwenden wäre:

Preuß: Landrecht: Tit: II.

§563. Diese Beweiskraft (nämlich aus Handlungsbüchern) erstreckt sich jedoch nur auf das zur Handlung gehörende Waaren- und Wechsel-Verkehr.

§564. Bei Anlehen und Bürgschaften, wegen eingebrachten Vermögens der Ehefrauen und andern Geschäften, haben Vermerke in den Handlungsbüchern keine mehrere Glaubwürdigkeit als andere Privatverzeichnisse.

§565. Wenn auch dergleichen Forderungen (§564) mit dem Handelsverkehr in Beziehung oder Verbindung stehen; so können dennoch, sobald sie nicht selbst aus einem Waaren- oder Wechsel-Verkehr entsprungen sind, die Handlungsbücher als Beweismittel dabei nicht gebraucht werden.

§572. Gegen Andre als Kaufleute kann nur bei streitigen Waarenlieferungen ein Beweis aus den Handlungsbüchern entnommen werden, wenn durch Geständniß oder sonst bereits ausgemittelt ist, daß die Waaren gekauft worden.

Für wen macht nun der Patron alle diese Winkelzüge? Für die Hohenfeldschen Erben? – Die wird er nicht zärtlicher lieben als uns. Ergo für sich. Als ich meinem obigem Special die Sache, ohne Namen, vortrug, sagte er ganz gelassen: »Nun ja, der Mann will das halbe Kapitälchen und die Zinsen für sich: das ist auch recht; man muß was verdienen: aber er hat's dumm angefangen«. Dabei war sein Rath, wir sollten gleich an die Hohenfeldschen Erben schreiben (die aber der Patron uns weislich verschwiegen hat) auch an Tietzens Erben. – Allerdings sollten wir das: und wäre ich allein und hätte in Danzig Jemand, der mir für den äußersten unwahrscheinlichen Nothfall einen Advokaten schaffte, der Sk's Freund nicht wäre; so thäte ich ES GEWISS. Denn: sind die Erben redliche Leute, so geben sie uns gern das Unsrige: außerdem aber, thun sie es aus Klugheit, zumal wenn wir ihnen die halben Zinsen erließen: denn den Proceß müßten sie verlieren und ganz und die Kosten dazu: deshalb auch Sk: ihnen nicht dazu rathen dürfte. Die Ausmittelung der Schuld wäre leicht, da wir Sk's Briefe als Zeugniß darüber haben, auch seinen Bericht v. 1815. Er müßte Rede stehn und ausliefern, was er hat. Es käme also, 100 gegen 1, nicht zum Proceß. – Seid Ihr resolut genug dazu, wollt Ihr es; so erfrage, wer die Erben sind, und ES GESCHEHE so. Die würden sich wahrscheinl wundern. – Mit dem Patron, dem wir dann garnicht schrieben, hätten wir gebrochen; und was schadet das? – Das wäre also DER GRADE UND RECHTE WEG. – Für den Fall, daß Ihr es nicht wollt, habe ich, da wir Alliirte sind und einander daher nachgeben müßten, einliegenden Brief an Sk: verfaßt, den ich mir baldigst zurückerbitte, um ihn, falls Ihr nicht anders wollt, zu expediren: es ist kein Umweg, und ich trage lieber das Bischen Porto, als daß ich ihn für euch abschriebe. In selbigem zeige ich ihm, daß ich ihn ganz durchschaue, und benehme ihm zugleich alle Gelegenheit zum Grobwerden, dieser letzten und würdigen Reßource aller elenden Wichte, wenn man gelassen ihre Schlechtigkeit od: Dummheit entschleiert hat. – Ich denke, daß Erlassung der halben Zinsen, Opfer genug ist: seid Ihr aber so furchtsam, daß Ihr schlechterdings ihm die ganzen Zinsen schenken wollt: so will ich auch da *malgré moi* nachgeben und *à contre-cœur* ein P. S. schreiben, daß auf erhaltenen Brief von der Mutter ich auf ihr Zureden, ihm noch die ganzen Zinsen lassen wollte. – Ihr seht wie nachgiebig ich bin. Aber der Teufel hole mich, wenn ich vom Kapital ein Groschen schenke. Viel lieber ein Proceß: aber wie sollte er es wagen, es dazu kommen zu lassen! Denn: 1°) Er weiß daß dann ich schon dafür sorgen würde, daß die ganze schmutzige und unrechtliche Transaktion ans hellste Tageslicht gezogen würden. 2°) Er weiß daß Hohenfelds Erben den Proceß verlören, zu dem er etwa dann gerathen hätte, ja daß Jeder das vorher sieht. 3°) Er hätte gar nichts von der Sache. Und wenn nun gar etwa die Büchernotiz gar nicht existirt?! – Für uns wäre der Proceß kein Unglück: er wäre in 2 Terminen entschieden: wie viele Processe hat nicht Stadtmiller für uns geführt: ja ich glaube Sk. selbst hat Kapitalien für uns eingeklagt. Das ist Kleinigkeit – aber es kommt nicht dazu, zumal so lange wir ihm ein Profitchen lassen. – Du siehst ich schreibe Dir sehr konfidentiell: wirst also es nicht mißbrauchen. – Ihr habt Connexionen in Danzig, die euch leicht den rechten Mann verschafften. – 300 # sind Gold, man spricht nicht von Dukaten wenn man Courant meint: wie er sagen kann »oder 3600 f Danz.« begreife ich nicht: das wären 900 Rth C$^{t}$ da 4 f Danz: einen Thaler Cour$^{t}$ machen. Sollte es etwa Danziger Gulden Gold geben, wie es Thaler Gold giebt? Frage die Mutter. 300 # sind wenigstens 1000 Rth Cour$^{t}$. –

Wir hätten, sagst Du, Unrecht gehabt uns zu der Schuld nicht zu melden? Wozu war er denn Regulator des Andreasschen Nachlasses? er hatte ja 1815 die Summe angeführt? Er ist schuld, seine Pflicht war für uns die Summe einzufordern. Ein redlicher Advokat würde jetzt Capital und Zinsen für uns einkassiert und im Triumph übersandt haben, froh das Vernachlässigte gut gemacht zu haben. – Aber der, was thut er? – Pfui! – Breite moralische Maximen auskramen, von der Baronesse Schwiegertochter und dem Herrn Sohn reden, der auch den Rummel lernt: und dann ein Stückchen wie dies probiren: alles im Karakter.

Die Successions-Frage hat Sk. in seinem Brief an mich ausführlich auseinander gesetzt: ich schreibe sie also für deine Mutter WÖRTL AB: Du hast ganz richtig darüber erkannt.

»Nach dem von mir aus den Schopenhauerschen Nachlaß-Akten gezogenen Erben-Verhältniß, würde das Capital v. 900 Rth folgends zu vertheilen seyn: Aus dem Andreas Schopenhauerschen Nachlaß gebührten ursprünglich:

1) dem Michael Andreas Sch: 1/3

2) Ihnen, Ihrer Frau Mutter, und Ihrer Fräul Schwester zusammen 1/3

3) Dem Carl Gottfr. Tietz, als Erben seiner Mutter der Wwe. Marie Renata Tietz geb. Schopenhauer 1/3

ad 1) ist Michael Schopenhauer gestorben, und von seinen Geschwisterkindern a) Ewr Wohlgeb. b) Ihrer Fräul Schwester, c) dem Carl Gottfr: Tietz beerbt worden. Mithin hat aus seinem 1/3 jeder der 3 letztern wieder 1/3, also 1/9 des Ganzen geerbt.

ad 2) gehören nach Hamburger Erbrechten von dem 1/3 Antheils Ihres Herrn Vaters, Ihnen selbst, Ihrer Frau Mutter und Ihrer Fräul Schwester jedem wieder 1/3, mithin 1/9 des Ganzen. –

Hiernach gehören jetzt von den 900 Rth

1) Ewr. Wohlgeb.

a) ursprünglich . . . . . . . . . . . . . . . . . . 1/9

b) von Michael Andreas Schop: ererbt . . . . . 1/9

. . . . . . . . . . . 2/9

2) Ihrer Frau Mutter . . . . . . . . . . . . . . . . . . . . . . . . . . 1/9

3) Ihrer Fräul Schwester

a) ursprüngl . . . . . . . . . . . . . . . . . . . 1/9

b) v. Michael Andreas Sch: ererbt . . . . . . . 1/9

. . . . . . . . . . . 2/9

4) Dem C. G. Tietz. jetzt dessen Erben

a) ursprüngl . . . . . . . . . . . . . . . . . . . 1/3

b) Von Michael Andreas ererbt . . . . . . . . 1/9

. . . . . . 4/9

1.–

Hoffentl wird es die Mutter nun auch einsehn; Andreas müßte vor unserm Vater gestorben seyn, wenn es anders seyn sollte. – Ihr habt jetzt gar keine Ursach, dem Patron zu schreiben; selbst nicht, wenn Ihr zu meinem ersten Vorschlag nicht resolut genug seid: also selbst dann wünsche ich, daß Ihr ihm nicht schreibt: denn Ihr dient bloß ihm Courage zu machen: hingegen mit mir allein ist ihm unheimlich: das soll's. Merkt er Verzagtheit oder Schwanken; so wird er trotzig und gewinnt Muth. So aber hat er die Wahl einzulenken, oder einen Skandal auf den Hals zu kriegen. Er hat sich festgerannt, und muß zurück. In jedem Fall schicke mir den Brief an ihn zurück. –

Schone den Brief, daß er absendbar bleibt, ist dünn Papier.

In Erwartung baldiger und gescheuter Resolution

Frankfurt d. 2 Aug 1835 Dein Bruder Arthur Schopenhauer.

*Advokat:* Der befreundete Dr. Martin Emden.

*133. Adele an Arthur*

Bonn d. 3[ten] August

Lieber Arthur, die Mutter zögert noch immer an Skerle zu schreiben, weil sie auf eine Antwort von Dir wartet, ob Du das wie sie Dir geschrieben zufrieden bist? Du sollst mirs schreiben. Ich habe an Julie Kleefeld geschrieben u sie gebeten, ihren Vater der mit im RegierungsRath sitzt zu fragen, wer die Hohenfeldtschen Erben sind; wenn ich Nachricht habe, sollst Du sogleich sie von mir bekommen. Uebrigens kan ich Dir nicht sagen, wie lieb mir ist daß wir in dieser Angelegenheit doch endlich einmal alle Drei übereinstimmend handeln, und ich hoffe Du übernimmst meinen Auftrag an Skerle, nemlich daß du u ich dasselbe wollen. Herzlich und freundlich grüßend Deine Schwester Adèle.

*134. Adele an Arthur*

Bonn d. 4[ten] August

Lieber Arthur,

Deinem Wunsch zur Folge, wird die Mutter, die *sehr* zufrieden mit Deinem Briefe an Skerle ist, ihm nun gar nicht schreiben; und hat Dir, wie auch ich, die ganze Sache übertragen. Uns scheint jedoch Beiden, als wäre es gut, daß Du dich an Skerle wendest, und nicht direct an die Hohenfeldtschen Erben, denn diese müssen nach alten Erinerungen der Mutter aus mehreren, ganz verschiedenen Familien bestehen, und die Sache käme folglich doch gleich an Skerle. Ferner ist er der Einzige der die Lage der Dinge, besonders hinsichtlich des Onkels Andreas u der damahligen Nachlassenschaft kennt; wenn wir ihn also schrecken und in Zaun halten können, ohne ihn ganz und gar uns zu verfeinden ist's klüger; denn der diesmahlige Fall könte sich ähnlich wiederhohlen. Hinzu kommt, daß mein Freund der Justizrath Nicolovius, ein tüchtiger Jurist, Danzig verlassen hat, und Oberlandesgerichtsrath in Frankf. a. d. O. geworden ist, so daß wir keinen tüchtigen und brauchbaren Mann dort wissen, der uns beizustehen vermöchte. Obschon wir also zum Briefe an Skerle entschieden zurathen, sind wir so weit entfernt uns zu fürchten, daß wir im Gegentheil meinen, Du hättest *nicht* gleich mit dem Anerbieten die halben Zinsen abzulassen herausrücken sollen, denn nun wird er glauben uns abdingen zu können, und natürlich möchten wir möglichst viel, da das Recht auf unserer Seite. Sollte Dir das einleuchten – wir sind aber jedenfalls mit dem Briefe zufrieden – sollte Dir das einleuchten, so brauchtest Du nur das einzelne letzte Blatt abzuschreiben, und etwas zu ändern, was um so besser wäre da Du unten abermahls 90 Ducaten statt 30 geschrieben hast.

Wenn Dir Skerle nicht 150 Rth. geboten hat, ist er ein Schuft, ich finde das eine wahre Infamie, denn Du hast doch wahrhaftig ganz gleiches Recht mit mir, und ich habe nimmer gemeint, 50 für die Mutter, und jeden von uns 150 wäre sein Antrag gewesen. Behalte also noch unsre Briefe als Beweis.

Noch läßt Dir die Mutter sagen, es habe nie Danziger Gold

gegeben, und die kleinen Silbermünzen wären seit vielen Jahren auch außer cours.

Uebrigens danke ich Dir herzlich für Deinen langen ganz und gar aufklärenden Brief an mich, und Du kanst fest darauf bauen daß Dir von unserer Seite keine Art Hinderniß in den Weg gelegt wird.

Gute Nacht, lieber Arthur, der Brief soll gleich morgen früh fort, deshalb füge ich nichts hinzu. Deine Schwester Adèle

135. *Arthur an Adele*

Liebe Adele!
Ich habe also auf Euern Wunsch und Rath den Brief losgedrückt. Mit meiner Generosität im Weggeben der halben Zinsen ist es nicht so splendid bestellt, wie es aussieht. Denn jetzt will ich Euch eröffnen daß es im Landrecht heißt:

Th: I. Tit: 11.

§ 849. Wer die gerichtliche Einklagung rückständig gebliebener Zinsen länger als 10 Jahr verabsäumt, der kann einen über 10 J. hinausgehenden Rückstand nicht ferner verlangen.

§ 850. Doch kommt dem Gläubiger bei dieser Art der Verjährung alles das zu Statten, was den Anfang der gewöhnlichen Verjährung durch Nichtgebrauch, hindert, od: deren Fortsetzung unterbricht.

§ 851. Außer diesem Fall können Zinsen, deren Berichtigung der Schuldner verabsäumt oder verzögert hat, so weit sie rückständig sind, gefordert werden, selbst wenn der Rückstand, wegen Länge der Zeit, den Betrag des Kapitals übersteigt.

Also geben wir nur weg, was uns bestritten, ja wahrscheinlich abgesprochen werden könnte: letzteres freilich nur weil der Patron versäumt hat zu mahnen und zu klagen: daher wir eine Entschädigungsklage gegen ihn führen könnten. Aber das wäre zu weitläuftig. So aber lassen wir den Erben den Vortheil von seiner Nachläßigk[t] und machen ihn nicht dafür verantwortl, fordern das Capital und 10 Jahre Zinsen: Das ist billig genug, und sollten wir fest darauf bestehn. Danach erhielten Du und ich jedes 100 # und die Mutter 50 # – und Sk. soll aus Angst unser Dukatenmann werden, in Folge des ihm von mir applicirten kalten Klystiers.

Ich habe übrigens das Quartblatt doch abgeschrieben um »die Hälfte der uns gebürenden Zinsen« umzuändern in »die Hälfte der seit mehr als 20 J. so beträchtl aufgelaufenen Zinsen«, – aus Vorsicht – habe auch bei meinem Vorschlag hineingeschoben »in unser aller Namen« – ist decidirter. – Probiren wird er wohl noch mancherlei: da gilt es Festigkeit und ernsthafte Mienen. –

Aufgejagt ist der Hase dadurch, daß der Patron, als er das Ding in den Akten fand, dachte: »Halt! Da läßt sich ein Schmuh machen: ich brauche nur eine Schwierigkeit zu fingiren, schlecht oder gut (sie verstehn nichts davon) und kaufe ihnen die Sache für die Hälfte ab: die andre Hälfte in meine Tasche.« So scheint mir's. aber ich kann mich irren. – Die Vertheil$^{g}$ hat er aber so gemacht, daß er Dir und mir richtig nur die Hälfte des Kapitals bot, der Mutter hingegen ihr volles 1/9 desselben (Agio abgerechnet.) und das aus so einer Art von abergläubischem Gewissen: näml sie ist eine Witwe; – wir aber noch keine Waisen: auf Zinsen aber ist die Bibel überhaupt nicht gut zu sprechen: also spricht er gar nicht davon.

Daß er 300 # mit 3600 f Danz: od: 900 Rth Cour$^{t}$, übersetzt, giebt mir Anstoß: man sagt »5 Rth Gold« – d. h. ein Friedrichsd'or. Kann man nicht eben so sagen: »36 f Gold« und das hieße ein Dukaten? Das wollte ich wissen: denn jetzt stehn Dukaten so: 100 Rth Dukaten sind 118 1/2 Rth Cour$^{t}$ welch ein Unterschied! Da könnte, wenn er streitet, Labes die Sache entscheiden: Nie sagt man »ein Dukaten« und meint bloß 3 Rth cour$^{t}$.

Sobald ich Antwort kriege, werde ich sie Dir getreulich mittheilen. und Deine Meinung einholen ehe ich antworte. wird wohl erst in 3 Wochen seyn: bis dahin

Frankfurt d. 9$^{ten}$ Aug. 1835 Lebewohl! Arthur Schopenhauer.

*»Good Master Trust is a very simple gentleman«* sagt Shakespeare: hätte ich was die Mutter meinen »fürchterlich mißtrauischen Sinn« nennt, nur nie aus den Augen verloren; so wäre ich nicht auf

2/3 meiner *revenu's* reduziert, wie ich schmälicherweise bin, seit 8 Jahren! –

*»Good Master...«:* »Gut Meister Trau ist ein gar simpler Herr« (nach Shakespeares »Wintermärchen«).
*seit 8 Jahren!:* Arthur hatte durch den Kauf mexikanischer Staatsobligationen erhebliche Verluste erlitten.

*136. Arthur an Adele*

Liebe Adele!
Aus beifolgender Kopie wirst Du ersehn, daß *Sk.* nach meinem kalten Klystier der beste Mensch geworden ist. Er versucht gar nicht zu repliciren, da er sieht, daß es verlorene Mühe wäre und bloß dienen würde, ihn noch mehr zu kompromittiren. Bloß die *Agio* dingt er ab, aus Gründen die ich vorhergesehn, da in seinem ersten Brief an mich die Anführung eben so steht: kann seyn, daß er Recht hat: untersuchen ließe es sich nur in Danzig: wir werden also wohl müssen die *Agio* der # fahren lassen; aber auf volles Kapital und 10jährige Zinsen müssen wir desto fester bestehn, sind für Euch 450 Rth Pr. C. und für mich 300Rth – mit diesen 750 Rth sollen die MijnHerren herausrücken und wenn sie ein Brett vorm – – – – –

Der Sinn seines Briefes ist »Seid nur still! Ihr sollt Alles haben!« –

Könnte seyn, daß er ein Paar Louisdörchen für Mühewaltung abzöge, vielleicht auch nicht, weil es ein altes Versäumniß, durch die wir immer 12 oder 15 Jahre Zinsen einbüßen, und weil er meinen Grimm nicht wecken wollen wird. Verharrt nur ja in Euerm gänzlichen Schweigen: sonst könnt Ihr mir Alles verderben. Ich schreibe auch nicht an ihn, sondern warte auf die holländsche Botschaft die Dir sorglich mittheilt

Frankfurt d. 4 *Sept* 1835 Dein Bruder Arthur Schopenhauer.

*der beste Mensch geworden ist:* Skerle hatte seine von Arthur kopierte briefliche Auskunft »mit Hochachtung und FREUNDSCHAFT« unterzeichnet.

*137. Adele an Arthur*

Bonn den 9ten Nov.

Lieber Arthur

Ich bin in der sonderbaren Lage, nicht zu wissen, soll ich mein langes Schweigen oder mein jetziges Schreiben entschuldigen – Du hast mir einmal geschrieben Du hättest nur zu Geschäftskorrespondenzen Zeit, so habe ich Deinen Brief mit den günstigen Nachrichten recht herzlich dankbar empfangen und geschwiegen bis eine Veranlassung käme zu schreiben. Direct habe ich keine, doch quält mich dies scheinbar undankbare Schweigen und ich möchte mich über einen Punct unserer Korrespondenz rechtfertigen. Ich habe nehmlich wirklich, *gleich* als ich es versprach, nach Danzig geschrieben um die Nahmen der Hohenfeldtschen Erben zu erfahren. Dieser Brief blieb ohne Antwort, endlich kam ein Brief der Kleefeld, in welchem sie bitter klagte, ohne alle Nachricht geblieben zu seyn, augenscheinlich war mein Brief nicht in ihre Hände gelangt, ich schrieb sogleich an's Postamt, sandte Laufzettel und Klage, der Brief blieb fort – auf einen mit dem Laufzettel geschickten, erhielt ich folgende Nachricht, zugleich hatte die Kleefeld Skerle den sie kennt gefragt, ob er etwas an uns zu bestellen habe, worauf er gesagt: er warte noch auf Nachrichten von Holland uns betreffend, woselbst *Henr. Euphrosine Hohenfeldt* u Frau Jeanette *Louise Schneevoigt* leben, u die Erben sind. In Danzig sind die Erben: Witwe Hollatz geb. Hohenfeldt, dann der Gutsbesitzer Hohnfeldt auf Fridlin, und sieben unmündige Kinder des verstorb. Kaufm. Hohenfeldt (Ernst Ludwig). Können diese Nachrichten noch zu irgend etwas dienen? Mir scheint sie geben Gewißheit, daß wir das Geld bekommen, denn für die Minorennen spricht ja Skerle, und die Andern sind auch so Viele, daß der Schaden kaum merkbar ist, den der Einzelne von ihnen erleidet.

Die Mutter fängt an bedeutend zu altern und zu kränkeln, dabei hat sie noch den alten Hang der Unabhängigkeit und ein gewisses Geheimthun was mich alles oft qualvoll sorgen läßt, da ich nicht klagen kan, noch mag, schreibe ich keine Details über mich; genug mein Leben ist nicht erstaunlich. – Kanst Du mir gute Nachrichten geben, so erfreue mich bald damit, schreibe mir womöglich auch etwas Weniges, von Dir selbst, ob Du wohl, ob zufrieden bist, ob Du nichts wieder schreiben magst, oder ob Du im Pulte schriftstellerst. Gott weiß daß ich immer den alten Antheil an Dir fortnehme. Sollte ich die Mutter verlieren wie ich oft ahnde; so reißt uns Beide das Leben noch mehr auseinander, seit Jahren schon habe ich meine eigne Zukunft bestimmt, ich würde den Rhein augenblicklich und auf imer verlassen. Ich muß in Thüringen leben, nur dort ist mir wohl. Mögtest Du recht heiter seyn wenn Dich diese Zeilen erreichen. Auf das eben Gesagte über Mutter und mich antworte *nicht*, wenn sie den Brief gern lesen will, muß ich ihn ihr geben, und sie ängstigt sich wenn man über ihre Gesundheit spricht, wodurch mir keine angenehmen sondern verdrießliche Stunden erwachsen. Lebe wohl Deine Adèle

*138. Arthur an Adele*

Liebe Adele!
Einliegend erhältst Du den Brouillon eines Briefes, den ich gestern an Skerle abgesandt habe, und der Alles nöthige besagt. Hätte er inzwischen an Euch geschrieben, so würdest Du es mir mitgetheilt haben. Daß frankirte Briefe unsicher sind, ist Ernst. – Story hat ein SCHÖNES Englisches Mädchen mit £6000 –! geheirathet und sagt sie hätte das beste Gemüth in der Welt. – Sobald Sk: schreibt erhältst Du Nachricht von
Frankfurt d. 10 Nov. 1835 Deinem Bruder Arthur Schopenhauer.

*Story:* Captain Story, vor seiner Heirat mit Ottilie von Goethe befreundet.

*139. Arthur an Adele*

Liebe Adele!
Dein Rosenfarbnes Schreiben habe erst nach Abgang meines letzten erhalten. Von Sk: noch immer nichts: begreif's nicht, kann nicht glauben, daß er so niederträchtig wäre, uns durch

Hinhalten zu strafen, weil wir sein Stück ihm verdorben haben. SOBALD ICH DEINE ZUSTIMMUNG ERHALTEN, gedenke ich ihm zu schreiben, »daß da mein Letztes ohne Antwort geblieben, ich schlösse, daß kein Brief verloren gegangen: die Zeit, die er uns warten geheißen, sei jetzt mehr als 3 Mal abgelaufen, die Erben hätten alle Zeit gehabt sich zu entschließen, ob sie das Unsrige uns, mit dem von mir gebotenen Opfer, gutwillig geben wollten, oder nicht: daher ich ihn nunmehr bäte, mir ohne allen ferneren Aufschub zu schreiben, wie die Sache stände, wir hätten das Kapitälchen lange genug entbehrt und wollten jetzt nicht noch ferner darauf warten.« Willst Du etwas daran geändert od: zugesetzt haben; so sag's. – Daß der Erben so viele sind hat, wie Du bemerkst, sein Gutes; aber auch sein Schlimmes sofern man nicht weiß an wen man sich nothfalls direkt zu wenden hätte: der Hollandsche Mynheer ist wohl die Hauptperson? wo residirt er wohl eigentl? – Seit 8 Tagen könnte ich von Sk: Antwort haben.

Du frägst ob ich schriftstellere: sonderbar! 17 Jahre lang hätte ich die Frage mit »bloß im Pult« beantworten müssen: grade jetzt aber mit Ja! – Habe seit 5 Monat tägl 3–4 Stunden gearbeitet an einer kleinen Abhdl$^{g}$ v c$^{a}$ 6 Bogen, bin beim Abschreiben, werde in 14 T fertig seyn: dann einen Verleger zu suchen der es umsonst druckt! womögl hier, wegen der Korrektur. Dann die Censur dieser ängstlichen Klein-Bürger-Republik zu passiren! – Hoffentl werden die Guten das Schlimme nicht recht merken. –

Sollte Dir die Schrift ein Mal zu Gesicht kommen, so kannst Du durch Blättern daraus ABNEHMEN, was mein Leben, Streben und Leiden eigentl ist. –

Mir gefällt der Rhein, weil ich bloß aufs Physische, Klima, Wohlfeilheit und Bequemlichk$^{t}$ sehe: Frkft ist *a comfortable place:* – Menschen sind mir nichts, nirgends.

Grüße die Mutter bestens und Lebewohl!

Frankfurt, d. 1 Dec$^{r}$ 1835. A. Schopenhauer.

P. S. Ich bitte Dich inständig und auf das ernstlichste, gegen keinen

Menschen ein Wort verlauten zu lassen, daß ich schreibe: aus sehr triftigen Gründen.

*kleinen Abhandlung:* »Ueber den Willen in der Natur«, Frankfurt am Main 1836.

*140. Adele an Arthur*

Bonn den 4[ten] Decemb.

Lieber Arthur,
Dein gestern erhaltnes Schreiben beantworte ich sogleich, um nicht noch längeren, unnützen Aufenthalt in der Hohenfeldtschen Sache zu veranlassen. Sowohl Mutter als ich sind es zufrieden, daß Du an Skerle schreibst, wie Du es vorschlägst. Vielleicht wäre es gut, wenn Du Deinem juristischen Freunde den Brief zeigtest, der Form wegen. Ich glaube Skerle ist ärgerlich und *nachlässig*, letzteres greift in der Welt von Jahr zu Jahr mehr um sich. Ich glaube nicht daß der Mynheer mehr als die andern haben und zu sagen haben kan, alle stehen in gleichem Grade der Verwandtschaft, alle sind Geschwister, so auch die Myfrau. Außerdem sind noch die unmündigen Geschwisterkinder, schwerlich ist der in Harlem wohnende Schwager deren Vormund; sondern eher einer in Danzig, auch haben diese nur *eine* Stimme.

Ich schreibe eben an den Kammergerichtsrath Nicolovius in Berlin, der so lange in Danzig lebte und frage ihn als unsern Freund wer wohl als Advokat in Danzig hinsichtlich der Sachkenntniß u Redlichkeit zu empfehlen wäre. Das kan allemal nichts schaden, denn sollte es zur Klage kommen brauchen wir vieleicht einen Juristen am Ort, auf Nicolovius kan ich mich unbedingt verlassen. Hoffentlich wird Dir das Recht seyn um so mehr da ich die Sache gar nicht erkläre sondern diese Frage zwar bestimmt aber ohne Angabe des Falls thue.

Ich habe der Kleefeld Brief nicht zur Hand indessen steht mir doch die Verwandtschaft der verschiedenen Erben sehr klar in der Erinnerung, die 7 Unmündigen haben zusammen mit den uebrigen gleichlautendes Anrecht, nur als Vormund könte der Mynherr ein besonderes haben, seine Frau ist ja der Erbe, nicht er.

Was Du über Dein Schriftstellern sagst freut mich von Herzen, es beweist doch ein immer gleiches Interesse an K[unleserlich]heit und am Fortschreiten der Geistesbildung – daß Du die Frankfurter, oder *Societäts*-Menschheit nicht magst, begreife ich ganz. Lebe ich doch auch unter ihnen völlig einsam! Indessen habe ich in der Welt einige wenige Menschen, die mich interessiren u für die ich fortlebe.

Ich habe der Mutter kein Wort gesagt über Dein Buch, hätte ich nichts weiter gelernt habe ich doch allmählig begriffen, daß man schweigen kan, u so schweige ich denn über u. über, und früge mich Jemand so sähe mir keiner an daß ichs wußte. In dergl. verlaß Dich auf mich; aber wenn es fertig ist so bitte ich Dich schicke mirs, schlag mirs nicht ab, wenn Du willst werde ich Dir nie ein Wort darüber schreiben. Für Heute lebe wohl ich bitte Dich nochmahls herzlich thue ganz u gar was Du in der bewußten Sache meinst, denn unsre Ansicht ist genau dieselbe. Möchte Dir der wunderliche Kometen Winter nichts anhaben, mir hat er eine Rarität gebracht, in meinen Jahren, zum 2ten mal den Keuchhusten!

Deine Adèle

141. *Arthur an Adele*

Liebe Adele!

Soeben erhalte ich mit dem Deinigen zugleich einen Brief von Skerle, des Inhalts: »erst jetzt habe er aus Holland Bescheid: das Kapital von 3600 f Danz: betrage (Auseinandersetzung) 900 Rth Pr: Ct und nicht in Dukaten a 12 f. Dzg: uns dreien gehöre davon 5/9 also 500 Rth: sodann heißt es:

»Die Erben sind bereit an Kapital und Zinsen für diesen Antheil 600 Rth zu bezahlen. Sind Sie insgesammt damit einverstanden; so übersende ich Ihnen und den Ihrigen den Ihnen kompetirenden Antheil spätestens bis d. 15 Janr FRANCO.« (Merks! franco heißt *peur!*) »Ich bin zur Annahme der Offerte anräthig« (woraus ich schließe, daß wir sie nicht annehmen müssen) und sehe Ihrer gefälligen Antwort entgegen« etc. etc. Danzig d. 1 Dec$^{r}$.

Also wird uns jetzt grade das Doppelte als vor meinem kalten Klystier geboten. Allein ich BIN GEGEN DIE ANNAHME: für 20 bis 25 Jahre (er verschweigt noch immer das Todesjahr) 100 Rth Zinsen von 500 Rth ist zu wenig. Es müßten eigentl wenigstens 500 Rth Zinsen und darüber seyn. Die halben Zinsen von 20 Jahren a 5 pC$^{t}$, also 250 Rth Zinsen, ist mein Satz: folgl zusammen 750 Rth – statt 600 Rth.

Ich schlage also vor ihm zu schreiben, daß wir auf unserm gemachten Vorschlag, der ja schon die halben Zinsen wenigstens opfert, bestehn und *ergo* 750 Rth haben wollen; außerdem bedauern müßten doch genöthigt zu seyn den Weg Rechtens einzuschlagen: es sei gar kein Grund vorhanden, uns von dem was uns gehört irgendetwas abzuziehen, und bezöge ich mich auf mein ausführliches erstes Schreiben darüber, d.i. auf das kalte Klystier.

Wahrscheinl hat er schon Ordre, in diesem Fall 750 Rth herzugeben; wenn er nicht gar etwa schon jetzt wieder ein Bischen auf eigne Rechn$^{g}$ probirt. – Uebrigens wird zur Annahme der 600 Rth immer noch Zeit seyn. Wir wollen nicht 150 Rth den Mynheeren und ihrer Sippe in den P–x jagen! – Ich erwarte also zu vernehmen, ob Ihr mit gehöriger Mannhaftigkeit meiner Meinung beitretet; und werde dann sogleich einen zweckmäßig stilisirten Brief, besagten Inhalts, an Sk schreiben und, wenn Ihr ihn nicht etwa durchaus vorher sehn wollt, an selbigen sofort absenden.

Bedaure Dein Keuchhusten, wird wohl so schlimm nicht seyn; aber halte Dich zu Hause und warm; es ist doch bedenklich. Baldige Besserung wünschend

Frankft d. 8$^{ten}$ Dec$^{r}$ 1835. Dein Bruder A. Schopenhauer.

### 142. *Adele an Arthur*

Bonn d. 10$^{ten}$ Dec.

Lieber Arthur
Wir sind Deiner Meinung, versuche es und schreibe wie Du es vorschlägst.

Bemerke aber noch, daß es doch auffallend ist, daß Skerle auf Ducaten *verfiel*, wenn es keine Ducaten waren, in welchen die Rente gezahlt wurde, und wiederum noch sonderbarer daß die ursprüngliche Rente in Dukaten gezahlt wurde, wenn das Kapital nicht in Ducaten bestanden hat. Es könten aber dänische gewesen seyn. Es macht einen bedeutenden Unterschied, und wenn auch die Kaufsumme des Gutes in Florin bestand, so hat das doch keinen Einfluß auf das stehen gebliebene Schuldkapital. Selbst wenn Du klagen willst oder in Folge des Briefes mußt, glaube ich wird Mutter *ganz* nach Deiner Einsicht sich fügen, und ich verlasse mich auf Deinen Freund. Jedenfalls melde uns aber Skerles nächste Erwiderung, u mache ihn aufmerksam, daß er die Zinsen steigert, indem er die Sache immer weiter hinauszieht, all dergl. Leute sind im Kleinen äußerst geitzig.

Herzlich grüßend aber sehr in Eile Deine Adèle

Wenn *Du* wegen der Ducaten Dich überzeugst ists gut, darum schreibe nicht expreß, ich bemerke dies nur damit Du Dich nicht übereilen läßt. Uns hatte er ja gleich 200 Rth. *geboten* ohne Renten und ich meine das wäre nach seiner Art, wenn es nicht Ducaten waren ein zu großes Gebot gewesen, dergl. zufällige Großmuth fällt mir auf. Wahrscheinlich weiß er daß Mutter die wenig mehr schreibt oft in Verlegenheit ist, und so denkt er durch promte Zahlung uns zu kirren. Ich habe mir aber bereits vorgenommen das Geld augenblicklich auf Zinsen zu legen, u kommt mir also auf 2–3 Monate nichts an.

143. *Adele an Arthur*

Lieber Arthur

Dein triumphirender Brief hat nicht nur seiner reellen Vorzüge wegen mich *sehr* erfreut sondern auch an und für sich, weil gerade *Dir* dieses Verfechten unserer Rechte so gelungen, und weil Du es ganz allein gethan, und wir Dir vieleicht nie in einem wichtigeren Augenblick dafür danken könten. Mutter und ich erkennen Deinen diesesmal höchst glücklich angewendeten »argwöhnischen Sinn« als eine sehr practische Lebensgabe an, leider nur eben mit schwerem Herzen, weshalb auch alle lustigen Trompetenstöße Deiner Victoria! unbeantwortet bleiben. Ehe ich aber den Gegenstand berühre, laß mich das Nöthige wegen Quittung u. Geldsendung abmachen. Freilich ist Skerle ein entsetzlicher Esel, u eben so gewiß ist das beste Auskunftsmittel, daß wir unsre Quittung Karl Labes zuschicken, der sie ihm gegen Postschein, oder sonstige bestimmte Sicherung der Absendung geben mag. Ob du ihm nun noch die besagten Grobheiten anhängen willst, die er allerdings *verdient*, oder direct gleich bestimmen, daß wir die Quittung Karl Labes schicken wollen, stellen wir Dir anheim. Es ist wohl zu bedenken, daß wir ihn nicht gar zu böse machen dürfen, da doch möglicher Weise noch Anforderungen von unserem Großvater od. Onkel seyn können um die er wissen kan; weshalb ich rathe jetzt ihm seine Eselei verblümt zu verstehen zu geben um ihn dann später, wenn man in gutem Vernehmen geblieben als Spürhund zu brauchen. Mit allem Uebrigen in Bezug auf die Zahlung v Hohenfeldt: ob sie in Rth od Ducaten gewesen, denken wir es, wie Du meinst, sein Bewenden haben zu lassen; Deine Gründe sind vollkommen richtig, wir haben alle Ursache zufrieden zu seyn.

Was die Ausstellung der Quittung betrifft, so meinen wir, Du stellst sie aus, und schickst sie uns, mit freigebliebenem Platz daß wir unterschreiben, willst Du, so schicke ich sie Dir dann zurück, und Du beförderst sie, wie sich's doch eigentlich am besten schickt nach Danzig an *Labes*, oder willst Du so schicke ich sie von hier zur Post, wie Du willst. Daß Du Dir das Geld schicken läßt, ist uns ebenfalls ganz recht; ich werde Dir noch schreiben ob Du es uns dann schicken, oder es an Mühlens in Frankfurt geben sollst, in der Zeit wirst Du noch mehrere Briefe von mir haben. Denn nun kommt die Hiobspost, die Gottlob Dir nichts schadet, und blos meine ganze Zukunft verdirbt. *Muhl* ist *todt*. Das v Muhl gepachtete Gut zu kaufen, ist leerer Plan geblieben, sein Tod macht es vieleicht den Söhnen unmöglich. Ulkau *allein* trägt nicht gehörige Zinsen, die Hypotheken sind so stark – es wird wahrscheinlich verkauft werden *müssen* u dann bin ich meines Rechts verlustig, u mein Einkommen, sonst das einzige außer Ohra was mir geblieben, ist hin es kommt jetzt alles darauf an, vorher Abegg, der sehr reich ist zur Unterschrift des Documants zu bringen, das mir und der Mutter 300 Rth. jährlich sichert, wie Du weißt bleibt die Rente der Ueberlebenden v. Beiden.

Abegg hat schlecht gehandelt, Muhl noch schlechter. Die Mutter glaubt durch die Drohung, des Letzteren Briefe drucken zu lassen, Abegg um seines Credits, u Muhls Nahmen wegen zur Unterschrift zu bringen. Leider zweifle ich – Abegg ist ein Betrüger, uns hat er sehr schöne Dinge gesagt, aber er ist immer schlau geblieben; nicht nur *Du* bist, was Weg rechtens *möglich* war, zu Vollem ausgezahlt, sondern *auch Götz* – ich kan es aber nicht beweisen. Zuerst laß mich Dir nun wiederhohlen, daß ich Deines traurigen Verhältnisses zur Mutter bewußt, und durch Dich in Frankf. benachrichtigt, daß Du später ⅓tel deines Einkommens entbehrst, nie pecuniäre Hilfe von dir verlangen werde, Deine geistige Kraft, die hast Du ungeschmälert, der lei… Muhl hat mein Vermögen veruntreut, es war unmündiger Kinder Geld, ohne Sicherung durfte er es nicht nehmen; vor dem Bankrott, ganz *zuletzt* hat er mich sicher stellen wollen, und Abegg, der von einem engl. Hause unterstützt vor diesem seine Ehre retten wollte, hat ihn, zu Gunsten dieses engl. Hauses, gehindert. Dieser Gewissensangst Muhls verdanken wir die *Pension*. Jetzt rathe uns, *wie*, auf welche Weise hast du Abegg gezwungen, wie ist ihm beizukommen? Die Mutter ordnet die Muhlschen Briefe, so bald ich sie gelesen, schicke ich Dir ein *résumé* des Falls, unsrer Rechte, und der Möglichkeit Abegg beizukommen.

Auf gerichtl: Wege geht es nicht, nur auf kaufmännischem Credit muß man fußen. Fr. Abegg lebt in getrentem Einkommen u hat auf die väterl Erbschaft resignirt.

Auf dein Buch bin ich nun es gar die Censur passirt sehr begierig – denn *die* Mögl begreife ich gar nicht. Mutter grüßt und dankt, sie ist in einem bedauernswerten Zustande, sie erliegt stark der Reue und Sorge und der Angst sich nun von mir trennen zu müssen.

Das Papier verwahre ich, *Du kannst es jeden Augenblick wieder haben.* Ich hoffe es enthält eine Verpflichtung die ich gern übernehmen würde nehmlich die, eine *treue Tante* zu seyn; *das* kanst du auch bei Lebzeiten haben! Lebewohl, in wenig Tagen schreibe ich genauer.

Deine Adèle

*Adele an Arthur:* Am 13. Januar 1836.
*die Mögl:* Vgl. Nr. 139.
*Das Papier:* Arthur hatte Adele sein versiegeltes Testament geschickt, das nach ihren Vermutungen auch die Versorgung seiner Kinder regelte. Die »2 batards«, die Arthur in seinem Brief vom 10. Dezember 1836 an Anthime Grégoire de Blésimaire erwähnt (Gesammelte Briefe, S. 158), d.h. neben der Tochter in Dresden wohl auch eine in Frankfurt, waren schon jung gestorben.

144. *Adele an Arthur*

Bonn d. 22[ten] Januar

Ich sende Dir, lieber Arthur, erst heute diese unglücklichen Papiere, weil sie erst heute abzuschreiben möglich waren, die Mutter konte täglich nur ein Paar Stunden an der für sie allerdings schrecklichen Arbeit, sie zu suchen, zu lesen und auszuziehen arbeiten. Mir wollte sie es nicht anvertrauen. Das Gefühl der gänzlichen Schutz- und Rathlosigkeit in der der Tod meines Vaters mich jeder Willkühr preisgegeben hat, hat mich sehr niedergeschlagen. Ich bitte Dich lies, und gieb den Rath, auf welche Weise nach deiner Ansicht Abegg am Besten beizukommen. Nikolovius hat uns Grodegg vorgeschlagen, einen Juristen, es ist unsre Meinung, daß dieser den Abegg mit Veröffentlichung durch den Druck bedrohen soll, ihm die Auszüge vorlesen, aber nicht in die Hand geben soll. Jeden Falls mußt Du Mittel und Wege zur Erreichung Deines Zweckes gebraucht haben *anno* 19 u 20, Du kennst also ganz gewiß seinen Character, u weißt ob er zu schrecken; daß ihm auf dem Rechtswege nicht beizukommen, ist klar. Aus den Briefen ersiehst Du daß *Gibson* einen früheren Kampf mit Abegg bestanden hat, wir wenden uns also an ihn und an Grodegg. Hast du irgend noch Belege, Briefe, oder sonstige Papiere die uns fördern können so sende sie mit der Inlage umgehend uns zu. Weickmann hat vorläufig mit der weitläuftigsten Vorsicht mit Abegg gesprochen, der sich sehr bestimmt geäußert daß er zu nichts verpflichtet sey, aber auf unbestimmte Art nicht abgeneigt etwas zu thun sey. Natürlich ist dies nur ein Schein, den er sich giebt, vieleicht um den Edlen zu spielen, vieleicht auch nur, um eine Neigung zu mir zu affectiren, die er schon *anno* 19 fingirt hat, ohne reel etwas für mich zu thun, die Rente hat er bis jetzt bezahlen *müssen*, wie Du aus den Auszügen ersiehst. Wollte Gott, Arthur, Du wärst in Danzig! Ich gestehe ich habe wenig Glauben an den Erfolg.

Schließlich eine Bitte – schicke *ja kein Geld* wenn Du es von Danzig bekommst, sondern schreibe mir! ich beschwöre dich darum, ich will jetzt lieber alles über mich ergehen lassen, und alles losbrechen lassen wenn es nicht anders ist, mir bleiben blos die Einkünfte von Ohra und 1600 Rth bei Mertens zu welchen ich das Geld aus der Nachlassenschaft Hohenfeldts zulegen will, um nur etwas gewiß zu behalten. Außerdem giebt Gerst: der Mutter 100 Rth jährlich als Abzahlung, dies alles schreibe ich Dir heimlich, auf diesen Theil meines Briefes antworte auf einem apparten Zettel. Wir haben außerdem von dem gelebt, was die Mutter mit Schriftstellern verdiente, haben Schulden, von denen ich nichts wußte, mit der Gesamtherausgabe abgezahlt, und es muß nun allerdings anders werden. Das *Wie* werde ich Dir heimlich schreiben, Du kannst u sollst *gar nichts dabei thun*, aber ich will Dir kein Geheimniß daraus machen, sondern ehrlich u offen mit Dir umgehen, mit mir ist man nicht immer so verfahren! Du antwortest jetzt blos auf die Abeggsche Sache, kanst auch mit Deinem Freunde sie besprechen, vor allem aber antworte schnell, ob Du noch irgend uns einen Beweiß geben kannst der uns nutzen kann, denn ich baue auf Deine Klugheit und auf Deine Gerechtigkeitsliebe, Du wirst einsehen wie schädlich man der Mutter Leichtgläubigkeit benutzt hat u wie man mein Vermögen, Pupillengeld veruntreut hat dabei. Will Abegg Muhls Ehre u seinen Credit retten, so muß er uns die Pension zugestehen, hat er aber irgend Mittel uns entweder wie Lügner erscheinen zu machen oder sich aus der Schlinge zu ziehen u Muhl alein schuldig erscheinen zu machen, so ist die Hälfte meines Einkommens hin – u ich muß künftig die Mutter in Pension geben, u meinen Unterhalt erwerben. Deine Adèle

*Mutter dictiert mir was ich schreiben soll.* Die Mutter ist fest entschlossen Abegg mit der Drohung der Bekanntmachung der ganzen Geschichte, wie er Muhl gezwungen hat sie wissentlich zu betrügen, indem er die Rente versprochen hat, ins Blaue hinein, als Beschwichtigung, ohne *Mittel zur Realisation zu schrecken.* Muhls Brief (der große) giebt selbst Mittel u. Wege dazu an; sie bittet diesen aufmerksam zu lesen, u wo möglich genau zu schreiben *wie* Du mit ihm verfahren bist.

*Jedenfalls* müssen die Papiere so schnell als möglich zurück, da sie *sogleich* abgesendet werden sollen, u wir blos noch auf Deine mögliche Auskunft warten.

*Gerst:* Müller von Gerstenbergk.

145. *Adele an Arthur*

Den 23[ten] Januar

Eben habe ich Deinen Brief bekommen, lieber Arthur, Dein *erstes* Briefschema an Skerle habe ich *eben* nochmahls gelesen, kan nicht helfen, dies *erste* Schema was gleich anfängt *»Die Quittung werden wir nach Vorschrift ausfertigen, ich sehe nicht ein warum Sie solche vor der Zahlung haben wollen«,* war etwas *grob*, und ich bin sehr froh, daß diese zweite viel feiner u höflicher ausgefallen ist. Ich fürchtete Du behieltest das Schema bei. Denn, Arthur, Deine Briefe lese ich *sehr* aufmerksam, eben *weil* ich Dich nicht kenne, und aus Deinen Briefen Dich errathen u verstehen möchte ob Du denn so gar anders bist als ich? Und nun also noch einmal: Mutter und ich kennen Karl Labes als höchst reel, brav, und rechtlich, *setzen volles Vertrauen auf ihn* u *sind vollkommen damit einverstanden, daß Skerle das Geld an Labes auszahle u von ihm die Quittung empfange.* Besagte Quittung wird auf einem Stempelbogen geschrieben werden müssen, glaube ich, solches wird der Notar wohl verlangen wenn es nöthig ist u dann wird sie abgeschrieben, unterschrieben u Dir geschickt.

Wenn ich Dir Gründe angab, warum ich nie von Dir etwas fordern würde als eine Unterstützung Deines Geistes, so wußte ich doch recht gut, lieber Arthur, daß ich, Weg Rechtens *gar nichts* zu fordern *hatte, nicht einmal diese*. Es stünde schlimm um meinen Verstand, wenn ich Deine hart ausgesprochene Ansicht bedurft hätte, um das zu wissen, ja ich bekenne Dir, ich bin sogar *ganz* Deiner Meinung daß Söhne das Vermögen erben, u für die Frauen sorgen sollten, es ist naturgemäß. Wollte Gott, nur, da es so nicht war, hätte mir je ein Bruder zur Seite gestanden u mir zu *rechter* Zeit gesagt, nun laß Dir geben das kommt Dir zu! *Ich habe aber gar nichts* bekommen, und später hatte die Mutter auch nichts, was sie mir hätte geben können! Rechne ich alles in allem, so habe ich inclusive meiner Nahrung *nie* über 350 Rth das Jahr gebraucht also habe ich wohl albern, unerfahren, thörigt alles gehen lassen, und die Mutter ist schändlich betrogen worden, aber *ich*, lieber Arthur, habe *nichts* verschwendet! Meine Paar Ballkleider, mein sehr mittelmäßiger Unterricht, haben es nicht verschuldet, aber meine Unkenntniß des Lebens u daß mir nie ein kluger Mann zur Seite gestanden, – *Quitt sind wir aber;* ich habe gern vermeiden wollen, daß Du mir etwas *Hartes* schriebst, da ich viel Kummer habe; aber gerade so ist's dahin gekommen daß Du mich zwingst zu wiederhohlen – *ich habe kein Recht das Mindeste zu fordern, von Dir,* und was mir bleibt, werde ich anwenden um die Mutter zu erhalten.

Dein Beruf muß nun endlich klar werden, ich kan nicht urtheilen, bis Dein Thun ans Licht tritt! Ich achte Deinen Geist, so hoffe ich daß er nicht irrt, Du achtest das *Leben* höher als ich, denn eine Wirksamkeit wie die, welche Du andeutest, scheint mir in dieser, wie in *aller* vergangner Miserabilität, inclusive aller politischen, religiösen, poetischen und positiv reelen Formen u Erscheinungen, nicht vorgekommen – wir wollen also sehen was Du thun wirst, u ob der Menschengeist das alles auffassen wird – oder ob die Welt bleiben und wechseln wird und die Menschen irren und elend seyn, nach wie vor? Um eine Stunde Deines Glaubens, gäbe ich meine ganze Existenz. Und Du hast wohlfeil gekauft, wenn Du blos das ruhig bürgerliche Glück, Haus, Hof, Weib u Kind zu haben daran gesetzt hast – ich beneide Dich! – Was nun, um auf mich zurück zu kommen Heirathen wie die mit Quandt betrifft, so bitte ich Dich, sprich mir nicht davon, Reue liegt nicht in meiner Natur, ich hatte Ursachen, *die noch stehen*, u so bereue ich *nichts* der Art, achte das, lieber Arthur!

Wegen Muhl Folgendes: der Act, oder wie Du willst das Versprechen hat die Klausel: daß *er* u beide Söhne die Pension so lange zahlen, bis die Güter unfreiwillig, *gewaltsam* verkauft werden. Dies hatte mir die Mutter, die mir *nie* das Papier zeigte *verschwiegen*. Unsre Verhältnisse mit Muhl, Abeggs Erschleichen des Handlungshauses, und sein für Muhl zahlen an uns ersiehst Du aus den Dir geschickten Auszügen. In einer halben Stunde sind sie durchlesen, es war der Mutter expresser Wunsch daß Du sie lesen solltest. Wie sie mir sagt, hat Abegg Muhl gehindert uns sicher zu stellen, um ein englisches Haus zu befriedigen, ich sehe aber keine gültigen Beweise. Ich danke für die Bemerkung, daß man erfragen muß, *ob* man Briefe drucken darf, es geschieht aber oft in Journalen. Da du *fragst: ob* Abegg der Schwiegersohn ist, wirst Du wohl nichts haben, was uns helfen kann, und so hoffe ich nur, Du hältst die Sache nicht auf. Leider Gottes finde ich eben eine traurige Nachricht, *Gibsone* ist gestorben! Du ersiehst aus den Dir geschickten Papieren wie wichtig das ist. Nun genug! *Dir* Deinen wohlgemeinten Rath gelänge auch unsere Bemühung nicht, je zur Last zu legen, ist *ganz* unmöglich – begreifst Du denn nicht, daß das schändlich wäre, u mir ganz unmöglich? Sey Du ruhig, und rathe, ernst, aber laß nun alle harten Worte weg – Arthur es ist ja zu spät, verschwende sie nicht! Das laß Weibern, für einen Mann paßt es nicht, sage auch der Mutter nichts mehr, es kann ja weder für die Zukunft noch für die Vergangenheit helfen, die Frau ist 70 Jahre alt, laß sie nun so still hinleben. Wäre der Fall noch einmal kannst Du wohl denken, daß ich anders handlen würde. Unglücklicher Weise war sie mein *Vormund*, u 3 Jahre *vor* meiner Mündigkeit verlor sie mein Vermögen. Hättest Du damals nicht Argwohn gehabt gegen mich, die ich so jung, so ganz unerfahren war, Dein Rath hätte vieleicht mein Vermögen gerettet! so tathest Du als könte *ich* Dich betrügen wollen – und kanntest doch wenigstens meine Jugend, da betrügt man nicht, man ist großmüthig, schon aus Unerfahrenheit, u ich riß mich los von Dir, weil mich Dein Mißtrauen erschreckte! Es ist eine traurige Geschichte, Vorwürfe verdiene ich aber nicht, ich habe in aller Unschuld gefehlt.

den 28ten

Soeben hat der Notar vor zwei Zeugen die Quittung unterzeichnet, da die Formen etwas abweichen, wir haben französische Gesetze, und wir die vorgeschriebene Form beibehalten wollten ist d. Stempel cassirt wie er es nennt u das Stempelblatt beigefügt. Zu rechter Zeit werde ich Dir Nachricht schicken ob Du mein und der Mutter Theil in Frankf. zahlen oder schicken sollst. Ich hoffe ersteres. Auf den Fall erhälst Du eine schriftliche Bestimmung der Mutter darüber, ich habe sie glücklich vermocht mir's zu diesem Zweck zu geben (nehmlich es zu meinen 1600 Rth bei Mertens zu schlagen da er *sicher* ist und 5 Prozent mir giebt!)

Zu meinem Schrecken hast Du die Papiere nicht geschickt, wir müssen Umzugs wegen bestimmen ob wir in Bonn bleiben, das kommt auf die Muhlsche Sache an, u so bitten wir Dich *dringend* sende die Papiere zurück! – Schon die Unsicherheit verlängern ist sehr schlimm! Endlich sehe ich auch keine Hoffnung da Du nicht einmal weißt ob Abegg der Schwiegersohn ist von Dir etwas zu erfragen, über die Art mit ihm zu verfahren.

Die Notariatssache wird Dir hoffentlich so recht seyn, ich fürchte jedoch Du wirst noch einen apparten Stempelbogen haben müssen, u auch die Summe angeben müssen, wie wir, darum bemerke ich daß wir so haben zahlen müssen als wäre es eine Quittung v. 750 Rth. Ich fand das sogar theuer denn er nahm 2½ Rth. Das Porto, meint er, komme nicht hoch wenn Du wie wir Gerichtsacten aufschreibst.

Lebe wohl Arthur! ich bitte Dich schreibe nichts Hartes, denke daß ich doch eigentlich ein Kind war als mein Unglück bestimmt wurde – als ich 23 Jahre alt war, war mein Vermögen verschwunden. Sie ist betrogen worden, und hat es nicht verstanden! Nimm mir auch kein Wort übel, Gott weiß, ich will Dir nicht wehe thun.

Deine Schwester Adèle.

*die mit Quandt:* Er hatte vergeblich um Adele geworben.

*146. Adele an Arthur*

Bonn den 6ten

Deinem Rathe ganz genau Folge zu leisten war unmöglich, Ab. macht sich weder aus Frau noch Schwiegermutter etwas, beherrscht sein Haus despotisch u würde ihr gleich Schweigen auferlegen, ihren Thränen würde er hart geschlagene Thüren entgegenstellen u gehen. Ich habe alles an Abegg geschrieben, sehr vorsichtig, sehr künstlich fast ganz wie Du mir gerathen, denn Abegg hat mich in D. gebeten mit Götz zu sprechen, Ab. hat *mir* immer *seine* Noth geklagt, hat uns persönlich zu Accord u Annahme der Pension *beredet* – leider ohne Zeugen! Ich habe geschrieben, als wenn die Mutter nicht darum wüßte, aber ich habe ihn errathen lassen was aber nicht auf welche Art es ihm drohen könnte. In solcher Noth wird auch eine ehrliche Seele pfiffig – Gott weiß, ich war es nie! aber doch steht *alles* in dem Briefe u noch mehr, und noch Genaueres als das was Du geschrieben, auch über die Familie, u doch kann er meinetwegen den Brief drucken lassen, aber seinetwegen kaum ihn jemand mittheilen, denn die Mutter konnte vor Thränen nicht auslesen, u sagte es sey ein Brief über den man sich todt weinen könnte, u sie begriff nicht wie ich ihn ohne ein Wort zu streichen hatte schreiben können. Ich begriff es – weil ich wußte, welche jahrelange Qual ich erduldet, denn mein Vermögensverlust hat alle edleren schöneren Verhältnisse geknickt, verdorben, mein Leben verpfuscht, weil ich lebte als wäre ich wohlhabend, u doch nicht heirathen konte aus Armuth u weil mich die Scheinwohlhabenheit drückte wie eine Lüge. –

Davon ist nicht weiter zu reden. Inliegender Zettel von Mertens spricht das Nöthige wegen dem Gelde aus, Jacob Mühlens ist einer der ersten u reichsten Kaufleute in Frankf. Auf dieses Billet wird er das Geld nehmen u Dir eine Quittung geben, wenn es nicht in Rth ist, was ich fürchte, sonst mußt Du es freilich per Poste senden. Habe Dank daß Du so gemäßigt u ruhig geschrieben und gerathen hast. Gott lasse Dirs besser gehen.

In 8–10 Tagen *kann* uns Abegg antworten. Ich melde Dir das Resultat. Deine Adèle.

Bonn den 6ten: Februar 1836.

147. *Adele an Arthur*

Bonn den 7ten Februar

Lieber Arthur.

Ich frug den Notar: ob er den Entwurf der Quittung *abschreiben* könne, er sagte *nein, er müßte sie dann nach hiesigem Recht etwas umschreiben;* er bat mich ihm den ganzen Fall vorzutragen. Hierauf sagte er, schriebe *er die Quittung um, könne Skerle sie zurückschicken*, er versprach mir aber, sie nun so sicher zu machen wie möglich. – Meine Bitte *den Stempel auf Deinen Bogen zu drucken schlug er ab*, er schlug auch ab, den Bogen, den er anheftete, zu *halbiren*. Er erklärte mir als ich ihn bat einen Stempelbogen für 4,50 Rth zu nehmen, der Unterschied trage nur 10 Silbergroschen, u könne ebenfalls Rücksendung der Quittung, oder *jedenfalls* noch einen von Dir dann zu nehmenden *zweiten* Stempelbogen zu Folge haben. Der Stempelbogen für 3,50 Rth ist eben so groß, also im *Porto* kein Unterschied. Du hast geknausert, hättest Du eine gestempelte Quittung geschickt, so konten wir sie unterschreiben, Du hast auch mißtraut, und Deine geschriebne Quittung nicht unterschreiben wollen, um sie nicht unterschrieben *uns* anzuvertrauen. – Du kennst das hiesige Recht, an *diesem* Rheinufer nicht, es weicht ganz und gar ab, und ist französisch; weder Du, noch irgend Jemand vermögen etwas dagegen. – Der Notar *durfte* ohne die Summe, gegen welche die Quittung gestellt würde, zu nennen, die Quittungsformel gar nicht schreiben, da hat Skerle gefehlt. Der Notar schien zu meinen: *Du* würdest vieleicht auf Nennung der Summe bestehen. Nicht wahr, Du weißt daß die Mutter lahm ist? Also, wir konten nicht zum Notar gehen, was hier Sitte ist, u das hat die Sache etwa um noch 20 bis 25 g vertheurt. Der ganze Stempelbogen *kostet 1 Rth 15 g*. Das Übrige ist also, theils sein Herkommen, theils das Aufdrucken u Beifügen des Siegels auf *Deine nicht nach hiesigem Recht, nicht* nach hiesig gerichtlicher Form von einem *hiesigen* Notar geforderte u gestellte Quittung. –

Um nun aber Dir freie Hand zu lassen Deinen Freund zu befragen, habe ich Dir diese, allerdings nicht erfreuliche Sache so zeitig geschickt, daß Du mir nochmahls schreiben, oder sie auch noch vieleicht dort ändern kontest, da Du die unterschriebene Quittung hattest, u sie von Frankf. aus abgehen sollte. Der Umstand von nicht gelöschter im Hypothekenbuche verzeichneter Schuld, macht *allein* den Stempel nöthig, sonst braucht man blos 2 Zeugen u den Notaire, welcher beglaubigt, daß man in s. *Gegenwart* geschrieben hat.

Du kennst Dich aber gleich nicht vor Zorn – denn wo in aller Welt ist denn *Mertens* Kaufmann? Er ist Rentier u hat 5 große Güter, u sein KapitalVermögen steht als ehemaliger Scheff des Schaffhausischen Komptoirs in Köln u als Mann der ältesten Tochter, zum Theil bei Schaffhausen, dadurch giebt er mir 5 Prozent, machten aber Schaaffhausens Bankrott, so würde ich obschon mein Geld unter seinem Nahmen dort steht, *seine* Schuldnerin bleiben, er macht seit 4 Jahren keine Geschäfte, lebt auf den Gütern und hier, wo er ein großes Haus hat, ist ein Geizhals ohne Gleichen, u hat mein kleines Kapital erst seitdem er nicht mehr Kaufmann ist. Er hat kein Komptoir, u Herr Mühlens ist sein Verwandter, der ihm wohl dann u wann noch zum Scherz ein Geschäft von einigen 1000 macht, aber *Mertens der in Bonn* lebt, wie sollte denn der *Kaufmann* seyn? Auf keinem Gute steht eine Hypothek, u er legt jährlich viele Tausende zurück. Als er austrat machte er bei Schaafhausen das Recht geltend welches alle Kinder des Hauses haben seine Kapitalien dort zu 5 prozent unterzubringen. Als ich ihm mein Geld gab *schrieb er die Quittung*, um mir aber 5 prozent zu geben, that er es mit zu Schaaffhausens aber unter seinem eigenen Namen. Stirbt er, so sind seine Kinder meine Schuldner nicht Schaaffhausens. So glaube ich sicher zu seyn, fiele ihm je ein zu handeln, oder ein Komptoir zu haben, so würde ich es zurücknehmen.

Sieh, *ich* hätte nun gemeint: es sey vorauszusehen, daß ich *nie* einem Kaufmann Geld geben würde, u daß ich den Notarius nach allem gefragt, was nicht *bedacht* zu haben Du mir vorwirfst. Höchstens habe ich also 10 bis 15 Silberg dadurch verschwendet, daß ein *geschworner Notar vor Zeugen mich vieleicht unnütz gezwungen hat die ganze Summe der 5 Neuntel zu nennen*, da, wie er sagte, die Quittung in ihrer Form es erforderte u er mir *vorgerechnet* hat, es waren hier nicht $\frac{1}{9}$tel sondern 5 Neuntel gemeint, mir das auch, nachdem er mir die einzelnen *benanten Antheile vorgezählt hat* als unumstößlich deutlich erschienen. Denn auf *einem* Blatte konten wir nur dann vereint quittiren, wenn wir $^5/_9$tel quittirten. Skerles Quittungsformel war nicht fehlerfrei – u so hat jeder von uns mit für die beiden andern quittirt, u quittiren *müssen*. – That ich's nicht, war die ganze Formel *falsch*, mußte appart für uns auf 3, für dich auf $^2/_9$tel geschrieben seyn, und auf 2 ganz verschiedenen Stempelbogen. Für alles dies kan ich dir meine Zeugen bürgen lassen, ich habe $1\frac{1}{2}$ Stunde mit dem Notairen darüber gestritten u nur seinen Gründen nachgeben müssen. Kan ich voraussetzen daß der Notair um 10 g willen mich *öffentlich* vor Zeugen täuschte? Lies gefälligst Deine Quittung durch, so wirst Du einsehen, 1) daß der Notar *frug:* sind dabei keine Zinsen?, 2) daß er sogleich die einzeln benannten Neuntel zusammenzählte, u sagte, die Quitt. lautet auf $\frac{5}{9}$, nicht auf 3 u sonst ist sie nichts nutz. –

Deine furchtbare Heftigkeit, Deine Bitterkeit haben mich anno 17 u anno 20 zu den Äußerungen verleitet die Du schreibst – aber! gethan habe ich's nicht und hätte ich's nicht! *Jetzt* wo ich nichts habe als die 1600 Rth u die Mobilien habe ich die Mutter zum Erben eingesetzt vor 3 Jahren – stirbt sie vor mir, so gebührt Dir ohnehin was ich einst hinterlasse, sie hinterläßt *nichts*, leider, u ist *meine Schuldnerin!* Käme ich je zu Gelde, so würde ich der Mutter stets die paar Jahre Nutznießung lassen, aber Dir das Kapital, es sey denn daß ich's durch Legate schmälerte. Das scheint mir nun *blos Weg Rechtens* aber ich übersehe nicht, daß Du mitten in Deiner Wuth mir einen Rath mit der Leibrente giebst, der Dich beraubte, Du denkst also eigentlich doch wie ich.

Ganz wahr ist das was Du über Berlin schreibst – ich ahndete nicht was mir bevorstand! ich verstand nicht, daß die Mutter so unrecht gehandelt. Nun laß mich schweigen, die arme Frau schläft keine Nacht! – quäle mich doch nicht – ich weiß ja daß Du mir nichts geben wirst, ich *bitte* ja nicht, *fordre* nicht – ich *wünsche nicht einmal*, denn Deine Achtung hängt daran, daß ich *nichts* von Dir bekomme u doch nie ganz von Dir lasse.

Übrigens was ist das für Unsinn daß *Labes* nun verfügen soll, Du hast meine Quittung gefordert, u angenommen, Du hast geschrieben: Du wolltest *Dir* das ganze schicken lassen, u dann uns schicken was uns zufällt, ich habe an Labes geschrieben Du würdest ihn *für uns* um eine Gefälligkeit bitten, die *auch ich wünschte,* und nun soll er mir appart das Geld schicken? Du kriegst es ja, dachte ich, postfrei, so hat es Skerle angeboten, also muß man das benutzen. Mein Wille ist: daß wenn Skerle das Geld postfrei *Dir* schicken kan, *Du* es in Empfang nimmst, daß Du falls es auf Wechsel kommt, u ich also nichts verliere, durch die Geldsorte, Du es an Herrn Jacob Mühlens, für Herrn Mertens in Auftrag der Frl. Schopenhauer zahlst, mir Herrn Jacob Mühlens Quittung schickst, für mich und unsre Mutter. Daß aber wenn das Geld Dir selbst wie ich vermute in Rth Preuß: geschickt oder gezahlt wird, Du mir dies Geld, nebst meinem Billete v. L. Mertens per Poste hierher schickst, und nicht mit H. Jacob Mühlens sprichst. An Labes schrieb ich blos von der Gefälligkeit daß er's annehmen soll, ist nun nöthig ihn nochmahls zu benachrichtigen es Dir mitzuschicken, was ich nicht glaube, so lege ich Dir hier einen Zettel ein den Du schicken kanst, wenn du es für nöthig erachtest, sogar ohne Franco, denn wir berechnen. Aber koste mir nicht unnütz 14 Silbergroschen, denn *Labes glaubt Dir, ohne meine Handschrift!*

Adèle

*148. Adele an Arthur*

Bonn d. 9[ten]

Da Du durchaus nun nicht das Geld wie Du selbst vorschlugst für uns annehmen und uns schicken willst, habe ich eben an *Labes* geschrieben. Schicke ihm also *nicht* die an Dich geschickte Einlage, sonst kostet sie unnütz Porto, schicke sie mir auch nicht zurück, sondern *verbrenne* sie, ich brauche es ja nicht.

Lebe wohl, Gott schicke Dir freundlichere Menschen zu als mir.

Adèle Schopenhauer

*Bonn d. 9[ten]:* Februar 1836.

149. *Johanna an Arthur*

Bonn d 15ten April. 36

Die Einkünfte von *Ohra* hast Du vermuthlich, so wie ich auch, zu rechter Zeit von Labes erhalten, sonst würdest Du warscheinlich bei mir schon deshalb angefragt haben. Von den 450 Thlr: haben wir aber bis jezt nichts gehört noch gesehen, sind sie denn ausgezahlt? und liegt es vielleicht daran daß *Labes* keinen Wechsel finden kann, um sie uns zu übermachen? daß wir sie nicht erhalten? Sollte vielleicht irgendeine *Skerlische* Teufelei darunterstecken? ich bitte um einige Auskunft hierüber, und hoffe in dem Fall daß Du das was Du für uns unternommen auch bis ans Ende durchfechten wirst.

Lebe wohl und antworte bald J. Schopenhauer

150. *Adele an Arthur*

Bonn d. 2ten Dec.

Inliegenden Brief erhielt ich vorgestern für Dich lieber Arthur; erwiedern werde ich ihn nicht, ich habe keine Veranlassung dazu. Du wirst wohl selbst schreiben, mögte er Dir doch recht lieb seyn.

Mir geht es nicht gut. Die Mutter hat die entschiedensten Zeichen der Brustwassersucht, ich kann auf keine Art auskommen trotz aller Einschränkung, meine Redlichkeit leidet *unsäglich*, über den *Schein* von Wohlhabenheit, über die Schulden, die sich steigern, obgleich ich schon einiges Silber und dergl. verkauft habe, zu guten Preisen. Die Mutter schreibt, aber – es geht langsam. Ich versage ihr, was ich kann, aber den weißen Haaren gegenüber kann ich nicht! Abegg zahlt, hat aber noch immer keine Sicherheit gegeben, ich erwarte ihn, er kommt, um alles mündlich abzumachen.

Die Mutter ahndet ihren Zustand nicht. Überlebt sie den Winter, hoffe ich mit ihr nach Thüringen zurück, wo ich mehr Hilfe habe u auch wohl der Herzog etwas thäte, im Nothfall! Hier geht es nicht. Gerstenbergk hat sich in einige schmutzige Geschichten verwickelt, hat den Abschied genommen, lebt in Dresden. Seine Frau hat sich von ihm getrennt. So verliere ich die Summe die er der Mutter als eine Art Abzahlung gab. Es stehen auch 700 Rth bei ihm, die werde ich wohl auch nie bekommen, es ist nichts gerichtlich u ich *kann's* nicht *durchsetzen* mit Mutter, trotz *Bitten, Ärger u Vorstellungen* [Randschrift Adeles: Die 700 stehen seit 20 Jahren dort, sie hatte ihm geliehen.] Da nun der Tod rasch eintreten kan, muß ich Folgendes offen u ernst Dir ans Herz legen. Was noch da ist, weißt Du. Sie hatte früher ein Testament gemacht worin sie mir alles vermacht, als nicht ausreichenden *Ersatz* für mein verlorenes Vermögen, von welchem sie mir nie Rechnung abgelegt, wie sie deutlich ausspricht. Ein andres gerichtliches Papier bestätigt dies, und giebt *so viel ich weiß* Details. Damahls hatte sie aber das Geld von der letzten Ausgabe noch. Jetzt seit den letzten Jahren hat sie längst *nichts mehr.* Darüber habe ich Dir bereits geschrieben, sie wird das zweite Papier nun bestätigend erneuern u dies aussprechen, was der alten Frau sehr schwer fällt (des Mobiliars wegen). Ich kann den Betrag der Schulden nicht genau angeben, denn sie hat mich zu oft getäuscht, ich traue ihr nicht ganz. Ich werde also dann erst mich entscheiden ob ich die Erbschaft antrete oder dem Rathe meiner Freunde gemäß blos als Creditor auftrete, ich bin der erste, und dann im Stande alles mit den Schuldnern abzumachen.

Daß Du nichts zahlen sollst, versteht sich; Du köntest mir aber Versiegelung und vieles Unangenehme sparen, wenn Du der Erbschaft entsagtest, zu meinen Gunsten. Es ist eine Form, denn Du verlierst *nichts*, ja im Fall Du es nicht voraus thust, wirst Du es später doch thun, um keine Schuldenlast anzunehmen. Es ist hier die Rede vom Pflichttheil; dies könte sie Dir nie nehmen, wenn sie etwas eignes hätte, weil sie jedoch nichts hat, so verlierst Du auf keinen Fall, denn sie bekennt sich als meine Schuldnerin. Ihre Ehre leidet dadurch nach ihrem Tode – kannst Du, so spare mir das. Willst Du das thun, so schicke mir die nöthigen Papiere darüber, daß ich im Fall des plötzlichen Todes, sie den Gerichten gleich abgeben kann. Willst Du nicht, – so sage mir's offen. – Besprich es mit Deinem Freunde, ob es nicht ist, wie ich sage. Die Mutter hat leider unrecht gehandelt, jetzt büßt sie sehr schwer.

Ist denn Dein Buch nicht heraus? Willst Du mir es nicht schikken? Soll denn der Verdruß zwischen uns nicht enden? Mein Gott, mir ist so weh, mir scheint, ich habe keine Zeit irgend Jemanden mehr zu zürnen.

Gott mit Dir, Arthur. Ich beschwöre Dich, nur keine harten Worte! Willst Du nicht gut. Aber keine harten Worte, ich kann es nicht aushalten. Möge Antymes Brief Dich recht freuen, er scheint Dich sehr lieb zu haben. Adèle

Du begreifst daß wenn Du mir zu Gunsten entsagst ich langsam u nicht durch das Gericht verkaufe, daß ich meinen Credit behalte, und mit den Creditoren einzeln u ruhig alles abmache, Zinsen zahle u allmählig in den folgenden Jahren in Ordnung komme. Ich thue das, auch wenn Du nicht entsagst, aber dann geht alles öffentlich, u jeder sieht mir zu u spricht darein: u ich verkaufe mit Nachtheil u habe Gerichtsunkosten. Bedenke es ruhig und entscheide, ohne Vorwürfe, ernst u gefaßt, wie ich frage.

*Antymes Brief:* Der schon zu Eingang dieses Schreibens erwähnte Brief des Jugendfreundes Anthime Grégoire des Blésimaire.

151. *Adele und Johanna an Arthur*

Godesberg den 7ten August

Anbei den Brief von *Labes*, lieber Arthur. Wir sind beide vollkommen mit Deiner Ansicht übereinstimmend, und überlassen Dir sehr gern die Führung dieses Geschäfts, wenn Du so gut seyn willst, sie mit für uns zu übernehmen. Wir bemerken noch, daß wenn wir 50 Rth von den Interessen oder vielmehr der Pacht-Einnahme der Länderei abließen, der Herr H. eigentlich 80 profitiren würde, da wir zusammen Herrn Friedrichsen dreißig Thaler für die Verwaltung und Eintreibung zu geben hatten, welches natürlich wegfällt wenn ein Oberpächter ist, wie ich glaube daß Herr H. seyn will, denn so geschwind wird er schwerlich die vielen kleinen Pächter los, wie wir ja alle aus Erfahrung wissen. Wir fordern also mit Dir übereinstimmend daß H. Höpfner für sämtl. Interessenten jährlich 450 Rth zahle, und sind die Pachtung auf 6 Jahre zufrieden, so wie auch alle von Dir angeführten Bedingungen mit einzugehen gesonnen.

Treulichst Adèle Schopenhauer
Johanna Schopenhauer

Ich bemerke auf diesem Untertheil des Briefes was ich Dir zu schreiben ohnehin willens u beauftragt war, nehmlich daß wir Bonn verlassen und nach Jena ziehen, weil wir gar nicht auskommen können. Man erleichtert es uns von Weimar aus – aber es hat so schwere Opfer gekostet daß auch ich nicht die kleinste Einnahme entbehren könnte. Wir gehen Ende August, werden aber nicht über Frankf. gehen, der Messe wegen, u weil wir so viele Bekannte haben, u das theuere Leben im Gasthof scheuen.

*Godesberg den 7[ten] August:* 1837.
*Johanna Schopenhauer:* Johanna hatte den von Adele geschriebenen Brief eigenhändig mitunterschrieben.

152. *Adele an Arthur*

Jena den 26[ten] Octob.

Lieber Arthur, wir sind hier. Es ist etwas Fürchterliches um einen Umzug! Natürlich liegt uns nun viel daran zu wissen, ob wir Neujahr oder Februar die 150 Rth bekommen. Habe die Güte mir zu schreiben was Du in unsrer Angelegenheit gethan, u ob Entscheidung da ist. – Dein Buch wird hier gelesen, und man spricht mit Anerkennung davon unter den Gelehrten.

Die Mutter leidet fortgesetzt an Erkältungen, und an den alten Übeln, Stark hat Wolffs Urtheil bestätigt. – Du willst keine Briefe, so bleibt mir nur mit der ernsten Versicherung zu schließen daß ich Dich nie absichtlich verletze.

Treulich Adèle Schopenhauer

153. *Johanna an Arthur*

Jena d 30. Jan: 1838

Sey so gut die Innlage von H. *Ganslandt* zu lesen und dann darüber nach Deinem Gutbefinden zu disponiren, auch wünsche ich, daß Du Deine Antwort geradezu nach *Hamburg* an Ganslandt und nicht an mich adressirst.

Willst Du die alten Bücher aufbewahren lassen, und die Miethe dafür bezahlen, so steht das bei Dir; ich halte dieses für völlig überflüssig, und bin mit Adelen übereingekommen sie zerstampfen zu lassen, um sie aus der Welt zu bringen, in der sie jezt ohne allen Werth sind. Da H. G. bis jezt uns keine Ursache zu Misvergnügen oder Argwohn gegeben hat, auch mit unsren Angelegenheiten wohl bekannt ist, so nehme ich sein Anerbieten die uns noch nützlich werden könnenden Papiere die sein Bruder ihm übergeben aufzubewahren dankbar an.

Der Rentenbrief von dem die Rede ist schreibt von 400 Mck sich her, die ich im Jahre achtzehnhundertacht, als Hamburg in solcher Not war, mich nicht entbrechen konnte der Stadt zu geben, aber für meine Person nur, ich habe ihn mir, nicht Dir angerechnet. Mir wurde 30 Jahre lang, jährlich 16 Mck erstattet, und er ist mit diesem Jahre erloschen.

Lebe wohl. J. Schopenhauer

154. *Adele an Arthur*

Jena den 17ten April

Lieber Arthur, die Mutter ist diese Nacht um 11 Uhr sehr sanft entschlafen! Es kam plötzlich – ich war in Weimar wurde geholt kam 2 Stunden zu spät! Sie hat noch ganz angezogen Thee getrunken, ist erst halb 9 zu Bett – dann hat sie Beklemmungen bekommen, hat einmal aufgeathmet, aber ganz sanft, u ist mit geschlossenen Augen ganz schmerzlos gestorben.

Ich weiß daß sie vollkommen gepflegt war – aber ich werde es nie vergessen u nie ganz verwinden daß man mich zu spät geholt hat. Leb wohl ich kann wirklich nicht mehr schreiben. Adèle

Vor 8 Tagen war sie von einem Anfall genesen, jetzt soll ein Lungenschlag dazu gekommen seyn! – Um 2 Stunden kam ich zu spät –

155. *Adele an Arthur*

Jena den 23ten April

Lieber Arthur,
Ich danke dir herzlich für Deinen guten milden Brief, der mir wohl getan – ich bin heute ruhiger, und im Stande zu begreifen daß das Unerwartete wenigstens für sie ein Glück war, indessen bin ich um äußere Fassung zu erhalten etwas hart mit mir verfahren: ich fühle mich recht krank, was anfangs nicht der Fall war.

Ottiliens Nähe, die große Treue und Anhänglichkeit meiner Freunde thun mir wohl, doch strenge ich mich ihretwegen an, und ich fürchte ich thue mehr, als auf die Länge geht, wie gesagt ich glaube ich werde einige Tage krank seyn, doch geht das vorüber. Nach Empfang Deines Briefes habe ich das Stadtgericht um Eröffnung des Testaments ersucht; ich sende Dir anliegend eine Abschrift desselben. Du würdest die vom Gericht erhalten, doch glaube ich Dir auf diese Weise Kosten zu sparen, u habe auf Anrathen meines Vormundes H. Dr. u Prof. Asverus von hier, mich daselbst verpflichtet, es Dir zukommen zu lassen und Deine Anerkennung zu vermitteln, die Du entw. vor einem Notair, oder vor Gericht auszustellen und hierher zu senden hast, wie mir die Herren sagen, worum ich Dich denn hiermit bitte!

Den Inhalt des Testaments hast du längst gewußt. Doch bin ich gern zu jeder Erläuterung und Erklärung erbötig, ich bitte Dich aber inständig ohne Mißtrauen zu lesen, denn nöthigenfalls könte ich jedes Wort derselben beeidigen.

Lies also zuerst was vorhanden ist.

1) Der Antheil der Ländereien v. Ohra, du kennst ihn.

2) Die angef. 1600 Rth bei Mertens Schaaffhausen Bonn.

3) Dazu gekommen 300 Rth durch *Deine Vermittlung*.

3 Bei Gerstenbergk 700 Rth Forderung, es bricht aber *Concurs* aus, und er hat auf unrechtliche Weise sich den Schein gegeben, als

habe er sie ganz oder größeren Theils in *kleinen Zahlungen* abbezahlt, der Kummer über diese Angelegenheit hat wahrscheinlich nach Hofr. Kiesers Ausspruch der Mutter Tod beschleunigt. Es wird dies eine gerichtl. Sache werden deren Ausgang *ganz* ungewiß ist, nach allem Anschein sind diese 700 Rth verloren.

4) Meine Verhältnisse mit Ab in Danzig u der mir daraus entspringende Vortheil sind Dir bekannt.

5) Ein kleines Mobiliar, neu, aber ohne Werth, noch nicht ganz bezahlt, (es stehen noch 60 Rth) das schönere ist in Bonn verkauft worden um Schulden zu tilgen da seit 3 Jahren kein Heller vom Kapital für Herausg. sämtl. Werke mehr vorhanden.

6) Aus dem alten Mobiliar, Betten, Matrazen, Christall, Bilder, Kupfer, Handzeichnungen, der kleinere Spiegel, die Marmoruhr.

7) Eine höchst geringe Garderobe, die theilweis aus Dankbarkeit den Leuten geschenkt wird die sie gepflegt, theils für mich verwendet wird.

8) die kleine Bibliothek.

9) Tisch u Bettwäsche (nichts neu).

10) Anwartschaft auf das Laufende u sagt man aufs nächste Vierteljahr Pension.

11) Der 1ste Band Memoiren bis zur Flucht von Danzig gehend. Wahrsch.: 18 Rth d. Bogen.

12) Der Antheil an Silber, der in Löffel, Gabeln u Messer bestand, etwas neues Dessertzeug (alle Leuchter, alle großen Sachen, der Korb *alles* verkauft in Bonn).

13) Der große fleckige Spiegel.

14) Hoffnung doch keine Aussicht zu Supplementbänden, in einigen Jahren, jetzt Buchhandelverhältnisse wegen vorläufig unmöglich.

15) Wirtschafts- und Küchengeräth.

Anno 24 schenkte mir die Mutter 3 Reihen Perlen, später in Bonn Ihre beiden Zobel, die mir zurechtgemacht wurden weil sie sie nicht mehr tragen konnte.

Vor 2 Jahren als ich mich darüber aussprach daß mein Gewissen nicht gestatte eine Wirthschaft zu führen in der der Aufwand unverhältnißmäßig sey, übergab Mutter mir doch sehr *allmählig* die Führung ihrer Angelegenheiten. Sie machte eine Schenkung alles dessen was sie besaß u ich versprach ihr den Nießbrauch. Sie glaubte mir so mein durch sie verlorenes Vermögen zu ersetzen, denn sie hoffte die Memoiren zu beenden, u rechnete sehr übertrieben auf ein großes Kapital. Später wurde diese Schenkung gerichtl gemacht ich habe sie noch in Händen. Um so schmerzlicher war der Verkauf all der Kostbarkeiten, Möbel etc für mich, den ich selbst veranlassen mußte, da es nöthig ward ihre *sehr* großen Schulden zu zahlen, um nach Weimar zu gehen, wo ihre alten Tage durch die Pension u das Uebriggebliebene vor Mangel geschützt waren.

Ich bitte Dich jetzt anzuhören was ich über die Geldopfer die ich gebracht zu sagen habe.

Alles was ich an Schmuck, an Geldwerth besaß verkaufte ich (außer den Perlen). Ferner meinen Wiener Flügel, den ich mit Uebersetzen mir erworben.

3) gab ich den Ertrag des mir geschenkten Bildes von Paul Veronese, 600 Rth in Gold, welche Bethmann Holweg bezahlt hat.

4) den Ertrag aller kleinen belletristischen Arbeiten die ich insgeheim gemacht.

5) alles was ich durch Unterricht oder auf andre Art durch meine Arbeit erwarb sogar alle Geschenke einer wohlwollenden sehr reichen Freundin.

Ebenso gab ich den vollen Ertrag meiner Renten, in unsre Wirthschaft. Außer dem Gelde zu einer Rhein-Reise anno 27 habe ich nie etwas insbesonders für mich von meiner Mutter erhalten, auch keine großen Kosten durch Erziehung verursacht.

An Schulden jetzt noch zu zahlen

*An Fried. Werth in Bonn* 60 Rth für die ich mich verbürgt habe (in Kraft der Schenkung)

Kaufmann Koch hier 150 Rth

*bei Mertens* 30 Rth welche auf meine laufenden Zinsen geschrieben sind.

Lohn der Leute für das *laufende* Viertelj. bis Johanni.

*Arzt,* Apotheke.

ein halbes Lotterieloos in Breslau an Präsident Heinke 20 Rth für

*Möbel,* die erst gekommen, Rechnungen aller Art, Holz, Wein, von dem zur Beerdigung gebraucht worden 152 Thaler.

Das Begräbniß habe ich bezahlt 64 Rth Preuß. C.

Die mit den Ohraschen Ländereien wie ich vermuthe durch Onkel Andreas' Tod auf mich gefallene Geldsumme habe ich *nie* erhalten.

Die 1900 Rth bei Mertens sind alles was ich an baarem Gelde habe. Ich habe mich auf der ersten Seite verschrieben, weil wir ja 450 erhielten, aber der Mutter 150 sind darauf gegangen, als wir Bonn verließen.

Vergleiche nun die noch auf mir lastenden Schulden, überzeuge dich vom ganzen Stande der Sachen. Als mein Bruder hast Du vollkommenes Recht dazu, und es thut mir wohl, dies genau zu sagen, damit Du einsiehst, daß die Mutter wenigstens in *dieser* Sache Dir kein Unrecht thut.

Ich *muß* nach Landesbrauch das Quartier bis Michaelis behalten, es kostet jährlich 100 Rth Sächs. Ebenso muß ich beiden Mädchen Kost u Lohn bis Johanni geben.

Ich bleibe ruhig in Jena, in Weimar thut mir vieles wehe und ich muß zu viel Aufwand machen, in dem Kreiß in welchem ich lebe.

Das Quartier will ich zu vermieten suchen, das heißt einen *Theil* davon, mit oder ohne Möbel. Von Johanni ab will ich nicht mehr kochen lassen sondern mich speisen lassen u Mädchen halten. Michaeli will ich ein kleines Quartier miethen. Was weiter wird weiß ich selbst nicht. Ich brauche Ruhe um innerlich zu genesen, denn mich haben innerer Zwiespalt und ernste Sorgen sehr mürbe gemacht.

Ich bitte Dich inständig sey freundlich, erschwere mir nicht die an und für sich nicht leichte Lebensstellung! Laß auch die Mutter ruhen, was sie an uns beiden gethan mag vergessen seyn.

Schreibe mir bald, oder komm; ich würde dich gern sehen! Hast Du irgendeinen Wunsch, ist Dir etwas lieb das in meinem Besitz, so sprich mir's aus, wie gern gebe ich's Dir!

Lebe wohl, ich kann kaum mehr fortschreiben. Adèle

*reichen Freundin:* Sibylle Mertens-Schaaffhausen.

*156. Adele an Arthur*

Jena den 10ten März 39.

Schon *sehr* lange, lieber Arthur habe ich ganz die nehmliche Ansicht über Labes gehabt, die Du aussprichst. Ich bin von Gemüth zu ruhig um Dir das Geschehene nachzutragen. Ich traue Friedrichs nicht Labes ist furchtsam, altjüngferlich, ängstlich, außer Stand das Geschäft leicht und sicher zugleich durch *Ueberblick* u *Verstand* zu machen, u zu träge um für uns Fremde sich anzustrengen. Mad. Stadtmiller ist die Schwester seiner Schwägerin Labes; – intim mit Friedrichsens Frau, Labes hat *nicht* die Geschäfte für die Stadtmiller, ist *nicht* Vormund der Kinder. Es ist mir nie begreiflich gewesen wie Labes *Dir* je hat können Details geben u ich bin immer überzeugt gewesen, sie beruhen nur auf Nachfragen an Friedrichs selbst, und damit hat er Dich beschwichtigt. Gegen uns hat er immer nur gesagt, was er *jetzt* sagt: »er sähe die Rechnungen durch u empfinge das Geld«. Ich glaube *viel* mehr wird keiner können, weil Friedr. sehr gescheut ist und sich seiner Stellung nach nicht gar zu viel gefallen läßt. Der der ihn in Händen hat, nachdem er nun Makler geworden, ist Abegg, Angst allein vor dem ist eine Sicherheit für uns. Da Labes glaubte, Friedr: würde deshalb abdanken, u dadurch sein 1/9tel jemand anders mit zur Verwaltung gehen lassen, scheint nicht besondres, neues, individuelles Mißtrauen in Friedr. ihn zu bestimmen, sondern die von ihm angeführten Gründe, und vieleicht Uebermaaß von Geschäften, die Geld eintragen, während dies ihm *nichts* einträgt. Uebrigens ist das gleich, da *er* entschieden nicht will, u *wir längst Friedrichs mistrauen*. Die alten Geschichten v. 29 weiß ich ja alle schreib sie doch nicht immer wieder. Sehr fatal ist, daß Du das Gut so niedrig hast anschlagen lassen, es wird jeden Verkauf unmöglich machen, denn zu solchem Preise verkaufe ich niemals, wozu sich doch vielleicht Gelegenheit fände. – Jetzt das Geschäftliche:

Schon vor fast 3 Wochen habe ich an Abegg die ganze Sache geschrieben, ihn um Rath gebeten über Folgendes:

1) Wer Labes Stelle ersetzen könne; ob er od Jemand durch ihn Empfolener,

2) ob Herrn Höpfner Generalpachtung zuzugestehen rathsam

sei, wenn unser Einkommen nicht verringert würde, was bei mir Zwangsbedingung sei,

3) habe ich ihn gebeten, Friedrichs vorzunehmen und die eigentliche Lage der Sache deutlich sich zu machen, ich weiß Friedr: zittert vor ihm, und wagt nicht zu lügen. –

Und wenn ich hierauf Antwort erhalte, sollst Du sie erfahren. Ich werde sie erhalten, denn schon am 1sten sollte m. Geld u mein Brief v. Abegg hier sein, und sind noch nicht da; was natürlich erklärt, daß Abegg zugleich mit diesem alle halbe Jahr eintreffenden Briefe meine Anfragen beantworten will und mir Porto sparen will, was ich Dir auch sparen wollte, weshalb ich also deinen Brief vor 8 Tagen nicht erwiedert habe. Nun also laß uns das ruhig abwarten und dan weiter sehen. – Ich denke weder daran etwas hinter deinem Rücken zu thun, da das Interesse gemeinschaftlich ist, noch überhaupt etwas zu übereilen, da erst Michaeli der Pacht fällig und dann erst dessen Eintreiben beginnt u erst übers Jahr neue Revenuen eingehen.

Was Du über Deinen Sieg in der Preißfrage schriebst hat mich *sehr* gefreut, und muß Dir doch auch eine wirkliche und schöne Freude gewesen sein, eine reine Anerkennung, die durch nichts bedingt u influenziert ist mußte auch auf Dich wirken. Ich wünsche Dir herzlich Glück.

Tönniges ist mein Gevatter u eine Art Narr, der sich reicher macht als er ist. Der selige Roeppell verwaltete seine Geschäfte zu Tönniges' großem Nachteil, sein Bruder war ein arger Schuft u so wie ich ihn kenne werde ich mich nie an ihn wenden nie was mit ihm zu thun haben, brauche ich dort Jemand zum Verkaufs Rath oder dergl. so werde ich mich an einen der Herrn v. Gralath durch Vermittlung wenden. Jetzt aber *gar nichts thun* als Abeggs Antwort abwarten, dann Dir schreiben. Lebe wohl! Adele

[Randschriften Adeles:] Vieleicht ist Labes' Stellung zu Fried. als *Makler* eine veränderte geworden.

D. Herrn v. Gralath sind unsre Vettern, *reiche Gutsbesitzer zu Solmin* etc.: u sehr geachtet.

*alten Geschichten:* Vgl. Briefe Nr. 116ff.
*Preißfrage:* Die Krönung von Arthurs Schrift »Ueber die Freiheit des menschlichen Willens« (Werke, Bd. III, S. 359ff.) durch die Königlich Norwegische Societät der Wissenschaften zu Drontheim, am 26. Januar 1839.

157. *Adele an Arthur*

Jena den 17ten März.

Lieber Arthur,
*Abegg* hat mir geschrieben sehr freundlich, und sich willig gezeigt vermittelnd aufzutreten für mich, zugleich aber gestanden, er verstehe nichts von Landwirtschaft, könne also nicht über die Vortheile der Verpachtung urtheilen. Nach Besprechung mit meinem Vormunde bin ich zu dem Entschluß gekommen den inliegendes Schreiben ausspricht. Ich bin ernstlich krank, und Schreiben thut mir weh. Mir ist Rheumatism aufs Herz gefallen, ich habe es nicht geschrieben weils unnütz war. Ich rathe Dir jetzt *nicht an Friedrichsen zu schreiben*, sondern meinen Brief *stillschweigend zu genehmigen*, ich denke er ist genau was Du meinst, dann sieh, *mehr* werden wir nicht kriegen, so lange Fried: verwaltet, und einem anderen müssen wir mehr als 33 Rth Verwaltungsbesoldung geben, da geht auch was darauf: laß uns so zufrieden sein, wie es ist. *Bist Du nun dieser Meinung, so schicke gleich den Brief an Abegg auf die Post, frankire ihn aber, es würde ihn gleich verdrießlich machen, wenn es nicht geschähe*, ich werde wohl Gelegenheit haben in dieser uns *Beide* betreffenden Sache auch für Dich zu frankiren. Abegg hat durch Labes m. Brief erst 4 Tage nachdem dieser ihn hatte, erhalten, *gleich* Friedr. kommen lassen, gleich die Abschrift machen lassen, überhaupt handelt Abegg rasch, aber ungeheuer klug, und fürchtet *nichts!* Von Dir muß *nicht* gesprochen werden, was für mich geschieht, geschieht still mit für Dich. Wenn ich v. Friedr. den Brief erhalte, schreibe ich augenblicklich Dir wieder. Solltest du wieder alles vermuthen Deine Ansicht geändert haben und eine neue gefaßt, dann schicke mir *sogleich* meinen Brief zurück u schreibe. Verlange aber keine größere Weitläufigkeit, ich *kenne* Abegg! es ist so hinlänglich gesagt. Verkaufen will ich gern, doch ist dies Kapital sicher, und

wenn ich einen Käufer fände der in den Pacht einträte hätte man nichts dagegen, gegen den Pacht ließe man mich doch nie verkaufen, es ist so leicht zu hindern, wo wir 100 Meilen fern sind! Die vertraute Mittheilung über Friedr. hat bei Abegg keine Gefahr, wir haben uns viel Bedeutenderes gegenseitig gesagt. Lebe wohl. Du siehst ich handle wie ich's versprochen Adèle

Die Kornbill ist zwar wichtig doch haben wir meist Wiesenland, wie ich immer gehört habe.

Abeggs Brief bitte mit einer *Oblate* ohne Dein Wappen zu siegeln, wo möglich, oder mit fremdem Pettschaft, wenn Du eins hast, ich lege Oblate ein weil Du vieleicht keine zur Hand hast da Du nicht damit siegelst.

*158. Adele an Arthur*

Jena den 4ten Mai

Lieber Arthur.

Inliegender Brief von Abegg wird Dir beweisen welchen thätigen und bestimmten Freund ich an ihm habe, und Dir zugleich die Lage unserer Angelegenheiten ganz deutlich machen. Ich bin zufrieden mit Abeggs Einrichtung, die Pachtung auszubieten, werde nicht gleich antworten sondern ihn gewähren lassen. Wie nachlässig *Labes* ist, erhellt daraus daß er mir geschrieben hatte, (vor langer Zeit) er würde die Eintragung ins HypothekenBuch besorgen lassen d. Friedr. und daß ich vor einigen Monaten, ich denke Mitte Febr. ihm die dazu nöthigen Papiere geschickt habe, ihm auch die 20 Thaler gelassen habe, zum Bezahlen, u sehr gebeten mir den Rest zu schicken, da ich oft *sehr* in Verlegenheit bin, ich habe oft nicht *einen* Thaler im Haus gehabt, wenn mich Abzahlungen hart bedrängten, u Herr Labes hat *nichts* gethan, Herr Labes aber hat meine alte Vollmacht noch, und deshalb mußte ich dies durch ihn gehen u an Friedr. auftragen lassen, um Kosten für eine neue Vollmacht zu sparen. Es ist sehr traurig, daß er so gar kein Wohlwollen für uns hat.

Ich habe nicht Geld genug um mit meiner Freundin nach Bonn zu gehen, ich habe meinem Arzt erklären müssen, es sei mir *unmöglich*. Ich befinde mich leidlicher seitdem das Wetter sich gut anläßt, aber ich leide doch noch viel; wie mein Herzübel eigentl. ist, weiß ich nicht, es war rheumatisch u nervös, aber ich glaube es ist auch *noch* eine eigentliche bestimmte Herzkrankheit da. – Jeder Arzt kann u wird Dir erklären daß man rheumatisches Herzweh hat. Man befiehlt mir ein wärmeres Klima, zum Winter. Ich *kan* aber nicht! Vermuthlich habe ich eine Herzenserweiterung.

Wenn jemand meine Guthantheile pachtet, gehen Deine mit, ohne Deine Einwilligung natürlich nicht, also bleibe ruhig.

*Gelegentlich* wenn Du etwas zu schreiben hast, sende dies Blatt v. Abeggs Brief zurück, ich könte es einst sehr nöthig brauchen, da in der anderen Hälfte steht: er werde in Rente immer fortzahlen – nie gegen ihn! doch gegen seine Erben, wenn ich das Unglück hätte ihn zu verlieren.

Ich dachte der Mutter Bild zu hohlen, um es sicher herzubringen, aber wie gesagt: alles unmöglich. Adele

Du bemerkst wol aus Abeggs Brief daß er mit Friedrichs. ziemlich befehlend verfährt, und daß seine Autorität u Gewandtheit letzteren in Schranken halten u so mich sichern kan. Deine Antw. v Friedr. brauche ich nicht zu erfahren, da ich mich *nur* an Abegg halten will.

159. *Adele an Arthur*

Weimar den 10ten July.

Lieber Arthur, inliegende Notiz und der Brief werden Dir den Stand unserer Angelegenheiten klar machen. Ich warte nun auf Labes Brief aus Töplitz, kommt er an Dich, so theile mir ihn gütigst mit, umgekehrt *sende ich ihn Dir*, dann werde ich auch weiter beschließen; ich gehe Friedr. Vorschlag erst ein, wenn ich Labes' Brief mit den Veränderungsvorschlägen habe. Nöthigenfalls schreibt man nach Töplitz, doch noch nicht. – Ich glaubte mich bereits ausgesprochen zu haben, daß ich keine Leibrente für meinen Antheil in Ohra will. Die Sache ist ernst überlegt, wird also vorläufig keine Aenderung in ihr statt haben, es thut mir herzlich leid Dir darin nicht beistimmen zu können. Ebenso beharre ich bei meinem Entschluß unter 450 Rth keinen Pacht einzugehen, u nicht mit Herrn Höpfner abzuschließen, worin mich Friedrichs. Vorschlag ungemein *befestigt*. Für alle Nothfälle scheint vorläufig gesorgt. Ottilie grüßt Dich freundlich, ich kann nicht viel schreiben, weil ich sehr viel zeichne. Ich brauche die kalte Wasserkur, die Regenbäder ob mit Erfolg? wer kann es wissen. Inliegenden Brief sende gelegentlich zurück. Treulich Adèle S.

Keinesfalls unternehme ich das Mindeste ohne Deine Ansicht darüber, ich theile Dir alles mit, und sende Dir die Briefe, bestimme nur nicht zu rasch, ohne Labes zu hören, er wird wohl nur 10 Jahre, u bestimmten Zahlungstermin vorschlagen, denke ich mir.

*Notiz. Abschrift aus Abeggs Brief.*

[angeschlossen ist die Kopie; dann fährt Adele fort:]

Folgen andere Dinge die nicht hergehören.

Die Memoiren erscheinen nächste Woche. Der Buchhändl. Westermann Viehwegs Schwager wollte kein Portrait.

*Memoiren:* Johanna Schopenhauer's Nachlaß. Jugendleben und Wanderbilder. Herausgegeben von ihrer Tochter. Bde. 1 und 2, Braunschweig 1839.

*160. Adele an Arthur*

Jena den 13[ten] Nv.

Ohne Zweifel hast Du lieber Arthur ebenfalls von Herrn Labes einen Brief erhalten, der Mann mißfällt mir immer mehr! Ob er wirklich die Forderungen die wir haben genau untersucht hat, ob nicht, ist schwer zu sagen! Er plantirt uns und mich läßt er Sachen bezahlen von den ich keine Ahnung habe: zum B. *alle* Briefe habe ich stets frankirt. Ich lege Dir seinen Brief ein, aber da er mich sehr ärgert so sei so gut ihn nicht wieder zu schicken, sondern verbrenne ihn, oder behalte ihn.

Mit dem Schulzen der jährlich 100 Rth Profit machen will, kann *ich* mich nicht einlassen es sei denn daß Abegg aus besonderen Ursachen darauf bestünde, denn alles unsichre Einkommen ist mir schrecklich, denn ich komme leider nicht recht aus. Mein Entschluß ist also folgender: ich schreibe jetzt an Herrn Abegg und an Herrn Friedrichsen. Den letztern Brief als bloße Beglaubigung dessen was Herr Abegg dem Fried: sagen wird: nehmlich daß ich für mein Theil in die Pachtung willige, wenn *Du* es zufrieden bist, wie ich voraussetze, *daß ich Herrn Abegg meine Vollmacht gebe,* und *obgleich* dies *noch nicht ausgefertigt worden,* ihn befuge die Rente u die Rechnungen des vorigen Jahrs in Empfang zu nehmen, u letztere durchzusehen. Ferner daß ich ihn befuge den Contract für mich zu schließen, der die Ländereien auf 15 Jahre verpachtet, und daß *er* etwanige Aenderungen mit Herrn Friedrichsen zu verabreden hat zum B. §10 wo Du *ganz Recht* hast; daß meine Vollmacht gleich nachdem H. Abegg mir geschrieben ausgestellt werden soll, mithin die Sache als *beendigt* anzusehen sei. Die einzige Bedingung wiederhohle ich, daß Unordnung in den Zahlungen mich berechtigen sollen den Contract als gebrochen anzusehn.

An Abegg schreibe ich also ferner, daß er wenn er irgend Bedenken hat umgehend mir schreiben u auf den Fall den Brief an Friedrichsen behalten u nicht gleich abgeben soll. Für mich wäre demnach gesorgt. Nun bleiben dir zwei Wege. Entweder Du läßt Dir von Labes für eine geringe Vergütung einen Rechtsgelehrten oder Kaufmann vorschlagen, oder Du wendest Dich an Abegg, wobei ich nicht zu u nicht abrathe. Vereinfacht ist das Geschäft nur solange als Friedrichsen pünktlich zahlt, was wohl die ersten Jahre hindurch sein wird. Dagegen aber ist vortheilhaft einen Rechtsgelehrten zur Hand zu haben, der immer schon weiß wovon die Rede ist. Labes könte Herrn Kiebke damit beauftragen. *Ich* will nichts mehr mit dem Menschen zu thun haben, er hat gegen mich eine kleinliche Rachsucht weil ich ihn mir als junges Mädchen sehr fern hielt. So lange Mutter lebte war er gut, von da an wo sie todt war hat er mich vernachlässigt, mich mit den 20 Thalern hingehalten – nun muß ich borgen! Er konte doch das Maul aufthun. Er hat nicht einmal die Gnade zu sagen für was ich ihm schuldig bin! Nun Gottlob das ist aus und vorbei. Du stehst wahrscheinlich besser mit ihm.

Antworte Du mit für mich, ich will nicht an Labes schreiben, magst Du auch nicht so lasse es bleiben. Auf Deinen Brief bester Arthur kann ich *nicht* warten, wegen Friedrichs Forderung *umgehend Antwort* zu haben, und meinem Wunsch daß Abegg für den Nothfall Zeit hat mir zu schreiben. Du brauchst mir also nicht zu schreiben denn ich weiß ja *daß Labes Dir wie mir zu Friedrichs räth*, u obschon der seinen Schmu macht, *können* wir nicht anders, wir bringens eben nicht höher als 450 Rth. Deine Vorrangsanforderung mache Du, u das Duplicat laß Du Dir geben, allerdings kommt Dir das zu, ich brauche dann keins, wie Du sehr richtig sagst.

Deine Adele

[Randschrift Adeles:]

Wenn irgend ein Grund gegen Friedr. spricht, so wird Abegg ihn mir schreiben, dadurch bist Du mit sicher gestellt. Willst Du Deine Vollmacht ihm auch geben, so mußt Du ihn doch erst fragen, brieflich. Ich würde an Deiner Statt jemand anders nehmen, es gilt ja nur zum Schein, dann sieht Abegg meine Sachen an, wenn pressante Dinge kommen sind Deine ja mit besorgt! er kan ja nicht anders u Du bist ihm dann nicht verpflichtet, doch wie Du willst.

*161. Adele an Arthur*

Jena d. 16ten Nov.

Mir scheint nach Deinem so eben erhaltnen Schreiben lieber Arthur daß Labes Dir nicht die Abschrift der Antwort Friedrichsens gesandt was ich unmöglich errathen konte. Hier ist sie. Friedrichsen macht mir jetzt ganz deutlich was er will, denn allerdings wenn er nach Danzig zieht ist's viel schwerer für ihn Rechnung zu führen, wahrscheinlich unterpachtet er gut, und für die 30 Rth die er von uns erhielt *klagt er nie*. Unrecht von Dir u der Mutter das nicht schon vor vielen Jahren selbst gethan zu haben, nun aber entschieden *für uns zu spät!* Auch ist glaublich, daß Stattmiller der sehr redlich der Sache sich annahm, früher mehr eingetrieben haben würde, wäre es möglich gewesen, es geht aus der Berechnung hervor, daß bei seinem Tode sich der Rückstand gesteigert hat. Wie dem sei, wir haben nur zu bedenken 1) *ist's rathsam überhaupt an Friedrichsen,* 2) *ist's klug auf 15 Jahr zu pachten,* 3) *läßt sich § 4 nicht deutlicher machen,* daß wir nur im schlimmsten Fall 150 Rth geben müssen. –

Ehe ich darauf weiter mich einlasse – vor einigen Wochen schrieb Tante Julchen: »Labes Kopf sei ganz wirrig u schwach, *darum* sei seine Schwester mit ins Bad gereist, nun quäle er sich schrecklich, mit den Briefen an uns u schwerlich *hätte ich mehr als das* allernöthigste von ihm zu hoffen, er besorge nichts recht.«

Gleich schrieb ich das an meinen Abegg, bat ihn die Augen ja nicht von der Sache zu wenden, gab ihm die besten Worte u erinnerte ihn an sein Wort meine Vollmacht anzunehmen.

Gestern nun ging nach reiflicher Erwägung wie ich Dir bereits schrieb im Voraus, ein Brief an Abegg ab, worin ich die auf voriger Seite angeführten Punkte fragend aussprach, ihm die *Vollmacht* nochmals anbot, damit er das Recht habe den Contract für mich zu *ordnen, zu schließen u zu unterschreiben* (es kostet sonst enorm Porto) wenn er die 3 Punkte geordnet, u *nicht* einen besonderen Grund habe Friedr. für einen schlechten *Zahler* zu halten. Besonders gab ich die 15 Jahr zu bedenken, legte es aber in *seine Hand.* Die Sache mit Labes erzählte ich ihm, ich bat ihn den Brief an Friedrichsen zu lesen dem ich schrieb Abegg sei von mir *obgleich noch nicht gerichtl* doch durch schriftl Uebereinkunft bevollmächtigt alles mit ihm zu besprechen u bis zur Unterschrift zu bringen. Ende des Monats solle die gerichtl Vollmacht nachfolgen. Zahlung u Rechnung dieses Jahres habe er für mich an Abegg zu machen, den ich ersucht hätte sie durchzusehen u das Geld anzunehmen u ihm zu quittiren. Abeggen ließ ich zu den Kosten die 6 Rth u bat mir die etwa übrigen mit dem Gutsgelde zu senden, aber nicht theilweise sondern ganz.

Hierdurch bist du gedeckt. Unwillkürlich sieht ja Abegg Deine

Rechnung in der meinen mit an. Erlaube mir nun Dir zu rathen, Dein Gemüth nicht in Geschäfte zu mischen, willst Du verpachten so *schreibe an Friedrichsen*, schreibe auch an Abegg und frage ihn: da nun Labes nicht mehr bevollmächtigt sei u Du von mir hörtest er sei so gütig meine Vollmacht anzunehmen ob er auf den Fall wenn dieser Pacht zu Stande komme, die Deine mitnehmen könte u wollte? oder ob er Dir irgend jemand bestimmen könne der *ihm jetzt* wegen der Verhandlungen genehm sei. Du habest keine Bekannten, man habe Dir Simson vorgeschlagen. Sollte jedoch Abegg für besser halten einen *Rechtsgelehrten* zu befragen, bätest Du ihn in Deinem und meinem Nahmen es zu thun, Du würdest dann etwanige Unkosten gern erstatten, kenne jedoch Abegg die Sache hinlänglich, so wärst Du auf seine Beantwortung entschlossen Dich nach meiner Bestimmung zu richten, unser Interesse gienge zusammen, und Du wolltest den Contract dann genehmigen wie ich. An Friedrichsen schreibe auch ungefähr so, u schweige noch von dem Gelde. Du hast noch Zeit, wir bekommen es ja erst im Februar. *Jedenfalls* mußt Du Vollmacht geben, *oder* Dir den Contract senden lassen, und unterschreiben, u die jedesmaligen Sendungen durch Friedrichsen annehmen. Das hat Zeit. Will Abegg unsre Vollmacht annehmen, so wäre es sehr freundlich von Dir wenn du erlaubtest daß ich Dir einen schriftlichen Auftrag gäbe sie mit für mich machen zu lassen, Du sie schicktest, u ich sie hier unterschriebe u sendete, *ich* bezahlte das Porto, u *Du* die gerichtliche Vollmacht. Ich will sie ganz ausgedehnt. Besser ist vielleicht wenn ich die alte Dir schicke zum Ansehen, ich habe eine gerichtlich in Preußen aufgenommen. Willst Du nicht, auch gut. – Ich habe Abegg gebeten in den Contract wo möglich einfließen zu lassen daß Unregelmäßigkeiten der Zahlungen uns berechtigen den Contract als gebrochen anzusehen und demnach zu verfahren.

Ich bitte sogleich nach Danzig schreiben zu wollen, ich kan es nicht für Dich, es schickt sich nicht. Schlüge Abegg ab, brouillirten wir uns, das ganze Gut ist mir nur halb so viel als Abegg. Ich kann nicht unbescheiden sein gegen ihn. Auch mag Paul oder Peter Deine Vollmacht haben, so sichert Dich die meine.

Leider kan ich nicht in die Rentenanstalt, denn ich habe nur das eine Kapital, das kan ich nicht fest u indisponibel machen. Ich habe aber kein Geld bei Mülhens sondern bei Mertens, werde es auch später wegnehmen, aber ich komme ja nicht aus, da muß ich manchmal kleine Summen haben, ich habe noch nicht alles bezahlt! Frankire an Abegg. Addio

[Randschriften Adeles:]

Kurioser Mensch, bei den Künstlern in Weimar die die Zimmer malen war ich ja eben zum Lernen! Den Wieland wollen sie aber in Weimar leider *nicht!* haben ihn auch selbst.

Die Taufscheine will Labes nicht schicken weil es ihm Geld kostet u er keines von Dir hatte.

*Behalte den Brief.* Mache kein unnütz Porto, es wird mir schwer genug!

162. *Adele an Arthur*

Jena den 24ten.

Lieber Arthur, Du bist viel zu rasch. Mein Brief an Abegg war frankirt, also gar keine Ersparniß. Ohne ein höflich Wort von Dir nimt Abegg keine Mühwaltung für Dich an, ohne Deinen an irgend jemand geschriebnen, ausgesprochnen *Willen* macht niemand einen Contract u wenn ich 10 mahl für Dich schriebe. Das ist nicht Sitte nicht Weg. Ich schreibe ohnehin an Abegg. Ich will ihn dann fragen ob er wenn er *diesmal* meinen Revenü einkassirt er Deinen mit einkassiren will, aber ohne ein Wort von Deiner Hand kan er nicht u wird er nicht. Vor Februar bekommen wir ja aber gar nichts. Ich habe aus Deinem Briefe verstanden gehabt: Abegg solle die ganze Contractsache und alle die künftigen Geschäftssachen für Dich übernehmen, da habe ich Dir weil ich *ihn* kenne den Weg angegeben wie er das thäte. Ihm habe ich nichts von Vollmacht geschrieben für Dich sondern für *mich. Ich* gebe Vollmacht: der Contract kann geschickt oder nicht geschickt werden! Ich gebe auf *jeden* Fall Vollmacht, weil Fälle eintreten können, wo ich bei einer Revenü wie diese einen Vertreter bedarf. Du giebst keine, gut. *Come vi piace.* Das Geschimpfe ist ja dumm Zeug; ich muß Abegg vorsichtig behandeln, das ist alles, mit der Thür ins Haus fallen darf ich nicht. Nimm nicht übel Du bist aber wirklich heftig ohne Ursache und würdest selbst lachen wenn Du Deine Tirade ruhig lesen köntest. In meinem Briefe an Abegg will ich schreiben von der Caution u.s.f. hilft aber weiß Gott nichts ohne Deine Handschrift. Bist Du ein Narr zu glauben, ich hätte dich einen Sachwalter allein bezahlen lassen! *Du* bist *dazu* kein Charakter! Ich glaube daß sogar Abegg da Labes ein solcher Esel ist vieleicht einen zu Rathe zieht, um genau alles aufs Gut Bezügliche zu erfahren, willst Du den mitbezahlen, so ist's billig, willst Du nicht, verdiene ich die Paar Thaler wohl: denn es liegt ja mir daran daß die Sache vorsichtig geschieht, und *Du* hast Abegg ja nicht gebeten alles Nöthige zu thun sondern *ich*, und *die* Kosten kann man Dir also *nicht* abfordern. – Ich wollte wirklich ohne nach Danzig zu reisen, Du und die Mutter hätten früher die Reste eingeklagt, es wäre aber ja für Dich eben so gut wie für mich! Da sehe ich nicht, was Du da für Opfer gebracht hattest, hinreisen, davon ist keine Rede. Und am Ende! ich hätte es nie bekommen sondern die Mutter. Also wie sollte ich so närrisch gereizt sein,? Arthur sei mild, gut, ruhig! ich bitte Dich wenn Deine Weigerung an Friedrichsen zu schreiben nicht bereits die Sache beendigt hat so thue was nöthig ist auf ein oder andre Art.

Eine Firma von Abegg *kenne* ich nicht. Briefe gehen *an Herrn Abegg* ohne weitres. Unter frühern Briefen stand *H. B. Abegg*.

Ich werde den Contract so unterschreiben wie ihn Abegg für mich abmachen wird, *die* Bedingung hatte ich ja bereits an Abegg gemacht die *Du* jetzt forderst. Es ist mir sehr lieb, daß Du auf Caution bestehst, so kommt's noch bestimmter, kräftiger heraus. Ohne Dich kann allerdings niemand einen Contract über Deine Besitzungen schließen, *aber* auch nicht entwerfen, ohne eine Zeile Deiner Hand. Schreibst Du also nicht, so tritt Friedrichsen zurück. – Das wäre aber nicht das Schlimmste, aber wenn er nicht mehr verwalten wollte, müßtest Du einen Pächter vorschlagen mit mir, das liefe auf Höpfner heraus, was mir 10 Rth alle Jahre kosten würde. Also bitte zu überlegen: ob eine Zeile zu schreiben, das werth ist? – Du kannst übrigens ruhig sein, ich schreibe das mit der

*Caution* u der Klausel morgen oder *bald*. Lebe wohl und bitte sei gelassener, Du hast keine eigenwillige Thörin vor dir, aber auch kein Kind. Treulich Adèle.

Ich kann vieleicht *morgen* nicht weil ich nicht ganz wohl bin.

Soll der Contract geschickt werden, auch gut. An solchen Lappalien hänge ich nicht so sehr.

*Nota Bene*. Ich hielt für sehr unzart einzuklammern in d. Vorschlag wegen Abegg: schreib nur so Anstands wegen; ich bezahle doch 3/5tel der Kosten, wie billig. Aber hier hast Du es schriftlich daß wenn Extraausgaben auß Deinem *Pacht* u *Pacht*geld kommen, ich immer mein Theil bezahlen will, also 3/5tel.

Abends spät

So eben habe ich meinem Geschäftsmann Deinen Brief mitgetheilt, der sagt mein Schreiben an Abegg könne *gar nichts* helfen höchstens ihn verdrießlich machen, Abegg könne von der Notiz keinen Gebrauch machen weil er nicht befugt sei sie Fried. mitzutheilen, er habe keinen *Auftrag* v. *Dir*, er werde also thun was er jetzt auch wohl thue, Deine Stimme *abwarten*, ohne welche gar nichts zu machen sei, auch nicht einmal für mich. Ich *hätte* mich bereits schonender, aber sonst fast *ebenso* erklärt, also könte ich's jetzt thun oder lassen, wäre gleich. Es sei an Dir auf irgendeine Art Deinen Willen kund zu thun, ob Du an Fried. schriebest, oder jemanden Auftrag gäbest, oder was u wie, sei gar nicht meine Sache, *mir* hättest Du keinen bestimmten Auftrag gegeben an Friedr. also müßte ich Dich nun gewähren lassen.

Das war eben auch meine Meinung, ich hatte Dir deshalb blos den Rath gegeben mit Abegg. In der That stimmen wir ja ganz überein also sehe ich selbst ein daß Du Dich nur gegen irgend jemand erklären mußt, u zwar bestimmt. Ich fürchte fast, es ist zu spät geworden, und mir scheint es eine bloße Rechtlichkeit da noch andere außer uns betheiligt daß Du Dich erklärst. *Caution* liegt darin daß Friedrichsen liegende Gründe hat, schon unsern 9ten Antheil. Ich hatte aber da er auf seine Frau geschrieben, gemeint die

Bedingung daß jede unregelmäßige Zahlung den Contract bräche sei besser. Doch habe ich Dich in gar nichts gebunden, sogar an Friedr. geschrieben *Du* würdest Deine Stimme senden. Also habe ich gar nichts für Deine Person bestimmt wozu ich allerdings auch gar keinen Auftrag hatte. Mein Brief hat nur Abegg Zeit gegeben die Verhältnisse des Pachts zu erfahren. Vielleicht macht Md. Friedrichsen *Caution*, mit d. 9tel. Ich werde also noch nicht *gleich* nach Danzig schreiben da mir Asverus abräth, aber doch bald, u auch den Auftrag.

*Jena den 24ten:* November 1839.
*come vi piace:* Wie es Euch gefällt.

*163. Adele an Arthur*

Jena den 31sten Decemb.

Mein Vormund erklärt inliegenden Contract für ganz gut lieber Arthur. Ich finde ihn billig und bin es zufrieden. Willst Du das nun schreiben so schreibe, ich selbst werde in 8 Tagen schreiben. Du thust mir einen Gefallen wenn Du jetzt für mich schreibst, denn ich bin wieder krank. Wolltest Du also nur Herrn Abegg dann melden, uns die Contracte zu senden, wir senden sie einander zu. Ich schicke Dir den Contractentwurf den Du behalten kannst, *zum Vergleich für uns Beide* wenn der andre Contract kommt, es wäre demnach zu wünschen die Contracte kämen an *Dich*, Du schicktest sie mir. Du bezahlst dann 1 Porto und ich 1 Porto, nach Danzig zurück. Es kann aber auch anders sein, nur mußt Du zuerst unterschreiben, da Du obenan stehn mußt. Ich überlasse Dir's es schien mir jedoch so gut u schicklich. Den Brief von Abegg kannst Du verbrennen oder gelegentlich schicken, es liegt nichts daran. Damit Du doch nicht etwa über meine Portodalbereien klagst, ich habe für die Inlage u meine 156 Rth 2 Rth 10 g bezahlt. Ich glaube also nicht daß Du Dich sonderlich zu beklagen hast, wenn ich Dich bitte diesmal an Herrn Abegg zu schreiben und für mich mit. Herr Abegg wollte Dir nächste Woche schreiben, das ist die laufende; also hast Du wohl schon den Brief erhalten. Ich bitte wenn Du etwas einzuwenden hast es bald zu schreiben, sonstige Styländerungen mache ab wie Du willst. Du siehst Abegg sorgt *redlich*. Ich bitte Dich lieber Arthur, *danke für mich*, es läßt anständig daß Du das thust, ich kenne Abegg es nimmt ihn für Dich ein, auch verdient er's und hätten wir ihn nicht, wer hülfe uns?

Den herzlichsten Glückwunsch zum Neuen Jahr, es vergehe Dir froh, gesund und zufrieden. Adèle

Kannst Du so laß die Contracte nicht auf Stempelpapier sein, das ist jedoch vieleicht nöthig!

[Randschrift Adeles:] Das in Abeggs Brief das Jahr 39 nicht gerechnet worden verstehe ich so, daß nicht 455 – sondern 450 Rth bezahlt werden.

*Vormund:* Wohl Professor Gustav Asverus, der Rechtsberater Adeles und Johannas.

164. *Adele an Arthur*

Jena den 10ten März

Lieber Arthur,

Den 20ten März also künftigen Freitag reise ich mit dem Eilwagen von Weimar nach Bonn. Ich würde also den 21ten gegen Mittag in Frankfurt sein können. Ich würde jedoch lieber in Hanau bleiben, wenn nehmlich was ich nicht weiß eine gleich durch Frankf. durchgehende Gelegenheit nach Mainz ist, wo ich dann abermahls schlafen und den 23ten in Bonn sein kann, wenn ich mit dem Dampfschiff gehe. Mein dortiges Quartier, was ich vom 20ten an habe, bestimmt mich zu großer Eile. Wenn ich in Frankfurt übernachte, kann und will ich nur im *Englischen Hof* sein, was ein sehr theurer Gasthof ist, weil ich dort die Pröbstin von Fichart ganz nahe habe, außerdem muß ich dann zu Rath Schlosser und muß also meinen Koffer öffnen was mir fatal ist. In Hanau würde ich niemand sehen als Dich. Schreibe also augenblicklich ob Du nach Hanau kommen willst, oder ob Du statt dessen in Frankfurt den 21ten mich an der

Post erwarten, zum Englischen Hof führen und am folgenden Tage nach Mainz bringen willst; hast Du jedoch Abhaltungen, bist Du krank, ist irgend ein Hinderniß Dich zu sehen, so wünsche ich gleich durch bis Mainz zu fahren wo ich dann niemand sehe, den Rest des Tages und die Nacht zubringe u schon am 22ten in Bonn bin. Kannst Du überhaupt es so einrichten daß Du einen Wagen besorgst, schon am 21ten gegen Abend nach Mainz und ich nicht in Frankf. schlafe, *niemand* sehe, sondern *gleich* nach Mainz mit Dir fahre, wo Du mich aber dann 2–3 Stunden allein lassen mußt, so ist's mir *noch lieber*, dann gehe ich ganz heimlich durch Frankf. und bleibe auf dem Rückwege. *Ich ziehe dies vor.* Auf den Fall bestelle mir ein Zimmer in oder nahe bei der Post, erwarte mich an der Post, sage *niemanden* daß ich komme und laß uns gleich nach Mittag nach Mainz fahren, wo Du dann wohl übernachtest. Ich gehe dann am 22ten zu Schiffe u bin mittags 3 Uhr in Bonn. Alles übrige mündlich; ich erwarte mit Sehnsucht augenblicklich ganz bestimmte Nachricht, was Du von diesen 3 Vorschlägen willst. Jedenfalls triffst Du mit mir an der Post zusammen. Frankf. kostet mich enorm da meine Bekanntschaften u. meine Stellung im Leben große Rücksicht auf Anstand nöthig machen in Frankfurt wo ich sehr bekannt bin. Mit den besten Wünschen Adèle

*Jena den 10ten März:* 1840.

*165. Adele an Arthur*

Weimar Dienstag den 17ten März 1840

Lieber Arthur.

Dein Brief hat mir sehr weh getan. Da Du selbst so gar keine Rücksicht auf mich nehmen magst, wirst Du natürlich finden daß ich bei dem entsetzlich schlechten Wetter lieber ganz gerade nach Mainz fahre ohne mich länger aufzuhalten als eben nöthig ist, denn die Opfer an Geld u Zeit die ich brächte, machen Dir ja keine Freude! Ich werde also in der 1ten Woche Juny wo ich zurückkomme einige Tage in Frankfurt zubringen und mir dann meinen

Aufenthalt vorher bequem einrichten. *Jetzt* aber werde ich künftigen Sonnabend mit der Eilpost nach Frankfurt kommen, man sagt etwa um 10–11 Uhr morgens, werde wenn in der Post Zimmer sind in der Post bleiben, sonst nach dem Pariser Hof gehen und dort mir ein Zimmer und ein Frühstück geben lassen. Man sagt die Post bleibt 1 bis $1\frac{1}{2}$ Stunde in Frankfurt und geht dann nach Mainz. Dahin werde ich dann sogleich fahren dort schlafen und bereits Sonntag mittag bei meinen Freunden sein können. Ich richte nun alles darauf ein, man kommt mir entgegen, mehrere meiner Bekannten stoßen auf dem Rhein zu mir und es hängt nicht mehr von mir ab dieses zu ändern.

Habe also die Güte wenigstens zu Haus zu bleiben, ich werde sehen ob ich jemand zum Schicken finden kann, der Dich zu mir hohlt, wo Du dann wohl bis ich zur Post muß bei mir bleibst.

Es versteht sich von selbst, daß die Geschäfte besorgt sind, alle Erinnerungen sind in solchen Dingen überflüssig. Adèle

*166. Adele an Arthur*

Bonn, 14. 5.

Lieber Arthur,
Den 2[ten] oder 3[ten] Juny werde ich auf ein oder zwei Tage nach Frankfurt kommen willst Du so gut sein mir Deine Adresse zu senden, hierher Bonn bei Frau Mertens Schaaffhausen, oder wenigstens im Englischen Hof und bei Frl. v. Fichart nachfragen, wenn Dich irgend etwas abhält zu schreiben, Ich kan mich nicht besinnen wo Du in Frankfurt wohnst, da Du umgezogen und ich möchte Dich doch gern sehen, auf meiner Rückreise.

Ob Du meine Briefe erhalten hast weiß ich nicht, ich habe 4 mal geschrieben ohne daß je mir eine Antwort zugekommen, die letzte Nachricht von Dir brachte mir Ottilie welche Dich herzlich grüßt.

Deine Adèle

Ich erzähle Dir lieber mündlich als schriftlich.

167. *Adele an Arthur*

Saline Sulza den 12ten July.

Lieber Arthur heute morgen habe ich Deine beiden Briefe erhalten. Vor 8 Wochen wurde ich unwohl in Bonn, dann kränker, es fand sich nach einer nöthig gewordnen Untersuchung daß ich eine Drüsengeschwulst innerlich hatte, zu deren Cur man mir Karlsbad rieth. Ich gieng zu meinen Freunden nach Düsseldorf wo ich einige Tage blieb, dann auf ein Gut in Münster Westphalen, wo eine meiner intimsten Freundinnen lebt. Mein Arzt hatte das erlaubt, nur mir empfohlen zu Anfang Juny nach Jena zurückzukehren, um nach Karlsbad zu gehen. Da ich Einladungen nach Rödelheim, Frankf, Heidelberg nun nicht annehmen konnte, kehrte ich *geradenwegs* v. Münster über Kassel nach Haus: dort angelangt brach eine Entzündung innerlich theilweise aus, ich habe zwei Aerzte weil Gh. Hofrat Kieser Hernn Doctor Wedell als höchst geschickt in Drüsenübelkuren verlangt hat. Beide konferirten mit D. Wolff in Bonn, und fanden daß die Gefahr einer Entzündung nicht gestattete mich nach Böhmen reisen zu lassen, man verordnete mir das hiesige ganz einsame Soolbad, ich zog es Kösen vor, da ich gern allein bin. Es geht aber nur alle 8 Tage ein Bote nach Jena, also muß ich auf eine gute zufällige Gelegenheit rechnen oder diese Papiere Herrn Professor Asverus mit der Post über Eckartsberga senden der Dir sie dann von Jena aus zusenden wird. Es war mir da ich erst den 9ten Juny in Jena angelangt, dann aber gleich krank geworden bin, gar nicht möglich Dir gleich zu schreiben, ich hielt es auch nicht gar so eilig, da mein Leben nicht in Gefahr ist. Vermuthlich ist das, Gott weiß wie! vor Jahren veranlaßte Uebel übersehen worden, bis Wolffs stets aufmerksame Theilnahme mich in Bonn zu der Untersuchung zwang. Doch genug davon, die Bäder thun mir wohl, ich hoffe Genesung, es kan aber geschehen, daß ich noch später nach Karlsbad muß. – Doch zur Sache. *Ich glaube das Gericht hat gar kein Unrecht*. Denn es datirt den 26ten Mai 40 also volle 6 Wochen vor dem Termin. Deine Protestation wird Herrn Friedrichsen in große Verlegenheit bringen denn er hat auf die Vollmacht der Güter sich gestützt u ist glaube ich zu weit gegangen, denn er hat keine Vollmacht einen *Prozeß* anzunehmen. Ich schreibe also gleich noch an Abegg um Rath, wenn er welchen hat! Da es aber sein kan, daß er etwas Nothwendiges schreibt, muß ich ihn bitten Dir's auf den Fall auch mitzutheilen. *Muß ich eine Totalvollmacht stellen so habe ich bereits früher gesagt daß ich sie nur Abegg gebe* u dieser dann das Recht hat Herrn Grodegg der erstlich uns verwandt, zweitens mir als höchst achtbar, rechtlich u geschickt von Justiz Rath Nicolovius empfohlen ist, anzunehmen, für den einzelnen Fall. Soll ich aber in Uebereinkunft mit Euch wirklich einem Rechtsgelehrten zu diesem Prozeß eine geben, so ist mir allerdings Grodegg vollkommen recht, da ich *Beweise* seiner Rechtlichkeit habe. – Mir scheint die ganze Sache ist daß Herr Friedrichsen Dir den für Dich als Verwalter angenommenen Brief nicht *a tempo* geschickt hat, so daß schon durch meine Abwesenheit unmöglich war zum 2[ten] July Vollmacht zu schicken. Ferner habe ich *nie* in Frankfurt a. M. gewohnt, wie aus allen kürzlich gestellten Documenten zu ersehen ist: Auch darüber schreibe ich an H. Abegg denn *Du* kontest nie für mich Vollmacht geben. Also was fällt ihm, d. Friedrichsen ein. Die Proceßsache selbst verstehe ich *gar nicht*, mir kommt vor als wollten sie uns nichts geben u das Land behalten, wo wir denn freilich späteren Schaden haben, jetzt nicht, da wir mehr abgeben als das Pacht. Die Stadtmüllerschen Untersuchungen müssen das erweisen er hat alle einzelnen Pachte untersucht. Alle alten Abschriften die ich selbst noch habe kan ich in etwa 3 Wochen schicken von Jena aus, solltest Du sie dann zu sehen wünschen. Es ist wohl nichts dabei was Stadtmüller nicht gehabt hätte. So viel ist klar Du hast Dich übereilt, nicht das Gericht sondern Friedrichsen hat Dir den Brief geschickt, ich will hoffen, daß Du nicht Verdruß bekommst.

Lebe recht wohl. Adèle Schopenhauer

Ich sende Dir Asverusens Meinung da ich *keine* habe sobald ich kan.

[Randschriften Adeles:] Ich schreibe sobald ich meinerseits Asverus Meinung habe – noch einmal, doch wirklich bin ich entschlossen seinem Rathe ganz zu folgen. Dieser Brief soll Dich nur beruhigen.

Die Frage wegen Vollmacht stelle ich an Abegg. Ich habe immer *per poste* alle Klagsachen in Danzig bekommen.

*Freunden nach Düsseldorf:* Zu Karl Immermann und seiner Frau.
*Münster Westphalen:* Das Rüschhaus Annette von Droste-Hülshoffs.
*zur Sache:* Die »Sache« ist ein Prozeß, den einer der Pächter der Schopenhauerschen Ländereien angestrengt hatte, um als Erbpächter anerkannt zu werden.

*168. Adele an Arthur*

Saline Neu Sulza den 17[ten] July

Lieber Arthur,
Ich habe an Abegg geschrieben: daß ich ihn bitte da Grodegg *die sämtlichen Papiere* hat, einmal mit ihm zu reden, *wenn* es dann seiner Ansicht gemäß sei, nach diesem Gespräch, wolle ich den Prozeß mit führen, bäte auch den Poelt um ein Schema der Vollmacht für Grodegg. Ferner habe ich ihn gebeten Friedr. vor zu kriegen der gegen mich gefehlt hat denn er weiß ich wohne in *Jena*, kam aber den 24[ten] erst die Meldung in Deine Hände, war es fast unmöglich, daß meine v. Dir mir abverlangte Vollmacht zum 2[ten] in seine Hände kommen konte! Ich brauchte nur in Weimar zu sein, so war der Termin versäumt. Ferner habe ich gebeten mir wo möglich die gar nicht von mir verlangte Insinuation zu sparen, erst vor einem halben Jahre hat das Marienwerder Gericht zweimal per poste an mich geschrieben. Du hast Dich übereilt. Indessen es ist ganz gut so. *Asveru* Brief – er war der bedeutendste Advokat im Lande, ist jetzt Professor u sehr in gelehrtem Ruf – den Brief also sende ich zum Theil. Lies u zerreiß. Mir fällt da ich angegriffen bin schreiben etwas schwer. Du wirst gut thun Deinen nächsten Brief nur das Geschäft betreffen zu lassen, denn da der Bote von hier blos *Sonnabends* geht, ein neuer Termin jedoch angesetzt sein könte, oder sonst irgend etwas in der Sache nöthig sein, wird Asverus Deinen Brief erbrechen, um nöthigenfalls einen Expressen schicken zu können, auch das zu thun was etwa in Jena nothwendig. Asverus ist mein alter Jugendfreund u seit der Kindheit mir nah, ich traue

ihm ganz. Seine Ansicht ersiehst Du im Briefe. Die meine ist noch: um 50 Rth gebe ich nicht Erbpacht wenn ich nicht *muß*, was helfen mir die paar Thaler, es verschlechtert das Gut, erschwert den Verkauf. Doch überlegt sich Grodegg u *Abegg* die Entscheidung, u rathe Dir dasselbe. Hat indessen auf Deinen Brief Friedrichsen den Erbpacht schon gestattet – so muß ich mirs gefallen lassen. Die Sache mit dem Dietrich weiß ich nicht, also muß ich sie entweder erfahren oder Euch überlassen. So viel weiß ich: Stadtmüller hat unumschränkte Vollmacht gehabt u damals gewünscht Erbpacht mit erhöhtem Pachtzins überall einzuführen, hat er das dem Manne schriftlich versprochen, müssen wir's *halten*, dann aber wie Abegg richtig sagt, uns nachzahlen lassen was damals abgemacht worden als Erbpacht, wenn wirs nicht erhalten haben. Im Allgemeinen war Erbpacht nicht ausführbar. Willst Du Dir die Papiere kommen lassen, oder Grodegg oder Friedrichsen um einen Auszug bitten, so mache das wie Du meinst. *Ich* kan jetzt nur abwarten was von Danzig, sei es durch Abegg sei es durch das Gericht an mich kommt. Meinen Entschluß weißt Du nun. Mir scheint es wird auch der Deine sein nach Deinem eignen Briefe zu urtheilen. Sollte Abegg verreist sein so wird wohl Friedr. an Dich schreiben, dann theile mirs mit. Solltest Du nach Asverus Brief u dem meinen bereits zur Annahme der Klage entschlossen sein u den Prozeß führen wollen, so könnten wir vieleicht eine Vollmacht für uns Beide geben.

Ob meine Gesundheit sich bessert ist noch ungewiß. Ich bin jedoch außer aller Lebensgefahr, nur muß ich sehr geschont werden, ein Rückfall wäre wohl tödtlich, denn eine Unterleibsentzündung repetirt sich verschlimmernd.

Abegg habe ich natürlich alles *au long et au large* geschrieben, auch wodurch Du Dich geirrt etc. Friedrichsen hat *paper sparing Pope* sein wollen. Geht mir auch so kan hier kein Papier zu kaufen bekommen bin in der tiefsten Waldeinsamkeit Morgen kommt einer meiner Aerzte. Addio. Adèle

[Randschrift Adeles:] Was noch in Asverus Brief steht betrifft andre

Dinge, deshalb zerschnitt ich ihn. Wir sind in andern geschäftlichen u freundschaftlichen Verhältnissen.

*au long et au large:* Des langen und breiten.
*paper sparing pope:* Ein mit Papier knausernder Pfaffe.

*169. Arthur an Adele*

Liebe Adele!
Am Tage, nachdem mein Schreiben der Ungeduld abgegangen, kam Dein Brief v. 12 Juli. Ja, wie hätte ich errathen können, daß Du in einem so unzugänglichen Winkel stäkest! Deine Krankheit bedaure ich von Herzen: aber die Lustreise im März mit der Schnellpost konnte nicht viel Heil bringen. Hoffentlich wird es Dir heilsam seyn, jetzt etwas marinirt zu werden, und dann pflege der Ruhe: Die Reisesucht ist eine wahre Krankheit unsrer Zeit: hier hat man sie am Besten vor Augen.

Was Du von mir und der Danziger Sache schreibst ist Alles ganz verkehrt und dummes Zeug. Aber das ist Dir, zu Mal jetzt, sehr zu verzeihen. Jetzt lehrt der Erfolg, daß ich, in Allem was ich gethan und gesagt vollkommen recht gehabt habe: näml erstl mit dem Gericht zu Danzig: dieses hat meine Protestation und die ihm ertheilte Zurechtweisung säuberlich eingesteckt und keine Silbe replicirt; so sehr es sich ärgern mag: Denn, statt daß Du glaubst ich könnte Verdruß kriegen, sind die Herren sehr froh, wenn ich ihnen keinen mache, und halten sich fein still. Die Citation war ein Skandal, zumal da die GerichtsHand das Couvert des Briefes geschrieben und ihn also expedirt hatte. Das ist gegen allen *Comment!* Von dem anberaumten Termin ist auch weiter keine Rede: Kraft meiner Protestation wäre Alles an demselben null und nichtig gewesen. (Datiren kann man 100 Jahr zurück: gilt nicht!)

Zweitens habe ich Recht in der Proceßsache, da ich, soweit ich Data hatte, ganz dagegen war: jetzt sind sie in Danzig Alle meiner Meinung und wollen keinen Proceß: wie Du aus den 2 Einlagen ersehn wirst. *Friedrichsen* sucht nun das Alles durch Lügen zu entstellen, die so grob sind, daß man lachen muß. Habe seinem Briefe einige Glossen beigesetzt. Weil ich gesagt habe, daß von dem Proceß der mögliche Vortheil ihn allein träfe, die Kosten uns Alle, ist der elende Bursche »tief gekränkt«. – Dies gleich Gekränktseyn ist so recht das Kennzeichen aller schlechten Gesellen: Leute von Ehre sind ganz das Gegentheil. Wüßte ich nicht schon längst (wie auch Du) was der *Friedrichsen* ist, so würde ich es aus diesem Briefe entnehmen. Ich will ihn keiner Antwort würdigen. Wir haben jetzt bloß Jemand zu bevollmächtigen, der den Klägern ihren Erbpachtskontrakt zugesteht: es ist passend, daß wir beide hierin zusammengehn und das Gleiche thun. Es sind 2 Wege: ich kann an Just: Komm: *Groddeck* schreiben, er möchte mir ein Formular zu der dazu nöthigen Vollmacht schicken: das kann ich dann hier vollziehen und es dann Dir schicken, damit Du das Gleiche thust: für den gegenwärtigen Fall, wäre das hinreichend. Aber Du sprichst von einer Generalvollmacht für *Abegg*. Die würde für diesen und alle ähnliche Fälle gut seyn: nach der Bereitwilligkeit und Freundlichkeit die *Abegg* mir in diesen Dingen bewiesen hat, ist nicht zu zweifeln, daß er zugleich auch meine Vollmacht nähme, wodurch auch Deine mehr gilt: und was er für Dich beschließt mag er immer für mich mit thun, da er es mit Dir gewiß gut meint. Jetzt beschließe welchen der beiden Wege Du willst: special-Vollmacht für *Groddeck*, oder General-Vollmacht für *Abegg?* – Im letztern Fall, wenn Du dem *Abegg* Deine Vollmacht anträgst, könntest Du doch wohl für mich mit anfragen: sonst muß ich ihm expreß deshalb schreiben, eine bloße Formalität, die Porto kostet. Ich werde froh seyn wenn ich nur mit dem Stänker *Friedrichsen* nicht zu korrespondiren brauche. – (Der eingelegte Zettel macht das Obige überflüssig).

Hast Du wohl gar meinen vorletzten Brief den Dokumenten, die Du Deinem *Asverus* gesandt, beigelegt? Sage mir die Wahrheit. Es wäre sehr indiskret gewesen, da ich Dir im engsten Vertrauen und von der Leber weg schrieb: aber ich WILL ES WISSEN: ich verspreche Dir, nicht darüber zu zanken. – Schicke mir die 2 Einlagen zurück. – Kommt der *Friedr:* mir ein Mal in die Klauen so Gnade ihm Gott: ich hab es jetzt auf ihn abgesehn: und in Danzig weiß

Mancher, ob ich meinen Mann zu fassen verstehe. Er ist so dummdreist, daß die Gelegenheit wohl ein Mal kommen wird.

Seit 4 Wochen liege ich auf der Folter: Ohrenschmerz ist bekanntl einer der allerfürchterlichsten. Seit 8 Tage sitze ich zu Hause, brauche warme Bäder in der Stube und 100 Mittel: Alles umsonst. Die Zeit wird es ändern: aber ich stehe fürchterlich aus! – Gute Besserung. Verliere möglichst wenig Zeit –!

Frankfurt, 19 Juli 1840 Arthur Schopenhauer

*NB.* Bemerke ja das *Post Script* auf eingelegtem Zettel,

[Das Post Script lautet:]

Nach Durchsehung des *Friedrichschen* Pachtkontraktes, sehe ich, daß er laut §8 berechtigt ist, mit den Unterpächtern Pachtkontrakte abzuschließen. Wozu bedarf es da noch einer Generalvollmacht? – bloß zu Processen: die kommen aber höchst selten vor. Die §6 angeführten Processe hat *Fried:* allein auf seine Kosten zu führen. Ich bin daher der Meinung, daß wir keine Generalvollmacht an *Abegg* zu geben brauchen: ist unnütz, also vom Uebel. Demnach will ich nächstens an Just: Comm: *Groddeck* schreiben, um das Formular zur Specialvollmacht: damit ist die ganze Sache abgethan. Ich denke Du läßt es dabei bewenden, werde Dir das Formular schicken. Du bietest also MEINE Vollmacht dem *Abegg* nicht an. Ist überflüssig.

*170. Adele an Arthur*

Saline Neu-Sulza den 19[ten] July 1840
Sonntags mittag

Mein werther Bruder,

Auf Deinen ganz expressen Wunsch unnütze Briefe zu haben, melde ich Dir denn, daß ich heut vor 8 Tagen Deine beiden ersten per Bote der blos Sonnabends geht *zugleich* erhielt. Ich schrieb den selben Tag nach Jena u an Dich, sandte die Briefe was sehr teuer ist, expreß an Herrn Professor *Asverus* der jedoch erst *Dienstag* morgen sie bekam [Einfügung Adeles: Montag ging der Bote ab, Sonntag wollt er nicht], Dienstag abend sie auf die Post gab, so daß sie *Donnerstag*, den Tag wo Du jetzt no: 3 schriebst, in Deine Hände gelangt sein werden. *Sonnabend* 18. habe ich abermals an Dich geschrieben, wird morgen früh eintreffen. So lange es nicht möglich sein wird, eine Post von hier aus gehen zu lassen, so lange wirst Du Geduld haben müssen. Ich darf, das haben alle Aerzte erklärt, nicht fahren, also kan ich nicht wegen der möglichen Briefe nach Jena. Es lag doch wohl auf der Hand, daß ich eine wichtige Ursache haben mußte zu schweigen, und ein gewöhnlicher Mensch hätte auch gleich gedacht: daß ich wohl auf dem *Lande* sein könte, oder abwesend, wo mir die Briefe *nachgeschickt* würden, u das verzögere die Antwort.

An Abegg habe ich geschrieben. Mein Brief No: 2 muß Dir alles erklärt haben, was geschäftlich zu erklären mir möglich; ich bitte aber sehr, habe doch mit etwas Unabänderlichem Geduld, es kan leicht geschehen daß Du einige Tage auf eine Antwort wartest, da ich jetzt eingerichtet habe daß Asverus Deine Briefe erbricht. Ist es nun ein Sonnabend, so muß wenn Asverus etwa aus ist, oder der Bote fort *ehe* der Briefträger die Briefe ausgiebt, das Blatt liegen bis über 8 Tage, oder wenn etwas ganz *Nothwendiges* muß Asverus abermahls einen Expreß an mich schicken, man fährt zwar in 4 Stunden, doch geht so ein Kerl 6 Stunden. Ich muß einen halben Thaler zahlen darum, das kan doch nicht für einen Wisch geschehen der nichts enthält. Also thut es dann nicht *Noth*, so bleibts bis nächsten Sonnabend. Begreife eine so einfache Sache und laß uns doch beide ruhig die Angelegenheit betreiben. Geschäftlich sorgt Asverus. Sein Gutachten hast Du. Meine Meinung weißt Du, nach Danzig ist sie auch geschrieben, ich melde *was mir etwa Abegg schreibt gleich*, nun gieb Dich also endlich zufrieden!

Ich benutze einen Jahrmarkt und Vogelschießen in *Camburg* um wo möglich diese Zeilen an Dich kommen zu lassen. Vor 1 Stunde erhielt ich Deinen am 16ten geschriebenen Brief denn der Bote gieng gerade ab, wie er ankam in *Jena*. Dein Mißtrauen macht Dich elend, und das thut mir noch leider als Dein Kranksein von dem ich hoffe es geht über, ärgre Dich nur so wenig als möglich, das schadet am meisten. Schreibe mir nur das Nothwendige, es ist doch immer fatal daß ein Fremder jetzt Deine Briefe erbrechen muß, ich sehe aber vorläufig kein andres Mittel. Die gerichtliche Insinuation habe ich wann sie kommt ebenfalls an Asverus bestellt, u deshalb an den Stadtrichter mich gewendet. Ich wollte nur, Bester, Du kostetest mir nicht so sehr viel Porto, Boten, Gerichtskosten, durch Deine gewiß wohlmeinende Unruh, es ist aber durchaus nichts von meiner Seite versäumt, und ich hoffe Du wirst nun auch gelaßner u zufrieden sein, denn was auch Dein Comentar über mein Benehmen enthalte, so wird doch immer das sein u bleiben: daß ich am $10^{ten}$ Juny mit einer Entzündung im Leibe in Jena ankam, u krank lag, am $3^{ten}$ July *sehr langsam* herfuhr, was erst zwei Tage vorher fest bestimmt ward, und am Sonntage, als den $12^{ten}$ *July*, Deine *beiden* wahrscheinlich in der dazwischen liegenden Woche angelangten Briefe, etc. *erhielt*. Nun möchte ich mein Unrecht dabei wohl wissen!

Höchstens daß ich nicht von Münster aus Dir erzählte ich führe über Arnsberg u Kassel. Was hätte Dir das genützt? Von Jena aus hätte ich doch nicht wieder geschrieben, denn da wurde ich ja erst ernstlich krank, u Deine Briefe hatte ich *damals nicht!* Also – kein Mißtrauen!

Adele Schopenhauer

*Nota bene*. Der Bote geht Sonabend v. Jena, nach der unfern liegenden Stadt Sulza die keine Post hat, Montag kommt er erst hier an auf der Saline.

[Randschrift Adeles:] Da ich *Freitag* herfuhr, war *Sonabend* der Bote noch nicht für mich auf die Post u zu meinen Geschäftsfreunden gesandt, so blieb gleich alles was d. $4^{ten}$ kam, bis zum $11^{ten}$ in Jena, so daß ich d. $12^{ten}$ bekam.

*171. Adele an Arthur*

Saline Sulza den $23^{ten}$ July 1840.

Lieber Arthur,
ich bin zwar in Bezug auf Einzelnes in Deinem Briefe nicht Deiner Meinung denn zum Beispiel Grodeggs $2^{ter}$ Brief hat Friedrichsen

auf seine anfängliche Meinung zurückgebracht, darauf kommt jedoch gar nichts an. Dieser zweite Brief von Grodegg entscheidet, hat auch Friedr. und die Stattmiller bestimmt, u wir processiren also *nicht*. Es ist mir für meine Person *sehr* unlieb *Herrn Grodegg* zu Schließung des Pachtcontraktes zu bestimmen oder zu bevollmächtigen, anders war's zum Processiren. Das mußte ein *Jurist*

1. müßten wir ihn bezahlen, u Abegg nicht;

2. kan u darf ich Abegg nicht umgehen, in einer solchen Angelegenheit, da ich weiß daß er meine Vollmacht annehmen will, ich habe ihn ja schon vor 8 Monaten gefragt,

3. muß ich nun 2 Vollmachten stellen, denn später kommt es doch dazu daß Abegg Generalvollmacht von mir bekommt, wie Herr Labes sie von mir hatte. Denn wenn Friedr: einmal nicht *a tempo* bezahlt, so muß einer da sein der ihn mahnen *darf*, endlich wenn Fried: eine Unrechtlichkeit in der Verwaltung begienge, muß doch wieder Jemand sein, der für uns spricht. Um jedoch nicht die schon eingeleitete Sache aufzuhalten, werde ich abwarten daß Grodegg Dir das Formular schickt. Ein Formular zu Generalvollmacht habe ich, da es aber in *Jena* verwahrt ist, kan ich nicht daran, ich darf nicht fahren; es ist die mir von Herrn Karl Labes zurückgesandte Generalvollmacht. – Kommt nun jenes Formular von Grodegg früher an, als ich wieder in Jena bin, werde ich ganz natürlich gleich mit unterschreiben. Es kan dann später immer noch eine Generalvollmacht von mir an Abegg gegeben werden, und Du kannst Dich dann noch besinnen. Kommt das Formular erst an wenn ich in Jena bin, so wollen wir sehen, ich habe dann Asverus zur Hand, u der wird mir das *Schickliche* angeben.

Ist es thunlich und kommt das Formular *bald* so laß doch lieber gleich eine gerichtliche Form für uns Beide auf diesen speciellen Fall aufsetzen.

1) nimmt das Abegg dann weniger übel,

2^tens^ sparst Du mir Unkosten, Du schickst mir gleich das Document und bestimmst: ob Du es zurück willst, oder ob es direct nach Danzig soll, welches letztere wohl besser wäre, ich unterschreibe es gleich. Allerdings hat Asverus Deinen Brief gelesen, er enthielt lauter Dinge die zum Geschäft gehörten. Uebrigens hat das nichts zu sagen, Asverus und ich sind alte Jugendfreunde und sind gegenseitig offen in wohl wichtigeren Dingen, es ist also als habe Niemand Deinen Brief außer mir gelesen. Daß ich an Abegg geschrieben habe, ist ganz gut, so erfahren die dort gleich meine Meinung, denn ich hatte ihn gebeten mit Grodegg zu reden u mit Friedrich, u dann für mich zu bestimmen. Er hat also jener Ansicht erfahren u so ist alles bis auf die Vollmacht in Ordnung.

Mit den besten Wünschen für Deine Genesung Adèle

*Jedenfalls bleibe ich bis zum 6–7 August vieleicht noch länger hier.*

[Randschrift Adeles:] Eines kan ich nicht begreifen daß *Du* nicht verstehst daß das Gericht die Zitation an Dich u eine gleiche an mich, an Friedrichsen hat abgehen lassen, als an unsern bevollmächtigten Verwalter, weil seit Jahren dasselbe geschehen ist u er als solchen sich gerirt hatte, *auf die Post* hat er den Brief *keineswegs gegeben*. Fr. sagt es ja deutlich in beiden Briefen: Wollten Sie so gut sein die Sendung des *Documents* lieber so zu *addressiren:* »Abzugeben bei Herrn Professor Wolff, so bekomt es Asverus gleich.«

*172. Adele an Arthur*

Bad Sulza d. 27ten July.

Lieber Arthur!

*Asverus* hat nur den *einen* ersten Brief gelesen u ihn sogleich verbranndt. Willst Du gefälligst die erste Zeile des Stück Briefes von ihm nachlesen, so findest Du daß er schließt »den Göttern der Unterwelt opfern«, nehmlich Deinen Brief. Ich sende Dir jedoch den andern u den eiligen ungeduldigen der mich zu der Maßregel trieb, die jedoch *nicht* in Wirkung trat ehe ich jene Briefe bekam, eben weil es sehr lange dauert, ehe ein Blatt von hier nach *Jena* kommt, selbst wenn ich per Bote nach Eckartsberga schicke. Deine krankhafte Eile ist schuld, ich mußte fürchten daß ein neuer Termin angesetzt sein u durch meine Abwesenheit verpaßt sein könte. Uebrigens würde ich einem Manne der lange Jahre hindurch meine Verhältnisse alle kennt, u den ich seit 28 Jahren kenne

Deine Briefe ohne besondre Indiscretion geben können. Es ist aber schon ohnedies dafür gesorgt, daß er nur den »*An Herrn Professor Wolf* abzugeb.« beschriebnen zu öffnen bekommt, da seit dem der Brief mit den Inlagen v. Danzig kam die Aspecten ganz anders geworden; *darauf* habe ich denn die Einrichtung wegen der Vollmacht getroffen daß Du den sie enthaltenden Brief *an Wolff bezeichnest.* Ich fürchte Du hast die Unanständigkeit begangen nicht an *Asverus* zu frankiren, der von mir kein Postgeld *wiedernimmt*, das ist wohl das Fatalste, gebe der Himmel daß ich mich darin irre, dann will ich Dich gern um Verzeihung wegen dieses Verdachts bitten. Das Uebrige glaub mir ist ohne alle Bedeutung, sei nur ganz ruhig.

Adèle

*d. 6ten August* wird meine Badekur beendigt sein.

173. *Adele an Arthur*

Jena d. 10ten Aug

Beikommenden Brief lieber Arthur kannst Du behalten. Ich habe geantwortet daß wir falls es nothwendig Beide Grodeck unsre Vollmacht zu geben bereits beschlossen, *ich* ihn aber später viel wegen Friedrichsen Generalvollmacht anzunehmen bitten würde. Uebrigens müßten *alle Termine, Anfragen, Beschlüsse bis Ende September verschoben werden denn ich reise sogleich nach Carlsbad.* Ich gehe den 19ten. Leider hat das Soolbad nicht genug bewirkt und die Aerzte haben nach der letzten Conferenz einstimmig erklärt daß ich sogleich nach Böhmen muß. Lebe also recht wohl, wenn ich zurückkomme werde ich Dirs melden. Inzwischen bitte mir nicht zu schreiben, ändern kan ich *nichts* mag bis jetzt geschehen sein was will so ist meine Meldung zeitig genug dort.

Asverus sagt es koste Dir nichts mehr die Vollmacht mit für mich schreiben zu lassen, ich unterschriebe dann hier u ließe allenfalls meine Unterschrift bestätigen, was aber nicht nöthig da sie bekannt ist glaube ich. Das alles aber erst *Ende* Septemb. In Lebensgefahr bin ich nicht.

A. Schopenhauer.

Meine Kürze wirst Du begreifen, in so ernsten Momenten wird man still. In höchstem Nothfall erfährt Asverus meine Adresse in Carlsb. durch die Leute die ich dort v. Jena finde. Jetzt weiß ich sie natürlich selbst nicht aber er kan sie später ausfindig machen. Doch kan ich von dort aus in dieser Sache *nichts* thun wegen der Gerichte u. die Bauern warten schon so lange.

174. *Adele an Arthur*

Jena d. 23ten Nov.

Von einer kleinen Reise nach Weimar zurückkehrend finde ich Deinen Brief. Wüßtest Du was ein Unterleibsuebel ist, durch Drüsen veranlaßt, so wüßtest Du daß Malen u Zeichnen sich durch Schmerz v. selbst verbeut. – Uebrigens bin ich besser obschon nicht genesen und die gute Wirkung Karlsbads ist *so* stark daß ich Anfang Mai wieder hin gehe.

Asverus, verlaß Dich heilig darauf, hat Deinen Brief verbrannt, er ist selbst oft viel unbesonnener in seinen Ausdrücken, als Du gewesen bist, aber sei ruhig *das Blatt ist vernichtet*. Von Abegg habe ich liebe Briefe. Im Nothfall wird er unsre Generalvollmacht annehmen, wenn wir gegen Friedrichsen sie brauchen sollten, falls er nicht richtig zahlt. Die Prozeßsache muß wohl langsam gehen, u die Vollmacht für Grodegg noch nicht nöthig sein, denn Abegg schreibt nichts darüber während er alle andern Punkte meines Briefes genau berührt. Nehmlich ich lasse mir all mein Danziger Geld in *Weimar* zahlen u gebe Anweisung. Ich werde in etwa 14 Tagen eine solche Anweisung an Friedr: schicken daß er an meine Ordre den 2ten Januar zahlen muß in Danzig, dann werde ich die Geschichte wieder genau erfahren, falls er antwortet, es ist aber möglich daß er mir Porto spart u *nicht* antwortet, denn er ist bereits prävenirt durch Abegg u ich gebe nur die formelle Nachricht der zu zahlenden Anweisung.

Ich denke die Prozeßsache still abzuwarten, hast Du einmal Nachricht, so theile sie mit u verlasse Dich darauf daß ich es auch so mit Dir mache.

Ich bin sehr neugierig auf Deine Abhandlung die ich zu verstehen hoffe da ich in dem Fach manches gelesen habe. Mögte Deine Taubheit bald abnehmen, Du dauerst mich sehr, eine so lange Eiterung schwächt gewiß ungemein.

Mit den herzlichsten Wünschen Adèle

Ich habe einen Prozeß gegen die Gerstenbergkschen Erben, die Liquidation der 700 Rth betreffend, Concours! werde wohl nicht viel kriegen doch vieleicht etwas u ich bedarf es sehr da ich nichts erwerbe jetzt. Du weißt, ich schrieb Dirs mal!, könte ich nur so viel kriegen, daß ich die 100 Rth (der Mutter Schuld) abtrüge!! es ist nehmlich nicht möglich gewesen wegen Karlsbad, ich hatte es erspart mußte aber es verbrauchen zur Kur, und muß nun wieder zusammen sparen, da waren mir 100 Rth sehr viel werth! Dann wäre ich schuldenfrei, ich habe keine für mich, als kleine vierteljährliche Rechnungen. Nach meinem Tode wirst Du eine große Ordnung darin finden. Ich denke jetzt bald mein Testament zu machen. Meine Idee ist: Du bist mein Erbe, bis aufs Mobiliar, das sollen meine Freunde theilen, die Rente fällt an Abegg, das Uebrige Dir zu. Meine Papiere sollen meine Freunde haben u *zerstören*. Man hat niemals viel von mir gewußt, eben so unbekannt wünsche ich zu verschwinden. Meine Briefe verbrenne ich stets alle, wenn sie nicht ganz gleichgültig sind. So denke ich das in Ordnung zu haben, Du bist ein sehr rechtlicher Mensch u so hoffe ich daß Du nichts dagegen thun wirst. Ich habe noch ein Testament von Dir, doch kein gerichtliches, meins werde ich gerichtlich niederlegen, nicht daß ich eben grade zu sterben glaube, sondern so der Ordnung wegen, es ist ja nur ein Geschäft wie jedes andre. Ich bin sehr gleichgültig dabei, da ich nie gern gelebt habe, selbst wenn mir's gut gieng, die allgemeinen Natur- und Lebensbedingungen drükken mich, u ich lege es gern ab: werde was da wolle.

[Randschrift Adeles:] Du brauchst nie an Abegg Vollmacht zu geben, wenn Du nicht magst; Du kannst es ja abwarten wie auch ich, dies Jahr zahlt Friedr. gewiß.

*Deine Abhandlung:* Die beiden Grundprobleme der Ethik, Frankfurt am Main 1841.
*Testament:* Vgl. Brief Nr. 143.

*175. Adele an Arthur*

Bester Arthur
hierbei ein versiegeltes Testament, Gottlob daß wir darauf gekommen, es steht am Ende was drin was ich nicht wissen soll.

Ferner kan ich Abegg leider, da er mich speciell an Grodegg gewiesen hat u. sagt »es sei *sein Geschäftsmann*, u er sei *rechtlich*«, *nicht* auftragen, noch einmal zu *fragen*, denn Abegg würde sagen: warum schreiben Sie denn nicht an Grodegg, ich habe zu thun. Also bitte ich Dich, thue mir die Liebe u schreibe Du an Grodegg u frage ihn, oder warte seinen Brief ab, und ich will in dieser Sache gerade das thun, was Du thust, denn ich verstehe sie nicht. Ich denke aber Grodegg wird Dir genaue Details geben, wenn er um Vollmacht schreibt, willst Du sie aber nicht abwarten, so schreibe Du selbst weil Du schon einmal geschrieben hast, ich aber noch nicht mit Grodegg in persönlichem Verkehr stehe. –

Uebrigens scheint mir Friedrichsen verrückt denn die Hälfte des Pachtes ist ja Martini, die andre Hälfte den letzten Decemb. fällig indessen ist das ganz gut, meine Anweisung lautet auf den $2^{ten}$ Januar. Sollte ich mich irren so berichtige mich gelegentlich ob den $1^{sten}$ oder letzten Decemb: der Pacht fällig ist? Glaube ja nicht ich wolle nicht gern an Abegg schreiben, ich thue es blos aus Klugheit nicht, weil sein Brief an mich bestimmt alles Eingehen in Details in der Prozeßsache *ablehnt*, dagegen die vieleicht einst gegen Friedrichsen nöthige General-Vollmacht *annimmt*. Da will ich ihn nicht bös machen.

*Was Du also mit Grodegg beschließest bin ich bereit anzunehmen*. Kommt die Vorladung, und an Dich die Form der Vollmacht, so lasse sie aufsetzen u schicke sie zur Unterschrift, oder schicke das Schema. Wie Du willst: mir ist beides recht.

Ich danke herzlich für die Abhandlung auf die ich unendlich gespannt bin, ich hoffe sie zu verstehen, jedenfalls sie nicht zu scheuen. Du mußt Deiner Ueberzeugung genügen u hast ganz Recht.

Was Dein Testament betrifft so wollte ich Deine Kinder lebten, ich habe immer gewünscht Du hättest welche. Du bist auch noch immer jung genug welche zu bekommen.

Was die Zahlung der Mutter Schulden betrifft, so habe ich keinen Pfennig vom Kapital verwendet um an den Rhein zu gehen, sondern vom Geld das ich verdiente hab ich mir den Spaß gemacht, und von meinem Ersparten hatte ich 100 Rth liegen für die Schuld, die *letzte*, da kam die Krankheit. Muß ich so nehme ich 100 Rth auf, von jenem Gelde der Memoiren, ich habe es auf Zinsen, und habe die andern Schulden vom Verkauf *der Perlen, des Gemäldes*, der Bücher u.s.f. abgetragen. Die 100 Rth hatte ich nach und nach, theils erspart, theils durch *Arbeiten erworben*. Ich wollte es so gern noch dahin bringen einst 600 Rth Einkünfte zu haben! es wird aber nicht gehen, weil ich nichts verdiene. Ich bin ordentlich u sehr rechtlich im Abzahlen, gewiß Arthur Du wirst es finden, denn sterben werde ich doch wohl. Am 14$^{ten}$ Januar ist die Gerstenbergksche Liquidation. Was nun da herauskommt habe ich jetzt zur Zahlung der 100 Rth bestimmt, was fehlt schieße ich zu. Nur wenn gar nichts herauskommt nehme ich von den 600 Rth: bei mir wirst Du die allereinfachste Ordnung in allen Geldsachen finden. Lebe wohl! wirf mir den Rhein nicht mehr vor. Adele

Ich denke die Prozeßsache ist die alte, es waren ja wohl mehrere Bauern u einer ist also hartnäckig. Ich habe gar keine Details erfahren u wir müssen wohl einen Prozeß gewonnen haben in Friedrichsens Person, sonst wäre nicht abgeschlossen mit *Wolff* u *Wahlert* oder es ist Uebereinkunft. Von all dem weiß ich nichts genaues. Wenn Du es weißt genügt das. Wolff u Wahlert sind viel: die Bauern denen Uebereinkunft angeboten?

Es kan aber auch sein daß es ein bloßer Pachtproceß der Art war wie Friedr. *ohne uns* sie führen darf. Im ersten Fall begreife ich nicht, daß wir nicht Vollmacht gegeben haben, u daß man Dir nicht wegen Pachterhöhung geschrieben hat. Ich glaube jedoch alles das wird Grodeggs nächstens eintreffender Brief Dir erklären.

Jena d. 7$^{ten}$ Decemb.

[Randschrift Adeles:] Ich habe jetzt nicht an Abegg zu schreiben, müßte also expreß ihn fragen.

*176. Adele an Arthur*

Jena d. 21ten Dec.

Lieber Arthur, wenn ich Dir eine fatale Minute gemacht habe, durch das Papier, so vergieb, ich dachte es könnte was drin stehen was Dich reute mich wissen zu lassen u Du hättest es vergessen. Aber Du bist ja *selbst* streng rechtlich, wenn *Du mir* ein Testament giebst, zu meinem Nachtheil, wie kannst Du glauben, ich würde es nicht genau wie meine Schuldigkeit wäre, executiren? Dein *Vertrauen* höbe doch Dein *Recht* nicht auf? Ich habe all die Jahre gemeint, dies Papier enterbe mich theilweise, aber ich dachte Du hättest Kinder, u nie wäre mir aufgefallen daß Du mir aufträgst was Du noch wolltest gethan haben; Du mußt ja wissen, daß ich rechtlich bin. Nun meinte ich weil die Kinder todt wären, wünschtest Du vieleicht daß ich jetzt nicht wisse um Deine Verhältnisse, u in keinem Recht möcht ich Dich kränken! Ich habe nicht Zeit heute viel zu schreiben u doch ist mein Brief von Friedrichsen wohl zu wichtig als daß ich ihn Dir vorenthalten dürfte, da Du eben entscheiden sollst. Wenn ich keine weitere Nachricht von Dir bekomme, so werde ich *um Neujahr*, wo ich immer an Tante schreibe, Friedrichsen ein Billet einlegen in welchem ich sage: wenn es wirklich *nothwendig* sei neue Vollmacht zu schicken, so sollten sie ein Schema senden. – Ich glaube aber das Klügste wäre wenn Du nach diesen wiederhohlten Forderungen eine Special Vollmacht von Deinem die juristischen preußischen Formen kennenden Freunde aufsetzen ließest. – Das *Schema* kostet Porto, die Ladung kostet an *2 Rth porto*, ich habe in der Muhlschen Sache vorig Jahr 2 Ladungen erhalten, an 4 Rthl bezahlt. Ist nun nicht besser wir geben die Vollmacht wenn wir können, u entgehen den Kosten? Aus meinem Schreiben von Friedr. wirst Du sehen Friedr. kan nicht ohne unsre Vollmacht. Ich schreibe vor dem 1–2. Januar nicht nach Danzig – unser letzter Verwandter Felix Ratzky ist gestorben u hat Fr. u. Kind hinterlassen, in großer Noth. Das Kind ist meine Pathe. Unsre Kusine liegt am Tode, die Franziska, wir bleiben *ganz* allein, – Du wirst der letzte der Abenceragen! – In der Angelegenheit schreib ich. Lieber guter Arthur, frage mich weiter nicht warum ich zu sterben glaube. Mein Herzübel ist still, seit das

Drüsenleiden sich gebildet hat, wahrscheinlich hängt es zusammen, viel: ist das letzte die Hauptsache.

Schicke mir Friedrichsens Brief *nicht* zurück, es ist unnütz ich habe notirt was ich wissen muß. Dein Papier soll auf den Fall meines Todes uneröffnet bleiben, ich besorge das, u siegle es an der Adresse ein. Ist Dein Wille zu warten mit der Vollmacht, so laß uns warten, obschon es viel kostet. Das Schema wird Friedrichsen nur schicken wenn es nöthig ist, und mein Billet an ihn kan also durchaus nicht schaden, ich kan auch das Billet an Abegg schreiben, aber nicht vor Neujahr, ich denke es ist Dir recht so. Hier sind 5 Buchhandlungen. Bitte wo *möglich* möchte *Fr. Frommann* hier Dein Buch.

Deine Adèle

[Randschriften Adeles:] Schreib doch gelegentlich ob wenn Du stürbest dies Papier vor Zeugen oder allein geöffnet werden soll.

Da mir einfällt es ist Dir lieber werde ich d. Billet an Abegg schreiben d. 2ten Januar, eher nicht.

*Tante:* Juliane Trosiener.
*Abenceragen:* Nach Chateaubriands »Les aventures du dernier des Abencèrages«.

177. *Adele an Arthur*

Jena d. 17ten April

Ich hätte Dir längst geschrieben, lieber Arthur, um Dir für Dein Buch zu danken, hätte ich nicht gehofft von Schwarz od. Hase ein Urtheil darüber zu hören, Beiden hatte es Frommann geschickt, aber keiner hatte es damahls gelesen u nun sind Ferien, da wird es wohl noch ungelesen bleiben, denn die Herren laufen alle ins Weite. Sei überzeugt daß ich Dir jedes Urtheil darüber mittheilen werde. Ich schicke es meinen Freunden nach Bonn und habe es der Wolzogen jetzt geben müssen, die durch Fries früher schon philosophische Sachen gelesen. In Bonn wird es gleich verboten sein, darum aber schicke ichs hin. Ich habe es mit großem Interesse gelesen. Da ich Hegeln nicht mag hat mich die Vorrede sehr amüsirt, doch wollte ich Du wärst weniger witzig animos. Es bleibt unendlich merkwürdig daß gelehrte Männer in Deutschland den Naturwissenschaften so ganz entfremdet sind u bleiben, daß diese Art Kenntniß bei uns nicht zur Basis des Jugendunterrichts gemacht wird. Ich sprach mit Asverus davon und der wollte die Geschichte mit der Eisenstange erst mit thierischem Magnetismus erklären, dann keine wirkenden Pole annehmen – ich möchte wissen wo er dazu hinreisen will, die Kenntniß der Neigung des Eisens, des Stahls, die sogar seit einer Reihe von Jahren an den feinsten Wagen den Stab von Messing machen läßt, die jeder Apotheker hat, und jeder Mechaniker, die in zwanzig Handwerke greift, ist den Professoren fremd geblieben. Ich weiß dergleichen weil ich seit 10 Jahren fast nur mit Naturforschern und Aerzten umgehe. Deine erste Abhandlung behandelt einen Gegenstand den wohl jeder klare gesunde Kopf durchdacht hat, nach Maasgabe seiner Kraft u Eigenthümlichkeit. Du hast einen eminenten Scharfsinn in der Behandlung gezeigt u ich kan Dir nichts einwenden. Ich muß hierbei erwähnen daß ich durch längern Umgang mit Schlegeln die indischen Religionsformen kenne, so weit man durch englische Bücher sie kennen kan, ohne gelehrt zu sein, und sehr dahin neige. Die Augustinische Lehre war mir verhaßt, und wurde mirs noch mehr als ich sie in Bonn im protestantischen Pietismus wieder fand. In so fern konte ich Dich leicht verstehen. Dennoch läuft Dein Scharfsinn gegen eine meiner Ansichten an, ich glaube nehmlich daß der Charakter nicht fertig entwickelt geboren wird, und man sowohl an sich als an Kindern durch richtiges Verstehen der Anlage, und kluges Ausscheiden der körperlichen Wirkung – die zum B. einen guten Knaben in gewissen Jahren zum Mordbrenner machen kan – durch Intelligenz und durch milde ungestörte Entwicklung der Grundformen und Abweisen der körperlichen scheinbaren Einwirkungen auf die Seele, viel thuen kan. In späteren Jahren ists unmöglich. – Ich habe mir immer Mühe gegeben meinen Charakter zu erkennen, und nicht halb zu handeln, in dem ich dem Einfluß der Dinge zu sehr nachgäbe, in allen Fällen wo ich bewußt nach meinem angebornen Wesen handelte *nie*

Reue gefühlt. – Ich kan über dies alles *reden* nicht gut schreiben. Besonders geht es mir für den Schluß schlimm, ich ahne ihn, und theilweis ist mir klar, was Du meinst, doch fehlen mir *Worte*. Die zweite Abhandlung hat mir wohl gethan. Sie stimmt mit allen Religionen, mit der Christlichen sehr genau. Ich finde sie bewundernswürdig geschrieben und durchgeführt. Du selbst bist mir in dem Buche lieber geworden. Ich habe Mitleid immer als das Edelste erkannt um so mehr da ich es nicht im *gewöhnlichen* Barmherzigkeitssinne in hohem Grade empfinde. Körperleiden affiziren mich weniger als Gemüthsleiden, und seit 10 Jahren nennt man mich die *sœur grise* aller innern Menschenqualen, aller Gedankenkrankheiten, aller Gefühlsdifformitäten, man sagt ich thue den Leuten wohl – wie einer kranken Brust die laue Luft. Ich weiß nur daß diese Qualen mich rufen – u. ich antworten muß. Ich möchte, ich könte Dir sagen wie unendlich viel ich gedacht habe über Dein Buch, aber da müßte ich wieder ein Buch schreiben! So kan ich nur Dir sagen daß ich Dir Dein Geschenk herzlich danke.

Wenn Deine zweite Abhandlung mir lieber ist, als die erste so sei überzeugt es liegt im Naturstudium. Meine Gedanken haben die Richtung, der Gedanke des Werdens, Vergehens, Entstehens überwächst die andern. Jede Störung des Lebens, jede Thierquälerei, ist mir ein Greuel, und *Chlor* macht mich melancholisch – jede Naturform ehre ich – ja ich begreife den Indier der einen Canal stoßen u graben läßt, besser, als den Christen der fastet. Es ist zu spät um mich zu ändern. Wo nun Dein System gegen meines stößt und mir das fertig Geborne zeigt – staune ich, fühle mich gedrückt, und kan nicht gegen meine lange Ueberzeugung, so klar auch Deine Worte sind.

Ich reise d. 26[ten] April zum erstenmal nach Böhmen. Ende August zum zweiten mal. Ich schreibe Dir gleich nach meiner Rückkehr im Juny. Jetzt antworte mir nicht, etwas Deutlicheres Besseres als Dein Buch kannst Du nicht schreiben, darum laß mein Auge sich gewöhnen. Alle Urtheile melde ich Dir gleich. Wenn Andre darüber reden wird mir mein eignes Meinen klarer werden.

Ich war bedeutend krank, jetzt bin ich besser, ich konte d. Jod Kali nicht vertragen. Deine Adèle.

*Jena d. 17ten April:* 1841.
*Eisenstange:* Vgl. Werke, Bd. III, a. a. O., S. 343.
*Schlegel:* August Wilhelm Schlegel.

178. *Adele an Arthur*

Jena d. 3ten July

Lieber Arthur!
Ich bin seit etwa 14 Tagen v. meiner ersten Kur aus Karlsb. zurück. Die Drüsenverhärtungen im Leibe sind bedeutend kleiner, die Unbequemlichkeit fast ganz gehoben, und den 20ten August reise ich zum zweitenmal; sollte dann das Uebel nicht ganz od. doch fast ganz gehoben sein, so werde ich mich der Jod-Kali-Kur unterziehen, bei deren erstem Versuch ich freilich *sehr* krank geworden bin. Da diese Kur nicht in jedem Klima gleich wirkt, ich auch von keinem Menschen auf der Welt fordern kan so viele ärztliche Aufmerksamkeit dabei zu haben als mein alter bewährter Doctor Wolff in Bonn hat, so werde ich wenn was Gott verhüte, *die* Kur *nöthig* wird, dorthin reisen wenn ich von Karlsb. Ende Sept. zum zweitenmale zurück bin, und Dich dann im Anfang October besuchen u einen Tag in Frankf. bleiben; besonders wenn Schlossers da sind, was freilich im voraus nicht zu bestimmen ist. Wirkt Karlsbad tüchtig so bleibe ich ruhig hier.

Dahlmann u. Austins (die Uebersetzerin u Er ein Parlamentsmitglied) haben mir den Aufenthalt sehr angenehm gemacht. Da mir je *mehr* Geist, je *mehr* Kenntniß, je *lieber* ist, so sind alle solche Kreise mir eine geistige Erwärmung, es exaltirt mich nicht leicht etwas, aber es freut mich, mir ist wohl dabei. Meine Studien kan ich noch nicht wieder anfangen, ich male aber Kleinigkeiten, u lese viel u lerne viel, wo man am Ende immer sein Körperleid am besten vergißt! Mir ist nöthig nicht über mich zu grübeln, ist Genesung nicht möglich – so werden wir sehen was zu thun, jetzt darüber sinnen hilft nicht. Ich habe von Danzig zwar Briefe doch keinen über Ohra. Solltest Du irgend etwas wissen u zu thun für nöthig erachten, so schreibst Du mirs wohl gelegentlich. Ich hoffe von Herzen Dein äußeres Leben ist ein wenig behaglicher eingerichtet, Du hast wohl Möbel, auch eine Magd, etc. etc. In Deinem Alter beginnt man Bequemlichkeit zu lieben und obgleich Du bequem noch 30 Jahre leben kanst, sehe ich nicht ab warum Du sie auf *unbequeme* Art verleben sollst. Kan ich Dir mit Rath od. That in Ankauf od. Einrichtung beistehen so sage es nur. Man behauptet daß ich dergl. verstehe. Möchtest Du einmal kommen so wärst Du willkommen. – Wie gewöhnlich bin ich sehr gut hier empfangen worden und gehe viel aus, sehe viel Leute, indessen fühlt man doch sehr daß man wie in einer ausgelöschten Laterne hier wohnt. Leider habe ich von Hase u Schwarz nichts über Dein Buch gehört was mich bei dem Titanen-Sturz der Hegelianer wundert; warum Hegel mit *einemmale* gestürzt ist, weiß ich, obschon ich die Berliner Zustände kenne, mir nicht klar zu denken. Möchte es Dir gut gehen, Gott-Vater hat den Rokoko-Geschmack angenommen u einen Mai gegeben der so altmodisch-wonnemondig war, daß er gar nicht möglich schien; mögst Du ihn genossen haben! Lebe herzlich wohl. Apropos ich sehe *ganz* wohl aus. Deine Adèle

*179. Adele an Arthur*

Jena d. 1sten Nov. 41

Lieber Arthur daß Groddeck mir nicht geschrieben war die Ursache daß ich nicht ganz genau die Sache wußte, ich hätte freilich das erwähnen können. Wie es jetzt ist bin ichs ganz zufrieden, daß Du für mich u Dich an Groddegg schreibst, wenn Friedr. in 2ter Instanz den Prozeß fortführen wollte, wären wir Beide es zufrieden, würden jedoch nicht weiter bezahlen als jetzt den Betrag der Kosten, wogegen aber Friedr. in besagtem Falle den etwanigen Vortheil einer neuen Verpachtung natürlich so lange sein Contract dauerte *ungeschmälert* behielte! So mit wären wir Beide unter einem Hut, denn Du nimmst ja doch einen meiner Vorschläge an. Ich bin hier in Jena gewohnt Alle dergl. Dinge meinem Sachwalter zu schreiben, darum wollte ich es an Grodegg schreiben, statt an Friedr. Ich danke sehr daß Du es übernimmst, u stehe ein andermal zu Diensten.

Das Wort »Regierungsbeschluß« ist allerdings unrichtig – Stadtgericht meinte ich. Das ausdrückliche Notifiziren Friedrichsens scheint mir unnütz, Grodegg *muß* dafür stehen wenn er Deinen Brief hat, und muß als *Bevollmächtigter* dort diese Bedingung Friedrichsen klar machen, eben *darum* wollte ich an meinen Bevollmächtigten u nicht an Friedr. schreiben, da Ersterer nicht leugnen kan.

Wie gönnte ich Dir, meine liebe Tugend, das Zutischsitzen! Du sollst sehr hart angegriffen sein, ich lese solche Blätter nicht so weiß ichs nur v. Hörensagen. Beschrei es nicht mit dem Gesundsein! Du bist ja hoffentlich abergläubig wie alle geistreichen Menschen. – Was *wirkliche* echte Portraitsmaler sind, lieber Arthur, denen schaden die schönsten Daguerrotypen nicht – die Raçe ist aber selten. Ich bin heute schreibfaul und habe zu massenhafte Gedanken für das Wortdetail, verzeih. Deine Adèle

*hart angegriffen:* Durch eine pseudonym unterzeichnete Rezension in den »Hallischen Jahrbüchern« vom Juli 1841.

*180. Adele an Arthur*

Jena den 25ten Novemb. 1841

Lieber Arthur!

ich habe zu ungeheuerm Aerger eben 1 Rth 20 für die Insinuation bezahlt daß in 2ter Instanz geklagt ist u der Prozeß fortgeht. Dein *démêlé* mit dem Gericht geht mich nichts an, u ich habe augenblicklich an Groddeck geschrieben: daß er mir solche verflucht unnütze Kosten sparen soll, da meine ganze ausgedehnte Vollmacht ihn *befugt*, an m. statt dergl. anzunehmen, ich bin wüthend auf ihn.

Im Februar komme ich u bleibe etwa 3–4 Tage da wollen wir uns ordentlich sehen. Es war doch wohl nöthig Dir zu schreiben daß ich das Groddeck geschrieben da es nur durch Dein Schreiben an die Regierung veranlaßt sein kan, weil Du mit in meinem Namen geschrieben hast, Du verlangtest Insinuation, etc. etc. Lieber Arthur! viel Ehre aber wenig Plaisir dabei. Ich freue mich recht herzlich Dich einmal ordentlich zu sehen, wenn ich in 3 Monaten komme! Da wohne ich bei Schlossers. Lebe wohl, vergieb wenn ich Dir unnütz Porto koste, aber mir schien ich *müßte* Dich benachrichtigen damit Du Dich nicht wunderst wenn ich künftig nicht alle Detail-Zufertigungen erhalte. Adèle

[Randschrift Adeles:] Laß doch bitte Deinen Hund mit portraitiren! u schenke mir ja einen Abdruck.

181. *Adele an Arthur*

Lieber Arthur! Eine Generalvollmacht habe ich nicht gegeben weil es nicht nöthig war, bis jetzt. Abegg hat aber vor 2 Jahren *versprochen* sie anzunehmen, aber zugleich gesagt: um die Details könne er sich nicht kümmern, u Grodegg empfohlen. Wir können die Briefportos nicht sparen, aber die Einzeln-Vollmachten. Ich stimme dafür daß Du an Abegg schreibst weil er auf Formen hält, und mein Briefchen einlegst; ich brauche die Papiere nicht zu sehen, und weiß was es ist, wie die Kerls heißen weiß ich nicht. An eine Vollmacht an Grodegg ist nicht zu denken, das wäre ja dumm! Ueberhaupt selbst wenn Abegg sie hat, müssen wir durchaus die einzelnen Fälle wissen. Ueber diesen Folgendes:

1) ich bin dafür sich zu wehren, aber *gegen Erbpacht*, die den Werth des Gutes verringert, das *ich* zu verkaufen wünsche.

2) ich denke Friedrichsen hat nach Contract diese Kosten des Prozesses zu tragen.

3) jede Generalvollmacht wird von uns in verschiedener *Form* gegeben, weil wir in verschiedenen Ländern wohnen.

4) haben wir denn in 2ter Instanz gewonnen u kan die Sache nicht trainirt werden, die erste hat den Bauern Wuth gemacht, vielleicht wäre uns die 2te günstig.

Willst Du meinen Brief schicken mit Deinem, so ists mir lieb,

Abegg ist Kommerzienrath, ich schicke Dir den meinen weil wenn Du ihn einlegst, Abegg nicht umhin kan es für Dich mit anzunehmen, u ich schreibe nicht an Deiner statt, weil er mir sonst sagen kan, »*für Sie* aber nicht für Arthur«. Willst Du nicht, dann schreibe ich allein. –

Uebrigens muß nun nicht geantwortet werden, weil doch eine Zeit verloren geht, u auf d. 2ten Termin die Vollmacht nöthig sein wird. – Ich komme nicht. Auf Wolffs Rath habe ich den Geheimen Hofrath Vogel konsultirt u 2 Monate in Weimar, jetzt seit 4 Wochen hier eine Kur im Haus gebraucht, die gut anschlägt, ich gehe den Mai auch nicht ins Karlsb., vielleicht aber im August, es ist unbestimmt, ich bin bedeutend besser. Sonst geht es mir wie Dir, in meiner Art sehr fleißig, und still. Ich bin bei Ottilie die 2 Monate gewesen, sie leidet an einem bedeutenden Halsübel u sollte nach Italien. Jetzt hofft man das Gegentheil. Lebe wohl guter Arthur, vergieb daß ich heute nichts unterschreiben kan.

Grüße den Pudel. Deine Adèle

Vogel u Wolff korrespondieren wegen mir u. d. Kur.

[Randschrift Adeles:] Auf keinen Fall gebe ich eine solche Vollmacht daß Prozesse gemacht werden *ohne* mich zu fragen; sonst kan man Friedrichsen nicht controlliren. Dieser scheint mir fällt ihm zu, doch auch im Gegenfall ist er zu führen. Um Himmels willen an Abegg frankiren!

*Adele an Arthur:* Am 25. April 1842.

182. *Adele an Arthur*

Jena d. 22ten Mai

Es freut mich lieber Arthur, daß Du so viel an das gute Hamburg hast wenden können, ich wollte ich könnte es auch, aber leider ist *das* nicht möglich! – Jeder also was er kan! Einmal ist mir die Wohlthätigkeit himmlisch leicht geworden, im Conzert für sie, von Ernst! Höre diese Violine ja, wenn irgend Gelegenheit sich beut. Ich habe entsetzlich zu thun sonst schriebe ich Dir, einen langen

Brief – ich fühle mich Dir gegenüber, wie im Carneval, so wenig weißt Du von mir, u doch welche Geduld des Hörens und Erzählens müßten wir consumiren, um Dich und mich auf den Fleck des Verstehens zu bringen! – Vorläufig bleibe ich ruhig hier, u in Weimar, in Doct. Vogels Kur, wahrscheinlich gehe ich Ende August nach Karlsb. Ich thue es nicht ungern – weil ich einen Kreis ausgezeichneter Menschen dort finde, mit denen ich mich zu treffen verabreden werde. Wolfgang Goethe ist das Semester hier – ich weiß nicht ob ich Dir gesagt wie dieser Enkel Goethes mir nah' steht, u wie ich ihn von *Kindheit* an geliebt? Er ist mein geistiger Sohn, und in 10 Jahren wird er mein nächster Freund sein.

Was mich an der Zeit freut, ist daß die Menschen endlich die Kette sehen, die ringweis Staaten u Städte u Orte zusammen hält, daß das Allgemeine auf Einzelnes, u Einzelnes aufs Allgemeine wirkt, fühlt erst jetzt unsre kultivierte Welt, u trotz ihrer oft hervorbrechenden Rohheit hat sie endlich eingesehen, daß alle einander *helfen* müssen – so bei dem Hamburger Elend, wo zuerst eine allgemeine Theilnahme der Fürsten, Staaten u Privatpersonen glänzend ans Licht tritt.

Ottilie war in Gefahr die Halsschwindsucht zu bekommen, es geht jetzt sehr gut. Deine Heringskur war schon vorig Jahr angewandt; die ist so bekannt.

Wegen der Bauern ist's gut, die Kosten müssen wir zahlen, gebe Gott daß Ruh bleibt. Vergieb mir daß ich das Nöthige zuletzt erwähne, es ist ja im Grund ein Abgemachtes. Ich habe noch keine Vollmacht gegeben, und es wie Du abgewartet.

Möge es Dir gut gehen, und Du Freude am Sommer haben! Deinen Pudel grüße von mir ich möchte sehen ob ich ihn gleich bändigen u gewinnen würde, wie mirs meist bei Hunden gelingt, die ich förmlich studiert habe in ihren Körper- u Geistes Entwicklungen.

Deine Adele

*wenden können:* An Spenden nach der Hamburger Brandkatastrophe vom Mai 1842.

183. *Adele an Arthur*

Jena den 6ten Oktober

Lieber Arthur,
Gestern Nacht angelangt, in den *horreurs* eines neuen Dienstmädchens, neuer Einrichtungen eines kalten Quartiers etc, folglich nicht schreiblustig. Meine Kur war gut, ich habe geistreiche und angenehme Menschen in Karlsb. gefunden, wie fast immer dort. Ich lebe gern mit Ausländern, denn ich bin der Sprachen mächtig u habe also ein bequemes *plaisir*. Meine Vollmacht war gerichtlich, denn hier giebt es keine Notarien u also bin ich wohl nicht genöthigt fernere Schritte zu thun.

In Karlsb. fand ich einen neuen alten Freund aus Tilsit, durch den ich Friedrichsen schrieb, um ihm zu melden *wie* ich die Pachtgelder einziehen will, u hieß ihn dabei die Prozeßkosten abziehen. Ich werde nemlich d. 1sten Decemb. nicht hier sein. Doch davon nachher. Ich verstehe die von Dir unterstrichene Zeile so, als sollten wir sagen was uns die Pachter für die eigentliche *Erb*pacht als Verspätung zahlen sollen. Da ich nicht genau weiß wie viel verpachtet, kan ich das nicht bestimmen, auch kenne ich die Taxe eines solchen Erbmieth-Schillings nicht. Ich stimme also dafür, daß wir das *Friedrichsen* überlassen, oder *Groddeck*. Solltest Du nun ebenfalls dieser Meinung sein, so bitte ich Dich schreibe es für mich mit, ich muß glauben Du hast Friedrichsen nicht verstanden da Du nichts schriebst in dem Briefe an mich, erinnere aber wohl, daß Friedrichsen in einem frühern Briefe an Dich schon von dieser Forderung sprach. Ich denke Groddeck soll dieselbe für uns thun.

Den 31sten Octobr oder 1sten Nov. werde ich Dich ein paar Stunden sehen. Ich muß nach Bonn auf ein paar Monate, Mertens ist todt, und ich will zu seiner Witwe, meiner intimen Freundin. Ich werde nicht in Frankfurt uebernachten, sondern gleich mit der Eisenbahn nach Mainz, ich *kan* nicht in Frankfurt sein ohne Besuche zu machen, u der Aufenthalt ist mir zu kostbar. Auf dem Rückwege werde ich bei jetzt abwesenden Freunden ein paar Tage verweilen, Dich länger sehen. Wolff mein alter Arzt mag den Rest meiner Krankheit bewältigen. Ich freue mich sehr auf Dein Bild, bist ein Narr mit dem Stufenjahr! Du kerngesunder Mensch! Du lebst noch lang Gut Nacht! Deine Adele.

[Randschrift Adeles:] Ich habe Deine Adresse in Frankfurt verloren, schicke sie doch! ehe ich gehe.

*Stufenjahr:* Bezieht sich wohl auf hypochondrische Todeserwartungen Arthurs gemäß biorhythmischen Spekulationen über bestimmte Stufen- als Krisenjahre.

*184. Adele an Arthur*

Jena d. 3ten

Du bist sehr freundlich lieber Arthur u. ich danke Dir herzlich. Leider hat mich ein Unfall mit dem Wagen auf einige Tage krank gemacht u dadurch verspätet. Es ist meine Absicht den Sonabend bis Weimar und Sontag weiter zu gehen, da träfe ich Montag Morgens um die Postzeit ich denke etwa um 10 Uhr am Posthof mit der Eilpost ein. Ob ich aber dann wohl genug bin um zu Dir zu fahren – mit Fiaker – od. ob ich in den Gasthof gehe, kan ich im Voraus nicht sagen. Die Post ist verlegt u mehrere Gasthäuser nah', ich will mit dem letzten Eisenbahnzug nach Mainz, und habe eigentlich eine halbe Stunde mit der Pröbstin von Fichart zu reden. Gehe ich in den Gasthof so kan ich dort mich umkleiden, zur Fichart gehen die im Stift auf dem Roßmarkt wohnt, ich kan dann Dirs sagen lassen u Du kommst zu mir. Bin ich sehr frisch so sehe ich gern Deine Wohnung u Du gäbst mir irgend was zu essen wo ich dann von Dir abführe. Ists aber schlecht Wetter so kan ich das Alles nicht, sondern weiche und wanke nicht vom Gasthof, denn ich leide an rheumatischem Kopfweh. So bitte ich Dich denn, wenn Du einen Dienstboten hast, so schicke auf die sehr pünktlich ankommende Post, hast Du keinen so bleibe etwas zu Haus, so schicke ich Dir Nachricht, entweder daß ich Dich erwarte, oder daß ich von der Fichart aus zu Dir komme, nachdem ich sie eine halbe Stunde gesehen, dann ists immer noch Zeit mir eine Tasse Kaffee zu besorgen bei Dir, denn so weit reicht wohl Deine Wirtschaft.

Liebes Herz, ich will Dir mündlich Alles mögl: erzählen, aber nichts schreiben. Mein Geld ist vollkommen sicher, u sichrer als es war. Du rechnest mir aber doch sehr nach, wie kannst Du wissen, *wo* ich die 600 Rth von den Memoiren hin gethan? Und ob die Schulden der Mutter sie nicht verschlungen? – Sei indeß ruhig! – ich habe sie u die Schulden habe ich auch bezahlt. Ich bin froh daß Du einsiehst daß ich gar nicht zu Thorheiten neige! Ich komme sehr ordentlich aus, obgleich sogar meine Miethe u Wirthschaft fortgeht. Deine Adele.

Ich öffne meinen Brief und mache eine neue *Enveloppe*, um auf den möglichen Fall Dich vorzubereiten daß ich nicht kommen könte, etwa in Eisenach übernachten müßte od. sonst irgend etwas zu meiner Pflege thun müßte. Bei dem Unwohlsein das in den letzten Tagen mich gefesselt ist der Fall sehr möglich, ich kan sogar plötzlich wieder einen Rückfall bekommen. Dennoch möchte ich das Schreiben nur ungern verzögern, und mir bleibt nur übrig Dich zu bitten mir eine solche Mögl. nicht übel zu nehmen.

Du bist ein närrischer Kunstfreund! Ein Daguerotyp-Portrait sieht nach den 20 Jahren schon alt aus, wenn nicht große Kenntniß und glückliche Umstände das Möglichste leisten, um das Original vorteilhaft erscheinen zu lassen. Hast übrigens Recht, die Sachen sind nicht *Dein* Fach. – Deine Briefe lese ich genau, aber mein Herr Philosoph »Irren ist Menschlich!« Und warum sollte Friedrichsens unverständlicher Styl mich nicht irre machen! Addio!

*Jena d. 3$^{ten}$:* November 1842.

*185. Adele an Arthur*

Bonn den 24$^{ten}$ December

Längst schon hätte ich Dir schreiben sollen, lieber Arthur, um Dir für die freundliche Aufnahme bei Dir zu danken, hatte mir's auch fest vorgenommen, indessen ich habe wie wohl Klügere pflegen, die Zeit verdämmert und verträumt, auf dem Lande eine Stunde von Bonn, in Plittersdorf; wo ich auch bei meiner Ankunft gleich vom Dampfschiff ausstieg. Erst seit 8 Tagen bin ich hier, habe noch nicht einmal alle gehörigen Visiten gemacht, und finde Bonn nicht eben angenehmer als vor 5 Jahren, da ich im Spätherbst es verließ. Auch meinen Freund Dahlmann und seine Familie habe ich nun hier, obschon nicht oft gesehen, mich an der ehrenvollen Aufnahme gefreut die ihm geworden, und mich im Stillen an den protestantischen Pietisten ergötzt welche lange Hände nach ihm ausstrecken, um ihn in ihre engeren Kreise zu ziehen, woran sie aber kein Erfreuliches sich bereiten, denn der alte Löwe wird sich schon heraus wickeln, wenn er es bemerkt. Freilich vermuthet er dergl gar nicht, und beachtet es jetzt nicht. – Meine Geschäfte stehen gut, ich lebe in solcher Vertraulichkeit mit der Mertens daß ich alle Details ihrer Lage kenne, es ist hier weder von aufgenommenen Geldern auf Hypotheken, noch von irgend einem Handel die Rede, sie theilt sich mit den Kindern ab, und behält ein ungeheures Vermögen, meist in Gütern. Bleiben meine kleinen Kapitalien bei ihr, so möchte ich sie in die große Lederfabrik stecken oder sie müßte sie blos behalten um sie mir aus Freundschaft zu verzinsen, aber anderer Leute Kapitalien giebt sie *alle* ab. An der Lederfabrik, deren Besitzerin sie ist, an der auch ihr Schwiegersohn einen Antheil hat, möchte ich es recht gern placieren, weil das eine ganz sichere, selbst durch Krieg nicht gefährdete Sache ist, denn diese große Gerberei ist die beste in der ganzen Umgegend bis Malmedy u macht sehr solide gute Geschäfte. Von Schulden od. Verlusten ist Gott lob keine Rede, und keine Art kaufmännischer Banquierschaft vorhanden. Du siehst also lieber Arthur ich habe auch hier eine Art guten Glückes gehabt. Die Menschenschicksale wiegen jedoch im Allgemeinen alle ziemlich gleich, so geht es denn auch mir auf einer andern Seite, vermuthlich zur Compensation, herzlich schlecht, denn ich bin unheilbar. Ich habe meinen Arzt gezwungen mir aufrichtig zu sagen, wie es kommen wird, für jetzt habe ich nichts zu fürchten, werde auch noch vielleicht lange Jahre so fort leben – später droht mir die Wassersucht, u zwar Zellenwassersucht, die leichteste. Indessen hat mich's sehr erschüttert, meine einzige Hoffnung ist ein zufälliger Tod – oder ein herbeigeführter Zufall! Es giebt ja eine Menge Gefahren – mich kan eine ereilen, u sie ist nun immer Gewinn. Wir wollen diese Sache nicht weiter viel besprechen, die Drüsengeschwulst ist theilweise verhärtet. – Leider habe ich der Austin das ihr geschenkte Buch noch nicht schicken können, weil ich auf eine versprochne Gelegenheit warte; habe es ihr aber schriftlich angemeldet worauf sie sich sehr freut. Sie sind beide in Berlin wohin sie mich dringend einladen. Mich aber zieht es in meine alte Häuslichkeit zu meinen Arbeiten zurück, ich möchte die Menschen wieder sehen, die dort an meine Existenz die ihre geschlossen! Momentan bin ich sehr wohl, auch heiter, aber die Sorge liegt im Hintergrunde. Du weißt wie wenig lieb mir Bonn ist. Ich war eigentlich nie heimisch hier u manche sehr drückende Erinnerung belastet mich. Darum halte ich auch den alten Plan fest, im Lauf des Januars zurück zu gehen. Die Winterreise hat mir gar nicht geschadet, im Laufe nächsten Jahres muß ich noch einmal nach Karlsbad, um dem Uebel immer die möglichen Schranken aufzurichten, Kreuznach enthält Jod, u ich darf das Mittel nicht anwenden, weil ich's durchaus nicht vertrage. Ob ich *je* wieder herkomme, ist also sehr zweifelhaft; ich bin gereist, weil ich der Mertens die viel für mich gethan, schuldig war ihr wo möglich beizustehen, jetzt, in all der bösen Zeit; sollte ich wieder einmal zu ihr gehen, so wäre mir *jeder* andre Ort ihres Aufenthalts lieber als Bonn. Sie reist im Lauf des Sommers nach Italien auf ein Jahr. Das ist nun eine Reise die ich vielleicht mitmachen könte – aber ich fühle mich nicht stark genug dieselbe im Sommer, und zwar in etwas abhängigem Verhältniß zu ertragen.

Also ich komme zurück, u über Frankfurt! Vielleicht begleitet mich die Mertens, auf diesen Fall bleibe ich 3 bis 4 Tage in Frankf: Komme ich aber allein, so werde ich Dir schreiben, damit Du mir wieder die Nichte der alten Magd sendest, und mir im Gasthof ein Zimmer bestellst, daß ich nicht wie in Mainz friere, bis es nach u nach sich erwärmt. Und bleibe ich länger als eine Nacht, so soll mich die kleine Dame bedienen, ich hoffe es ist ein unbescholtenes Mädchen die ich auf die kurze Zeit um mich haben kann. Jedenfalls schreibe ich Dir darüber noch ganz genau. Und nun laß Dir *recht herzlich* ein gut angetretenes Neujahr wünschen. Mögte Deine

Braminenseele nicht durch den Unfug unsrer Tage gestört werden! Ich hatte alle die Religionskämpfe und Geschichten in meiner Weltecke vergessen, hier strömt es von allen Seiten so mächtig auf mich ein, daß ich immer die Leute versichere: ich sei ein Heide! Denn diese christlichen Seelen gehen mit Feuer und Schwerdt um. Bonn hat übrigens zehn hier studierende Prinzen, was dem Christenthum die Wage hält, da die Weltlichkeit und der Wunsch recht vornehm zu sein ihnen doch auch sehr wichtig ist und sie diese noch knabenhaften Fürstlichkeiten wie lauter Gesalbte des Herrn betrachten.

Unaussprechlich schön war es aber den Rhein vor dem Fenster zu haben, mit seinen Dampf-schiffen, Schlepp-schiffen, etc. Und dazwischen die Nachen von Oberwinter mit ihren Focksegeln, die wie Riesenvögel sich hin u her bewegen! Doch ich komme in's alte Weiberschwätzen. Leb herzlich wohl! Deine Adèle.

*186. Adele an Arthur*

Jena den 19[ten] August

Im Begriff zu einer sehr langen Kur nach Karlsbad abzureisen, ist mir so unnatürlich Dir gar kein Zeichen meines Lebens zu geben, daß ich noch spät Abends die Feder ergreifen muß. Die Drüsengeschwulst ist stärker, und somit muß ich mich zu nochmaliger Herbstkur entschließen, deren Ausdehnung ungewiß bleibt. In der Zwischenzeit habe ich einmal einen kurzen Abstecher nach Berlin gemacht, wo es mir im Ganzen gefallen, und kan wohl sein, daß ich einen Theil des nächsten Winters dort verbringe. Für Jemand der im Winter eine nicht in die Nacht gedehnte Geselligkeit liebt, gern gute Musik hört, und sich mit Kunstgeschichte und bildender Kunst beschäftigt, bieten die Formen der Gesellschaft und die höchst liberalen Anstalten im Antiquarium in den Gallerien, etc. Diversion und Beschäftigung. Doch bin ich zu nichts entschlossen, ich muß die Kur erst hinter mir haben.

Der Mutter Bild, das ich bei Dir gesehen, ist mir so total fremd, daß ich's deshalb Dir immer nicht abgefordert hab, der Ausdruck desselben ist mir zu widerlich, um es einer Bibliothek zu schenken, sogar dem Großherzog mag ich *das* Bild nicht hinterlassen. Bewahre mir's noch, ich habe 4 Bilder von ihr, leider ist mir keines recht.

Die Mertens reist nun den 14ten Sept. nach Genua von da nach Sorent. Wie richtig hat mich mein Instinct geleitet, wie schwer wäre mir jetzt eine solche Reise! Ueberhaupt wie bedürfte ich in meinem Zustande einer wohlwollenden immer gleichen Treue und wie wunderlich habe ich kein Recht zu klagen, und bin doch allmählig verarmt in dieser Beziehung! Mögte Dir lieber Arthur Dein Werk niemals das Gefühl der Einsamkeit erlauben, möge es Dich fortwährend erfüllen und tragen u Du gesund bleiben, ohne diese Krankheit hätte mir mein Talent das Selbe gewährt! – Wenn Du mir einmal schreiben magst, so addressire nach Karlsb. bei Madame Telle, rother Engel. Wenn Du es nicht thust, denke ich Dich in der alten Umgebung. Ende Octob. *hoffe* ich wiederzukommen, bin ich heim so schreibe ich es Dir. Lebe recht wohl, und bleibe freundlich wie Du es in *Frankf.* warst Deiner Adèle.

*Jena den 19ten August:* 1843.

187. *Adele an Arthur*

Jena den 3ten Oct.

Lieber Arthur
Vorige Nacht bin ich nach einer sehr ernsten Kur von Karlsbad zurückgekehrt. Geheilt bin ich nicht, doch besser, und eines Stillstandes des Uebels für den Winter gewiß. Es ist eine Verhärtung der lymphatischen Drüsen. Ende April kehre ich nach Böhmen zurück, es kan sein, daß ich die Kur noch 2–3 mal wiederhohlen muß, doch hoffentlich wird das Uebel *ganz* behoben. Das Traurigste ist daß mirs sehr viel kostet, und daß ich mein Zeichenstudium, das mir einst viel Geld einzutragen versprach aufgeben muß, ich darf nicht so angestrengt arbeiten, u habe auch kein Geld um den sehr theuren Unterricht fort zu setzen. – Ich schreibe noch heute

nach Danzig um meine Rückkehr zu melden. Sobald ich von dort etwas höre, oder Du die Vollmachtsform erhalten hast das Weitere. Für jetzt ist mir *alles nicht nöthige* Schreiben sehr strenge untersagt wegen der gebückten Stellung die nach der Kur Uebligkeit erregt. Ich habe 6 Becher getrunken u täglich 45 Minuten in einem ganz reinen Sprudelwasser gesessen zu 28 Grad. Davon bin ich todtmatt. Erlaube also für jetzt zu schließen, u sei gewiß daß ich nichts versäume in der Danziger Sache. Deine Adèle.

*188. Adele an Arthur*

Jena d. 26[ten] October

Bester Arthur!
Du bist wie oft ein wenig zu rasch im Urtheil. Ich bin den 2[ten] Octob. von Karlsb. zurück gekommen, sehr angegriffen, aber obschon noch nicht geheilt doch in so fern besser, als mich die Drüsen nicht mehr geniren, u *viel*, ja um 2/3tel kleiner geworden sind. Worauf ich an Doctor Wolff in Bonn den 11[ten] geschrieben um zu fragen ob ich kommen sollte und vor 4 Tagen den Bescheid erhalten habe jetzt nicht zu kommen, indem nach meiner genauen Beschreibung mein Zustand eine Krisis sei, der eine totale Reaction folgen werde, die auf keine Art gestört werden müsse, ich solle mich mit Diät etc., außerordentlich schonen, nicht einmal die gewohnten täglichen Regenbäder nehmen, u wenn die Reaction vorüber, u ein Stillstand einträte sollte ich kommen. Das kan aber 3–4 Monate währen. Es war nun meine Absicht Dir in einigen Tagen zu schreiben, u scheint mir daß da ich Karlsb. nicht einen Tag verlassen u ganz schnurgerade nach Jena gekommen bin, daß Du ohne Hexerei hast wissen können wo ich war, wie Du mein guter brummiger Mensch auch ganz exellent gewußt hast.

Da Du nun aber so gar brummig bist antworte ich *gleich*, nehmlich nach 2 Stunden 35 Minuten, was ganz unnatürlich schnell bei meiner Schreibescheu ist. Die Sache ist aber daß ich Dir heute wie sie hier sagen »aus freiwilligem Herzen« schreiben wollte. Ich wollte sagen:

1) habe besagten miserablen Regierungsbeschluß erhalten, gelesen, aber *nicht* genehmigt, sondern mich geärgert.

2) daß ich an Friedrichsen geschrieben habe weil ich avisiren mußte, um mein Geld später richtig zu erhalten u niemals eine Anweisung stelle, ohne zu avisiren, u. Kaufm. Koch sie wollte.

3) habe ich also Friedrichsen geschrieben, blos wegen der Kosten, denn ich hatte den Prozeß als beendet betrachtet, was sie betrügen wollte ich von den *nächsten* Revenüen *abgezogen* haben, nicht *jetzt*.

4) bin ich nicht Deiner Meinung. Nehmlich ich überlege gewöhnlich *sehr* lange, ehe ich eine gerichtliche Sache eingehe. – Mein und Euer Hauptgrund war daß die andern Bauern sich dasselbe erlauben werden, daß sie Alle Eigenthumsrecht fordern werden, was, da man einem Käufer das vorlegen u eingestehen muß, den Verkauf erschwert. – Daß ich 15 Jahre nichts davon profitire weiß ich jetzt, gerade wie ichs wußte als ich den Prozeß von dem *ich* 1/3$^{tel}$ Kosten habe *eingieng*. Es hat sich also gar nichts geändert als daß mich die Sache 10 Rth mehr kosten kan. Nun aber ist Grodegg mir empfohlen als klug u rechtlich (von meinem Freunde Nicolovius und von Abegg) er räth also man solle 2$^{te}$ Instanz probiren – er sagt daß es unwahrscheinlich sei, daß wir verlieren. Friedrichsen hatte mir nichts zu antworten da er die Kostenrechnungen noch gar nicht hat, wie ich aus der Nachricht ersehe, daß von zweiter Instanz die Rede ist, also allerdings diese Berechnung nicht *jetzt* eine auf den 1$^{sten}$ Decemb. fällige Anweisung hindern konte, er gieng folglich durch sein Schweigen darauf wie gewöhnlich (denn es ist *immer* eine Anweisung an Koch) ein. – Ich habe folglich *jetzt* nichts an Friedrichsen zu schreiben, und an Abegg gar nicht, der schon früher wie Du weißt, diese Prozeß- und Verwaltungssache abgelehnt hat. Du wirst also wohl an Grodegg schreiben müssen. Meine Meinung ist aber: Ich denke zwar falls *Stattmillers* u *Friedrichsen* mit beitreten, und Herr Grodegg *zuräth*, in *zweiter Instanz zu appelliren*, aber ich erwarte, daß Herr Friedrichsen dagegen einsehen wird, daß mir 3/9$^{tel}$ Unkosten, ihm 1/9$^{tel}$ zufallen, u er also, da ich so viel mehr wage als er, und sein Contract auf die Einnahme v. 45 Rth für dies Grundstück gestellt ist, mir und Euch Allen *in*

*günstigem Falle* ein erhöhtes Einkommen das heißt 1/3$^{tel}$ des etwa erhöhten Zinses für das Grundstück zugestehen wird. Und ich bitte Herrn Grodeck, dies ihm vorzutragen. Will mir also Friedrichsen 1/3$^{tel}$ etwanigen Profits sichern, so will ich mit appelliren. Will das Herr Friedrichsen nicht, so will ich nicht appelliren, da ich keinen Vortheil habe, jetzt. Will Herr Friedrichsen anstatt dies einzugehen, die zweite Instanz auf seine Kosten, dann bleibt ihm 15 Jahre lang ungeschmälert was er hierdurch erwirkt u *ich mache keine Ansprüche darauf*. Ich werde aber im schlimmen Fall dann den Prozeß so weit bezahlen, als er bis zu dem Appelliren war, und Herr Friedrichsen kan berechnen was er wagt. – Willst Du lieber Arthur dies nun auch mit, so bedarf es nur daß Du es an Grodegg schreibst, da Du doch schreibst. Ich werde dann nicht selbst schreiben. Bedenke die Gefahr noch 10 solche Prozesse zu haben, bedenke daß Friedrichsen mit der Zeit es kaufen wird, u daß wir den Werth nicht schmälern müssen. – *Leibrente* kaufe ich nicht eher bis ich das Gut verkauft habe, ich habe blos das kleine Kapital, es steht *nicht* bei Mülhens. Deine Adèle

[Randschrift Adeles:] Findest Du die 2$^{te}$ Bedingung nicht gut, so mache blos die *erste*, od. umgekehrt wie Du willst.

*189. Adele an Arthur*

Heute am 7$^{ten}$ Nov. erhalte ich Deinen gar liebenswürdigen Brief lieber Arthur, es soll Alles besorgt werden, nur muß ich eines heftigen Schnupfens wegen um 3–4 Tage Ausstand bitten da ich persönlich aufs Stadtgericht gehen muß, was dann den Gesandten unnütz macht, der ohnehin eben verreist ist. Ich habe schon ähnliche Vollmachten gestellt, persönliches Erscheinen u Protokoll sind unvermeidlich nach *unserer* Gerichtsform u deren Bezüge zur Preußischen.

So wie nun meine Vollmacht aus d. Händen d. Gerichts kommt, also in 3 höchstens 4 Tagen, gehen beide Briefe welche Du mir gesendet, an Dich zurück, und dann werde ich auch wohler sein und Deinen Brief ordentlich erwiedern.

Ich kan jedoch nicht für den *Vergleich* stimmen und nicht für die *Abfindung durch Rente*, wenn dadurch die *Schwierigkeit das Gut zu verkaufen zunimt*, denn sonst bin ichs ganz zufrieden. Friedrichsen als *Pächter* muß wünschen das Gut *nicht* zum Verkauf kommen zu lassen, bei ihm überwiegt entschieden der momentane Vortheil, also vielleicht die etwas gesteigerte Rente, od. Einnahme wenn Dir das klarer ist, das 1/9[tel] seiner Frau steht damit in keinem Verhältniß. Hierüber muß ich an Grodegg schreiben. Denn, am 9–12 October war Herr v Grallatt aus Solmin bei meiner Freundin Fr. von Schmeling in Berlin, und ich ließ ihn der selbst Güter dort besitzt u mit dergl. Käufen u Verkäufen bewandert ist dringend bitten, den Werth u die Lage u den ganzen Zuschnitt des Gutes bei H. Grodegg zu erkunden, u wo möglich mir u respective Dir einen Käufer zu schaffen, ich habe ihm aber sagen lassen was das Gut trägt, daß Friedrichsen Generalpächter ist etc. Mir liegt viel an dem Verkauf. Da ich erst am 2[ten] Nov. angekommen bin konte ich noch nichts v. Gralatt erfahren, doch sind die Güter sehr an Werth gestiegen: sollte ein Kataster eingeführt werden statt des Hypothekenbuchs wie man sagt, so erführen wir den positiven Werth, sonst aber müssen die Regelmäßigkeit, und d. abzugslose Einnahme, auch die Bemerkung daß Friedrichsen doch die 30 Rth mehr hat die in unsere allgemeine Ausgaben fallen den relativen Werth des Guts bestimmen. Ich habe Grallat an Justizrath Grodegg gewiesen u an Abegg. Alles Nöthige werde ich an Grod: mit der Vollmacht zugleich schreiben, u meine Ansicht wird wohl mit der Deinen darüber übereinstimmen.

Heute vergieb, ich kan nicht aus d. Augen sehen vor Schnupfen.
Jena d. 7[ten] Nov. 1843 Deine Adèle

*190. Adele an Arthur*

Leider war ich zu krank um *gleich* aufs Stadtgericht zu gehen. Sage mal lieber Arthur wenn der Fall nun noch oft kommt, wäre es dann nicht am besten wenn ich *Dir* Generalvollmacht gäbe, und Du gäbst dann immer all die Vollmachten gleich in eins? Du schreibst mir ja doch und theilst mir alles mit und thust gewiß nichts heimlich, nur fragt sich ob Du nicht mehr Kosten hast wenn Deine Vollmachten lauten »für mich und meine Schwester«.

Du kannst jetzt nicht antworten ich weiß, aber wenn einmal etwas nöthiges vorfällt so schreibe nach *Karlsbad* direct. Ich bleibe dort bis Ende Mai. Jetzt habe ich die Vollmacht auf Friedrichsen gestellt u sie geht ab. Deine Adèle

*Adele an Arthur:* Wohl kurz nach Brief Nr. 189.

191. *Adele an Arthur*

Jena d. 11[ten] Nov.

Meinst Du wirklich ganz ernsthaft guter Arthur, ich könte nicht schweigen! Sollte ich Dir nicht – *par parenthese*, mitunter einen Gegenbeweis geliefert haben? Mich dünkt man lernt schweigen, auch wenn man sehr offen geboren ist!

Anbei die Briefe. Ich bin gestern auf dem Gericht gewesen, und habe meine Vollmacht gestellt, heute od. morgen geht sie ab. Mir ist die ganze Sache sehr klar, u ich schreibe an Grodeck wie ich Dir bereits schrieb, »ich bäte ihn zu bedenken daß 15 Jahre lang die verbesserte Rente nur Friedrichsen zu gute käme was ich auch meinerseits zulasse da die Erhöhung v. der *Hälfte* einer Rente von 45 Rth nicht gar groß sein kann, von dieser Erhöhung dann auf mich 1/3[tel] fiele, aber ich gäbe nicht zu, daß des eventuellen Vortheils wegen, irgend etwas geschähe, das den Werth des Gutes beeinträchtige u daß er auf irgend eine Art frühern oder spätern Verkauf schwieriger mache«. Ich schreibe in diesen Tagen auch an die Schmeling, wiederhohle meine Bitte, u suche zu erfahren was Gralatt ihr geantwortet, dann gurre ich, daß sie ihm noch einmal darum schreibt, macht sich eine Aussicht des Verkaufs scheinbar? *Basta.* Du fragst, wie mir die Kur bekommen? Es ist nun erwiesen, daß die Geschwulst nicht eine der lymphatischen Drüsen, sondern leider die in dem Gekröse, in den Eingeweiden trifft, u deren Schwellung und Druck gegen die inneren Theile verursacht die Melancholie der ich vorigen Sommer fast erlag, als auch die plötzliche Abmagerung, weil trotz meines guten Magens, die Nahrungsstoffe nicht regelmäßig vertheilt, gar keine Kraft zu geben vermögen. Ich habe nach der Consultation das traurige daß nur mehrere einander folgende, lange schwache Karlsbader Kuren *Heilung*, oder eine Verkleinerung der Drüsen herbeiführen können u werden die bis zum Minimum gehn und mir *mehrere Jahre* F u Ruhe sichern. *Deshalb* gehe ich den 1sten Februar nach Karlsbad wo ich bis Ende Mai bleibe u noch 2 Kuren, mit 4 wöchentlichem Zwischenraum, brauche. Aber 2 Monate bin ich *ganz* allein dort, den Februar und März! Im April kommen mitunter Gäste. Die Sache ist so traurig, so kostbar, u so langweilig, daß nur die größte Noth mich treibt, an S ist leider gar nicht zu denken. Eine längere Pause jetzt, erlaubt der Arzt nicht.

Daß ich also für den Moment nicht nach Berlin gehe, begreifst Du. Es thut mir leid, ich werde später, auf länger hingehen. Du würdest übrigens Berlin kaum erkennen. – Berlin hat für mich den Vorzug viele ausgezeichnete, vielseitig gebildete Menschen zu vereinen, ferner eine leichte Geselligkeit ohne *Soupers*, Droschken, so daß ich Abends nicht gehen muß im Winter, gute Musik, prächtige numismatische u antiquarische Sammlungen, die immer geheitzt sind, passable Bilder, gründlich unterrichtete Kunstfreunde, u einige Menschen die mir sehr werth sind. – Wäre ich 10 Jahr älter würde mir Bequemlichkeit vielleicht höher gelten, vorläufig empfinde ich weder *das* Bedürfniß, noch das eines guten Tisches. Wohl aber des Umgangs. Dabei ist Berlin so nah, daß ich selbst bei längerem Aufenthalt im Sommer dahin kan. Große Reisen werde ich nie ertragen können; in späteren Jahren, nach dem Verkauf des Gutes denke ich in Rom zu leben, weil das intime des dortigen deutschen Lebens, Klima und Künstlerumgang mir zusagen, das übrige Italien kan ich nicht bereisen. Die Mertens ist in Genua. Ich bereue gar nicht ihr nicht gefolgt zu sein, sie reist auf eine Weise die ich nicht ertrüge.

Deine Beschreibung der Statue ist himmlisch. Deine »schöne

Aussicht« hat Dich ganz ... gemacht. Vieles haben Deine Frankfurter Kunstgeschmack nicht! Meine Tage vergesse ich nicht was ich erduldet als ich die Gypse auf feuerfarbnem Grund im Museum sah! Wie muß Karl der Große die Aufmerksamkeit so vieler kleinen Karle erfreuen. Du Armer hast die Grippe gehabt! Eine schändlich fatale Krankheit die einen lange tückisch am Rockzipfel festhält.

Ich muß aber schließen, denn mich ermüdet das Schreiben noch immer recht sehr, und heute sind einmal wieder Freund und Feinde mit Billets und Briefen verschworen gegen mich. Laß Dir's gut gehen, und bleibe so charmant wie Dein letzter Brief der wie die Prinzessin im Johann v Paris seinen gnädigen Tag hat, wo er Alles auf die leichte Seite nimmt. Deine alte Adèle

Leider hat mein Freund der hiesige Stadtrichter, der mir die Vollmachtformel erst hier geschrieben hat, die nachher öffentlich vor Gericht anerkannt, besiegelt, unterschrieben wurde, den Brief von Groddeck verunstaltet, durch eine Randglosse wie ich schreiben sollte, nimm diese Arabeske meines zwanzigjährigen Verehrers u 10jährigen Freundes nicht gar zu hoch auf – ich trat noch an den Kinderschuhen aus als er schon ein *Esel* war.

[Randschrift Adeles:] Weigert sich Friedrichsen der Kosten, ists gut, so gewinnen wir die Theilung der erhöhten Rente, die Kosten der beiden Instanzen trägt ja ohnehin der Bauer.

*nicht schweigen:* In bezug auf den zweiten Band der »Welt als Wille und Vorstellung«.
*»schöne Aussicht«:* Arthurs neue Frankfurter Wohnung.
*Johann v. Paris:* Komische Oper von F. A. Boieldieu.

*192. Adele an Arthur*

Jena d. 24ten Nov.

Mein lieber Arthur
ich fühle dankbar wie gut Du es mit mir meinst, aber jetzt wo ich krank bin, lasse mich bitte nicht so viel detaillirte Zukunfts-Pläne

machen, nimm auch meine Worte nicht als gienge ich wie sie hier sagen *stante pede* nach Rom. Geirrt haben die Aerzte *vielleicht* da sie wie mir schien anfangs andre Drüsen für die Urheber meines Leidens genommen, vielleicht haben sie mir's auch blos *nicht sagen wollen*, u der Karlsbader ist damit heraus geplatzt. Immer wars beschlossen die lange Kur zu brauchen, das heißt 3 Kuren hinter einander, im Sommer aber, von Juny an halte ichs der *Hitze* wegen nicht aus, das haben wir ja probirt. Da kommt nun eben zu noch 2 Kuren u 4 wöchentlicher Zwischenzeit nichts anderes heraus als *eine Winterkur*. Da ich mich nun darin ergeben habe, so lasse mich doch nun um Gotteswillen in Ruh, und schreibe nicht wieder dagegen, schreibe, bitte jetzt nichts davon! –

Im Uebrigen mit Groddeck wollen wir es ruhig abwarten; es ist am Ende nicht so wichtig. Wegen der 2 Instanzen des Prozesses vergieb daß ich mich geirrt, kommt auch auf eins heraus, entweder Friedrichsen od. die Bauern bezahlen, will er nicht, so fällt sein Profit theilweis weg, also ists ganz egal.

Wegen dem Gutsverkauf steht es ja noch ganz in weitem Felde, u Du brauchst ja gar nicht mit zu verkaufen, ich wünschte Friedrichsen kaufte mir's ab, pressiren thue ich's nicht, 15 000 a $3\frac{1}{2}$ Prozent ist ein Zinsbetrag v. 525 Rth: das Gut trägt aber 445 nach Abzug d. Abgaben etc. also ist das sehr hoch angeschlagen, Du hast aber *ganz Recht*. Grundbesitz ist recht gut; wenn ich aber meinen Antheil verkaufen kan, mag sein wann es will, gebe ich das Geld sogleich *in die Rentenanstalt*, u darum wünsche ich zu verkaufen; verkaufe Du nicht. Was das Geld bei der Mertens betrifft, so kan ich es jetzt nicht herausnehmen, u habe Dir bereits die Ursachen gesagt, Dir auch persönlich versprochen den Finanzrath v. Waldungen zu consultiren. Sobald andres disponibles Kapital in meinen Händen ist, werde ich Deinem Rath folgen, aber ein paar Tausend oder *ein* Tausend muß ich immer disponibel behalten, da mich *Verkrüppelung*, *Blindheit* irgend ein Unglück treffen kan, und ich also Geld bedürfen kan, zu *Operationen*, zu *käuflicher Pflege*, u.s.f. Da Du mir nun *nicht* helfen würdest, *da ich Niemand habe*, der 500 oder 600 Rth für mich hergäbe, so muß für einen solchen traurigen Fall immer disponibles Geld da sein, denn obgleich ich trotz meiner Reisen Niemand was schuldig bin, habe ich für einen solchen Schlag kein Geld, u auf Freunde rechne ich *nicht*, Macht aber der Schwiegersohn der Mertens Bankrott, so kümmert mich das nicht, meine Forderung steht auf Sibille u die handelt nicht; und ihr Gut kan nicht bankrott machen. So lange die Frau 2 Häuser u 3 Güter u 2 Mühlen hat bin ich sicher, da sie nicht Kaufmann ist. Von Sentimentalitäten ist da gar nicht die Rede, es ist eine simple Berechnung. Aendert sich das so nehme ich gleich mein Geld fort, kaufe aber dann Staatspapiere od. gebe es auf irgendeine Art Hypothek, getheilt, nicht in *eine* Hand. Nimm aber den Fall lieber Arthur ich verlöre die 2000 Rth: so würde ich ärmlicher aber doch immer noch auskommen, das macht ja nur 100 Rth! Bitte warte *noch 1 Jahr*; dann wollen wir sehen.

Von nach Dresden ziehen ist nicht die Rede, ich schrieb von Berlin aus könte man im Sommer da hin, u das ist sehr leicht, auch sehe ich gar kein Unrecht darin, so lange ich keine Schulden mache. In Rom wäre die Mertens, aber das ist noch lange hin, wer weiß ob man es erlebt. Nach Weimar würde ich ziehen *hätte* ich Jugendfreunde dort, sie sind *Alle* fort, bis auf der Göthe alte Mutter und Schwester. Stirbt die Pogwisch so zieht Ulrike fort. Also habe ich Niemand als recht viele Bekannte da, – u sehr schmerzliche Erinnerungen. In Jena habe ich viel Freunde aber die Gesellschaft besteht aus lauter Soupers u Diners u Bälle, alles das darf ich nicht. Es giebt keine Miethwagen, u keine Portchaisen u da erkälte ich mich Abends im Winter, u leide dann sehr. Aber immer würde ich meine Sachen noch da lassen, da ein Zimmer so lächerlich wenig Miethe kostet, u gar keine *schnellen* Entschlüsse fassen. In Berlin habe ich sehr liebe Freunde, aus Jugend und Kindheit; Allwina Frommann, Heinrich Nicolovius, meinen alten Freund Leiß, Frau v. Schmeling Göthens Kusine, und immer einen der Götheschen Söhne. Also verkrümle ich mich nicht, wenn ich da hingehe.

Laß mich aber indem ich Dir dankbar die Hand reiche – (u nochmals bitte, schreibe jetzt *nicht*, mache mich nicht wieder konfus,) laß mich Dir *offen* sagen: Ein Mädchen ohne Familienbande, die altert u kränkelt ist *nie* und *nirgend glücklich*, das ist Alles vorbei. Ich werde über Verdienst ausgezeichnet, gehätschelt, geachtet, geliebt

– aber ich bin in doppelter Hinsicht *allein* – äußerlich *durch den Mangel an Familie, innerlich* – weil ich *anders* bin als alle Frauen die mir bis jetzt vorgekommen sind. Den Mann der mir am liebsten ist, u der mich sehr geliebt hat, mag ich nicht sehen, denn der ist weit von mir verheiratet, es soll da auch kein klein wenig Unrecht hinein, und *ist* auch nicht, u *war nicht*. Andre Männer sehe ich recht viel, es unterhält mich. Frauen sehe ich auch recht viele, aber verstehen thun sie mich nicht, u ich mag mich nicht aussprechen. Laß mich also meinen Weg stille so fort gehen, *was ich noch* will, das findet sich überall, da ich eigentlich von den Leuten weniger will als ich ihnen gebe. Wäre ich verheirathet wäre es vielleicht noch *viel schlimmer*, also! Deine Adèle

[Randschriften Adeles:] Wohlfeil werde ich auch nicht verkaufen, versteht sich.

Ehe ich Ende Januar fortreise nach Karlsb. schreibe ich Dir ganz gewiß.

*geliebt hat:* Osann.

193. *Adele an Arthur*

Jena d. 20[ten] Jan.

Lieber Arthur

Es thut mir herzlich leid Dich so geärgert zu haben. Ich hatte dir *erstlich blos* in Bezug auf Deine Aerztlichen Rathschläge schreiben wollen: Du mögtest mich jetzt gewähren lassen. Diese Bitte muß ich wiederhohlen, weil ich 3 Aerzte habe, und nicht Verstand, noch Charakter genug, um auch noch des vierten Rathschläge *auszuhalten;* ich danke Gott daß diese 3 die selbe Ansicht haben, u denselben Rath; als sie noch nicht ganz übereinstimmten u einer Hü u einer Hot wollte, gieng mirs übel, auch habe ich Ursachen diese Kur bis jetzt, in ihrem ersten Stadium, als *nicht* ohne Hoffnung zu beachten, – Daß ich bei meiner Rückkehr gerade durch die von Karlsbader Bädern herrührende Reizbarkeit zum 3[ten] mal im Leben den *Keuchhusten* bekam war fatal; aber ohne Bezug auf das *Hauptübel*. Indessen war es ein neuer Beweis: daß ein Winter-Aufenthalt in einer Stadt wo alle Gesellschaften mit Soupers enden, u man Nachts aus den heißen Zimmern zu Fuß nach Hause muß, weil es weder Wagen noch Portechaisen giebt, mir nicht ferner gut ist.

Also *das*, lieber Arthur, habe ich schreiben *wollen*, da Du nie die Geschwulst untersucht hast, kannst Du kein deutliches Bild meines Leidens haben, und ohne im mindesten an Deinem Talent für Medicin zu zweifeln, ists doch begreiflich, daß ich mich nicht durch Deinen, nicht auf directe Kenntniß der Krankheit basirten Rath irre machen lassen will, sondern die begonnene Cur fortsetze *da sie sich gut anläßt*. Es wäre leichtsinnig anders zu handeln, und Du selbst würdest mich tadeln in einer spätern Zeit, wenn ich vielleicht noch viel leiden muß. – Was das Gutsverhältniß betrifft habe ich allerdings $3\frac{1}{2}$ gelesen, u mehrere mal, vielleicht mit deshalb weil mir ganz deutlich schien daß *niemand* für einen bloßen *Antheil* eines Guts in *diesem* Theil Preußens, welcher noch kein Kataster hat, daher noch in seinem Grundbesitz einer traditionellen, oder willkührlichen Werthschätzung unterliegt, einen zu 3 Prozent berechneten Preis zahlen wird. – So weit aber sind wir noch gar nicht, daß es sich um Feststellung des Preises handelt, denn Gralatt räth mir die Mündungsdirection der Eisenbahn abzuwarten, weil wenn der Staat kauft solches zu den allerhöchsten Preisen geschieht und eine Möglichkeit ist, daß das nach Ohra hin gelegene Thor zu diesem Behuf erwählt wird. Worauf ich Gralatt geschrieben, ihm herzlich gedankt habe, versprochen habe seinem Rath zu folgen, und versucht habe seine Theilnahme für die Zukunft mir zu sichern. Denn Gralatt hat die große Güte gehabt die ganze Angelegenheit ernst u genau mit Abegg durchzusprechen, und vergewissert daß diese Einnahmen des Guts-Revenus immer u jeder Zeit, unter allen Umständen eine sichere ist, weshalb er auch sagt »Das Gut oder vielmehr der *Antheil* würde sich gewiß verkaufen, *aber* sehr fraglich sei ob zu so hohem Preise, als verhältnißmäßig jetzt die Einnahme sei«. Es ist vorläufig also blos erst die Eisenbahnrichtung abzuwarten da sie einige unserer Felder treffen kan, $2^{\text{tens}}$ Gralatt freundlich zu erhalten, $3^{\text{tens}}$ wenn unser Contract *bricht*, was durch den Verkauf einzelner Felder an den Staat entstünde, wieder miteinander zu überlegen was zu thun ist.

Uebrigens nach Gralatts Bericht glaube ich Dir rathen zu müssen *nicht* zu verkaufen. Ich dagegen habe 2 Kaufleute u Gutsbesitzer u 1 Juristen befragt, die alle 3 meine Lage kennen, sie rathen mir allerdings mich in die Rentenanstalt einzukaufen, jedoch, ein paar Tausend Thaler disponibel zu halten, bei meinem kränklichen Zustand, u der Wahrscheinlichkeit *später* in ein wärmeres Klima zu ziehen, od ziehen zu müssen, denn Lieber, ich habe *Niemand* der mir in solcher außergewöhnlichen Ausgabe beistünde, *Du* gar nicht! u deshalb wünsche ich meinen Gutsantheil zu verkaufen, um doch 2–3000 Rth in die Rentenanstalt zu geben – kurz, so viel *wie Du;* aber jetzt wie gesagt, ist auf geraume Zeit alles verschoben, bis zur Lösung der Eisenbahnfrage, und dann berathen wir uns abermals, jetzt ist es ja verlorene Mühe! Ueberdem, wenn Du nicht mit verkaufst, und findest daß ich *zu wohlfeil verkaufe*, so kanst *Du* ja den Kauf brechen, und selbst kaufen, Du hast dadurch weder an Vollmachten, noch Portos noch Briefen einen Pfennig mehr Ausgabe und vielleicht kannst Du auf gar keine sicherere Art Geld anlegen. Hätte ich so viel wie Du, ich hätte Dir längst Deinen Antheil abgekauft u mir fiele gar nicht im Traume ein, zu verkaufen. Ich wiederhohle jedoch, daß gar nichts darüber zu reden ist, bis die Eisenbahn bestimmt ist, u das werde ich seiner Zeit sogleich melden.

Vor sieben Jahren hast Du mir gerathen 1) in eine Familie einzutreten, weil ich dann wohlfeiler lebte u keine Magd brauchte! Wie entsetzlich wenn ich krank wie ich seit 3 Jahren bin, ohne Bedienung in einer Familie lebte!!

2) allerlei über meine Geldeintheilung. Ich habe nicht nur vollkommen ausgereicht, ich habe alle Schulden meiner Mutter bezahlt, u zu den 2500 Rth: noch 600 zugelegt, die *ich* an den *Memoiren* erworben, ich habe 5 mal Karlsbad, 1 Soolbad gebraucht – und *ausgereicht mit meiner Einnahme*. Habe ich Tadel verdient?

3) riethest Du mir Gouvernante bei unsern Prinzessinnen zu werden; abgesehen davon daß ich nicht einsehe, warum ich *dienen* sollte? hatte es die Schwierigkeit, daß beide derweilen nach Preußen geheirathet hatten, u die älteste eben das 3te Kind kriegte, wobei ich ihr unmöglich gute Lehren geben konte!

Ich halte Dich für einen zu tiefen, ich möchte sagen zu heiligen

Denker (denn es ist Dir ein so edler Ernst darum) als daß ich erwarten kan, daß Du die kleinen miserablen pecuniären u bürgerlichen Verhältnisse so durchdenken solltest wie andere practischere Menschen. Darum achte u ehre ich stes Deine Ansicht, bewundre Deinen Geist, mehr noch Deinen durchdringenden Verstand, oft sogar die wunderbare Poesie die in Deiner Anschauungsweise anbetungswürdig vortritt – in Geschäften *gemeiner* Art, folge ich Dir nicht unbedingt, ich frage *Männer vom Fach*. Den Beweis wird mein Tod Dir geben, daß ich mein kleines Vermögen besonnen verwaltet, *vermehrt* Dir hinterlassen werde. Ich habe noch keinen Rth: durch falsche Berechnung eingebüßt. In die Rentenanstalt hast Du zuerst Kapital eingelegt, u ich folge nur Deinem Rath u bestimten Willen, ich hätte es nicht gethan, weil ich Dir das Geld dadurch nicht lassen kan, aber Du selbst willst es.

[Randschriften Adeles:] Könte Jemand das *ganze* Gut kaufen das könte 15 000 Rth geben.

Es ist übrigens mein fester Wille allenfalls Jahre lang zu warten bis ich einen leidlichen Verkauf machen kan.

*Jena d. 20ten Jan.:* 1844.

*194. Arthur an Adele*

Liebe Adele!
Ich muß dagegen protestiren, daß Du sagst, ICH hätte Dir gerathen, Dein Land ZU VERKAUFEN, UM (1) das GELD DER RENTENANSTALT zu geben (2). DAS ist eine arge Verdrehung der Sache. Ich habe dir gerathen, das Geld von den Mertens oder Mühlens (3) wegzunehmen, als wo Du keine Sicherheit hast, und dann es der Rentenanstalt zu geben: und diesen Rath wiederhole ich noch AUF DAS ERNSTLICHSTE. Es ist eine LEERE AUSREDE (4), daß Du disponibles Kapital brauchst: man soll nie Kapital angreifen. Mit dem, womit man in gesunden Tagen auskommt, kommt man auch in kranken aus: für dringende Fälle legt man einen Spaarpfennig zurück (5), oder hat auch wohl irgendein KLEINOD (6).

Die Ohra hingegen giebt die größtmöglichste Sicherheit: bloß die Entfernung macht die Sache mißlich: aber da Du Freunde hast, welche Dich eifrig daselbst vertreten, hebt sich Das für Dich auf; für mich aber nur, so lange Du lebst: Daher werde ich nie Deinen Antheil kaufen. Die Thorheit Deinen Antheil zu verkaufen, wäre umso größer, wenn Du es nur zum Tarif v 3 1/2 pC. thätest, da die Rentenanstalt, nach dem neuen Satz, der 5ten Klasse jetzt nur 4% giebt, welches so langsam steigt, daß es bei mir erst 1839 nur um 2 sgr für hundert Rth. gestiegen ist. Wenn Du also sagst, daß Du nur »auf meinen Rath und bestimmten Willen« (7) jene Operation machen willst, so hast Du sie seyn zu lassen: denn ich rathe ganz und gar davon ab. – Auch paßt Deine Versicherung sehr lächerlich dazu (8), daß Du meinst, ich wäre zu praktischen Dingen wie Geldaffären untauglich: Du hast also vergessen, wie ich mich darin schon hervorgethan und mit den Practicis fertig zu werden gewußt habe.

Für die schönen Flatterien, die Du mir sagst, werde ich Dir ein Exemplar meines voluminosen gegen Ostern erscheinenden Werkes verehren. Gute Besserung! A. Schopenhauer

*Frankfurt a. M.* d. 26. *Jan^r* 1844. (9)

P. S. Ich habe Friedrichsen geschrieben, er möchte Groddeck fragen, ob Das mit Deiner General-Vollmacht für mich so angienge und was dabei zu beobachten: Die Antwort gelegentlich zu geben. Ich bin dazu erbötig und würde doch immer erst bei Dir anfragen, wenn was käme.

Diesen ganzen Winter thue ich nichts, als korrigieren: Ich glaube, daß 5 Setzer an meiner Sache immerwährend arbeiten. 80 sehr große Bogen werden in 4 Monaten gedruckt! Ist noch alles EIN GEHEIMNISS: also reinen Mund!

»Den Teufel merkt das Völkchen nie.
Und wenn er sie beim Kragen hätte«.

Heute habe ich einen freien Tag, expedire also meine Vollmacht und Brief (10).

[Kommentare Adeles:]

(1) habe ich nicht gesagt

(2) steht nicht in m. Briefe!

(3) Ersterer ist todt, zweiten kenne ich nicht. Da ich die Sache welche das Geld betrifft 3 mal geschrieben habe so lies nach. *Madame* Mertens, die *nicht* Banquier ist hat es, sie ist auch nicht Kaufmann, u. darin besteht die Sicherheit, sie ist auch keine Verschwenderin, u. das ist Sicherheit so lange *sie lebt* länger nicht.

(4) *wozu?* für wen?

(5) wenn man einen *hat.*

(6) habe keins, sonst wüßtest Du es, seit Mutters Tod, ich lüge nicht! ich hätte dirs gestanden.

(7) wollte ich mich *einkaufen, nicht verkaufen*, das sagte ich, sonst wär es ja Unsinn!

(8) Bei d. Tarif v. $3\frac{1}{2}$ also wäre der Gutserlös: 4500 Rth: à 4 Procent hätte ich in d. Anstalt (garantirt) in *Berlin* 180 Rth Einnahmen, also 30 mehr. In *Oestreich* Staatspapier hätte ich à 5 : 250 Rth:, *in Sachsen* à $4^1/_2$ (garantirt) $192^1/_2$ Rth: statt jetzt 151 Rth 20 Sg. *rechne selbst.* Du aber verlierst nur die 150 Rth Einnahme nach meinem Tode. Nebenbei war meine Absicht mich, da ich Geld erwerbe, so einzurichten, *daß Du einst* statt 2000 Rth: bei *Madame* Mertens stehend 3000 erben solltest, u. gedachte Dir so die 1000 zu vergüten, falls es einst *in Jahren zum Gutsverkauf käme*, aber Deine Eile, wo ich doch hier krank liege und *nichts* kaufe noch verkaufe, hat mich angewidert, u. Italien ändert alles!

(9) Ich habe nicht vergessen, daß Du bei Abegg u. Muhl Dein Vermögen gerettet, auch nicht daß Du das in Danzig stehende Rentengeld Dir u. uns gerettet hast. Aber auch nicht, daß Du dann doch an 30000 Rth. haben müßtest – wenn Du nicht durch Speculationen verloren, wie Du mir sagtest.

(10) Die Friedrich'sche Antw. hat Zeit bis Ende Mai, wo meine Kur endet, u. diese fieberhafte Reizbarkeit aufgehört hat – ich *kann* jetzt nichts.

In Bezug auf Oestreich: ich kenne die Verhältnisse, u. Leute v. Fach. Die 5 *percent.* Staatsp. sollen seit 7 Jahren auf 4 p.c.v. Staat reduziert werden, *Thiers* Kriegsmarine hinderte es; So lange nicht *jeder* Anschein d Möglk: eines Krieges schwindet, kommen sie nicht auf 4 p.c., das wäre dann das Schlimmste hier, das Beste bei uns! sie stehen *al. par.*

(1): Die eingeklammerten Zahlen verweisen auf die unten angeschlossenen Kommentare, mit denen Adele den Brief versehen hat.
*voluminosen ... Werkes:* »Die Welt als Wille und Vorstellung«, zweite Auflage, Leipzig 1844.
*»Den Teufel ...«:* Frei nach Goethe, Faust I, V. 2182 f.

195. *Adele an Arthur*

Carlsbad d. 3ten Februar.

Lieber Arthur
da Du *trotz* meiner Bitte schreibst, bemerke ich, *künftige Briefe* hieher gehen uneröffnet an m. Sachwalter, da ich nicht schreiben darf, u nicht Briefe lesen die mich aufregen, nach des Doctors Willen, der mich kränker fand heute, u andres als *Geschäft* kan bis *Mai* warten wo ich nach Jena komme u mich melden will.

Bedaure Deinen Rath *nicht* annehmen zu können. Du hast *nicht geschrieben, ich sollte das Gut verkaufen* um das Geld in die Rentenanstalt *zu thun*, denn Du betrachtest dies Geld als sichres Erbtheil! *Du hast gerathen das Geld was jetzt bei Frau Mertens steht, in die Rentenanstalt zu geben*, erstens weil es nur *2000* sind, u Du doch Dir vorwirfst 3000 hingegeben zu haben, anderntheils, weil Du es *nicht* für sicher hältst, weder für mich – *noch für Dich!* – An Kranke sollte man etwas *vorsichtig* schreiben: Ich habe diesmal *gut* gelesen.

Adèle

Ich »verdrehe nicht« u mache in meinen *mich* allein betreffenden Angelegenheiten keine »leere Ausflüchte«, ich *habe* aber auch nicht geschrieben, was Du sagst, lies bitte selbst nach! Wegen der Anstalt, würde ich mich *immer erst genau erkundigen*; sie legt ja im Februar wohl Rechnung ab, alle Jahr. Du hast Deine Ansicht sehr geändert; im vorigen Januar sollte sie bis 50 Procent steigen können, da muß das ja ein Alter von 200 Jahren erfordern!

So eben erklärt d. Arzt 1) einen Auffenthalt in Jena für schädlich für das Drüsenübel. 2) einen Auffenthalt im *Süden* für nöthig u räth Venedig an, nöthigenfalls auch Mailand od. Genua, aber wo möglich für *immer!* Dazu soll ich aber entschieden mit d. Einnahme auskommen, auch beim *Umzug*, u entschieden das Gut behalten, also: *alles Geld in Preußen haben??* Eine sehr eigene financielle Ansicht, die ich jetzt *nicht* erwiedern kan. Uebrigens könte ich ja wenn ich wollte nach dem Gutsverkauf, wo ich dann mehr freies Kapital hätte eben so gut das Kaufgeld theilweis in Staatspapieren nehmen, und etwas davon zu den 2000 Rth der Mertens legen u mich wie Du mit 3000 Rth: in eine Anstalt einkaufen. Ich habe nie gesagt ich wolle durchaus das Geld bei ihr *lassen*, sondern *nur:* ich wolle einige Tausend disponibel haben.

Kleinodien welche von so hohem Werth sind daß ich einen Umzug nach Italien machen könte, hat nach Vaters Tod auch die Mutter nie besessen. Ich glaube aber Dir sehr deutlich geschrieben zu haben, die Eisenbahndirection müsse abgewartet werden. Also beruhige Dich, ich habe Dir blos vorläufig die Sache als *Plan* mitgetheilt, aber *bis* ich *mehr* Kapital habe bleibt für jetzt die Summe v. 2000 Rth disponibel, darüber verliere ferner kein Wort.

*Einen Tag später*
Lieber Arthur!
Ich habe 12 Stunden in *heftigstem* Fieber gelegen. Du siehst daß der Arzt Recht hat mir während dieses Zustandes Briefe zu verbieten. Die Deinen schaden mir fast immer, sogar wenn ich gesund bin.

Sollte meine gestrige Antwort Dir Unrecht thun so bedauere ich es, aber Du *mußt es als Folge dieses Zustands nehmen!* Jedenfalls hast Du nun über u über Deine Meinung gesagt, und bitte mir nun Ruhe zu lassen! Deinen Rath hast Du gegeben, u also Deiner Pflicht völlig genügt, und als Mann dächte ich müßte Dir fatal sein immer wie ein Weib Dasselbe zu schreiben. Es ist nun genug, sei doch nicht so unvorsichtig. Adèle.

*196. Adele an Arthur*

Jena den 10[ten] 6/44

Seit 4 Tagen, lieber Arthur, bin ich zurück, und unglaublich angegriffen doch mit großer Hoffnung bei fortdauernder Schmelzung der Drüsen entweder gänzliche Heilung, od einige freie Jahre errungen zu haben. –

Die Eisenbahn geht *in Danzig nach Ohra* zu, ich habe geschrieben an Abegg, u werde melden wenn etwas vorfällt, *darauf verlasse Dich*. Da unsre Tante 71 Jahre alt ist, und leicht während meines Winteraufenthalts in Rom sterben kan, vermuthlich dann Schulden halber die Erbschaft *nicht* anzutreten ist, auch bei etwa eignem Verkauf einiger Äcker an den Staat, Verhandlungen mit Friedrichsen entstehen, die jeder Idee einstigen Verkaufs *voran*gehen, so habe ich, weil es für Dich besser ist, vorläufig Abegg gefragt, ob er eine Generalvollmacht von mir will, anstatt den Gedanken festzuhalten, sie Dir zu geben. Wir wollen nun sehen was er sagt, bei der Tante Tod muß es Jemand an Ort u Stelle sein. Ich habe bestimmt alles Geschäftliche dann immer an Grodeck zu geben, wodurch Du in ein und demselben Briefe an Letzteren Alles *in beiden Fällen* abmachen kannst. Sehr übel daß die Actien-Schwindelei der Posener Bahn die Aussicht auf Verkauf fast vernichtet, jeder legt dort sein Kapital an, sehr gut für *Deine* Ansicht nur für meine nicht!

Gestern erhielt ich Dein Buch – leider bin ich noch zu geistesschwach; unter ein paar Wochen mag ich nichts Gutes lesen, ich habe meine Kräfte überboten – leben werde ich. – Im Septemb. verlasse ich Deutschl. aber erst auf ein halb Jahr od. 8 Monat. Ich gehe nach *Genua*, von dort mit der *Mertens* nach *Rom*, nach der heiligen Woche kehre ich wieder zurück, u dann wird sich's entscheiden, ob ich *ganz* fortbleiben muß.

Lebewohl, ich bin zu matt; habe tausend Dank fürs Buch, ich schreibe sobald ichs gelesen. Deine Adèle.

Auch wenn mir Abegg antwortet, u wenn ich durch Gralatt etwas wegen dem Verkauf erfahre melde ich's augenblicklich u ganz genau.

197. *Adele an Arthur*

Weimar, Goethes Haus, August 16, 44.

Lieber Arthur,
obschon ich nicht habe erfahren können ob das Ueberschwemmungs Unglück direct unser Gut betroffen, schwindet durch dasselbe vorläufig *jede* Aussicht eines günstigen Verkaufs. Dein Wunsch ist also erfüllt, ich kan bei dieser Lage der Dinge nicht hoffen einen *leidlichen* Preis zu erhalten. Die Eisenbahnkauffrage wird erst nächstes Früjahr erledigt. Meine Vollmacht in Bezug auf den Verkauf an die Regierung behufs der Eisenbahn habe ich an Kommerzienrath Abegg, gerichtlich gegeben. Eben so meine Vollmacht in einer möglichen Erbschaftsangelegenheit auf den Todesfall unserer (in Danzig lebenden) Tante Trosiener. Du hast also auf beide Fälle an Abegg Dich zu wenden, was eine Erleichterung und Hilfe sein wird für Dich.

Den 4.–12ten Septemb. gehe ich nach Genua, ich werde zur Mertens gehen, ich komme gegen Johanni 1845 wieder. – Auf der Post wechsle ich nur mit Wagen u Eisenbahn, werde nicht zu Dir können, Dir aber die Stunde u den Tag melden, falls Du kommen kannst; was mich sehr freuen wird. Ich gehe gleich weiter nach Heidelberg, oder p. Eisenbahn nach Mainz um Abends in Heidelb. zu sein, d. folgenden Tag nach Basel.

Dein sehr geistreiches Buch hat erstl durch Styl, Schreibart u Darstellung mich sehr erfreut, Dein System kante ich, weil ich das frühere Buch gelesen. Vielleicht theilte ich Deinen Glauben an die Seelenwanderung, wäre ich nicht v. Kindheit auf mit Menschen umgeben gewesen, die ihn hatten! Es erhob sich ein innerer Widerstand, scharf u fest dachte ich weiter, meine Ansicht scheidet sich auf mehreren Punkten von der Deinen, aber sie ist ihr nicht fremd. – Ueberraschend war mir der Gedanke der *Möglichkeit* die endlose Reihe aufgedrungener Existenzen los zu werden, aber wo liegt ein Beweis? Im Buch überhaupt nichts davon, u Du selbst stellst diese Idee blos als Möglichkeit auf. Da ich nicht gern lebte, *nie*, so wäre mir das sehr tröstlich, aber ich glaube nicht, daß diese Kette zu brechen ist. –

Die Einzelnheiten sind sehr schön und besonnen gearbeitet. Ich hätte Deine Beobachtungen noch ergänzen helfen, hätte ich sie geahnt. Z.B. über *körperl.* und *intellektuelle geerbte Aehnlichkeit!* Die Kreuzungen v. Groß*onkel* u Groß*tante* zu Groß*neffe* u Groß*nichte*; (schade das hast Du übersehen). Dann der *Sprung* u die *Modifikation* der Geisteskräfte in Talent u wissenschaftlichem Streben, v. *Großvater* zu *Enkel*; – mit vielen 100 Beispielen – ich habe 5–6 Jahre durch die letzten 2 Jahrhunderte u dann in der lebenden Generation sie gesammelt, jetzt habe ich diese Beobachtungen alle nicht mehr; ich that es einem Arzt zu liebe, mit dem ich sehr befreundet. – Mich freute Dir auf dem von mir durchfurchten Felde zu begegnen. (Bei der Geschlechtsliebe hast Du Sympathie zwischen Menschen vergessen, in Freundschaften auch, oder davon wenig Erwähnung gethan, zwischen Menschen u Thieren gar nicht glaube ich) – (überhaupt könte man noch 10 Bände schreiben!) – Ich danke sehr herzlich: ich lese sehr oft in dem Buch. Einen so schrecklichen Eindruck macht' es nicht, wenn ich davon erzählte, z.B. dem Erbgroßherzog *gar* nicht, es interessierte ihn sehr; die letzten zehn Jahre haben die Menschen gewöhnt dergl. zu hören, es beunruhigt sie nicht, besonders nicht in wissenschaftlicher Form, es ergreift sie aber auch nicht, denn sie hören es wie jedes andere philosophische System, als einen Beweiß der mit ihnen *persönlich* nichts gemein hat! – Dergl. Erscheinungen sind eigentlich sehr drollig. Ich werde Dein Buch oft lesen, mitnehmen kann ich es nicht. Vieles was ich darüber denke kan ich nicht schreiben, noch andres nicht sagen, weil ich *Dich* zu wenig kenne.

Im Ganzen waren mir alle diese Ansichten *keineswegs fremd*, theils kante ich sie durch Dich selbst, theils hatte ich sie aus mir, theils durch Gespräche mit Naturkundigen. Sie waren nicht alle die meinen, aber sie ließen sich den meinen anknüpfen. Nochmals u wieder meinen Dank. Ich schreibe noch 2 Tage vor meiner Abreise. Deine Adèle.

*198. Adele an Arthur*

Florenz den 14ten Oct.

Lieber Arthur,
Obgleich ich keine Antwort von Dir hatte, hätte ich gewiß nicht m. Reise angetreten, ohne Dir genau Tag u Stunde anzugeben, aber eine besondere Fatalität schien über meinem Paß zu walten, d. Bekanntmachung d. Schweitzer zwang mich bis zum 10ten Abends die Farth *ungewiß* zu lassen, da der Paß in Leipzig war, und am 11ten *früh 6 Uhr* fuhr ich ab, u *durch* Frankf. durch nach Mainz, immer zu, bis *Basel*. – Somit habe ich keine Minute in Frankf. gehabt, um Dich zu sehen. Das Nöthigste ist nun jedoch Dir zu sagen, daß ich meinen Koffer mit Silberzeug u den kleinen Schmucksachen die ich nicht mitnahm, bei Friedrich Frommann in *Jena* deponirt habe, auf den Fall meines *Todes*; ferner daß ich ihm 50 Rth: gegeben um m. Haus-Zins u kleine Schulden im selben Fall zu bezahlen u endlich, daß er mein Conto-Cur: u meine Papiere für das bei der Frau Mertens stehende Kapital Dir (auf diesen Fall meines Sterbens) *hier* geben würde, das er auch hat; u daß ich *kein* Testament gemacht habe, Dich aber bitte: mit d. Kapital bei d. Mertens, dem Gutsantheil u dem Silber Dich dann als Erbschaft zu begnügen u meinen Freundinnen: Louise Wolff, Sibille Mertens, Ottilie v. Goethe, u Allwine Frommann das Uebrige, bestehend aus Kunstsachen Kleidern Wäsche u Möbel, zu lassen zur Theilung, denn der Verkauf in Jena würde nicht lohnen, Du bekämst gar wenig u so gewähren die kleinen Andenken den Freunden verhältnißmäßig weit mehr, als Dir durch den Verkauf od Transport würde. Ich wünsche alles was sich Geschriebenes vorfindet an Louise Wolff zum Vernichten zu geben. Dies Alles aber bester Arthur, gilt blos wenn Du eine gerichtliche Versicherung meines Todes erhälst, natürlich würde Herr Frommann einem bloßen Gerücht zu Folge Dir von dem Allen *nichts* geben. Ich bin durch die Schweitz über d. Gotthart, Pavia, Mailand nach Genua gereist, dort habe ich mich an die Mertens geschlossen, den 9ten bin ich zur See nach Livorno, p. Eisenbahn nach Pisa, jetzt in Florenz wo ich vorläufig bleibe bis ich Alles erfahre, ob 8–12 Tage weiß ich nicht. Addresse kan ich nicht geben bei der Unsicherheit, aber Frommann in Jena u Herr Abegg

in Danzig welcher Letztere General Vollmacht hat für Danzig und Ohra werden alles Geschäftliche abmachen, u wenn ich in Rom bin melde ich es Dir. Behüte Dich der Himmel vor Krankheit u jedem Unglück. Treulichst Deine Adèle

Ich hoffe lieber Arthur Du vergißt das Ueberschriebene, es liegt darin daß ich Dir gern klar machen wollte daß Du von Frommann keine Art Rechenschaft zu fordern hättest, wenn ich stürbe, daß ferner alles dies blos für diese momentane Entfernung so eingerichtet ist, u ich Dir nicht etwa einen Auftrag gebe, sondern Dich nur benachrichtige daß ich Dich als meinen Erben sicher gestellt habe daß nichts Dir verloren gehen kan, von allem was ich hinterlasse, falls ich hier sterbe.

199. *Adele an Arthur*

Neapel den 30sten Decemb.

Deine Prophezeiung, lieber Arthur, daß mich Rom langweilen werde ist an mir und meinen Freunden zu Schanden geworden, ich habe fast zwei Jahr mit stets sich erneuendem Interesse dort verlebt, und sogar hier *weiß* ich noch wie schön es ist, obschon ich zum dauernden Aufenthalt Neapel vorzöge. Von Genua aus, dem ersten Ort in dem ich in Italien weilte schrieb ich Dir; später einmal von Rom, heute am Schluß des Jahres wie an der Schwelle meines Aufenthalts hier, begrüße ich Dich nochmals. Obschon ich nicht ganz genesen, bin ich doch vom eigentlichen Druck meiner Krankheit frei geworden, und denke *nach* einem kurzen letzten Aufenthalt in Rom während dessen ich nochmals alle Privatsammlungen ernstlich zu studieren und wiederhohlt zu sehen habe, erst auf 4 Wochen nochmals nach Florenz, dann aber in den ersten Tagen April nach Deutschland, und zwar zunächst von Straßburg nach Bonn um meinen Freund Wolff zu consultiren und Abrede mit ihm zu nehmen der ferneren Gestaltung meines Lebens wegen, da mir jeder Aufenthalt in Jena verboten ist, der Drüsen wegen.

Seit 4 Monaten bin ich hier mit Goethens. Leider ist Wolf nicht hergestellt, und bisher schwer zu sagen ob ihm Italien genützt! ob es mehr als Palliativ gewirkt, die Wassercur soll ihn nun im Frühjahr kräftigen, dann wird man erst sehen, was dann wirklich erreicht ist. Das Leiden zu sehen, ist eine höchst betrübte Geschichte!

Ueber Italien werde ich wohl niemals viel reden, ich fühle den sehr großen Einfluß den es auf meine ganze Seele gehabt, es hat mich von mir selbst gelöst, und ganz andre Interessen u Ideen in mir geweckt. Daß mir die Kunst so viel gewähren könne wußte ich nicht. Manches habe ich gelernt, vieles bleibt zu verarbeiten; andres muß erst klar werden.

Hätte ich mehr Geld so würde ich wohl vorziehen in Italien zu leben, denn ich fühle daß ich auf die Länge doch die Nordische Kälte nicht ertragen kan, wird mir doch dieser kalte Winter hier unsäglich schwer! – Die große Cur welcher ich mich in Carlsbad unterzog, hat meine Constitution ganz verändert, ich bedarf sehr vieler Wärme. Ohnedies bin ich nun in das Alter getreten wo äußere Dinge höher gelten, Gegend, freier Genuß abwechselnder Interessen, archäologische und künstlerische vom Leben, nicht vom Buch gegebene Anklänge, die dann, eine lange Ideenreihe wecken, haben allerlei neue Freuden. Einen Rafael zu sehen thut mir wohl, und die wundervolle Luftklarheit, Meer, Inseln, Golf u Vegetation thuen mir wieder recht sehr wohl, ohne mich nachträglich zu verletzen.

Ottilie behauptet Bilder ersetzten mir die Menschen – sehr möglich. Das Gefühl der Schönheit ist ein sanftes Glück, und in der Kunst bleibt es ungetrübt. Ich habe tüchtig Italienisch gelernt, und in Neapel würde ich auch einen sehr hübschen Umgang haben, die Bildung ist eine gar andere hier als in Rom. Dort ist ein gewisses Badeleben der Fremden, eine Landsmannschaft der Deutschen welcher alle unsre Nationalfehler anhangen, Neapel ist fast so groß wie Paris, so ein 16 bis 20 Tausend Fremde machen wenig, darum ist mirs lieber. Sollte ich jedoch wiederkommen, so kann ich nur mich ganz niederlassen, und leider sehe ich keine Möglichkeit mit meinen Renten hier zu leben, und könte doch hier nichts erwerben. Ich konte daher nur so lange bleiben als mein erworbnes Geld reichte und nun muß ich mich in mein Schicksal fügen. Mit der Mertens auf immer leben geht nicht, weil sie meine Freiheit beeinträchtigt und dazu bin ich zu alt, und habe zu lange eigne Wirtschaft geführt. Sie ist jetzt der Erbschaftsangelegenheiten in Deutschland. Ich blieb ein Jahr bei ihr. Nachher wohnte ich allein.

Bis heran ist in unsern Gutsangelegenheiten nichts vorgefallen, Abegg hat mir stets *a tempo* Geld geschickt, nun erwarte ich es wieder. Ich muß durchaus suchen mein Einkommen zu steigern weiß aber noch nicht wie. – Möge Dich dies Blatt heiter und wohlauf finden, bis Ende Februar (13 Tage geht ein Brief) findet mich jede Nachricht in Rom *»via della Stamperia No. 4, piano I«*. Sobald dieser Anfall von Gesichtschmerz des armen Wolf vorüber, ist unsre Absicht nach Rom zurück. Göthens waren den Sommer über in Ischia, ich theils im Albaner Gebirg theils in Frascati von wo aus ich Ende August nach den ersten Regengüssen nach Neapel gieng. Da es alles anders war zu Deiner Zeit muß Dir meine hiesige Existenz etwas seltsam erscheinen; sie ist es jedoch durchaus nicht. Lebe herzlich wohl Deine Adèle.

Nochmals bitte ich Dich um endliche Nachricht, daß Dich Goethens gesprochen war die allerletzte die ich hatte.

*Neapel den 30ten Decemb.:* 1846.
*Von Genua aus:* Wahrscheinlich eine Verwechslung mit Florenz (Brief Nr. 198). Ein Brief aus Genua ist jedenfalls ebensowenig erhalten wie einer aus Rom.

*200. Adele an Arthur*

Bonn d. 2ten October

Die Abschriften des Pachtcontracts habe ich erhalten, da leider nur sehr allgemeines darin, so wird nun in Danzig sich erkundigt, allein Du mußt doch durchaus entweder Papiere über die Parzellen, oder die genauern Grenzen, Flächen-Inhalt, Abgaben etc., wenigstens alte Jahres-Rechnungen v. Labes haben. Wir können noch nicht einmal erfahren wie viel Morgen zu einer Hufe gehören!

(nach 94 Messung). Da im Augenblick Gelegenheit zum Verkauf ist, und ich *hoffe* Dir dann Deine gewünschte Summe von Staatspapieren, welche die Rente v 100 Rth geben zu schaffen, so schaffe Du wenigstens die Papiere welche Du hast herbei; es kostet mich zahllose Briefe und Portos von Danzig. Es ist bereits an Md. Stattmiller geschrieben wie viel sie für ihren Antheil haben will. Wäre ich vor 2 Jahren wie Du in Deutschland gewesen! Da war der *rechte* Moment, jetzt fallen die Güter. So wie ich wieder in Italien bin kan *ich* nichts mehr thun in der Sache, jetzt will ich das mögliche versuchen, aber ich bedarf von Dir eine schriftliche Notiz daß Du Deinen Theil für so viel Staatspapiere als 100 Rth Prozent tragen geben willst, u das Papier ähnlichen Inhalts von der Stattmiller, und dann will ich handeln, dann natürlich wird *sehr* schwer so viel zu bekommen. Meine Tage hier sind gezählt bricht der Krieg nicht aus, so gehe ich noch im October, u muß dann die Sachen meinen Freunden zu thun überlassen, die ich jetzt mit ihnen mache; Du solltest Gott danken daß bei der Gelegenheit Dein Wunsch berücksichtigt, Kosten u Arbeit für Dich getragen werden von mir, u mir nicht durch die Zurückhaltung von Papieren welche den Käufern eine vorläufige Uebersicht geben, von dem was sie kaufen wollen, die Sachen erschweren. Die Leute wollen blos mit mir unterhandeln, mündlich, darum muß ich Alles besorgen. Adele

Addresse bei Md. Mertens-Schaaffhausen, Bonn a. Rh.

Kommt es zum Abschluß so hast Du natürlich nicht eher etwas zu unterschreiben als bis die Staatspapiere von Dir auf d. Tisch liegen. Eben so möchte ich es mit d. Stattmiller, wenn sie nur eine Summe ganz *fest* bestimmt. Die Uebertragungskosten muß glaube ich d. Käufer tragen, im Hypotheken-Buch so weit sind wir noch lange nicht. Ueberhaupt verspreche ich Dir nicht daß mir der Verkauf glücken wird, ich habe aber dann das Meinige gethan, für Dich und mich. Mislingt es, dann thue Du später das Deine und hilf Du Dir selbst, denn später kan ich nicht. Trotz meiner Vollmacht hat Abegg nicht im rechten Moment verkauft, weil er eben selbst seine Persönlichen Geschäfte hat. Daß Du die Papiere, namentlich Rechnungen hast welche eine Uebersicht geben weiß ich da ich sie Dir immer sandte, ich glaube Du hast auch Stattmillers Pachtfestellung denn in Mutters Nachlaß war sie nicht, eine neue Abschrift würde enorm kosten, u die Leute würden der Sache müde, wo anders um Danzig herum Grund kaufen. – Also gieb Dich ein wenig an das Suchen, und sende mir die Papiere. Geht der Handel zurück, so gebe ich Dir Deine Papiere sogleich wieder. Weißt Du ganz gewiß daß Friedrichsen die Bedingung im Contract die 300 Rth zu löschen welche auf s. Frauen 9[tel] standen, welches für Haltung des Vertrages bürgt *gehalten?* Sonst ist der Contract Null.

*Bonn d. 2[ten] October:* 1847.
*unterhandeln:* Vgl. Brief Nr. 201.

201. *Adele an Arthur*

Bonn den 30[ten] Juny

Vielleicht hast Du bereits von Andern gehört daß mich die Italienischen und Deutschen Zustände veranlaßt haben vorläufig nach Bonn zurückzukehren. Solltest Du mir irgend etwas auf unsere Gutsantheile Bezügliches zu melden haben trifft mich die Nachricht hier, wo ich still und ruhig in einem *ganz kleinen* Privatlogis bei Professor Nicolovius den Gang der Ereignisse abwarte. Nach Italien kamen weder Zeitungen noch Briefe, noch wurde von irgend einem Bankier Geld auf Wechsel oder Creditbrief gezahlt. *Das* zwang mich zur Rückkehr. Ich bin übrigens in Florenz am Tode gewesen, das Klima bekam mir nicht.

In Bezug auf den von mir Dir früher gemachten Verkaufsvorschlag (Deines Gutsantheils) hatte ich Dir nichts zu schreiben, Dein damaliger Brief veranlaßte Fr. Mertens *sogleich* zum Rücktritt, sie hatte Geld unterzubringen und wollte Deinen Antheil kaufen; erklärte jedoch mit mißtrauischen Leuten keine Geschäfte machen zu wollen. *Ich* konte der Mertens nichts verkaufen, weil ihre Kinder auch mißtrauisch sind, und man nach ihrem Tode, wenn sie früher sterben sollte als ich, glauben würde, sie hätte mir heimlich große Vortheile gegeben, ich hatte wie Du seit Jahren weißt, den Plan und die Hoffnung meinen Antheil auf Leibrente zu geben, und da Du mir immer gesagt: *Deine* Einnahme könne *gefährdet* werden, wenn ich verkaufte, da *meine* Freunde die Besorgung für uns Beide übernommen hätten, wollte ich Dich sicherstellen. Die Umstände wurden nun in Deutschland so daß *weder* an Verkauf, noch an Leibrente zu denken ist; und ich mußte meinen Plan aufgeben; Du hättest indessen verkauft gehabt.

Daß Du mir die Papiere verweigertest welche ich bedurfte, war thörigt, ich konte mir ja eine Abschrift kommen lassen! Sie in Frankfurt einsehen, war eine Sache von welcher nicht die Rede sein konte, da ich gar nicht die Absicht hatte nach Frankfurt zu gehen, und auch nicht hingekommen bin.

Es ist jetzt gar nichts zu thun als den Lauf der Dinge abzuwarten, ich glaube Herrn Abegg in Berlin, als Deputirter; und da hat er für uns keine Zeit. Gegen Dich aber glaube ich meine Pflicht mit jenem Vorschlag nun abgetragen, ich hatte es gut gemeint, Du schriebst mir argwöhnisch, grob, und die Mertens erklärte sogleich nun habe sie die Lust verloren; mögest Du in den bösen Zeiten keine Ursache zur Reue haben, es kan recht sehr schlimm kommen in jener Gegend. Indem ich Dir ruhig und ohne alles Nachtragen Deiner Unfreundlichkeit das Beste wünsche und gönne, bitte nochmals mich mit jedem Auftrag an Herrn Abegg *für jetzt* zu verschonen; sollte ich irgend eine Nachricht erhalten die uns nützen kann, so werde ich Dir *sogleich* sie mittheilen, davon sei überzeugt. Adele

*Bonn den 30ten Juny:* 1848.
*Deutschen Zustände:* Die Revolution von 1848.

202. *Adele an Arthur*

Bonn den 26ten July

Ich sende dankend Friedrichs Schreiben, und bin *ganz entschieden Deiner Meinung*. Herr Friedr. hat mehrere ganz treffliche Jahre gehabt und auch vermuthlich manchen Pacht erhöht; auch hat er darauf zu sehen, daß die Pächter nicht die Grundstücke vernachlässigen und den säumigen zu künden, bleibt nun nachher Unzahlfähigkeit so fallen die Häuser, da Grundboden den Bau nachzieht ohnehin an uns, und *mit* Haus kan man besser verpachten als ohne. Thörigt wäre zu seinen Gunsten den Vortheil aufgeben, damit *er* den Pacht zahlt; er mag der bessern wegen ein knappes Jahr tragen.

Ich höre zum erstenmal von der Existenz eines Dorfes, bisher hat man mir immer gesagt »wir hätten gar keine Gebäude, es wären von den Pächtern einzelne Häuser erbaut.«, man hat mir ferner gesagt »die Mühlen hätten wir zum Ausschöpfen bauen müssen eh' die Weichsel sich ein *anderes* Bett suchte«, wie kamen wir denn also dazu, *jetzt* und zu *welchem Behuf* einen Mühlenanbau zu tragen wenn wir keinen Antheil an Dorf und Häusern haben?

Ich bin da ich die nähern Verhältnisse gar nicht kenne, und jetzt alle Pacht-Erbpacht und anderen Teritorial-Gesetze *geändert* werden, *nicht* gesonnen der Gemeine das Recht zu *Erb*-Pacht eines Stück Wiesen-Landes zu geben. *Ohne Vollmacht kan* es H. Fr. nicht thun, darin hat er Recht. Das Stück um welches wir mit Dietrich processirt haben, hat er damals zu *seinem Vortheil*, mit Deiner darin inclus. Bedingung *»kein Geld zur dritten Instanz* zu geben«, auf Erbpacht gegeben, und den Kauf-Schilling als Kostenersatz behalten. Du hast damals, glaube ich, Unrecht gehabt, und ihm *unbewußt* einen Vortheil zugesprochen, es ist aber zu spät das nun aufzunehmen: weil Du schriebst »er möge auf seine Kosten in die dritte Instanz gehen« that er's, *gewann* – und strich das Sümmchen ein; gab auf Erbpacht, allein gewissermaaßen mit unsrer Zustimmung und zählte den Kaufschilling als Ersatzgeld für Kosten die er hätte haben können, wenn er in 3ter Instanz verloren hätte. Ohne Deine Vollmacht kan er aber *nun* nicht. Habe Du die Güte übereinstimmend für uns Beide Dich zu *weigern*, schreibe wie Du willst, ich gebe meine Einwilligung zu *keinem von Beiden*.

Abegg ist zurück nach Danzig, ich schreibe ihm nun, und trage ihm *Alles* das nochmals vor, um mehr Licht in dieser Sache zu bekommen; Du hast aber Unrecht mir keine Einsicht in die Gutspapiere zu gestatten, ich bin in Preußen und von Geschäftsmännern umgeben – kanst Du nicht *jedes* Blatt numeriren und signiren, da kan doch keins durch meine Schuld verloren gehen, und ich könte es später einmal in Frankf. empfangen u für mich Dir quittiren lassen. Z.B. sagt Fr. »*einige* können die Miethe nicht zahlen« u »*die* auf *unserm* Lande erbauten Häuser« will er verkaufen. liegen nun diese Häuser alle auf Deinem und meinem Stück? Kennst Du die Grenzen? Mir scheint er sagt das Alles sehr undeutlich, und legt gar keine Art Rechenschaft ab. Mit den besten Wünschen A.S.

*203. Adele an Arthur*

Bonn den 2[ten] August.

Deinem Rathe nach habe ich nochmals die ganze Sache überlegt, ich danke Dir sehr für alle Nachrichten über die Gutsverhältnisse, welche ich nur theilweis wissen konte, da die sehr wenigen darauf bezüglichen Papiere und Briefe welche sich in der Mutter Nachlaß vorfanden, nur in *Rechnungen einzelner Jahre* bestanden, von den Stattmillerschen scheint bei dem Hin und Herziehen ein Theil verloren: ich habe jedoch ohnedies meine Schreibschatulle jetzt herkommen lassen, weil sie andre Sachen enthält welche ich bedarf, und es ist möglich daß wenn ich nach Ankunft der Papiere sie nochmals alle durchsehe, ich mehr habe als ich dachte: so viel ist jedoch gewiß, ich wußte nicht daß gar keine Abtheilung des Besitzes statt gefunden hat, und glaubte wir hätten nur einige Theile ganz gemeinschaftlich: zu diesem Irrthum hat mich der Tiezische frühere Verkauf verleitet, ich begreife erst jetzt, daß auch er seinen Theil nur als Einkommen, gewissermaaßen als Antheil einer angenommenen Ertragssumme verkauft hat.

Was nun das Quallungsland betrifft, so will ich Deine Meinung gern annehmen, wünsche aber und halte es auch für besser wenn man etwa auf 18 oder 24 Jahre mit etwa 6 jähriger Kündigung verpachten *könte*; weil die Erfahrung jetzt allgemein ist daß die Erbpächter nach und nach immer rückständiger zahlen, und man sehr häufig am Ende *nichts* kriegt. Ich bitte Dich also nachdem ich auf Deine klare völlig mich überzeugende Darlegung mir Raths erhohlt: im ersten Artikel nach unserer Beider Ansicht ablehnend zu schreiben, im zweiten den eben hier ausgesprochenen Mittelweg *vorzuschlagen* welcher dem Pachtenden völlige Sicherung giebt, und wenn dieser Vorschlag *nicht* durchgeht, so ist meinerseits keine Vollmacht nöthig, denn so wie mir scheint, hat Friedrichsen gar nicht mit Abegg gesprochen. Ich habe nemlich einen freundschaftlichen Brief mit Nachricht seiner Rückkehr nach Danzig u der Verlobung seines Sohnes von Abegg erhalten, in welchem er dies Geschäft gar nicht erwähnt; Abegg aber hat bei meiner Abreise nach Italien eine von mir *persönlich vor Gericht* gestellte, detaillirte *General-Vollmacht* bekommen, nach welcher er sogar *verkaufen* könte; eine noch völligere könte man gar nicht geben, und vermuthlich weiß Friedrichsen nichts von derselben. – Ich erwähne dies, damit Du überzeugt sein kannst, meine *Zög*erung kan gar kein besonderes Hinderniß werden, denn wenn der Vorschlag verworfen wird, *kan* Abegg sogleich sie geben, wenn ich es ihm schreibe. Ich schreibe ihm jetzt gratulationswegen, und theile ihm Alles mit, was ich eben Dir geschrieben, damit er im ersten Artikel uns beisteht, im zweiten meinen Vorschlag, der Dir genehm sein wird, *unterstützt*. Ueber die bevorstehenden Aenderungen ist möglich daß ich mich unklar ausgedrückt: erstlich weißt Du wohl werden allenthalben Reformen und Aenderungen in den neuen Verfassungsvorschlägen beantragt; zu diesen soll ein Cataster für Preußen gehören, wie eines hier lange Jahre besteht, nach welchem die Steuern bestimmt werden. Vielleicht habe ich Zehntenpacht und Erbpacht verwechselt, ich habe eilig geschrieben. Bei einem Cataster und Regulirung der, wie man sagt, im *eigentlichen* Preußen noch konfusen Grundbesitzverhältnisse kan sich so wohl für, als gegen uns, ein *Steuer*verhältniß ändern, und deshalb habe ich gemeint es sei gut für jetzt das Bestehende so ruhig zu erhalten als möglich. Vergieb wenn ich in der Eile Dir unklar und konfus geschrieben habe, ich hatte Deinen Brief nicht ganz verstanden, und halte nicht für *unmöglich* daß Friedrichsen *selbst* die 6 Morgen pachten will und das auf seine Ansicht influenzirt, und habe eine Scheu vor Erbpacht, weil so viele Bekannte von mir durch dieselbe großen Verlust erlitten. Daß Du jedoch Recht hast, sehe ich ein, und werde, geht mein vermittelnder Vorschlag *nicht* durch, *nachgeben*. Somit denke ich sind wir einverstanden.

Mit den besten Wünschen Adèle Schopenhauer

Also, erhälst Du einen Brief von Fr. welcher jenen Pachtvorschlag als unausführbar verwirft, so gebe ich sogleich wenn Du mirs mittheilst Abegg Auftrag Erb-Pacht zu unterschreiben, wo nicht, unterschreibt er blos für die Pacht auf festgestellte Zeit, und Dein nächster Brief ordnet das. Meines Wissens hat die Sache Zeit bis Martini, wo alle Pachtungen beginnen.

[Randschrift Adeles:] Daß wir zu Ohra rechnen, wußte ich, meinte jedoch unsre Guthsantheile lägen im sogenannten Niederfeldt, und dem Dorf Stern, u so machte michs irre, daß von einem $2^{\text{ten}}$ Dorf mir die *Rede* schien.

204. *Adele an Arthur*

Bonn am Rhein d. $15^{\text{t}}$ Septemb.

Lieber Arthur

Ich ersuche Dich Herrn Doctor *Jacob Mühlens* aus Frankfurt a M den Pachtcontract welchen wir mit *D. Friedrichssen* aus Danzig in Bezug auf die Ländereien v. *Ohra* haben gefälligst zur Ansicht vorzulegen, er wird ihn Dir wieder zustellen. Eben so würde ich Dir sehr danken wenn Du ihm durch die Register der Ländereien eine noch klarere Einsicht in das Detail verschaffen kannst. Ich beziehe mich hierbei auf Dein früheres Anerbieten des Contracts wegen, und auf Deine Angabe des Kaufpreises welchen Du für Dein Antheil wünschest nehmlich: so viel Staatspapiere daß dessen Renten Dir wie bisher Dein GutsAntheil 100 Rth. preuß. Courr. tragen.

Alles Andere mündlich wenn ich komme. Adèle Schopenhauer.

Herr Doctor Jacob Mülhens weiß nichts von Deiner Forderung, ist auch blos so gütig mir seinen Rath u Ansicht mitzutheilen nachdem er die Papiere gesehen weil sich eine Aussicht uns eröffnet.

205. *Adele an Arthur*

Bonn den 27ten Sept.

Fürs erste meinen Glückwunsch für glücklich überstandene Greuel-Scenen, werde wahrscheinlich in einigen Tagen auch bei einer ähnlichen Gelegenheit am Fenster stehen.

Deinen Brief erhielt ich vorvorgestern; vorgestern sprach ich mit unserm allerseitigen Beistand und Berather, denn ich dachte mir sogleich daß die Sache für mich in andrer Form gehen werde da wir hier *Code Napoleon*, französische Gesetzformen haben. Also

»Alle Vollmachten werden hier vor zwei Zeugen und einem Notar auf Stempelbogen ausgestellt und es *giebt* kein Gericht vor welchem man, wie in Preussen selbst, sie ausstellt.« Demnach kan ich weder auf der Original-Vollmacht, auf die von Dir bezeichnete Stelle, noch überhaupt auf diesem Papier schreiben, es ist ja auch in dem ganzen Akt nicht von *uns* die Rede, und Ort und Datum stimmt nicht, sondern *ich* muß für *jeden* Akt einen Stempelbogen haben, glaube auch nicht daß Du nachher auf dem Bogen Deine Vollmacht schreiben darfst, doch das wird Dir in Frankfurt gesagt werden, wie mir's hier gesagt ist, es ist dort wohl anders. Nun aber habe ich General-Vollmacht an Herrn Abegg gegeben, als ich nach Italien gieng, dieselbe nicht zu Verpachtung und Verkauf. Ich bat daher meinen Rechtsfreund zu seinem Notaren zu gehen um zu erfahren »ob im vorliegenden Fall ich meine gegebene frühere General-Vollmacht nicht etwa entkräfte, indem ich nun einem Andern in derselben Angelegenheit auch Vollmacht gebe, Herr Riegeler, so heißt der alte Freund meint *nein*; ich habe sonst wenn der Notar andrer Meinung ist, statt an H. Friedrichsen abermals an Abegg Vollmacht zu geben welche dieser zu *übertragen* hat. Nun ist aber gestern der in Cöln ausgebrochenen Unruhen wegen Vieles sehr confus gegangen, demnach ist Herr Riegler bereits gestern und heute vergebens zum Notar gegangen um Raths zu erhohlen und hat ihn nie gefunden. Herr Riegler soll auch den Notar fragen ob etwa irgend eine gerichtliche Beglaubigung nach vollzogenem Notar-Act für die mit Preußen vorkommenden Fälle dieser Art irgend nöthig oder *möglich* ist, er glaubt *nein*, denn selbst Schenkungen, Testamente, kurz alle Vertrauensüberträge geschehen nur auf diese Art. Die Kosten Nr. 2 lasse ich mir ersetzen vom Dorf, wie Friedrichsen in seinem ersten Briefe an Dich proponirt hatte.

Ob nun Deine Formel, die ganz schön ist, oder die einmal dort schon gebrauchte, ich meine die uns übersandte die richtige, muß ich dem Notar überlassen, will er die Deine, nehme ich sie, sagt er »es geht nicht« nehme ich jene.

Sehr sonderbar daß Abegg schreibt, die Sache schade uns nicht, Friedrichsen habe sie uns nur schlecht vorgetragen und nicht deutlich erklärt, allein *seine* Vollmacht werde wohl nicht dazu ausreichen. Und sie ist unumschränkt! ich glaube Abegg hat nur nicht verstanden daß er für mich sie an Friedrichsen übertragen kan, oder ist faul. Das ist aber hier eine Sache von 5 bis 6 Thaler, wenn mir also mein Notar sagt, es sei von Abegg nur Unkenntniß so werde ich mir Abschrift der beiden Actenstücke nehmen und Dir dieselben zurücksenden, dann aber meinerseits erst an Friedrichsen schreiben, denn die General-Vollmacht ist eine Gerichtliche und Preußisch-Gerichtliche, und ist am Ende doch besser als die neue notarielle. Auf diesen Fall schickst Du und ich jeder appart, für No. 2.

Damit Du nicht glaubst daß ich absichtlich zögere wenn sich die Entscheidung vielleicht noch ein paar Tage hinzieht, schreibe ich dies Alles, da Du jedenfalls es wissen mußt. Endlich aber scheint uns hier ganz recht daß Friedrichsens Vollmacht lautet als verpachte er, nehmlich *er* als Bevollmächtigter verpachtet unsern nicht getrennten Allgemeinen Theil an dem Gemein- oder Dorf-Quallungslande, ja jeder Hauptbesitzer der nicht blos zum Dorf zählt, wird eben so verpachten, und die zusammenfallenden Vollmachten geben der Gemeine das Recht zu verpachten, und bilden eine *Gesamt-Bewilligung*. Ich habe es zwar begriffen, ob ichs aber deutlich Dir darstelle *e altra cosa*.

den 27.ten nachmittag

So eben kommt Herr Riegeler, *der Notar* hat bestätigt was ich Dir geschrieben, die notariellen Vollmachten sind die *einzigen* hier üblichen, und werden in der Regel auch im Ausland als rechtsgültig angenommen. Herr Riegeler räth mir, beide Aktenstücke hier genau zu meinem Gebrauch abzuschreiben, Dir die Originale die Du geschickt, zurück zu senden, an Friedrichsen zu schreiben ihm den Fall No. 2, nach einem mir von Riegeler angefertigten Schema vorzustellen und da das Jenaische und Weimarische Gericht wegen der Nähe Erfurts alle preußischen Angelegenheiten auszuführen hat und deshalb auch alle Formen beobachtet hat, die *beiden* Vollmachten dort von Abegg auf Friedrichsen übertragen zu lassen, oder wenn das nicht gehen sollte wenigstens vorher zu vergewissern, daß sie mit der notariellen Vollmacht für No. 2 sich begnügen. Ich thue das nun, und da doch jeder von uns appart seine Vollmacht stellen muß, sende ich Dir die Papiere dankend zurück, und bitte ganz frei nach Gutdünken zu handeln, rathe aber *nicht* auf die notarielle Vollmacht für Friedrichsen zu schreiben, »da wir nicht erschienen bekannt und genannt sind«, auch nicht auf die andre gerichtliche v. Skerle, weil sie eine bloße beglaubigte Abschrift ist um zu beweisen daß alles sich so verhält. Sie ist außer Skerles Nahmen ganz von einer Hand.

Mit den herzlichsten Wünschen vielmals dankend Adèle.

Als ich so weit war wollte ich doch immer noch gar zu gern wenigstens einen Theil der Angelegenheit Deinem Wunsch zufolge und auf Deine Weise erledigen, ich gieng also zu *noch* einem alten Justizrath und zum Sachwalter der Mertens welche eben wieder nach kurzer Abwesenheit eintraf. *Diese* riethen mir auf die Vollmacht zur Subhastation die Unterschrift dies hiesigen *Bürgermeisters* mir zu verschaffen, *so* könnte die Sache gehen *wie Du meinst*, und für die eine Vollmacht zum Verkauf der Häuser die Kosten gespart werden. Im Begriff dorthin zu fahren, macht man mir die Bemerkung »wenn etwa Friedrichsen die Häuser alle *selbst* kaufte, und sie blieben stehen, bis Ablauf unseres Contractes mit ihm, so könne er nachher *im Besitz* derselben uns Schwierigkeiten erheben, und wenn sie *zum Abbruch* verkauft werden sollten so hätten wir ja da wir sie nicht erbaut hätten, gar kein Anrecht das durch Vollmacht zu übertragen wäre, das wäre ja dann Sache des Generalpächters gegen die Unterpächter: es gienge uns gar nichts an.

Dagegen war blos das eine § im Contract, er müsse *das Gut im*

*Zustand wie ers befunden zurückgeben.* Nun wurde ich sehr stutzig – Der Contract läuft 56 ab, da stünden vielleicht die Häuser noch, Friedrichsen hätte sie zu *vermiethen* auf unserm Grund und Boden? Beim Verkauf könte das fatal sein – uns an Friedrichsen binden?

Morgen oder Uebermorgen kommt der bisherige Deputirte in Berlin Stub aus Cöln, welcher alle die Schlesischen Angelegenheiten geordnet hat für den Staat, er kommt zur Mertens, bleibt den *ganzen Tag* für sie mit uns, und ist einer der berühmtesten Rechtsgelehrten am Rhein, die Mertens will ihm den *ganzen Fall* vorlegen und sein Urtheil hören, ob gar kein Hinterhalt oder Zufall bei dieser Concession uns droht; dann schreibe ich Dir.

Vergieb also daß ich Dir die Contracte oder Vollmachten erst in 2–3 Tagen senden kan. Was ich hierin thue ist für Dich wie für mich und deshalb kan ich nicht anders als Alles mit Bedenken thun, Du sollst jedoch die Verzögerung begreifen und deshalb schicke ich den weitläufigen Brief. Der Contract wegen dem Quallungsland ist unwichtig für uns; darin stimmen *Alle* überein. Wegen der Form für mich von Nr. 2 werde ich aber erst an Friedr. schreiben wenn ich von Stub ein Gutachten über die Hauptsache habe. A.

[Randschriften Adeles:] Der Bürgermeister muß aus Güte das thun, der Notar läßt sich den ganzen Akt zahlen wie den ersten.

Wundre Dich nicht daß ich die Kosten bedenke, nach dem Code kostet jede notarielle Schrift 3–4 selbst 5 Rth; und ich hab nicht 1 Pfennig davon, in deutschem Recht ist das anders.

*Greuel-Scenen:* Die Frankfurter Straßenkämpfe.

*206. Adele an Arthur*

Lieber Arthur,
Lies gütigst beide Briefe an D. Friedrichsen und sende sie wie sie in einander liegen Beide nach Danzig. Du ersiehst gewiß augenblicklich daß ich die Forderung in dem das *Verkaufs*-Geschäft Betreffen-

den machen *muß*, und sobald seine Antwort kommt, theile ich sie Dir mit. Porto zu sparen bewahre ich den Contract bis dahin. Auf Deine gegebene Vollmachts-Form zum Erbpacht *kan* ich nicht eingehen wie Du ebenfalls aus dem Briefe ersiehst, ich willige nach Rathschlag aller Gefragten ein, muß aber *durch Abegg* dem ich geschrieben und genaue Abschrift dieses Briefs (in Quart) gesandt habe die »Gerichtliche Vollmacht in Danzig geben.« Deshalb stelle ich das Schema zu Deiner Verfügung zurück, *Du* mußt sie in Frankf. gerichtlich geben, mir kommt Deine Form sehr schön vor allein die Juristen sagen, es käme darauf weniger an, gieb sie also wie Du meinst, Du hast ja Deinen Freund zur Seite, ich habe die Sache anfangs zu bedeutend genommen.

Möchtest Du doch zufrieden sein mit den Bedingungen die ich Friedrichsen stelle! Ich habe mir sehr viele Mühe gegeben, klüger und besser wüßte ichs nun nicht zu machen. Es hängt nun ganz von Dir ab ob Du Dich dem anschließen willst da mirs ja doch von klugen vernünftigen Männern gerathen hoffe ichs.

Wenn Friedrichsen das zugesteht, so machen wir auf seinem Contract auf der Nebenseite in wenig Worten die Bedingung und der Notar unterschreibt mit. Es ist Alles besprochen. Gute Nacht, sobald Nachricht auf die von Dir abzusendenden Briefe kommt erhälst Du sie.

Bonn den 30ten Septemb. 48. Adèle

Selbst wenn Du nicht ganz mit mir überein denkst schicke die Briefe, seine Antwort klärt uns jedenfalls über s. *Absicht* auf.

207. *Adele an Arthur*

Bonn den 8ten morgens
Deinen Brief erhalt: d. 7ten.

Da ich auf dem nehmlichen Stempelpapier wo alle Eure Unterschriften stehen, Herrn Friedrichsen in meinem Briefe auch zu unterschreiben *versprochen* habe, sobald sein nächster Brief *an mich* mir die *gewünschte Zusage* in gehöriger Form bringt, befindet er sich nicht in Zweifel, *daß ich* den Aufenthalt einiger Tage veranlasse, und nicht *Du*. Daher sei so gut da Du *unbedingt* unterschreibst, den Akt wieder an mich zu schicken, wenn Du ihn vollzogen, unterdessen wird seine Antwort schon da sein, und ich werde dann *ohne den mindesten Verzug* noch am selben Tage denselben absenden, denn sein Brief endigt das Geschäft, er wird mir die Zusage schon geben.

Uebrigens habe ich ein Recht einen Contract den man mir zustellt zur Unterschrift, an dem ich eine Anschluß-Zusage will bis zur Antwort des Contrahirenden zu behalten, das weiß Friedrichsen auch; meine Vollmachtsordre an *Abegg* für das Quallungsland ist schon mit dem Brief an Dich abgegangen, allein wenn auch vollzogen, gilt er nicht, da gestern die Zeitung berichtet »alle Erb-Contracte sind null und aufgehoben.«

Sei so gütig zu bedenken daß wenn Du eigenmächtig den Contract an Friedrichsen, statt an mich sendest, *Du* die Verzögerungen veranlassest, denn auf den Fall muß er ihn retour senden, nach Bonn. Adele.

*Bonn den 8ten:* Oktober 1848.

*208. Adele an Arthur*

Lieber Arthur,
Ich kan meinen Guthsanteil an den Ländereien in der Ohra für 3700 Rth. p.C. baar verkaufen, und bin gesonnen es zu thun; da Du aber vielleicht für diesen Preiß ankaufen mögtest, frage ich bei Dir an da Dir immer der Vorkauf zusteht; und bitte Dich ohne weitere Erörterung mir zu antworten damit auch die andern Betheiligten Deine Antwort lesen können. Jedenfalls wird Abegg mir den Gefallen thun, hoffe ich, auf Deine Renten ein Auge zu haben, Du magst den mir gehörenden Antheil mit an Dich bringen oder nicht.

Es thut mir herzlich leid daß Dir die Sache vielleicht unangenehm ist allein ich kan eben nicht anders.
Bonn den 2ten Januar 1849. Adèle.

*209. Adele an Arthur*

Bonn d. 10[ten]

Lieber Arthur,

Als ich in Karlsbad die Briefe zurück geschickt, war ich *todkrank* und ganz gewiß zu entschuldigen; es fällt mir aber jetzt nicht dergl. ein. So viel ich kan will ich Dir beantworten. Daß meine Mutter einen großen Theil des ihr übrig gebliebenen Vermögens verbraucht, mitunter verschwendet hat, ist wahr; daß *ich* je verschwendet, ist nicht wahr; so wie ich die Wirthschaft bekam, habe ich *nie* Schulden gemacht, so wie mir unsre Lage *klar* ward, habe ich gethan so viel ich gegen einer sehr lieben Mutter unglückliche Neigung zum Geldausgeben *konte*. Nach ihrem Tode habe ich alle Schulden bezahlt, eine Zeitlang für 8 gr. Stunde gegeben, später mein Einkommen gehoben; so daß ich nur noch 200 Rth abzutragen habe an die Goethe; es ist mir nach Belieben Frist gelassen. Folglich bin ich nicht verschwenderisch! Auch liegt stets 100 Rth *vorräthig* vor mir, also stürbe ich, wären noch zu zahlen 100 Rth! Ob meine Mutter mit Dir berathschlagt hat, kan jetzt aber um so weniger Einfluß haben, da sie keine gute Wirthschafterin war. Daß Du das Vermögen der Mutter, das heißt »diesen halben Gutsantheil« nicht beansprucht hast, war freundlich; und darum bin ich Dir dankbar; aber Du irrst, Du hattest kein *Recht* nach ihrem Testament! – Daß ich Dir Porto für 450 Rth zugemuthet, weiß ich nicht mehr; es kommt mir aber, wenn es der Fall ist, vor als wäre es wenigstens weder Undank noch sonst was uebles, sie sind doch wohl nicht baar geschickt, allein ich weiß es wirklich nicht, es kan aber keine *große Ausgabe* sein! – Was soll denn das sein, »anonym Kauf«? Wo sollte ich denn Geld haben, Dir Deinen Antheil abzukaufen? im Gegentheil habe ich Dir den Verkauf verschaffen wollen, um auch zu verkaufen. – Auch im Aerger mußt Du mir keine Dummheit zumuthen, und keine Lüge! Es ist mir weder Vortheil noch Nachtheil ob Du verkaufst oder nicht, denn ich sterbe eher wie Du! – –

Ich verkaufe um meine Renten, aber mit *Sicherung*, zu erhöhen; weil ich fortwährend krank bin, und nach Italien ziehe, später; weder heute noch morgen, aber bald; da kan ich kein Grundstück in Danzig haben, u Abegg ist viel älter als ich, was nach seinem Tode in solcher Entfernung? Du bleibst in Preußen od. Teutschland. Deine angeführten Beispiele sind mir natürlich nicht fremd, ich werde mich schon in acht nehmen, sei aber versichert, die Kalifornische Geschichte wird zunächst das *Gold* niederdrücken, nicht das Geld; ich mache nie auf Geldgeschäfte nicht einmal in Honorar-sachen, wie viel Schaden kan mir wohl erwachsen?

Habe herzlichen Dank für Deine gute redliche Meinung, in Jahr und Tage lebe ich in Rom, deshalb kan ich sie nicht anwenden, sei aber gewiß ich habe Geschäftsfreunde und werde keine leichtsinnige Schritte thun, Du hast nie Ursache gehabt mich in Geschäftsdingen für unbesonnen zu halten, und hast noch kürzlich das Gegentheil geschrieben. Glaube, ich übersehe gar nicht den Einfluß des Californischen Goldes indessen ich wahre mich möglichst, muß aber den Umständen ihren Lauf lassen.

Bemerke, in der Anforderung der Form des Geschäftes, daß Du mir (wie ich Dir einst Porto einer Geldsendung) jetzt das Zählgeld einer großen Summe aufbürdest! ich soll bezahlt *sein*, *ehe* Du entscheidest, und ich will *baar* bezahlt sein! Wenn ich nun auch in große Anklage ausbräche! Ich bin aber gar nicht böse, und werde es einrichten so gut wie möglich; da Du vielleicht Deinem Briefe nach, doch kaufen willst; mir ist's ganz egal, wer von Euch beiden kauft, wenn ich nur nicht noch große Ueberausgaben bekomme. In's Danziger Hypothekenbuch kan der Kauf erst eingetragen werden, wenn er bestimmt ist, zwischen Euch, also *nach* Deiner formellen Erklärung. Der Preiß für den Guts-Antheil ist übrigens nicht hoch, denn es ist Kapital gerechnet, das nach gewöhnl: Zinsfuß 4 Procent brächte, das sind 3700 Rth: 150 Rth: Renten. Du erhältst in nächster Woche die Papiere in gewünschter Form. Dabei ist ja gar nichts zu »verplempern«, Du hast entweder ja oder nein zu sagen, im Fall Du kaufst hast *Du anzugeben wie Du mir 3700 Rth zahlen willst*, im Gegenfall die Entsagungs-Akte; zu begünstigen ist nichts, lieber Arthur, zu misbilligen im Geschäft auch nicht, nur als Bruder; und natürlich hast Du das nicht notariel, sondern mir allein zu schreiben. Bringe doch keine Neben-Sachen hinein! Du weißt wohl bei dem Verkauf an Friedrichsen hat man Dich gar *nicht* gefragt u er ist *gültig!* Indessen wie gesagt, wenn Du mich auch *baar* auszahlst, und auf einmal, so bin ich's herzlich zufrieden, wenn Du lieber Grundstücke hast; wenn Du dem Kauf entsagst, *va bene*, ist *mir* auch Recht, nur mache alles klar, so wohl Deine Zahlungs-Mittel, als durch Abschrift die von Dir bewahrten Beweise Deines Rechts, *wenn* man sie fordern sollte, falls Du kaufst; schicke sie nicht voraus, laß sie falls Du nicht kaufst ruhig liegen, denn das ist unnütz, wenn man nicht darauf besteht, und beweislos bist Du hoffentlich…, ich weiß die Sache nur durch Dich.

Du wirst von mir in dieser Angelegenheit nun keine weitere Nachricht bekommen, sondern die Betheiligten … es mit Dir abmachen, ohne meine Einmischung, denn … ist ganz gleich wer meinen Guts Antheil kauft.

Mit den besten Neujahrswünschen Adele.

*Bonn d. 10ten:* Januar 1849
*Kalifornische Geschichte:* Der kalifornische Gold-Rush von 1848/9

210. *Adele an Arthur*

Bonn den 8ten Februar

Recht herzlich lieber Arthur habe ich mich über die Beendigung unseres Geschäftes gefreut; die Mertens wünschte (ihrer Eigenthümlichkeit nachgebend, alles Gerede zu vermeiden) ich mögte sie Dir nicht als Käuferin nennen, sondern das Alles lassen bis Mertens nach Frankfurt gienge; was sich um 10–12 Tage verzögert hat. Darum habe ich Dir das nicht alles geschrieben. Mertens, dessen Herz Du ganz gewonnen, bekennt er habe Dir auch sonst noch vielerlei, besonders über die Rente und Hypothek erzählt, das ist mir auch recht, und ich will nun zu Deiner noch nähern Aufklärung hinzufügen: daß ich vor etwa 1½ Jahr meinen Guts-Antheil gegen Leibrente an Friedrichsen zu verkaufen gedachte. Herr Abegg richtete mir's unter den buchstäblich nehmlichen Bedingungen ein, die ich jetzt eingegangen; ich meinte aber immer noch mehr zu bekommen und traute Friedrichsen nicht recht, so blieb die Geschichte ganz ungewiß liegen; noch später kamen mir immer neue Hoffnungen und da meinte dann die Mertens Deinen Antheil zu dem damals von Dir bestimmten Preise zu kaufen. Wir hatten blos *diesen Kauf* für *Dich, ich* hatte für mich die *Aussicht* auf *Friedrichsen*, und hier hatten Leute welche auch Güter um Danzig hatten, ein Obrist und Familie behauptet das Gut sei mehr werth. Wenn ich nun Dich gesichert hatte, dann meinte ich entweder einen Käufer sei es für blos meinen oder mehrere Antheile zu finden, und desto freier handeln zu können; fände sich aber keiner, so wußte ich Dich gedeckt und konte mit Friedrichsen abschließen. Mein Aerger war nun groß als ich statt freundlicher Antwort von Dir Mißtrauen erfuhr, das ich auch nicht entfernt verdiente; die Mertens hatte gute und vortheilhaft gekaufte Papiere und wollte eigentlich blos tauschen, sie gedachte weder zu verlieren noch zu gewinnen. Nicht entfernt war von einem Kauf zwischen uns die Rede. Nun reiste ich nach Florenz. Als ich im Mai nach Bonn zurückkehrte, waren die Sachen beim Alten; mogte das Gut mehr wert sein, *ich* konte nicht mehr bekommen. Abegg fragte, ob er auf Friedrichsens Vorschläge eingehen solle, aber *mehr* gäbe dieser nicht. Das zog sich 3–4 Monate hin, ich sprach oft davon mit der M. Sie wollte, nun sie zur Liquidation mit den infamen Schwiegersöhnen kommt, auf irgend *eine* Art etwas für mich thun, aber doch nicht *gegen* ihrer Kinder Vortheil, da schlug sie mir die nehmlichen Bedingungen wie Friedrichsen vor, aber hier war ich der Hypothek gewiß, und konte den Akt selbst mit aufnehmen, auch wußte ich daß Dir keine kleinliche Schererei erwachse wie das wohl wenn Friedrichsen 4 Neuntel besäße sein konte. Diese Ursachen bestimmten mich den Kauf einzugehen, ich glaubte mich nicht sicher bei Friedrichsen, ich war aber überzeugt von Sibillens Rechtschaffenheit, ich kannte genau den Stand ihres Vermögens u die Sicherheit ihrer Hypothek. Jetzt weißt Du die Sache weiß Gott so genau als ich selbst.

Du hast mir durch Tadel und Voraussetzen arger Dinge oft sehr wehe gethan und darum habe ich mir abgewöhnt von mir zu reden; es steckt aber gar keine Geheimnißkrämerei dahinter. Nach meiner lebensgefährlichen Krankheit in Florenz wo ich 9 Wochen lag, habe ich den Wunsch nur wenn Sibille zurückkehrt nach Italien zu gehen, ich warte auf ihre Geschäfte, sind diese bis auf einen gewissen Punkt so gehen wir. Auguste, ihre jüngste und jetzt einzig noch im Haus befindliche Tochter heirathet nächsten Mittwoch; ihre zwei längst mündigen ganz schlechten Söhne sind nicht im Haus, wir sind nun beide allein, beide aufeinander angewiesen, durch die Umstände. Es läßt sich von dieser Reise für meine Person aussprechen daß ich von Juny an bis Sept: nicht reisen kan, der Hitze wegen, also ist natürlich daß falls Sibille erst im Sommer geht ich nachkomme, im September. Auf den Fall gehe ich noch zu meiner guten Louise Wolff nach Jena und zur alten Pogwisch um sie beide noch einmal zu sehen.

Während Auguste Mertens ihre Heirathsreise macht, will vielleicht die Mertens nach Leyden. Auf den Fall habe ich mir diesen Winter wo ich weder ins Theater, noch in Gesellschaft, noch ins Conzert konte, eine kleine Summe gespart, denn die Galerie im Haag kenne ich nicht, das Leben hat für mich jetzt durchaus nur Kunstgenuß, von andern Dingen bin ich abgeschnitten durch mein inneres Körperleiden. Ich habe aber sehr viel gelernt in Italien, ich genieße wahrhaft; sowohl für Gemälde als für Sculptur und Archeologie ist mir der Geist entfaltet, seit einem Jahr fange ich an Architektur zu sehen. Da habe ich denn eine große Menge Freuden, überall, und sie sind Ersatz für das Verlorene, Aufgegebene. Seit etwa 8 Jahren hat Gesellschaft nichts Lockendes für mich, es fällt mir gar nicht ein einzelne Menschen zu studiren oder kennen zu lernen, nun ich gar graue Haare habe und dieses Plaisir noch neu ist, gehe ich noch ungerner unter Leute, meistens reden Männer lieber mit jungen Frauen als mit alten, und obschon ich das persönlich noch nie empfunden, *weiß* ichs; mit Frauen aber spreche ich lieber einzeln als in Massen. So bin ich allmählig zu einsiedlerischen Gewöhnungen gekommen, und gelte für eine Seltenheit in der Gesellschaft, *wenn* ich einmal sie besuche, und werde gehätschelt, als solche. Meine Krankheit hat nach den heftigen Anfällen in Florenz nicht zugenommen, nur kan ich das kalte Klima nicht ertragen, es wirkt so entzündlich daß mein Puls beim 5$^{ten}$, ja endlich beim 4$^{ten}$ Schlag aussetzte; dazu kommt daß hier im Winter nicht immer Eis zu haben, was ein Präservativ ist. Ich habe hier eine Unterleibsentzündung und eine Menge Anfänge derselben die unterdrückt wurden durchgemacht. Uebrigens bin ich wohl und bis auf ergrauendes Haar sehe ich wohl aus, und fühle mich so. Arbeiten kan ich jetzt nichts, es wird ja gar nichts gelesen, das ist ein allgemeines Schicksal aller Autoren. Doch das sind Odiosa. Lieber sage ich Dir daß ich mit großer Freude von Tante Julchen gehört habe daß Du ihr einen kleinen Zuschuß giebst, ich danke Dir recht sehr dafür, ich kan es nicht und sie hat es nöthig, sie ist 75 Jahre! Leb herzlich wohl. Adèle

Wundre Dich nicht über meine Handschrift, ich habe mit einer Stahlfeder schreiben wollen u ich kann es nicht, es giebt keinen Strich.

*Mertens:* Wilhelm Mertens-Dewald hatte Arthur Anfang Februar in Frankfurt getroffen.

211. *Adele an Arthur*

Lieber Arthur ich habe so eben der Tante Julchen Tod erfahren – vor meiner italienischen Reise hatte ich Abegg bevollmächtigt; ich glaube die Erbschaft wird nicht anzutreten sein, Schulden kan ich nicht übernehmen.

Du wirst Nachricht bekommen und was du thust werde ich auch thun. Alle Details über ihren Gottlob nicht schweren Tod, ihr Begräbniß in der Begräbnisgruft der ersten Fr. Ratzky geb. Schulz schreibe ich Dir später.

Die Krankheit in Frankf. war Ernst, sie wird mir wahrscheinlich das Leben kosten. Ich bin hier gewesen während die Mertens in Italien war, wohin sie damals v. Frankf. aus reiste, was aber nicht ein *Plan* war, sondern plötzlich durch Umstände veranlaßt ward. Ich will nun nach Bonn zurück sobald ich mich wohl genug fühle, da ich nun Alles hier gethan was nöthig war. Ich erzähle Dir's ein andermal mir ist sehr unwohl durch die Kälte.

Weimar den 30ten Juny Addresse Fr. v. Pogwisch Deine Adèle

Ich kan *nicht* mit Dir Vollmacht geben da Abegg sie hat, wäre ich Du, ich bäte ihn die Deine auch zu übernehmen so ist's gut.

*212. Adele an Arthur*

Bonn den 20 July 1849

Lieber Arthur. Von Herrn Arndt, dessen Brief ich Dir hierbei zurücksende, habe ich nichts weiter gehört, und finde mich demnach nicht veranlaßt, ihm zu schreiben: vermuthlich macht er alles mit Herrn Abegg ab, und erst das Resultat wird an mich gelangen. An Abegg habe ich geschrieben, daß ich in Nichts den Wünschen unserer verstorbenen Tante entgegentreten will. Das Portrait werde ich schicken; bei näherer Besichtigung habe ich bemerkt, daß es so schön gemalt ist, daß es von bedeutendem Werth ist: ich will es daher lieber in einem Kästchen schicken. Leider muß ich mich einer fremden Hand bedienen, weil ich sehr krank bin.

Deine Adele.

*fremden Hand:* Adele hat ihre beiden letzten Briefe (Nr. 212 und 213) zwar noch selber unterschrieben, den Text aber diktiert.

*213. Adele an Arthur*

Bonn den 20. August 1849.

Lieber Arthur!

Die Verfügungen, die Du Gottlob genau kennst, werden Dir von meinem Vermögen leider nicht so viel zurücklassen, als wünschenswerth. Dieses aber steht sicher, wird in bestimmten Raten bis zu jedesmaliger Abzahlung gut verzinnst Dir ausgezahlt werden. Den noch in meinen Händen befindlichen Theil unseres Familien-Silbers wird Frau Sibille Mertens-Schaaffhausen Dir im Falle eines Unglücks sicher übersenden. Es bleiben mir noch, unbedeutend an Werth, zur Verfügung eine kleine Damenbibliothek, vier Portraits in Oehl, die Miniaturen die die Mutter gemalt hat, etwas werthloser Modeschmuck, und einzelne Mobiliarstücke, und alte Kupferstiche die mir niemand hat abkaufen wollen. Erlaube mir, daß auf den Fall eines sehr plötzlichen Endes meine Freundin Sibylle Mertens diese Dir unnützen Dinge, nach meinem ihr bekannten Willen unter meine Jugendfreunde vertheilt. Du würdest sehr wenig durch den Verkauf zu Deiner Gunst gewinnen.

Um für den angedeuteten traurigen Fall das Versieglen bei der Mertens zu verhüten, bitte ich Dich an irgend jemand in Bonn Deine Vollmacht zu senden: Du könntest sie, wenn Du niemand näheres weißt, an Dr. Wolff, Professor Nicolovius oder Herrn Wilhelm Mertens Dewald schicken.–

Indem ich Dir von ganzem Herzen für alle Freundlichkeit der letzten Monate danke, bitte ich mir bald zu antworten.

Deine treue Schwester Adèle

*214. Arthur an Adele*

Liebe Adele,
Ich habe Deinen von Dir unterschriebenen Brief erhalten und sehe mit großem Bedauern, daß Du auf Deinem Krankenlager Dich mit allerhand kleinlichen, irdischen und hoffentlich ganz überflüssigen Sorgen zu schaffen machst. Wenn es inzwischen zu Deiner Beruhigung gereicht, so gebe ich Dir die Versicherung, daß ich den von Dir in Deinem Briefe gewünschten Anordnungen nachkommen werde, im Falle daß Du wirklich, wie wir Buddhaisten es nennen, das Leben wechseln solltest. Hoffentlich wird es dazu dies Mal noch nicht kommen und daß der Himmel Dich stärke und erhalte ist der wahrhaft aufrichtige Wunsch

Deines Bruders Arthur Schopenhauer

*Arthur an Adele:* Am 25. August hat Sibylle Mertens-Schaaffhausen Arthur das Eintreffen dieses undatierten Briefes bestätigt und ihn über den Tod informiert: »Ihr Brief kam gestern: meine arme Freundin konnte ihn nicht mehr lesen: sie trug mir mit Blick und Wink auf den Dank für Ihre Freundschaft Ihnen zu sagen.«

# ANHANG

# BIBLIOGRAPHIE


*Gwinner, Wilhelm:* Schopenhauer's Leben. Zweite, umgearbeitete und vielfach vermehrte Auflage der Schrift: A. Schopenhauer aus persönlichem Umgange dargestellt, Leipzig 1878 (abgekürzt: Gwinner).

*Düntzer, Heinrich:* Abhandlungen zu Goethe's Leben und Werken. Bde. 1, 2, Leipzig 1883.

*Grisebach, Eduard:* Die Briefe Arthur Schopenhauer's. In: Edita und Inedita Schopenhaueriana, Leipzig 1888, 185–221.

*Schemann, Ludwig:* Schopenhauer-Briefe. Sammlung meist ungedruckter oder schwer zugänglicher Briefe von, an und über Schopenhauer. Mit Anmerkungen und biographischen Analekten herausgegeben, Leipzig 1893 (abgekürzt: Schemann).

Tagebücher der Adele Schopenhauer. Hg. v. Kurt Wolff, Bde. 1, 2, Leipzig 1909.

*Brahn, Max:* Arthur Schopenhauers Briefwechsel und andere Dokumente, Leipzig 1911.

*Schopenhauer, Adele:* Tagebuch einer Einsamen. 1823–1826. Hg. v. Heinrich Hubert Houben, Leipzig 1920, erweiterter Neudruck München 1985.

*Houben, Heinrich Hubert:* Damals in Weimar. Erinnerungen und Briefe von und an Johanna Schopenhauer, Leipzig 1924.

*Houben, Heinrich Hubert:* Neue Mitteilungen über Adele und Arthur Schopenhauer. Aus dem Nachlaß der Frau Sibylle Mertens-Schaaffhausen. 16. Schopenhauer-Jb. 1929, 29–182.

Der Briefwechsel Arthur Schopenhauers. Herausgegeben von Carl Gebhardt. Erster Band (1799–1849), München 1929.

*Houben, Heinrich Hubert:* Neue Mitteilungen über Adele und Arthur Schopenhauer. 16. Schopenhauer-Jb. 1929, 79–182.

Der Briefwechsel Arthur Schopenhauers. Herausgegeben von Arthur Hübscher. Zweiter Band (1849–1860), München 1933.

Der Briefwechsel Arthur Schopenhauers. Herausgegeben von Arthur Hübscher. Dritter Band, München 1942.

*Hübscher, Arthur:* Unbekanntes von Arthur Schopenhauer. 34. Schopenhauer-Jb. 1951/52, 55–63.

*ders.:* Der Philosoph lernt schreiben. Unbekannte Briefe von Schopenhauers Vater an seinen Sohn. 36. Schopenhauer-Jb. 1955, 82–88.

*ders.:* Arthur Schopenhauer, Mensch und Philosoph, in seinen Briefen, Wiesbaden 1960.

*ders.:* Zwei Hamburger Jugendfreunde. 51. Schopenhauer-Jb. 1970, 32–40 (enthält den Brief von C. G. Jänisch vom 21.2.1799 und sieben Briefe von Charles Godeffroy aus den Jahren 1803 und 1804 an Schopenhauer).

*ders.:* Ein Lebensbericht für Anthime Grégoire. 51. Schopenhauer-Jb. 1970, 41–49.

*ders.:* Unbekannte Briefe von Johanna Schopenhauer an ihren Sohn. 52. Schopenhauer-Jb. 1971, 80–110; 54. Jb. 1973, 108–149; 56. Jb. 1975, 158–186; 57. Jb. 1976, 105–126.

*ders.:* Adele an Arthur Schopenhauer. Unbekannte Briefe. 58. Schopenhauer-Jb. 1977, 133-186; 59. Jb. 1978, 110-165; 60. Jb. 1979, 181-240.

*ders.:* Arthur Schopenhauer. Gesammelte Briefe, Bonn 1978. 2., verbesserte und ergänzte Auflage, Bonn 1987 (abgekürzt GBr).

*ders.:* Drei Tanten Schopenhauers. 61. Schopenhauer-Jb. 1980, 127–150.

*Johanna Schopenhauer:* Ihr glücklichen Augen. Jugenderinnerungen, Tagebücher, Briefe, hrsg. von Rolf Weber, Berlin 1978 (= Im Wechsel der Zeiten, im Gedränge der Welt, München 1986).

*Hübscher, Angelika:* Arthur Schopenhauer. Ein Lebensbild in Briefen. Zusammengestellt und herausgegeben von A. H., Frankfurt am Main 1987.

*Hübscher, Angelika* und *Fleiter, Michael* (Hrsg.): Arthur Schopenhauer. Philosophie in Briefen, Frankfurt am Main 1989.

Die Werke Arthur Schopenhauers werden zitiert nach:
Arthur Schopenhauers Werke in fünf Bänden. Nach den Ausgaben letzter Hand hrsg. von Ludger Lütkehaus, Zürich 1988.

Der Nachlaß Arthur Schopenhauers wird zitiert nach:
Arthur Schopenhauer, Der handschriftliche Nachlaß, hrsg. von Arthur Hübscher, 5 Bde., Frankfurt am Main 1966-1975 (abgek. HN).

# VERWANDTSCHAFTSTAFEL

| Andreas Schopenhauer | ⚭ 29.7.1745 | Anna Renata Soermans | Christian Heinrich Trosiener | ⚭ 6.9.1763 | Elisabeth Lehmann |
|---|---|---|---|---|---|
| * 11.6.1720 in Danzig<br>† 23.12.1793 in Ohra<br>Bruder: Johann Leo Schopenhauer (1711–41), Vormund des Andreas Schopenhauer | | * 28.10.1726 in Danzig<br>† 9.4.1804 in Ohra bei Danzig | get. 7.5.1730 in Danzig<br>† 17.1.1797 in Stutthof | | * 2.7.1745 in Danzig<br>† 18.8.1818 in Danzig |

| Heinrich Floris Schopenhauer | ⚭ 16.5.1785 | Johanna Henriette Trosiener |
|---|---|---|
| get. 27.6.1747 in Danzig,<br>† 20.4.1805 in Hamburg<br>Geschwister u.a.:<br>Johann Friedrich Sch. (1748–1794)<br>Maria Renata Sch. (*1750, † vor 1807),<br>Michael Andreas Sch. (1758–1813)<br>Karl Gottfried Sch. (1761–1795) | | * 9.7.1766 in Danzig<br>† 16.4.1838 in Jena<br>Schwestern:<br>Charlotte Elisabeth (get. 1768)<br>Anna (1769–1814)<br>Juliane Dorothea (1773–1849) |

Christian Gottfried Tietz
(die »Tietzischen Erben«)

| Arthur Schopenhauer | Louise Adelaide Lavinia Schopenhauer (Adele) |
|---|---|
| * 22.2.1788 in Danzig<br>† 21.9.1860 in Frankfurt am Main | * 12.6.1797 in Hamburg<br>† 25.8.1849 in Bonn |

# PERSONENVERZEICHNIS

*Abegg*, Hinrich Burghart (1791–1868), Schwiegersohn von A. L. Muhl

*Allmondi*, Danziger Patrizierfamilie

*d'Alton*, Joseph Wilhelm Eduard (1772–1840), Professor für Kunstgeschichte und Archäologie in Bonn

*Anna Amalia* (1739–1807), Herzogin von Sachsen-Weimar-Eisenach, Nichte des preußischen Königs Friedrich II., Mutter des Herzogs Karl August

*Arnim*, Bettina von, geb. Brentano (1785– 1859), Schriftstellerin und Frau des Dichters Achim von Arnim

*Asverus*, Gustav (1798–1843), Jurist, zunächst Advokat, seit 1832 Professor an der Universität Jena, Adeles Rechtsberater

*Augereau*, Pierre-François-Charles (1757–1816), Herzog von Castiglione, Marschall von Frankreich, einer der Feldherrn Napoleons I.

*August*, (1772–1821), Prinz von Gotha

*Auguste*, geb. Prinzessin von Wales, Frau des Herzogs Karl Wilhelm Ferdinand von Braunschweig

*Bardua*, Caroline (1781–1864), Porträt- und Historienmalerin in Weimar, später in Berlin

*Bernstorff*, Julie Gräfin von, seit 1779 in Weimar lebende Witwe eines dänischen Ministers

*Berthier*, Louis-Alexandre (1753–1815), Fürst von Wagram, Marschall von Frankreich, seit 1799 Kriegsminister und seit 1805 Generalstabchef Napoleons I.

*Bertuch*, Friedrich Justin (1747–1822), Schriftsteller, Verleger, Kunst- und Buchhändler in Weimar, Herausgeber zahlreicher Zeitschriften

*Bertuch*, Karl (1777–1815), Buchhändler und Sohn von Friedrich Justin Bertuch

*Böhl*, Ehepaar in Hamburg, Freunde Johannas

*Boisserée*, Sulpiz (1783–1854), deutscher Kunstgelehrter, Begründer einer berühmten Sammlung altdeutscher Kunst, seit 1835 Generalkonservator der Denkmäler Bayerns, wirkte später in preußischen Diensten an der Vollendung des Kölner Doms mit

*Böttiger*, Karl August (1760–1835), Philologe und Archäologe, Direktor des Gymnasiums in Weimar, Publizist, redigierte mehrere Zeitschriften, seit 1806 Studiendirektor und Leiter der Antikenmuseen in Dresden

*Bourrienne* Louis-Antoine Fauvelet de (1769–1834), französischer Diplomat und Schriftsteller, 1804 bis 1806 Gesandter in Hamburg, seit 1814 Polizeipräfekt von Paris, später Staatsminister der bourbonischen Restauration

*Bregard*, Madame de, Freundin Johannas in Hamburg
*Brentano*, Franz D. M. J. (1765–1844) und Antonie (1780–1896), Senatorenfamilie in Frankfurt a. M., befreundet mit Sulpiz Boisserée
*Brockhaus*, Friedrich Arnold (1772–1823) Verlagsbuchhändler und Buchdrukker in Leipzig, Herausgeber des nach ihm benannten Konversationslexikons und zahlreicher Zeitschriften, Verleger Arthurs und Johannas. In der Verlagsbuchhandlung F. A. Brockhaus erschienen auch einige der Werke Adeles
*Bühl*, Peter de (auch: de Bihl), Handelshaus in Petersburg
*Conta*, Karl Friedrich Anton von (1778–1850), Legationsrat, später Minister in Sachsen-Weimar-Eisenach, mit Johanna befreundet
*Conta*, jüngerer Bruder Karl Friedrich Anton von Contas
*Conta*, Schwester Karl Friedrich Anton von Contas, Pflegetochter von Johanna Caroline Amalie Ludecus
*Demiani*, Carl Friedrich (1768–1823), Miniatur- und Porträtmaler, seit 1816 Inspektor der Gemäldegalerie in Dresden
*Denier*, französischer Kriegskommissar, Beschützer Johannas im Oktober 1806 in Weimar
*Denon*, Dominique-Vivant (1747–1825), französischer Maler und Kunstschriftsteller, Sammler und Graphiker, seit 1804 Generaldirektor der Museen Frankreichs
*Dentzel*, Georg Friedrich (1755–1828), französischer General deutscher Herkunft, Theologiestudent in Jena, Pfarrer in Landau, 1793 Mitglied des Konvents in Paris, 1806 französischer Militärkommandant in Weimar
*Desport*, Kaufmann in Weimar
*Döring*, Friedrich Wilhelm, (1756–1837), Direktor des Gymnasiums in Gotha
*Droste-Hülshoff*, Annette von, (1797–1848), Dichterin, Freundin von Adele, Ottilie von Goethe und Sibylle Mertens-Schaaffhausen
*Duguet*, Johannes, Franzose, Bedienter der Schopenhauers in Hamburg und Weimar
*Duguet*, Sophie, Frau von Johannes D.
*Egloffstein*, Gräfin Henriette v. E., (1773–1864), und ihre Töchter Caroline (1789–1868), die Hofdame der Großherzogin Maria Pawlowna, und Julie (1792–1868)
*Einsiedel*, Friedrich Hildebrand Freiherr von (1750–1828), Kammerherr der Herzogin Anna Amalia, Oberhofmeister der Großherzogin Luise, Schriftsteller und Übersetzer antiker und spanischer Dramen
*Emden*, Martin, 1801–1858, Advokat in Frankfurt a. M.
*Eschmann*, Annette, Schwester von Frau von Kampen
*Facius*, Angelika (1806–1887), Stein- und Stempelschneiderin, Tochter von Friedrich Wilhelm Facius
*Facius*, Friedrich Wilhelm (1764–1843), Stein- und Stempelschneider in Weimar

*Fahrenkrüger*, Johann Anton (1759–1816), Pädagoge, Schriftsteller, lebte von 1805 bis 1812 in Jena, vorher und später in Hamburg

*Falk*, Johannes (1768–1826), satirischer und patriotischer Schriftsteller, seit 1796 in Weimar, Gründer und Leiter einer Erziehungsanstalt für verwaiste Kinder

*Fernow*, Carl Ludwig (1763–1808), Kunstschriftsteller, seit 1802 Professor der Philosophie in Jena, seit 1804 Bibliothekar der Herzogin Anna Amalia in Weimar, Freund Johannas

*Fichard*, Anna Philippine Charlotte von († 1849), Pröbstin, Bekannte Adeles

*Friedrich Wilhelm III.* (1770–1840), seit 1797 König von Preußen

*Friedrichsen*, Daniel, Pächter der Schopenhauerschen Ländereien in Ohra bei Danzig

*Fries*, Jakob Friedrich (1773–1843), Professor der Philosophie, Physik, Mathematik in Heidelberg und Jena

*Fritsch*, Frau von Friedrich August von Fritsch

*Fritsch*, Friedrich August Freiherr von (1768–1845), seit 1794 Oberforstmeister in Weimar

*Frommann*, Johanna, aus Hamburg stammende Frau von Carl Friedrich Ernst Frommann

*Frommann*, Carl Friedrich Ernst (1765–1837), Verlagsbuchhändler in Jena

*Froriep*, Ludwig Friedrich von (1779–1847), Medizinprofessor in Jena, Halle, Tübingen, leitete seit 1818 das Verlagsgeschäft seines Schwiegervaters Friedrich Justin Bertuch in Weimar

*Fuga*, Teresa, venezianische Geliebte Arthurs

*Galletti*, Johann Georg August (1750–1828), Geschichtslehrer am Gothaer Gymnasium

*Gans*, Josef, Studienfreund Arthurs

*Ganslandt*, Wilhelm († 1818) Liquidator des Schopenhauerschen Geschäfts in Hamburg

*Gersdorf*, Ernst Christian August von (1781–1852), Staatsminister des Kultus und der Kammerfinanzen in Weimar

*Gerstenbergk*, Georg Friedrich von, genannt Müller von Gerstenbergk (1780–1838), Archivar und Regierungsrat in Weimar, seit 1829 Vizekanzler in Eisenach, Freund Johannas, 1825 Verheiratung mit der Gräfin von Häseler

*Göchhausen*, Konstantin von, Kammerherr in Weimar, Neffe von Louise von Göchhausen

*Göchhausen*, Louise von (1752–1807), Hofdame der Herzogin Anna Amalia, Freundin Goethes und Johannas

*Goethe*, August von (1789–1830), Kammerrat in Weimar, Sohn J. W. von Goethes

*Goethe*, Christiane von, geb. Vulpius (1765–1816), J. W. von Goethes Frau

*Goethe*, Ottilie von, geb. Freiin von Pogwisch (1796–1872), Freundin Adeles, Frau August von Goethes

*Goethe*, Walther von (1818–1885), Komponist, Enkel J. W. von Goethes

*Goethe*, Wolfgang von (1820–1883), preußischer Legationsrat und Schriftsteller, Enkel J. W. von Goethes, Johannas Patenkind

*Grégoire*, André Charles (1751–1804), Kaufmann in Le Havre

*Grégoire*, de Blésimaire, Jean Anthime (1787–1845), Jugendfreund Arthurs

*Grund*, Musiklehrer in Hamburg

*Häser*, August Ferdinand (1779–1844), seit 1817 Chordirektor der Hofoper Weimar

*Hase*, Karl (1800–1880), Professor der Theologie, Kirchenrat in Jena

*Heygendorf*, Frau von, s. Jagemann, Henriette Karoline Friederike

*Hohenlohe-Ingelfingen*, Friedrich Ludwig Fürst von (1746–1818), preußischer General, führte die Armee, die in der Schlacht bei Jena 1806 besiegt wurde

*Huber*, Ludwig Ferdinand (1764–1804), kursächsischer Beamter, später Schriftsteller, Publizist und Kritiker

*Hummel*, Johann Nepomuk (1778–1837), Komponist, seit 1820 Hofkapellmeister, seit 1828 Operndirektor in Weimar

*Hunold*, Hofrat, bekannter Arzt in Cassel

*Jacobs*, Christian Friedrich Wilhelm (1764–1847), Altphilologe und Pädagoge, Gymnasiallehrer und Bibliothekar in Gotha

*Jagemann*, Frau des Privatbibliothekars und Schriftstellers Christoph Joseph Jagemann, Mutter der Schauspielerin

*Jagemann*, Henriette Karoline Friederike (1777–1848), Schauspielerin und Sängerin, seit 1797 am Hoftheater in Weimar, als Mätresse des Großherzogs Karl August seit 1809 Frau von Heygendorf

*Jänisch*, Gottfried (1786–1799), Jugendfreund Arthurs

*Jenisch*, Martin Johann (1760–1827), Handelsherr, Senator, Lehrherr Arthurs in Hamburg

*Kaaz*, Karl Ludwig (1776–1810), Landschaftsmaler in Dresden, mit Goethe und Schiller befreundet

*Kabrun*, Jakob (1759–1814), Danziger Handelsherr, Arthurs erster Prinzipal

*Kalckreuth*, Friedrich Adolf Graf von (1737–1818), preußischer Feldmarschall, nach der Schlacht bei Jena und Auerstedt 1806 Oberkommandierender der preußischen Armee, Bekannter Johannas

*Kampen*, von, Danziger Patrizierfamilie

*Karl August* (1757–1828), seit 1775 Herzog von Sachsen-Weimar-Eisenach, später Großherzog, Freund Goethes

*Karl Friedrich* (1783–1853), seit 1828 Großherzog von Sachsen-Weimar-Eisenach, Sohn Karl Augusts

*Karl Wilhelm Ferdinand* (1735–1806), preußischer General, seit 1780 Herzog von Braunschweig, 1806 Oberbefehlshaber des preusischen Heeres

*Karoline* (1786–1816), Prinzessin von Sachsen-Weimar, Tochter Karl Augusts, Prinzessin von Mecklenburg

*Kirsten*, J. G. Friedrich, Bergrat und Stadtrat von Weimar

*Kleefeld*, Julie (1798–1880), Freundin Adeles

*Knebel*, Karl Ludwig von (1744–1834), Übersetzer und Dichter, zunächst preußischer Offizier, dann Hofmeister am Weimarer Hof, Freund Goethes, lebte seit 1804 in Jena

*Knebel*, Frau von, bis 1797 Kammersängerin bei der Herzogin Anna Amalia

*Könneritz*, Hans Heinrich von (1790–1863), von 1815 bis 1820 Regierungsrat in Weimar, danach Generaldirektor des Dresdner Hoftheaters, sächsischer Diplomat und Minister, mit Johanna befreundet

*Koppenfels*, Johann Friedrich von (1737–1811), Kanzler und Regierungsrat in Weimar, Schwiegervater des Kunstgelehrten Heinrich Meyer

*Kraus*, Georg Melchior (1737–1806), Landschaftsmaler und Zeichner, seit 1778 Direktor der Zeichenakademie in Weimar

*Kügelgen*, Gerhard von (1772–1820), Porträt- und Historienmaler, seit 1805 Professor in Dresden

*Labes*, Carl Wilhelm, geboren um 1790, Verwandter der Schopenhauers, Bevollmächtigter Arthurs in Danzig

*Lancaster*, Reverend, Inhaber einer Erziehungsanstalt in Wimbledon

*Lannes*, Frau von Jean Lannes

*Lannes*, Jean (1769–1809), Herzog von Montebello, französischer Marschall, befehligte in der Schlacht bei Jena 1806 das französische Zentrum

*Laroche*, Ritter Karl von (1794–1884), vielseitiger Schauspieler, seit 1823 in Weimar, seit 1833 in Wien

*Laroche*, Sophie von (1731–1807), deutsche Schriftstellerin, schrieb Romane in Briefform, Jugendfreundin Wielands

*Lenz*, Christian Ludwig (1760–1833), Gymnasialdirektor in Weimar, Bruder von Professor Karl Gotthold Lenz, bei dem Arthur in Gotha wohnte

*Loder*, Justus Christian von (1753–1832), Anatom und Chirurg, seit 1778 Professor der Medizin in Jena, seit 1803 in Halle, später in Moskau

*Loder*, von, Frau des Medizinprofessors Justus Christian von Loder

*Louis, Ferdinand* (1772–1806), Prinz von Preußen, preußischer General, Neffe Friedrich II.

*Ludecus*, Johanna Caroline Amalie (1757–1827), Schriftstellerin, veröffentlichte vornehmlich unter dem Pseudonym Amalie Berg, Hofdame der Herzogin Luise von Sachsen-Weimar, Johanna wohnte in ihrem Haus

*Luise* (1776–1810), Königin von Preußen, Frau Friedrich Wilhelms III.

*Luise Auguste* (1757–1830), Prinzessin von Hessen-Darmstadt, seit 1775 Herzogin von Sachsen-Weimar, Frau Karl Augusts

*Maria Pawlowna* (1786–1859), Großherzogin, Frau Karl Friedrichs von Sachsen-Weimar

*Matthiä*, August (1769–1835), seit 1802 Direktor des Altenburger Gymnasiums

*Mertens*, Louis (1781–1842), Kaufmann und Fabrikant, Mitinhaber des Schaaffhausenschen Bankgeschäftes in Köln, Besitzer des Landhauses in Unkel, das Johanna mietete

*Mertens-Schaaffhausen*, Sibylle (1797–1857), Tochter des Kölner Bankiers

Abraham Schaaffhausen, Kunstsammlerin, Archäologin, lebte lange in Italien, Freundin Adeles

*Meyer*, Johann Heinrich (1759–1832), aus Zürich stammender Maler und Kunstgelehrter, seit 1807 Direktor der Weimarer Zeichenschule, Freund Goethes und Johannas,

*Mühlens* = Mülhens, Dr. jur., Jurist in Frankfurt a. M.

*Muhl*, Abraham Ludwig (1768–1835), Handelsherr, Senator in Danzig

*Müller*, Friedrich Theodor Adam von (1779–1849), seit 1815 Staatskanzler des Großherzogtums Sachsen-Weimar-Eisenach, Freund Goethes

*Murat*, Joachim (1767–1815), Marschall von Frankreich, seit 1808 König beider Sizilien in Neapel

*Neumann*, Maler in Dresden

*Nicolovius*, Heinrich (*1798), Kammergerichtsrat, Freund Adeles

*Niebuhr*, Barthold Georg (1776–1831), Historiker, preußischer Gesandter in Rom

*Osann*, Friedrich Gotthilf (1794–1858), Freund Arthurs, lehrte ab 1825 in Gießen

*Osann*, Gottfried Wilhelm (1796–1866), Professor für Chemie in Dorpat und Würzburg, Freund Adeles

*Palm*, Johann Philipp (1766–1806), Buchhändler in Nürnberg, wurde wegen patriotischer Propaganda auf Befehl Napoleons I. erschossen

*Passavant*, Johann David (1787–1861), Maler, Museumsinspektor in Frankfurt a. M.

*Passow*, Franz Ludwig Karl Friedrich (1786–1833), Philologe, seit 1807 Gymnasiallehrer in Weimar, seit 1815 Professor an der Universität Breslau

*Perrin*, Hauslehrer der Familie Kühn in Weimar

*Pistorius*, Freundin Johannas in Hamburg

*Pückler-Muskau*, Hermann Fürst von (1785–1871), Großgrundbesitzer in Muskau und Branitz, Reiseschriftsteller und Landschaftsgestalter

*Quandt*, Johann Gottlob von (1787–1859), Sammler, Mäzen, Freund der Schopenhauers

*Reichhardt*, Johann Friedrich (1752–1814), Komponist und Musikschriftsteller in Berlin und Halle, Herausgeber mehrerer Zeitschriften

*Reinbeck*, geb. von Pallandt (gest. 1816), Frau Georg von Reinbecks

*Reinbeck*, Georg von (1766–1849), Schriftsteller und Ästhetiker, seit 1808 Gymnasiallehrer in Stuttgart, Redakteur des »Morgenblattes«

*Reitzenstein*, Christiane Henriette von (1784–1837), Freundin Adeles

*Remer*, Wilhelm (1775–1850), Mediziner, seit 1799 Professor in Helmstedt, später in Königsberg und Breslau

*Ridel*, Cornelius Johann Rudolf (1759–1821), Prinzenerzieher, Kammerdirektor in Weimar, mit Johanna befreundet

*Riemer*, Friedrich Wilhelm (1774–1845), Philologe, Gymnasialprofessor und Bibliothekar in Weimar, Lehrer und Erzieher August von Goethes

*Rinder*, Christian Siegmund, Kaufmann in Weimar, Gläubiger Johannas

*Römer*, Jacob Ludwig (1770–1855), Privatsekretär des Herzogs von Braunschweig, Lehrer, Theologe

*Ruhl*, Ludwig Sigismund (1794–1887), Maler, Schriftsteller, Porträtist Arthurs in Dresden

*Runge*, Johann Heinrich Christian (1768–1811), Direktor einer Privatschule in Hamburg

*Runge*, Philipp Otto (1777–1810), Maler in Hamburg

*Schardt*, Ludwig von (1748–1826), Kammerherr der Großfürstin Maria Pawlowna, Bruder der Frau von Stein

*Schelble*, Johann Nepomuk (1789–1837), Begründer des Frankfurter Cäcilien-Vereins

*Schiller*, Charlotte von (1766–1826), Schillers Frau

*Schlegel*, August Wilhelm von (1767–1845), Schriftsteller und Kritiker, Mitbegründer der romantischen Schule, seit 1818 Professor in Bonn

*Schlichtegroll*, Adolf Heinrich Friedrich (1765–1822), Gymnasialprofessor in Gotha, Bibliothekar, Direktor der Bayerischen Akademie der Wissenschaften

*Schlosser*, Johann Friedrich Heinrich (1780–1851), Oberschulrat in Frankfurt a. M., Neffe von Goethes Schwager

*Schmettau*, Friedrich Wilhelm Karl Graf von (1742–1806), preußischer General der Infanterie

*Schütz*, Christian Gottfried (1747–1832), Philologe, Professor, Begründer der »Allgemeinen Literatur-Zeitung« in Jena, seit 1803 in Halle

*Schütze*, Stephan (1771–1839), Schriftsteller, Journalist und Redakteur in Weimar, mit Johanna befreundet

*Schwarz*, Johann Karl Eduard (1802–1870), Superintendent, Kirchenrat, Direktor des homiletischen Seminars in Jena

*Seebeck*, Thomas Johann (1770–1831), Physiker, Entdecker der entoptischen Farben

*Seidler*, Louise (1789–1866), Malerin

*Soermans*, Wilhelm Ernst Friedrich (1763–1825), Danziger Patrizier, Taufpate Arthurs

*Stark*, Johann Christian (1753–1811), seit 1799 Medizinprofessor in Jena, Leibarzt des Großherzogs Karl August

*Stromeyer*, Carl (1780–1844), Opernsänger, seit 1806 in Weimar, von 1817 bis 1828 Mitdirektor und zuletzt Direktor des Weimarer Theaters

*Stromeyer*, Louis (1804–1876), berühmter Chirurg, Freund Adeles

*Tischbein*, Johann Heinrich Wilhelm (1751–1829), klassizistischer Maler, Radierer, Altertumsforscher und Kunstsammler

*Vincenti*, Franz Jakob von (1759–1830), Generalleutnant und Stadtkommandant von Mannheim

*Voigt*, Marie Henriette Karoline, geb. Schmidt, verwitwete Herder (gest. 1837), Frau des Hofarztes Gottfried von Herder

*Weickhmann*, Joachim Wilhelm von (1737–1819), Bürgermeister in Danzig

*Werner*, Klavierlehrer in Weimar

*Werner*, Zacharias (1768–1823), Dramatiker, wurde 1814 katholischer Priester

*Werther(n)*, Frau von; ihre Tochter Luise Klara (1798–1891) verheiratet mit Hans Heinrich von Könneritz

*Weyland*, Philipp Christian (1765–1843), seit 1790 Geheimsekretär des Herzogs Karl August, Hofbeamter und Geheimer Rat in Weimar

*Wilhelmi*, Frau eines Forstmeisters aus der Gegend von Erfurt

*Willink*, Gysbert (1748–1812), Hamburger Logierwirt Arthurs

*Witte*, Karl (1800–1883), Wunderkind, Studium in Göttingen, Professor der Rechte in Halle, Dante-Übersetzer

*Wolff*, Amalie, geb. Malcolmi (1783–1851), Schauspielerin, Frau von Pius Alexander Wolff

*Wolff*, Pius Alexander (1782–1828), Schauspieler und Dichter, lebte von 1803 an in Weimar, später in Berlin

*Wolzogen*, Karoline Freifrau von, geborene von Lengefeld (1763–1847), Schwägerin Schillers

*Zelter*, Karl Friedrich (1758–1832), Maurermeister, dann Komponist, seit 1800 Leiter der Berliner Singakademie, Freund Goethes

# ZEITTAFEL

| Heinrich Floris | Johanna | Adele | Arthur |
|---|---|---|---|
| getauft 27.6.1747 in Danzig | * 9.7.1766 in Danzig | | |
| | ⚭ 16.5.1785 | | |
| | 1787 Reise nach England | | |
| | | | * 22.2.1788 in Danzig |
| | 1793 Nach der Okkupation Danzigs durch Preußen Übersiedlung nach Hamburg | | |
| | | * 12.6.1797 in Hamburg | 1797–1799 Aufenthalt in Le Havre bei der Familie Grégoire de Blésimaire |
| | | | 1799 Eintritt in das private Lehrinstitut Runge |
| | 1800 Dreimonatige Reise mit Arthur und Adele im Sommer nach Carlsbad und Prag | | |
| | 1803 (Mai) bis 1804 (August) Reise der Eltern mit Arthur, ohne Adele, durch Holland, England, Frankreich, die Schweiz, Österreich, Schlesien und Preußen | | 1803 (30.6.–20.9.) Aufenthalt im Hause des Reverend Lancaster in Wimbledon |
| | | | 1804 (25.8.) Konfirmation in Danzig<br>Beginn einer kaufmännischen Lehre |
| † 20.4.1805 in Hamburg (wahrscheinlich durch Selbsttötung) | | | 1805 Fortsetzung der Lehre in Hamburg |
| | 1806 Mai–Juni: Erkundungsreise nach Weimar<br>September: Übersiedlung mit Adele und den Duguets nach Weimar<br>Oktober (12.): Erste Begegnung mit Goethe<br>– (18., 19. und 26.) Johanna beschreibt die Auswirkungen der Schlacht von Jena und Auerstedt (14.) auf Weimar | | 1807 Aufgabe der Lehre<br>Ende Mai: Umzug nach Gotha<br>Dezember: Umzug nach Weimar<br>Teilnahme an den Teegesellschaften Johannas |

| Johanna | Adele | Arthur |
|---|---|---|
| – (20.) erste Begegnung mit Christiane von Goethe, geb. Vulpius<br>– Beginn der literarischen Teegesellschaften<br>– Freundschaft mit Carl Ludwig Fernow († 4. 12. 1808) | | 1809 Auszahlung des Erbteils<br>Beginn des Studiums in Göttingen |
| 1810 »Carl Ludwig Fernow's Leben« | | 1811 Fortsetzung des Studiums in Berlin |
| 1813 Müller von Gerstenbergk zieht zunächst in das Wohnhaus, dann in die Wohnung Johannas ein | | 1813 In Rudolstadt Niederschrift der Dissertation »Ueber die vierfache Wurzel des Satzes vom zureichenden Grunde«; Promotion in absentia zum Dr. phil. in Jena<br>November: Rückkehr nach Weimar |
| | | 1814 Mai: Nach dem Bruch mit Johanna Umzug nach Dresden |
| 1813/4 »Erinnerungen von einer Reise in den Jahren 1803, 1804 und 1805« | | 1816 »Ueber das Sehn und die Farben« |
| 1814 Mai: Bruch zwischen Johanna und Arthur | | 1818 (Jahreszahl 1819) »Die Welt als Wille und Vorstellung« |
| | | 1818 (September) bis 1819 (Juli) erste Italienreise; Beziehung zu Teresa Fuga in Venedig; Arthur wird in absentia Vater einer Tochter in Dresden, die noch als Säugling stirbt |
| 1817 »Reise durch das südliche Frankreich« | | |
| 1819 »Gabriele«<br>Mai: Bankrott des Handelshauses A. L. Muhl; Reise mit Adele nach Danzig | | 1819 Habilitationsgesuch bei der Universität Berlin |
| | 1820 Juni/Juli: Nach der Rückkehr von Danzig Begegnungen mit Arthur in Berlin | 1820 März: Probevorlesung; Zusammenstoß mit Hegel<br>Erste und einzige Vorlesung |

| Johanna | Adele | Arthur |
|---|---|---|
| | | 1821 Beziehung zu Caroline Richter (»Medon«); Beginn des Prozesses Marquet |
| | | 1822 (Mai) bis 1823 (Mai) zweite Italienreise |
| 1823 Schlaganfall | | |
| | | 1824 Erneuter Aufenthalt in Dresden |
| | | 1825 Rückkehr nach Berlin |
| | 1827/8 Reise ohne Johanna an den Rhein | |
| 1829 Übersiedlung mit Adele nach Bonn und Unkel | | |
| 1830/1 »Sämmtliche Schriften« | | |
| | | 1831 Flucht vor der Cholera aus Berlin zunächst nach Frankfurt |
| | | 1832 Umzug nach Mannheim |
| | | 1833 Endgültige Niederlassung in Frankfurt |
| | | 1835 (?) Arthur wird Vater einer zweiten, wieder früh gestorbenen Tochter in Frankfurt |
| | | 1836 »Ueber den Willen in der Natur« |
| 1837 Übersiedlung mit Adele nach Jena | | |
| † 16. 4. 1838 in Jena | | |
| 1839 »Jugendleben und Wanderbilder«, herausgegeben von ihrer Tochter | | 1839 Krönung der Preisschrift »Über die Freiheit des menschlichen Willens« |
| | 1840 Besuch bei den Immermanns und im Rüschhaus | 1840 »Über die Grundlage der Moral« |
| | | 1841 »Die beiden Grundprobleme der Ethik« |

| Johanna | Adele | Arthur |
|---|---|---|
| | 1842 Reise von Adele nach Bonn; erstes Wiedersehen der Geschwister seit 1820 in Frankfurt | |
| | 1844–1848 Aufenthalte in Italien | 1844 »Die Welt als Wille und Vorstellung«, 2. Auflage der ersten, 1. Auflage des zweiten Bandes |
| | | 1848 (18. September) Straßenkämpfe in Frankfurt |
| | 1849 März: Letzte Begegnung der Geschwister in Frankfurt | |
| | † 25. 5. 1849 in Bonn | |
| | | † 21. 9. 1860 in Frankfurt |

*Wappen der Familie Schopenhauer zum Wappenspruch:*
*»Point de bonheur sans liberté«*

## Errata

*Seite 143, Zeile 8:*
... *wozu ich mich freue.* Zwey Briefe von dir habe ich zu beantworten, einen vom 19$^{ten}$ u einen vom 7$^{ten}$, ich glaube, Gott vergebs mir, daß ich dir seit dem 9$^{ten}$ nicht geschrieben habe, das ist arg wenns wahr ist, ich dencke aber es ist nicht so lange und ich habe nur das anschreiben im Kalender vergessen, auf jeden Fall tröste dich damit daß es mir wohl geht wenn ich schweige, ich habe in der Zeit manche Zerstreuung gehabt und auch einige nöhtige Briefe nach Danzig geschrieben, H Kabruns Sendschreiben habe ich auch noch nicht beantwortet das findet sich. *Ich habe mit deiner matantersch ...*

*Heinrich Floris Schopenhauer,*
*etwa 40 Jahre alt, Aquarell*

*Johanna Schopenhauer,*
*Ölporträt von Julius Oldach*

*Johanna Schopenhauer,*
*um 1830, das Porträt in*
*Arthurs Besitz, auf das sich Adele so befremdet bezieht:*
*»Der Ausdruck ist mir widerlich.«*

*Johanna Schopenhauer,*
*Ölporträt von Gerhard v. Kügelgen, 1814*

*Johanna und Adele Schopenhauer,*
*Ölbild von Karoline Bardua, 1806*

*Adele Schopenhauer,*
*Porträtzeichnung von Alexander v. Sternberg, 1841*

*Arthur Schopenhauer,*
*Jugendporträt, Aquarell auf Elfenbein*
*von Karl Ludwig Kaaz, 1809*

*Arthur Schopenhauer,*
*Ölporträt von Ludwig Sigismund Ruhl, 1815*

# Klassische Autoren in dtv-Gesamtausgaben

Georg Büchner
**Werke und Briefe**
Münchner Ausgabe
Herausgegeben von Karl Pörnbacher, Gerhard Schaub, Hans-Joachim Simm und Edda Ziegler
dtv 12374

Annette von Droste-Hülshoff
**Sämtliche Briefe**
Historisch-kritische Ausgabe
Herausgegeben von Winfried Woesler
dtv 2416

Johann Wolfgang von Goethe
**Werke**
Hamburger Ausgabe in 14 Bänden
dtv 59038

**Goethes Briefe und Briefe an Goethe**
Hamburger Ausgabe in 6 Bänden
dtv 5917

**Goethes Gespräche**
Biedermannsche Ausgabe
Ergänzt und herausgegeben von Wolfgang Herwig
dtv 59039

Ferdinand Gregorovius
**Geschichte der Stadt Rom im Mittelalter Vom V. bis XVI. Jahrhundert**
Vollständige Ausgabe in 7 Bänden
dtv 5960

Sören Kierkegaard
**Entweder – Oder**
Deutsche Übersetzung von Heinrich Fauteck
dtv 30134

Heinrich von Kleist
**Sämtliche Werke und Briefe in zwei Bänden**
Herausgegeben von Helmut Sembdner
dtv 5925

Jean de La Fontaine
**Sämtliche Fabeln**
Mit 255 Illustrationen von Grandville
dtv 2353

J. M. R. Lenz
**Werke**
Dramen, Prosa, Gedichte
dtv 2296

Stéphane Mallarmé
**Sämtliche Dichtungen**
Französisch und deutsch
dtv 2374

## Klassische Autoren in dtv-Gesamtausgaben

Sophie Mereau-Brentano
**Liebe und allenthalben Liebe**
Werke und autobiographische Schriften
Herausgegeben, ausgewählt und kommentiert von Katharina von Hammerstein
3 Bände im Schuber
dtv 59032

Theodor Mommsen
**Römische Geschichte**
Vollständige Ausgabe in 8 Bänden
dtv 5955

Friedrich Nietzsche
**Sämtliche Werke**
Kritische Studienausgabe in 15 Bänden
Herausgegeben von Giorgio Colli und Mazzino Montinari
dtv/de Gruyter 5977

**Sämtliche Briefe**
Kritische Studienausgabe in 8 Bänden
Herausgegeben von Giorgio Colli und Mazzino Montinari
dtv/de Gruyter 5922

**Frühe Schriften 1854–1869**
BAW 1-5
Reprint in 5 Bänden
Kassettenausgabe
Nachdruck der Ausgabe Friedrich Nietzsche: Werke und Briefe
Historisch-kritische Gesamtausgabe
dtv 59022

Arthur Rimbaud
**Sämtliche Dichtungen**
Zweisprachige Ausgabe
Aus dem Französischen übersetzt und mit einem Nachwort versehen von Thomas Eichhorn
dtv 2399

Georg Trakl
**Das dichterische Werk**
Auf Grund der historisch-kritischen Ausgabe von Walther Killy und Hans Szklenar
dtv 12496

François Villon
**Sämtliche Werke**
Französisch und deutsch
Herausgegeben und übersetzt von Carl Fischer
dtv 2304

# Johann Wolfgang von Goethe
# im dtv

**Aller Anfang ist heiter**
Ein Goethe-Brevier
Herausgegeben von
Heinz Friedrich
dtv 2285

**Die Wahlverwandtschaften**
dtv 2067
Buch zum Film dtv 8401

**Faust**
Erster und zweiter Teil
dtv 12400

**Die Leiden des jungen Werther**
dtv 12401

**Italienische Reise**
dtv 12402

**Wilhelm Meisters Lehrjahre**
dtv 12404

**Werke**
Hamburger Ausgabe
in 14 Bänden
Herausgegeben von
Erich Trunz
dtv 59038

**Goethes Briefe und Briefe an Goethe**
Hamburger Ausgabe in
6 Bänden
Herausgegeben von
Karl Robert Mandelkow
und Bodo Morawe
dtv 5917

**Goethes Gespräche**
Biedermannsche Ausgabe
Auf Grund der Ausgabe
von Flodoard Freiherrn
von Biedermann
Ergänzt und herausgegeben von Wolfgang Herwig
Fünf Bände in sechs
Teilbänden
dtv 59039

**Goethes Werke Nachtragsbände zur Weimarer Ausgabe**
IV. Abteilung Briefe
Herausgegeben von
Paul Raabe
3 Bände
dtv 5911
gebunden: dtv 6131–6133

**Zum ersten Mal im Taschenbuch**

# Goethes Gespräche

Eine Sammlung zeitgenössischer Berichte
aus seinem Umgang
Aufgrund der Ausgabe und des Nachlasses von
Flodoard Freiherrn von Biedermann

Ergänzt und herausgegeben
von Wolfgang Herwig

Fünf Bände in sechs Teilbänden im Schuber
dtv 59039

Wer immer sich mit Goethe und seiner gewaltigen Ausstrahlungskraft beschäftigt, wird auf die ›Biedermannsche Ausgabe‹ nicht verzichten können, denn dieses Werk ist in seiner Weise einzigartig in der Weltliteratur: ein Buch der Weisheit und zugleich die lebensunmittelbarste Biographie. In über 7000 Zeugnissen werden Begegnungen mit Goethe geschildert, aufgezeichnet in Briefen, Tagebüchern oder Niederschriften seiner Zeitgenossen.

*Inhalt des ›Biedermann‹:*

| | |
|---|---|
| Band I: | Goethes Gespräche 1749-1805 |
| Band II: | Goethes Gespräche 1805-1817 |
| Band III,1: | Goethes Gespräche 1817-1825 |
| Band III,2: | Goethes Gespräche 1825-1832 |
| Band IV: | Kommentar |
| Band V: | Nachklang · Nachträge · Register |

# Friedrich Nietzsche im dtv